Die Andere Bibliothek.
Herausgegeben
von
Hans Magnus Enzensberger.

Lukian von Samosata,
Lügengeschichten
und Dialoge.

LUKIAN
von Samosata,
LÜGENGESCHICHTEN
und Dialoge.

Aus dem Griechischen
übersetzt und mit *Anmerkungen*
und *Erläuterungen* versehen
von
Christoph Martin Wieland.

Verlegt bei Franz Greno,
Nördlingen 1985.

Der Text dieser Auswahl folgt dem Wortlaut des Erstdrucks: Lucians von Samosata Sämtliche Werke. 6 Theile. Leipzig, im Verlag der Weidmannischen Buchhandlung, 1788/89.

Hans Radspieler, Neu-Ulm, hat die Textredaktion übernommen; für die Revision und Übersetzung der altsprachlichen Zitate zeichnet Hans Ohm, Neu-Ulm, verantwortlich.

Der Lügenfreund oder der Unglaubige. Ikaromenippus oder die Luftreise. Der Wahren Geschichte Erstes und Zweytes Buch. Lucius oder der magische Esel. Hetärengespräche. Der Parasit oder Beweis daß Schmarotzen eine Kunst sey. Der Verkauf der philosophischen Secten. Der Cyniker. Timon. Prometheus. Göttergespräche. Die Überfahrt oder der Tyrann. Die Götterversammlung. Der überwiesene Jupiter.

Der LÜGENFREUND oder der Unglaubige.

Tychiades und Philokles.

TYCHIADES.

Kannst du mir sagen, Philokles, was doch wohl in aller Welt die Ursache seyn mag, warum die meisten Menschen so große Liebhaber vom Lügen sind, daß sie sich nicht nur selbst ein Vergnügen daraus

Der Lügenfreund. Der Hauptinhalt dieses sehr unterhaltenden Stückes ist die Erzählung, welche Lukian, unter dem Namen Tychiades, seinem Freunde, von einer Unterredung macht, die bey dem Krankenbette eines vornehmen Atheniensers, über Wunderglauben, Magie, Geisterseherey und dergleichen vorgefallen. Vor etwa 25 Jahren brauchte man sich nur in das Zimmer irgend eines alten schwachköpfigen Grafen oder Herrn in Schwaben, Bayern, oder Österreich zu denken, — statt der sogenannten Philosophen *Ion*, *Dinomachus*, *Kleodemus*, *Arignotus*, einen bocksbärtigen Kapuziner, einen wohlbeleibten Prämonstratenser, oder starkcolorirten Bernhardiner, einen hagern habichtsnasigen Jesuiten, und allenfalls noch einen derbglaubigen Karmeliter um ihn herumzusetzen, und sie aus Veranlassung einiger Millionen Teufel, die unlängst von irgend einer mondsüchtigen Bauerdirne abgetrieben worden, in ein Gespräch über dergleichen erbauliche Dinge gerathen zu lassen, um ein herrliches Gegenstück zu diesem Lukianischen Gemählde zu haben. Aber seit dieser Zeit haben sich die Umstände sehr geändert; man kann sich nun mitten unter lauter Protestanten in das Zimmer machen, unglaubliche Geschichten zu erzählen, sondern auch lauter Ohr werden, wenn Andere dergleichen Zeug zu Markte bringen.

PHILOKLES.

Es giebt viele Fälle, wo sich die Menschen in Rücksicht ihres Vortheils zum Lügen genöthigt finden.

TYCHIADES.

Von diesen soll auch jetzt die Rede nicht seyn. In solchen Fällen ist die Unwahrheit verzeyhlich, ja zuweilen sogar lobenswürdig; zum Exempel, wenn man im Kriege den Feind durch eine falsche Nachricht hintergeht, oder sich durch dieses Hausmittel aus irgend einer großen Gefahr zu ziehen weiß, wie *Ulysses* oft gethan hat

Seine eigene Seele und seine Gefährten zu retten.

Aber ich rede von denen, mein Bester, die ohne den mindesten sichtlichen Nutzen die Lüge der Wahrheit vorziehen, und sich ein besonderes Vergnügen, ja eine Art von Geschäfte aus dem Lügen machen, wiewohl sich schlechterdings keine Ursache angeben läßt, die sie dazu nöthigte. Sie müssen doch irgend etwas dabey zu gewinnen glauben, und das ist es eben was ich gerne wissen möchte.

des Eukrates versetzt sehen; und die Geisterseher, Zauberer, Mystagogen, Hermesschüler, Magnetisirer, Desorganisirer und Exaltirer der menschlichen Natur, kurz alle Arten von Adepten und Wundermännern, spielen unter allerley Gestalten und Nahmen eine so große Rolle gegen das Ende unsers Jahrhunderts, daß die Ion und Eukrates und Dinomachus u. s. w. wenn sie wiederkommen könnten, sich genöthigt sehen würden, die großen Vorzüge der Neuern vor den Alten, und unsrer aufgeklärten Zeiten vor dem Jahrhundert der Antonine auch in diesem Stücke demüthig einzugestehen.

PHILOKLES.

Du kennest also, wie es scheint, solche Leute, denen diese Liebe zur Unwahrheit gleichsam eingepflanzt ist?

TYCHIADES.

Und ihrer sehr viele!

PHILOKLES.

So weiß ich keine andere Ursache davon anzugeben als ihren Unverstand; denn an Verstande muß es doch wohl demjenigen mächtig fehlen, der das Schlimmste dem Besten vorzieht.

TYCHIADES.

Auch das ist es nicht. Denn ich wollte dir viele gescheide, ja sogar ihres Verstandes wegen bewunderte Personen zeigen können, die, weiß der Himmel wie! mit dieser Krankheit behaftet und solche *Lügenfreunde* sind, daß es mich oft in der Seele schmerzt, Männer, die in allen andern Stücken unter die Besten gehören, eine solche Freude daran haben zu sehen, sich selbst und andere zu betrügen. Und zwar, was jene alte Geschichtschreiber betrift, den *Herodot* und den *Ktesias* von Knidos[2]), und, noch vor ihnen, die *Dichter* und den großen Sänger *Homer* selbst, so mußt du besser wissen als ich, daß diese berühmten Männer ihre Lügen sogar aufgeschrieben, und also nicht nur ihre gleichzeitigen Zuhörer damit betrogen, sondern sie durch den Reiz ihres schönen Styls und die Musik ihrer

2) Beyde werden in der Satyre über die lügenhaften Geschichtschreiber oder der sogenannten *Wahren Geschichte* noch schärfer deswegen gezüchtigt, wiewohl was das Lügen betrifft, *Ktesias* vor dem Homerisirenden Herodot noch viel voraus hat, und es dem Dichter selbst beynahe zuvor thut.

Verse bis auf uns fortgepflanzt haben. Ich gestehe daß ich mich oft in ihre Seele schäme, wenn sie uns die *Verstümmelung des Uranus*, *die Bande des Prometheus*, *die Empörung der Giganten*, und *die ganze Tragödie der Unterirdischen Welt* mit allen Umständen vorerzählen, und wie Jupiter aus Liebe den Stier oder Schwan gespielt, oder wie diese und jene aus einem Mädchen in einen Vogel oder in eine Bärin verwandelt worden; nichts von ihren Flügelpferden, Chimären, Gorgonen, Cyklopen und andere dergleichen unglaublichen Wundermährchen zu sagen, die zu nichts taugen als kleine Kinder, die sich noch vor dem Popanz und der Nachtdrude fürchten, zu belustigen. Doch, den Dichtern möchten ihre Lügen immer hingehen: aber daß ganze Republiken und Völker, *von Staats wegen*, und gleichsam aus *patriotischer Schuldigkeit* lügen, ist das nicht lächerlich? Wenn die Kretenser sich nicht schämen den Reisenden Jupiters Grab[3]) zu zeigen; oder wenn uns die Athenienser mit großem Ernste versichern, ihr Erichthonius sey aus der Erde hervorgekrochen, und die ersten Menschen wären wie die Pilzen, aus dem attischen Boden aufgeschossen: kann man dabey wohl ensthafter bleiben, als wenn uns die Thebaner von, ich weiß nicht welchen Sparten sprechen, die aus gesäeten Drachenzähnen[4]) aufgegangen seyn sollen? Und gleich-

3) Hätten die Kretenser aufrichtig gesagt, es sey das Grab eines ihrer uralten Könige, der Jupiter geheissen habe, so wäre nichts dagegen einzuwenden gewesen: aber das Grab, das sie zeigten, sollte gleichwohl das Grab desselben Gottes seyn, dem sie opferten, den sie als den Vater und König der Götter und Menschen anbeteten: dies war lächerlich, oder vielmehr was noch ärgers.

4) Ovid erzählt diese Sage in der Isten Fabel des IIIten B. seiner Verwandlungen. Ein Drache hatte die Gefährten des Phönizischen Abenteurers *Kadmus*, in der Gegend wo er hernach Theben erbaute, aufge-

wohl, wenn jemand solches lächerliches Zeug sich nicht für Wahrheit aufbinden lassen will, sondern zu verstehen giebt, man müsse ein Strohkopf seyn, um zu glauben, daß Triptolemus mit geflügelten Drachen durch die Luft gefahren, oder daß Pan aus Arkadien gekommen sey den Griechen bey Marathon siegen zu helfen, oder daß die schöne Orithyia vom Nordwind entführt und durch ihn Mutter der geflügelten Zwillinge, Zetes und Kalais, worden sey: so muß man sich gefallen lassen, bey solchen Leuten für einen unvernünftigen und gottlosen Menschen zu passieren, der so *weltkundige* und *unläugbare Thatsachen* nicht glauben wolle. So groß ist die Macht der Lüge über den gemeinen Menschenverstand!

PHILOKLES.

Bey allem dem, Tychiades, kann sowohl den Dichtern als den Republiken hierin billig etwas zu gut gehalten werden: jenen, weil ihnen daran gelegen ist ihren Zuhörern, für welche das Wunderbare einen so großen Reiz hat, ihre Werke so angenehm als möglich zu machen; den Atheniensern und Thebanern, und allen übrigen die sich in ähnlichem

fressen, da sie eine Wasserstelle suchten. Kadmus rächte ihren Tod an dem Drachen, und da er dessen Zähne auf Anrathen der Minerva in die Erde säete, Siehe! da sprangen eben so viele bis zu den Zähnen bewafnete Männer hervor, die sogleich mit ihren Schlachtschwerdtern über einander herfielen, und nicht eher aufhörten, bis ihre ganze Anzahl auf fünfe zusammengeschmolzen war, denen Minerva den weisen Gedanken einflößte, Friede mit einander zu machen, und die Stifter der fünf ältesten Geschlechter von Thebä zu werden. Das *Wahre* an dieser und allen andern *Legenden* der heidnischen Griechen war eben so leicht vom erdichteten abzuscheiden als an denjenigen, womit sich in der Folge die Griechische und Lateinische Christenheit so viele Jahrhunderte lang getragen hat und zum Theil noch trägt: aber der große Haufe hielt fest am Buchstaben; und wo ist das Volk in der Welt, das in diesem Stücke Ursache habe, des andern zu spotten?

Falle befinden, weil sie durch dergleichen Wundergeschichten ihrem Vaterlande desto mehr Glanz und Ansehen zu verschaffen glauben. Überdies, wenn man alle diese alte Fabeln aus Griechenland verbannen wollte, würden die wackern Leute, die davon leben daß sie den Reisenden die Merkwürdigkeiten ihres Ortes zeigen, Hungers sterben müssen, da die Fremden bloße Wahrheit nicht einmal umsonst anhören mögen. Aber, wenn es Leute gäbe, die ohne irgend einen solchen Beweggrund ihre Freude daran hätten, Lügen als geschehene Dinge zu erzählen, die wären unstreitig im höchsten Grade belachenswerth.[5])

5) Die Lügenfreunde, mit denen es Lukian in diesem Aufsatze zu thun hat, haben allerdings einen zweyfachen, in der menschlichen Natur nur zu wohl gegründeten Beweggrund. Der eine ist das Vergnügen an wunderbaren Vorstellungen, welches bey manchen so weit geht, daß sie bey dergleichen Erzählungen sich selbst zu täuschen wünschen, und vielleicht auch, so lange sie erzählen, sich würklich täuschen: der andere ein gewisses schmeichelndes Gefühl von Obermacht unsers Geistes, welches natürlicher Weise desto größer ist, je zahlreicher und bedeutender die Personen sind, deren Imagination wir durch unsre Lügen überwältigen, und je erstaunlicher die Dinge sind die wir ihnen weiß machen. Ein gewisser Jesuit hatte zwanzig Jahre in den Missionen in Canada mit großem Eifer gearbeitet, und war zwanzigmal in Gefahr gewesen, die Religion die er predigte mit seinem Blute zu versiegeln, ungeachtet er (wie er selbst einem Freund ins Ohr gestand) nicht einmal an Gott glaubte. Sein Freund stellte ihm die Inconsequenz seines Eifers vor. Ach mein Freund antwortete ihm der Missionar, wenn sie sich vorstellen könnten, was für ein Vergnügen das ist, zwanzig tausend Menschen vor sich zu sehen, die einem mit ofnem Munde zuhören, und ihnen Dinge weiß zu machen die man selbst nicht glaubt! — Ich habe zwar für diese Anekdote keinen zuverläßigern Gewährsmann aufzustellen, als denjenigen, der unter den Schriftstellern eben so der einzige ist wie *Friedrich II. von Preussen* unter den Königen: aber die Sache ist an sich selbst so glaubwürdig und natürlich daß man sie einem Manne, der die Welt so gut wie dieser Mann kannte, gar wohl auf sein blosses Wort glauben kann.

TYCHIADES.

Und von so einem würdigen Manne komme ich dir geraden Weges her. Du kennest doch den berühmten *Eukrates?* Solltest du wohl denken, daß ich die unglaublichsten Dinge, Dinge die über alle Ammenmährchen in der Welt gehen, aus seinem Munde gehört habe? Es wurde zuletzt so arg daß ich es nicht länger aushalten konnte, und mitten unter seinen abenteuerlichen Wundergeschichten davon lief, als ob mich die Furien aus dem Hause jagten.

PHILOKLES.

Das ist unmöglich! wer wäre glaubwürdig, wenn es Eukrates nicht wäre. Wie? Ein Mann mit einem so venerablen Bart, ein Mann von sechzig Jahren, der sich immer soviel mit Philosophie abgegeben, sollte auch nur leiden können, daß ein andrer in seiner Gegenwart löge, geschweige daß er selbst so was zu thun fähig wäre? Das wird dir niemand glauben!

TYCHIADES.

Wenn du nur gehört hättest was für Dinge er sagte! Wie er sich Mühe gab ihnen Glauben zu verschaffen! Durch was für Schwüre er sie bekräftigte! Wie er sogar das Leben seiner eigenen Kinder dafür zum Pfande setzte! — Er trieb es so weit, und brachte so gar tolles Zeug zu Markte, daß ich ihn nur immer anstaunen mußte, und nicht mit mir selbst einig werden konnte, ob es nicht richtig in seinem Kopfe oder ob er ein Betrüger sey, und wie es möglich gewesen, daß ich in so langer Zeit den lächerlichen Affen unter seiner Löwenhaut nicht gewahr worden? —

PHILOKLES.

Nun, bey Gott! Tychiades, das mußt du mir erzählen! Es ist doch wohl der Mühe werth, zu wissen wieviel Albernheit ein so großer Bart bedecken kann.

TYCHIADES.

Ich muß dir also sagen, daß ich ihn auch wohl sonst zuweilen zu besuchen pflegte, wenn ich gerade nichts anders vorzunehmen wußte. Heute aber, — da ich mit meinem Freunde *Leontichus* nothwendig zu sprechen hatte, und von seinem Bedienten hörte, er sey schon früh ausgegangen, den Eukrates, der sich nicht wohl befinde, zu besuchen, — hatte ich eine doppelte Ursache hinzugehen: nehmlich, meinen Freund zu sprechen, und dem Eukrates, von dessen Unpäßlichkeit ich nichts gewußt hatte, meinen Besuch zu machen. Nun traf ich zwar den Leontichus nicht mehr an, aber dafür eine Menge anderer Leute, und darunter den Peripatetiker *Kleodemus*, den Stoiker *Dinomachus*, und den *Ion*, der sich, wie du weißt, soviel darauf zu Gute thut, daß niemand *Platons* Schriften besser verstehe und erklären könne als er. Ich nenne dir, wie du siehest, lauter große Männer, von entschiedener Weisheit und Tugend, und, was die Hauptsache ist, einen von jeder Secte; alle von einer sehr ehrwürdigen und beynahe furchtbaren Aussenseite! Ausserdem war auch der Arzt *Antigonus* zugegen, der vermuthlich den Kranken zu besorgen hatte. *Eukrates* selbst schien sich wieder ganz leidlich zu befinden, und mit seiner Krankheit auf dem Fuß eines Hausgenossen zu leben; denn die Gichtmaterie hatte sich wieder in die Füße zurückgezogen. Er hieß mich also neben sich auf sein Ruhebette sitzen, und dies mit einer Stimme, die er, sobald er mich erblickte, auf einen kränkelnden Ton herabstimmte, wiewohl ich ihn im Hereintreten gewaltig hatte schreyen und fechten hören. Nach dem gewöhnlichen Complimente, — daß ich nichts von seiner Unpäßlichkeit gewußt, aber, sobald ich davon gehört, spornstreichs herbey geeilt wäre, — ließ ich mich also, mit großer Behutsamkeit, um seinen Füssen nicht zu nahe zu kommen, neben ihm nieder.

Die Rede war von seiner Krankheit gewesen; und die Herren waren noch im Begriffe ihre Meynung darüber zu sagen, und, jeder an seinem Theil, ein oder anderes Mittel dagegen in Vorschlag zu bringen. Wenn der Patient also, fuhr *Kleodemus* in seiner durch meine Ankunft unterbrochenen Rede fort, einen Zahn von einer vorbeschriebener maßen getödteten Spitzmaus von der Erde aufhebt, in ein Stück von einer frisch abgezogenen Löwenhaut bindet und auf die Füße legt: so hört der Schmerz augenblicklich auf. — Um Vergebung, nicht in eine Löwenhaut, fiel *Dinomachus* ein; wie *ich* gehört habe, muß es die Haut einer Hirschkuh seyn die noch nicht getragen hat; und das ist auch wahrscheinlicher: denn die Hirschkuh ist ein sehr behendes Thier, und hat also ihre größte Stärke in den Füßen. Indessen besitzt der Löwe allerdings große Kräfte, und sein Fett, seine rechte Tatze, und die geraden Haare in seinem Barte haben gar sonderbare Tugenden, wenn man jedes mit dem dazu gehörigen Gebeth zu gebrauchen weiß: nur bey Krankheiten an den Füssen kann man sich wenig von ihm versprechen. — Ich war ehemals auch der Meynung, versetzte *Kleodemus*, daß es eine Hirschhaut seyn müsse, weil der Hirsch ein so schnellfüßiges Thier ist: aber vor kurzem hat mich ein *Africaner*, der sich auf diese Dinge versteht, eines andern belehrt, indem er mich versicherte daß die

Löwen noch behender als die Hirsche wären; denn, sagte er, der Löwe jagt und fängt den Hirsch, nicht der Hirsch den Löwen. — Die sämtlichen Anwesenden stimmten überein daß der Africaner wohl gesprochen habe.

Die Herren glauben also, sagte ich, daß man dergleichen Krankheiten mit Zauberliedern und äusserlichen Anhängseln curiren könne, da das Übel doch innerlich ist?

Diese Frage erweckte ein allgemeines Gelächter, und meine Philosophen liessen sich deutlich ansehen, daß sie es ganz unverzeyhlich fänden, so offenbare Dinge, gegen die kein vernünftiger Mensch das geringste einzuwenden haben könne, nicht zu wissen. Nur der Arzt *Antigonus* schien sich über meine Frage zu freuen, vermuthlich weil anfangs wenig auf seinen Rath geachtet worden war, da er dem Eukrates, um dem Übel in Zeiten vorzubeugen, nach den Regeln seiner Kunst vorgeschrieben hatte, sich des Weines zu enthalten, von bloßen Gartengewächsen zu leben, und überhaupt alle Spannung und Erhitzung zu vermeiden.

Kleodemus wandte sich demnach mit einem spöttischen Lächeln gegen mich und sagte: es scheint dir also unglaublich, daß dergleichen Mittel in Krankheiten von einigem Nutzen seyn könnten?

Allerdings, antwortete ich, oder meine Nase müßte gewaltig verstopft seyn,*) wenn ich glauben sollte, daß äusserliche Dinge, die mit den innerlichen Ursachen der Krankheit nicht das mindeste gemein haben, eine geheime Kraft besitzen könnten einem Kranken die Genesung gleichsam *anzuhängen.* Ich bin überzeugt, daß das nicht erfolgen würde, wenn man gleich eine ganze Mandel Spitz-

*) Der Griechische Ausdruck läuft hier wieder sehr gegen unsre Begriffe von Wohlanstand und Artigkeit an.

mäuse in die Haut des *Nemeischen* Löwens selbst[6]) einnähte. Ich wenigstens habe schon mehr als Einen Löwen in heiler Haut vor Schmerzen hinken sehen.

Das beweiset nichts, erwiederte *Dinomachus*, als daß du von diesen Sachen ganz und gar nichts verstehst, und es nie der Mühe werth gehalten hast dich davon zu unterrichten. Vermuthlich giebst du also auch die allgemein bekanntesten Dinge nicht zu, als die Mittel die periodischen Fieber zu bannen, den Biß giftiger Thiere unschädlich zu machen, böse Geschwulsten zu vertreiben, und dergleichen, was heutiges Tages sogar die alten Weiber sehr gut zu bewerkstelligen wissen?

Du verbindest hier Dinge die nicht zusammen gehören (versetzte ich), und treibest, wie man zu sagen pflegt, einen Nagel mit einem andern fort. Daß alle diese Krankheiten geheilt werden können, ist ausgemacht: aber ob es durch die Kräfte solcher Mittel, wovon die Rede ist, geschehen könne, ist nichts weniger als ausgemacht, und so lange du mich nicht überreden wirst, daß ein Fieber oder eine venerische Beule aus Angst vor einem gewissen göttlichen Nahmen oder gewissen barbarischen Wörtern[7]) auf einmal Flügel oder Füße bekomme um sich aus dem Staube zu machen, so werde ich so

6) Des gewaltigen übernatürlichen Löwen, den Herkules, weil er unverwundbar war, zwischen seinen Armen erdruckte, und dessen Haut ihm in der Folge zum Mantel diente.

7) Dergleichen waren z. B. die *Ephesischen Wörter* ('Εφέσια γράμματα) *Aski*, *Kataski*, *Aix*, *Tetrax*, *Damnameneus*, *Aision*, (nach dem Hesychius) und die *Milesischen*, *Bedy*, *Zaps*, *Chton*, *Plektron*, *Sphinx*, *Knaxzbi*, *Chlyptis*, *Phlegmos*, *Drops* — womit allerley närrischer Aberglaube getrieben wurde. *Clemens Alex. Strom.* V. Die Egyptier hatten 36 solche heilige Wörter: jedes war der Nahme eines Genius, dessen bloße Anrufung das Heilmittel gegen eine gewisse Krankheit war. *Orig. contra Cels.* I. Alle Morgenländer waren und sind noch bis auf diesen Tag dieses Aberglaubens voll.

frey seyn und alles was du sagtest für Alteweiber-Mährchen halten.

Man sieht wohl, sagte *Dinomachus*, daß ein Mann der *so* spricht, und nicht glauben kann daß göttliche Nahmen die Kraft haben Krankheiten zu heilen, überhaupt keine Götter glaubt.

Sage das nicht, mein Bester! erwiederte ich: das Daseyn der Götter kann seine gute Richtigkeit haben wenn gleich alle diese Dinge Lügen sind. Ich meines Ortes trage alle Ehrfurcht vor den Göttern, und sehe sie täglich schöne Curen thun, und den Kranken durch die Arzneykunst und durch Mittel aus der Apothek wieder zur Gesundheit helfen. *Äsculap* selbst und seine Söhne heilten ihre Patienten durch dienliche Mixturen, nicht mit umgeschlagenen Löwenhäuten und Spitzmäusen.

Laßt ihn glauben was er will, sagte *Ion:* ich will euch dafür etwas erstaunliches erzählen. Ich war ein Knabe von ungefehr vierzehn Jahren; da kam jemand und meldete meinem Vater, sein Winzer Midas, einer von unsern stärksten und arbeitsamsten Knechten, liege in erbärmlichen Umständen mitten auf dem großen Platze; er sey von einer Schlange gebissen worden, und das Bein fange schon an zu faulen. Während er nehmlich in voller Arbeit gewesen die Reben an ihre Pfähle zu binden, sey die Bestie hinzugekrochen, habe ihn in die große Zähe gebissen und sich augenblicklich wieder in ihre Höle hinein gemacht: nun liege der arme Mensch und schreye und vergehe vor Schmerzen. Während der Mann diesen Bericht erstattete, sahen wir den armen Midas den seine Mitknechte auf einer Pritsche herbey trugen; er war ganz aufgeschwollen, braun und blau, gieng schon zusehends in Fäulnis und hohlte nur noch schwach Athem. Wie nun einer der umstehenden Freunde meinen

Vater sehr betrübt über diesen Zufall sah, sagte er zu ihm: Gieb dich zufrieden! ich will gehen und dir in einem Augenblick einen Babylonier, einen von den sogenannten Chaldäern herbringen; der soll dir den Menschen gleich wieder auf die Beine gestellt haben! Daß ichs kurz mache, der Babylonier kam, und stellte den Midas wieder her; und das lediglich mittelst einer Beschwörung, wodurch er ihm das Gift aus dem Leibe herauszog, und mit einem Stückchen, das er vom Leichenstein einer verstorbenen Jungfrau abgeschlagen hatte, und um den kranken Fuß band.[8]) Es mag vielleicht nichts ausserordentliches seyn, indessen ist gewiß, daß Midas die nehmliche Pritsche, worauf er hergetragen worden war, auf die Schultern nahm, und frisch und gesund nach unserm Gute davon gieng. Und das vermochte gleichwohl die Beschwörung und der Leichenstein! Übrigens weiß ich von diesem Babylonier noch andere Dinge, die man wohl mit Wahrheit übernatürlich nennen kann. Eines Morgens früh kam er auf unser Gut, und, nachdem er mit einer Fackel in der Hand die Feldmark dreymal umgegangen und sie mit Schwefel ausgereiniget hatte, laß er aus einem alten Buche[9]) sieben uns unbekannte heilige Nahmen mit lauter Stimme her, und trieb damit alle Schlangen und kriechende Ungeziefer, so viel ihrer waren, aus unsrer ganzen Feldmark aus. Es kamen also, durch die Kraft seiner Beschwörung wie mit Seilen herbeygezogen, eine Menge Schlangen, Vipern, Nattern, Zerasten,

8) Man bemerkte diese affectierte Verkleinerung des Wunders, dessen Augenzeuge er gewesen seyn will; sie ist an einem Menschen wie *Ion* sehr charakteristisch.

9) Zu einer solchen Operation gehört nothwendig ein alter muffichter bouquin [altes Buch]; ein sauber eingebundenes Buch würde es unmöglich thun.

Schießschlangen, Unken und Kröten, und stellten sich um ihn her. Ein einziger abgelebter Drache war zurückgeblieben, vermuthlich weil er vor hohem Alter nicht mehr aus seinem Loche hervorkriechen konnte, und also dem Befehl ungehorsam geblieben war. Ihr seyd nicht alle da, sagte der Zauberer. Indem winkte er eine von den jüngsten Schlangen hervor und schickte sie an den alten Drachen ab; der denn auch nicht lange ausblieb. Wie sie nun alle beysammen waren, bließ sie der Babylonier an, und auf dem Platze wurden sie von diesem Anhauch alle zu Asche verbrannt.[10]) Ihr könnt euch vorstellen was wir für Augen machten![11])

Wenn ich fragen darf, *Ion*, sagte ich, führte der junge Lindwurm, der Abgesandte, den Alten, der (wie du sagtest) nicht mehr gehen konnte, bey der Hand, oder kam er an einem Stabe angestochen?

Das soll gespottet seyn, merke ich, sagte *Kleodemus;* es war eine Zeit wo ich noch unglaubiger über dergleichen Dinge war als du, und es schlechterdings für unmöglich hielt, daß ich jemals sollte bewogen werden können so was zu glauben: aber wie ich einen gewissen Ausländer (er gab sich für einen Hyperboreer[12]) aus) fliegen sah, da glaubte

10) Mir ist es sehr wahrscheinlich, daß Lukian diese hübsche Geschichte (eben so wie ein paar folgende) aus irgend einem zu reichlich mit Glauben versehenen Philosophen seiner Zeit genommen habe. Übrigens war die Meynung, daß man Schlangen und andere kriechende Thiere *bannen* könne, etwas sehr gemeines.

11) Man wird den Spinnstubenton, womit *Ion* das alles erzählt, bemerkt haben. Es bedarf kaum der Erinnerung, daß Lukian diesen Platoniker dadurch in sein gehöriges Licht setzt. Wer wie eine Kindermuhme denkt und glaubt, muß billig auch wie eine solche sprechen.

12) Lydier oder Africaner, Chaldäer, Egyptier, Hyperboreer! — So etwas mußten bey den Griechen die Leute, die sich mit der Theurgie bemeng-

ich und gab mich nach langem Widerstand endlich überwunden. Was konnt' ich machen, da ich ihn bey hellem Tage durch die Luft daherfahren, auf dem Wasser gehen und mit gelassenen Schritten durchs Feuer spazieren sah?

Wie? rief ich, du hast einen Hyperboreer fliegen und auf dem Wasser gehen sehen?

Allerdings, antwortete jener, und zwar in Schuhen von Juchten, wie es bey seinen Landesleuten gebräuchlich ist. Von den Kleinigkeiten, die er uns sehen ließ, will ich gar nicht reden: z. B. wie er die Leute durch Zaubermittel verliebt machte, Geister citierte, Todte die schon in Verwesung giengen auferweckte, die Hekate selbst uns leibhaftig vor Augen stellte, Lunen vom Himmel herabzog und was dergleichen mehr ist. Statt alles dessen will ich euch nur eines erzählen, was ich ihn beym Glaucias, des Alexikles Sohn, habe machen sehen. Dieser

ten, seyn, oder sich wenigstens dafür ausgeben; der Griechische Pöbel verband mit dem bloßen Nahmen dieser fernen Länder den Begriff des Wunderbaren. Besonders hatten sie von uralten Zeiten her seltsame Vorstellungen von den sogenannten *Hyperboreern*, d. i. einem Volke das über den Nordwind hinaus wohnte, und dessen Land sie sich als das schönste in der Welt, als das wahre Paradies, *Elysium* und *Dschinnistan* dachten. Das Glück der *Hyperboreer* war ein Sprichwort bey den Griechen; *Plinius* nennt sie *ein durch mährchenhafte Wunder berühmtes Volk;* kurz je weniger man von ihnen wußte, je geneigter war man das Wunderbarste von ihnen zu glauben. Wer sich also zu Lukians Zeiten, die an Thaumaturgen ziemlich fruchtbar waren, für einen *Hyperboreer* ausgab, hatte gewonnen Spiel. Der, welchen Kleodemus hier seine Bekehrung zuschreibt, scheint kein ungeschickter Gauckler und Taschenspieler gewesen zu seyn. Er flog, das hatte zwar der Hyperboreer *Abaris* schon vor ihm gethan; denn war dieser nicht auf einem *talismanischen Pfeile* in Griechenland angekommen und hatte daher den Nahmen *Luftwandler* (αἰθροβάτης) erhalten? Aber fliegen, wenn man auch nicht der erste ist, bleibt immer eine hübsche Kunst, und wer das kann, dem ists ein leichtes auch durch Feuer und Wasser zu gehen.

Glaucias war durch seines Vaters Tod eben zum Besitze seines Vermögens gekommen, als er in die schöne Chrysis, Demanets Tochter, verliebt wurde. Ich war damals sein Lehrer in der speculativen Philosophie, und wenn ihm sein Liebeshandel den Kopf nicht so sehr eingenommen hätte, er würde gewiß von unsrer ganzen Encyklopädie Meister worden seyn; denn er analysirte schon in seinem achtzehnten Jahre, und hatte die Physik von Anfang bis zu Ende durchgehört. Wie er sich nun mit seiner Liebe gar nicht mehr zu helfen wußte, entdeckte er mir den Zustand seines Herzens. Ich führte ihm also (wie billig, da ich sein Lehrer war) den besagten Hyperboreischen Zauberer zu, nachdem ich diesem letztern vier Minen baar auf die Hand gegeben hatte; denn es mußte etwas zu den erfoderlichen Opfern vorausbezahlt werden.[13]) Sechzehn Minen sollte er bekommen, wenn Glaucias das Ziel seiner Wünsche bey Chrysis erlangt hätte. Sobald nun der Mond voll war (denn dergleichen magische Handlungen werden meistens um diese Zeit vorgenommen) so machte er in einem Vorhofe des Hauses unter freyem Himmel eine Grube, und rief uns um Mitternacht zuerst den Vater des Glaucias, der vor sieben Monaten verstorben war, hervor. Der Alte war anfangs sehr ungehalten und zornig über die Leidenschaft seines Sohnes; doch ließ er sich endlich besänftigen und gab seinen Willen drein. Hiernächst rief er die Hekate hervor, die von ihrem dreyköpfigen Hunde begleitet wurde, und darauf zog er Lunen vom

13) Diese kleine Ceremonie ist bekanntermaßen so wesentlich nothwendig zu allen mysteriosen Auftritten dieser Art, daß man nicht leicht ein Beyspiel wird citieren können, wo sie wäre weggelassen worden. — Die vier Minen betragen nach unserm Gelde etwas über 66 Rthlr. [Reichsthaler].

Himmel herab. Dies war ein wundervolles Schauspiel, wo immer eine Erscheinung von der andern verdrängt wurde. Denn zuerst präsentierte sie sich in weiblicher Gestalt, hernach wurde sie eine wunderschöne Kuh, und zuletzt ein kleines Hündchen.[14]) Endlich nahm der Hyperboreer ein wenig Leimen, bildete einen kleinen Cupido daraus, und sagte zu ihm: geh und bringe die Chrysis her. Der Leimen fliegt davon, und bald darauf klopft Chrysis an die Thür; man macht ihr auf, sie rennt wie rasend vor Liebe dem Glaucias mit ofnen Armen an den Hals, und bleibt bey ihm bis wir die Hähne singen hörten. Denn da flog Luna wieder nach dem Himmel zurück, Hekate tauchte wieder in die Erde unter, alle übrigen Phantomen verschwanden, und mit Anbruch der Morgenröthe schickten wir auch die Chrysis wieder fort. Wärest du von allem diesem ein Augenzeuge gewesen, Tychiades, du wür-

14) Vorausgesetzt, daß der Hyperboreer (wie man einem solchen Wundermanne billig zutrauen kann) eine kleine *unsichtbare — Schauspielergesellschaft* zu seinen Diensten hatte, und daß die Carte zwischen ihm und der schönen und tugendhaften *Chrysis* abgeredet war, läßt sich das ganze Gauckelspiel, das vermittelst der gehörigen Decorationen, und in gehöriger Entfernung, vor den Augen des einfältigen Liebhabers und seines noch albernern Instructors gespielt wurde, leicht sehr natürlich erklären. Tychiades läßt sich daher in keine Explication ein, womit er bey solchen Köpfen, wie er vor sich hatte, an kein Ende gekommen wäre; er giebt sogar zu, daß er *wie sie* glauben würde, wenn er, *wie sie*, gesehen hätte: aber, zum Beweis daß seine Augen scharf genug waren, durch die Blendwerke, die man ihnen vor die Nase gemacht hatte, durch zu sehen, setzt er ein paar Anmerkungen hinzu, die alle nähere Erklärungen überflüßig machen. — Übrigens sieht man aus dieser Geschichte, daß die damaligen Gauckelspieler ihre Kunst so gut verstanden als die unsrigen; die Verfeinerung *unsers* Jahrhunderts erfodert vielleicht zuweilen eine etwas *feinere* Täuschung; aber in der Hauptsache läuft es doch auf Eins hinaus.

dest gewiß nicht länger zweifeln, daß in den Beschwörungsformeln große Kräfte liegen.

Da sprichst du wie ein weiser Mann, erwiederte ich; ganz gewiß würde ich glauben, wenn ich das alles wirklich gesehen hätte: so aber ist mirs zu verzeihen, denke ich, daß ich kein so scharfes Gesicht für solche Dinge habe wie ihr. Übrigens kenne ich die Chrysis, von der die Rede war, als eine der zahmsten und gefälligsten ihrer Gattung, und ich sehe nicht wozu ihr einen leimernen Unterhändler, einen Zauberer aus den Hyperboreischen Gegenden, und Lunen selbst bey ihr nötig hattet, da sie euch um zwanzig Drachmen bis zu den Hyperboreern nachgeloffen wäre. Denn mit *diesem* Zauber ist die gute Nymfe gleich überwältigt, und es geht ihr damit just umgekehrt wie den Gespenstern. Diese verschwinden, wie ihr andern sagt, sobald sie etwas metallnes hören; bey jener aber kann man sich darauf verlassen, daß sie dem Tone nachgeht wenn sie Silber klingen hört. Außerdem wundert es mich, warum der Zauberer selbst, da es nur auf ihn ankommt, die reichsten Weiber in sich verliebt zu machen, und bey Tausenden damit zu verdienen, sich mit dem kleinfügigen Gewinn abgeben mag, einem Glaucias um lumpichte vier Minen in seinen Liebesnöten behülflich zu seyn.

Es ist sehr lächerlich von dir, sagte *Ion*, daß du bey Allem den Unglaubigen machen willst. Ich hätte aber wohl Lust, dich zu fragen, was du zu denen sagst die die Gabe haben die Besessenen zu befreyen, indem sie ihnen durch ihre Zauberformeln die Teufel sichtbarlich aus dem Leibe treiben? Doch, es ist überflüssig, viele Worte darüber zu verlieren: denn wem ist der Syrer aus Palästina[15]) un-

15) Ich sehe nicht, warum einige Ausleger hier mehr wissen wollen als Lukian selbst gesagt hat. — Warum soll er un-

bekannt, der ein so großer Meister in dieser Kunst ist? und wer weiß nicht, wie viele, die beym bloßen Anblick des Mondes umfallen, die Augen verdrehen, den Schaum vor dem Munde stehen haben, kurz wie viele Mondsüchtige dieser Mann wieder auf die Füße stellt und gesund wieder nach Hause schickt, nachdem er die bösen Geister gegen baare Bezahlung aus ihnen ausgetrieben hat? Denn, wenn sie so vor ihm auf der Erde liegen, und er den Teufel fragt, woher er in diesen Leib gefahren sey? so spricht zwar der Kranke kein Wort: aber der Teufel antwortet auf Griechisch oder in einer barbarischen Sprache, und meldet sowohl wer er selbst ist, als wie und von wannen er in den Menschen gefahren: und dann wird er von ihm durch Beschwörung, und, wenn das noch nicht helfen will, durch Drohungen[16]) hinausgejagt. Ich selbst sah einmal einen solchen Teufel ausfahren, der ganz schwarz und wie geräuchert aussah.

Mich nimmt nicht Wunder, Ion, sagte ich, daß ein Mann wie du dergleichen Dinge sehen kann, da dir ja sogar die *Ideen* sichtbar werden, die euch euer Vater Plato zeigt, wiewohl wir andere stumpfsichtige Leute noch weniger als an einem verblichnen Gemählde daran zu sehen finden.

ter diesem Syrer aus Palästina gerade einen *Christen* ja gar einen von den Schülern der Apostel, gemeint haben? Und woher haben es diese Herren, daß die Christen aus der Gabe, die Teufel auszutreiben, ein *Gewerbe* gemacht hätten? Gab es etwa damals nicht Betrüger genug, die sich mit solchen Dingen abgaben? Und was hätte Lukian für Ursache gehabt, es nicht gerade heraus zu sagen, wenn er unter dem Palästiner einen Christen verstanden hätte?

16) Es gab gewisse *Drohungsformeln*, die eine solche Gewalt hatten, daß die Geister auf der Stelle gehorchen mußten. *Iamblichus* (*de Myster. Ägypt.* S. 6. c. 4.) nennt sie daher βιαστικὰς ἀπειλάς [brutale Drohungen]. Die Ägyptischen Priester hatten Drohungsformeln, vor denen sogar die Götter vom ersten Rang zitterten. *Porphyr. epist. ad Aneb.*

Ion ist wohl der einzige, der solche Dinge gesehen hat! — sagte *Eukrates.* Giebt es nicht viele andere, die bey Tag oder bey Nacht Gelegenheit gehabt haben, Geister zu sehen? Ich selbst habe nicht einmal, sondern zehntausendmal Geister gesehen. Anfangs, ich gestehe es, war mir nicht wohl dabey zu Muthe; jetzt aber bin ich es so gewohnt, daß ich gar nichts ausserordentliches mehr zu sehen glaube; zumal seit dem mir ein gewisser Araber einen Ring, der aus Eisen von einem Galgen gemacht ist[17]) gegeben, und mich die *Beschwörung mit den vielen Nahmen* dazu gelehrt hat — es wäre denn, daß du auch mir nicht glauben wolltest, Tychiades?

Ich bitte sehr um Verzeihung, antwortete ich: wie sollt' ich mir einfallen lassen können, dem *Eukrates Dinons Sohn*, nicht zu glauben, einem so weisen und gelehrten Manne, der sich seines Hausrechts bedient, und aus freyer Brust zwischen seinen eigenen vier Wänden sagt was ihm gut dünkt?

Die Geschichte mit der Bildsäule, fuhr *Eukrates* fort, kannst du nicht nur von mir, sondern von allen den meinigen hören: denn es ist keines von meinen Hausgenossen, jung und alt, das nicht in unzähligen Nächten ein Augenzeuge davon gewesen wäre. Welcher Bildsäule? — fragte ich.

Hast du, versetzte er, im Hereingehen das wunderschöne Bild nicht gesehen, ein Werk des berühmten *Demetrius*? —

Meynst du den *Diskobolus*, fiel ich ein, der sich in der Stellung einer Person, die im Begriff zu werfen ist, vorwärts beugt, den Kopf nach dem Mädchen kehrt die ihm den Discus hinreichte, das eine Knie

17) Der Aberglaube, dergleichen Ringen magische Kräfte zuzuschreiben, hat sich zum Vortheile der löbl. Scharfrichterprofession, bis auf diesen Tag unter dem Pöbel erhalten.

ein wenig einbeugt, und ganz so aussieht, als ob er sich mit dem Wurfe zugleich in die Höhe richten werde?

Nein, sagte er, denn der Diskobolus von dem du sprichst, ist eines von *Myrons*[18]) Werken. Ich meyne auch nicht die andere, die neben ihm steht, die mit der Binde um den Kopf — auch ein schönes Stück — denn die ist vom *Polykletus*[19]). Aber lassen wir die Bilder, die den Hereingehenden rechter Hand stehen, worunter auch ein Paar von Kritias dem Nesioten sind, die Tyrannenmörder nehmlich. Aber wenn du eine Bildsäule neben dem Brunnen gesehen hast, mit etwas vorhängendem Bauche, kahl, nur halb bekleidet, mit einem Barte, von dessen Haaren der Wind einige zu bewegen scheint, und mit sehr stark angedeuteten Adern, kurz, das so ganz der Mann selbst ist, den es vorstellt, von diesem rede ich. Man glaubt daß es der alte Korinthische Feldherr *Pelichus* sey.

18) Quinctilian erwähnt eines *Diskobolos* vom Myron, *Instit.* II, 13.

19) Man bemerke, mit wie vielen Meisterzügen Lukian in diesem Dialog, den Charakter eines reichen Atheniensers schildert, der an alle Arten von Kenntnisse Anspruch macht, in allem den Ton angiebt und das große Wort führt, alles besser hat, oder besser weiß als andere, immer, so zu sagen, das höchste Gebot thut, kurz, alle Arten von Vorzüge und Verdienste in sich vereiniget, den Weltmann, den Philosophen, den Kunstkenner, den gereiften Mann, den Mann, dem eine Menge Wunderdinge begegnet sind, ja, (wie wir bald sehen werden) auch den zärtlichen Ehmann und Vater, mit der anspruchsvollesten Selbstgefälligkeit spielt, und doch im Grunde nur ein hohler windichter, den Wichtigen machender Atheniensischer *Pantalone* ist. Die unzeitige Pralerey mit den Statüen in seinem Vorhof, und daß er von jeder den Meister nennt, und der stille Triumph über den unwissenden Tychiades, der ein Bild von Myron für eine Arbeit des Demetrius hält, und zwanzig andere solche Züge, die man noch bemerken wird, stellen den Mann so lebendig hin, daß man ihn zu sehen und zu hören glaubt.

Beym Jupiter, rief ich, ich sah so eine Bildsäule dem Saturn zur rechten Hand stehen, mit Binden und verwelkten Blumenkränzen geziert, und über die Brust ganz mit Goldbleche bedeckt.

Ich habe sie so vergolden lassen, sagte *Eukrates*, da sie mich von einem dritten Rezidiv eines alltägigen Fiebers curierte, woran ich beynahe zu Grunde gegangen wäre.

Also, fragte ich ein wenig vorlaut, war dieser brave General Pelichus auch ein Arzt?

Das ist er, und ich rathe dir nicht zu spotten, versetzte *Eukrates;* es möchte dir bald genug übel bekommen! Ich weiß was diese Bildsäule, über die du lachest, zu thun im Stande ist. Oder meynst du nicht, wer alltägige Fieber vertreiben kann, könne sie einem auch auf den Hals schicken?

Ich bitte die Bildsäule herzlich um Verzeihung, versetzte ich; sie wird hoffentlich, da sie so tapfer ist, auch barmherzig seyn. Aber was seht ihr alle, so viel euer im Hause sind, sie denn noch anders thun? Sobald die Nacht eingebrochen ist, fuhr er fort, steigt sie von ihrem Fußgestell herab, und geht im ganzen Hause herum, zuweilen still, zuweilen auch singend; und es ist niemand im Hause, der ihr nicht öfters begegnet wäre, ohne daß sie nur einem einzigen das geringste Leid zugefügt hätte; man muß ihr nur aus dem Wege treten, so geht sie vorbey und thut nieand nichts der sie ansieht. Nicht selten badet sie sich auch, und spielt die ganze Nacht durch mit sich selbst, so daß man das Geräusch im Wasser deutlich hören kann.

Am Ende wird noch gar herauskommen, sagte ich, daß diese Statue nicht Pelichus sondern Talus, des Minos von Kreta Diener ist[20]); denn auch der

20) Das Amt dieses Talus war (wie *Plato* in seinem Minos sagt) dreymal des Jahres mit den ehernen Gesetztafeln des

war, in gewissem Sinne ehern, und spückte von Zeit zu Zeit in ganz Kreta herum. Und wenn sie, anstatt von Bronze, hölzern wäre, so wüßte ich nicht warum sie ein Werk des *Demetrius*, und nicht vielmehr eines von den berühmten Kunststücken des *Dädalus*[21]) seyn sollte, da sie, wie du sagst, eben so wie jene von ihrem Gestelle davon läuft.

Nimm dich in Acht, Tychiades, versetzte er; dein Spotten könnte dir noch theuer zu stehen kommen! Denn ich weiß wie übel es demjenigen bekam,

Minos in Kreta herumzureisen, und über ihrer genauen Beobachtung zu halten. Dies brachte ihm den Beynahmen des *ehernen Mannes* zuwege. Die spätern Poeten konnten es unmöglich hiebey bewenden lassen. Sie machten einen Mann aus ihm, der von Fuß zu Kopf wirklich von Erzt, übrigens aber ein Mensch war wie ein anderer, ausser daß er nur eine einzige Blutader hatte, die vom Kopf bis in die Ferse herabgieng, und mit einem ehernen Zapfen zugestopft war. Minos hatte diesen wunderbaren Mann, ein Werk Vulcans, durch Europen, vom Jupiter zum Geschenk erhalten, und ihn zum Küstenbewahrer von Kreta gemacht; welchem zufolge Talos alle Tage dreymal um die ganze Insel herumlief, und den Fremden, denen er nichts Gutes zutraute, das Anlanden verwehrte. Da er aber auch die Argonauten auf eine sehr brutale Art verhinderte, frisches Wasser und Lebensmittel auf dieser Insel einzunehmen, fand *Medea*, wie es scheint, (denn Apollonius, wiewohl er die Zauberin vorher Himmel und Hölle gegen den armen Talos bewegen läßt, erklärt sich nicht so deutlich wie es einem Dichter zukommt darüber) ein Mittel, daß er sich den Zapfen, der ihm statt des Knöchels diente, an einem Stein ausstieß, so daß alles Götterblut (ἰχώρ) das er im Leibe hatte, wie geschmolzen Bley herauslief, und Talos also zu Boden fiel um nie wieder aufzustehen. *Apollon. Argon.* IV. 1635–88.

21) *Dädalus* soll der erste Griechische Künstler gewesen seyn, der den Götterbildern oder *Hermen*, die vor ihm bloße Säulen mit Köpfen gewesen waren, eine Art von Füßen gab. Die Griechen, deren Imagination alles verschönerte, fanden also in spätern Zeiten etwas sehr angenehmes darin, sich selbst mit dem Vorgeben zu belügen, er habe Statüen gemacht, die man habe anbinden müssen, damit sie nicht davon liefen. Alle seine Bilder waren von Holz.

der die Obolen, die wir ihm alle Neumonde zu opfern pflegen, gestohlen hatte.

Einem solchen Gottesräuber konnte es nicht schlimm genug ergehen, sagte *Ion.* Erzähl' es uns doch, Eukrates! denn ich wünsche es zu hören, wenn gleich der Tychiades hier wieder den Unglaubigen dabey machen wird.

Es lagen, sagte er, eine Menge Obolen zu den Füßen des Bildes; auch waren etliche Silbermünzen mit Wachs an seine Schenkel geklebt, nebst verschiedenen andern Silberbleche, die vermuthlich von Leuten, denen die Statue vom Fieber geholfen hatte*), zur Dankbarkeit gestiftet worden waren.

Nun hatten wir einen Reitknecht im Hause, einen ruchlosen Kerl aus Africa; der erfrechte sich das alles einsmals bey Nacht und Nebel wegzustehlen, indem er die Zeit abwartete da das Bild seinen gewöhnlichen Umgang hielt. Sobald aber Pelichus zurückkam und merkte, daß er beraubt worden war, — gebt wohl Acht, wie er den Africaner zu erwischen wußte! Der arme Teufel mußte die ganze Nacht an einem fort im Kreise herumlaufen, und konnte so wenig aus dem Hofe heraus als ob er in den Labyrinth gerathen wäre, bis er des Morgens mit den gestohlnen Sachen erwischt und tüchtig dafür abgegerbt wurde. Aber dabey blieb es nicht: denn, seinem eigenen Geständnisse nach, wurde er

*) Hier haben wir also ein wahres heidnisches *Gnadenbild*, eine Statue, die das Fieber curirt, und dafür reichlich mit silbernen und wächsernen *ex voto* beklebt und behangen ist. Übrigens war dieser *Pelichus* nicht das einzige wunderthätige Bild in seiner Art. Auch die Bildsäule des Athleten *Theagenes* zu Thasos hatte die Gabe diejenigen, die das Vertrauen zu ihr hatten, vom Fieber und andern Krankheiten zu curiren. *Paus.* in *Eliac.* c. II. Das nehmliche sagt unser Autor an einem Orte seiner *Götterversammlung* von der Statue des *Polydamas*, eines andern berühmten Athleten, zu Olympia.

alle Nächte von einer unsichtbaren Hand dermaßen gepeitscht, daß er des folgenden Tages die Striemen davon zeigen konnte; so daß er es nicht lange mehr trieb, und, zu seinem verdienten Lohne, jämmerlich um sein Leben kam. Nun, Tychiades, spotte noch über den Pelichus, wenn du darfst, und glaube noch, daß ich radottiere als ob ich schon so alt wie König Minos sey!

Mit allem dem, edler Eukrates, erwiederte ich, so lange Erzt Erzt bleibt, und dieses Bild ein Werk des Demetrius von Alopözien ist, der kein Göttermacher, sondern ein Statüenmacher war, werde ich mir wahrlich nicht vor der Bildsäule des Pelichus grauen lassen, den ich nicht einmal fürchten würde, wenn er noch lebte und mir drohen wollte.

Hier wandte sich der Arzt *Antigonus* an Eukrates und sagte: auch ich, Eukrates, habe einen zwey Spangen hohen *Hippokrates* von Bronze zu Hause, der, so oft der Docht der vor ihm brennenden Lampe ausgeht, mit großem Gepolter im ganzen Hause herumfährt, die Thüren aufstößt, die Büchsen umwirft, und die Arzneyen unter einander mengt. Besonders macht er uns diesen Spuck, wenn etwa das Opfer übergangen worden ist, das wir ihm alle Jahre auf einen gewissen Tag zu schlachten pflegen.

Wie? rief ich: verlangt nun auch sogar der Arzt Hippokrates daß man ihm Opferthiere schlachte, und wird böse, wenn er nicht zur gesetzten Zeit wie ein Gott vom ersten Rang schmausen kann? Ich dächte er sollte noch froh seyn, wenn man ihn höchstens mit einem schwarzen Hahn oder einer Libation von Honigwein, oder auch mit einem blossen Blumenkranz um den Kopf, abfände.

Höre nun, sagte Eukrates, und das mit Zeugen

die ich aufstellen kann, was ich vor fünf Jahren gesehen habe. Es war um die Zeit der Weinlese. Gegen Mittag verließ ich die Winzer bey ihrer Arbeit, und begab mich ganz allein in den Wald, in dem ich so was mit mir selbst überdachte. Sobald ich tiefer hinein gekommen war, höre ich ein Gebell von Hunden. Ich denke, mein Sohn Mnason treibt sein gewöhnliches Spiel, und jagt mit andern Jünglingen seines Alters im dichtesten Revier des Waldes. Aber das war es nicht: denn bald darauf fieng die Erde an zu beben, ich hörte ein Getöse als ob es donnerte, und indem sehe ich eine fürchterliche Frau, beynahe ein halbes Stadium*) hoch, auf mich zu gehen. In der linken Hand trug sie eine Fackel und in der rechten einen Dolch, ungefehr zwanzig Ellen lang. Von unten hatte sie Drachen statt der Füsse, und von oben sah sie einer wahren Meduse gleich, so was gräßliches und schauderliches hatte sie in ihren Augen und in ihrem ganzen Aussehen; und statt der Haare hatte sie Schlangen theils in Zöpfen um den Hals herumhangen, theils rollten sie ihr in wallenden Kreisen über die Schultern herab. Noch jetzt läuft mirs bey der blossen Erzählung kalt durch alle Glieder. Sehet selbst, meine Freunde, sagte er, und zeigte uns wie alle Haare an seinem Arme vor Schrecken emporstrebten.[22])

Ion, *Dinomachus* und *Kleodemus*, nebst verschiedenen andern die um sie herumstanden, lauter bejahrte Männer, starrten ihn mit halb ofnem Munde hoch aufhorchend an, und verrichteten innerlich ihre Andacht zu dem unglaublichen Koloß einer Frau die ein halbes Stadium hoch war, und mit der

*) dreyhundert Fuß.

22) Eukrates hat, wie man sieht, ein wahres Talent Wundergeschichten zu erzählen, angehende Geisterseher können sich nach keinem bessern Muster bilden.

man einem Riesen hätte Angst machen können. Ich meines Ortes dachte bey mir selbst, was das für Leute wären, denen man die Jugend zum Unterricht in der Weisheit anvertraut, und die der gemeine Mann mit Ehrfurcht anstaunt, da sie doch, ihren grauen Kopf und Bart abgerechnet, wahre Kinder am Verstande sind, und würklich sich durch solche Lügen noch leichter anködern lassen als die kleinsten Kinder.

Ich bitte dich, Eukrates, sagte *Dinomachus*, wie groß waren die Hunde der Göttin?[23])

Größer als die Elefanten aus Ostindien, schwarz, und voll langer, struppichter und schmutziger Zotteln. Ich blieb beym Anblick dieser Erscheinung stehen, und drehte in aller Stille den Ring, den ich von dem Araber habe, gegen das Innere der Hand. Sogleich stampfte Hekate mit ihrem Drachenfuße auf den Boden, und es entstand eine Kluft von so ungeheurer Größe, daß sich der ganze Tartarus aufgedeckt zu haben schien. Sie sprang hinein, und schwand nach und nach aus meinen Augen. Ich aber faßte ein Herz, und schaute mit vorgebogenem Kopfe in den Abgrund hinunter, indem ich den einen Arm um einen zunächststehenden Baum herumschlang, um nicht hinabzustürzen, wenn mich etwa ein Schwindel ankäme: und da erblickte ich alles was im Tartarus zu sehen ist, den feuerstrudelnden Phlegeton, den stygischen See, den Cerberus, die Seelen der Abgeschiedenen, und so

23) Diese Frage wird mit vieler Proprietät dem Stoiker Dinomachus in den Mund gelegt; denn die Stoiker piquierten sich große Dogmatiker in der vulgaren Theologie zu seyn, und er glaubte nichts geringes gewonnen zu haben, wenn er seine Kenntnis von der eigentlichen Größe der Hunde der Hekate aus dem Munde eines so *glaubwürdigen Augenzeugen* berichtigen könnte.

deutlich, daß ich einige darunter erkannte. Meinen Vater z. B. erkannte ich ganz genau, weil er noch in eben dieselbe Tücher eingehüllt war, worin wir ihn begraben hatten.

Aber was machten die Seelen, lieber Eukrates? — fragte *Ion.*[24])

Was sollten sie machen? erwiederte jener: sie liegen nach ihren Stämmen und Zünften[25]) auf Asphodilblumen, und vertreiben sich die Zeit mit ihren Freunden und Anverwandten.

Nun, sagte *Ion*, sollen die Epikuräer kommen, und dem göttlichen Plato und seiner Lehre noch länger widersprechen! Aber hast du nicht auch den Sokrates selbst und den Plato unter den Todten gesehen?

Den Sokrates, ja, aber doch nicht deutlich; ich vermuthe es nur an seiner Glatze und an seinem vorhängenden Bauche. Aber den Plato konnte ich nicht erkennen, denn ich möchte meinen Freunden nicht gerne mehr sagen als die lautre Wahrheit ist.[26]) Wie ich nun so stand und alles sorgfältig betrachtete, schloß sich die Kluft wieder, und indem fanden sich einige meiner Bedienten, die mich suchten, unter andern auch dieser gegenwärtige Pyrrhias bey mir ein, da die Kluft noch nicht völlig ge-

24) Der Platoniker, vermuthlich um seinen *Phädo* zu ergänzen.

25) wie die Athenienser bey einer Siegesmahlzeit. — Die Asphodilblumen hat er dem Homer abgesehen.

26) Wieder ein Zug, der zum Beweise dient, daß Lukian seinen Eukrates nach dem Leben schilderte. Diese *Gewissenhaftigkeit im Lügen* bezeichnet einen großen Meister. Wie glaubwürdig wird, in den Augen solcher Zuhörer wie Eukrates hatte, ein Mann, der einer so schönen Gelegenheit und so starken Versuchung *noch mehr zu lügen*, widerstehen kann, weil er seinen Freunden nicht mehr sagen will als die lautere Wahrheit ist! Er ist wie ein schelmischer Geldmäkler, der mir falsche Ducaten gegen Münze verwechselt, aber das Agio mit der größten Genauigkeit zehnmal ausrechnet, aus Furcht mir um einen Dreyer Unrecht zu thun

schlossen war. Rede, Pyrrhias, ob ich nicht die Wahrheit sage!

Beym Jupiter, sagte der Bediente, ich hörte noch ein Gebell aus der Kluft herauf, und es war mir als ob ich eine Feuerflamme, wie von einer geschwungenen Fackel, auflodern sehe.

Ich mußte lachen, daß der Zeuge so dienstfertig war, noch das Gebell und die Flammen, als eine Zugabe, ungebeten zuzumessen. Hierüber fieng *Kleodemus* an: Das Gesichte, das du da gesehen hast, ist nichts so ungewöhnliches, daß es nicht auch andern schon zu Theil worden wäre; wie ich denn selbst in meiner letzten Krankheit was ähnliches gesehen habe. Der hier gegenwärtige Antigonus war mein Arzt. Es war der siebente Tag, und das Fieber war so heftig, daß ich wie in lauter Feuer lag. Ich war ganz allein: denn Antigonus hatte alle meine Leute aus dem Zimmer geschaft und die Thür abgeschlossen, um zu versuchen, ob ich ein wenig schlummern könnte. Auf einmal, da ich noch völlig wachte, stand ein wunderschöner Jüngling in weissem Gewande vor mir, hieß mich aufstehen, und führte mich durch eben so eine Kluft in die Unterwelt, wo ich gleich auf den ersten Blick den Tantalus, Tityus und Sisyphus erkannte. Unvermerkt kam ich bis an den Gerichtsstuhl, wo ich einen der wie ein König aussah (den Pluto ohnezweifel) von Äakus und Charon, und von den Parzen und Furien umgeben, sitzen sah, um die Nahmen derjenigen zu nennen, welche ohne längern Aufschub sterben sollten, weil sie ihre bestimmte Lebenszeit bereits überschritten hatten und, so zu sagen, überständig waren. Der Jüngling stellte mich vor: aber Pluto wurde unwillig darüber, und sagte zu meinem Führer: sein Faden ist noch nicht abgesponnen, er kann wieder gehen; aber du, hohle den Kupferschmid

Damylus, der schon über seine Spindel hinaus lebt. Ich lief also voller Freuden wieder zurück, und befand mich ohne Fieber, sagte aber meinen Leuten, der Nachbar Damylus werde nächstens sterben. Man meldete mir er sey unpäßlich, und bald darauf hörten wir ein Klaggeschrey, das uns seinen wirklichen Tod ankündigte.

Das ist noch nichts so ausserordentliches, sagte *Antigonus.* Ich selbst kenne jemand, der nach dem zwanzigsten Tage seines Begräbnisses wieder auferstand, und kenne ihn sehr gut, da er vor und nach seinem Tode mein Patient gewesen ist.

Aber, fragte ich, wie ist es möglich, daß der Mann, wenn er wirklich todt war, in zwanzig Tagen nicht in Verwesung gegangen, oder, wenn er im Grabe noch lebte, nicht Hungers gestorben wäre? Dein Patient müßte nur ein zweyter *Epimenides*[27]) gewesen seyn.

Indem wir noch sprachen, kamen die Söhne des *Eukrates* vom Fechtboden zurück. Der eine von ihnen war schon über die ersten Jünglingsjahre hinaus, der andere mochte ungefähr fünfzehn Jahre haben. Nachdem sie uns ihren Reverenz gemacht hatten, nahmen sie auf dem Ruhebette ihres Vaters Platz, und mir wurde ein Lehnstuhl gebracht. Auf einmal fieng *Eukrates*, als ob ihm der Anblick seiner Söhne eine neue Wundergeschichte ins Gedächtnis bringe, wieder an: so möge mich der Himmel Freude an diesen beyden erleben lassen, als das wahr ist was ich dir erzählen will, Tychiades! Wie sehr ich meine selige Frau, ihre Mutter, geliebt habe, ist jedermann bekannt; ich habe es durch alles, was ich sowohl in ihrem Leben als nach ihrem Tode für

27) d. i. in einem übernatürlichen Schlaf gelegen seyn: Siehe die Anmerkung 10 zum *Timon.*

sie gethan, deutlich genug zu Tage gelegt, indem ich ihren ganzen Schmuck, und das Kleid das sie am liebsten trug, mit ihr verbrennen ließ. Am siebenten Tage nach ihrem Hintritt lag ich auf diesem nehmlichen Ruhebette, und las, um Trost in meinem Leide zu suchen, Platons Buch von der Seele. Alles war still und einsam um mich her. Auf einmal sehe ich meine *Demäneta*, die sich auf dem nehmlichen Platze, wo hier *Eukratides* sitzt, zu mir setzt. — Er deutete bey diesem Worte auf seinen jüngern Sohn, der, wie man sich von einem Knaben seines Alters vorstellen kann, dabey zusammenfuhr, da er vorhin schon beym Anfang der Erzählung leichenblaß geworden war. — Sobald ich sie sah, fuhr *Eukrates* fort, umarmte ich sie und weinte wie ein Kind. Sie verwehrte mir zu schreyen, beklagte sich aber, daß ich, da ich ihr sonst alles zu Gefallen gethan, den einen von ihren goldenen Schuhen nicht mit verbrannt hätte. Er sey, sagte sie, unter den Kleiderschrank gefallen — und dies war die Ursache, warum wir ihn nicht finden konnten, und also nur den einen verbrannt hatten. Indem wir noch zusammen sprachen, fieng mein vertracktes Milesisches Schoos-Hündchen, das unter dem Bette lag, an zu bellen, und sogleich verschwand sie wieder: der Schuh aber wurde hernach unter dem Kleiderschranke gefunden, und am folgenden Tage verbrannt. Nun, Tychiades, ist dirs möglich, solchen offenbaren Thatsachen, und die, so zu sagen, alle Tage begegnen, deinen Glauben länger zu verweigern?

Behüte Gott! rief ich: die verdienten wahrlich, daß man sie mit einem goldnen Schuh — wie kleine Jungen züchtigte*), die nun nicht glauben, und der

*) Im Griech., »daß man ihnen — den H*t*rn zerklopfte.« Lukian nennt immer alles mit dem rechten Nahmen, wie Voltaire.

Wahrheit so unverschämt ins Gesicht lachen wollten!

Wie wir so sprachen, trat *Arignotus*, der *Pythagoräer*, herein, der Mann mit dem schönen volllockichten Haare[28]) und der feyerlichen Ehrfurchtgebietenden Miene, der seiner Weisheit wegen so berühmt ist, und von vielen *der heilige* Arignotus genennt wird. Sobald ich ihn erblickte, wurde mir leichter um die Brust: *Der* hätte mir, dacht' ich, nicht gelegner zum Beystand kommen können! denn unfehlbar wird ein so weiser Mann diesen windichten Wunderkrämern den Mund stopfen! Kurz, ich glaubte nicht anders als daß er mir vom Glücke wie ein Gott aus den Wolken zugeschickt worden sey, um mir aus der Noth zu helfen, da ich bereits alle Hofnung aufgegeben hatte. *Kleodemus* stand sogleich auf um ihm Platz zu machen, und sobald er sich gesetzt, und auf seine Erkundigung nach der Krankheit vernommen hatte, daß Eukrates sich um viel leichter befinde, fieng er an: Haben die Herren nicht zusammen philosophiert? Ich hörte so was im Hereintreten, und die Conversation schien mir etwas sehr unterhaltendes zum Gegenstand zu haben.

Nichts geringers, sagte *Eukrates*, als diesen felsenharten Mann hier (auf mich weisend) zu überzeugen, daß es Geister und Erscheinungen gebe, und Gespenster, und daß die Seelen der Todten auf der Erde herumwandern und sichtbar werden wem sie wollen. Ich erröthete bey diesen Worten und schlug aus Ehrfurcht vor Arignotus die Augen nieder.

28) Das volllockichte Haar gehörte zum Costum eines Pythagoräers, weil sich ihr heiliger Vater Pythagoras dadurch ausgezeichnet hatte. Sie hatten eine Art von Vorrang unter den übrigen philosophischen Orden, besonders seitdem *Apollonius von Tyana* dem Pythagorischen einen neuen Schwung gegeben hatte.

Vielleicht, erwiederte er, ist die Meynung des Tychiades, daß nur die Seelen derjenigen herumirren, die eines gewaltsamen Todes gestorben sind, z. B. derer die sich selbst erhängt haben, oder enthauptet, gekreuziget, oder auf eine andere ähnliche Art aus der Welt geschaft worden sind; diejenigen hingegen nicht, die des natürlichen Todes starben. Wenn er *dies* behauptete, so möchte er wohl so unrecht nicht haben.

Nein, beym Jupiter, rief *Dinomachus*, er läugnet alle diese Dinge durch die Bank, und meynt daß gar nichts dergleichen möglich sey.

Wie? sagte *Arignotus*, indem er zugleich einen scharfen Blick auf mich warf, du läugnest die Wirklichkeit von etwas, wovon, so zu sagen, das ganze menschliche Geschlecht Augenzeuge ist?

Die Anklage meines Unglaubens ist zugleich meine Rechtfertigung, versetzte ich: ich glaube nicht, weil ich der einzige bin der nichts sieht: Hätte ich was gesehen, so glaubte ich ohne Zweifel so gut wie ihr.

Wenn du also jemals nach *Korinth* kommst, sagte *Arignotus*, so erkundige dich nach dem Hause des Eubatides; und wenn es dir unweit des Kraneions gewiesen wird, so geh hinein, und sage dem Thürhüter Tibius, du möchtest den Ort gerne sehen, wo der Pythagoräer Arignotus habe aufgraben lassen, und woraus er den Dämon vertrieben, und von selbiger Zeit an das Haus wieder bewohnbar gemacht habe[29]).

29) Die Geschichte, die uns Arignotus hier vorlügt, kommt in allen wesentlichen Umständen mit derjenigen überein, die der jüngere *Plinius* (nur als einer, der an dergleichen Dinge glaubte, viel lebhafter) in einem seiner Briefe erzählt. (L. VII. ep. 27.) Bloß der Nahme der Stadt und des Philosophen sind verschieden. Beym Plinius ist *Athen* der Schauplatz, und der Geisterbanner heißt *Athenodorus*.

Was war denn das, Arignotus? fragte *Eukrates.*

Es wollte, versetzte jener, schon seit geraumer Zeit niemand mehr in diesem Hause wohnen: denn, wer es versucht hatte, war von einem fürchterlichen und höchst unruhigen Gespenste hinausgetrieben worden. Es fieng also bereits an zusammen zu fallen, und das Dach war beynahe abgedeckt; denn es wollte kein Mensch mehr einen Fuß darein setzen. Sobald ich Nachricht davon bekam, nahm ich meine Bücher (ich besitze sehr viele Egyptische, die von solchen Dingen handeln) und begab mich eine Stunde vor Mitternacht in das Haus, wiewohl der Herr desselben mich sehr davon abmahnte, und beynahe Gewalt brauchte mich zurückzuhalten, wie er hörte, daß ich etwas unternehmen wollte, das seiner Meynung nach mein unvermeidliches Verderben seyn würde. Ich beharrete aber bey meinem Vorhaben, begab mich mit einer Lampe ganz allein in das Haus, stellte mein Licht in dem größten Saale nieder, setzte mich auf den Boden, und fieng an ganz stille vor mich hin zu lesen. Der Dämon, in der Meynung daß er einen Mann vor sich habe, der sich wie alle andern schrecken lassen werde, erscheint in einem scheußlichen Aufzug, ganz behaart, und schwärzer als die Finsterniß. Er kommt mir immer näher, und versucht es auf allerley Weise mir beyzukommen und mich aus meinem Vortheil zu setzen: bald wird er ein Hund, bald ein Stier, bald ein Löwe. Ich aber nehme eine der schrecklichsten Formeln vor die Hand, rede ihn damit in Egyptischer Sprache an, und treibe ihn endlich durch die Gewalt meiner Beschwörungen in den dunkelsten Winkel des Hauses. Ich merke mir die Stelle wo er verschwand, und schlafe die übrige Nacht ganz ruhig. Des Morgens, da mich jedermann verlohren gab und gewiß glaubte, daß mir der Dämon, wie meinen Vorgängern, den Hals umgedreht haben werde, komme ich, gegen aller Menschen Erwartung, hervor, gehe zum Eubatides, und bringe ihm die gute Zeitung, daß er nun fürs künftige sein Haus frey und ohne alle Furcht bewohnen könne. Ich führte ihn selbst, in Begleitung vieler anderer die das Unglaubliche der Sache herbeyzog, an den Ort wo ich den Dämon hatte versinken sehen, und befahl den Boden aufzugraben. Wie man ungefehr eine Klafter tief gegraben hatte, fand man ein altes Todtengerippe, dessen ganzer Knochenbau, in seiner natürlichen Verbindung, noch erhalten war. Dieses gruben wir aus und bestatteten es auf die gehörige Weise wieder; und von dieser Zeit an ist das Haus von Gespenstern frey geblieben.

Als *Arignotus*, ein Mann der an Weisheit beynahe ein Gott schien und von aller Welt mit Ehrfurcht angesehen wurde, mit dieser Erzählung fertig war, fand sich keiner unter den Anwesenden, der mich nicht für einen ausgemachten Thoren hielt, wenn ich noch fähig wäre, einer solchen, von einem Mann wie Arignotus erzählten *Thatsache* meinen Glauben zu versagen. Aber, ohne mich weder von seinem Pythagorischen Haarkopfe noch von seinem Ruf aus der Fassung bringen zu lassen, — ists möglich, rief ich, Arignotus, auch Du, auf den die Wahrheit ihre ganze Hofnung gesetzt hatte, auch du bist mit Dunst und Hirngespenstern angefüllt? So beweisest auch Du die Wahrheit des alten Sprüchworts, daß nicht alles was gleißt Gold ist! —

Aber du, erwiederte mir Arignotus, weil denn weder ich noch Dinomachus noch Kleodemus, noch Eukrates selbst Glauben bey dir verdienen, nenne uns denn, wenn du kannst, den Mann, der glaubwürdiger ist als wir, und das Gegentheil behauptet!

Den will ich euch nennen, beym Jupiter! und gewiß einen großen und allgemein bewunderten Mann, mit Einem Worte, den berühmten *Demokritus von Abdera*, der so fest überzeugt war, daß nichts dergleichen möglich sey, daß, — als er sich, um ungestörter denken zu können, in ein altes Grabmal vor der Stadt einschloß, wo er Tag und Nacht mit schreiben und meditieren zubrachte, und einige muthwillige Jünglinge, um ihm Furcht einzujagen, in schwarze Leichentücher eingewickelt und mit Larven, die wie Todtenköpfe aussahen, vor ihm erschienen und mit gewaltigen Sprüngen um ihn herum tanzten; — er sich so wenig durch diese Maskerade beunruhigen ließ, daß er nicht einmal aufsah, sondern im fortschreiben endlich bloß sagte: nun macht einmal dem Spaß ein Ende! — So gewiß glaubte er, daß Seelen, die ihre Leiber einmal verlassen haben, nichts mehr sind.

Damit, sagte *Eukrates*, hast du nichts bewiesen, als daß auch Demokritus ein Thor war, wofern er das glaubte. Ich will euch aber was anders erzählen, das ich nicht von Hörensagen habe, sondern das mir selbst begegnet ist. Vielleicht, Tychiades, wirst sogar du dich gezwungen sehen, der Wahrheit die Ehre zu geben, wenn du diese Geschichte hörest. — Als ich mich in Egypten aufhielt, wohin ich noch sehr jung Studierens wegen von meinem Vater geschickt worden war, kam mich die Lust an, den Nil hinauf nach Koptos zu gehen, um den *Memnon* zu hören[30]), der bey Sonnenaufgang einen so wun-

30) Die Statue des Memnons, von welcher hier die Rede ist, sah Pausanias, seiner eigenen Versicherung nach nicht zu Koptos, sondern weiter hinauf zu Theba, wohin sie auch von allen andern Schriftstellern, die ihrer erwähnen, gesetzt wird. Das Bild war ein Koloß von schwarzem Marmor, und gab, der Sage gemäs, alle Morgen, beym ersten Sonnenstral, der es berührte, einen Ton von sich, wie eine überspannte Sayte wenn sie springt. Zu Lukians und Pausanias Zeiten lag der

derbaren Ton von sich giebt. Ich hörte ihn auch, aber nicht, wie der große Haufe, einen bloßen Schall ohne Sinn, sondern ein wirkliches Orakel aus Memnons eigenem Munde, in sieben Versen, die ich euch noch hersagen könnte, wenn es uns nicht zu weit von der Hauptsache abführte. Auf der Rückreise trug es sich zu, daß ein Mann aus Memphis mit uns fuhr, ein Mann von erstaunlicher Weisheit, und ein wahrer Adept in allen Egyptischen Wissenschaften. Man sagte von ihm, er habe ganzer drey und zwanzig Jahre unter der Erde gelebt, und sey während dieser Zeit von der Isis selbst in der Magie unterrichtet worden.

Du sprichst, unterbrach ihn *Arignotus*, von meinem ehmaligen Lehrer *Pankrates?* war es nicht ein Mann vom Priester-Orden, mit abgeschornen Haaren, der keine andere als leinene Kleider trug — immer in tiefen Gedanken — sprach sehr rein Griechisch — ein langgestreckter Mann, mit herabhängender Unterlippe, und etwas dünnen Beinen?

Von diesem nehmlichen *Pankrates*, versetzte jener. Anfangs wußte ich nicht wer er war. Wie ich ihn aber, so oft wir ans Land stiegen, unter andern wunderbaren Dingen, auf Krokodillen reiten, und mitten unter diesen und andern Seethieren herumschwimmen sah, und sah wie sie Respect vor ihm hatten und ihm mit dem Schwanze zuwedelten: da merkte ich daß der Mann was ausserordentliches seyn mußte, und nun suchte ich mich durch ein aufmerksames und gefälliges Betragen bey ihm in Gunst zu setzen. Es gelang mir auch so gut, daß er mich bald wie einen alten Freund behandelte und an allen seinen Geheimnissen Theil nehmen ließ. End-

obere Theil dieser Bildsäule, als Trümmer, zu den Füßen des noch stehenden Rumpfes, gerade in dem Zustande worein sie auf Befehl des Cambyses soll versetzt worden seyn.

lich überredete er mich, meine Leute zu Memphis zu lassen, und ihn ganz allein zu begleiten; es würde uns an Bedienung niemals fehlen, sagte er. Ich gehorchte, und seitdem lebten wir folgendermaßen. Sobald wir in ein Wirthshaus kamen, nahm er einen hölzernen Thürriegel, oder einen Besen, oder den Stößel aus einem hölzernen Mörser, legte ihm Kleider an und sprach ein paar magische Worte dazu. Sogleich wurde der Besen, oder was es sonst war, von allen Leuten für einen Menschen wie sie selbst gehalten; er gieng hinaus, schöpfte Wasser, besorgte unsre Mahlzeit, und wartete uns in allen Stücken so gut auf als der beste Bediente. Sobald wir seiner Dienste nicht mehr nöthig hatten, sprach mein Mann ein paar andere Worte, und der Besen wurde wieder Besen, der Stößel wieder Stößel, wie zuvor.[31]) Ich wandte alles mögliche an, daß er mich das Kunststück lehren möchte: aber mit diesem einzigen hielt er hinterm Berge, wiewohl er in allem andern der gefälligste Mann von der Welt war. Endlich fand ich doch einmal Gelegenheit, mich in einem dunkeln Winkel verborgen zu halten, und die Zauber-Formel, die er dazu gebrauchte aufzuschnappen, indem sie nur aus drey Sylben bestand. Er gieng darauf ohne mich gewahr zu werden, auf den Marktplatz, nachdem er dem Stößel befohlen hatte was zu thun sey. Den folgenden Tag, da er Geschäfte halber ausgegangen war, nehm' ich den Stößel, kleide ihn an, spreche die besagten drey Sylben, und befehle ihm Wasser zu hohlen. Sogleich bringt er mir einen großen Krug voll. Gut, sprach ich, ich brauche kein Wasser mehr, werde wieder zum Stößel! Aber er kehrte sich nicht an meine

31) Es giebt der Dinge viel im Himmel und auf Erden wovon sich unsere Philosophie nichts träumen läßt! *Hamlet.*

Reden, sondern fuhr fort Wasser zu tragen, und trug so lange, daß endlich das ganze Haus damit angefüllt war. Mir fieng an bange zu werden, *Pankrates*, wenn er zurück käme, möcht' es übel nehmen (wie es denn auch geschah) und weil ich mir nicht anders zu helfen wußte, nahm ich eine Axt, und hieb den Stößel mitten entzwey. Aber da hatte ich es übel getroffen; denn nun packte jede Hälfte einen Krug an und hohlte Wasser, so daß ich für Einen Wasserträger nun ihrer zwey hatte. Immittelst kommt mein *Pankrates* zurück, und wie er sieht was passiert war, giebt er ihnen ihre vorige Gestalt wieder; er selbst aber machte sich heimlich aus dem Staube, und ich habe ihn nie wieder gesehen.

Du kannst also, sagte *Dinomachus*, vermuthlich das Kunststück noch jetzt, aus einer Mörserkeule einen Menschen zu machen?

Beym Jupiter! aus der Hälfte sogar, antwortete *Eukrates*: aber da ich ihm, wenn er einmal Wasserträger worden ist, seine vorige Gestalt nicht wieder geben kann, so würde er uns mit seiner ungebetenen Emsigkeit das ganze Haus unter Wasser setzen.[32])

Hier fieng mir die Geduld an auszugehen. Werdet ihr nicht endlich aufhören, rief ich, so unvernünftiges Zeug zu reden, das Männern von euern Jahren so übel ansteht? Und wenn ihr ja so wenig Achtung vor euch selber traget, so solltet ihr wenigstens dieser jungen Leute schonen, und euch ein Gewissen daraus machen ihnen dergleichen un-

32) und, natürlicher Weise, zuletzt die ganze Stadt und das ganze Land, ja den ganzen Erdboden; so daß wir dem gutherzigen Eukrates noch den grösten Dank für seine Mässigung schuldig sind! Denn wie leicht hätte ihn die Begierde den unglaubigen Tychiades zu überweisen, über alle diese Rücksichten hinaus führen können?

gereimte und schauderliche Mährchen in den Kopf zu setzen, die, wenn sie sich ihrer Einbildungskraft einmal bemächtiget haben, sie auf ihr ganzes Leben beunruhigen, vor jedem rauschenden Laube zittern machen, und allen Arten von Aberglauben und Geisterfurcht preis geben.

O! da bringst du mich eben auf den rechten Punct, sagte Eukrates, da du von Geisterfurcht sprichst. Was sagst du denn zu den Augurien und Orakeln und Weissagungen künftiger Dinge, die entweder aus heiligen Grüften hervorschallen, oder aus göttlichem Antrieb von begeisterten Personen mit übermenschlicher Stimme verkündigt werden, oder aus der keuchenden Brust einer prophetischen Jungfrau in Versen ertönen? Ohne Zweifel wird auch dieß alles keinen Glauben bey dir finden? Und gleichwohl — daß ich selbst einen talismanischen Ring mit dem Bildnis des Delfischen Apollo besitze, welches mich von Zeit zu Zeit gewisse prophetische Laute hören läßt, davon will ich nichts gesagt haben, damit du nicht denkest, ich gebe so etwas ausserordentliches aus Ruhmredigkeit vor: was ich aber zu Mallus in dem Tempel des *Amphilochus*[33]), wo dieser Halbgott in Person mit mir sprach, und mir seinen Rath über meine Angelegenheiten ertheilte, gehört und gesehen, ingleichem was ich hernach zu Pergamus gesehen und zu Patarä

33) Dieser *Amphilochus* stammte aus einer prophetischen Familie; denn sein Vater war der Wahrsager Amphiaraus, und sein Großvater Apollo selbst. Er war einer von den dreyßig Freyern der Helena, half Troja erobern, und legte nach seiner Zurückkunft die Stadt Amphilochium in Epirus an. Vater und Sohn wurden nach ihrem Tode unter die Götter aufgenommen, und der Sohn hatte zu Mallus ein Orakel, von welchem der glaubenreiche Pausanias *(in Attic. c. 34)* rühmt, daß es unter allen Orakeln seiner Zeit das unbetrüglichste sey. *Mallus* war damals eine nahe an der Seeküste gelegene Stadt in Cilicia Campestris.

gehört habe, will ich euch ohne Bedenken erzählen. Als ich nehmlich aus Egypten wieder nach Hause reisete, und unterweges hörte, daß das Orakel zu Mallus eines der berühmtesten und wahrhaftesten sey, und alle Fragen, die man dem Propheten schriftlich vorlege, von Wort zu Wort beantworte: so wußte ich nichts bessers zu thun, als im Vorbeyfahren dieses Orakel selbst zu probieren, und mich bey dem Gotte über gewisse künftige Dinge Rathes zu erhohlen. —

Eukrates war, wie du aus diesem Anfang siehest, auf einem schönen Wege, eine lange Tragödie von Orakeln anzufangen, von der ich das Ende abzuwarten keine Lust hatte. Da ich also sahe was für einen neuen Schwung die Unterhaltung nahm, und es nicht für allzu anständig hielt, der einzige zu seyn der allen übrigen immer ins Gesichte widerspräche, auch deutlich genug merken konnte, daß ihnen meine Gegenwart lästig war: fand ich für gut, ihn seine Reise aus Egypten nach Mallus ohne mich fortsetzen zu lassen, und sagte: ich, meines Ortes, gehe den Leontichus aufzusuchen, mit dem ich etwas nöthiges zu sprechen habe: ihr Herren aber, weil ihr doch an den menschlichen Dingen nicht genug zu haben glaubt, nehmt nun die Götter selbst zu Hülfe, um euch mit neuem Stoffe zu Wundermährchen zu versehen. — Hiemit gieng ich meines Weges, und ließ ihnen, zu ihrer großen Freude, volle Freyheit, einander wechselweise mit Lügen zu tractiren, und bis an die Kehle vollzupfropfen.

Und so hättest du also, lieber *Philokles*, eine kleine Probe der schönen Geschichten, die mir mein Besuch bey Eukrates eingetragen hat. Ich gestehe daß mir nicht anders dabey zu Muthe ist als einem der zuviel neuen Most getrunken, und daß ich ein gutes Brechmittel eben so nöthig hätte. Ich wollte viel Geld darum geben, wenn ich eine Arzney bekommen könnte, die alles, was ich diesen Morgen gehört, rein aus meinem Gedächtnisse wegspülte, um nicht auf eine oder andere Art dadurch zu Schaden zu kommen. Denn mir ist immer noch, als ob ich lauter Zeichen und Wunder, Nachtgespenster und sechzigellen lange Höllengöttinnen vor den Augen habe.

PHILOKLES.

Deine bloße Wiedererzählung hat auf mich eine ähnliche Wirkung gethan. Bekanntermaßen sagt man von Leuten die von wüthigen Hunden gebissen worden, daß sie nicht nur selbst wüthend und Wasserscheu werden, sondern daß auch der Biß eines Gebissenen eben dieselben Folgen habe, wie der Biß des wüthenden Hundes selbst.[34]) Wir beyde, däucht mich befinden uns gerade in diesem Falle, da du in *Eukrates* Hause von einer solchen Menge von Lügen gebissen worden bist; und deine Erzählung muß mir etwas von dem Gifte mitgetheilt haben, so sehr hast du mir die ganze Seele mit Dämonen angefüllt.

TYCHIADES.

Darüber wollen wir uns keinen Kummer machen. Wir haben an der Wahrheit und gesunden Vernunft ein kräftiges Gegengift, bey dessen Gebrauch uns keines von diesen hohlen und windichten Hirngespenstern beunruhigen wird.

34) Lukian macht sich kein Bedenken, dergleichen Gleichnisse mehr als einmal aufzutragen. Dieses hier ist im *Nigrinus* [nicht in vorliegender Auswahl] schon da gewesen.

IKAROMENIPPUS
oder
die Luftreise.

Menippus und sein Freund.

MENIPPUS.
(Mit sich selbst redend.)

Drey tausend Stadien von der Erde bis zum Mond. Die erste Station. — Von da bis zur Sonne unge-

Ikaromenippus. Unter allen Lukianischen Stücken scheint mir der Geist des *Aristophanes* am reichlichsten über dieses ausgegossen zu seyn. Es ist, nach meinem Geschmack (wenige Stellen abgerechnet) ein Meisterstück von der urbansten *Dicacität* und dem witzigsten Persifflage, und unterscheidet sich von den meisten übrigen besonders dadurch, daß er sich beynahe lauter *popularer Begriffe* bedient, um Philosophen, und Götter, und zwar diese letztern, indem er sie an jenen zu rächen scheint, zum Besten zu haben. Mit dem Menippus, den er diese possierliche Luftreise thun läßt, werden wir in den Todtengesprächen [nicht in vorliegender Auswahl] noch mehr Bekanntschaft machen. Man weiß so wenig von ihm, daß sogar der Umstand, daß er ein Schüler des Diogenes von Sinope gewesen, nur eine Muthmassung ist: aber dieß weiß man, daß ihm seine Laune, alles was die meisten Menschen mit dem größten Ernst und Eifer treiben in einem lächerlichen Lichte zu sehen, den Beynahmen σπουδογέλοιος [eigentlich: Ernst-Verlacher] zugezogen habe. Es giengen ehemals verschiedene Schriften unter seinem Nahmen herum, die der gelehrteste und schreibseligste aller Römer, Terentius Varro in seinen *Menippeischen Satyren* (wie er sie nannte) zum Muster nahm. Da aber alles dies verloren gegangen, so ist der Gebrauch, welchen Lukian von diesem *philosophischen Harlekin* macht, das einzige wodurch sich sein Charakter und Andenken bey der Nachwelt erhalten hat.

fähr fünfhundert Parasangen[2]). Von der Sonne bis in den Himmel zur Jupitersburg geht zwar kein gebahnter Weg, aber ein rüstiger Adler kann doch wohl in einem Tage damit fertig werden.

DER FREUND.

Was, bey allen Grazien! astronomisierst und überrechnest du da so zwischen den Zähnen, Menippus? Ich höre dir schon eine gute Weile zu, wie du weiß der Himmel was für ein seltsames Reisegespräch von Sonnen und Monden und Stationen und Parasangen mit dir selber hältst.

MENIPPUS.

Laß dichs nicht wundern, Camerad, wenn ich dir überirdische und luftige Dinge zu reden scheine: denn, kurz und gut, ich überrechne die Reise die ich neulich gemacht habe.

DER FREUND.

Wie? hast du denn, wie die Phönizischen Seefahrer, die Gestirne zu Wegweisern genommen?[3])

MENIPPUS.

Das nicht; aber ich bin in den Gestirnen selbst gereist.

DER FREUND.

Zum Herkules! da hast du einen langen Traum geträumt, wenn du ganze Parasangen weggeschlafen hast!

2) Persische Meilen (*Farsang*) deren damals fünf uud zwanzig auf einen Grad gerechnet wurden.

3) Der Scherz wird deutlich, wenn man voraus setzt, daß der Freund aus den *Parasangen* und *Stationen* schliessen mußte, die Rede sey von einer Landreise.

MENIPPUS.

Du meynst ich spreche von einem Traume, mein guter Herr; aber da irrest du dich weit: ich komme gerades Weges vom Jupiter her.

DER FREUND.

Das wäre!

MENIPPUS.

Nicht anders; wie gesagt, unmittelbar von jenem Weltberühmten Jupiter, und zwar nachdem ich sehr wunderbare Dinge gesehen und gehört habe. Wenn du mirs nicht glaubst, desto besser! daß mir so unglaubliche Dinge begegnet sind! Das ists eben was mich am meisten an der Sache freut.

DER FREUND.

Wie sollte ich, o hochwürdigster und Olympischer Menippus, ich armer Erdenkloß, mich unterfangen, meinen Glauben einem Manne zu versagen, der unmittelbar aus den Wolken kommt? Aber sage mir doch, wenn du so gut seyn willst, wie du es angefangen hast, um so hoch hinauf zu kommen, und wo du eine so ungeheure Leiter dazu hergenommen hast? denn daß ich mir einbilden sollte, du wärest von einem Adler entführt worden, um den Ganymed im Mundschenken-Amt abzulösen, dazu bist du mir, mit deiner Erlaubniß, nicht schön genug.[4])

4) Dieser einzige Umstand ist hinlänglich den Irthum des *Scholiasten* zu beweisen, der den Lukianischen Menippus mit einem andern vermengt, dessen *Philostratus* im Leben des *Apollonius* Meldung thut. Dieser um mehr als 400 Jahre spätere Menippus, aus Lycien gebürtig, war so schön, daß sich eine *Empuse* (eine Art von Gespenstern oder bösen Geistern in der Rokken-Philosophie der Griechen) in ihn verliebte, und auch von ihm (als dem sie sich in Gestalt einer schönen und reichen Dame zeigte) aufs heftigste geliebt wurde. Die ganze Geschichte

MENIPPUS.

Du spottest noch immer wie ich sehe, und es ist auch kein Wunder, wenn dir eine so unbegreifliche Erzählung ein Mährchen zu seyn scheint. Aber ich war zu meinem Aufsteigen weder einer Leiter noch eines in mich verliebten Adlers benöthigt: ich hatte meine eigene Flügel.

DER FREUND.

Nun, das geht noch über den Dädalus! Du bist also, ohne daß wir andern was davon gewahr wurden, wohl gar in einen Habicht oder in eine Dohle verwandelt worden?

MENIPPUS.

Du kömmst der Sache immer näher, Nachbar! In der That hab' ich das berühmte Kunststück des Dädalus wieder versucht, und mir selbst Flügel gemacht.

DER FREUND.

Wie, du verwegenster aller Sterblichen? Und du fürchtetest dich nicht, daß du das Schicksal seines Sohnes haben und irgend ein Menippisches Meer, wie dieser das Ikarische, mit deinem Nahmen bezeichnen würdest?

MENIPPUS.

Keinesweges. Ikarus, der sich sein Gefieder mit Wachs zusammenklebte, hätte freylich voraus-

und wie der große *Geisterseher* und *Geisterbanner Apollonius* die Sache zwischen dem schönen Menippus und seiner phantastischen Dulcinea bis zur Hochzeit getrieben, und wie er die Empuse genöthigt sich noch zu rechter Zeit in ihrem wahren Charakter zu zeigen, ist so erbaulich, daß sie im 25sten Cap. des IV. Buchs des *Leb. Apollon.* mit allen Umständen nachgelesen zu werden verdient.

sehen können, daß es in der Sonne schmelzen würde: ich nahm kein Wachs zu meinem Flügelwerke.

DER FREUND.

Nun, wie machtest du es denn? denn bald fange ich an zu glauben daß es würklich Ernst mit deiner Luftreise seyn könnte.

MENIPPUS.

Ich fieng einen sehr großen Adler und einen tüchtigen Lämmergeyer; ich schnitt ihnen die Flügel ab, und — doch, wenn du Zeit hast, will ich dir lieber meinen ganzen Plan von seinem ersten Anfang an erzählen.

DER FREUND.

Sehr gerne; denn würklich mir ist bey deiner Erzählung als ob ich selbst in den Wolken schwebe, oder vielmehr, als ob ich, seitdem du zu reden angefangen, am Ausgang aller dieser Vorbereitungen bey den Ohren aufgehangen sey.

MENIPPUS.

Höre also![5]) Seitdem ich das menschliche Leben genauer zu beobachten anfieng, und in allem worauf

5) Die ganze folgende Erzählung des Menippus scheint mir die eigene Sinnes- und Vorstellungsart darzustellen, die diesem Cyniker den Beynahmen σπουδογέλοιος, d. i. Belacher [s. S. 49] alles dessen was andere Menschen ernsthaft behandeln, zugezogen hatte. Man muß, um gerecht zu seyn, nicht alles was Menippus in dieser Geschichte seines philosophischen Schul-Curses vorbringt, auf Lukians Rechnung setzen. Unstreitig bediente sich dieser der Gelegenheit, manches, das er nicht geradezu in seiner eigenen Person hätte sagen mögen, dem Menippus in den Mund zu legen: aber manches mußte er ihn doch auch wohl blos darum sagen lassen, um seinem bekannten Charakter getreu zu bleiben. Lukian ist in vielen seiner Dialogen *dramatischer* Dichter, und an das Gesetz »servetur ad imum qualis ab incepto processerit, et sibi con-

die Menschen den meisten Werth legen, und worin ihre Habsucht, ihr Ehrgeiz und ihre Neigung zum herrschen sich zu befriedigen sucht, so viel lächerliches, kleines und unsichres wahrnahm, seitdem wurden mir diese Dinge verächtlich. Ich betrachtete die Bemühungen um sie als eben so viel verlohrne Zeit für das was wahrhaftig der Mühe werth ist, und versuchte also meinem Geist eine höhere Richtung zu geben, und alle meine Aufmerksamkeit auf die Betrachtung *des Ganzen* zu wenden. Aber hier befand ich mich gleich anfangs in keiner kleinen Verlegenheit, was ich mir von dem, was in der Sprache der Weisen die *Welt* oder das *All* heißt, für einen Begriff zu machen hätte. Denn ich konnte unmöglich herausbringen, weder wie dieß besagte All entstanden, noch wer dessen Baumeister, noch was der Anfang noch was das Ende davon seyn könnte. Aber wie ich es erst im Detail zu untersuchen anfieng, wurde meine Verlegenheit immer größer; denn je mehr ich, z. B. die Sterne, die so ohne Ordnung wie es scheint, durch den Himmel hingestreut sind, und die Sonne selbst ansah, je weniger Möglichkeit sah ich, zu ergründen was diese Dinge eigentlich wären. Am meisten aber machte mir der Mond zu schaffen, dessen Eigenheiten mir ganz seltsam und unerklärbar vorkamen, und dessen abwechselnde Gestalten, däuchte mir, irgend eine geheimnisvolle und unergründliche Ursache haben müßten. Aber auch der alles durchdringende Blitz und der plötzlich ausbrechende Donner, der Regen, der Schnee und der Hagel, alle diese Dinge schienen mir so sonderbar

stet« [(die Bühnengestalt) möge bis zum Ende so beibehalten werden, wie sie von Anfang an aufgetreten ist; sie soll sich treu bleiben. Horaz, ars 126 f.] eben so gut gebunden als ein Anderer.

beschaffen zu seyn, daß ich nicht wußte was ich daraus machen sollte. Da ich mir nun selbst nicht helfen konnte, hielt ich für das Beste, mich von unsern Philosophen über alle diese Dinge Stück für Stück unterrichten zu lassen. Denn ich zweifelte nicht, daß es nur auf ihren Willen ankomme, mir über das alles die lautere Wahrheit zu sagen. Ich sah mich also nach den vornehmsten unter ihnen um, d. i. nach denen die sich durch das finsterste Gesicht, die blässeste Farbe und den zottigsten Bart auszeichneten: es könnte nicht anders seyn, dachte ich,[6]) als daß Männer, deren Aussehen und Sprache so sehr von den gemeinen Erdebewohnern absteche, mehr als andere Leute von den Angelegenheiten des Himmels wissen müßten. Und so gab ich mich diesen Leuten in die Lehre, zahlte schweres Geld zum voraus, machte mich verbindlich noch eben soviel nachzuzahlen, wenn ich den Gipfel der Weisheit erstiegen hätte, und erwartete die Theorie der überirdischen Dinge und die ganze Einrichtung des Weltgebäudes aus dem Grunde kennen zu lernen. Allein es fehlte so viel, daß mir die Herren von meiner vorigen Unwissenheit geholfen hätten, daß sie mich vielmehr durch alle die Causalitäten und Finalitäten, Atomen und leere Räume und Materien und Formen und Ideen, und wie alle die Wörter heissen womit sie mich täglich überströmten, in weit größere Zweifel und Verwirrung warfen als zuvor. Aber was mir bey dem allen das beschwerlichste schien war dies, daß, ungeachtet sie in keinem einzigen Punkte übereinkamen, sondern über alles in ewigem Streit und Widerspruch untereinander waren,

6) nehmlich mit dem *großen Haufen*, dem dieser verdeckte satyrische Zug eigentlich gilt.

ein jeder doch bey mir Recht haben wollte, und mich unter den Gehorsam seines Systems zu bringen suchte.

DER FREUND.

Ungereimt genug, daß Leute, die sich für Sachverständige ausgeben, einander widersprechen, und von einerley Dingen nicht einerley Begriffe haben sollen.

MENIPPUS.

Wie lächerlich würden sie dir erst vorkommen, Freund, wenn du ihren Übermuth und ihre Großsprechereyen selbst mit anhörtest; wenn du hörtest, wie diese Leute, die am Ende doch auf der Erde gehen, wie wir andern, und anstatt schärfer zu sehen als wir, zum Theil vor Alter und Faulheit stumpf und übersichtig sind, demungeachtet die Grenzen des Himmels zu durchschauen vorgeben, die Sonne ausmessen, unter den Dingen überm Mond einherwandeln, und, nicht anders als ob sie aus den Sternen herabgefallen wären, von ihrer Größe und Beschaffenheit dissertieren, die Höhe der Luft, die Tiefe des Meeres und den Umfang der Erde ganz genau angeben, kurz vermittelst Gott weiß welcher Zirkel, Dreyecke, Vierecke und Sfären, den Himmel selbst wie ein Stück Feld in den Grund legen, und sich unterstehen zu sagen, wie viel Ellen der Mond von der Sonne entfernt sey, da sie doch öfters nicht wissen, wie viel Stadien sie von Megarä nach Athen zu gehen hätten.[7]) Und

7) Ich wage es nicht den Menippus wegen dieses Ausfalles gegen die Naturkündiger und Astronomen seiner Zeit entschuldigen zu wollen; und ich besorge sehr, daß ein ziemlicher Theil der Verachtung, die er sich von den unsrigen deswegen zuziehen wird, auch auf den guten Lukian fallen werde. Wenigstens dürfte er dem Vorwurf schwerlich entgehen, daß

wie unverständig und unerträglich hoffärtig ist es vollends, wenn sie von so ungewissen und unzugangbaren Dingen handeln, nichts als Vermuthung oder Wahrscheinlichkeit vorzutragen, sondern alles so weit zu treiben, daß sie andern Leuten keine Möglichkeit sie zu überbieten übrig lassen, und uns nur nicht gar eidlich zuschwören, die Sonne sey eine glühende Masse[8]), der Mond habe Einwohner[9]), die Sterne tränken Wasser, indem die Sonne die Dünste wie an einem Brunnenseil emporziehe[10]), und sodann jedem der Ordnung nach seine Portion zumesse. Wie sehr aber diese Herren in ihren Behauptungen einander entgegen sind, davon will ich dich selbst nur aus etlichen Beyspielen urtheilen lassen. Gleich anfangs können sie sich in ihrer Meynung von der *Welt* nicht vergleichen; denn die einen behaupten sie habe nie angefangen und werde nie aufhören: die andern hingegen erkühnen sich so gar ihren Baumeister zu

er es bequemer gefunden habe, über Dinge, die er nicht verstand, zu spotten, als sich mit großer Mühe die Kenntnisse zu erwerben, die einen *Parmenides*, *Eudoxus*, *Philolaus*, *Anaxagoras*, u. a. auf manche Meynung brachten, die, so widersinnisch sie auch einem Menippus und seines gleichen vorkam, in unsern Zeiten durch Beobachtung und Demonstration zum Rang unläugbarer Wahrheiten erhoben worden ist. Indessen ist doch auch nicht zu läugnen, daß die Philosophen, über die er hier spottet, so viele Blößen gaben, und mit allen ihren großen Ansprüchen und Anstalten so wenig befriedigendes über die unzugangbaren Dinge zu sagen hatten, daß es solchen Spöttern wie Menipp und Lukian, (die ohnehin dem alten *Sokratischen* Glauben, quae supra nos nihil ad nos [was über uns ist, kümmert uns nicht] zugethan waren) eben nicht sehr übel zu nehmen ist, wenn sie sich ein wenig lustig über sie machten.

8) μύδρος, dieß soll *Anaxagoras* unter den Griechen zuerst behauptet haben.

9) Eine Pythagorische Meynung.

10) Eine Menippische Buffonnerie über eine vielleicht mißverstandene Lehre des Heraklitus. S. *Plutarch. de Plac. Philos.* II. 17.

nennen und ganz genau anzugeben wie er dabey zu Werke gegangen[11]). Diese letztern finde ich besonders darin bewundernswürdig, daß es ihnen, da sie doch einen Gott zum Kunstmeister des Ganzen bestellen wollten, nicht einfiel sich auf eine Antwort gefaßt zu machen, wenn man fragte wo er hergekommen, oder wo er gestanden da er zu arbeiten angefangen; indem vor dem Daseyn des Ganzen schlechterdings weder Zeit noch Ort sich denken läßt.

DER FREUND.

Die Leute von denen du sprichst müssen entsetzliche Windbeutel und Luftspringer seyn!

MENIPPUS.

Wenn du sie nun vollends erst von den Ideen und unkörperlichen Dingen und vom Endlichen und Unendlichen disputiren hörtest! Denn auch darüber balgen sie sich unter einander wie die Gassenjungen; indem einige das Ganze ringsum mit Grenzen umzäunen, andere hingegen meynen, daß es ohne Ende sey. Ja es fehlt nicht an einer dritten Parthey, welche behauptet daß es der Welten eine große Menge gebe, und es denjenigen sehr übel nimmt, die von der Welt in der einzelnen Zahl sprechen. Noch ein andrer, der wohl kein friedfertiger Mann seyn mochte, setzte sich in den Kopf den *Krieg* zum Urheber aller Dinge zu machen[12]). Was ihre Meynungen von den *Göttern* betrifft, davon ist vollends gar nicht zu reden: da dem einen eine gewisse Zahl Gott ist[13]), andere bey Hunden,

11) Dieß gilt dem göttlichen *Plato*, und bes. seinem Timäus.

12) Wieder eine mauvaise plaisanterie [böse Spötterei] über einen sehr wahren Satz des von seinen Landesleuten so oft mißverstandenen *Heraklitus*.

13) *Pythagoras*.

Gänsen und Platanen schwören[14]), wieder andere die übrigen Götter sammt und sonders ihrer Ämter entsetzen um die Regierung einem einzigen zuzuwenden[15]): so daß es mir oft recht erbärmlich vorkam, daß die arme Welt sich in einem solchen Göttermangel befinden sollte: da hingegen andere desto verschwenderischer sind und ihrer eine unendliche Menge aufstellen, und sie dann sortieren, so daß einer der erste ist, die übrigen aber an dem zweyten und dritten Rang sich begnügen müssen.[16]) Überdies behaupteten einige, die Gottheit sey ohne Körper und ohne Gestalt[17]); andere hingegen dachten sich dieselbe als etwas körperliches[18]). Ferner wollte es auch nicht allen einleuchten, daß die Götter sich mit der Vorsorge für unsre Angelegenheiten abgeben sollten, sondern es gab einige, die ihnen alle solche Sorgen abnahmen, und (wie wir's mit alten Bedienten zu machen pflegen) sie gleichsam zur Ruhe setzten[19]); so daß die Götter dieser Herren in der Weltkomödie, so zu sagen, die Statisten machen. Endlich fanden sich auch einige die über das Alles hinausgiengen, und geradezu gar keine Götter glaubten[20]), sondern die Welt ohne Herren und ohne Regierung gehen ließen so gut sie konnte. — Wie ich nun das alles hörte, unterstand ich mich zwar nicht gegen diese hochbrausenden[21]) und wohlbebarteten Männer den Unglaubigen zu machen, konnte aber doch auch, wie ich mich wenden und drehen mochte, unter

14) *Sokrates.*

15) die *Pythagoräer* und *Anaxagoras.*

16) die *Platoniker* und *Stoiker.*

17) *Plato, Aristoteles,* u. a.

18) *Parmenides,* die *Stoiker,* u. a.

19) *Demokritus* und *Epikur.*

20) *Theodorus, Diagoras Melius,* u. a.

21) ein poetisches Beywort des Jupiter (ὑψιβρεμέτης), das in der Anwendung auf die Philosophen eine sehr komische Wirkung thut.

allen ihren Behauptungen keine finden, wogegen sich nicht vieles einwenden ließe, und die nicht von irgend einem aus ihrem eigenen Mittel wäre umgeworfen worden. Es ergieng mir also mit ihnen wie dem homerischen Ulysses: der Gedanke stieg mir wohl zuweilen auf, mich mit geschloßnen Augen in den Glauben an einen von ihnen hineinzustürzen,

aber mich zog so gleich ein andrer Gedanke zurücke [22]).

Da ich mir nun bey so bewandten Umständen nicht zu helfen wußte, und alle Hoffnung verlohr auf Erden etwas wahres von allen diesen Dingen zu erfahren: so schien mir nur ein einziges Mittel aus meiner Verlegenheit zu kommen übrig zu seyn, und das wäre: wenn ich mir auf die eine oder andere Art Flügel verschaffen, und mit ihrer Hülfe in eigener Person zum Himmel aufsteigen könnte. [23]) Die Hoffnung etwas dergleichen bewerkstelligen zu können, machte mir — theils mein heftiges Verlangen — theils der Fabeldichter *Äsop*, der uns von Adlern und Käfern, ja sogar von Kamelen, die den Himmel erstiegen haben sollen, spricht. Daß mir jemals Federn und Flügel wachsen könnten, das däuchte mir auf alle Weise eine pure Unmöglichkeit zu seyn: wenn ich mir aber Adlers- oder Geyersflügel anzusetzen wüßte, die mit der Größe des menschlichen Körpers in gehörigem Verhältnis zu seyn schienen, so zweifelte ich nicht, daß mir der Versuch gelingen möchte. Ich fieng also ein paar solche Vögel, lösete gar zierlich dem Adler den rechten und dem Geyer den linken Flügel ab, band sie mir sodann mit tüchtigen Riemen um die Schultern, und befestigte an die Spitzen der Schwing-

22) *Odyss.* IX. 302.

23) Dieß wäre freylich das kürzeste Mittel aus allen unsern metaphysischen und hyperphysischen Verlegenheiten zu kommen.

federn eine Art von Henkeln, womit ich die Flügel zu regieren gedachte.[24]) Ich machte hierauf die Probe, indem ich einen Satz in die Höhe that, mit meinen geflügelten Armen zu rudern anfieng, und mich nach Art der Gänse allmählich über den Boden erhob, indem ich durch Emporstreben aller Muskeln dem Flug nachzuhelfen suchte. Wie ich merkte daß mir das Ding von statten gieng, wagte ich schon ein mehreres und stürzte mich von der äussersten Spitze der Burg gerade ins Theater herab. Da es auch diesmal ohne Gefahr abgegangen war, fieng ich nun an höhere und überirdische Gedanken zu fassen; ich erhob mich vom Hymettus, und flog bis nach Gerania; von da auf die Spitze des Schlosses zu Korinth, sodann über die Berge Pholoe und Erymanthus bis an den Taygetus: und da mein Muth mit meiner Fertigkeit zunahm, und ich nunmehr für einen ausgemachten Meister in der Kunst zu fliegen gelten konnte, wollte ich mich nicht länger mit Versuchen abgeben, die sich nur für gelbschnäblichte Anfänger schickten, sondern bestieg den Olympus[25]), und, nachdem ich mich so leicht als möglich verproviantiert hatte, richtete ich meinen Lauf gerade dem Himmel zu. Anfangs schwindelte mir ein wenig, wenn ich in die Tiefe hinabsah; doch ward ich auch dessen bald gewohnt. Als ich nun bereits eine unendliche Menge Wolken unter mir gelassen hatte, und dem Monde ganz nahe gekommen war, fühlte ich mich von der langen Anstrengung, besonders am linken Geyersflügel, ziemlich abgemattet. Ich landete also dort an, setzte mich, um ein wenig auszuruhen, nieder, und

24) Eine Erfindung im Geschmack des *Aristophanes*, die der physicalischen und mathematischen Kenntnisse unsers Menippus nicht unwürdig ist.

25) der für den höchsten Berg in Griechenland gehalten wurde.

belustigte mich, von dieser Höhe auf die Erde herab zu sehen, und gleich dem Homerischen Jupiter, meine Augen bald

— auf das Land der rossenährenden Thräker
und der streitbaren Myser und wackern Pferdemelker,[26])

bald auf Griechenland, Persien, Indien, und worauf es mir beliebte, zu heften; ein Anblick der mir großes und mannigfaltiges Vergnügen gewährte.

DER FREUND.

Du würdest mich sehr verbinden, lieber Menipp, wenn du nichts auslassen wolltest was du auf deiner Reise, auch nur im Vorbeygehen, angemerkt hast; denn ich erwarte viel sonderbares von der Figur der Erde, und wie dir alles auf derselben aus einem so hohen Standpunct erscheinen mußte, von dir zu hören.

MENIPPUS.

Du wirst dich nicht ganz betrogen finden. Schwinge dich also, so gut du kannst, in Gedanken mit mir zum Mond empor, und reise mir nach, und beobachte wie sich die Dinge auf der Erde von dort aus den Augen zeigen werden. Fürs erste bilde dir ein du sehest die Erde ganz ausserordentlich klein, ich will sagen, noch kleiner als den Mond; so daß ich mir, wie ich zum erstenmal hinunter gukte, gar nicht vorstellen konnte, wo alle die hohen Berge und das so große Weltmeer geblieben wären; und ich versichre dich, hätte ich den Koloß zu Rhodus und den Leuchtthurm bey Pharos nicht erblickt, ich würde die Erde gar nicht einmal gefunden haben[27]);

26) *Ilias* XIII. 4. 5.

27) Nach den Proben, die uns Menippus bereits von seiner Stärke in den höhern Wissenschaften gegeben, wird man hoffentlich von keiner neuen Beurkundung seiner Unwissenheit beleidiget werden. Was

so aber ließen mich jene so hoch emporragende Kunstwerke, und der Sonnenglanz, der mir aus dem Ocean entgegenspiegelte, schließen, daß das was ich sah die Erde sey. Wie ich aber einmal die Augen recht scharf darauf geheftet hatte, wurde mir alles so deutlich, daß ich nicht nur Völker und Städte ganz genau erkennen, sondern sogar sehen konnte, wie die einen auf dem Meere daher segelten, andere Krieg führten, noch andere ihr Feld bauten und wieder andere zu Gerichte saßen; ich unterschied sogar Männer und Weiber und Thiere, und überhaupt

alles was lebt und webt auf der alles ernährenden Erde. [28])

DER FREUND.

Was du mir da sagst, Menipp, hängt, mit deiner Erlaubnis, nicht allzuwohl zusammen. Denn wie sollte das möglich seyn, da du die Erde so klein fandest, daß du sie suchen mußtest, und wenn der Koloß zu Rhodus dir nicht zum Anzeiger gedient hätte, sie für was ganz anders angesehen haben würdest: wie, sage ich, solltest du nun auf einmal in ein solches *Luchsauge* verwandelt worden seyn, daß du alle Dinge auf der Erde, Menschen, Thiere,

unsern Autor betrift, auf dessen Rechnung alle Absurditäten seines Arlequin Philosophe kommen möchten: so glaube ich daß ihm seine griechischen Leser oder Zuhörer die Freyheit gerne zugestunden, in einer durchaus auf lauter populare sinnliche Wahnbegriffe gebauten burlesken Dichtung alles nach seinem Belieben, und wie es ihm zu seinen Absichten am gelegensten war, einzurichten. Übrigens ist der possierliche Einfall, daß er ohne den Koloß von Rhodus die Erde vor lauter Kleinheit gar nicht einmal hätte finden können, vollkommen in einerley Geschmack mit der Versicherung des Sancho im *Don Quichotte*, daß ihm auf seiner berühmten Luftreise auf dem Pferde der schönen Magellone, die Erde nur wie ein *Senfkorn* und die Menschen darauf kaum so groß wie *Haselnüsse* vorgekommen seyen.

28) Wieder eine homerische Parodie.

29) [Fehlt im Original.]

und beynahe die kleinen Mücken in der Luft hättest unterscheiden können?

MENIPPUS.

Gut daß du mich erinnerst! denn beynahe hätte ich das Beste, und was ich zuerst hätte sagen sollen, ganz aus der Acht gelassen. Wie ich die Erde selbst zwar zu erkennen anfieng, von allem übrigen aber, wegen der großen Tiefe, und weil mein Gesicht nicht so weit reichte, nichts unterscheiden konnte, befand ich mich in keiner geringen Verlegenheit, und kränkte mich so sehr darüber, daß ich beynahe zu weinen angefangen hätte. Auf einmal sah ich eine Gestalt hinter mir stehen, die so schwarz wie ein Kohlenbrenner, mit Asche bedeckt, und am ganzen Leibe wie gebraten aussah. Ich kann nicht läugnen, ich fuhr über diesen Anblick zusammen, und glaubte irgend einen mondlichen Dämon zu sehen: aber die Gestalt hieß mich ein Herz fassen. Beruhige dich, Menippus, sagte sie,

Wahrlich ich bin kein Gott und keinem Unsterblichen
ähnlich,[30])

ich bin der bekannte Naturforscher *Empedokles*, den, als er sich in den Krater des Ätna stürzte[31]), der aufsteigende Rauch mit sich emporzog und hieher führte. Seit dieser Zeit wohne ich in dem Monde, wo ich mich von bloßem Thau nähre, und mir die Zeit mit Luftreisen vertreibe. Ich wurde gewahr wie du dich darüber grämtest, daß du die Dinge der Erde nicht deutlich erkennen kannst; und ich komme, dir aus der Verlegenheit zu helfen. Das ist sehr gütig von dir, bester Empedokles,

30) *Odyss.* XVI. 187.

31) Nach einer popularen Sage. Das Wahre an der Sache war ohne allen Zweifel, daß Empedokles, indem er sich, Beobachtens wegen, zu weit in den Krater wagte, wider Willen herabstürzte.

erwiederte ich; und sobald ich auf die Erde zurückgeflogen seyn werde, will ich nicht vergessen, dir unter meinem Rauchfange eine Libation zu bringen, und alle Neumonde, dir zu Ehren, dreymal andächtig zum Monde hinauf zu jappen. — Nein! beym Endymion![32]) versetzte er, ich bin nicht um Lohnes wegen gekommen, sondern lediglich, weil es mich in der Seele schmerzte dich so niedergeschlagen zu sehen. Weißt du was du thun mußt, um ein schärferes Gesicht zu bekommen? — Nein, beym Jupiter! antwortete ich,

Wenn du den Nebel nicht von meinen Augen
hinwegnimmst:[33])

denn gegenwärtig bin ich, däucht mir, nicht viel besser als blind. — Du wirst meiner wenig bedürfen, erwiederte jener, denn du hast das augenschärfende Mittel selbst von der Erde mitgebracht. — Da ich nicht begreiffen konnte was er damit meyne, fuhr er fort: hast du nicht einen Adlersflügel um deine rechte Schulter gebunden? — Und was hat denn der mit meinen Augen gemein? sagte ich. — Dies, daß unter allen lebendigen Wesen der Adler bey weitem das scharfaugigste ist; so daß er allein gerade in die Sonne sehen kann, und ein Adler, eben dadurch, wenn er ohne zu nicken in die Sonne schaut, sich als einen ächtgebohrnen Adler und König der Vögel legitimiert. — So sagt man[34]), versetzte ich; und nun verdriest es

32) Ein komischer Schwur bey dem bekannten Liebling der Luna.

33) Anspielung auf den 127sten Vers des Vten B. der Ilias.

34) Vermöge einer alten Volkssage machen die Adler diese Probe mit allen ihren Jungen, und verstoßen diejenigen als unächt, die nicht ohne Nikken in die Sonne schauen können. Von dem großen oder königlichen Adler versicherte *Aristoteles**) und *Büffon*, daß er seine Jungen aus dem Neste

*) *Hist. Animal.* IX. cap. 41. S. 229, ed. Scal.

mich, daß ich mir, ehe ich meine Reise antrat, nicht beyde Augen ausgerissen, und ein paar Adlersaugen dafür eingesetzt habe, anstatt daß ich nun so übel ausgerüstet, und jenen ausgemerzten Bastarten ähnlich, hieher gekommen bin. — Es steht blos bey dir, dir dieses andre königliche Auge auf der Stelle zu verschaffen. Wenn du nur ein wenig aufstehen, und, ohne den Geyersflügel zu bewegen, mit dem andern Flügel allein klatschen willst: so wirst du mit dem rechten Auge so scharf sehen wie ein Adler; das linke hingegen wird immer, was du auch daran künsteln wolltest, stumpfer bleiben, weil es auf der schlechten Seite ist.[35]) Ich will mit einem einzigen Adlersauge gerne zufrieden seyn, sagte ich; ich werde nichts dabey verlieren. Hab ich doch oft gesehen, daß die Zimmerleute mittelst Eines Auges die Balken nach dem Richtscheit so gerade richten, als ob sie beyde Augen dazu gebrauchten. — Mit diesen Worten schickte ich mich an, den Rath des Empedokles ins Werk zu setzen, indessen er selbst, nach und nach aus meinen Augen schwindend, in einen leichten Rauch dahinfloß. Ich hatte kaum mit dem rechten Flügel zu klatschen angefangen, als mich plötzlich ein

ausstoße und fortjage, sobald sie fliegen können: der gemeine Adler hingegen giebt sich mit der Erziehung der seinigen viele Mühe. Vermuthlich war den Griechen beydes nicht unbekannt; weil sie aber diese zwey Arten von Adlern nicht genau genug unterschieden, um jedem das seine zu geben: so ersannen sie jenes Mährchen, um sich ein so ungleiches Betragen der Alten gegen ihre Jungen begreiflich zu machen.

35) Man braucht diese Stelle nur mit den Wunderkräften, die ein gewisser Philosoph im *Lügenfreunde* einer in ein Stück frisch abgezogener Löwenhaut eingenähten Spitzmaus beylegt, zu vergleichen, um zu sehen, daß Lukian des Aberglaubens spottet, der zu seiner Zeit selbst unter vielen die für aufgeklärt gelten wollten, in Ansicht solcher angeblicher geheimer Naturkräfte, Sympathien und dergleichen im Schwange gieng.

großes Licht umleuchtete, und alles was mir bisher verborgen geblieben war, auf einmal sichtbar wurde. Ich sahe nun, indem ich auf die Erde herabschaute, ganz deutlich Städte und Menschen und alles was die letztern nicht nur unter freyem Himmel, sondern sogar was sie in ihren Häusern thaten, wenn sie von niemand gesehen zu werden glaubten. Ich sahe den König Ptolemäus[36]) bey seiner Schwester liegen, den Lysimachus seinem Sohne nach dem Leben stellen[37]), und den Antiochus, Seleukus Sohn, verstohlnerweise nach seiner Stiefmutter Stratonike[38]) schielen. Ich sah wie Alexander von Thessalien[39]) von seiner eignen Gemahlin ermordet wurde, Antigonus seine Schwiegertochter verführte, und Attalus[40]) einen Becher mit Gift austrank, den ihm sein leiblicher Sohn gerei-

36) Ptolemäus Philopator hatte seine Schwester Arsinoe öffentlich zur Gemahlin.

37) Lysimachus, Alexander M. Nachfolger in Macedonien, ließ auf Anstiften seiner zweyten Gemahlin Arsinoe seinen ältesten Sohn Agathokles mit Gifte vergeben.

38) Dies ist eine Geschichte die uns unser Autor in der Abhandlung von der Syrischen Göttin [nicht in vorliegender Auswahl] umständlich erzählen wird.

39) Vermuthlich der Tyrann von *Pherä* dieses Nahmens, den man aus dem Diodorus (L. XV. c. 80.) und aus Plutarchs *Pelopidas* kennt. Es fehlt zwar wenigstens ein halbes Jahrhundert daran, daß dieser Alexander und die drey vorhergenannten Fürsten Zeitgenossen hätten seyn sollen: aber es ist nicht schwerer zu begreiffen, wie Menippus 50 Jahre rückwärts das Vergangene als gegenwärtig sehen, als wie er vom Monde aus in das Schlafgemach des K. Ptolemäus sehen konnte. In einem *Traume* ist das alles sehr möglich, und mehr ist von einer Reise in den Mond und in die Jupitersburg wohl nicht zu fodern.

40) Von welchem *Antigonus* und *Attalus* hier die Rede sey, ist eben so ungewiß, als unbekannt, wer der *Arsazes* ist, den Menippus mit gezücktem Dolche (vermuthlich aus Eifersucht über den schönen *Spartinus*) auf seine Beyschläferin loßgehen sieht. Das Ganze hat die Miene als ob irgend ein Gemählde, wozu eine Persische Anekdote das Süjet gegeben, zum Grunde liege; wie bey Lukians Schilderungen öfters der Fall ist.

chet hatte. Auf einer andern Seite sah ich, wie Arsazes (von Eifersucht wüthend) mit dem Dolch über seine Beyschläferin herfiel, und wie Arbazes, ihr Kämmerling (um ihr zu Hülfe zu kommen) mit gezuktem Säbel auf den Arsazes losgieng, während der schöne Medier Spartinus, der mit einem goldenen Becher über dem Auge getroffen war, von etlichen Trabanten bey den Füßen hinausgezogen wurde. Ähnliche Dinge waren auch in Africa und bey den Scythen und Thraziern in den Palästen der Könige zu sehen: überall nichts als Fürsten, die mitten unter Raub und Meineid in steter Todesangst lebten, und von ihren vertrautesten Günstlingen verrathen wurden. Auf diese Weise unterhielt ich mich eine Weile mit den Angelegenheiten der Könige. Bey den Privatleuten gieng es schon komischer zu; denn da sah ich den Epikuräer Hermodikus für tausend Drachmen falsch schwören, den Stoiker Agathokles mit seinen Schülern um den Lehrlohn processieren, den Rhetor Klinias eine Opferschale aus Äskulaps Tempel stehlen, und Herophilus, den Cyniker, die Nacht in einem schmutzigen H**winkel zubringen u. s. w. Kurz alle die Schelmstücke und Bübereyen die ich von Leuten, die keinen so aufmerksamen Zuschauer zu haben glaubten, ausüben sah, gaben mir ein sehr abwechselndes und unterhaltendes Schauspiel.

DER FREUND.

Der Detail davon mag sich nicht übel hören lassen; wenigstens scheint er dir großes Vergnügen gemacht zu haben.

MENIPPUS.

Alles der Ordnung nach durchzugehen, Freund, wäre mir um so weniger möglich, da mirs schon sauer genug wurde es zu sehen. Aber, um dir alles auf einmal zu sagen bilde dir ein, du sehest die Geschichten auf Homers Schilde: auf der einen Seite Gastmäler und Hochzeiten, auf einer andern Gerichtsstuben und Volksversammlungen; hier opferte ein Glücklicher sein Dankopfer, indem nicht weit davon ein anderer die Luft mit seinen Wehklagen erfüllte. Sah ich nach dem Lande der *Geten*, so fand ich sie mit den Waffen in der Hand; rückte ich zu den *Scythen* fort, so sah ich sie mit Sack und Pack auf Wagen herumfahren; drehte ich das Auge ein wenig auf die andere Seite, so fand ich die *Egyptier* in ihrem Feldbau begriffen, der *Phönizier* schacherte, der *Cilizier* raubte, der *Spartaner* wurde gegeiselt[41]) und der *Athenienser* processierte.[42]) Und da alles das zu gleicher Zeit geschah, so kannst du denken was für ein Mischmasch herauskommen mußte. Bilde dir ein, wenn jemand einen großen Chor von Sängern auf die Bühne stellte, und verlangte nun, daß sie, anstatt im Einklang zu singen, jeder seine besondere Melodie, ohne sich an die übrige zu kehren, anstimmen sollte; und nun fiengen sie auf einmal an, jeder sich mit seinem eigenen Liede hören zu lassen, und griffen sich noch recht dabey an, und eiferten in die Wette, wer den andern am lautesten überschreyen könnte: was meynest du was da für ein Gesinge herauskäme? Und gleichwohl sind alle Erdebewohner solche Choristen, und aus einem solchen unharmonischen Mißgetöne ist das menschliche Leben zu-

41) Eine possierliche Anspielung auf den Gebrauch der Spartaner, ihre Söhne an dem Feste der *Diana Orthia* um den Altar der Göttin bis aufs Blut herum zu peitschen.

42) Menippus charakterisiert hier fünf berühmte Völker, auf eine launichte Art jedes mit einem einzigen Worte.

sammengesetzt; ein Schauspiel, wo die Personen weder im Äussern noch im Innern zusammenstimmen, an Sprache, Gestalt, Farbe, Lebensart und Sitte unendlich verschieden sind, sich immer nach verkehrten Richtungen gegen einander bewegen, und mit Gedanken und Neigungen nie in Einem Punct zusammentreffen; bis der Chormeister es endlich müde wird, und einen nach dem andern von der Bühne jagt: Nun schweigen sie alle auf einmal, und das verworrene tactlose Geplärr hat ein Ende. — Überhaupt kam mir in diesem ganzen buntscheckigen und planlosen Schauspiel des menschlichen Lebens alles sehr lächerlich vor: aber über niemand mußte ich mehr lachen als über die wackern Leute, die sich soviel damit wissen, daß sie Landgüter bis in der Gegend von Sicyon[43]) oder alles Feld was zwischen Marathon und Oinoe liegt[44]), oder tausend Morgen zu Acharnä besitzen. Denn, da mir von der Höhe wo ich herabschaute ganz Griechenland kaum vier Finger breit vorkam, wie klein mußte erst ein so geringer Theil desselben wie Attica seyn, und was für ein *Minimum* war also das Fleckchen, worauf sich die Reichen so große Dinge einbildeten? Wahrlich, der reichste unter diesen stolzen Landeigenthümern schien mir kaum einen einzelnen Epikurischen *Atom* zu bauen. Welch ein Jammer, dacht ich bey mir selbst, da ich auf den Peloponesus und das kleine Gebiet von Cynuria[45]) herabsah,

43) die ungemein schön und fruchtbar war.

44) Marathon, Oinoe und Acharnä waren Atheniensische Landgemeinen oder Dorfschaften.

45) Ein kleiner District am Argolischen Meerbusen, zwischen dem Gebiete von Argos und Sparta, der die kleinen Städtchen Thyrea und Anthene in sich begriff, und um dessen Besitz so lange gestritten wurde, bis die Spartaner Meister davon blieben. Den blutigen Tag, den Menippus hier im Sin-

daß so viele brave Argiver und Spartaner, um ein Ländchen das nicht größer als eine Egyptische Linse schien, auf Einen Tag gefallen seyn sollen! — Aber auch die Ehrenmänner, die sich auf ihr bischen Gold, auf acht Ringe und vier Trinkschalen so viel zu Gute thun, machten mich herzlich lachen: denn der ganze Pangäus[46]) mit allen seinen Bergwerken und Gruben war kaum so groß als ein Hirsekorn.

DER FREUND.

O du glücklicher Menippus, dem ein so seltsames Schauspiel gegönnt wurde! Aber, ich bitte dich, die Städte selbst und die Menschen darin, wie kamen dir diese aus solcher Höhe vor.

MENIPPUS.

Du hast doch schon manchmal eine Ameisenwirthschaft gesehen, — wie das alles unter einander wimmelt, die einen im Kreise herumlaufen, andere hinausgehen, andere zurückkommen, diese einen Unrath hinausschaft, jene mit einer irgendwo aufgelesenen Bohnenhülse oder einem halben Gerstenkorn im Munde daher gerennt kommt: und wer weiß, ob es nicht auch Baumeister, Volksredner, Rathsherrn, Musenkünstler[47]) und Philosophen, nach ihrer Weise, unter ihnen giebt? Wie dem auch seyn mag, ich fand zwischen diesen Ameisen-Nestern und den Städten mit ihren Einwohnern die größte Ähnlichkeit; und wenn es dir zu klein vor-

ne hat, beschreibt *Herodot* im 82sten Cap. seiner *Klio.*

46) Ein Gebürge in Thrazien, das seiner reichen Kupfer- und Goldbergwerke wegen berühmt, und die Quelle des Goldes war, womit Philipp von Macedonien die griechischen Republiken überwältigte.

47) d. i. nach griechischer Weise zu reden, Dichter, Sänger, Flöten- und Saytenspieler, Schauspieler, u. dgl.

kommt Menschen mit Ameisen vergleichen zu hören, so erinnere dich der Thessalischen Mythologie, die dir sagen wird, daß die Myrmidonen, eine ihrer streitbarsten Völkerschaften, aus Ameisen zu Menschen geworden[48]). Nachdem ich nun Alles zur Genüge betrachtet und belacht hatte, schüttelte ich mich und flog

in die Paläste wo Zeus mit den andern Unsterblichen thronet. [49])

Ich war noch kaum eines Bogenschusses weit geflogen, als mir *Luna* mit einer zarten weiblichen Stimme zurief: Ich bitte dich, Menippus, so lieb dir ein glücklicher Ausgang deiner Himmelfahrt ist, sey so gut und richte mir einen kleinen Auftrag an Jupiter aus. — Von Herzen gern, antwortete ich, in so fern es nur nichts zu tragen ist. — Es ist nichts weiter, erwiederte sie, als eine Bitte, die du dem Jupiter von mir überbringen sollst. Ich verliere alle Geduld, lieber Menippus, mich länger von den Philosophen so mißhandeln zu lassen; man dächte sie hätten nichts anders zu thun als sich um meine Sachen zu bekümmern, und zu fragen wer ich sey, und wie groß, lang und breit ich sey, und warum ich zu gewissen Zeiten wie ein halber Teller aussehe, oder Hörner bekomme? Die einen sagen ich werde bewohnt[50]), andere ich hänge wie ein

48) Ovid und andere Mythologen machen die Insel Ägina zur Scene dieses Wunders, wie aber die Myrmidonen aus Ägina nach Thessalien gekommen (von wannen eine Völkerschaft dieses Nahmens unter Anführung des Achilles gegen Troja zog) ist nirgends erfindlich; und es wird also wohl unausgemacht bleiben, ob die Thessalischen Myrmidonen (die ihren Nahmen vermuthlich von *Myrmidon*, einem ihrer ersten Fürsten, hatten) in spätern Zeiten sich den wundervollen Ursprung der Äginetischen aus Eitelkeit zugeeignet? oder, ob ein Gedächtnisfehler unsern Autor hier irre geführt habe?

49) *Ilias* I. v. 222.

50) Schon *Orpheus*, einer der ältesten Theologen und Mystagogen der Griechen sagte: der

Spiegel über das Meer herab; kurz jeder sagt von mir was ihm einfällt; ja was das schlimmste ist, sie bringen sogar unter die Leute, mein Licht sey nicht ächt, und ich stehle es der Sonne, so daß es nicht an ihnen liegt, wenn sie mich meinem Bruder nicht verdächtig machen und Unfrieden zwischen uns stiften: als ob es an den Beschimpfungen nicht schon genug wäre, die sie der Sonne selbst angethan, da sie vorgaben daß sie ein Stein und eine durchgeglühte Masse sey[51]). Sie hätten es wahrlich nicht Ursache mir so übel mitzuspielen! Denn was für schändliche Dinge könnte ich nicht von ihnen erzählen, die sie bey nächtlicher Weile treiben, wiewohl sie bey Tage so ernsthaft und männlich aussehen, so gravitätisch einhertreten, und sich bey den Unwissenden in so große Ehrfurcht zu setzen wissen. Und gleichwohl sehe ich allen diesen Dingen schweigend zu, weil es mir nicht anständig däucht, den Contrast ihrer nächtlichen Werke mit ihrem öffentlichen Leben aufzudecken und ins Licht zu setzen; im Gegentheil, wenn ich einen von ihnen ehebrechen oder stehlen oder sonst ein Nachtbedürftiges Stückchen verüben sehe,

Mond sey eine *wandelnde Erde* (die unsre hielt er, der griechischen *Orthodoxie* gemäß, für unbeweglich) welche viele Berge, Städte und Einwohner habe. *Proklus* B. IV. *Comment. über Platons Timäus*. – *Pythagoras*, *Xenophanes* und *Anaxagoras* waren eben dieser Meynung.

51) Anaxagoras, der dieß behauptete, fiel dadurch bey der damaligen Priesterschaft zu Athen in eben dieselbe Verdammnis, wie der große Galilei bey der h. Inquisition zu Rom, da er mit bessern Gründen als jener vermuthlich für seine Meynung zu geben hatte, bewies, daß die Planeten sich um die Sonne bewegen. — Übrigens haben wir nicht Data genug, um uns von den Meynungen des Anaxagoras einen richtigen Begriff zu machen. Er scheint ein Mann von großem Scharfsinn gewesen zu seyn, und von dem wahren Weltsystem manches geahndet zu haben. S. *Bailly Hist. de l' Astron.* Tom. I. p. 202–5.

hülle ich mich sogleich in eine dichte Wolke ein, um der Welt nicht offenbar werden zu lassen, wie sehr diese alten Männer ihrem langen Barte, und der Tugend die sie immer im Munde führen, Schande machen. Sie hingegen hören nicht auf, nachtheilig von mir zu reden, und mich auf alle Weise zu mißhandeln: so daß ich, bey der alten Nacht! schon oft auf den Gedanken gekommen bin, so weit als möglich von hier wegzuziehen, um nur ihren naseweisen Zudringlichkeiten zu entgehen. Vergiß also nicht, dies alles Jupitern zu hinterbringen, und ihm zu sagen: es sey mir unmöglich länger auf meinem Posten zu bleiben, wofern er diesen *Physikern* nicht die Köpfe zerschmettre, den *Dialektikern* nicht den Mund stopfe, die *Stoa* zerstöre, die *Akademie* in Brand stecke, und den Verhandlungen im *Peripatus* ein Ende mache, mit Einem Worte, mir vor den täglichen Beeinträchtigungen dieser geometrischen Herren nicht Ruhe verschaffe. — Ich versprach ihr Alles was sie wollte, und steuerte nun gerades Weges dem Himmel zu,

Wo man nirgends die Spur von Stieren noch Pflügern erblicket.[52])

In kurzem kam mir auch der Mond sehr klein vor, und die Erde verbarg sich gänzlich hinter ihm. Ich ließ die Sonne rechter Hand liegen, flog mitten durch die Sterne, und langte am dritten Tage vor der Reede des Himmels an. Weil ich, meines Einen Geyersflügels wegen nicht hoffen durfte für den Adler Jupiters angesehen zu werden, wollte ich es nicht wagen geradezu in die Götterburg hineinzufliegen, und klopfte also an der Pforte an. Sogleich kam Merkur heraus, fragte mich nach

52) *Odyss.* X. 98.

meinem Nahmen, und eilte Jupitern die Anzeige zu thun. Es währte nicht lange, so ward ich hineingerufen. Mit Zittern und Beben trat ich in den Audienzsaal, wo ich die Götter alle versammelt, und über meine seltsame Reise selbst ein wenig betroffen fand; vermuthlich aus Besorgnis, daß in kurzem das ganze menschliche Geschlecht auf diese Weise bey ihnen angeflogen kommen möchte. Jupiter aber warf einen fürchterlich grimmen und titanischen Blick auf mich, und sprach:

Sage, wer bist du? dein Vaterland wo? wer deine Erzeuger? [53])

Es fehlte wenig, daß ich nicht vor Schrecken über diese Anrede auf der Stelle gestorben wäre. Ich stand verblüft und verstummend da, als ob mich der Donner gerührt hätte: doch nahm ich mich endlich zusammen, und erzählte die ganze Geschichte, von Anfang an: wie groß mein Verlangen gewesen die überirdischen Dinge kennen zu lernen; wie ich mich an die Philosophen gemacht und was für widersprechende Dinge ich von ihnen gehört hätte, wie ich darüber in Verzweiflung gerathen, den seltsamen Einfall auf den ich endlich verfallen und wie ich mir Flügel angesetzt, und meine ganze Reisegeschichte bis hieher. Schließlich fügte ich noch den Auftrag hinzu womit mich Luna beladen hatte. Jetzt ließ Jupiter die Augenbraunen ein wenig sinken, und sagte lächelnd: was soll man nunmehr gegen *Otus* und *Ephialtes*[54]) sagen, da sogar Menippus die Verwegenheit gehabt hat den Himmel zu ersteigen? Doch für heute, fuhr Se. Majestät fort, bist du unser Gast: Die Ge-

53) *Odyss.* XI. 170.

54) Zwey Giganten, Söhne des Tartarus und der Erde, deren jugendlichkühne Unternehmung gegen die Götter *Apollodor* in seiner *Mythologischen Bibliothek* B. I. Cap. 6. erzählt.

schäfte wegen deren du gekommen bist, wollen wir morgen vornehmen, und dich sofort wieder in Gnaden entlassen. Mit diesem Worte stand er auf, und begab sich nach dem Theile der Himmelsburg, wo er die Gebete der Sterblichen anzuhören pflegt. Im Hingehen fragte er mich, wie es gegenwärtig auf der Erde stehe? Was der Weizen gelte? Ob der letzte Winter hart gewesen sey, und ob das Gemüse etwas mehr Regen vonnöthen habe? Sodann, ob noch jemand von der Nachkommenschaft des *Phidias* vorhanden sey, und warum die Athenienser, die ehemals alle Jahre gefeyerten *Diasia*[55]) unterbrochen hätten? Ferner: ob sie denn ihren Olympischen Tempel nicht auszubauen gedächten?[56]) und ob die Räuber des Tempels zu Dodona ergriffen worden seyen? — Als ich auf alles dieses geantwortet, fuhr er fort: Nun wohlan, Menippus, sage mir einmal offenherzig, was denken die Menschen von mir? — Was anders, Gnädigster Herr, antwortete ich, als das religiöseste was sie nur immer denken können, daß du der König aller Götter bist. — Das sollst du mir nicht weiß machen, versetzte Jupiter. Ich weiß sehr gut, wenn du mirs gleich verhehlen willst, wie geneigt sie in allen Dingen zu Neuerungen sind. Es war freylich eine Zeit, wo ich ihr Wahrsager, ihr Arzt, ihr Alles in Allem war.

55) Ein Fest Jupiters, wie der Nahme ausweiset.

56) Eine alte Sage machte den Deukalion zum Stifter dieses Tempels. Der wahre erste Erbauer war Pisistratus; aber weder er noch seine Söhne konnten das angefangene Werk vollenden. Der Bau blieb mehrere Jahrhunderte liegen, oder wurde doch immer unterbrochen, bis ihn endlich Kayser *Hadrianus* wieder vornahm und zu Stande brachte. Da Menipp im Jahrhundert Alexanders d. Gr. lebte, so war die Frage Jupiters eben so natürlich, als der Antheil den er an der Nachkommenschaft des Phidias nimmt, der sich durch die Weltberühmte Bildsäule um seine Gottheit so verdient gemacht hatte.

da waren alle Straßen, alle Märkte noch
voll Jupiters —[57])

Da glänzte noch *Dodona* und *Pisa* über alle Tempel der Welt hervor; aller Menschen Augen waren dahin gerichtet, und es wurden mir der Brandopfer so viele gebracht, daß ich vor Rauch kaum die Augen aufthun konnte. Aber seitdem *Apollo* seine Wahrsagerbude zu Delfi und *Äskulap* seine Apotheke zu Pergamus errichtet hat; seitdem es einen Tempel der *Bendis* in Thrazien, des *Anubis* in Egypten und der *Diana* zu Ephesus giebt: seitdem läuft alles dahin; die Feste, die man ihnen zu Ehren feyert, und die Hekatomben, die man ihnen schlachtet, nehmen kein Ende; mich betrachtet man als einen alten abgelebten Mann, dem man noch übrig genug Ehre erweist, wenn man ihm in fünf ganzen Jahren ein paar Stiere zu Olympia opfert. Daher wirst du auch finden, daß sogar Platons Gesetze und Chrysipps Syllogismen nicht kälter sind als meine Altäre.[58])

Während dieses Gespräches langten wir an dem Orte an, wo er sich setzen und den Menschen Audienz geben mußte. Es waren da der Ordnung nach eine Anzahl von Öfnungen, der Mündung eines Brunnens ähnlich, angebracht, die mit Deckeln versehen waren, und neben jeder stand ein goldner Lehnstuhl. *Jupiter* setzte sich nun auf den ersten Stuhl, hob den Deckel auf, und gab den Betenden Gehör. Nun stiegen aus allen Gegenden der Erde der Gebete viel und mancherley empor, die zum Theil unmöglich zugleich gewährt werden konnten. Ich bückte mich ebenfalls von der Seite nach der

57) Anspielung auf die ersten Verse eines astronomischen Gedichtes des *Aratus*.

58) Lukian scheint hier einen vorsetzlichen Anachronismus zu machen, und der Zeit des Menippus den Geist seiner eigenen unterzuschieben.

Öfnung hin, und da hörte ich: O Jupiter, laß mich König werden! O Jupiter, laß meine Zwiebeln und Knoblauch gedeihen! O Jupiter, laß meinen Vater bald von hinnen fahren! — Ein andrer rief: wenn ich doch meine Frau bald beerben könnte! Noch ein andrer: möchte mein Anschlag gegen meinen Bruder wohl von statten gehen! Ein dritter bat um einen glücklichen Ausgang seines Rechtshandels, ein vierter wollte zu Olympia gekrönt seyn. Ein Schiffer bat um Nordwind, ein anderer um Südwind; ein Bauer um Regen, ein Walker um Sonnenschein. — Vater Jupiter hörte alles an, und, nachdem er jede Bitte genau untersucht hatte,

Sprach er zu einigen Ja, und winkte Nein zu den andern. [59])

Die gerechten Bitten wurden durch die Öfnung eingelassen und zur rechten Hand gelegt: die ungerechten und vergeblichen aber blies er, ehe sie den Himmel noch erreicht hatten, wieder zurück. Bey einer einzigen sah ich ihn zweifelhaft. Zwey Partheyen verlangten zu gleicher Zeit widersprechende Dinge, und versprachen beyde gleiches Opfer. Da es ihm also an einem Bestimmungsgrunde fehlte, warum er den einen oder den andern hätte erhören sollen: so gieng es ihm wie den Akademikern; er wußte nicht wozu er Ja sagen sollte, und war genöthigt auf gut Pyrrhonisch seine Meynung zurückzuhalten und sich mit einem *wir wollen sehen* aus der Sache zu ziehen.

Wie er sich mit den Gebeten lange genug beschäftiget hatte, stand er auf und setzte sich auf den zweyten Stuhl zu der zweyten Öfnung, um den Eidschwörenden seine Aufmerksamkeit zu geben. Als er damit fertig war, und bey dieser Gelegenheit

59) *Ilias* XVI. 250.

den Epikuräer *Hermodorus* mit einem Donnerkeile zerschmettert hatte, begab er sich auf den dritten Stuhl wo alle Ahnungen, Vorzeichen und Augurien zur Audienz kamen. Von diesen rückte er zur vierten fort, durch welche der Rauch der Opfer aufstieg, und ihm den Nahmen eines jeden Opfernden zuflüsterte. Als auch diese expediert waren, wurden die Winde und Gewitter vorgelassen, und einem jeden Befehl gegeben, was sie zu thun hätten; als: heute soll es bey den Scythen regnen, bey den Africanern blitzen, bey den Griechen schneyen! du, Boreas, blase durch Lydien! du, Südwind, sollst Rasttag haben! der Westwind wird auf dem Adriatischen Meere stürmen! Auf Kappadozien sollen ungefehr tausend Malter Hagel fallen! — und dergleichen.

Wie er alle diese Geschäfte abgethan hatte, war es eben Zeit zur Tafel zu gehen. *Merkur*, (der den Hofmarschall im Himmel macht) wies mir meinen Platz beym Pan und den Korybanten[60]), zwischen Atys[61]) und Sabazius[62]), als neuangeseßnen Göttern von etwas zweydeutiger Herkunft, an. Ich wurde von der Ceres mit Brodt, vom Bachus mit Wein, vom Herkules mit Fleisch, von der Venus mit Myrten, und vom Neptun mit Sardellen regaliert.

60) Diese Korybanten sind nicht die Priester der Cybele, dieses Nahmens, sondern die *Kuretes*, eine Art von Halbgöttern, die als Knaben dem Jupiter in seiner Kindheit Gesellschaft leisteten, und von welchen, in dieser Rücksicht, allerley gefabelt wurde.

61) Atys oder Attys, der Liebling der Cybele. S. das 12te der kleinen *Göttergespräche*. Er wurde blos in Phyrgien als eine Art von Halbgott verehrt.

62) Gewöhnlich wird *Sabazius* für einen in Thrazien üblichen Beynahmen des Bacchus gehalten: es ist aber aus dieser Stelle klar, daß Lukian mit diesem fremden und morgenländisch klingenden Nahmen einen andern Gott von ausländischer Herkunft und zweydeutigem Rang bezeichnen will.

Ich kostete aber auch heimlich vom Ambrosia und Nektar: denn der schöne Ganymed war so menschenfreundlich, mir ein paarmal, wenn Jupiter auf eine andere Seite sah, ein Schälchen mit Nektar zuzuschieben. Die Götter aber (wie schon Homer sagt, der vermuthlich, ebenso gut wie ich, mit eignen Augen gesehen hat wie es hier zugeht)

essen kein Brodt, und trinken den purpurnen Wein nicht

sondern nähren sich mit Ambrosia und berauschen sich in Nektar; am liebsten aber schlürfen sie den Rauch von Brandopfern und den warmen Dunst vom Blute der Opferthiere ein, womit die Altäre begossen werden.

Während der Tafel ließ sich *Apollo* auf der Zither hören, *Silen* tanzte den Kordax[63]) und die *Musen* standen auf und sangen uns die Theogonien des Hesiodus und Pindars ersten Hymnus. Endlich da wir des Guten satt waren, legten wir uns allesammt wohlbeträufelt auf die Ohren

Ruhig schliefen nunmehr die Götter und irdischen Menschen
Alle die Nacht hindurch: nur ich entbehrte des Schlummers
süßen Genuß —[64])

so voller Gedanken war ich über alle die Wunderdinge die sich mit mir zugetragen hatten. Besonders lief mir immer im Kopfe herum, warum dem Apollo in so langer Zeit noch kein Bart gewachsen sey, und wie es im Himmel[65]) Nacht werden könne,

63) Der Kordax war ein komischer Tanz, der sich aus der ältesten Epoche der Komödie herschrieb und die ausgelassene Fröhlichkeit trunkner Personen aus den niedrigsten Classen darstellte. *Theophrast* in seinen *Charaktern* vollendet das Bild eines schaamlosen Menschen mit dem Zuge: daß er fähig wäre sogar nüchtern den Kordax zu tanzen.

64) *Ilias* II. von Anfang, parodiert.

65) nehmlich, im *Homerischen* Himmel, wo es Tag und Nacht wird, wie bey uns.

da die Sonne doch in Person gegenwärtig war und mit geschmauset hatte. Indessen schlief ich doch zuletzt ein wenig ein. Aber mit dem frühesten Morgen stand *Jupiter* wieder auf, und befahl dem Herolde den Götterrath zusammen zu rufen: und sobald sie alle beysammen waren, fieng er folgendermaßen an:

Ich war schon lange willens mich mit euch der *Philosophen* wegen zu berathen: nun aber, da ich noch besonders durch die von Lunen bey uns geführte Beschwerden aufgefodert bin, habe ich beschlossen, die Erörterung dieser Sache nicht länger aufzuschieben. Wisset also, daß seit nicht gar langer Zeit eine Art von Leuten wie Schaum auf der menschlichen Gesellschaft schwimmen, die sich dieses Nahmens anmaßen, wiewohl sie nichts bessers als ein faules, zänkisches, ruhmgieriges, gallsüchtiges, gefräßiges, hoffärtiges und ungegezogenes Gesindel, und, um mich eines homerischen Wortes zu bedienen, eine unnütze Last der Erde sind. Diese Leute, die sonst nichts zu thun haben, als Labyrinthe von Schlußreden, worin sie einander zu fangen suchen, auszudenken, haben sich in verschiedene Rotten getheilt, die unter dem Nahmen der Stoiker, Akademiker, Epikuräer, Peripatetiker und unter andern noch viel lächerlichern Benennungen[66]) bekannt sind. In den ehrwürdigen Nahmen der Tugend eingehüllt, wandern sie mit emporgezogenen Augenbraunen und herabhangenden Bärten in der Welt herum, und verstecken die verächtlichsten Sitten hinter einer übertünchten Aussenseite; den tragischen Schauspielern ähnlich, an welchen, sobald man ihnen die Larve und den goldbesetzten Talar abzieht, nichts

66) z. B. *Eristiker*, die Streitsüchtigen, *Cyniker*, die Hündischen.

als ein armseliges Kerlchen übrig bleibt, das um sieben Drachmen[67]) gedungen ist den Helden zu spielen. Und das sind nun die Menschen, die auf alle andern mit Verachtung herabsehen, von den Göttern abgeschmacktes Zeug schwatzen, und ihre Weltberüchtigte Tugend einem zusammengetriebenen Haufen blöder Knaben mit tragischem Prunke vordeclamiren, und sie die heillose Kunst lehren den Menschenverstand durch spitzfündische Trugschlüsse in Verlegenheit zu setzen. Zwar halten sie vor ihren Schülern der Geduld und der Mäßigung die schönsten Lobreden, und sprechen von Reichthum und Wollust als von den verächtlichsten Dingen: aber wer müßte sich nicht schämen öffentlich zu sagen was sie im Verborgenen thun? — Das unerträglichste dabey ist, daß diese Leute, die weder im öffentlichen noch im Privatleben brauchbar, sondern in jeder Rücksicht die entbehrlichsten aller Menschen sind, und, mit Homer zu reden,

— für nichts in der Schlacht für nichts im Felde gerechnet[68])

werden, daß solche Leute sage ich, immer die bittersten Tadler ihrer Nebenmenschen sind, und unter dem angemaßten Charakter öffentlicher Sittenrichter, sich die Erlaubnis nehmen der ganzen Welt Sottisen zu sagen; so daß sich derjenige auf seinen Vorzug nicht wenig einbildet, der am lautesten schreyen und am unverschämtesten schimpfen

67) Anspielung auf die *Salarien*, die der Kayser *M. Aurelius* den Philosophen von den Secten, die er besonders schätzte, ausgeworfen hatte. Diese Leute waren nun dafür bezahlt, Pythagoren, Sokraten, Platonen, u. s. w. vorzustellen, wie ein Schauspieler um sieben Drachmen den Helden machte. Die Vergleichung konnte für die gravitätischen Herren nicht demüthigender seyn.

68) *Ilias* II. 246.

kann. Fragte man aber einen von diesen Schreyern, und was thust denn du? Was in aller Welt trägst du zum gemeinen Besten bey? — so müßte er, wenn er die Wahrheit sagen wollte, antworten: ich finde zwar nicht nöthig, weder das Feld zu bauen, noch Handelschaft zu treiben, noch Kriegsdienste zu thun, noch von irgend einer Kunst Profession zu machen: aber dafür schreye ich alle Menschen an, lebe im Schmutz, bade mich kalt, steige im Winter mit bloßen Füßen herum, und schicanire, wie Momus, alles was die übrigen Menschen thun. Hat etwa einer von den Reichen ein prächtiges Gastmal gegeben oder hält sich eine Maitresse, so ereifere ich mich und mache ein schreckliches Aufheben davon; liegt hingegen einer meiner Freunde krank und bedarf meiner Hülfe, davon nehm' ich keine Kundschaft. — Nun möcht' ich wohl wissen, ihr Götter, wofür wir ein solches Geschmeiß länger füttern sollten? Übrigens sind diejenigen unter ihnen, die sich Epikuräer nennen, unläugbar die leichtfertigsten unter allen; denn sie vergreiffen sich besonders an uns Göttern, indem sie vorgeben, wir bekümmerten uns nichts um die menschlichen Angelegenheiten, und hätten, überhaupt mit allem was in der Welt geschieht, nichts zu thun. Es ist also hohe Zeit, daß wir ihnen das Gegentheil zeigen: denn wenn es ihnen gelingen sollte das Publikum auf ihre Seite zu bringen, so würdet ihr euch bald zu einer sehr magern Diät bequemen müssen. Wer wird euch mehr opfern wollen, wenn er nichts mehr von euch hoffet? Was die Luna klagbar bey uns angebracht, habt ihr gestern von unserm Gaste vernommen. Rathet also nun was ihr glaubet daß im Betreff alles dessen für die Menschen das nützlichste und für uns selbst das sicherste seyn dürfte!

Kaum hatte Jupiter seine Rede geendigt, als die ganze Versammlung sehr laut zu werden anfieng, und alle aus Einem Munde schrien: blitze! verbrenne! vertilge! zerschmettre sie! donnere sie in den Tartarus, wie die Riesen, hinab! — Stille wieder! rief Jupiter: euer Wille soll geschehen, ihr Götter! sie sollen alle an den Spitzen — ihrer eigenen Dialektik zerschmettert werden! Nur muß ich der Vollstreckung des Urtheils noch Anstand geben; denn wir haben, wie ihr wißt, die nächsten vier Monate über, Ferien[69]) und ich habe den Stillstand der Gerichte schon angekündigt. Sie haben also diesen Winter Frist! Aber auf nächstkommendes Frühjahr soll das heilige Donnerwetter[70]) die Buben alle in die Erde schlagen!

Also sprach Kronion, und nickte dazu mit den schwarzen Augenbraunen — [71])

Was den Menippus betrift, setzte er hinzu, so dünkt mich das beste, wir lassen ihm, damit er nicht einmal wiederkommet, die Flügel stutzen, und Merkur trage ihn heute noch auf die Erde zurück. Mit diesen Worten entließ er den Götterrath. Mich aber packte *Cyllenius* beym rechten Ohre, und

69) Da bey den Göttern alles so menschlich zugeht, so halten sie auch die auf Erden gewöhnlichen *Justizien.* Vermuthlich spielt Lukian auf irgend eine damalige ausserordentliche Suspension der Criminalgerichte an, deren nähere Umstände unbekannt sind.

70) Kenner des Griechischen werden den bürlesken Ton fühlen, womit Lukian den Jupiter sagen läßt: κακοὶ κακῶς ἀπολοῦνται τῷ σμερδαλέῳ κεραυνῷ [die schlimmen Buben werden ein schlimmes Ende finden durch den furchtbaren Donnerkeil]! Es liegt hauptsächlich in dem *Homerischen Beyworte* des Blitzes, und mußte im Teutschen nothwendig durch eine eben so bürleske Redensart ersetzt werden.

71) *Ilias* I. 528, wo wir in den drey vorgehenden Versen auch von der Wichtigkeit und unfehlbaren Wirkung dieses Nikkens unterrichtet werden.

setzte mich gestern Abend im *Ceramikus* ab. Und so hätte ich dir dann alles erzählt, lieber Nachbar, was ich Neues aus dem Himmel mitgebracht habe. Ich gehe nun, um den Philosophen die dort in der Pözile spatzieren diese gute Botschaft anzukündigen.

Der

WAHREN GESCHICHTE

Erstes Buch.

So wie diejenigen, die von der athletischen Kunst Profession machen, und überhaupt alle, die ihrem Körper die möglichste Gesundheit und Stärke zu verschaffen suchen, neben den gymnastischen Übungen auch für gehörige Erhohlungsstunden besorgt sind, und dieses Ausruhen nach der Anstrengung für einen wesentlichen Theil der zu ihrem Zweck erfoderlichen Lebensordnung halten: eben so, glaube ich, ist es den Studierenden zuträg-

Wahre Geschichte. Der Verfasser selbst hat sich in seiner Vorrede über den Geist und Zweck dieses kleinen Romans, des Urbildes aller *Voyages imaginaires*, so bestimmt erklärt, daß ich nichts hinzuzusetzen habe. Ich bin nicht der Meynung, daß dieses Spiel der Imagination und Laune Lukians viel dadurch verlohren habe, daß wir die Autoren entweder gar nicht oder nur sehr unvollkommen kennen, auf die er hie und da anspielt, um sie ihrer Aufschneidereyen und Lügen wegen lächerlich zu machen. Die Satyre in dieser Schrift hat keines besondern Schlüssels vonnöthen, sondern ist überall verständlich, weil sie überall anwendbar ist. Vermuthlich war Lukians Absicht eben so wohl, sich über die Neigung der meisten Menschen, Wundergeschichten zu glauben, als über die Schellenkappe der Reisebeschreiber, so gern Wunderdinge zu erzählen, lustig zu machen. So viel ist gewiß, daß er in dem Talent abenteuerliche und lächerlich ungereimte Dinge zu erfinden, auch der fruchtbarsten und ausschweiffendsten Imagination keine Hoffnung übrig gelassen hat, ihn nur erreichen, geschweige in dem Sublimen dieser Gattung, d. i. in der witzigen Ungereimtheit der Combinationen übertreffen zu können.

lich, ihren Geist, nachdem sie ihn mit ernsthaften und anstrengenden Studien anhaltend beschäftigt haben, ausruhen zu lassen, und durch eine schickliche Erhohlung zu künftigen Arbeiten desto kräftiger und munterer zu machen.

Zu dieser Absicht ist wohl nichts tauglicher, als eine Lectüre, die unter dem Schein, die Seele bloß mit freyen Ergießungen der Laune und des Witzes belustigen zu wollen, irgend einen nützlichen Unterricht verbirgt, und, die Musen gleichsam mit den Grazien spielen läßt. Etwas von dieser Art, hoffe ich, wird man in den gegenwärtigen Aufsätzen finden. Das anziehende, das sie (wie ich mir schmeichle) für die Leser haben werden, liegt nicht bloß in der Abenteuerlichkeit des Inhalts, oder in den drolligten Einfällen und in dem traulichen Ton der Wahrheit, womit ich eine so große Mannichfaltigkeit von Lügen vorbringe: sondern auch darin, daß jede der unglaublichen Begebenheiten, die ich als Thatsachen erzähle, eine komische Anspielung auf diesen oder jenen unserer alten Dichter, Geschichtschreiber und Philosophen enthält, die uns eine Menge ähnlicher Mährchen und Wunderdinge vorgelogen haben; und die ich bloß deßwegen zu nennen unterlasse, weil sie dir unterm Lesen von selbst einfallen werden.

Um aber doch wenigstens ein paar von ihnen zu nennen, so schrieb *Ktesias*, des Ktesiochus Sohn, von Knidos, in seinem Werke über Indien, Dinge, die er weder selbst gesehen, noch von irgend einem Menschen auf der Welt gehört hatte. Eben so hat ein gewisser *Iambulus* viel unglaubliches von dem großen Ocean geschrieben, das zu handgreiflich nicht wahr ist um nicht von jedermann für seine eigene Erfindung erkannt zu werden, wiewohl es sich ganz angenehm lesen läßt. Viele andere haben, in eben diesem Geiste, ihre angeblichen Reisen und zufälligen Verirrungen in unbekannte Länder geschrieben, worin sie von ungeheuer großen Thieren, wilden Menschen, und seltsamen Sitten und Lebensweisen unglaubliche Dinge erzählen. Ihr Obermeister und Anführer in dieser kurzweiligen Art die Leute zum Besten zu haben, ist der berühmte Homerische Ulysses, der dem Alcinous und seinen einfältigen Phäaziern eine lange Erzählung vom König Äolus und den Winden, die seine Sclaven sind, von einäugigen Menschenfressern und anderen dergleichen Wilden, von vielköpfigen Thieren, von Verwandlung seiner Gefährten in Thiergestalten, und eine Menge andrer Albernheiten dieses Schlages aufheftet. Ich meines Ortes habe allen diesen wackern Leuten, so viele ihrer mir vorgekommen sind, das Lügen um so weniger übel genommen, da ich sahe daß so gar Männer, welche bloß philosophieren zu wollen vorgeben, es um kein Haar besser machen:[2]) aber das hat mich immer Wunder genommen, wie sie sich einbilden konnten, ihre Leser würden nicht merken, daß kein wahres Wort an ihren Erzählungen sey. Da ich nun der Eitelkeit nicht widerstehen kann, der Nachwelt auch ein Werkchen von meiner Fasson zu hinterlassen, und wiewohl ich nichts wahres zu erzählen habe, (denn mir ist in meinem Leben nichts denkwürdiges begegnet) nicht sehe warum ich nicht eben so viel Recht zum Fabeln haben sollte als ein andrer: so habe ich mich wenigstens zu einer ehrenfestern Art zu lügen entschlossen als *die* meiner Herrn Mitbrüder ist; denn ich sage doch wenigstens *Eine* Wahrheit, indem ich sage daß ich lüge; und hoffe

2) Wovon wir im *Lügenfreunde* auffallende Beyspiele gesehen haben.

also um so getroster, wegen alles übrigen unangefochten zu bleiben, da mein eignes freywilliges Geständniß ein hinlänglicher Beweis ist, daß ich niemanden zu hintergehen verlange. Ich urkunde also hiemit, daß ich mich hinsetze um Dinge zu erzählen, die mir nicht begegnet sind; Dinge, die ich weder selbst gesehen noch von andern gehört habe, ja, was noch mehr ist, die nicht nur nicht *sind*, sondern auch *nie* seyn *werden*, weil sie — mit Einem Worte — gar nicht möglich sind, und denen also meine Leser (wenn ich anders welche bekommen sollte) nicht den geringsten Glauben beyzumessen haben.

Ich schiffte mich also einsmals zu Cadix ein, und steuerte bey gutem Winde in den hesperischen Ocean. Die Veranlassung und der Zweck meiner Reise war (aufrichtig zu reden) daß ich nichts gescheideres zu denken noch zu thun hatte, und gerne was Neues hätte sehen und dahinter kommen mögen, wo der abendländische Ocean aufhörte, und was wohl für Menschen jenseits desselben wohnten. In dieser Absicht hatte ich dann die zu einer so großen Seefahrt erfoderliche Vorräthe an Lebensmitteln und süßem Wasser an Bord genommen, hatte mir funfzig Cameraden, die gleicher Gesinnung mit mir waren, beygesellt, mich überdieß mit einer großen Menge Waffen versehen, und einen der geschicktesten Piloten unter einem ansehnlichen Gehalt in meine Dienste genommen. Mein Schiff, war eine Art von Jacht, aber doch so groß und stark gebaut als zu einer langen und gefahrvollen Seereise vonnöthen war.

Wir segelten einen Tag und eine Nacht mit günstigem Winde, und wurden, so lange wir noch Land im Gesichte hatten, nicht sehr heftig fortgetrieben: am folgenden Tag aber, mit Sonnenaufgang, wurde der Wind stärker, die See gieng hoch, die Luft verfinsterte sich, und es war uns nicht einmal möglich das Segel einzuziehen. Wir mußten uns also dem Winde überlassen, und wurden neun und siebzig Tage lang vom Sturm herumgetrieben: am achtzigsten aber erblickten wir, mit Anbruch des Morgens, nicht ferne von uns eine hohe und waldichte Insel, an welcher, da der Sturm sich meistens schon gelegt hatte, die Brandung nicht sonderlich heftig war. Wir ländeten also an, stiegen aus, und legten uns, als Leute, die nach so viel ausgestandenem Ungemach froh waren wieder festen Boden unter sich zu fühlen, der Länge nach auf der Erde herum. Endlich, nachdem wir eine ziemliche Zeit ausgerastet hatten, standen wir auf, und wählten dreissig aus unserm Mittel, die beym Schiffe bleiben mußten; die andern zwanzig aber sollten mich tiefer ins Land hinein begleiten, um die Beschaffenheit der Insel zu erkundigen.

Wie wir nun ungefähr zweytausend Schritte vom Ufer durch den Wald fortgegangen waren, wurden wir eine eherne Säule gewahr, auf welcher in halberloschnen und vom Rost ausgefreßnen griechischen Buchstaben diese Aufschrift zu lesen war: *Bis hieher sind Bacchus und Herkules gekommen.* Auch entdeckten wir nicht weit davon zwey Fußstapfen in dem Felsen, wovon mir der eine einen ganzen Morgen Landes groß, der andere aber etwas kleiner zu seyn schien. Ich vermuthete, daß der kleinere vom Bacchus, und der andere vom Herkules sey. Wir beugten unsre Knie und giengen weiter, waren aber noch nicht lange gegangen, als wir an einen Fluß kamen, der statt Wasser einen Wein führte, den wir an Farbe und Geschmack unserm

Chier-Wein sehr ähnlich fanden. Der Fluß war so breit und tief, daß er an manchen Orten sogar schiffbar war. Ein so augenscheinliches Zeichen daß Bacchus einst hier gewesen, diente nicht wenig, unsern Glauben an die vorbesagte Aufschrift zu befestigen. Weil ich aber begierig war zu wissen, wo dieser Fluß entspringe, giengen wir an ihm hinauf, fanden aber keine Quelle, sondern bloß eine Menge großer Weinstöcke, die voller Trauben hiengen, und unten an jedem Stocke rann der Wein in hellen durchsichtigen Tropfen herab, aus deren Zusammenfluß der Strohm entstand. Wir sahen auch eine Menge Fische in demselben, deren Fleisch die Farbe und den Geschmack des Weins, worin sie lebten, hatte. Wir fiengen einige, und schlangen sie so gierig hinunter, daß wir uns einen derben Rausch daran aßen; auch fand sich, wie wir sie aufschnitten, daß sie voller Hefen waren. Doch kamen wir in der Folge auf den Einfall, diese Weinfische mit Wasserfischen zu vermischen; wodurch sie dann den allzustarken Weingeschmack verlohren und ein ganz gutes Gerichte abgaben.

Nachdem wir hierauf den Fluß, an einer Stelle wo er sehr seicht war, durchwadet hatten, stießen wir auf eine wunderbare Art von Reben; von unten auf nehmlich war jeder Stock grünes und knotiges Rebholz; von oben hingegen waren es Frauenzimmer, die bis zum Gürtel herab, alles was sich gebührt in der größten Vollkommenheit hatten; ungefähr so, wie man bey uns die Daphne mahlt, wenn sie in Apollo's Umarmung zum Baume wird. Ihre Finger liefen in Schößlinge aus, die voller Trauben hiengen; auch waren ihre Köpfe statt der Haare mit Ranken, Blättern und Trauben bewachsen. Diese Damen kamen auf uns zu, gaben uns freundlich die Hände, und grüßten uns, einige in

Lydischer, andere in Indianischer, die meisten aber in Griechischer Sprache; sie küßten uns auch auf den Mund; aber wer geküßt wurde, war auf der Stelle berauscht und taumelte. Nur ihre Früchte zu lesen wollten sie uns nicht gestatten, und schrien vor Schmerz laut auf, wenn wir ihnen etwa eine Traube abbrachen. Einige von ihnen kam sogar die Lust an, sich mit uns zu begatten; aber ein Paar von meinen Gefährten, die ihnen zu Willen waren, mußten ihre Lüsternheit theuer bezahlen. Denn sie konnten sich nicht wieder loßmachen, sondern wuchsen dergestalt mit ihnen zusammen, daß sie zu einem einzigen Stocke mit gemeinschaftlichen Wurzeln wurden; ihre Finger verwandelten sich in Rebschoße, voll durch einander geschlungner Ranken, und fiengen bereits an Augen zu gewinnen und Früchte zu versprechen.

Wir überließen sie ihrem Schicksal, und eilten was wir konnten unserm Schiffe zu, wo wir unsern zurückgelassnen Cameraden alles erzählten was wir gesehen hatten, besonders auch das Abenteuer der beyden, denen die Umarmung der Reb-Weiber so übel bekommen war. Hierauf füllten wir unsre leeren Fässer theils mit gemeinem Wasser, theils aus dem Weinflusse; und nachdem wir die Nacht nicht weit von dem letzern zugebracht, stachen wir am folgenden Morgen mit einem mäßig frischen Landwinde wieder in die See. Aber um die Mittagszeit, da wir die Insel schon aus den Augen verlohren hatten, faßte ein plötzlicher Wirbelwind unser Schiff, drehte es etlichemal mit entsetzlicher Geschwindigkeit im Kreis herum, und führte es wohl dreytausend Stadien hoch in die Lüfte, setzte es aber nicht wieder auf dem Meere ab, sondern es blieb in der Höhe schweben, und segelte mit vollem Winde über den Wolken daher.

Wir waren bereits sieben Tage und eben so viel Nächte in dieser Luftfahrt begriffen gewesen, als wir am achten Tage eine Art von Erde in der Luft erblickten, gleich einer großen, glänzenden, kugelförmigen Insel, die ein sehr helles Licht um sich her verbreitete. Wir fuhren auf sie zu, legten unser Schiff an, und stiegen ans Land; und als wir uns darin umsahen, fanden wir, daß es bewohnt und angebaut sey. Zwar bey Tage konnten wir nichts unterscheiden: aber sobald die Nacht einbrach, zeigten sich uns noch andere Inseln in der Nähe, einige größer, andere kleiner, und alle feuerfarb; auch wurden wir tief unter uns eine andere Erde gewahr, welche Städte und Flüsse und Meere und Wälder und Berge in sich hatte; woraus wir denn schlossen daß es vermuthlich die unsrige sey.

Da wir nun weiter fortgehen wollten, stießen wir auf eine Anzahl *Pferdegeyer*, oder *Hippogypen*, wie sie hier zu Lande heissen, die sich sogleich unsrer Personen bemächtigten. Diese Hippogypen sind Männer, die auf großen Geyern reiten, und sie so gut wie wir die Pferde, zu regieren wissen: die Geyer aber sind meistens dreyköpfig, und wie groß sie sein müssen, kann man daraus abnehmen, daß jede ihrer Schwingfedern länger und dicker ist als der Mast eines großen Kornschiffes. Die Hippogypen haben den Auftrag, überall auf der ganzen Insel herumzureiten, und wofern sie einen Fremden antreffen, ihn vor den König zu führen; welches dann auch wir uns gefallen lassen mußten. Sobald uns der König erblickte, schloß er vermuthlich aus unsrer Kleidung was für Landesleute wir wären; denn das erste Wort, das er uns sagte, war: die Herren sind also Griechen? Da wir dieß nicht in Abrede waren, fuhr er fort: Wie habt ihr es denn gemacht, um die große Strecke Luft zurückzulegen, die zwischen euerer und dieser Erde liegt? Wir erzählten ihm wie es damit zugegangen war, und dieß setzte ihn in die Laune, uns auch von seiner Geschichte etwas mitzutheilen. Er sagte uns: er sey ebenfalls ein Mensch, und der nehmliche *Endymion*, der einst im Schlafe aus unsrer Erde entführt und in diese hier versetzt worden, wo er nun den König vorstelle, und welche eben die sey, die uns da unten als Mond erscheine. Übrigens hieß er uns gutes Muthes seyn und keine Gefahr besorgen; wir sollten mit allem, was wir nöthig hätten, versehen werden: und wenn ich, setzte er hinzu, den Krieg, womit ich die Einwohner der Sonne zu überziehen im Begriff bin, glücklich geendigt haben werde, sollt ihr das glücklichste Leben, das sich nur immer denken läßt, bey mir haben. Auf unsere Frage, wer denn eigentlich seine Feinde wären und was die Ursache ihrer Mißhelligkeit sey? erwiederte er: es ist schon eine geraume Zeit, daß *Phaeton*, der König der Sonnenbewohner (denn die Sonne ist nicht weniger bewohnt als der Mond) Krieg mit uns führt, und die Veranlassung dazu war diese. Ich hatte den Entschluß gefaßt, die ärmsten Leute in meinem Reiche als eine Colonie in den Morgenstern zu schicken, der damals noch öde und unbewohnt war. Dieses wollte nun Phaeton aus Mißgunst nicht zugeben, und stellte sich meinen Colonisten mit einem Hauffen *Pferdameisen* in den Weg. Da wir uns dieses Angriffs nicht versehen hatten und also zur Gegenwehre nicht gefaßt waren, so zogen wir damals den kürzern. Nun aber bin ich entschlossen, noch einen Gang mit ihnen zu thun und die Colonie an Ort und Stelle zu bringen, es koste was es wolle. Wofern ihr also Lust habt an dieser Unternehmung Theil zu nehmen, so will ich euch mit Geyern aus meinen Marställen und mit den benöthigten Waffen versehen lassen; und morgen treten wir den Marsch an. Ich bin dabey, versetzte ich, weil du es für gut befindest.

Der König behielt uns diesen Abend bey der Tafel; am folgenden Morgen aber machten wir uns in aller Frühe auf, und zogen in Schlachtordnung aus, weil unsre Vorposten berichtet hatten daß der Feind schon nahe sey. Unser Kriegsheer bestand (ohne das leichte Fußvolk, die fremden Hülfstruppen, die Artilleristen und den Troß) aus hundert tausend Mann: nehmlich achtzigtausend Pferdegeyer, und zwanzigtausend, die auf *Kohlvögeln* ritten. Dieß ist eine überaus große Gattung von Vögeln, die statt der Federn dicht mit Kohl bewachsen sind, und eine Art von großen Salatblättern statt der Flügel haben. Unsre Flanken waren mit *Hirsenschießern* und *Knoblauchwerfern* besetzt. Überdieß waren aus dem großen Bären dreissigtausend *Flohschützen* und funfzigtausend *Windlaufer* zu uns gestoßen. Die ersten sind Bogenschützen, die auf einer Art von Flöhen reiten, die zwölfmal so groß sind als ein Elephant: die Windlaufer hingegen fechten zwar zu Fuß, laufen aber ohne Flügel in der Luft. Dieß bewerkstelligen sie folgendermaßen. Sie tragen weite Röcke, die bis auf die Knöchel reichen; die schürzen sie so auf, daß sie den Wind gleich einem Segel auffassen, und so fahren sie wie Schiffe in der Luft daher. Im Treffen werden sie meistens wie unsre Peltasten[3]) gebraucht. Die Rede gieng auch, es würden aus den Sternen über Kappadozien siebzigtausend *Sperlingseicheln* und fünftausend *Pferdekraniche* kommen: ich muß aber gestehen daß ich sie nicht gesehen habe, und zwar aus der ganz simpeln Ursache weil sie nicht kamen. Ich habe mich

3) Eine Art leicht bewaffneter Fußsoldaten, die dem Feinde hauptsächlich durch ihre Behendigkeit Abbruch thaten.

also auch nicht erkühnen wollen sie zu beschreiben; denn man sagte ganz abenteuerliche und unglaubliche Dinge von ihnen.

So war die Kriegsmacht Endymions beschaffen. Rüstung und Waffen waren übrigens bey allen gleich. Statt der Helme trugen sie ausgehöhlte Bohnen, die bey ihnen ausserordentlich groß und dickhäutig sind; ihre Harnische waren aus Häuten von Wickbohnen schuppenförmig zusammengenäht; denn in diesem Lande ist die Hülse der Wickbohne so hart und undurchdringlich wie Horn. Ihre Schilde und Schwerdter waren wie die Griechischen.

Als es nun Zeit war, wurden sie folgendermaßen in Schlachtordnung gestellt. Die Pferdegeyer machten den rechten Flügel aus, und wurden von dem Könige selbst angeführt, der von einer Anzahl der auserlesensten umgeben war, unter welchen auch wir uns befanden: auf dem linken Flügel standen die Kohlvögel, und im Centrum die Hülfstruppen, jede Gattung besonders. Das Fußvolk betrug gegen sechzig Millionen.[4]) — Es giebt eine Gattung Spinnen im Monde, von denen die kleinste größer ist als eine der Cykladischen Inseln. Diese bekamen Befehl, den ganzen Luftraum zwischen dem Mond und dem Morgensterne mit einem Gewebe auszufüllen. Das Werk war in wenig Augenblicken fertig und diente zum Boden, worauf sich die Fußvölker in Schlachtordnung stellten, die von *Nachtvogel*, *Schönwetters* Sohn[5]), und noch zwey andern Feldherren commandiert wurden.

Auf dem linken Flügel der Feinde standen die Pferdameisen, von Phaeton angeführt. Diese

4) Immer eine hübsche runde Zahl! und doch setzt *Massieu* noch eine Nulle dazu und macht *sechzigtausend Myriaden*, oder 600,000000 daraus.

5) Im Griechischen: *Nykterion* und *Eudianax*.

Thiere sind eine Art geflügelter Ameisen, die sich von den unsrigen bloß durch die Größe unterscheiden; denn die größten unter ihnen nahmen nicht weniger als zwey Morgen Landes ein. Auch haben sie das Besondere, daß sie ihren Reitern fechten helfen, hauptsächlich mit ihren Hörnern. Ihre Anzahl wurde auf ungefähr funfzigtausend angegeben. Auf den rechten Flügel wurden im ersten Treffen ungefähr funfzigtausend *Mückenritter*[6]) gestellt, lauter Bogenschützen, die auf ungeheuren Mücken reiten. Hinter ihnen standen die *Rettichschleuderer*, eine Art leichter Fußsoldaten, die aber dem Feinde großen Schaden zufügten. Denn sie waren mit Schleudern bewaffnet, aus welchen sie von weitem Rettiche von entsetzlicher Größe warfen; wer davon getroffen wurde, starb auf der Stelle, und die Wunde gab sogleich einen unleidlichen Gestank von sich; denn man sagte, sie tauchten die Rettiche in Malvengift. Hinter diesen waren die *Stengelschwämme* gestellt, schwerbewaffnete Infanteristen, zehentausend an der Zahl, die ihren Nahmen daher

6) Im Text heissen sie ἀεροκόρακες, *Luftraben* (einige lesen κόρδακες [als unanständig geltende Tänze der alten Komödie], welches gar keinen Sinn giebt.) Aber auch die erste Benennung paßt nicht im geringsten zu dem, was Lukian von ihnen sagt, und ich sehe kein ander Mittel als entweder anzunehmen, daß zwischen ἀεροκόρακες und ψιλοί [leichtbewaffnete Bogenschützen] eine ziemlich große Lücke in den Handschriften sey (nehmlich daß die Abschreiber alles, was diese Luftraben charakterisierte, und den *Nahmen* derjenigen die er Rettiche statt der Steine schleudern läßt, ausgelassen hätten) welches mir nicht wahrscheinlich vorkommt: oder daß das Wort ἀεροκόρακες welches schon an sich selbst gar zu platt ist (denn alle Raben sind ja Luftraben) verdorben sey. Ich habe mir (in re tam levi [in einer so unwesentlichen Sache]) die Freyheit genommen, das letztere vorauszusetzen, und dem zu Folge den Nahmen im Deutschen so zu verändern daß er das bezeichnet, wodurch sie sich von den andern Truppen des Königs Phaeton unterschieden.

haben, daß sie sich einer Art Pilzen statt der Schilde, und großer Spargeln statt der Spieße bedienen. Nicht weit von ihnen standen die *Hundeichler*, die dem Phaeton von den Bewohnern des Sirius zu Hülfe geschickt worden waren, an der Zahl fünftausend; es waren Menschen mit Hundeköpfen, die auf geflügelten Eicheln, (wie auf Wagen) stritten. Übrigens gieng die Rede, es fehlten noch verschiedene Hülfsvölker, auf welche Phaeton gerechnet hätte, besonders die Schleuderer die aus der *Milchstraße* erwartet wurden, und die *Wolken-Centauren*. Die letztern langten gleichwohl noch an, da das Treffen schon entschieden war, und hätten unsertwegen wohl wegbleiben mögen; die Schleuderer aber kamen gar nicht: worüber Phaeton so aufgebracht worden seyn soll, daß er in der Folge ihr Land mit Feuer verwüstete. Dieß war also die Macht, womit er gegen uns anrückte.

Das Zeichen zum Angriff wurde nun, auf beyden Theilen, durch Esel gegeben, deren man sich hier zu Lande statt der Trompeter bedient, und das Treffen hatte kaum angefangen, als der linke Flügel der Helioten[7]), ohne das Einhauen der Pferdegeyer zu erwarten, die Flucht ergriff: wir setzten ihnen also nach und richteten ein großes Blutbad unter ihnen an. Hingegen gewann ihr rechter Flügel anfangs den Vortheil über unsern linken, und die Mückenreiter warfen unsre Kohlvögel mit solcher Gewalt übern Hauffen, und verfolgten sie so hitzig, daß sie bis zu unserm Fußvolk vordrangen: dieses aber that eine so tapfre Gegenwehre, daß die Feinde hinwieder in Unordnung und zum Weichen gebracht wurden, zumal, wie sie merkten, daß ihr linker Flügel geschlagen sey. Ihre Niederlage war nun ent-

7) oder Sonnenbewohner.

schieden; wir machten eine große Menge Gefangener, und der Erschlagenen waren so viele, daß die Wolken von ihrem Blute so roth gefärbt wurden, wie sie uns bey Sonnen-Untergang zu erscheinen pflegen: ja es träufelte sogar häuffig auf die Erde herab; so daß ich auf die Vermuthung kam, eine ehemals in den obern Gegenden vorgefallene ähnliche Begebenheit möchte wohl den Blutregen veranlaßt haben. den Homer seinen Jupiter wegen Sarpedons Tod auf die Erde regnen läßt.[8])

Als wir endlich vom Nachsetzen der Feinde abließen, richteten wir zwey Tropäen auf, eines für die Infanterie auf der Spinnenwebe, das andere auf den Wolken für diejenige die in der Luft gestritten hatten: aber während wir damit beschäfftiget waren, benachrichtigten uns unsre Vorposten, die *Wolken-Centauren* seyen im Anzuge, die schon vor der Schlacht zum Phaeton hätten stoßen sollen. Ich muß gestehen, der Aufmarsch einer Armee von Reitern, die halb Menschen und halb geflügelte Pferde waren, und wovon die menschliche Hälfte so groß als das obere halbe Theil des Koloß von Rhodos, die Pferdehälfte aber wie ein großes Lastschiff war, machte ein ganz ausserordentliches Schauspiel. Ihre Anzahl habe ich lieber nicht beysetzen wollen, denn sie war so ungeheuer groß, daß man mir nicht glauben würde. Sie wurden vom *Schützen im Thierkreise* angeführt. Wie sie nun sahen, daß ihre Freunde geschlagen waren, schickten sie sogleich einen Eilbothen an den Phaeton ab, um ihn ins Treffen zurückzurufen; sie selbst aber drangen in guter Ordnung auf die erschrocknen Seleniten ein, (die, über Verfolgung der Feinde und Theilung der Beute, in größte Unordnung gekommen waren)

8) *Ilias* XVI. 458. 59.

jagten sie alle in die Flucht, verfolgten den König selbst bis vor die Mauern seiner Hauptstadt, machten den größten Theil seiner Vögel nieder, rissen die Tropäen um, bemächtigten sich des ganzen Schlachtfeldes der Spinnenweben, und machten (unter andern) auch mich und zwey meiner Gefährten zu Kriegsgefangnen. Jetzt erschien auch Phaeton wieder, und nachdem sie andere Tropäen errichtet hatten, wurden wir noch an eben demselben Tage, die Hände mit Stricken von der Spinnenwebe auf den Rücken gebunden, nach der Sonne abgeführt.

Da die Feinde nicht für gut befanden, die Hauptstadt Endymions zu belagern, so begnügten sie sich, eine doppelte Mauer von Wolken zwischen dem Mond und der Sonne aufzuführen, wodurch alle Communication zwischen beyden abgeschnitten, und der Mond alles Sonnenlichts beraubt wurde. Der arme Mond erlitt also von diesem Augenblick an eine totale Finsterniß, und war gänzlich in eine ununterbrochne Nacht eingehüllt. In dieser Noth wußte sich Endymion nicht anders zu retten, als daß er Deputierte nach der Sonne abschickte, welche fußfällig bitten mußten, daß man die Mauer wieder einreissen, und sie nicht so unbarmherzig in der Finsterniß zu leben nöthigen möchte: er machte sich dagegen anheischig, der Sonne Tribut zu entrichten, ihr, wenn sie Krieg hätte, mit Hülfstruppen zuzuziehen, nichts feindliches mehr gegen sie zu unternehmen, und zur Sicherheit dieser Versprechungen Geiseln zu geben. Phaeton hielt dieses Antrags halben zwey Rathsversammlungen: in der ersten war die Erbitterung noch zu groß, um Vorschlägen zur Güte Gehör zu geben: in der zweyten aber kamen sie auf andere Gedanken, und der Friede wurde vermittelst eines Tractats geschlossen, der also lautete:

Zwischen den Helioten und ihren Bundesgenossen am Einen, und den Seleniten[9]) und ihren Verbündeten am andern Theile, ist folgender Vergleich errichtet worden: Die Helioten machen sich anheischig die aufgeführte Mauer niederzureissen, nicht wieder feindlich in den Mond einzufallen, und die Gefangenen gegen ein zwischen beyden Theilen ausgemachtes Lösegeld frey zu geben. Die Seleniten hingegen versprechen, die übrigen Sterne bey ihrer Unabhängigkeit zu belassen, die Helioten nie wieder mit Kriege zu überziehen, sondern einander, wofern sie von jemand angegriffen würden, wechselseitige Hülfe zu leisten; nicht weniger macht sich der König der Seleniten verbindlich, dem Könige der Helioten, als einen Tribut jährlich zehentausend Eimer Thau zu entrichten, und zur Sicherheit desselben zehentausend Geiseln zu geben. Die Colonie in den Morgenstern aber betreffend, soll solche von beyden Theilen gemeinschaftlich bewerkstelliget werden, und auch aus andern Völkerschaften wer dazu Lust haben mag Theil daran nehmen dürfen. Dieses Bündniß soll auf eine Denksäule von Bernstein gegraben, und zwischen der Grenze beyder Reiche in freyer Luft aufgestellt werden: und haben dasselbe beschworen[10])

Von Seiten der Helioten,	Von Seiten der Seleniten.
Feuermann.	*Nachtlieb.*
Sommergluth.	*Monder.*
Flammstädt.	*Wechselschein.*

9) Mondsbewohnern.

10) Da Lukian es für schicklich hielt, den Herren Bevollmächtigten Sonnen- und Mondmäßige Nahmen zu geben, so schien es aus gleichem Grunde nöthig, sie so gut es gehen wollte, zu verdeutschen. Im Original heissen jene, *Pyronides*, *Therites*, *Phlogius;* diese, *Nyktor*, *Menius*, *Polylampus*.

Sobald dieser Friedensschluß unterzeichnet war, wurde die Mauer eingerissen und wir Gefangenen ausgeliefert. Bey unserer Zurückkunft in den Mond kamen uns unsere Cameraden und Endymion selbst entgegen, und umarmten uns mit thränenden Augen. Dieser Fürst hätte uns überaus gerne bey sich behalten; er schlug uns vor, an der neuen Colonie Theil zu nehmen, und erbot sich mir seinen Sohn zur Ehe zu geben (denn es giebt bey ihnen keine Weiber) aber ich ließ mich auf keine Weise überreden, sondern bestand darauf, daß er uns wieder ins Meer herabschicken sollte. Wie er nun sahe, daß es unmöglich war uns auf andere Gedanken zu bringen, so willigte er in unsre Entlassung ein, nachdem er uns eine ganze Woche durch aufs herrlichste bewirthet hatte.

Aber ehe ich den Mond wieder verlasse; muß ich euch doch auch erzählen, was ich während meines dortigen Aufenthalts neues und ausserordentliches bemerkt habe. Das erste ist, daß die Seleniten nicht von Weibern sondern von Männern gebohren werden; denn hier heurathen die Männer einander, und das weibliche Geschlecht ist ihnen etwas so unbekanntes, daß sie nicht einmal einen Nahmen in ihrer Sprache dafür haben. Ihre Einrichtung ist diese; jeder Selenit wird geheurathet bis er fünf und zwanzig Jahre alt ist, von dieser Zeit an aber heurathet er selbst. Ihre Leibesfrucht tragen sie nicht wie die Weiber bey uns, sondern in der Wade. Sobald ein junger Selenit empfangen hat, fängt ihm die Wade an dicker zu werden; einige Zeit darauf wird die Geschwulst aufgeschnitten, und man zieht die Kinder todt heraus: sobald sie aber mit offnem Munde an die freye Luft gebracht werden, fangen sie an zu leben. Ich vermuthe daß das Griechische Wort γαστροκνημία (Beinbauch) [Wadenbauch] sich von diesem Volke herschreibt, und sich auf diese sonderbare Eigenschaft bezieht, ihre Kinder, anstatt im Leibe, in der Wade zu tragen.

Was aber noch viel sonderbarer ist, es giebt eine Art Menschen bey ihnen, *Dendriten* genannt, die auf folgende Weise entstehen. Man schneidet einem Manne den rechten Hoden aus und pflanzt ihn in die Erde; nach und nach wächst hieraus ein sehr großer fleischerner Baum, der die Gestalt eines Phallus, aber dabey Zweige und Blätter hat, und eine ellenlange Eichelförmige Frucht trägt. Diese werden, wenn sie zeitig sind, abgebrochen, und die Menschen herausgeknackt. Diese Dendriten aber sind von Natur ohne Geschlechtstheile, und also genöthigt sich künstliche anzusetzen, die ihnen eben die Dienste thun als ob sie natürlich wären.[11]) Die Reichern lassen sich solche von Elfenbein machen, die Armen aber begnügen sich mit hölzernen.

Wenn ein Selenit alt worden ist, so stirbt er nicht wie wir, sondern zerfließt, wie Rauch, in der Luft. Die ganze Nation hat nur einerley Art sich zu nähren: sie braten nehmlich Frösche (die bey ihnen hauffenweis in der Luft herumfliegen) auf Kohlen, setzen sich um den Heerd, wie sie gebraten werden, wie um einen Tisch her, schlürfen den aufsteigenden Dampf ein, und darin besteht ihre ganze Mahlzeit. Wenn sie trinken wollen, so drücken sie Luft in

11) Im Griechischen: διὰ τούτων ὀχεύουσιν [vermittels dieser begatten sie sich] etc. Ich weiß nicht, wie sich *Massieu* durch das Wort πρόσθετα [angesetzte (Geschlechtsteile)] hat verleiten lassen können, zu übersetzen: *on trouve à ses côtes, dans la même enveloppe* des parties genitales etc. [Man findet die Geschlechtsteile an seinen Seiten in der selben Hülle]. πρόσθετος [angesetzt] hat hier wohl schwerlich eine andere Bedeutung als es in πρόσθετοι κόμαι (falsches angesetztes Haar) hat; wenigstens ist keine Spur im Text, daß Lukian an die gedacht habe, die ihm der französ. Übers. andichtet.

einen Becher aus, der auf diese Weise mit einer dem Thau ähnlichen Feuchtigkeit angefüllt wird.

Bey einer so feinen Nahrung wissen sie nichts von den Excretionen, denen die Erdebewohner unterworfen sind; sie sind auch nicht an eben dem Orte gebort wie wir, sondern haben bloß (zu dem oben angedeuteten Gebrauch) eine Öfnung in der Kniekehle.

Wer bey ihnen für schön gelten will, muß kahl und ohne Haare seyn; lockichte und starkbehaarte Köpfe sind ihnen ein Greuel. In den *Kometen* hingegen ists just umgekehrt: denn da gelten nur die lockichten für schön, wie uns einige Reisende, die in diesen Sternen zu Hause waren, erzählten. Jedoch haben sie über den Knien etwas Bart. An den Füßen haben sie weder Nägel noch Zehen, sondern der ganze Fuß ist aus Einem Stücke: aber über dem Hintern ist jedem ein großer Kopfkohl, statt eines Schwanzes, gewachsen, der immer grün bleibt und nie abbricht, wenn man auch darauf fällt.

Sie schneutzen eine sehr saure Art von Honig aus, und wenn sie sich, es sey durch Arbeit oder gymnastische Übungen, eine starke Bewegung machen, schwitzen sie am ganzen Leibe Milch, so daß sie, um Käse daraus zu machen, nur ein wenig von dem besagten Honig hineinzuträufeln brauchen.

Sie wissen aus Zwiebeln ein Öl zu machen, das sehr weiß und von so angenehmem Geruch ist, daß sie es zum parfumieren brauchen. Überdieß bringt ihr Land eine große Menge Reben hervor, die, statt Wein, *Wassertrauben* tragen, deren Beeren Kerne von der Größe unsrer Schloßen haben. Ich weiß mir daher den Hagel bey uns nicht besser zu erklären, als daß es auf der Erde hagelt, so oft ein Sturmwind im Mond diese Reben so stark schüttelt, daß die Wassertrauben davon zerplatzen.

Die Seleniten tragen keine Taschen, sondern stecken alles was sie bey sich tragen wollen, in ihren Bauch, den sie, nach Gefallen, auf- und zuschließen können. Denn von Natur ist er ganz leer, und bloß ringsum mit langen und dichten Zotteln bewachsen, so daß auch ihre neugebohrnen Kinder, wenn sie frieren, ihnen in den Bauch hineinkriechen.[12])

Was ihre Kleidung betrifft, so tragen die Reichen weiche Kleider aus Glas, der Armen ihre hingegen sind aus Erzt gewebt; denn diese Gegenden sind sehr erzthaltig, und sie verarbeiten es, wenn sie etwas Wasser dazu gießen, wie wir die Wolle.

Aber was sie für Augen haben, getraue ich mir kaum zu sagen, es ist so unglaublich, daß ich besorgen muß, man werde denken, ich gebe die Unwahrheit vor. Doch, da ich schon so viel wunderbares erzählt habe, mag das immer auch noch mitgehen. Sie haben nehmlich Augen die sich herausnehmen lassen; wer also die seinigen schonen will, nimmt sie heraus und hebt sie auf; kommt ihm dann etwas vor das er sehen will, so setzt er sein Auge wieder ein, und sieht. Viele, die die ihrigen verlohren haben, sehen mit geborgten; denn was reiche Leute sind, haben deren immer viele vorräthig.

Ihre Ohren sind aus Platanenblättern gemacht, und nur die Dendriten allein haben hölzerne.

Auch sah ich im Palaste des Königs noch ein anderes Wunder, und das ist ein Spiegel von ungeheurer Größe, der auf einem nicht allzutiefen Brunnen liegt. Wer diesen Brunnen hinabsteigt, hört alles

12) Lukian ließ sich, als er diesen seltsamen Einfall hatte, wohl wenig davon träumen, daß ihm die *Natur* schon darin zuvorgekommen war, und daß es eine *Beutelratze* giebt, die mit dieser Bequemlichkeit ihre Jungen in ihrem Leibe zu beherbergen, versehen ist.

was auf unsrer Erde gesprochen wird; und wer in den Spiegel schaut, sieht darin alle Städte und Völker der Erde so genau als ob sie vor ihm stünden. Ich sah bey dieser Gelegenheit meine Familie und mein ganzes Vaterland: ob sie aber auch *mich* gesehen haben, kann ich nicht für gewiß sagen. Wer mir nicht glauben sollte was ich von der Tugend dieses Spiegels gemeldet habe, wird sich, wenn er einmal selbst hieher kommen wird, mit eigenen Augen überzeugen können, daß ich die Wahrheit sage.

Wir beurlaubten uns nunmehr von dem Könige und seinem Hofe, begaben uns wieder an Bord unsers Schiffes und stießen ab. Endymion beschenkte mich beym Abschied mit zwey gläsernen und fünf ehernen Kleidungen, nebst einer ganzen Rüstung von Wickbohnen: ich mußte aber alles im Wallfisch zurücklassen. Er gab uns auch tausend Hippogypen mit, die uns fünfhundert Stadien weit begleiten mußten.

Nachdem wir bey verschiedenen andern Ländern vorbeygefahren, landeten wir am Morgenstern, der seit kurzem angebaut worden war, an, um frisches Wasser einzunehmen. Von da fuhren wir in den Thierkreis ein, indem wir linker Hand hart an der Sonne vorbey segelten: aber wir stiegen nicht aus, wiewohl meine Gefährten es sehr gewünscht hätten, weil uns der Wind entgegen war. Doch kamen wir ihr nahe genug, um zu sehen, daß die Landschaft mit dem schönsten Grün bedeckt, wohl bewässert, und mit allen Arten von Naturgütern reichlich gesegnet war. Wie uns die Nephelocentauren, die in Phaetons Solde stehen, gewahr wurden, flogen sie auf unsre Barke zu, zogen sich aber wieder zurück, sobald sie vernahmen, daß wir in den Friedenstractat mit eingeschlossen wären.

Nunmehr hatten auch die Hippogypen Abschied von uns genommen, und wir hatten die nächste Nacht und den folgenden Tag unsern Lauf fortgesetzt und immer niederwärts gesteuert, als wir gegen Abend bey der sogenannten *Lampenstadt*[13]) anlangten. Diese Stadt liegt zwischen den Plejaden und Hyaden, aber etwas niedriger als der Zodiakes. Hier stiegen wir ans Land, erblickten aber keinen Menschen; hingegen sahen wir eine große Menge Lampen, die auf den Straßen hin und wieder liefen, und auf dem Markt und am Hafen beschäftigt waren; die meisten waren klein und hatten ein ärmliches Ansehen; einigen wenigen hingegen sahe man's gleich an ihrem Glanz und lebhaften Lichte an, daß sie hier die Großen und Vielvermögenden vorstellten. Jede hatte ihren eigenen Lampenstock, der ihr zur Wohnung diente, und ihren eigenen Nahmen, wie die Menschen. Wir hörten auch daß sie eine Art von Sprache hatten. Ungeachtet sie uns nun nichts zu Leide thaten, und uns vielmehr nach ihrer Weise gastfreundlich zu empfangen schienen, so war uns doch nicht wohl bey ihnen zu Muthe, und keiner von uns getraute sich weder zu essen noch zu schlafen. Mitten in der Stadt haben sie eine Art von Rathhaus, wo ihr Stadtschultheiß die ganze Nacht durch sitzt, und einen nach dem andern bey seinem Nahmen zu sich ruft: wer nicht gehorcht, wird als ein Deserteur behandelt, und mit der Todesstrafe belegt, das heißt, er wird ausgelöscht. Wir hörten auch, während wir herumstanden und sahen was passierte, verschiedene von ihnen, die allerley Ursachen, warum sie so späte gekommen, zur Entschuldigung anführten. Bey dieser Gelegenheit erkannte ich unsre eigene Haus-

13) Lychnopolis.

lampe; ich erkundigte mich bey ihr wie es zu Hause stünde, und sie sagte mir alles was sie wußte.

Da wir nicht länger als diese einzige Nacht zu Lychnopolis bleiben wollten, lichteten wir des folgenden Tages den Anker, und fuhren neben den Wolken vorbey, wo wir, unter andern, mit großer Verwunderung, auch die berühmte Stadt *Nephelokokkygia*[14]) sahen, aber wegen widrigen Windes nicht in ihren Hafen einlaufen konnten. Doch erfuhren wir, daß Koronos, Kottyphions Sohn, dermalen daselbst regiere; und ich, meines Orts, bestärkte mich in der Meynung, die ich immer von der Weisheit und Wahrhaftigkeit des Dichters Aristophanes gehegt hatte, dessen Nachrichten von dieser Stadt man mit Unrecht den gebührenden Glauben versagt. Drey Tage darauf bekamen wir den Ocean wieder zu Gesichte; aber die Erde zeigte sich nirgends, die in der Luft schwebenden ausgenommen, die uns überaus feurig und funkelnd vorkamen. Am vierten gegen Mittag setzte uns ein sanft nachgebender Wind allmählich wieder auf dem Meere ab.

Es ist unmöglich das Entzücken zu beschreiben, das uns ergriff als wir uns wieder auf dem Wasser fühlten. Wir gaben der ganzen Schiffsmannschaft einen Schmaus, so gut als es unser Vorrath erlauben wollte, und sprangen dann ins Wasser und badeten uns, nach Herzenslust; denn es herrschte eben eine große Windstille und das Meer war so glatt wie ein Spiegel.

Aber in kurzem erfuhren wir, daß eine plötzliche glückliche Veränderung nicht selten der Anfang größerer Unglücksfälle ist. Denn kaum waren wir

14) die aus den *Vögeln* des Aristophanes bekannt ist.

zwey Tage auf dem Meere gefahren, als sich gegen Sonnenaufgang eine Menge Wallfische und andere Seeungeheuer sehen ließen. Unter den ersten zeichnete sich besonders einer durch seine Größe aus, denn er war nicht weniger als funfzehnhundert Stadien[15]) lang. Dieser kam mit offnem Rachen, und mit einem Ungestüm, der das Meer auf allen Seiten aufbrausen und schäumen machte, auf uns loß, und zeigte uns Zähne, die noch viel größer als unsere kolossalischen Phallusbilder[16]), spitzig wie Zaunpfähle und so weiß wie Elfenbein waren. Wir nahmen also den letzten Abschied von einander, und indem wir ihn einer in des andern Armen erwarteten, war er da und schlang uns zusammt unserm Schiffe auf einen Athemzug hinunter; denn er fand nicht für nöthig uns erst mit seinen Zähnen zu zermalmen, sondern das Schiff glitschte auf Einen Druck durch die Zwischenräume in seinen Schlund hinab.

Wie wir nun drin waren, war es anfangs so dunkel daß wir nicht einen Stich sehen konnten: als er aber, nach einer Weile, den Rachen wieder aufsperrte, sahen wir uns in einer Höhle von so ungeheurer Höhe und Weite, daß sie uns für eine Stadt von zehntausend Einwohnern Raum genug zu haben schien. Überall lagen eine Menge kleiner Fische, zermalmter Thiere, Segel, Anker, Menschengebei-

15) Ungefähr fünf und vierzig deutsche Meilen.

16) Lukian sagt nur: *viel größer als die Phalli bey uns;* aber wenn die Zähne dieses Ungeheuers nur in einiger Proportion mit seinem ganzen körperlichen Umfang standen, so kann man hier keine kleinere Phallusbilder annehmen, als die kolossalischen, deren in dem Tractat von *der Syrischen Göttin* [in vorliegender Auswahl nicht enthalten] Erwähnung gethan wird, welche (nach der billigsten Leseart) dreissig Klafter oder 180 Fuß hoch waren, und mit allem dem gegen die Zähne eines Caschelotten, der 930,000 Fuß lang war, in keine Vergleichung kommen konnten.

nen und ganze Schiffsladungen umher. Weiter hin war, vermuthlich aus dem vielen Schlamm, den dieser Wallfisch schon verschluckt hatte, eine Erde mit Bergen und Thälern entstanden, wovon jene mit allen Arten von Bäumen, diese mit allerley Kräutern und Gemüsen dergestalt bepflanzt waren, daß man es für angebautes Land halten mußte. Diese Insel, wenn ich es so nennen kann, mochte wohl zweyhundert und vierzig Stadien[17]) im Umkreise haben. Wir sahen auch verschiedene Arten von Seevögeln, Meerschwalben und Eisvögel, die auf den Bäumen umher ihre Nester hatten.

Unser erstes war, daß wir uns hinsetzten und uns recht satt weinten; endlich aber, nachdem ich meinen Reisegefährten Muth zugesprochen hatte, machten wir vor allen Dingen unser Schiff fest, schlugen sodann Feuer, und machten uns, aus den Fischen, die in großer Menge und Mannichfaltigkeit umher lagen, eine Mahlzeit zu recht; Wasser hatten wir noch aus dem Morgenstern am Bord.

Wie wir des folgenden Morgens aufstanden, sahen wir, so oft der Wallfisch Athem hohlte, bald Berge, bald nichts als Himmel, bald auch Inseln, woraus wir dann schlossen, daß er sich mit großer Geschwindigkeit in allen Theilen des Oceans herum bewege.

Als wir nun dieses neuen Aufenthaltes in etwas gewohnt waren, nahm ich sieben meiner Gefährten mit mir, und gieng in den Wald auf weitere Entdeckungen aus. Ich hatte noch nicht fünf volle Stadien zurück gelegt, als ich auf einen Tempel stieß, der laut der Inschrift dem Neptun gewidmet war; bald darauf fanden wir eine große Anzahl Gräber mit Säulen, und nicht weit davon eine Quelle klares Wasser. Überdieß hörten wir Hunde

17) Beynahe acht Meilen.

bellen, und sahen in einiger Entfernung Rauch aufsteigen; so daß wir, allem Vermuthen nach, nicht weit von einer Wohnung seyn konnten. Wir verdoppelten nun unsre Aufmerksamkeit, und waren nicht weit fortgegangen, als wir einen alten Mann und einen Jüngling antrafen, die sehr emsig in einem Küchengarten arbeiteten, und eben beschäfftigt waren, Wasser aus der Quelle in denselben zu leiten. Erfreut und erschrocken zugleich blieben wir stehen, und man kann sich leicht einbilden, daß ihnen eben so wie uns zu Muthe war. Sie hielten mitten in ihrer Arbeit ein, und betrachteten uns ohne einen Laut von sich zu geben. Endlich ermannte sich doch der Alte nach einer kleinen Weile, und redete uns an. — Wer seyd ihr, sagte er, Dämonen des Meeres? Oder verunglückte Menschen unsers gleichens? Denn was uns betrifft, wir sind Menschen, und aus Erdesöhnen, die wir waren, zu Meerbewohnern worden, und treiben mit diesem Ungeheuer, in welchem wir eingeschlossen sind, herum, ohne recht zu wissen wie es mit uns steht; denn wir haben alle Ursache zu denken, daß wir gestorben seyen, wiewohl wir noch zu leben glauben. — Auch wir, alter Vater, (antwortete ich ihm) sind Menschen, die sich seit kurzem hier befinden; denn es ist heute erst der dritte Tag, daß wir samt unserm Schiffe verschlungen worden sind; und bloß das Verlangen zu wissen wie es in diesem Walde aussehe, der uns sehr groß und dicht vorkam, hat uns hieher gebracht. Aber ohne Zweifel leitete uns irgend ein guter Genius, daß wir dich fanden, und nun wissen, daß wir nicht allein in diesen Wallfisch eingeschlossen sind. Sage uns denn, wenn ich bitten darf, wer du bist, und wie du hierher gekommen? Aber der gute Alte versicherte uns, daß er unsre Neugier nicht eher befriedigen würde, bis er uns, so gut ers vermöchte, bewirthet hätte; und hiemit führte er uns in seine Wohnung, die er sich gemacht hatte. Sie war für seine Bedürfnisse bequem genug, und mit Sitzen und andern Nothwendigkeiten versehen. Nachdem er uns hier Gemüse, Früchte, Fische und Wein vorgesetzt hatte, und wir satt waren, erkundigte er sich nach den Zufällen, die uns begegnet wären, und da erzählte ich ihm alles der Ordnung nach, den Sturm, und was uns auf der Insel begegnet, und unsre Reise in der Luft, und den Krieg, und alles übrige bis zu dem Augenblick unsrer Untertauchung in den Wallfisch.

Nachdem er mir sein Erstaunen über so wundervolle Begebenheiten aufs lebhafteste ausgedrückt hatte, erzählte er uns nun auch die seinigen. Meine Freunde, sagte er, ich bin ein Kaufmann aus Cypern. Meine Geschäffte bewogen mich mein Vaterland zu verlassen, und mit meinem Sohne, den ihr hier sehet, und einer großen Anzahl Bedienten, auf einem mit vielerley Waaren befrachteten Schiffe, dessen Trümmer ihr vielleicht im Schlunde des Wallfisches gesehen habt, eine Reise nach Italien zu unternehmen. Bis auf die Höhe von Sicilien gieng unsre Fahrt glücklich von statten: aber hier bekamen wir einen widrigen Wind, der uns am dritten Tage in den Ocean trieb, wo wir das Unglück hatten diesem Wallfische zu begegnen und mit Mann und Schiff verschlungen zu werden. Alle meine Leute kamen dabey ums Leben, und wir beyde blieben allein übrig. Nachdem wir sie nun zur Erde bestattet, und dem Neptun einen Tempel errichtet hatten, bringen wir seitdem unser Leben hin, Gemüse in unserm Garten zu bauen, die nebst Fischen und Baumfrüchten unsere Nahrung ausmachen. Der Wald, der von großem Umfang ist, wie ihr seht, hat auch eine große Menge Weinstöcke, die einen vortrefflichen Wein geben; auch werdet ihr vermuthlich gesehen haben, daß wir eine Quelle des schönsten und frischesten Wassers besitzen. Unser Lager bereiten wir aus Baumblättern; Holz zum Feuer anmachen haben wir in Überfluß; wir fangen Vögel in Netzen, und sogar lebendige Fische, wenn wir auf die Kiemen[18]) des Ungeheuers hinausgehen, wo wir uns auch baden so oft wir Lust dazu haben. Überdieß befindet sich nicht sehr weit von hier ein See mit salzichtem Wasser, der zwanzig Stadien im Umkreis hat, und einen Überfluß an Fischen aller Art enthält: in diesem See vergnügen wir uns zuweilen mit schwimmen, oder fahren auf ihm in einem kleinen Nachen, den ich gezimmert habe. Auf diese Weise haben wir, seit uns der Wallfisch verschlungen hat, bereits sieben und zwanzig Jahre zugebracht. Wir würden uns auch in dieser Lage ganz leidlich befinden, wenn nur unsre Nachbarn, die sehr ungesellige und wilde Leute sind, uns nicht gar zu überlästig fielen —

Wie? rief ich, hat denn dieser Wallfisch noch mehr Einwohner?

Sehr viele, erwiederte der alte Mann, aber wie gesagt, unverträgliche Geschöpfe und von sehr abenteuerlichen Gestalten. Den westlichen Theil des Waldes, gegen den Schwanz des Wallfisches zu, bewohnen die *Tarichanen*, welche Aalaugen und ein Krebsgesicht haben, ein streitbares, trotziges und rohes Fleischfressendes Volk. Auf der andern Seite, rechter Hand, halten sich die *Tritonomendeten* auf[19]),

18) Dieß ist der rechte Nahme des Organs, wodurch die Fische Athem hohlen, welches im gemeinen Leben unschicklich mit dem Nahmen der Fischohren belegt wird.

19) Der Bedeutung dieses Nahmens nach sollte man eher Menschen-Böcke als Menschen-Wiesel erwarten; indessen ist nicht zu begreiffen, wie die Abschreiber aus *Tritonopaleoten*

die von oben bis an den Gürtel wie Menschen und von unten wie Wiesel gestaltet, jedoch ihrer Sinnesart nach nicht so boshaft und gewaltthätig sind, wie die übrigen. Linker Hand wohnen die *Karkinocheiren* und *Thynnokephalen*, wovon jene statt der Hände Krebsscheeren, diese einen Thunfischkopf haben; diese beyden Völkerschaften stehen im Bunde mit einander und machen im Kriege gemeinschaftliche Sache. Die Mitte haben die *Paguriden* und *Psettapoden*[20]), ein paar streitbare Rassen, die besonders schnell im Laufen sind. Die Morgenländische, dem Rachen zunächst liegende Gegend, ist, weil sie vom Meer angespült wird, größtentheils unbewohnt: ich habe mich also mit ihr behelfen müssen, und bezahle den Psettapoden einen jährlichen Tribut von fünfhundert Stück Austern dafür. So ist das Innere dieses Landes beschaffen, und du kannst dir leicht vorstellen daß es für uns keine kleine Sorge ist, wie wir uns gegen so viele Völker wehren und wenigstens das Leben davon bringen wollen.

Wie viele mögen ihrer wohl in allem seyn, fragte ich.

Über tausend.

Was führen sie für Waffen?

Keine als Fischgräthen.

Das Beste ist also, sagte ich, wir nehmen es mit ihnen auf, da wir bewaffnet sind und sie nicht. Haben wir sie ein für allemal überwunden, so können wir dann ohne Sorgen leben.

Tritonomendeten gemacht haben könnten. Der Vermuthung, daß hier eine Lücke sey, scheint die folgende Erzählung entgegen zu seyn. Massieu mag es also am besten getroffen haben, wenn er meynt, daß man es in einer Composition wie diese so genau nicht nehmen dürfte.

20) Der letztere Nahme bedeutet so viel als Schollenfüße; der erste deutet auf eine Ähnlichkeit mit *Meerkrebsen*.

Dieser Antrag gefiel unserm Wirthe. Wir begaben uns also zu unserm Schiffe zurück, und machten Anstalten. Eine Veranlassung zum Kriege konnte uns nicht fehlen; unser Wirth durfte sich nur weigern den Tribut zu bezahlen, dessen Verfallzeit ganz nahe war: und so erfolgte es auch. Jene schickten und ließen den Tribut einfodern: Er wieß sie mit einer stolzen Antwort ab. Hierüber wurden dann die Psettapoden und Paguriden so aufgebracht, daß sie mit großem Geschrey in die Pflanzung den Skintharus (so hieß unser neuer Freund) einfielen. Da wir uns dessen versehen hatten, so fanden sie uns in guter Verfassung. Ich hatte die Hälfte meiner Mannschaft, fünf und zwanzig an der Zahl, vorausgeschickt, mit dem Befehl sich in einen Hinterhalt zu legen, und den Feinden, wenn sie vorbeygezogen seyn würden, in den Rücken zu fallen; welches sie denn auch mit gutem Erfolge bewerkstelligten. Ich aber mit den übrigen ebenfalls fünf und zwanzig Mann stark, (denn Skintharus und sein Sohn fochten mit) gieng ihnen entgegen, und da wir sie solchergestalt in die Mitte bekamen, wurden sie, nach einem hartnäckigen Gefecht, das nicht ohne Gefahr auf unsrer Seite war, endlich aus dem Felde geschlagen und bis in ihre Hölen verfolgt. Von den Feinden fielen ihrer hundert und siebenzig, von den unsrigen nur ein einziger, mein Steuermann, der mit der Rippe einer Meerbarbe durch die Schulter geschossen wurde.

Wir brachten die Nacht auf dem Wahlfelde zu, nachdem wir den getrockneten Rückgrath eines Delphins als ein Siegeszeichen aufgerichtet hatten. Da sich aber das Gerücht dieses Vorgangs inzwischen verbreitet hatte, fanden wir am folgenden Morgen andere Feinde vor uns: und zwar nahmen die Tarichanen unter Anführung eines gewissen

Pelamus den linken Flügel ein, die Thynnokephalen den rechten, die Karkinocheiren das Centrum. Denn die Tritonomendeten, die es mit keinem Theile verderben wollten, hielten sich ruhig. Wir unsrer Seits giengen dem Feinde bis zum Tempel Neptuns entgegen, wo wir unter einem so großen Feldgeschrey, daß der ganze Wallfisch wie ein unermeßliches Gewölbe davon widerhallte, auf einander stießen. Wir wurden aber da unsre Gegner nicht viel besser als nackend und unbewaffnet waren, bald mit ihnen fertig, verfolgten sie bis in den Wald hinein, und behaupteten das Schlachtfeld.

Nicht lange darauf schickten sie Herolde an uns ab, um ihre Todten abzuhohlen und Friedensvorschläge zu thun: aber wir fanden nicht für gut uns darauf einzulassen, sondern zogen des folgenden Tages abermals gegen sie aus, und vertilgten sie alle insgesammt, nur die Tritonomendeten ausgenommen, die, wie sie merkten worauf es abgesehen war, so eilfertig sie konnten zu den Kiemen hinauswischten und ins Meer sprangen.

Wir aber durchsuchten das ganze Land, und da wir es von Feinden gänzlich gereinigt fanden, wohnten wir nun ganz angenehm beysammen, brachten unsre Zeit mit Leibesübungen und Jagen zu, bauten unsern Wein, sammelten die Früchte von den Bäumen, und lebten, mit Einem Wort wie Leute, die sich in einem großen Kerker, aus dem sie nicht heraus konnten, recht wohl seyn ließen. Auf diese Art brachten wir ein Jahr und acht Monate hin.

Aber am funfzehnten Tage des neunten Monats, beym zweyten Maulaufreissen des Wallfisches (denn dieß that er alle Stunden einmal, so daß wir nach diesen periodischen Eröffnungen die Tagsstunden zählten) hörten wir ein großes Geschrey und ein

Getöse, wie von Schiffsleuten und Rudern. Da wir darüber in Unruhe geriethen, so krochen wir bis in den Rachen des Ungeheuers hervor, wo wir, zwischen den Zähnen stehend, alles sehen konnten — und in der That, ein Schauspiel zu sehen bekamen, das über alles gieng was mir in meinem ganzen Leben ausserordentliches vorgekommen ist — Menschen nehmlich, die ein halbes Stadium hoch waren, und auf Inseln, wie auf Galeeren, angefahren kamen. — Ich weiß, man wird meine Erzählung unglaublich finden, aber ich kann mir nicht helfen — es muß nun schon heraus. Diese Inseln waren zwar von einer ansehnlichen Länge, eine in die andere ungefähr hundert Stadien im Umfang, aber verhältnismäßig nicht sehr hoch. Auf einer jeden befanden sich gegen acht und zwanzig Bootsleute, die in zwey Reyhen zu beyden Seiten sitzend, mit großen Cypressen, die noch alle Äste und alles Laub hatten, ruderten. Im Hintertheil des Schiffes (wenn ich es so nennen kann) stand der Steuermann auf einem hohen Hügel, an einem ehernen Steuerruder, das wohl sechshundert Fuß lang war. Auf dem Vordertheil aber standen ihrer ungefähr vierzig, die zum Streit bewaffnet waren, und in allem wie Menschen aussahen, ausser daß sie statt des Haupthaars Feuerflammen auf den Köpfen hatten und also keine Helme brauchten. Die Stelle der Segel vertrat auf jeder dieser Inseln ein dichter Wald, in welchen der Wind einfiel, und die Insel trieb und drehte, wie und wohin der Steuermann wollte. Neben den Ruderern stand einer, der die Aufsicht über sie hatte, und so bewegten sich diese Inseln, mit Hülfe der Ruder, wie eben so viele Galeeren, mit großer Geschwindigkeit daher.

Anfangs sahen wir nur zwey bis drey; nach und nach aber kamen ihrer wohl gegen sechshundert zum Vorschein; und nachdem sie sich in Ordnung gestellt, fiengen sie an, einander eine ordentliche Seeschlacht zu liefern. Viele stießen mit den Hintertheilen so gewaltig auf einander, daß nicht wenige von der Heftigkeit des Stoßes umgeworfen wurden und versanken. Andere verwickelten sich in einander, und dann wurde hitzig und tapfer gefochten, und sie ließen nicht leicht wieder von einander ab. Die Krieger auf dem Vordertheile bewiesen allen nur möglichen Muth, sprangen in die feindlichen Schiffe, und machten alles nieder was ihnen in den Wurf kam; denn es wurde kein Quartier gegeben. Statt der eisernen Hacken warfen sie einander an großen Tauen ungeheure Polypen zu, die den Wald mit ihren vielen Armen umschlangen und so die Insel fest hielten. Die Geschosse, deren sie sich bedienten, und womit sie einander schwer verwundeten, waren, Austern, deren jede einen ganzen Wagen ausgefüllt hätte, und Meerschwämme[21]), wovon einer einen Morgen Landes bedeckte.

Soviel wir aus dem, was sie einander zuriefen, abnehmen konnten, hieß der Anführer der einen Flotte Äolocentaurus, und der andern Thalassopotes, und den Anlaß zu ihrem Kriege hatte, wie es schien, Thalassopotes gegeben, der dem Äolocentaur viele Heerden Delphine geraubt zu haben beschuldigt wurde. Gewiß ist, daß die Äolocentaurische Parthey zuletzt Meister blieb, und ihren Feinden gegen

21) *Düsoul* meynt, das Wort σπόγγοις [Dat. Pl. von σπόγγος, Schwamm] könne hier nicht richtig seyn, wiewohl er nichts bessers vorzuschlagen hat; und auf diesen Zweifel hin hat *Massieu* diese Schwämme eigenmächtig in Muscheln verwandelt. Aber vermuthlich liegt eben das possierlich-wunderbare der Sache darin, daß unser Abenteurer Schwämme gesehen hat, womit man einander Löcher in den Kopf werfen kann. Sie gehören in die Kategorie der *Malven*, womit die Schleuderer im Monde ihre Rettiche vergifteten.

hundert und funfzig Inseln versenkte, drey andere aber mit aller ihrer Mannschaft eroberte: die übrigen drückten sich auf die Seite und entflohen. Die Sieger, nachdem sie ihnen eine Zeitlang nachgesetzt, kehrten gegen Abend wieder zu den versunkenen Schiffen zurück, bekamen die meisten davon in ihre Gewalt, und kriegten auch die ihrigen wieder; denn es waren ihrer im Gefechte nicht weniger als achtzig unter gegangen. Sie nagelten hierauf eine der eroberten Inseln zum Siegesdenkmal an den Kopf des Wallfisches an, und brachten die Nacht auf der Reede des Ungeheuers zu, nachdem sie ihre Schiffe mit Tauen und Hacken daran befestigt und hart dabey vor Anker gelegt hatten; denn sie führten auch sehr große und starke gläserne Anker bey sich. Des folgenden Tages stiegen sie auf dem Rücken des Wallfisches aus, opferten ihren Göttern, begruben ihre Todten auf demselben, und fuhren hierauf mit großem Jubel wieder ab. Dieß ist alles, was ich von der Inselschlacht zu berichten habe.

Der

WAHREN GESCHICHTE

Zweytes Buch.

Da ich von dieser Zeit an des langen Aufenthalts im Wallfisch und des Lebens, so wir darin führten, äusserst überdrüßig wurde, fieng ich an auf Mittel und Wege zu denken, wie wir wieder herauskommen könnten. Das erste, worauf wir verfielen, war, uns durch die rechte Seite des Ungeheuers durchzuhauen, und wir legten unverzüglich die Hand ans Werk. Wie wir aber gegen fünfhundert Klafter tief gearbeitet hatten, ohne zu merken daß wir dem Ende viel näher gekommen wären, ließen wir von diesem Vorhaben ab, und beschlossen den Wald anzuzünden: denn daran, (dachten wir), müßte die Bestie unfehlbar crepieren, und dann würde es uns ein leichtes seyn, einen Ausgang zu finden. Wir fiengen also bey dem Theile an, der dem Schwanz am nächsten lag, und steckten ihn in Brand. Der Wald brannte sieben Tage und eben so viel Nächte, ohne daß das Unthier die Hitze zu spüren schien: aber am achten und neunten Tage merkten wir, daß es krank zu werden anfieng: denn es öfnete den Rachen seltner als gewöhnlich, und wenn es ihn aufthat, so klappte er gleich wieder zu. Am zehnten und eilften gieng es immer näher mit ihm zu Ende, und es roch schon sehr übel. Am zwölften fiel uns endlich zu allem Glück ein, wenn wir ihm nicht, sobald es den Rachen wieder aufthäte, die Kinnbacken aus einander keilten, würden wir Gefahr laufen in seinem Körper eingeschlossen zu werden und mit ihm zu Grunde zu gehen. Wir sperrten ihm also den Rachen mit großen Balken aus einander, rüsteten hierauf unser Schiff aus, befrachteten es mit einem so großen Vorrath an Wasser und andern Nothwendigkeiten, als es nur immer fassen konnte, und Skintharus übernahm das Amt des Steuermanns.

Am zwölften Tage hörte der Wallfisch auf, ein Lebenszeichen von sich zu geben. Wir zogen also unser Fahrzeug herauf, schoben es zwischen seinen Zähnen durch, befestigten es mit Tauen daran, und ließen es so ganz sachte ins Wasser herab. Hierauf bestiegen wir den Rücken des Ungeheuers, brachten dem Neptun ein Opfer, und nachdem wir, einer Windstille wegen, drey Tage[1]) darauf hatten zubringen müssen, segelten wir endlich am vierten ab. Wir stießen auf eine Menge im Meere herumtreibender Leichname, von denen die in dem Seetreffen umgekommen waren; wir maßen einige davon und erstaunten über ihre entsetzliche Größe.

Wir hatten nun einige Tage das günstigste Wetter: hernach bließ aber der Wind sehr heftig aus Norden, und wir bekamen eine solche Kälte, daß die See auf einmal zugefror, und nicht etwa nur auf der Oberfläche sondern bis auf eine Tiefe von vierhundert Klaftern; so daß wir auf dem Eise wie auf festem Lande herumlaufen konnten.[2]) Da aber der kalte

1) Im Text steht noch, *neben dem Siegesdenkmal;* welches ich, um das schleppende eines gar zu langen Komma's zu vermeiden, weggelassen habe.

2) Die Worte ὥστε καὶ ἀποβάντας διαθέειν ἐπὶ τοῦ κρυστάλλου [so daß wir das Schiff verlassen und auf dem Eis herumlaufen konnten], scheinen entweder diesen Sinn zu enthalten oder gar keinen.

Wind anhielt und uns ganz unerträglich wurde, kam der alte Skintharus auf den Einfall, daß wir uns eine große Höle in das gefrorne Wasser graben und uns da so lange aufhalten sollten, bis sich der Wind umsetzte. Dieß wurde unverzüglich ins Werk gestellt. Wir brachten bey einem guten Feuer, das wir unterhielten, dreissig Tage in dieser Eishöle zu[3]), und nährten uns während dieser Zeit von den Fischen, die wir unterm Graben gefunden hatten. Da es uns aber endlich an Lebensmitteln gebrach, machten wir unser eingefrornes Schiff wieder flott, und glitschten mit vollen Segeln, als ob wir auf dem Wasser daherführen, sanft und unmerklich auf dem glatten Eise dahin. Am fünften Tage fällt ein Thauwetter ein, das Eis schmilzt, und alles wird wieder zu Wasser.

Wir hatten ungefähr dreyhundert Stadien zurückgelegt, als wir an eine kleine unbewohnte Insel

Aber auch so bleibt es immer absurd genug, daß Lukian damit zu sagen scheint, das Eis habe 400 Klafter dick seyn müssen, um ihn und seine Reisegefährten tragen zu können. Vermuthlich hat sich *Massieu* (der in diesem Aufsatz den Autor öfters ohne Noth etwas ganz anders sagen läßt als er wirklich sagt) verbunden gehalten, dem Autor zu Hülfe zu kommen, und diese Stelle, um etwas mehr Sinn hineinzubringen, so zu übersetzen: notre vaisseau, qu'il nous falloit debarasser, voguoit ensuite sur la glace [Unser Schiff, das sich unser beinahe entledigt hätte, segelte sodann auf dem Eis dahin]. Das wäre so übel nicht, nur sagt der Text kein Wort davon.

3) Der griechische Scholiast ärgert sich gewaltig über die *Unglaublichkeit* dieser Erfindung — als ob irgend eine andere in dieser ganzen Wahren Geschichte glaublicher wäre, und Lukian es nicht ausdrücklich darauf angelegt hätte, das *Wunderbare* darin bis auf den *höchsten Grad der Absurdität* zu treiben, der (nach *Schach Baham*, einem großen Kenner in diesem Fache) das Sublime eines wunderbaren Mährchens ist. Übrigens, wie absurd auch dieses dreissigtägige Feuer in einer Eishöle seyn mag, sind nicht immer (selbst unter Nationen die sich für keine Strohköpfe hielten) eben so absurde Dinge geglaubt worden?

kamen, wo wir frisches Wasser einnahmen, woran es uns bereits zu gebrechen anfieng. Ehe wir uns wieder einschifften, schoßen wir ein paar wilde Ochsen, die ihre Hörner nicht, wie andre Ochsen, vor der Stirne, sondern unter den Augen trugen, wie es Momus haben wollte. Bald darauf kamen wir in eine neue See, die nicht mehr von Wasser, sondern von Milch war. In dieser Milchsee erhob sich eine mit Weinreben bewachsene Insel, die nichts anders als ein großer Käse war, (wie wir in der Folge befanden, da wir davon aßen) der nicht weniger als fünf und zwanzig Stadien im Umkreis hatte. Die Reben hiengen voller Trauben; wie wir sie aber ausdruckten, gaben sie uns keinen Wein, sondern Milch. Mitten auf der Insel stand ein Tempel, der, laut der Inschrift, der Nereide *Galatea*[4]) gewidmet war. So lange wir uns also auf dieser Insel aufhielten, gab uns die Erde die Mahlzeit und den Nachtisch[5]), und die Traubenmilch war unser Trank. Dem Vernehmen nach soll die Tochter des Salmoneus *Tyro*[6]), seitdem sie die Welt verlassen, vom Neptun zur Königin dieser Insel gemacht worden seyn.[7])

Nachdem wir uns fünf Tage hier aufgehalten, giengen wir am sechsten wieder mit einem mäßig frischen Winde unter Segel. Am achten Tage, da wir aus dem Milchmeer wieder heraus und wieder in eines von gesalznem blaugrünem Wasser gekom-

4) Da diese Nereide ihren Nahmen von γάλα (Milch) hat, so wird sie hier zur regierenden Göttin des Milchmeeres gemacht.

5) Ein Äquivalent, so gut ich es geben konnte, für das griechische ὄψον τε ἡμῖν καὶ σιτίον ἡ γῆ παρεῖχε [gab uns die Erde Brot wie auch sonstige Kost].

6) Ein Wortspiel, mit dem Nahmen dieser Mythologischen Prinzessin und dem Wort τυρός *Käse*, das seinem Platze Ehre macht.

7) S. das 13te Meergöttergespräch [hier nicht enthalten].

men waren, sahen wir eine große Menge Menschen auf dem Meere herumlaufen, die uns andern an Bildung und Größe völlig ähnlich waren, ausgenommen daß ihre Füße von Kork sind, daher sie auch (wie ich glaube) den Nahmen *Korkfüßler*, den sie führen, bekommen haben. Wir unsers Ortes machten große Augen, wie wir sie so ebnen Fußes und ohne alle Furcht vorm untersinken, auf den Wellen daher spazieren sahen. Sie kamen gerade auf uns zu, grüßten uns in Griechischer Sprache, und sagten uns: sie wären im Begriff, nach der Insel *Phello* (Korkland) wo sie zu Hause seyen, zurückzukehren. Sie liefen eine Zeitlang neben unserm Schiffe her; hernach aber wünschten sie uns eine glückliche Reise und nahmen einen andern Weg. Einige Zeit darauf erblickten wir verschiedene Inseln, unter welchen die erste linker Hand die Phello war, wohin jene eilten, eine Stadt die auf einem großen runden Korke gebaut ist. In der Ferne, mehr rechter Hand, sahen wir fünf sehr große und hohe Inseln, wo viele Feuer brannten.

Uns gerade gegen über lag eine breite und niedrige, die wenigstens noch fünfhundert Stadien von uns entfernt war. Wie wir ihr endlich nahe kamen, wehte uns eine wunderliebliche und mit Wohlgerüchen durchwürzte Luft entgegen, gleich jener, die nach Herodots Versicherung, den Reisenden aus dem glücklichen Arabien entgegen duftet. Es war uns als ob wir den Geruch der Rose und Narcisse, der Hyacinthe, Lilie und Viole, der Myrte, des Lorbers und der Weinblüthe auf einmal einschlürften. Unter dem Entzücken, worein uns dieser liebliche Geruch versetzte, und unter den frohesten Ahnungen, die Belohnung für so viel ausgestandenes Ungemach in dieser Insel zu finden, waren wir ihr nun so nahe gekommen, daß wir ringsum eine Menge sichrer und geräumiger Buchten, und verschiedene crystallhelle Flüsse unterscheiden konnten, die sich sanft in die See verlohren, und Auen und Wälder, und unzähliche Singvögel, die sich theils am Ufer, theils aus den Zweigen hören ließen. Eine weiche süßathmende Luft war über dieses schöne Land ausgegossen, wollüstige Zefyretten schienen umher zu flattern und den Hayn zu durchsäuseln, und aus den sanftbewegten Zweigen tönte ein immerwährendes melodisches Flüstern, gleich dem Getöne, das an einem einsamen Orte aufgehangene Rohrpfeiffen von sich geben.[8]) Mit unter hörte man auch ein lauteres Getön vermischter Stimmen, aber nicht lermend, sondern demjenigen ähnlich, das fernher von einem Gastmale kommt, wenn die einen Musik machen, und die andern den Flöten und Citherspielern, theils mit Worten theils mit Händeklatschen, ihren Beyfall bezeugen.

Von diesem allem wie bezaubert, landeten wir am Ufer an, und stiegen aus, nachdem wir unser Schiff vor Anker gelegt, und den alten Skintharus nebst zwey andern aus unserm Mittel darin zurückgelassen hatten. Wir waren noch nicht weit durch eine blumenvolle Wiese fortgegangen, als wir der Wache, die das Ufer zu hüten bestellt ist, in die Hände liefen, die uns sogleich mit Rosenketten (den stärksten Banden, die bey ihnen im Gebrauch sind) fesselte, und zu ihrem Oberbefehlshaber abführten. Unterwegs erfuhren wir von ihnen, wir befänden uns in der sogenannten Insel der

8) Wie es scheint, war es eine Gewohnheit der Hirten, die auf der siebenröhrigen Pfeife etwa einen Preis gewonnen hatten, sie dem Pan zu Ehren an einem einsamen freyen Orte der Gegend, wo sie weideten, so aufzuhängen, daß der Wind (ungefähr eben so wie er bey der Äolsharfe thut) ein melodisches Geflüster aus ihr hervorbrachte.

Seligen, und Rhadamanthus der Kretenser sey ihr Regent.[9])

Als wir ihm vorgestellt wurden, waren wir, der Ordnung nach, die vierte Parthey, die er damals zu verhören hatte. Die erste Sache, welche abzuthun war, betraf den Ajax Telamons Sohn, nehmlich die Frage, ob er in die Classe der *Heroen*[10]) gehöre oder nicht? Die Haupteinwendung, die man gegen ihn machte, war, daß er rasend geworden sey und sich selbst umgebracht habe. Nachdem auf beyden Seiten vieles für und wider ihn vorgebracht worden, that Rhadamanth den Ausspruch: Würde Beklagter vor allen Dingen dem Arzt Hippokrates zu übergeben und von demselben mit Niesewurz tüchtig auszureinigen, sodann aber, wenn er seinen Verstand wieder erhalten hätte, von den Heroen zu ihren Festen zuzulassen seyn.

Der zweyte Handel war eine *erotische* Frage; Theseus nehmlich und Menelaus stritten sich um die schöne Helena, welchem von beyden sie beywohnen sollte? und Rhadamanth entschied zu Gunsten des Menelaus, als der so viel Arbeiten und Gefahren um dieser seiner Gemalin willen ausgestanden; Theseus habe schon andere Frauen, die Amazone Hippolyta und die Töchter des Minos[11]), an denen ihm genügen könne.

9) S. in *Pindars* zweytem Olympischen Gesange das Gemählde der Insel der Seligen, worauf unser Autor angespielt zu haben scheint.

10) Die Einwohner Elysiums oder der Insel der Seligen (die von den Alten gewöhnlich mit einander vermengt werden) bestehen aus zwey Classen, den *Heroen oder Halbgöttern* (S. *Hesiodi Op. et Dies* v. 156-73, der aber den Saturnus zu ihrem Könige in den Inseln der Seligen macht) und den *weisen und guten Menschen* der Zeiten, die auf das heroische Alter folgten. S. die Beschreibung des Zustandes der Seligen im *Axiochus*, einem dem Sokratischen Aeschines zugeschriebenen Dialog vom Tode und Zustande nach dem Tode.

11) *Phädra* und *Ariadne*.

Die dritte Sache betraf den Vorsitz, der zwischen Alexandern, Philipps Sohn, und dem Karthaginenser Hannibal streitig war. Das Urtheil ergieng dahin, der Rang gebührte Alexandern[12]), und diesem zufolge wurde ihm ein Lehnstuhl neben dem ältern Cyrus gesetzt. Nun kam die Reyhe an uns. Rhadamanth fragte uns: durch was für einen Zufall wir diesen heiligen Boden bey lebendigem Leibe betreten hätten? Wir erzählten ihm alles von Anfang an. Er hieß uns hierauf abtreten, und gieng eine geraume Zeit mit seinen Beysitzern, unter welchem auch Aristides war, zu Rathe, was mit uns anzufangen wäre. Endlich fiel das Urtheil dahin aus: Die verdiente Bestrafung unsrer Reise und unseres Vorwitzes sollte, wenn wir gestorben seyn würden, erfolgen: dermalen sollten wir uns längstens sieben Monate auf der Insel aufhalten und mit den Heroen Umgang pflegen dürfen, nach Verfluß dieser Zeit aber wieder abzuziehen gehalten seyn.

So wie dieses Urtheil ausgesprochen war, fielen unsre Rosenketten von selbst ab, und wir wurden in die Stadt geführt, und zur Tafel der Seligen gezogen. Diese ganze Stadt ist von gediegenem Golde, und ihre Ringmauren von Smaragden. Jede ihrer sieben Thore ist aus einem einzigen Zimmtbaum gearbeitet; der ganze Boden der Stadt, und das Pflaster aller Plätze und Gassen in derselben, ist von Elfenbein; die Tempel aller Götter sind aus Quaderstücken von Beryll erbaut, und die Hochaltäre, worauf die Hekatomben geopfert werden, aus einem einzigen Amethyst. Rings um die Stadt fließt ein Strom des schönsten Rosenöhls[13]), hundert könig

12) S. das 12te Todtengespräch [hier nicht enthalten].

13) Das Wort μύρον, das die wohlriechenden und zum Theil sehr kostbaren flüßigen Compositionen oder Essenzen, womit sich die Alten, (wie die Morgenländer noch jetzt) zu parfumie-

liche Ellen[14]) breit, und tief genug um bequem darin schwimmen zu können. Ihre Bäder sind herrliche Gebäude von Crystallglase; sie werden mit Zimmt geheizt, und statt gemeinen Wassers werden die Badewannen mit warmem Thau gefüllt.

Ihre gewöhnliche Kleider sind sehr feine purpurfarbe Spinneweben. Sie selbst aber haben keine eigentliche Körper, (denn sie sind untastbar und ohne Fleisch und Bein) sondern nur die Gestalt und Idee davon; und demungeachtet gehen und stehen sie, haben alle ihre Sinnen[15]), und reden wie andre Menschen. Kurz, ihre Seele scheint eigentlich nackend einherzugehen, und bloß den Schein eines Leibes um sich geworfen zu haben[16]), man könnte sie mit aufgerichteten Schatten vergleichen, die, anstatt schwarz zu seyn, die natürliche Farbe ihres Körpers hätten; und man muß sie betasten

ren pflegten, kann auf keine Weise durch das deutsche Wort Salbe ausgedrückt werden, bey welchem uns natürlicher Weise immer Augensalben, Brandsalben, Wundsalben, Wagensalbe, und dergl. garstiges Zeug zuerst einfällt. Auch die fremden Wörter *Essenz* und *Parfum* sind keine schickliche Nothwörter; weil *dieses* eigentlich wohlriechendes Räuchwerk, und *jenes* einen gar zu generellen Begriff bezeichnet. Wie ist da zu helfen? Im Nothfall hilft man sich wie man kann. Lukian sagt nichts von Rosenöhl; aber vermuthlich hätte ers hier gebraucht, wenn er deutsch geschrieben hätte.

14) Die *königliche* Elle war nach Herodots Angabe um drey Daumen länger, als die gemeine Elle. Da diese letztere 6 *Palmen*, oder *Palästen*, die Paläste aber 4 Daumen enthielten, so hätte die königliche Elle also 27 Daumen ausgetragen.

15) Wenn Lukian anders φρονοῦσι geschrieben hat, so muß er dieß gemeynt haben: denn daß Seelen oder Geister denken, kann ihm doch so seltsam nicht vorgekommen seyn.

16) Wer so leicht bekleidet gieng, daß er nur ein einziges Gewand von sich zu werfen brauchte um in puris naturalibus [bloß, wie die Natur ihn schuf] dazustehen, gieng, nach einer gewöhnlichen Redensart der Griechen, nackend. Dieß muß vorausgesetzt werden, wenn Sinn in dieser Periode seyn soll.

wollen, um sich zu überzeugen, daß das, was man sieht, kein Körper sey.

Niemand wird hier älter, sondern er bleibt unveränderlich wie er hieher gekommen. Überdieß giebt es hier weder was wir Nacht, noch was wir eigentlich Tag nennen; sondern es wird nie heller noch dunkler als unsre Dämmerung vor Sonnenaufgang ist. Auch kennen sie nur Eine Jahreszeit; denn es ist bey ihnen immer Frühling und Zephyr der einzige Wind, der hier weht.

Das Land ist daher immer grün, und mit allen Arten von Blumen sowohl, als von zahmen und schattichten Bäumen besetzt. Ihre Weinreben tragen zwölfmal des Jahres; ja die Pfersich- und Äpfelbäume und alle Obstbäume überhaupt sollen sogar dreyzehn mal, nehmlich in dem Monat den sie nach dem *Minos* benennen, zweymal, Früchte bringen. Anstatt des Weizens treiben ihre Ähren kleine Brödtchen, wie Schwämme, aus ihren Spitzen hervor. Rings um die Stadt sind dreyhundert und fünf und sechzig Quellen mit Wasser, eben so viele mit Honig, funfzig etwas kleinere mit wohlriechenden Essenzen und Öhlen; und überdieß sieben Flüsse mit Milch und achte mit Wein.

Der Ort wo sie beysammen speisen, liegt ausserhalb der Stadt in dem sogenannten Elysischen Gefilde: es ist eine wunderschöne Wiese, ringsum mit einem dichten Wald von allerley hohen Bäumen umgeben, die ihren Schatten auf die zu Tische liegenden werfen. Sie liegen statt der Decken auf Blumen, und werden von Zephyren bedient, die ihnen alles bringen was sie verlangen, ausser daß sie ihnen keinen Wein einschenken. Die Ursache hievon ist, weil, dicht an dem Platze wo sie speisen, große gläserne Bäume vom reinsten durchsichtigsten Glase stehen, die, statt der Früchte, Trinkgefäße von allen Formen und Größen tragen. Wenn nun einer zum essen kommt, so bricht er sich ein oder zwey Trinkgläser ab, und stellt sie vor sich hin; sogleich füllen sie sich mit Wein, und er trinkt nach Belieben. Sie tragen keine Kränze, sondern ganze Schaaren von Nachtigallen und andern Singvögeln holen Blumen aus den benachbarten Wiesen, und lassen sie auf sie herab schneyen, indem sie singend über ihren Häuptern herumfliegen. Sie haben auch eine ganz eigene Art sich zu parfümieren: gewisse schwammartige Wolken nehmlich saugen die wohlriechenden Essenzen aus den Flüssen ein; wenn sie voll sind, treibt sie ein leichter Wind dem offnen Speisesaal zu, und drückt sie sanft zusammen, da sie dann ihren Balsam wie einen zarten Thau oder Staubregen herabträufeln. Während der Tafel erlustigen sie sich mit Musik und Gesang. Am liebsten singen sie Homers Gedichte, und er ist selbst da und hat seinen Platz über dem Ulysses. Sie haben Chöre von Knaben und Mädchen, denen Eunomus von Lokri[17]), Arion von Lesbos, Anakreon und Stesichorus vorsingen; denn auch den letztern fand ich hier, weil er sich mit Helenen wieder ausgesöhnt hatte[18]). Wenn diese zu singen aufhören, folgt ein zweyter Chor von Schwänen, Schwalben und Nachtigallen; und, wenn auch diese fertig sind, fängt der ganze Hayn, von Abendlüften angeblasen, zu flöten an. Aber was am meisten zu der Fröhlichkeit, dic an ihrer Tafel herrschet, beyträgt, sind die zwey Quellen der Wollust und des Lachens, die neben derselben springen. Jeder trinkt zu Anfang der Mahlzeit aus einer von beyden, und so bringen sie dann die ganze Zeit derselben fröhlich und lachend hin.

17) Ein berühmter Citharödus des Alterthums.

18) S. die 9te Anmerk. zu der *Vertheid. d. Bilder* [in vorliegender Auswahl nicht enthalten].

Nun will ich auch sagen, welche von den berühmtesten Männern ich hier gesehen habe. Fürs erste die Halbgötter alle, und die sämtlichen Helden die vor Troja fochten, den Lokrischen Ajax allein ausgenommen, der, wie man sagte (sein an Cassandra verübtes Verbrechen) am Orte der Gottlosen büßen mußte. Von den Barbaren, den ältern und jüngern Cyrus, den Scythen Anacharsis, den Thrazier Zamolxis, und den Italiener Numa. Ferner den Lykurg von Sparta, die Athenienser Tellos[19]) und Phocion, und die sieben Weisen, den Periander ausgenommen[20]). Auch sahe ich den Sokrates Sophroniskus Sohn, da er eben mit Nestor und Palamedes im Gespräche begriffen war. Er hatte den Hyacinthus, den Narcissus und Hylas, und verschiedene andere wegen ihrer Schönheit berühmte Jünglinge um sich; auch schien er mir in den ersten verliebt zu seyn: wenigstens machten ihn verschiedene Zeichen verdächtig. Es hieß auch, Rhadamanth sey nicht wohl auf ihn zu sprechen, und habe ihm schon öfters gedroht, ihn aus der Insel hinaus zu jagen, wofern er das Schäckern und seine liebe Ironie bey Tafel nicht aufgebe. Von den übrigen Philosophen war Plato allein nicht da: er wohne, sagte man, in seiner von ihm selbst erfundenen Republik, und lebe unter der Verfassung und den Gesetzen, die er ihr selbst gegeben.

Diejenigen aus ihnen, die hier am meisten galten, waren Aristipp und Epikur, ein paar angenehme aufgeweckte Männer, und die besten Tischgesellschafter von der Welt. Auch Äsop, der Phrygier,

19) S. den *Charon* [hier nicht enthalten].

20) Vermuthlich, weil ihm die Korinthier, die er (so wie sie es bedurften) mit ziemlicher Strenge regierte, so viel böses nach seinem Tode nachsagten, daß er bey der Nachwelt in den Ruf kam, ein grausamer Tyrann gewesen zu seyn.

ist da, und macht den Pickelhäring unter ihnen. Aber Diogenes von Sinope hat seine Sitten so sehr geändert, daß er die Hetäre Lais zur Frau genommen hat, auch sich nicht selten im Trunk übernimmt, und dann zu tanzen anfängt und andere Unfüglichkeiten in der Trunkenheit begeht. Von den Stoikern war keiner da; es hieß, sie stiegen noch immer ihren steilen Tugendhügel herauf: vom Chrysippus aber hörten wir sagen, er dürfte die Insel nicht eher betreten, bis er eine vierfache Niesewurz-Kur ausgehalten habe. Die Akademiker, sagte man mir, wollten zwar kommen, hielten aber noch an sich und untersuchten: denn sie könnten sich noch nicht davon überzeugen, daß überall so eine Insel wie diese in der Welt sey. Vermuthlich mag ihnen auch vor Rhadamanths Urtheile bang seyn, der es schwerlich wohl aufnehmen würde, daß sie ihm so gar das Werkzeug, ohne welches kein Urtheil möglich ist, aus den Händen winden wollen[21]). Auch hieß es, viele Anhänger von denen, die in die Insel gekommen, nähmen zwar einen Anlauf, hinter ihren Meistern drein zu kommen, hätten aber nicht Muth und Athem genug auszuhalten, und kehrten auf halbem Wege wieder um.

Dieß sind also ungefähr die merkwürdigsten Leute, die man hier zu sehen bekommt. Übrigens wird vorzüglich Achilles, und zunächst nach ihm Theseus, in großen Ehren bey ihnen gehalten.

Was die Mysterien der Venus betrifft, so will ich

21) Lukian spielt mit den Worten κρίσις [Urteil] und κριτήριον [Mittel zum Urteilen]. Die Akademiker läugneten, daß es ein gewisses Kennzeichen gebe, wodurch man sich überzeugen könne, ob man wahr oder falsch urtheile. Offenbar hieß dieß, dem Rhadamanth seine Profession verleiden wollen, und sein ganzes Amt unnütz machen; er konnte also nicht wohl gleichgültig dabey seyn.

nichts mehr davon sagen[22]), als daß sie auf dieser Insel so öffentlich als möglich, und mit der ungebundensten Freyheit begangen werden. In der That war Sokrates der einzige, der sich verschwur, daß zwischen ihm und den schönen Jünglingen, mit denen er so vertraulich lebte, nichts besonderes vorgehe: aber alle übrigen glaubten er schwöre falsch. Hyacinth und Narciß waren offenherziger, aber er läugnete alles frisch weg. Die Weiber sind alle gemein; die Männer sind ihrentwegen ohne alle Eifersucht, und in diesem Stücke lauter ausgemachte Platoniker. —

Ich hatte kaum zwey oder drey Tage hier zugebracht, als ich mich an den Dichter Homer machte, und ihm, da wir eben beyde nichts anders zu thun hatten, alle die gewöhnlichen Fragen, die seinetwegen aufgeworfen werden, vorlegte, unter andern: was er für ein Landsmann sey? Er antwortete: alle die wackern Männer, die sich so viele Mühe gäben, ihn zu einem Chier, oder zu einem Smyrnäer oder Kolophonier zu machen, wären übel berichtet: denn er sey — ein Babylonier[23]), und heisse unter seinen Mitbürgern nicht Homer, sondern Tigranes; den Nahmen Homerus habe er erst bey den Griechen bekommen, da er als *Geisel*[24]) unter ihnen gelebt habe. Ich fragte ihn sodann auch, wegen der Verse, die von den Kunstrichtern für unächt erklärt werden,

22) Lukian sagt in der That mehr davon, oder drückt sich wenigstens, nach seiner Gewohnheit mit einer Deutlichkeit aus, die in Sachen dieser Art kein Verdienst ist.

23) Es ist handgreiflich daß Lukian sich bloß über die *Mikrologen*, die sich in ganzen Abhandlungen um das unbekannte Vaterland des großen Dichters stritten, mockieren will. Ein gewisser Alexander von Paphos hatte ihn gar zum Ägyptier gemacht: Lukian rückt ihn noch weiter von Griechenland weg, und setzt ihn gar nach Babylon.

24) Ein Geisel heißt nehmlich auf Griechisch ὅμηρος.

ob sie von ihm seyen? und er versicherte mich, sie wären alle sein. Ich sah also, daß die Grammatiker Zenodotus und Aristarchus mit ihren frostigen Kritiken immer hätten zu Hause bleiben können. Nachdem er mich über diesen Punct völlig befriediget hatte, fragte ich wieder: was er für eine Ursache gehabt habe, sein Gedicht gerade mit dem Worte Zorn (μῆνις) anzufangen[25]? Seine Antwort war: es sey ihm eben just auf die Zunge gekommen, ohne daß er sich lange darüber bedacht habe[26]. Ich wollte auch wissen, ob er die Odyssee vor der Ilias geschrieben habe, wie viele behaupten? Er sagte nein. Daß er nicht blind gewesen sey, wie sie ebenfalls von ihm sagen, wußte ich auf den ersten Blick; denn er sah so gut als einer, und ich brauchte also nicht erst zu fragen. Ich nahm mir die Freyheit noch öfters, wenn ich sahe daß er eben Muße hatte, zu ihm hinzugehen, und ihn bald dieß bald jenes zu fragen, und er antwortete mir immer mit der größten Gefälligkeit, zumal nachdem er seinen Prozeß gewonnen hatte. Thersites hatte nehmlich, wegen der spöttlichen Figur, die er ihn in seinem Gedichte machen lasse, eine Injurienklage gegen ihn angebracht: aber Homer, der in seiner Vertheidigung

25) Μῆνιν ἄειδε, θεά [Den Zorn besinge, Göttin. Homer, Anfang der Ilias] u. s. w.

26) Wie die Frage, so die Antwort; und die Frage ist für ein Werk wie dieses nicht zu albern, zumal da sie (wie beynahe alle Absurditäten dieser wahren Geschichte) nicht ohne Salz ist. Vermuthlich gilt sie den Mikrologen, die aus kindischer Verehrung Homers beynahe hinter jedem Worte seiner Gedichte ein Geheimniß suchten. Denn daß Lukian durch diese Frage und Antwort habe zu verstehen geben wollen, Homer habe seine Iliade ohne Plan und absichtliche Verbindung gemacht, und sie sey erst lange nach ihm von Leuten ohne Kopf, wie ein Bettlersmantel, zusammengeflickt worden — daß ein Mann wie Lukian sich so etwas auch nur (wie Düsoul meynt) als einen platten Spaß sollte haben entgehen lassen können, ist nicht zu glauben.

vom Ulysses unterstützt wurde, erhielt den Sieg, und Kläger wurde zur Ruhe verwiesen.

Um diese Zeit langte auch Pythagoras in der Insel an, nachdem seine Seele ihre vielen Wanderungen endlich vollendet hatte: denn sie hatte siebenmal, immer in Gestalt eines andern Thieres, ins Leben zurückkehren müssen. Er war an der ganzen rechten Seite von Golde. Gegen seine Aufnahme war keine Einwendung; nur wußte man nicht, ob man ihn Pythagoras oder Euphorbus nennen müsse. Bald darauf erschien auch Empedokles, am ganzen Leibe gebraten und mit Brandblasen bedeckt: er wurde aber, alles seines Bittens ungeachtet, abgewiesen.

Nach einiger Zeit fielen die öffentlichen Spiele ein, die bey ihnen *Thanatusia* genennt werden. Die Kampfrichter waren Achilles, und Theseus zum siebenten male. Alles was dabey vorgieng zu beschreiben, würde zu weitläufig seyn: ich will also nur die Hauptumstände berühren. Den Preis im Ringen gewann Karus, ein Abkömmling vom Herkules[27]), dem Ulysses ab, der dazu die größte Hoffnung hatte. Im Faustkampfe blieb der Sieg zwischen dem Ägyptier Areius, der zu Korinth begraben liegt und dem Epeius[28]) unentschieden, indem sich beyde gleich gut gehalten hatten. Für die Pankratiasten wird hier gar kein Preis ausgesetzt. Wer im Laufen obgesiegt, erinnere ich mich nicht mehr. Unter den Dichtern behauptete Homer, in der That, den Vorzug, bey weitem, und doch

27) Von dem aber niemand nichts wissen will. Sollte ihn Lukian nicht mit allem Fleiß erdichtet haben, in der leichtfertigen Absicht, den *Palmern* und *Gronoven*, die sich einst die Köpfe darüber zerbrechen würden, wo dieser Karus herkomme, und ob er nicht *Caranus* oder *Kaprus* geheissen habe, eine böse Stunde zu machen?

28) S. *Ilias* XXIII. v. 664. u. f.

erhielt Hesiodus den Preis[29]). Dieser war für alle Sieger eine aus Pfauenfedern geflochtne Krone.

Die Kampfspiele waren kaum geendigt, als die Nachricht kam, die Verdammten die in der Hölle bestraft werden, hätten sich loßgebrochen, ihre Wache über den Hauffen geworfen, und wären, unter Anführung des Phalaris von Agrigent, des Königs Busiris, des Diomedes aus Thrazien, und der berüchtigten Räuber, Sciron und Pityokamptes, in vollem Anzug gegen die Insel. Auf diese Nachricht schickte Rhadamanth sogleich die Heroen, unter den Befehlen des Theseus, des Achilles, und des Ajax Telamonius, der indessen seinen Verstand wieder gefunden hatte, an die Küste ab. Hier kam es zu einem Treffen, wo die Heroen einen vollständigen Sieg erhielten, den man großen Theils den herrlichen Thaten des Achilles zu danken hatte. Auch Sokrates, der auf dem rechten Flügel focht, hielt sich jetzt viel besser als bey seinen Lebzeiten in dem Treffen bey Delium. Denn dießmal zeigte er den Feinden den Rücken nicht. Auch wurde ihm zur Belohnung seiner bewiesenen vorzüglichen Tapferkeit ein schöner und großer Lustgarten in der Vorstadt zuerkannt. Hier pflegte er in der Folge gelehrte Zusammenkünfte mit seinen Freunden zu halten, und nennte diesen Garten die *Nekrakademie*[30]). Die Überwundenen wurden alle ergriffen, und gebunden an ihren Ort zurückgeschickt, um

29) Ohnezweifel bezieht sich dieß auf das Mährchen aus der Homerischen *Legende*, welches Plutarch in seinem *Gastmal der sieben Weisen* erzählt, von einem Wettstreit, der zwischen den beyden Dichtern (welche die Legende zu Zeitgenossen macht) zu Chalcis bey den Gedächtnißspielen, die dem Könige Amphidamas von Euböa zu Ehren jährlich von seinem Sohne begangen wurden, vorgefallen, und wo der Preis dem Hesiodus aus einem sehr ungültigen Grunde, zugesprochen worden seyn soll.

30) Todtenakademie.

noch härter bestraft zu werden. Homer besang auch *diese* Schlacht, und gab mir bey meiner Abreise ein Exemplar davon für die Leute in unsrer Welt mit: aber unglücklicher Weise bin ich in der Folge darum gekommen, wie um so viele andere Dinge, die ich mitzubringen gedachte. Es fieng sich mit diesem Verse an:

Singe mir, Muse, nun auch den Streit der todten Heroen.

Sobald die Ruhe glücklich wieder hergestellt war, wurden Anstalten zum allgemeinen Siegesmahl gemacht, wobey, nach einem bey ihnen eingeführten Gebrauch, nichts als gekochte Bohnen aufgetragen werden. Es war ein großes Fest, woran jedermann Theil nahm, den einzigen Pythagoras ausgenommen, der, aus Abscheu vor den Bohnen, sich, so weit er konnte, von den übrigen wegsetzte und lieber fasten wollte.

Sechs Monate von dem mir vergönnten Aufenthalt auf dieser Insel waren nun bereits verflossen, als gegen die Mitte des siebenten sich etwas Neues zutrug. Ein gewisser Cinyrus, Scinthars Sohn, ein großer schöner junger Bursche, hatte sich seit geraumer Zeit in die Helena verliebt, und es fiel nur zu sehr in die Augen, daß sie den jungen Menschen nicht weniger rasend lieb hatte; denn über der Tafel war ein ewiges Winken und Zunicken und Zutrinken zwischen ihnen, und, wenn alles noch sitzen blieb, standen sie auf, und schlenderten Arm in Arm im Walde herum. Endlich stieg die Leidenschaft beym Cinyrus auf einen so hohen Grad, daß er sich nicht anders mehr zu helfen wußte, als indem er auf den Einfall kam, seine Schöne zu entführen, und mit ihr in eine der nahe gelegenen Inseln, nach Phello oder Tyroessa, zu entfliehen. Die Dame war hierüber mit ihm einverstanden, und sie hatten schon seit geraumer Zeit drey von meinen Gefährten, Leute die alles zu unternehmen fähig waren, in ihr Complot gezogen. Nur seinem Vater hatte Cinyrus nichts davon merken lassen, weil er wohl wußte, daß er ihn von seinem Vorhaben abhalten würde. Endlich, glaubten sie den günstigen Augenblick zur Ausführung ihres Anschlags gefunden zu haben, und in einer schönen Nacht, da ich nicht um den Weg war, (denn ich war nach der gewöhnlichen Abendmahlzeit eingeschlafen) fuhren sie, ohne daß es jemand gewahr wurde, mit der Dame auf und davon.

Um Mitternacht wachte Menelaus auf, und wie er den Platz seiner Gemahlin in seinem Bette ledig fand, erhub er ein großes Geschrey, und lief in Begleitung seines Bruders Agamemnon wie brennend nach dem Palast des Rhadamanthus[31]). Mit Anbruch des Tages berichteten die Kundschafter, sie sähen ein Schiff das schon ziemlich weit entfernt sey. Sogleich bemannte Rhadamanth eine Barke, die aus einem einzigen Stück Asphodil gezimmert war, mit funfzig Heroen, die den Flüchtlingen nachsetzten mußen; und diese ruderten so scharf, daß

31) *Massieu* scheint mir hier unsern Autor ohne hinlänglichen Grund zu beschuldigen, er habe vergessen, daß er uns kurz zuvor versichert habe, die Weiber seyen unter den Bewohnern der glückseligen Insel gemein, und man wisse da nichts von Eifersucht. Mich dünkt hingegen, Lukian mache seine Seligen in diesem Punct zu ächten und consequenten Platonikern. Das Verbrechen des Cinyrus und der schönen Helena bestand nicht darin, daß sie sich zuweilen Arm in Arm im Hayn verirrten, u. s. w. sondern in der *Heftigkeit ihrer Leidenschaft*, und darin, daß Cinyrus die Gemahlin des Menelaus *allein* und *ausschließlich* besitzen wollte, welches nicht nur gegen das eheliche Recht des Menelaus, sondern auch gegen das oben erwähnte Gesetz dieser Insel lief, und eine desto härtere Strafe verdiente, je größer die Freyheit war, die das Gesetz und die Denkart der Einwohner den beyden Geschlechtern gestattete.

sie ihnen gegen Mittag auf den Leib kamen, da sie eben im Begriff waren, unweit der Käseinsel in die Milchsee einzulaufen, so wenig fehlte daß sie ihnen entwischt wären. Sie machten also das Schiff der Flüchtlinge mit einer Rosenkette an dem ihrigen fest, und kehrten nach dem Hafen zurück. Die arme Helena weinte, und schämte sich, und versteckte ihr Gesicht in ihrem Schleyer: aber Cinyrus und seine Helfershelfer, nachdem sie von Rhadamanth gefragt worden, ob noch sonst jemand um ihr Vorhaben gewußt habe (welches sie mit nein beantworteten) wurden erst mit Malven gegeiselt, und sodann, an den Schaamgliedern gebunden, nach dem Ort der Gottlosen abgeschickt.

Zu gleicher Zeit wurde beschlossen, daß wir die Insel unverzüglich verlassen sollten, wiewohl die bestimmte Zeit noch nicht verstrichen war, und es wurde uns nur noch der nächste Tag (zu den nöthigsten Zurüstungen) bewilligt. Dieß schmerzte mich nicht wenig, und ich konnte mich nicht enthalten bitterlich zu weinen, wenn ich an das gute Leben dachte, das ich hier gehabt hatte und an die Gefahren und widrigen Zufälle, denen ich mich nun wieder aussetzen sollte. Indessen thaten sie ihr möglichstes mich zu trösten, und versicherten mich, es würde nicht sehr viele Jahre anstehen, so würde ich wieder zu ihnen kommen; ja sie zeigten mir sogar den Lehnstuhl und den Platz an der Tafel, der mir dann neben den Besten unter ihnen würde eingeräumt werden. Ich verfügte mich hierauf zum Rhadamanth, und bat ihn fußfällig, mir zu sagen, was mir begegnen würde, und wie ich meine Fahrt anzuordnen hätte. Seine Antwort war: ich würde, nach langem Herumirren und nach mancherley überstandenen Gefahren, mein Vaterland endlich wiedersehen: die Zeit aber meiner Heimkunft wollte er mir nicht entdecken, sondern zeigte mir nur die nächsten Inseln (es waren ihrer fünf, ganz nahe beysammen, und in einer ziemlichen Entfernung weiter hinaus eine sechste) und sagte: diese fünf, in denen du die grossen Feuermassen brennen siehst, sind der Aufenthalt der Gottlosen. Die sechste ist das Land der Träume; und zunächst an dieser liegt die Insel der Kalypso, die du aber von hier aus nicht mehr sehen kannst. Wenn du bey diesen Inseln vorbeygefahren seyn wirst, dann wirst du ein großes festes Land antreffen, das dem eurigen gegen über liegt; und erst nachdem du in demselben viel Ungemach erlitten, vielerley Völker durchwandert, und unter wilden Menschen dich aufgehalten, wirst du endlich wieder in den andern Continent zurückkommen.

Mit diesen Worten zog er eine Malvenwurzel aus der Erde, reichte sie mir hin, und befahl mir, in den größten Gefahren in die ich gerathen könnte, mein Gebet an sie zu richten: auch ermahnte er mich, wenn ich dereinst in das besagte Land kommen würde, weder mit einem Degen in Feuer zu stechen, noch Wolfsbohnen zu essen, noch mit einem Knaben der über achtzehn Jahre alt sey, Umgang zu pflegen[32]). Würde ich dieser Regeln immer eingedenk bleiben, so könne ich mir Hoffnung machen dereinst in diese Insel zurückzukommen.

32) Es braucht kaum der Erinnerung, daß Lukian hier der Pythagoräer spottet, unter deren, vom *Iamblichus* gesammelten, sogenannten *Symbolis*, auch diese beyden waren: *Stich mit keinem Degen in Feuer!* und, *Enthalte dich der Wolfsbohnen.* Aber dieß mag den Liebhabern der Philosophia occulta zu weiterem Nachdenken anheimgestellt seyn, ob er nicht die dritte Bedingung, unter welcher ihm Rhadamanth zur Wiederkunft in die Insel der Seligen Hoffnung macht, für den Schlüssel zu den beyden Pythagorischen Räthselsprüchen gehalten wissen wolle?

Ich beschäfftigte mich nun den Rest des Tages mit den Zurüstungen zu meiner vorhabenden Reise und zur gewöhnlichen Zeit schmausete ich noch mit den Heroen. Am folgenden Morgen bat ich Homeren, mir ein paar Verse zu machen, um sie als Aufschrift auf eine kleine Denksäule zu graben, die ich zum Andenken am Hafen aufrichten wollte. Die Verse lauteten wie folget:

Lukian kehrt, ein Liebling der seligen Götter, nachdem er
Alles, was hier ist, sah, in sein liebes Vaterland wieder.

Nachdem ich noch diesen Tag hier zugebracht, fuhr ich, am folgenden, von allen Heroen begleitet, aus ihrer Insel ab. Beym Abschied nahm mich Ulysses auf die Seite, und steckte mir, ohne daß es Penelope gewahr wurde, einen Brief an die Calypso zu, den ich bestellen sollte, wenn ich nach Ogygia käme. Rhadamanth hatte die Vorsicht gebraucht, mir den Fährmann Nauplius mitzugeben, damit er, wenn wir etwa an eine der benachbarten Inseln getrieben würden, verhinderte daß wir nicht in Verhaft genommen würden, und uns Zeugnis geben könnte, daß wir in andern Geschäfften dieses Weges reiseten.

Sobald wir aus der wohlriechenden Luft der glückseligen Insel heraus waren, kam uns ein stinkender Dunst, wie von zusammenbrennendem Asphalt, Schwefel und Pech, und ein noch schlimmerer, ganz unleidlicher Geruch, wie von gebratnen Menschen, entgegen; die Luft war finster und dumpficht, und ließ beständig einen pechartigen Thau herabfallen; auch hörten wir das Klatschen der Geiseln, und das Geheul einer Menge Menschen, die hier gepeinigt wurden.

Wir stiegen nur auf einer dieser Inseln aus, und ich kann also auch nur von dieser einige Nachricht geben. Die ganze Insel ist ringsum ein einziger schrofer ausgewitterter, von Steinen und Klippen starrender Felsen, auf dem kein Baum und keine Quelle zu sehen ist. Mit äusserster Mühe krochen wir an dem steilen Ufer hinauf, und kamen, nachdem wir eine Zeitlang auf einem mit Wegdornen und Stacheln übersäten schmalen Fußweg fortgegangen, durch eine Gegend, die mit jedem Schritte scheußlicher wurde, endlich zu den Gefängnissen, und dem Platze wo die Verdammten gepeiniget wurden. Hier fiengen wir erst an, die Natur dieses Ortes zu bewundern; denn wir sahen überall statt der Blumen Schwerdter und Dolche aus dem Boden hervorwachsen. Ringsum ist er von drey Flüssen umgeben, wovon der äusserste Koth, der zweyte Blut, und der dritte Feuer führt. Dieser letzte ist sehr breit und das Feuer strömt darin wie Wasser, und strudelt und treibt so große Wellen wie ein Meer; er hat auch eine Menge Fische, wovon einige wie große Feuerbrände, andere kleinere aber wie glühende Kohlen aussehen[33]).

Es geht nur ein einziger sehr schmaler Weg über alle diese Flüsse, an dessen Eingang *Timon* der Thürhüter ist. Da wir aber den Nauplius zum Führer hatten, so durften wir uns schon weiter wagen, und sahen eine große Menge Könige und gemeine Leute, die hier ihre Strafe empfiengen, und von denen wir verschiedene erkannten. Unter andern sahen wir auch den armen Cinyrus, der, am Geschlechtsgliede über einem Feuer aufgehangen, geräuchert wurde. Diejenigen, die uns herumführten, erzählten uns die Geschichte dieser Unglückseligen, und die Verbrechen, um derentwillen sie gestraft

33) Der Text hat hier noch den Beysatz: ἐκάλουν δὲ αὐτοὺς λυχνίσκους, man nennt sie hier Lämpchen.

wurden. Am schärfsten unter allen werden die Lügner gezüchtiget besonders die Geschichtschreiber, die nicht die Wahrheit geschrieben haben, unter denen ich den Ktesias und Herodot, und noch viele andere bemerkte. Der Anblick dieser Leute machte mir gute Hoffnung für mein eignes künftiges Schicksal, da ich mir Gottlob! nicht bewußt bin eine einzige Lüge gesagt zu haben[34]).

Weil ich dieses jammervolle Schauspiel nicht länger aushalten konnte, eilte ich nach meinem Schiffe zurück, nachdem ich vom Nauplius Abschied genommen hatte. Wir waren noch nicht lange weiter gefahren, als wir die Insel der Träume erblickten, die aber so dunkel war, daß wir sie kaum unterscheiden konnten, ungeachtet sie uns schon ganz nahe lag. Diese Insel hatte eine Eigenschaft, wodurch sie selbst beynahe zum Traum wurde; sie wich nehmlich immer von uns zurück, und schien immer weiter von uns entfernt zu werden, je näher wir ihr kamen. Endlich aber waren wir doch so glücklich sie zu erreichen, und liefen in den Hafen, Hypnos genannt, ein. Es war bereits um die letzte Abenddämmerung, als wir nicht weit vom Tempel Alektryons ausstiegen. Als wir zum Thor hinein giengen, sahen wir eine Menge Träume aller Arten in den Straßen herumschwärmen. — Doch vor allen Dingen muß ich etwas von der Stadt sagen, da sie noch von keinem andern beschrieben worden ist, und Homer, der einzige, der ihrer Meldung thut[35]), nur sehr obenhin von ihr spricht.

Rings um die ganze Insel zieht sich ein Wald,

34) In der That sind die strafbaren Lügen nur die, die man andern treuherzigen Leuten für Wahrheit aufhängt: und von dieser Sünde ist schwerlich je ein Lügner reiner gewesen als der Verf. dieser wahren Geschichte.

35) *Odyss.* XIX. 560. u. f.

dessen Bäume Mohnblumen und Alraunen von ausserordentlicher Höhe sind, unter welchen sich eine ungeheure Menge Fledermäuse aufhalten, als der einzige Vogel, der hier zu sehen ist. Nahe an der Stadt fließt ein Fluß, den sie *Nyktiporos*[36]) nennen, und nicht weit von den Thoren zwey Brunnen, wovon der eine *Negretos*[37]) und der andere *Pannychia*[38]) heißt. Die Stadt ist mit einem hohen Wall umgeben der mit allen Farben des Regenbogens prangt. Sie hat nicht, wie Homer sagt, zwey, sondern vier Thore, wovon zwey die Aussicht gegen das Gefilde der Fühllosigkeit haben, das eine von Eisen, das andere von Ziegeln; aus diesen, sagt man, gehen alle schrecklichen, blutigen und grausamen Träume: die anderen beyden sehen gegen den Hafen und das Meer, und zwar ist das eine von Horn, und das andere, durch welches wir hereinkamen, von Elfenbein. Dem, der in die Stadt hinein geht, rechter Hand, steht der Tempel der Nacht; denn unter allen Göttern wird hier der Nacht und dem Alektryon die meiste Ehre erwiesen. Der letztere hat seinen Tempel nahe am Hafen. Linker Hand steht der Palast des *Schlafs*, der hier König ist und zwey Satrapen oder Statthalter unter sich hat, den Taraxion, Matäogenes Sohn, und den Plutokles Phantasions[39]). Mitten auf dem Markt ist ein Brunnen, den

36) Nachtwandler.

37) Der Unerweckliche.

38) Die ganze Nacht durch.

39) Diese sprechenden Nahmen hätte ein Mitglied der fruchtbringenden Gesellschaft allenfalls durch *Schrecker*, *Eitelwolfs*, und *Reichstolz*, *Faslers Sohn*, verdollmetschen können. Man muß gestehen, daß uns heutigen Lesern dieser seyn sollender Witz, diese müßigen Personificationen, dieß Spielen mit *redenden Nahmen* u. s. w. unsäglich frostig vorkommt. Vermuthlich würde man es zu Athen zwischen der 80sten und 116ten Olympiade eben so gefunden haben, wiewohl man gestehen muß, daß Aristophanes selbst nicht ganz frey von dergleichen Spielerey ist.

sie *Schlaftrunk* nennen, und nahe dabey zwey Tempel, wovon der eine der *Täuschung* und der andere der *Wahrheit* gewidmet ist. Auch haben sie hier ein Orakel, dessen Vorsteher und Prophet, Nahmens Antiphon, bestellt ist die Träume zu deuten; eine Würde, die er unmittelbar vom Schlaf erhalten hat[40]).

Was die Träume selbst betrifft, so sind sie von sehr verschiedener Natur und Gestalt; einige groß, schön und lieblich anzusehen, andere klein und ungestalt; einige, dem Anschein nach, lauter Gold, andre von geringem oder gar keinem Werthe. Verschiedene unter ihnen hatten Flügel und allerley abenteuerliche Formen; andere waren, wie zu einem festlichen Aufzug, als Götter, Könige und dergleichen angezogen und herausgeputzt. Viele von ihnen erinnerten wir uns ehmals zu Hause schon gesehen zu haben. Diese kamen auf uns zu, grüßten uns als alte Bekannte, bewirtheten uns, nachdem sie sich unsrer bemächtigt hatten, aufs prächtigste und versprachen uns sogar Könige und große Herren aus uns zu machen. Einige führten uns jeden in sein eigenes Vaterland, zeigten uns unsre Angehörigen und guten Freunde, und brachten uns am nehmlichen Tage wieder zurück. So verschliefen wir in geträumtem Wohlleben dreissig Tage und Nächte auf dieser Insel. Endlich weckte uns plötzlich ein starker Donnerschlag, wir sprangen auf, versahen unser Schiff mit Lebensmitteln[41]), und segelten davon.

Am dritten Tage stiegen wir an der Insel Ogygia aus. Aber ehe ich den Brief, den ich für die Calypso bey mir hatte, übergab, wollte ich doch wissen was

40) Ob dieß vielleicht einem damaligen, uns nicht mehr bekannten, *Traumdeuter* gilt?

41) aus der Insel der Träume?

darin stünde, und brach ihn auf. Er lautete folgendermaßen:

»Ulysses an Calypso. Meinen Gruß zuvor! Ich bediene mich dieser guten Gelegenheit, dir zu melden, daß ich mit dem von mir zusammengeflickten Schiffchen, worin ich von dir abfuhr, gar bald verunglückte, und nur durch Leukotheas Beystand mit dem Leben davon kam und an die Küste der Phäazier gerettet wurde. Diese beförderten mich in meine Heimath, wo ich meine Hausfrau von einer Menge Freyern belagert fand, die in meinen Gütern schwelgten. Ich tödtete sie alle, wurde aber in der Folge selbst von Telegonus, einem Sohne den ich von der Circe hatte, ums Leben gebracht, und halte mich nun in der Insel der Seligen auf, wo ich gute Muße habe michs gereuen zu lassen, das angenehme Leben, das ich bey dir hatte, verlassen, und die Unsterblichkeit, die du mir anbotest, ausgeschlagen zu haben. Sobald ich also Gelegenheit finden kann, werde ich von hier zu entwischen suchen, und zu dir zurückkehren.«

Dieß war der Inhalt des Briefes, und zum Schlusse kam noch eine Bitte, daß sie uns freundlich aufnehmen möchte.

Ich hatte vom Ufer aus nicht weit zu gehen, so fand ich die Grotte, gerade so wie sie Homer beschreibt, und die Göttin darin mit ihrer Wolleweberey beschäfftigt. Sie nahm den Brief an, steckte ihn in ihren Busen, und ließ ihren Thränen freyen Lauf: als sie sich aber wieder gefaßt hatte, lud sie uns zur Tafel ein, wo sie uns prächtig bewirthete, und viel von Ulysses mit uns sprach, auch über seine Penelope allerley Fragen an uns that, z. E. wie sie aussähe, und ob sie denn wirklich ein solches Tugendbild sey, wie Ulysses von ihr gerühmt habe. Wir antworteten ihr, was wir vermutheten daß sie am liebsten hören würde; und kehrten dann nach unserm Schiffe zurück, wo wir nah am Strande die Nacht zubrachten.

Des folgenden Morgens fuhren wir mit einem ziemlich frischen Winde ab, wurden ein paar Tage von Stürmen herumgeworfen, und geriethen am dritten unter die *Kolokynthopiraten*, eine Art von Wilden, die, von den benachbarten Inseln aus, auf Beute ausgehen, und die vorüberfahrenden berauben. Ihre Schiffe sind große ausgehölte Kürbisse, gegen sechs Ellen lang; ihre Mastbäume von Rohr, und ihre Segel von Kürbisblättern. Diese Seeräuber fielen uns mit zwey wohlbemannten Schiffen an, und überdeckten uns statt der Steine mit einem Hagel von Kürbiskernen, wodurch viele von uns verwundet wurden. Wir hatten uns indessen doch eine gute Weile gewehrt, ohne daß sich der Sieg auf die eine oder andere Seite entscheiden wollte, als wir gegen Mittag einige *Karyonauten*[42]) den Kolokynthopiraten in den Rücken kommen sahen, die, wie sichs bald zeigte, ihre Feinde waren. Denn sobald die letztern ihre Ankunft gewahr wurden, ließen sie von uns ab, drehten sich gegen die Karyonauten, und fiengen ein hitziges Gefecht mit ihnen aus den Schiffen an. Wir zogen indeß unser Segel wieder auf, und machten uns davon, ohne uns weiter um den Erfolg zu bekümmern; indessen sahe man doch wohl, daß die Karyonauten, welche ihnen an Zahl der Schiffe überlegen waren, Sieger werden würden; zumal da ihre Fahrzeuge auch von stärkerm Bau waren; denn es waren lauter halbe Nußschalen, deren jede funfzehn Schritte in die Länge maß. Sobald wir ihnen aus den Augen gekommen waren, verbanden wir unsre Verwundeten, und

42) Nußschiffer.

blieben von dieser Zeit an immer bewaffnet, weil wir uns nie vor diesen oder jenen Nachstellungen sicher hielten; und es zeigte sich bald daß wir wohl daran thaten. Denn die Sonne war noch nicht völlig untergegangen, als aus einer wüsten Insel, bey der wir vorbeyfuhren, ungefähr zwanzig Mann auf großen Delphinen gegen uns angeritten kamen. Auch diese waren Räuber. Ihre Delphine trugen sie so sicher als sie es verlangen konnten, und wieherten und bäumten sich wie die muthigsten Pferde. Wie diese Wilden nahe genug an uns gekommen waren, stellten sie sich zu beyden Seiten um unser Schiff, und warfen mit trocknen Tintenfischen und Krabbenaugen nach uns. Da wir ihnen aber mit Pfeilen und Wurfspießen unser Gegencompliment machten, hielten sie nicht lange Stand, und flohen größtentheils verwundet ihrer Insel zu.

Um Mitternacht und bey sehr ruhiger See fuhren wir unwissender Weise gegen ein ungeheures Eisvogelnest an, das ungefähr sechzig Stadien im Umkreis haben mochte[43]). Der Eisvogel, der eben über den Eyren saß und brütete, gab seinem Nest an Größe nicht viel nach; und da er aufflog, fehlte wenig daß er unser Schiff mit dem Winde, den seine Flügel machten, nicht umgeworfen hätte. Indem er davon flog, ließ er eine sonderbare klägliche Stimme von sich hören. Als es Tag wurde, stiegen wir aus, um das Nest zu besehen, das aus lauter Bäumen zusammengefügt war und einem ungeheuern Flosse ähnlich sah. Es lagen funfzig Eyer darin, jedes größer als eine Chiische Tonne, und die Jungen darin waren bereits sichtbar und piepten. Wir hieben

43) Herr *Massieu* macht hier wieder aus sechzig, sechs hundert; als ob sechzig Stadien (ungefähr vierthalb Stunden) im Umkreis nicht schon eine ganz artige Größe für ein Eisvogelnest wäre.

eines von diesen Eyern mit einer Zimmeraxt auf, und zogen ein unbefiedertes Küchelchen heraus, das stärker war als zwanzig Geyer.

Kaum hatten wir uns wieder auf zweyhundert Stadien vom Nest entfernt, als uns verschiedene höchst erstaunliche Wunderdinge begegneten. Die Gans auf dem Vordertheile unsers Schiffes[44]) fieng auf einmal an mit den Flügeln zu schlagen und laut zu schnattern; unser Steuermann Skintharus, der so kahl war wie die flache Hand, bekam plötzlich seine Haare wieder; und, was noch das wunderbarste war, unser Mastbaum fieng an zu sprossen, Äste zu treiben, und oben im Wipfel Feigen und Weintrauben zu tragen, wiewohl noch nicht völlig zeitige. Man kann sich vorstellen, wie bestürzt wir über alle diese Wunderzeichen wurden, und wie eifrig wir die Götter baten, die Übel von uns abzuwenden, die etwa dadurch bedeutet werden könnten.

Wir hatten noch nicht fünfhundert Stadien zurück gelegt, so erblickten wir einen sehr großen und dichten Wald von Fichten und Cypressen. Anfangs hielten wir es für festes Land; aber es war ein tiefes Meer, das mit Bäumen ohne Wurzeln bepflanzt war. Demungeachtet standen die Bäume gerade und unbeweglich, oder schienen uns vielmehr so entgegen zu schwimmen. Wie wir ihnen nun nahe genug waren, um alles genau zu erkundigen, geriethen wir in großen Zweifel was wir anfangen sollten. Durch die Bäume durch zu kommen, war keine Möglichkeit, denn sie standen in geschloßnen Reyhen dicht an einander; und wieder umzukehren, schien uns auch nicht rathsam. Ich erstieg also den größten dieser Bäume um mich auf allen Seiten um-

44) Eine *geschnitzte* nehmlich.

zusehen, was es eigentlich für eine Bewandtniß mit der Sache hätte; und da sah ich, daß der Wald sich gegen funfzig Stadien und drüber erstrecke, und dann wieder ein neues Meer angehe. Ich kam also auf den Einfall, unser Schiff auf die Wipfel der Bäume, die ungemein dicht waren, zu versetzen, und es, wo möglich, über sie weg in das jenseitige Meer zu ziehen. Wie gedacht, so gethan. Wir machten unser Schiff an ein großes Tau fest, stiegen auf die Bäume, und zogen es, wiewohl mit unendlicher Mühe, zu uns herauf; setzten es dann auf die obersten Äste, spannten alle Segel auf, und segelten, mit einem guten frischen Winde hinter uns, so leicht darüber weg, als ob wir noch auf dem Wasser wären[45]). Wie wir endlich diesen Wald zurückge-

45) Der Griechische Text hat hier noch folgenden Beysatz, *dabey fiel mir denn der Vers des Dichters Antimachus ein*, τοῖσιν δ' ὑλήεντα διὰ πλόον ἐρχομένοισιν. Ein solcher mitten aus einer Periode ausgehobener Vers aus einem nicht mehr vorhandenen Gedichte ist nicht gut zu übersetzen: indessen sagt er wörtlich so viel als: »*ihnen, da sie so mitten die waldichte Flotte* [eigentlich: Flut; Wasserstraße] *durchfuhren*« (begegnete nehmlich dieß oder das). Der Lateinische Übersetzer giebt es, ich weiß nicht recht warum: per sylvestre illis navi venientibus aequor [ihnen, die mit ihrem Schiff das »Waldmeer« durchfuhren], vermuthlich um das Spiel unsers Reisebeschreibers mit dem ὑλήεντι πλόῳ [der waldreichen Flut] deutlicher zu machen. Ich habe fürs beste gehalten, diese Kleinigkeit die den deutschen Leser nur aufhielte und nicht ein Körnchen Salz für ihn enthält, lieber gar wegzulassen. Was übrigens den Dichter Antimachus betrifft, aus dessen epischem Gedichte *Thebais*, der citierte Vers genommen scheint, so lebte er in den Zeiten des Perikles; und Plato hatte ihn in seiner Jugend als einen alten Mann gesehen. Dieser dichterische Philosoph schätzte seine Werke so hoch, daß er einen eigenen Abgeordneten nach Kolophon oder nach Klaros (woher Antimachus gebürtig war) schickte, um alles daselbst zu sammeln, was von seinen Gedichten aufzutreiben wäre. *Quinctilian* räumt ihm die *zweyte* Stelle unter den Heldendichtern ein, und der Kayser Hadrianus (dessen Geschmack nicht immer der beste war) setzte ihn sogar über *Homer*, und gieng (sagt man)

legt hatten, kamen wir wieder an die See, ließen unser Schiff wieder herab, und fuhren durch ein crystallhelles durchsichtiges Wasser so lange fort, bis wir bey einer großen Wasserkluft still zu halten genöthigt waren, die dadurch entstanden war, daß das Wasser sich von einander gespalten, und in seiner Art etwas dem, was man zu Lande einen Erdfall nennt, ähnliches hervorgebracht hatte. Es hätte wenig gefehlt, daß unser Schiff in diesen Abgrund hinabgezogen worden wäre, wenn wir nicht noch zu rechter Zeit alle Segel eingerafft hätten. Wie wir nun die Köpfe hervorstreckten und hinunter guckten, sahen wir eine Tieffe von tausend Stadien wenigstens, vor der uns Sinne und Verstand still stunden. Wie wir uns aber besser umsahen, wurden wir in der Ferne einer wässernen Brücke gewahr, die über diesen Abgrund geworfen war, und die Oberfläche des dieß- und jenseitigen Meeres mit einander vereinigte. Wir ruderten nun mit solcher Macht, bis wir unser Schiff auf diese Brücke brachten, und kamen solcher Gestalt, was wir nicht hatten hoffen dürfen, glücklich, wiewohl mit unsäglicher Arbeit, hinüber.

Nun befanden wir uns in einem stillen Meere, und kamen an eine kleine, leicht zugangbare und bewohnte Insel; aber ihre Einwohner waren Wilde mit Ochsenköpfen und Hörnern, wie man bey uns den Minotaurus zu bilden pflegt; daher sie denn auch vermuthlich den Nahmen *Ochsenköpfler*[46]) führen. Sobald wir am Lande waren, giengen wir

wirklich damit um, die Werke des Göttlichen Dichters, zum Vortheil seines Günstlings, gänzlich zu vertilgen — welches hoffentlich Sr. Kayserl. Maj. nicht Ernst war. Ungeachtet ihm die Alten vorwerfen, daß er *schwülstig* gewesen, läßt sich doch aus der Achtung die ein Plato und Quinctilian für ihn hatten, vermuthen, daß der Verlust seiner Thebais für die Literatur nicht gleichgültig ist.

46) *Bucephalen.*

aus, unsre Wasserfässer zu füllen, und wo möglich auch etwas zu essen zu bekommen, denn wir hatten nichts mehr. Wasser fanden wir ziemlich bald, sahen aber sonst nichts das uns Hoffnung gemacht hätte, auch Lebensmittel zu finden, ausser daß wir nicht sehr weit von uns ein Gebrüll hörten, das von einer zahlreichen Heerde Hornvieh zu kommen schien. Wie wir aber, in dieser Hoffnung, ein wenig weiter fortgiengen, fanden wir eine Art von Menschen vor uns. Sobald sie uns gewahr wurden, fielen sie über uns her, und ergriffen drey der unsrigen; wir übrigen flohen dem Meere zu. Weil wir aber nicht gesonnen waren unsere Cameraden ungerochen im Stich zu lassen, griffen wir sämmtlich zu den Waffen, und giengen auf die Bucephalen loß, die wir eben im Begriff fanden, das Fleisch unsrer erschlagenen Gefährten zu theilen. Wir setzten sie aber in einen so großen Schrecken, daß sie alle die Flucht ergriffen. Wir setzten ihnen nach, tödteten ihrer gegen funfzig, ergriffen zwey lebendig, und kehrten sogleich mit unsern Gefangenen zurück. Nahrungsmittel aber hatten wir nicht gefunden. Die übrigen trugen nun drauf an, daß wir die Gefangenen abschlachten sollten; ich aber war nicht dieser Meinung, sondern entschlossen, sie so lange in gefänglicher Verwahrung zu halten, bis die Ältesten der Bucephalen kommen, und sich erbieten würden, sie loszukaufen. Es zeigte sich bald daß ich recht hatte; denn wir wurden gewahr, daß sie uns zuwinkten, und in einem traurigen und flehenden Tone zu uns herüber brüllten. Wir traten also in eine Art von Unterhandlung mit ihnen; sie gaben uns als Lösegeld, eine Menge Käse, Zwiebeln und gedörrter Fische, nebst vier dreybeinichten Hirschen, bey welchen nehmlich die zwey Hinterfüße wie bey andern, die vordern aber in Einen zusammengewachsen waren. Hiefür gaben wir ihnen die Gefangenen zurück, und nachdem wir uns noch einen einzigen Tag aufgehalten, schifften wir uns wieder ein, und fuhren ab.

Nun fiengen uns an Fische von allerley Arten zu Gesichte zu kommen, wir sahen Vögel fliegen, kurz es stellten sich alle Zeichen ein, woraus man auf die Nähe eines festen Landes schließt. Bald darauf sahen wir Männer, die sich einer ganz neuen Art zu schiffen bedienten; denn sie waren Schiff und Schiffer zugleich. Ihre Manier ist diese. Sie legen sich auf den Rücken ins Wasser, richten dann was ihr wißt, (womit sie ungewöhnlich stark versehen sind) in die Höhe, hängen ein Segel daran, dessen untere Taue sie in den Händen halten, und segeln so vor dem Winde daher. Nach ihnen kamen Andere, die auf großen Stücken Kork saßen, und sich von zwey vorgespannten Delphinen fortziehen ließen, die sie mit Zügeln und Leitseilen regierten. Diese Leute thaten uns weder leides, noch flohen sie vor uns; sie fuhren ruhig und ohne Scheu um uns herum, bewunderten die Gestalt unsers Fahrzeuges, und betrachteten es von allen Seiten.

Da es Abend wurde, landeten wir an einer kleinen Insel an, die von Weibern bewohnt wird, welche, wie es uns dünkte, Griechisch redeten. Auch kamen sie uns entgegen, nahmen uns bey der Hand, und hießen uns gar freundlich willkommen. Sie waren alle schön, jung, und in hetärischem Geschmacke herausgeputzt, und trugen lange Röcke die auf dem Boden nachschleppten. Wir vernahmen von ihnen daß ihre Insel *Kabalusa*, und ihre Stadt *Hydamardia* heisse[47]). Diese Frauenzimmer wurden bald so

47) Die Deutung dieser barbarisch griechischen Wörter quält die Ausleger umsonst. Vielleicht sind sie durch die

bekannt mit uns, daß jede einen von uns mit sich in ihr Haus nahm, und verlangte daß er ihr Gast seyn sollte. Ich meines Orts blieb ein wenig zurück, weil mir bey allen diesen Anscheinungen nichts gutes schwahnte; und indem ich mich genauer umschaue, sehe ich eine Menge Menschenknochen und Schädel herumliegen. Darüber ein Geschrey zu erheben, meine Gefährten zusammenzurufen, und zu den Waffen zu greifen, fand ich nicht für gut: sondern ich zog meine *Malve* hervor, und bat sie sehr eifrig, mir aus dieser Noth glücklich herauszuhelfen. Wie mir nun, nicht lange hernach, meine Wirthin aufwartete, sah ich, daß sie, anstatt Beine wie ein Weib zu haben, Eselsfüße und Eselshufe hatte. Sogleich geh ich mit gezognem Degen auf sie loß, bemächtige mich ihrer, binde sie, und nöthige sie, mir alle meine Fragen zu beantworten. Sie gesteht also, wiewohl ungern genug, sie seyen eine Art Meerweiber, *Eselsfüßlerinnen* genannt[48]), und nährten sich von den Fremden, die ihnen in die Hände fielen. Denn, sagte sie, wenn wir sie nur erst trunken gemacht und in unsern Armen eingeschläfert haben, so sind wir bald mit ihnen fertig. Auf diesen Bescheid hin ließ ich sie gebunden liegen, stieg auf das Dach, rief meine Gefährten zusammen, entdeckte ihnen alles, zeigte ihnen die Menschengebeine, und führte sie zu meiner Gefangenen hinein. Aber ehe wirs uns versahen, zerfloß sie in Wasser und schwand aus unsern Augen. Indessen stieß ich doch, um einen Versuch zu machen, mit dem Degen ins Wasser, und sogleich wurde es zu Blut.

Wir hatten nun nichts eiligeres als unserm Schiffe zuzulauffen und davon zu fahren. Wie der Tag

Abschreiber entstellt worden, vielleicht auch nicht. Das Beste ist wohl, wir thun als ob — nichts daran gelegen sey.

48) *Onoskeleen.*

wieder anbrach, erblickten wir die Küste eines festen Landes, und vermutheten sogleich, es werde dasjenige seyn, das dem worauf wir wohnen gegenüber liegt. Unser erstes war, auf unsre Knie zu fallen und unser Gebet zu verrichten. Hierauf giengen wir mit einander zu Rathe, wozu wir uns nun entschließen sollten? da denn einige der Meynung waren, daß wir, nach einer kurzen Landung, gerades Weges wieder zurückkehren sollten, wo wir hergekommen, andere hingegen trugen darauf an, das Schiff zu verlassen, uns mitten ins Land hinein zu wagen, und zu versuchen was mit den Einwohnern zu machen sey. Während wir aber so hin und her räsonierten, überfiel uns ein entsetzlicher Sturm, und warf unser Fahrzeug mit solcher Gewalt gegen die Küste, daß es in Stücken gieng, und wir große Noth hatten, jeder mit seinen Waffen und dem was er etwa sonst noch retten konnte, ans Land zu schwimmen.

Und dieß ist es also, was mir, bis zu meiner Ankunft in besagtem andern Welttheile, auf dem Ocean, und während meiner Fahrt durch die Inseln, und in der Luft, hernach im Wallfische, und nachdem wir wieder herausgekommen, bey den Heroen und unter den Träumen, und endlich bey den Ochsenköpflern und Eselsfüßlerinnen, begegnet ist. Was nun weiter auf dem festen Lande erfolgte, davon werde ich in den folgenden Büchern ausführlichen Bericht erstatten[49]).

49) Es gebührte sich, eine Geschichte, worin alles Lüge ist, mit einem Versprechen, das der Verfasser nie zu halten dachte, zu beschließen. Unsern Lesern aber, die den zauberischen Reiz dieser seltsamen Composition nun an sich selbst erfahren haben werden, und besonders jungen Dichtern, empfehle ich genauer nachzuforschen, wo der Talisman liege, der diese wunderbare Wirkung hervorbringt. Sie werden finden, daß mehr *Kunst* in diesem Spiel einer (dem Anschein nach) ohne alles Gesetz ausschweifenden Imagination

verborgen ist, als man bey einem flüchtigen Anblick meynen sollte. Ohne ihrem eigenen Nachdenken vorzugreiffen, bemerke ich nur dieses wenige.

1. Lukian erhält seine Leser in beständiger *Erwartung*, durch etwas neues, das noch abenteuerlicher ist als das vorhergehende, überrascht zu werden; und verstärkt das Vergnügen, das aus dem Wunderbaren der Sache selbst entspringt, noch durch das Erstaunen über die Energie und Verwegenheit der Imagination, welche die Schöpferin so unerhörter Dinge ist.
2. Die treuherzige Unbefangenheit, womit er diese Dinge erzählt, imponiert eben dadurch, daß der Erzähler sie selbst zu glauben scheint, der Einbildungskraft des Lesers, und macht sie auch ihm für den Moment um so glaublicher, weil sie ihm, *trotz ihrer Unmöglichkeit*, als wirklich *geschehen* vorgestellt werden, und gleichsam *vor seinen Augen entstehen*.
3. Je unnatürlicher die Hirngeschöpfe und Traumbegebenheiten sind, die er erzählt, desto leichter geht er darüber hin; das erstaunlichste ist immer das, worüber er selbst am wenigsten erstaunt, und wovon er in einem so gelaßnen Tone spricht als ob es die alltäglichste Sache wäre.
4. Er hält uns nie so lange bey *Einer* Scene seiner Zauberlaterne auf, daß sie uns lange Weile machen könnte, und läßt auf eine erstaunliche oder widersinnige Begebenheit so schnell eine noch erstaunlichere, noch tollere folgen, daß man keine Zeit hat die Täuschung wahrzunehmen. Rechnet man noch hinzu die große *Mannichfaltigkeit* der Fictionen, die angenehme *Abwechslung* tragischer und komischer, lieblicher und grausenhafter, Bilder und Scenen, die häufigen *Anspielungen* und *Satyrischen Züge*, womit besonders das zweyte Buch gewürzt ist, und endlich die grazienvolle Lebhaftigkeit des Styls, und die fröhliche Laune und Leichtigkeit des Geistes, die das alles ohne die geringste Anstrengung hervorgebracht zu haben scheint: so ist, däucht mich, die Frage: wie ein so frivoles Werkchen verständigen Lesern so viel Vergnügen machen könne? hinlänglich aufgelößt. Tiefer in diese Materie einzudringen, ist nicht dieses Ortes.

LUCIUS
oder
der magische Esel.

Ich machte einmal eine Reise nach Thessalien, um ein von meinem Vater geerbtes Geldgeschäfte mit einem Manne, der in diesem Lande angesessen war, abzuthun. Ein einziges Pferd trug mich und meinen

Lucius. Die gemeine Meynung der Gelehrten ist, dieses Stück, das in den Handschriften den Titel Λούκιος ἢ ὄνος [Lucius oder der Esel] führt, sey ein *Auszug* eines größern Werkes, welches ein gewisser *Lucius von Paträ* (nach der Angabe des Photius no. 242. seines *Myriobiblos*) unter dem Titel Μεταμορφώσεως λόγοι διάφοροι [Verschiedenartige Verwandlungsgeschichten] in zwey Büchern verfaßt, und woraus *Apuleius* (ein Zeitgenosse Lukians) seinen *Goldnen Esel*, wiewohl nach einem ganz andern Plan, und mit vielen Veränderungen, Zusätzen und Episoden, in eilf Büchern verfertiget habe. Es ist sonderbar und beynahe unbegreiflich, daß ein Mann von Lukians seltnen Gaben auf den Einfall gekommen seyn sollte, einem Lucius von Paträ eine von diesem verfertigte *Milesische Fabel* zu stehlen, Wort für Wort abzuschreiben, und für sein eigen Werk auszugeben, ohne etwas anders dabey gethan zu haben, als den bestohlnen Autor abzukürzen. Von welcher Seite man die Sache ansieht, wird man sie *mehr als unwahrscheinlich* finden. Das kürzeste Mittel aus der Schwierigkeit zu kommen wäre nun freylich, mit *Ianaquil Faber* gerade weg zu läugnen, daß Lukian diese Eselsgeschichte geschrieben habe. Dazu aber ist in dem Werkchen selbst nicht der geringste Grund, sondern gerade das Gegentheil. Zum Glücke findet sich noch ein anderer Weg, unsern Autor von der Makel eines so unverschämten Plagiats zu befreyen: da er aber für eine Note zu weitläuftig ist, so werde ich das Resultat meiner Untersuchung über diese Materie in einem eigenen kleinen Aufsatze auf gegenwärtiges Stück folgen lassen. [*Über den wahren Verfasser des Lucius*, in vorlie-

Mantelsack, und ein einziger Bedienter folgte mir zu Fuße. Unterweges traf ich auf einige Thessalier von Hypata, die im Begriff waren nach ihrer Vaterstadt zurückzukehren; wir wurden eins in Gesellschaft zu reisen, und so legten wir diesen beschwehrlichen Weg um so leichter zurück. Wir waren schon nahe bey der Stadt, als ich meine Thessalier fragte, ob sie einen Einwohner von Hypata, der Hipparchus heisse, kennten? Denn an diesen Mann hatte ich ein Empfehlungsschreiben von Hause, welches mir den Vortheil bey ihm zu wohnen verschaffen sollte. Ihre Antwort war: der Hipparchus, den ich meynte, und die Gegend der Stadt wo er wohne, sey ihnen ganz wohl bekannt; er habe viel Geld, sey aber so begierig dessen immer mehr zu haben, und ein so großer Feind vom ausgeben, daß seine ganze Haushaltung in einer Frau und einer einzigen Magd bestehe. Unter diesen Reden erreichten wir die Stadt. Meine Gefährten zeigten mir einen Garten mit einem leidlichen Häuschen, wo Hipparchus wohne, nahmen hierauf

gender] Auswahl nicht enthalten]. Über den Inhalt und die obscönen Stellen desselben weiß ich mich nicht besser als mit den Worten des englischen Übersetzers des *Thom. Franklin* zu erklären. Lukians Esel (sagt er) hat, um ihm sein Recht anzuthun, ein gutes Theil muntre Laune und Unterhaltendes: aber, wie es die Art dieses Thieres ist, sich zuweilen etwas unartig aufzuführen, so sah ich mich genöthiget, ihn (um seinen eigenen Ausdruck zu gebrauchen) ein wenig zu stutzen, ehe er mit einiger Anständigkeit in guter Gesellschaft erscheinen konnte. — Vorläufig bemerke ich nur noch, daß unter allen Schriften Lukians keine unter den Händen der Abschreiber mehr gelitten zu haben scheint als dieser arme Esel. Ich bin nicht gelehrt genug den Text *restituiren* zu können: aber da ich wenigstens eine *Nase* habe (wie die Lateiner sagen) so habe ich kein Bedenken getragen, ihr überall zu folgen, wo sie eine Verfälschung des Textes witterte; so wie meinem *Auge*, wo ich offenbare Lücken zu sehen glaubte. Hanc veniam petimus damusque vicissim [Die Erlaubnis dazu erbitten wir und geben sie auch unsererseits].

Abschied von mir, und giengen ihres Weges; ich hingegen gehe hin und klopfe an die Thür. Ich mußte ziemlich lange warten und mehr als einmal klopfen, bis die Frau endlich zum Vorschein kam. Ist Hipparchus zu Hause? fragte ich. Ja, war die Antwort: aber wer bist du, und was für eine Ursache hast du, nach ihm zu fragen? Ich bringe ihm einen Brief von dem Sophisten Dekrianus von Paträ, erwiederte ich. So warte hier einen Augenblick, versetzte sie, schloß mir die Thür vor der Nase zu, und gieng wieder hinein. Endlich kommt sie wieder und heißt mich hereinkommen. Ich gehe hinein, grüße meinen Mann und überreiche ihm den Brief. Ich fand ihn eben im Begriff seine Abendmahlzeit zu halten; er lag auf einem ziemlich schmalen Ruhebettchen; seine Frau saß neben ihm, und vor ihnen stand ein Tischgen, worauf aber noch nichts zu essen war. Er überlaß den Brief und sagte darauf: das ist ja recht schön von meinem werthen und berühmten Freunde Dekrianus, daß er soviel Zutrauen zu mir hat und mir seine guten Freunde so ohne Umstände zuschickt. Mein Häuschen ist freylich klein, wie du siehest, lieber Lucius, und nur eben für seinen Bewohner zureichend; indessen wirst du ein großes Haus daraus machen, wenn du so viel Geduld haben willst, dich darin zu behelfen. Er rief hierauf seiner Magd: Palästra, sprach er, zeige meinem Freunde sein Schlafzimmer, und trage das Gepäcke dahin, das er etwa mitbringt; hernach führe ihn ins Bad; denn er hat einen weiten Weg hieher gemacht.

Diesem Befehl zufolge nahm mich das Mädchen sogleich mit sich, und zeigte mir ein sehr schönes Gemach. Hier, sagte sie, auf diesem Bette wirst du schlafen, und für deinen Burschen will ich eine Britsche hier zu rechte machen, und auch ein Kopfküssen darauf legen. Ich gab dem Mädchen Geld um etwas Gerste für mein Pferd zu kaufen, und verfügte mich ins Bad; inzwischen trug sie alle meine Sachen hinein und schaffte sie in mein Zimmer. Sobald ich aus dem Bade zurückkam, gieng ich gerade zum Hipparchus. Er nahm mich bey der Hand, und hieß mich neben ihm Platz nehmen. Das Nachtessen war nicht das schlechteste, und der Wein gut und alt. Nach der Mahlzeit brachten wir den übrigen Abend, wie es bey Aufnahme eines Gastes gebräuchlich ist, mit trinken und schwatzen zu, und giengen hierauf schlafen. Am folgenden Morgen fragte mich Hipparchus, wo mein Weg nun weiter hin gienge, oder wie viele Tage ich zu Hypata bleiben würde? Ich gehe nach Larissa, war meine Antwort, und gedenke etwa drey bis vier Tage hier zu bleiben.

Dieß sagte ich aber nicht im Ernste; denn in der That war ich gesonnen, so lange in Hypata zu bleiben, bis ich mein Verlangen befriediget hätte, eine von den Weibern zu finden, die sich mit magischen Künsten abgeben, und mit ihrer Hülfe einen fliegenden oder versteinerten Menschen oder irgend etwas unglaubliches dieser Art zu sehen. Ganz von der Begierde nach einem solchen Schauspiel eingenommen, lief ich in der ganzen Stadt herum, ohne zu wissen wie ichs anfangen sollte, um zu dem, was ich suchte, zu gelangen. Während ich nun so herum irrte, sehe ich eine junge Frau auf mich zugehen, die, dem äusserlichen Anschein nach, unter die reichsten und angesehensten in der Stadt gehörte; denn sie gieng prächtig gekleidet, war mit vielem Golde behangen, und hatte eine Menge Bedienten hinter sich her. Wie ich ihr näher kam, grüßte sie mich, und sagte mir: sie wäre die *Abröa*, die ich vermuthlich als eine vertraute Freundin meiner Mutter nennen gehört hätte. Die Kinder meiner Freundin, fuhr sie fort, sind mir nicht weniger lieb als meine eignen. Wie kommt es denn daß du nicht bey mir einkehrst, mein Sohn? — Ich bin dir sehr verbunden, antwortete ich: aber da ich mich in keinem Stücke über den Freund, der mich aufgenommen, zu beklagen habe, so trage ich Bedenken sein Haus zu verlassen. Indessen werde ich wenigstens in Gedanken bey einer so liebenswürdigen Freundin wohnen. — Und wo hältst du dich denn auf? fragte sie. — Beym Hipparch. — Wie? Bey dem Geizhalse? — Sage das nicht, meine Mutter, erwiederte ich; mich wenigstens hat er so vornehm und köstlich bewirthet, daß man ihn eher beschuldigen könnte zuviel als zu wenig in diesem Stücke zu thun. — Sie lächelte, und sagte, indem sie mich bey der Hand auf die Seite zog: Nimm dich ja, so viel du nur immer kannst, vor seiner Frau in Acht; denn sie ist eine Erzzauberin, und dabey von einem so verliebten Temperamente, daß keine junge Mannsperson vor ihr sicher ist. Wer ihr nicht in gutem zu Willen ist, an dem rächt sie sich durch ihre Kunst; sie hat schon viele in Thiere verwandelt, ja einige gänzlich zu Grunde gerichtet. Du bist jung, mein Kind, und schön genug um ihr in die Augen zu stechen, überdieß fremd, und also in desto größerer Gefahr, weil man sich gegen einen Fremden immer mehr erlaubt als gegen einheimische[2]).

Wie ich hörte, daß ich etwas, das ich schon so

2) Der Text sagt: καὶ ξένος, πρᾶγμα εὐκαταφρόνητον [und (du bist) ein Fremdling, also etwas, das man leicht verachtet], ohne die geringste Andeutung, daß es gerade *in Thessalien oder zu Hypata* Sitte sey, sich nicht viel aus den Fremden zu machen, wie *Franklin* und *Massieu* diese Stelle übersetzen. Es liegt in der Natur der Sache, daß ein Fremder, als solcher, überall viele Nachtheile hat, zumal wenn er sich mit gefährlichen Personen einläßt.

lange suchte, zu Hause hätte, hörte ich kein Wort mehr von allem was mir die gute Abröa sagte. Ich machte mich, sobald als möglich, von ihr loß, und, indem ich nach Hause gieng, hielt ich dieses Gespräch mit mir selbst. Wohlan also, Freund Lucius, wenn es wahr ist daß du so begierig bist etwas übernatürliches zu sehen, so nimm dich nun zusammen, und erfinde irgend einen klugen Ausweg zum Ziele deiner Wünsche zu gelangen! Wie wenn du deine Kunst an der jungen Palästra versuchtest? — Denn der Frau deines Wirthes und Freundes bleibe mir ja so weit vom Leibe als du kannst! — Bey jener hast du desto freyern Spielraum, — kurz, in den Armen der Magd wirst du am sichersten hinter die Geheimnisse der Frau kommen. Denn die Bediente sind doch immer die Leute, die das Gute und Böse ihrer Herrschaften am besten kennen.

Unter diesem Selbstgespräche langte ich in meinem Quartier wieder an, fand aber weder den Hipparchus noch seine Frau zu Hause, sondern Palästren allein, die in der Küche beschäfftiget war, unser Abendessen zu recht zu machen. Ich blieb stehen, und ergriff diese gute Gelegenheit besser mit ihr bekannt zu werden. Da sie eben daran war, etwas in einem Topfe umzurühren, sagte ich ihr, mit einer Anspielung auf ihren Nahmen, die ihr nicht zu mißfallen schien, etwas schmeichelhaftes über ihre Gestalt, und über die reizende Art, womit sie ihre runden Hüften bey dieser Arbeit hin und her wirbelte, ohne ihr ein Geheimniß aus der sympathetischen Wirkung zu machen, die ein so schlüpfriger Anblick auf die meinigen hatte, oder ihr die Wünsche zu verbergen, die er in mir rege machte[3]. Das Mädchen, die ein überaus schnippi-

3) Hier ist die erste Stelle, wo der Esel ein wenig gestutzt werden mußte.

sches und buhlerisches kleines Ding war, erwiederte mir gleich im nehmlichen Tone: junger Herr, wenn du klug bist und dein Leben liebst, so rathe ich dir meinem Feuer nicht zu nahe zu kommen: ich will dich ehrlich und redlich gewarnt haben! Denn, du wagst mehr als du vielleicht glaubst. Es braucht nur einen Augenblick, so würdest du dich so übel verbrannt haben, daß dich kein anderer Mensch wieder heilen könnte, als ich allein; der Gott der Ärzte selbst würde dir nicht helfen können; und was noch das wunderbarste ist, ich würde dich immer noch kränker machen, und du würdest die Schmerzen der Heilung mit so vielem Vergnügen aushalten, daß du dich sogar mit Steinen von der Quelle einer so süßen Pein nicht wegjagen ließest. — Du lachst noch? Aber du irrst dich sehr, junger Herr, wenn du mich nur für eine gewöhnliche Köchin ansiehst. Ich weiß nicht bloß dergleichen gemeine schlechte Speisen zuzurichten, wie diese hier; auch in der Kunst das vornehmste und schönste Wildpret, den Mann, zu schlachten, abzuziehen, zu zerstücken und weich zu kochen, bin ich, wie du mich hier siehst, eine Meisterin; und besonders mache ich mir gern mit ihren Eingeweiden und Herzen zu schaffen. — Alles was du da sagst, ist nur gar zu wahr, versetzte ich; denn du hast mich schon hier von weitem, und ohne daß ich dir nahe gekommen bin, nicht nur angebrannt, zum Jupiter! sondern über und über in Flammen gesetzt, und ich brate und dorre bey dem unsichtbaren Feuer, das du durch meine Augen in mein Eingeweide geworfen hast, ohne zu wissen womit ich eine solche Grausamkeit um dich verdient habe. Also, um aller Götter willen! versuche die bittersüße Kur an mir, wovon du sagtest; und da du mich bereits geschlachtet hast, so ziehe mir nun vollends die Haut über die Ohren, und mache mit mir was du willst. — Sie brach über diese sonderbare Liebeserklärung in ein unmäßiges Gelächter aus; aber das Ende davon war, daß ich sie gewonnen hatte, und daß wir eins wurden, sobald sie ihre Herrschaft zu Bette gebracht hätte, wollte sie auf mein Zimmer kommen, und die Nacht bey mir zubringen.

Endlich kam Hipparchus wieder nach Hause, wir giengen ins Bad, und von da zu Tische, und während wir zusammen schwatzten, wurden die Becher fleissig ausgeleert. Endlich stelle ich mich schläfrig, beurlaube mich, und gehe auf mein Zimmer. Hier war schon alles in der schönsten Ordnung. Meinem Burschen war sein Bette im Vorsaal gemacht. Vor dem meinigen stand ein Tischgen mit einer Trinkschale, einem Krug Wein, und zwey Gefäßen mit kaltem und warmem Wasser; kurz, Palästra hatte für alles gesorgt. Die Bettdecken waren mit einer Menge Rosen, ganzen, zerblätterten, und in Kränze geflochtnen, überstreut; alles war zum Schmause bereit, und nur meine Mitzecherin fehlte noch, und wurde mit Ungeduld erwartet. Endlich, nachdem sie ihre Gebieterin zu Bette gebracht, stellte sie sich ein, und —[4]) wir brachten eine so angenehme

4) Was ich hier auszulassen gezwungen bin, ist so beschaffen, daß ausser den (zu gutem Glücke ziemlich unverständlichen) lateinischen Übersetzern, noch kein anderer schamlos genug gewesen ist, eine Dollmetschung davon zu wagen. Bey den Griechen, die über diesen Punct viel ertragen konnten, mag diese sotadische Scene wegen der durchgängigen Anspielung auf ihre gymnastischen Übungen, Gnade gefunden haben, wozu der *Nahme* des Mädchens den Vorwand geben mußte, wiewohl er augenscheinlich zu diesem Mißbrauch des Witzes aus allen möglichen Hetären-Nahmen vorsetzlich ausgewählt war. *Palästra* ist hier zu gleicher Zeit der Fechtboden und der Fechtmeister; *Lucius* macht den Lehrling; und beyde

Nacht zu, daß mir die Reise nach Larissa gänzlich darüber aus dem Sinne kam.

Endlich fiel mir doch wieder ein, mich nach der Sache zu erkundigen, um derentwillen ich eigentlich nach Hypata gekommen war. Ich bat also Palästren, mir dazu verhülflich zu seyn, daß ich, wenn ihre Gebieterin sich verwandelte oder irgend ein anderes Zauberwerk vorhätte, einen unbemerkten Zuschauer dabey abgeben könnte; denn, sagte ich, es ist schon lange daß ich so etwas übernatürliches mit meinen eigenen Augen sehen möchte. Oder, wenn du selbst ein wenig hexen kannst, so thue mir den Gefallen, meine Liebe, und mache auf der Stelle, daß sich etwas vor meinen Augen in was anders zu verwandeln scheine. Denn ich bilde mir ein, auch Du müssest etwas von dieser Kunst verstehen; nicht als ob dich jemand bey mir verrathen hätte; ich schließe es bloß aus der Wirkung, die du auf meine eigene Seele gemacht hast. Denn daß du Mich, der in seinem Leben kein Frauenzimmer mit verliebten Augen ansah, mich, den sie nur den Diamantenen zu nennen pflegten, so schnell zu überwältigen, und zu fesseln, und in Einer Nacht so weich und geschmeidig zu machen gewußt hast, das kann nicht mit rechten Dingen zugehen; da muß Zauberey dahinter stecken. — Närrchen! versetzte Palästra lachend; als ob irgend eine Zauberformel kräftig genug seyn könnte, Amorn

(oder vielmehr der Autor, in einer Stunde, wo ihn die gute Göttin Sophrosyne und ihre Grazien gänzlich verlassen hatten) gefallen sich in einer allegorischen Anwendung aller möglichen *Kunstwörter* der Griechischen Ring- und Fecht-Kunst auf die Kampfspiele der *Venus-Hetäre.* Dieß ist alles was sich zu Rechtfertigung der Lücke, die man hier findet, sagen läßt, und ist, denke ich, für bescheidene Leser mehr als genug.

etwas anzuhaben, der selbst ein Tausendkünstler, und der größte aller Zauberer ist? Aber aufrichtig und Scherz bey Seite, mein Allerliebster, ich weiß nicht ein Wort von solchen Dingen, ich schwöre dirs bey deinem Leben, und bey diesem glücklichen Ruhebettchen! Denn ich habe weder lesen noch schreiben gelernt, und meine Frau ist viel zu eifersüchtig auf ihre Kunst, als daß sie mir etwas davon hätte mittheilen sollen. Aber sobald ich eine Gelegenheit dazu finde, will ich versuchen, ob ich sie dir zu sehen geben kann, wenn sie sich verwandelt. — Nach diesem Gespräche schlummerten wir unvermerkt ein.

Wenige Tage darauf bringt mir Palästra die Nachricht, ihre Frau sey gesonnen, sich in einen Vogel zu verwandeln, und in dieser Gestalt zu ihrem Geliebten zu fliegen. Nun, liebe Palästra, sagte ich, nun ist endlich die Gelegenheit da, mir zu zeigen ob du mir gut bist, und deinem Sclaven zu Befriedigung eines schon so lange gehegten Wunsches zu verhelfen! — Sie hieß mich ruhig seyn; und sobald die Nacht anbrach, führt sie mich vor die Thür des Schlafzimmers ihrer Herrschaft, und heißt mich die Augen an eine dünne Spalte in der Thür halten, und beobachten was vorgehen würde. Ich sehe die Frau sich ausziehen; und wie sie ganz entkleidet ist, geht sie nackend zur Lampe, legt zwey Weyhrauchkörner in die Flamme, und bleibt dann eine gute Weile vor der Lampe stehen, indem sie ich weiß nicht was zu ihr hin murmelt. Hierauf öffnete sie eine ziemlich große Kiste, worin eine Menge Büchsen waren, und nahm eine davon heraus; was eigentlich darin war, davon kann ich nichts sagen, als daß es mir, dem Ansehen nach, Öhl zu seyn schien. Damit schmierte sie sich nun am ganzen Leibe ein, von den Nägeln an den

Füßen bis zum Wirbel, und plötzlich, brechen ihr am ganzen Leibe Federn hervor, ihre Nase wird ein krummer Schnabel, sie bekommt alles was zu einem Vogel gehört und ihn von andern Thieren unterscheidet, mit einem Worte, sie hört auf zu seyn was sie war, und ist in einen Nachtraben verwandelt. Kaum sah sie sich befiedert, so gab sie den widerlich krächzenden Ton von sich, der diesen Vögeln eigen ist, erhob sich in die Luft, und flog zum Fenster hinaus.

Ich stand da und glaubte, das alles geträumt zu haben. Ich rieb mir die Augenlieder, wie einer der seinen eigenen Augen nicht trauet, und nicht glauben kann daß er wacht und wirklich sieht was er sieht. Endlich, wie ich mich mit vieler Mühe überzeugt hatte daß ich nicht schlafe, bat ich Palästren, mich vermittelst der nehmlichen Zaubersalbe ebenfalls zu befiedern und fliegen zu lassen: denn ich wollte aus Erfahrung wissen, ob ich bey dieser Umgestaltung auch der Seele nach zum Vogel werden würde. Sie machte also die Thür sachte auf und hohlte die Büchse. Ich werfe in größter Eile meine Kleider von mir, schmiere mich über und über mit der Salbe: aber leider! es wollen keine Federn kommen. Statt deren geht mir hinten ein langer Schwanz heraus, meine Finger und Zehen verschwinden und verwandeln sich in vier Hufe von Horn, meine Arme und Füße werden zu Vorder- und Hinterfüßen eines Lastthiers, meine Ohren und mein Gesicht verlängern sich, kurz, wie ich mich um und um betrachte, sehe ich daß ich ein *Esel* bin. Ich erschrecke vor mir selbst, ich will mich gegen Palästren beklagen; aber ich habe keine menschliche Sprache mehr; alles was ich thun kann, ist mein breites Hängemaul aufzusperren, den Kopf wie ein ächter Esel traurig zur Erde sinken zu lassen, und die Unglückliche durch diese unmittelbare Darstellung meiner Eselheit anzuklagen, daß sie statt eines Vogels ein Müllerthier aus mir gemacht hat.

Das arme Mädchen schlug sich mit beyden Händen vor die Stirne; O ich Unglückselige, rief sie, was hab ich gethan! Vor Eile hab ich mich in den Büchsen geirrt, und statt der rechten eine andere ergriffen. Aber fasse Muth, mein Allerliebster, dem Übel ist leicht zu helfen. Du brauchst nur Rosen zu essen, so wirst du diese Gestalt wieder ablegen, und mir meinen Liebhaber wieder geben. Gedulde dich nur diese einzige Nacht in dieser Esels-Maske, mein Bester! Morgen in aller Früh will ich nach Rosen laufen was ich kann, und dich unverzüglich wieder herstellen. Mit diesen Worten kraut sie mir in den Ohren, und streichelt mich freundlich den Rücken herab.

Ich war nun also, dem Äusserlichen nach, so sehr Esel als man es seyn kann, hingegen der Sinnesart und Vernunft nach der vorige Lucius, die Sprache allein ausgenommen. Ich gieng also, vor Verdruß mich in die Lippen beissend, und über Palästrens Unvorsichtigkeit in mir selbst brummend, in den Stall, wo mein eigenes Pferd und ein anderer, natürlicher Esel, der dem Hipparch angehörte, stand. Diese merkten nicht sobald daß sich eine neuer Ankömmling meldete, der die Miene hatte in Gemeinschaft ihres Heues mit ihnen treten zu wollen, als sie schon die Ohren sinken ließen, und sich in Positur setzten, die Rechte ihres Magens mit ihren Hinterfüßen zu verfechten. Ich fand also für sicherer, mich so weit als möglich von der Krippe entfernt zu halten, und lachte über die neuen Verhältnisse, worein mich meine Gestalt setzte: aber mein Lachen war das Schreyen eines Esels. Unseliger

Vorwitz! dachte ich jetzt bey mir selbst[5]), wenn nun ein Wolf oder ein anderes reissendes Thier den Weg in diesen Stall fände, so müßte ich mich zerreissen lassen, ohne etwas verbrochen zu haben! Wie wenig ahndete mir, indem ich dieses dachte, an den fatalen Streich, den mir mein böses Glück noch in dieser Nacht spielen würde!

Es war tief in der Nacht, alles im Hause war still und lag in süßem Schlaf; auf einmal höre ich die Mauer von aussen krachen, als ob ein Loch hineingebrochen würde. Dieß geschah auch wirklich, und bald war die Öffnung groß genug, daß ein Mensch durchschlüpfen konnte. Sogleich kommt ein Kerl dadurch herein, diesem folgt ein anderer, bald sind ihrer eine ganze Menge, und alle mit Schwerdtern bewaffnet. Sie binden Hipparchen, Palästren und meinen Bedienten in ihren Betten, leeren das ganze Haus, tragen Geld, Kleider und Hausrath hinaus, und wie sie nichts mehr finden das des Mitnehmens werth ist, kommen sie auch zu uns, führen mich, das Pferd und den andern Esel, hervor, legen uns

5) Der Text hat hier (wie in diesem Stücke öfters) etwas widersinnisches, das vielleicht auf Rechnung der Abschreiber kommt. Er scheint zu sagen, oder sagt vielmehr wirklich, Lucius habe darüber gelacht, daß er sich durch seinen Vorwitz in die Gefahr gesetzt habe von Wölfen gefressen zu werden. Aber über einen so unlustigen Gedanken lacht weder ein Mensch noch ein Esel. Ich habe also der ganzen Stelle den einzigen Sinn geliehen, dessen sie mir fähig scheint. Lucius war noch ein zu neuer Esel, um es nicht alle Augenblicke zu vergessen. Er lachte, (oder würde vielmehr gelacht haben, wenn ihm seine Organe nicht versagt hätten) über die mißgünstigen Gesinnungen seiner neuen vierfüßigen Cameraden, weil er in diesem Moment nicht daran dachte, daß er nun ihresgleichen war. Aber der Ton seines Lachens erinnerte ihn sogleich wieder daran; und nun folgten die Gedanken, die ihn seinen Vorwitz verwünschen machten, nicht als die Ursache seines Lachens, sondern als eine Folge des Gefühls seiner Eselheit, welches ihm das Hören seiner eigenen Stimme plötzlich wieder aufgedrungen hatte.

Saumsättel auf, und binden uns alles, was sie aus dem Hause getragen hatten, auf den Rücken. Wie sie uns nun schwer genug beladen hatten, trieben sie uns mit Knitteln vor sich her, um sobald nur möglich auf einem rauhen wenig gangbaren Wege ins Gebürge zu entfliehen, wo sie ihre Niederlage hatten. Wie meinen lastbaren Cameraden dabey zu Muthe war, kann ich nicht sagen: aber ich, der nicht beschlagen und dieser Strapazen nicht gewohnt war, ich glaubte daß es mein letztes sey, und hätte, auf den spitzigen Steinen, unter der Last womit ich überladen war, alle Augenblicke zusammensinken mögen. Ich strauchelte auch oft genug; aber fallen wurde hier wie ein Verbrechen behandelt, und es war gleich einer da, der mir mit einem tüchtigen Prügel wieder auf die Beine half. Ich wollte zwar oft »O Cäsar!« ausrufen; aber ich brachte nichts als ein ungeheuer langes und lautes eselmäßiges O heraus, der Cäsar aber wollte nicht nachkommen. Auch dieß zog mir neue Schläge zu, weil ich sie durch mein Schreyen, wie sie sagten, verrathe. Da ich also sah, daß mir meine Provocation an den Kayser so übel bekam, beschloß ich stillschweigend fortzuschleichen, und mir dadurch wenigstens die Schläge zu ersparen.

Inzwischen war es Tag geworden, wir hatten bereits einige Berge überstiegen, und mehr als einmal war ich bey Rosenhecken, die an unserm Wege standen, vorbeygegangen; aber man hatte die Vorsicht gebraucht, damit wir uns nicht unterwegs auf Abschlag unsrer Mittagsmahlzeit mit weiden aufhalten könnten, uns die Mäuler zu verbinden; so daß ich damals ein Esel hätte bleiben müssen, und wenn es Rosen geregnet hätte[6]).

6) Wer diesen Paragraphen in seinem Zusammenhang im Griechischen lesen will, wird ohnezweifel so gut wie ich fin-

Als es Mittag wurde, kehrten wir in einem abgelegenen Meyerhof ein, dessen Bewohner, soviel ich aus allen Umständen schließen konnte, gute Bekannte von unsern Räubern waren. Denn sie grüßten einander mit einem Kusse, und die Leute im Hofe luden die unsrigen ein, bey ihnen einzukehren und setzten ihnen zu essen vor; uns lastbaren Thieren aber gaben sie Gerste. Meine Cameraden ließen sichs wohl schmecken: aber ich, der in meinem Leben keine Mittagsmahlzeit von roher Gerste gehalten hatte, sah mich überall, wiewohl mich ganz er-

den, daß *etwas zu fehlen* scheint. Denn der Nachsatz ὥστε ἔστην τότε καὶ ἔμεινα ὄνος [so daß ich damals ein Esel war und weiterhin blieb] macht in unmittelbarer Verbindung mit dem vorhergehenden, und als eine Folge desselben (die das Verbindungswörtchen ὥστε [so daß] andeutet) offenbar einen Schluß, der nicht schließt. Lukian kann nicht so geschrieben haben. Sobald man hingegen annimmt, daß sein Lucius unterwegs *Rosen* gesehen habe, (die, wenn er davon hätte essen können, seine Bezauberung aufgelöst haben würden) so begreift man erstens, warum er des Maulkorbes Erwähnung thut: und dann warum er ihn als die Ursache angiebt daß er *damals* ein Esel geblieben sey. Weder ein Übersetzer noch ein Commentator scheint bisher bey dieser Stelle angestanden zu haben; *Graevius* hält sich (ohne Noth, däucht mich) bloß mit dem Worte ἔστην [nachdrückliche Form für: ich war] auf; und *Massieu* der gemerkt zu haben scheint, daß es mit dem Text nicht ganz richtig sey, läßt den Lucius getrost sagen: de sorte que je fus alors véritablement âne dans toute la force du terme [so daß ich damals wirklich ein Esel im wahrsten Sinne des Wortes war]; welches zwar ganz was anders ist als was der Griechische Text sagt, aber der Schwierigkeit nicht abhilft. Ich schäme mich beynahe, daß ich der erste seyn soll, der hier eine *Lücke* ahnet, und würde lieber in meine Logik als in die *Nasen* so vieler gelehrter Männer Mißtrauen setzen, wenn es mir weniger in die Augen springend schiene, daß entweder meine Vermuthung richtig ist, oder Lukian diese Stelle im Schlafe geschrieben haben müßte. Ich habe also kein Bedenken getragen, den ganzen Paragraphen so zu wenden, wie ich glaube, daß er lauten muß, um einen richtigen Sinn zu geben; und wenn ich allenfalls auch darin zu viel gethan hätte, so können sich Lukians pii Manes [fromme Seele] wenigstens nicht dadurch beleidigt finden.

bärmlich hungerte, nach etwas um, das ich essen könnte[7]), und erblicke endlich einen Garten hinter dem Hofe, der einen Überfluß an allerley schönem Gemüse hatte, und überdieß stachen mir auch Rosen in die Augen. Ich also, nicht faul, gehe, da niemand im Hause Acht auf mich gab (denn sie waren alle mit ihrem Mittagessen beschäfftiget) in den Garten, sowohl um meinen Hunger mit rohem Gemüse zu stillen, als von den Rosen zu essen, die mich, wie ich nicht zweifelte, wieder zum Menschen herstellen würden[8]). Wie ich mich nun in dem Garten sah, machte ich mich sogleich über alles her, was der Mensch ungekocht zu essen pflegt, und füllte mich mit Salat, Rettichen und Petersilien an: die Rosen aber waren leider keine wahren Rosen, sondern die Blüthen einer Art wilder Lorberbäume, die der gemeine Mann Lorberrosen zu nennen pflegt, und die man den Eseln und Pferden für so schädlich hält, daß, wer davon äße, auf der Stelle sterben müßte[9]).

Inzwischen kommt der Gärtner, der etwas gemerkt haben mochte, mit einem tüchtigen Prügel in den Garten, und wie er die Verwüstung sieht, die der Feind auf seinen Gemüsebeeten angerichtet hat,

7) Wäre Lucius nach Seele und Leib in einen Esel verwandelt gewesen, so würde er instinctmäßig rohe Gerste gefressen haben, wie ein andrer Esel, wiewohl es das erstemal in seinem Leben gewesen wäre: aber da ihm die Vernunft geblieben war, konnte er sich auch in Sachen, die durch seine Verwandlung ein ganz anderes Verhältniß zu ihm bekommen hatten, die menschliche Vorstellungsart so bald nicht abgewöhnen.

8) Der Hunger muß in der That sehr dringend gewesen seyn, daß er den Rosen nicht zuerst zulief.

9) Ohnezweifel muß diese, von den Copisten verunstaltete Stelle so gelesen werden — οὐκ ἦν ῥόδα ἀληθινά, ἀλλ' ἐκ τῆς ἀγρίας Δάφνης φυόμενα (ῥοδοδάφνην αὐτὴν καλοῦσιν ἄνθρωποι) κακόν etc. die Rede ist von dem Baume, den wir gewöhnlich *Oleander* nennen.

geht er mit dem ganzen Eifer eines streng über Ordnung haltenden Amtmanns auf den Dieb loß, und bläut mit seinem Knittel, unbekümmert wo es hin trifft, so erbärmlich auf mich zu, als ob er mir alle Knochen zu Brey schlagen wolle. Eine so grausame Behandlung erschöpfte endlich meine Geduld, und ich versetzte ihm mit beyden Hinterhufen einen so derben Schlag, daß er der Länge nach in seinen Kohl hineinfiel. Nach dieser Heldenthat floh ich in vollem Galopp den Bergen zu: aber der Gärtner schrie, man sollte die Hunde auf mich loß lassen, deren eine gute Anzahl auf dem Hofe war, so groß und stark, daß sie es mit Bären aufnehmen konnten. Da sie mich nun, wenn sie mich ergriffen hätten, unfehlbar in Stücken zerrisen haben würden, machte ich eine kleine Seitenwendung, beschloß, dem weisen Sprüchwort gemäß, lieber umzukehren, als übel zu laufen, und kam wieder in den Hof zurück. Sogleich wurden auch die Hunde die man auf mich loßgelassen hatte, wieder zurückgerufen und an die Kette gelegt; mich aber prügelten sie tüchtig ab, und hörten nicht eher auf, bis ich vor Schmerz alles was ich gefressen hatte wieder von mir gab.

Wie es nun Zeit war, sich wieder auf den Weg zu machen, luden sie mir das meiste und schwerste von den gestohlnen Sachen auf. Die vielen Schläge, die ich bekam, und die übermäßige Last, die ich tragen mußte, wiewohl der rauhe Weg mir die Hufe beynahe abrieb, brachten mich endlich zur Verzweiflung. Ich beschloß auf dem Wege hinzufallen und nicht wieder aufzustehen, wenn sie mich auch todt schlagen sollten. Dieser kluge Einfall, hoffte ich, sollte eine glückliche Veränderung in meinem Schicksale bewirken; denn ich zweifelte nicht, meine Tyrannen würden, durch meinen Starrsinn überwältiget, meine Ladung unter das Saumpferd und den Maulesel theilen, mich aber den Wölfen zur Beute auf der Erde liegen lassen. Aber irgend ein mißgünstiger Dämon, der in meiner Seele laß, machte daß gerade das Gegentheil erfolgte. Der andere Esel, der vielleicht die nehmlichen Gedanken hatte wie ich, fiel auf einmal zu Boden. Jene hießen den armen Tropfen anfangs mit Prügeln aufstehen, und wie sie sahen, daß mit Schlägen nichts auszurichten war, zogen ihn die einen bey den Ohren, die andern beym Schwanze, um ihn mit Gewalt wieder auf die Beine zu bringen. Da aber alles nichts helfen wollte, und er wie ein Stein im Wege liegen blieb und alle Viere von sich streckte, beriethen sie sich unter einander was zu thun sey? Und da sie fanden, sie würden doch nur die Zeit zur Flucht unnützer Weise verlieren, wenn sie sich bey einem in letzten Zügen liegenden Esel länger aufhalten wollten: so theilten sie das sämtliche Gepäcke, womit er beladen war, unter mich und den Gaul; meinen armen Unglückscameraden aber nahmen sie, hieben ihm die Kniekehlen entzwey, und warfen ihn, noch zappelnd, über die Felsen hinab[10]).

Das schreckenvolle Ende meines Reisegefährten, wovon ich Augenzeuge war, machte einen so tiefen Eindruck auf mich, daß ich mir vornahm, mein gegenwärtiges Schicksal männlich zu ertragen, und unverdrossen fortzuwandeln, da ich doch die tröstliche Hoffnung hatte, über kurz oder lang Rosen anzutreffen, und durch sie errettet und wiederhergestellt zu werden. Auch hörte ich von den Räu-

10) Ich beklage, daß sich Lukian den elenden Spaß, ὁ δὲ ἀπῄει κάτω τὸν θάνατον ὀρχούμενος, (*so fiel er den Tod tanzend hinab, oder so tanzte er sich die Felsen hinab zu tode*, oder wie man es sonst geben will) hat nicht entgehen lassen, und hab gethan was *Er* hätte thun sollen.

bern, wir hätten nicht viel Weg mehr zu machen, und würden bald an den Ort kommen wo wir zu bleiben hätten. Wir liefen also, so beladen wir auch waren, was wir konnten, und langten gegen Abend in der gewöhnlichen Wohnung der Räuber an, wo eine alte Frau in der Stube saß, und ein tüchtiges Feuer auf dem Heerde brannte. Uns Lastthieren wurde alles was wir getragen hatten, abgenommen, und im Hause in Verwahrung gebracht. Nun, sagten sie zu dem alten Weibe, warum sitzest du so da, und machst uns das Essen nicht zurecht? — O, sagte die Alte, es ist alles schon fertig; ihr findet Brodt in Überfluß, und Wildpret, und etliche Fässer alten Weins. Du bist ein braves Mütterchen, sagten die Räuber; und nun zogen sie sich aus, salbten sich am Feuer, und wuschen sich, in Ermangelung eines ordentlichen Bades, mit dem warmen Wasser, das sie im Kessel neben dem Feuer stehen fanden.

Bald darauf kamen eine Anzahl junger Bursche an, die eine Menge Hausrath, goldne und silberne Gefäße, und sowohl Manns- als Frauenzimmer Kleider und Schmuck mitbrachten; und nachdem sie das alles in das gemeinschaftliche Magazin geschafft hatten, wuschen sie sich ebenfalls. Die ganze Bande setzte sich nun zu Tische, und ließ sichs tapfer schmecken, und es gieng so laut dabey zu, als man sichs von Leuten ihres Gelichters vorstellen kann. Die Alte schüttete mir und dem Gaule Haber vor, den dieser, aus Furcht ich würde mitessen wollen, so eilfertig als er konnte, hinunterschlang: aber ich wußte mir anders zu helfen, und so oft die Alte hinausgieng, schnappte ich eines von den Brodten weg, die in einer Ecke aufgehäuft lagen. Des folgenden Tages giengen die Räuber alle wieder auf ihr Geschäffte aus, und ließen bloß die Alte und, zu meinem großen Leidwesen, einen einzigen jungen Kerl bey uns zurück. Denn bey einem solchen Wächter war für mich nun an kein entfliehen zu gedenken. Aus dem alten Weibe hätte ich mir nichts gemacht; aber der junge Bursche war ein großer starker Kerl, der eine gefährliche Miene hatte, immer seinen Hirschfänger an der Seite trug, und, so oft er ausgieng, die Thür hinter sich zuschloß.

Nach drey Tagen, gegen Mitternacht, kamen die Räuber wieder, brachten aber dießmal weder Gold noch Silber, noch sonst was anders mit als ein junges mannbares Mädchen von ungemeiner Schönheit, mit fliegendem Haar und zerrißnem Oberkleide, welche bitterlich weinte. Sie brachten sie hinein, setzten sie auf die Streu hin, hießen sie gutes Muthes seyn, und befahlen der Alten, bey ihr zu bleiben, und wohl auf sie Acht zu geben. Das Mädchen aber wollte weder etwas essen noch trinken, und that nichts als weinen und sich die Haare ausraufen; so, daß ich selbst, der nicht weit davon an der Krippe stand, mich nicht erwehren konnte, über das Schicksal einer so schönen Jungfrau mit zu weinen.

Die Räuber hielten inzwischen draussen im Vorhause ihre Nachtmahlzeit. Gegen Tag kam einer aus ihrem Mittel, von denen welchen das Loos zugefallen ist, die Straßen zu bewachen und Kundschaft einzuziehen, was vorgeht, und zeigte an, es werde bald ein Reisender diese Gegend passieren, der große Reichthümer bey sich habe. Sogleich stehen sie vom Tische auf, waffnen sich, legen mir und dem Pferde den Saumsattel auf, und treiben uns mit sich. Da ich wußte, daß es auf ein Abenteuer gieng, wobey für mich nichts als Schläge und Lebensgefahr zu gewinnen war, so schneckte ich[11])

11) *Schnecken* für Schneckenmäßig kriechen, oder träg und verdrossen fortschleichen, ist ein im hochdeutschen veraltetes Wort, welches wieder verjüngt zu werden verdient.

langsam genug daher: weil sie aber Eile hatten, so machte mir der Knittel gar bald Füße. Wie wir nun an die Straße kamen, wo der Reisende vorbeypassieren mußte, fielen die Räuber über seine Wagen her, ermordeten ihn und seine Bedienten, und bemächtigten sich alles dessen was er mit sich führte, wovon sie das kostbarste mir und dem Pferde aufluden, das übrige Gepäcke aber in dem angrenzenden Walde verbargen. Da sie uns nun hierauf wieder nach Hause trieben, begegnete es, daß ich, indem ich mit derben Schlägen ermahnt wurde die Beine besser zu heben, mit dem Huf gegen einen scharfen Stein stieß, und eine so schmerzliche Wunde davon bekam, daß ich den ganzen übrigen Weg hinken mußte. Die Räuber, denen dieß ungelegen war, sagten unter einander: aber sind wir nicht albern daß wir diesen Esel füttern, der alle Minuten zu Boden fällt? Werfen wir die Bestie, die uns nur Unglück bringt, den Felsen hinunter! Ein guter Gedanke, rief einer: hinunter mit ihm! Er mag das Söhnopfer für unsre ganze Brigade seyn! — Wirklich waren sie schon im Begriff, sich über mich her zu machen: aber was ich gehört hatte machte mich so munter, daß ich auf dem ganzen übrigen Wege so frisch auf meinen verwundeten Fuß auftrat, als ob er einem andern angehörte[12]).

Als wir wieder hinkamen, wurden wir abgeladen; man brachte die geraubten Sachen in gute Verwahrung; die Herren lagerten sich und hielten ihre Mahlzeit: und wie es Nacht wurde, machten sie sich auf, um die übrigen Sachen die sie im Walde ver-

12) Der Text setzt hinzu: und die Todesfurcht machte mich gegen den Schmerz unempfindlich. Lukian hatte dieser Tautologie vielleicht nöthig um seine Periode auszuründen; da dieß im Deutschen der Fall nicht war, ließ ich sie, wie billig, weg.

steckt hatten, in Sicherheit zu bringen. Wozu, sagte einer von ihnen, wollten wir den armen Esel mitschleppen, der seines bösen Fußes wegen nicht fortkommen kann? tragen wir lieber selbst, was wir dem Pferde nicht aufladen können! — Sie gehen also mit dem Pferde ab, und lassen mich zu Hause.

Es war eine überaus helle Mondnacht. Armer Tropf, sprach ich zu mir selbst, warum bleibst du hier, wo du unfehlbar noch den Geyern und ihren Söhnen zum Schmause dienen wirst? Hast du nicht gehört was sie über dich beschlossen haben? Willst du warten, bis sie dir den Hals brechen? Es ist itzt Nacht, der Mond scheint helle, und sie sind alle fort! Auf und rette dich mit der Flucht aus den Händen der mörderischen Bösewichter! Indem ich dieß bey mir selbst dachte, wurde ich gewahr, daß ich nirgends angebunden war, sondern die Halfter, woran ich gewöhnlich gezogen wurde, neben mir hieng. Dieß spornte mich nun desto mehr zur Flucht an; ich machte mich also auf die Füße, und in vollem Sprunge zum Hause hinaus. Die Alte, wie sie sah, daß ich entlaufen wollte, kriegte mich noch beym Schwanz zu packen, und hieng sich an; ich, der jede Todesart zu verdienen glaubte wenn ich mich von einer solchen alten Vettel zum Gefangnen machen ließe, schleppte sie mit mir fort; die Alte schrie was sie schreyen konnte, und rief die gefangene Jungfrau um Hülfe. Diese eilte herbey, und wie sie die Alte gleich einem Schwanze an dem Esel herabhängen sah, wagte sie eine kühne und eines jungen Wagehalses würdige That: sie sprang auf meinen Rücken, und sobald sie fest saß stieß sie mich in die Seiten. Ich, theils aus Liebe zur Flucht, theils aus Eifer für das Mädchen, renne davon wie ein Pferd; die Alte mußte zurückbleiben, die Jungfrau aber flehte die Götter an ihre Flucht gelingen zu lassen, und zu mir sagte sie: o du schönes Männchen, wenn du mich zu meinem Vater zurückträgst, so sollst du von aller Arbeit befreyt werden, und alle Tage einen Scheffel Gerste zu fressen kriegen! Ich, der vor seinen Mördern floh, und sich überdieß für die Rettung des Mädchens so viel Erkenntlichkeit und so gute Tage versprach, ich lief was ich konnte und achtete meine Wunde nicht. Wie wir aber dahin gekommen waren, wo sich der Weg theilte, begegnen wir unsern Feinden, die von ihrem Zuge zurückkamen, und beym Mondschein ihre unglücklichen Gefangenen schon von weitem erkannten. Sie laufen herzu, halten mich an, und sagen: Wohinaus, edle und tugendsame Jungfrau? Wohin bey so später Nacht? Fürchtest du dich vor den Nachtgeistern nicht? Aber komm nur immer wieder mit uns! Wir wollen dich den Deinigen schon zurückgeben — sagten sie mit einem boßhaft grinsenden Lachen, und nöthigten mich umzuwenden. Auf einmal fiel mir mein böser Fuß wieder ein, und ich fieng an zu hinken. Wie? sagten sie, nun, da wir dich ertappt haben, bist du auf einmal wieder lahm: aber wie dir die Lust zum entlaufen ankam, warst du frisch und gesund, und liefst trotz dem schnellsten Pferde, als ob du Flügel hättest! Diese Worte begleitete eine derbe Tracht Schläge, mit so gutem Effect, daß ich von einer so nachdrücklichen Zurechtweisung zu meinem lahmen Fuße noch eine Wunde am Schenkel bekam.

Wie wir nach Hause kamen, fanden wir die Alte, die sich, allem Ansehen nach, aus Furcht vor ihren Herren, wegen der Flucht der Jungfrau, mit einem Strick um den Hals an den Felsen aufgehangen hatte. Sie lobten sie dafür, daß sie sich selbst ihr

Recht angethan hätte, schnitten sie ab, und stürzten sie mit dem Strick am Halse in die Tiefe hinab. Hierauf banden sie das junge Frauenzimmer im Hause an, setzten sich zu Tische und brachten einige Stunden mit Zechen zu. Während dessen wurde über die Gefangene Gericht gehalten. Was fangen wir mit ihr an, sagte einer. Was können wir besseres thun, versetzte ein anderer, als sie der Alten nachzuschicken? An ihrem guten Willen hat es nicht gelegen, daß sie uns nicht um alles, was wir erworben haben, gebracht, und unsre ganze Werkstatt verrathen und zerstört hätte. Denn ihr wißt wohl, Cameraden, wäre sie wieder zu ihrer Familie gekommen, so wär' es um uns alle geschehen gewesen; unsre Feinde würden uns überfallen, und solche Maßregeln dabey genommen haben, daß wir alle lebendig in ihre Hände gefallen wären. Es ist also nicht mehr als billig, daß wir Rache an unsrer Feindin nehmen. Aber so leicht wollen wir ihr den Tod nicht machen, daß wir sie auf den Felsen herabstürzten; nein! wir wollen die qualenvollste und langwierigste Todesart für sie ersinnen; sie soll nicht eher sterben können, bis sie so lang als möglich das schrecklichste gelitten hat was man leiden kann! — Nun war die Frage, was für eine Todesart das seyn sollte? Endlich sagte einer: Cameraden, ich weiß ihr werdet meine Erfindung loben! Der Esel hat den Tod nicht weniger verdient, da er ein träger Taugenichts ist, sich nun noch oben drein lahm stellt, und dem Mädchen zur Flucht behülflich und dienstlich gewesen ist. Wir wollen ihn also morgen schlachten, ausweiden, und dieses wackere Fräulein in seinen Bauch hineinstecken, so daß sie bloß, um nicht zu bald zu ersticken, mit dem Kopfe hervorgucken, mit dem übrigen Leibe aber ganz in ihm begraben seyn soll. Dann wollen wir sie in den

Esel tüchtig einnähen, und beyde den Geyern vorwerfen, die von diesem neuen Gerichte einen trefflichen Schmaus halten werden. Nun bedenkt einmal, Brüder, was für eine höllische Qual das seyn muß! Fürs erste, lebendig in einem todten Esel zu wohnen; dann in der heissesten Jahreszeit in dem gährenden Aase gekocht zu werden, überdieß am langsam tödtenden Hungertod zu sterben, und kein Mittel zu haben, sich selbst das Leben nehmen zu können. Ich übergehe die Marter, die sie, zu allem dem, noch von dem Gestanke des faulenden Esels und von den Würmern, wovon er wimmeln wird, zu erleiden haben, und daß sie endlich von den Geyern, die sich an ihm weiden werden, mit ihm, vielleicht noch lebendig, aufgefressen werden wird.

Alle übrigen Räuber klatschten dieser ungeheuern Erfindung als einem ganz vortrefflichen Gedanken, mit lautem Geschrey ihren Beyfall zu. Ich meines Orts seufzte bitterlich, daß ich nicht nur sterben, sondern selbst nach dem Tode keine Ruhe haben und einem unglücklichen und unschuldigen Mädchen auf eine so grausame Weise zum Sarge dienen sollte.

Aber wie der Tag anbrach, nahm unser Schicksal unvermuthet eine ganz andere Wendung. Die Wohnung der Räuber wurde auf einmal von einem Trupp Soldaten umringt und angegriffen, die sich aller dieser Bösewichter bemächtigten, und sie in Ketten und Banden zu dem Oberbefehlshaber des Landes abführten. Mit ihnen war auch der Bräutigam der Jungfrau gekommen, oder vielmehr er war es, der den Schlupfwinkel der Räuber ausfindig gemacht und angezeigt hatte. Er nahm also das Mädchen, setzte sie auf meinen Rücken, und brachte sie so wieder nach Hause. Wie uns die Einwohner der

Gegend von ferne kommen sahen, und ich ihnen die frohe Botschaft aus vollem Halse entgegen schrie, schlossen sie, daß die Unternehmung glücklich von statten gegangen sey, liefen uns entgegen, bezeugten ihre Freude, und begleiteten uns bis zur Wohnung der Jungfrau.

Diese trug nun große Sorge für mich, wie billig, da ich ihr Mitgefangener, der Gefährte ihrer Flucht, und so nahe dabey gewesen war, auch im Tode auf eine so schreckliche Art mit ihr vereinigt zu werden. Ich bekam bey meiner neuen Herrschaft täglich einen Scheffel Gerste, und soviel Heu, daß ein Kamel genug daran gehabt hätte. Aber bey allem dem fluchte ich der armen Palästra mehr als jemals, daß sie mich in einen Esel, und nicht in einen Hund verwandelt hatte; denn ich konnte das Glück der Hunde nicht ohne Neid ansehen, die sich in die Küche schlichen und von der Gelegenheit profitierten, eine Menge guter Bissen, deren es bey den Hochzeiten reicher Leute zu geben pflegt, wegzuschnappen.

Wenige Tage nach der Hochzeit befahl der Vater meiner jungen Gebieterin, da sie ihm von dem Danke, den sie mir schuldig sey und gerne nach Verdienst erstatten möchte, gesprochen hatte, man sollte mich in völlige Freyheit setzen, und mit den Stuten auf die Weide gehen lassen: denn, sagte er, *so* wird er das angenehmste Leben führen, das sich ein Esel nur immer wünschen kann, und uns zugleich junge Maulesel von seiner Rasse schaffen. In der That hätte dieß die gerechteste Vergeltung scheinen müssen, wenn ein Esel Richter in der Sache gewesen wäre. Er ließ also einen von seinen Hirten rufen, und empfahl mich ihm aufs beste; mir, meines Orts, war das angenehmste dabey, daß ich keine Lasten mehr tragen sollte.

Wie wir nun auf dem Landgut ankamen, that mich der Hirt zu den Stuten, und trieb uns zusammen auf die Weide. So gut es mein Patron mit mir gemeynt hatte, so übel schlug der Erfolg für mich aus[13]). Der Aufseher über die Pferde, anstatt mich der geschenkten Freyheit genießen zu lassen, überließ mich zu Hause der Willkühr seiner Hausfrau Megapola, die mich an die Mühle binden ließ, wo ich allen ihren Weitzen und ihre Gerste mahlen mußte. Und doch wäre es für einen dankbaren Esel noch ein erträgliches Ungemach gewesen, seiner Vorgesetzten Getreide zu mahlen. Aber Frau Megapola war eine so gute Wirthin, daß sie meinen armen Hals auch einer Menge andern, die in dieser Gegend Feldgüther hatten, um den gewöhnlichen Mahllohn vermiethete. Die Gerste die mir zu meinem täglichen Unterhalt ausgeworfen war, röstete sie, schüttelte sie mir eigenhändig zum Mahlen auf, und buck Kuchen daraus, die sie sich wohl schmecken ließ: ich hingegen mußte mich mit den Kleyen behelfen. Und wenn mich auch der Hirt zuweilen mit den Stuten austrieb, so wurde ich von den Hengsten beynahe zu Tode gebissen und geschlagen. Denn, da sie sich in den Kopf gesetzt

13) Dieß liegt zwar im Text, aber es steht nicht mit dürren Wörtern darin, sondern alle Handschriften und Ausgaben lesen dafür: »Hier war mein Schicksal daß es mir eben so ergehen sollte wie dem *Kandaules.«* — Die Geschichte oder das Mährchen von *Kandaules und Gyges* ist bekannt genug; da aber zwischen dieser Geschichte und dem was unserm Esel im Hause der Dame Megapola begegnete, nicht die allergeringste Ähnlichkeit ist: so muß hier der Text nothwendig durch den ersten Abschreiber, dessen Exemplar den übrigen zum Original gedient hat, verdorben worden seyn. Da sich nun nicht wohl errathen läßt, was Lukian statt des Kandaules für einen Nahmen geschrieben haben mag, so hielt ich für besser, diese Zeile, die keinen Sinn giebt, ganz wegzulassen, und des Zusammenhangs wegen die Lücke mit einem andern ungezwungenen Übergang auszufüllen.

hatten daß ich Absichten auf ihre Weiber hätte, so verfolgten sie mich unablässig, und schlugen mit beyden Hinterhufen so kräftig nach mir, daß mir, um den tödtlichen Wirkungen dieser pferdmäßigen Eifersucht zu entgehen, kein Mittel übrig blieb, als sogleich die Weide wieder zu verlassen. Bey so bewandten Umständen, da ich weder zu Hause bey der Mühle gute Tage hatte, noch draussen auf der Weide vor den feindseligen Anfällen meiner Weidecameraden fressen konnte, mußte ich natürlicher Weise so mager werden, daß ich in kurzem nur in Haut und Knochen hieng.

Aber das allerschlimmste für mich war, daß ich auch öfters in den Wald hinauf geschickt wurde, um Holz herab zu tragen. Fürs erste hatte ich einen hohen Berg zu steigen, auf einem steilen und steinichten Wege, der mir desto beschwerlicher fiel, da ich ohne Hufeisen war; und dann gab man mir zum Treiber einen verruchten Jungen mit, der mir jedesmal aufs ärgste mitspielte[14]). Erstens, wie-

14) Die ganze folgende Beschreibung, wie übel sich der arme Esel unter der willkührlichen Regierung eines unverständigen, gefühllosen, und zu seiner Dummheit noch boßhaften Jungens befindet, ist ein Meisterstück, und allein hinreichend die Ächtheit dieses Werkchens zu beweisen. Überdieß hat dieses Gemählde noch einen allegorischen Sinn; es ist das natürlichste, treffendste Bild, wie nur allzuviele kleine Herren und ihre Diener ihre armen Unterthanen *regieren*, und könnte, von dieser Seite betrachtet, den Text zu einem sehr lehrreichen Commentar oder zu einem hübschen Specimen diligentiae [Musterbeispiel für (übel angewandten) Diensteifer] eines zukünftigen fürstlichen Justitz- oder Rentbeamten abgeben. — Übrigens sieht man aus dieser Stelle, daß das Loos der armen Esel, in Europa wenigstens, schon seit Jahrtausenden immer dasselbe gewesen ist. L'ane (sagt *Büffon*, ihr großmüthiger Fürsprecher) est le jouet, le plastron, le bardeau des rustres qui le conduisent le bâton à la main, qui le frappent, le surchargent, l'excedent, sans précaution, sans menagement: s'il n'avoit pas un grand fonds de bonnes qualites, il les perdroit en effet par la maniere dont on le traite.

wohl ich lief was ich konnte, so schlug er doch immer auf mich loß, und nicht etwa mit einem bloßen Stecken, sondern mit einem Knittel der eine Menge scharfeckigter Knoten hatte, und immer auf ebendenselben Theil des Schenkels, so daß ich gar bald wund an dieser Stelle wurde, ohne daß er darum weniger darauf zupläute. Zweytens belud er mich allemal mit einer Last, woran ein Elephant genug zu tragen gehabt hätte, und der Weg vom Berge herab, war sehr steil: und dennoch trieb er mich immer mit Schlägen fort. Sah er daß die Last zuweilen wackelte und zu stark auf die eine Seite hieng, so war natürlich, daß er etliche Stücken Holz von der schwerern wegnehmen und zu Herstellung des Gleichgewichts auf die leichtere Seite legen mußte: aber das that er niemals; sondern er laß große Steine vom Berge auf, und beschwerte den leichtern in die Höhe steigenden Theil damit, so daß ich armer Tropf zu allem meinem Holz noch unnütze Steine herabtragen mußte. Unterwegs mußten wir über ein fließendes Wasser; er setzte sich also, um seine Schuhe zu schonen, allemal hinter das Holz auf meinen Rücken, und ließ sich hinübertragen. Fiel ich manchmal vor Mattigkeit und Unvermögen unter meiner Bürde zu Boden, dann gieng mir's vollends am allerunerträglichsten. Denn anstatt, wie es seine Schuldigkeit gewesen wäre, abzusteigen, mir von der Erde aufzuhelfen, und die Last leichter zu machen, stieg er nicht nur nicht ab, und half mir nicht auf, sondern schlug,

[Der Esel ist das Spielzeug, die Zielscheibe und der Lastträger der Bauernlümmel, die ihn mit dem Stock in der Hand leiten, ihn schlagen, überladen, bis zur Erschöpfung beanspruchen, ohne Vorsicht und Behutsamkeit; wenn er nicht äußerst gutmütig wäre, würde er sie tatsächlich auf die gleiche Weise ruinieren, mit der man ihn behandelt.]

vom Kopf und den Ohren an bis zu den Füßen, so unbarmherzig und so lange mit seinem Knittel auf mich zu, bis mich die Schläge wieder auf die Beine brachten. Überdieß spielte er mir zum Spaß noch einen andern abscheulichen Streich. Er machte nehmlich einen Bündel von den schärfsten Dornen und hieng mir ihn unter den Schwanz, so daß ich keinen Schritt thun konnte, ohne an allen meinen Hintertheilen zerstochen und übel zugerichtet zu werden, und ohne daß irgend eine Möglichkeit war, wie ich mir selbst hätte helfen können; denn das was mich verwundete bammelte immer hinter mir her und war so gut befestiget, daß ich es nicht abschütteln konnte. Wenn ich nun, um das Anstoßen der Dornen zu vermeiden, langsam gehen wollte, so prügelte er auf mich zu daß mir die Seele hätte ausfahren mögen; und wollt' ich dem Knittel entgehen, so war mein Leiden von hinten desto peinlicher. Kurz, es war nicht anders als ob es mein Eseltreiber recht darauf angelegt hätte, mich vollends um mein Bischen Leben zu bringen.

Einsmals, da er mirs gar zu arg machte, gieng mir endlich die Geduld aus, und ich versetzte ihm einen Schlag mit dem Hufe; aber diesen Schlag vergaß er mir nie wieder. Man befahl ihm einst, Werg von unserm Gute nach einem andern zu schaffen; er treibt mich also hin, packt mir den ganzen großen Hauffen Werg auf den Rücken, und schnürt mich mit einem tüchtigen Seile fest an meine Last an, in der Absicht, mir den verruchtesten Streich zu spielen. Denn wie ich mich nun damit auf den Weg machen sollte, stahl der Spitzbube einen noch brennenden Feuerbrand, und wie wir weit genug vom Hofe entfernt waren, steckt er ihn in das Werg; dieses entzündet sich, und in wenig Augenblicken steht die ganze Ladung auf meinem Rücken in voller Flamme. Ich würde ohne Rettung auf offner Straße gebraten worden seyn, wenn ich nicht unverzüglich mitten in eine ziemlich tiefe Pfütze hineingesprungen wäre, die mir zum Glück in die Augen fiel. Ich drehte und wälzte mich und mein Werg so lange im Koth herum, bis der Brand gänzlich gelöscht war, und so legte ich den übrigen Weg ziemlich ruhig zurück, da es dem Jungen unmöglich gewesen wäre, das mit nassem Leim durchknetete Werg wieder zum brennen zu bringen, wenn er auch gewollt hätte: Doch beschuldigte mich der leichtfertige Bube, wie er ankam, fälschlicher Weise, ich hätte mich im Vorbeygehen aus eigner Bewegung am Heerde angerieben, und auf diese Art Feuer gefaßt. Indessen war es immer glücklich genug, daß ich, wider Verhoffen, noch mit heiler Haut aus diesem Abenteuer mit dem Werg davon kam.

So boshaft dieser Streich war, so dachte der höllische Junge doch noch was weit schlimmers gegen mich aus. Er trieb mich in den Wald, und lud mir eine mächtige Tracht Holz auf; diese verkaufte er an einen benachbarten Bauern, mich aber brachte er leer wieder nach Hause, und klagte mich bey dem Herrn der schändlichsten Dinge an. Ich kann gar nicht begreiffen, Herr, sagte er, wofür wir diesen Esel füttern, der die trägste faulste Bestie auf dem weiten Erdboden ist. Zudem ist ihm seit kurzem eine ganz eigene Grille in den Kopf gestiegen. Wo er irgends ein Weibsbild oder ein hübsches junges Mädchen[15]) sieht, gleich ist er in vollem Sprunge hinter drein, und gebehrdet sich nicht anders dabey, als wie ein Mannsbild bey einer Weibsperson in die er verliebt ist; er beleckt und beißt sie als ob er sie küssen

15) Das Griechische hat noch, zum Überfluß, ἢ παῖδα [oder einen Knaben].

wollte, und will mit aller Gewalt über sie her: Kurz, niemand ist mehr sicher vor ihm, und es kann nicht fehlen, daß er dir böse Händel durch seine Leichtfertigkeit zuziehen wird. Nur eben jetzt, da er Holz vom Berge herabtrug, sieht er eine Frau die aufs Feld geht; im Augenblick liegt alles Holz auf der Erde herum, die Frau auf dem Boden, und mein Esel über ihr; und wären nicht unser etliche in größter Eile herbey gelaufen und der armen Frau zu Hülfe gekommen, sie würde von diesem saubern Liebhaber entzwey gerissen worden seyn. Gut, sagte der Herr, wenn er weder zum reiten noch zum tragen taugt, und den Weibern und Mädchen so gefährlich ist, so schlagt ihn todt, werft seine Eingeweide den Hunden vor, sein Fleisch salzt für unsre Taglöhner ein, und wenn gefragt wird was ihm widerfahren sey, so sagt, ein Wolf hätte ihn zerrissen. — Das war Wasser auf meines Treibers Mühle! Der verfluchte Bube konnte seine Freude darüber nicht verbergen, und machte schon Anstalt den erhaltenen Befehl zu vollziehen; aber zu meinem größten Glücke kam ein Bauer aus der Nachbarschaft dazu, und rettete mir das Leben, wiewohl durch einen Rath, der mir noch schrecklicher vorkam als der Tod selbst. Wozu wolltest du, sagte er, einen Esel umbringen, der zum Mahlen und Last tragen noch lange zu gebrauchen ist? Der Sache ist ja bald geholfen: Wenn er so rasend auf die Weiber ist, so laß ihn verschneiden: das wird ihn schon kirre machen! Er wird dir in kurzem eben so sanftmüthig als fett werden, und unverdrossen die größte Lasten tragen. Falls du etwa mit der Operation nicht umgehen könntest, so will ich in drey oder vier Tagen wieder kommen, und dir den Burschen mit einem einzigen Schnitte frömmer machen als ein Lamm. — Alle Hausgenossen gaben diesem Rath ihren

Beyfall; ich aber weinte bitterlich über den Verlust, der mir angedroht war, und nahm mir vor nicht länger zu leben, wenn ich ein Kapaun werden sollte, sondern entweder nicht mehr zu fressen, oder mich vom Berge herabzustürzen, und so zwar des elendesten Todes, aber doch bey ganzem und unverstümmeltem Leibe, zu sterben.

Noch in derselben Nacht, ziemlich spät, langte ein Bote aus dem Flecken in unserm Meyerhofe an, der die Nachricht brachte: die kürzlich verheurathete junge Frau, die in den Händen der Räuber gewesen war, und ihr Neuvermählter, seyen, da sie Abends in der Dämmerung allein am Ufer mit einander spazieren gegangen, von einer plötzlich daher fahrenden Welle ergriffen worden, und nirgends mehr zu finden, so daß man nichts anders vermuthen könne, als daß sie mit einander umgekommen seyen. Die sämtlichen Leute auf dem Hofe beschlossen auf diese Nachricht, da das Haus solchergestalt seiner jungen Herrschaft beraubt worden sey, nicht länger in der Knechtschaft zu bleiben; sie plünderten also den Hof rein aus, und ergriffen die Flucht. Der Pferdehirt raffte alles zusammen was er habhaft werden konnte, und lud es mir und den Stuten auf. Wenn ich jemals wie ein wahrer Esel Last getragen hatte, so war es damals: indessen, so beschwerlich es mir war, so froh war ich, durch diesen Vorfall von der Castration befreyt zu bleiben.

Wir zogen diese ganze Nacht auf einem sehr schlimmen Wege fort, und nach einer Reise von drey Tagen, langten wir zu Beroe, einer der schönsten und volkreichsten Städte in Macedonien, an, wo unsere Treiber sich und uns Thiere zu etablieren beschlossen. Sie stellten also eine Auction an, und ein Ausrufer, der mitten auf dem Markte stand, bot uns, ein Stück nach dem andern aus. Die Kauflustigen kamen herbey um uns zu besehen, öffneten uns die Mäuler und berechneten unser Alter nach unsern Zähnen. Der eine kaufte dieß, der andere jenes: kurz, die Pferde kamen alle an den Mann, nur zu mir allein wollte sich kein Liebhaber finden, und der Ausrufer befahl endlich mich wieder nach Hause zu führen. Du siehest, sagte er zu meinem Verkäufer, daß er allein keinen Herren finden kann. Aber die fast immer so seltsam herum schwindelnde und so unversehens da oder dorthin fallende Nemesis[16]) führte in diesem Augenblick auch mir einen Herren herbey, wie ich mir am wenigsten einen gewünscht hätte. Es war ein schon ziemlich bejahrter Sünder[17]), einer von denen, die mit der Syrischen Göttin[18]) in den Dörfern und Meyerhöfen herumziehen, und die Göttin betteln zu gehen zwingen. Diesem wurde ich, in der That theuer genug, nehmlich um dreissig Drachmen, verkauft, und folgte nun seufzend meinem neuen, mich vor sich her treibenden Gebieter.

Wie wir bey der Herberge des *Philebus* (so nannte sich mein Käufer) ankamen, rief er gleich vor der Thür mit großer Stimme: Hey da, ihr Mädchen, ich habe euch einen schönen Sclaven einen derben Cappadozier zu eurer Bedienung gekauft. — Diese Mädchen waren ein Trupp Cinäden, die sich Philebus zu seinem Gewerbe beygesellt hatte. — In der Meynung nun, daß der gekaufte Sclave ein wirk-

16) Dieß ist, wie man sieht, auf gut Epikuräisch von der *Nemesis*, der gerechtesten und billigsten aller Götter gesprochen.

17) κίναιδος [widernatürlich unzüchtiger Mensch] im Griechischen.

18) Von welcher in dem nächstfolgenden Stücke ausführliche Nachricht gegeben wird [*Von der Syrischen Göttin*, in vorliegender Auswahl nicht enthalten].

licher Mensch sey, erhoben sie allezumal ein lautes Freudengeschrey. Wie sie aber sahen, daß es nur ein Esel war, brachen sie in ein eben so lautes Gelächter aus[19]), und hängten dem Philebus die losesten Reden an. Ey, ey, Mütterchen, sagten sie, meynst du wir sollen nicht merken, daß du nicht einen Sclaven für uns, sondern einen Bräutigam für dich selbst gekauft hast, wo du ihn auch aufgegabelt haben magst? Viel Glücks zu einer so schönen Heurath, und möchtest du uns bald Füllen, die eines solchen Vaters würdig sind, gebähren!

Am folgenden Morgen schickten sie sich zur Arbeit, wie sie es nannten, an, putzten ihre Göttin heraus, und setzten sie auf meinen Rücken. So oft wir nun zu einem Dorfe kamen, mußte ich Träger der Göttin still halten; der Flötenspieler-Chor fieng wie begeistert an zu blasen, die Diener der Göttin aber warfen ihre Mützen von sich, drehten sich mit gesenkten Köpfen im Kreise herum, schnitten sich mit ihren Schwerdtern in die Arme, streckten die Zunge zwischen den Zähnen hervor, und durchbohrten sie ebenfalls, so daß in einem Augenblick alles vom Blute dieser Weichlinge voll war. Indem ich so stand und diesem seltsamen Schauspiel zum erstenmal zusah, war mir mächtig angst, die Göttin möchte auch Eselsblut vonnöthen haben. Nachdem sie sich nun weidlich zerschnitten hatten, giengen sie bey den umstehenden Zuschauern herum und sammelten Obolen und Drachmen ein. Andere gaben ihnen Feigen, oder einen Käse, einen Krug

19) Da ich mir in diesem Stükke hie und da aus guten Gründen (wiewohl ich, der Zeit und des Papiers zu schonen, nicht immer Rechenschaft davon ablege) viele kleine Freyheiten nehmen zu müssen glaubte: so wird mir auch hingehen können, daß ich das im Text hinter drein kommende, οἱ μὲν ἐγέλων [da lachten sie], hieher versetzt habe, wo es mir eigentlich hin zu gehören schien.

Wein[20]), eine Metze Weizen, und Gerste für ihren Esel. Dieß waren die Einkünfte wovon diese Gesellen sich nährten, und die Göttin, die ich trug, in gehörigem Stand und Wesen erhielten[21]).

Einsmals, da wir in eines ihrer Dörfer einfielen[22]), trieben sie einen großen jungen Bauerkerl auf, den sie in die Herberge wo sie ihre Niederlage hatten, hineinzulocken wußten — zu welchem Gebrauch, werden diejenigen leicht errathen, welche wissen was der gewöhnlichste und liebste Zeitvertreib dieser schändlichen Cinäden ist. Die Nothwendigkeit,

20) Alle Handschriften lesen hier, οἶνον καὶ τυροῦ κάδον, *Wein und einen Krug Käse.* Ich bemerke diesen lächerlichen Schreibfehler nur deßwegen, weil er mir augenscheinlich zu beweisen scheint, daß alle von diesem Stücke vorhandene bekannte Manuscripte Copien einer und ebenderselben Handschrift sind.

21) So verstehe ich die Worte οἱ δὲ ἐκ τούτων ἐτρέφοντο, καὶ τὴν ἐπ' ἐμοὶ κομιζομένην θεὸν ἐθεράπευον [Die aber ernährten sich aus diesen Mitteln, wie sie auch die Göttin (davon) versorgten, die auf mir dahinritt], welche letztere *Massieu* übersetzt: et ils adoroient le simulacre toujours expose sur mon dos [und sie beteten das Götzenbild an, welches sich immer auf meinem Rücken befand]. Jeder Leser von Geschmack muß fühlen, daß Lukian nicht geschrieben haben kann: »hievon nährten sie sich, und beteten die Göttin an, die immer auf meinem Rücken ausgestellt war.« θεραπεύειν kann hier vernünftiger Weise keine andere Bedeutung haben als seine gewöhnliche, *bedienen, aufwarten, besorgen,* und der natürlichste Sinn dieser zwey Zeilen ist: von diesem zusammengebettelten Almosen an Geld und Victualien nährten diese Landstreicher sich selbst, erhielten ihre Göttin in standesmäßigem Ornat, und bestritten, mit Einem Worte alle Unkosten, die dieser fanatische Götzendienst und ihre herumziehende Lebensart erfoderte.

22) D. i. in eines der Dörfer, welche sie zu besuchen pflegten, und wo sie sich zum Voraus eine gute Aufnahme versprechen konnten. Das Wort εἰσβάλλειν [eindringen] das unter andern eine gewaltsame Ergießung, oder einen feindlichen Überfall bedeutet, ist hier absichtlich gewählt, um die Ähnlichkeit zwischen diesen fanatischen Bettelpriestern und einem Trupp *Marodeurs* anzudeuten, und daß es bey jenen, wie bey diesen, darum zu thun war, das arme Volk in Contribution zu setzen.

worin ich war, ein Augenzeuge solcher Bübereyen zu seyn, machte mir meine Verwandlung schmerzlicher als jemals, und schien mir unerträglicher als alles was ich bisher ihrentwegen ausgestanden hatte[23]); ich wollte in meinem gerechten Unwillen ausrufen: o du elender Jupiter[24])! Aber die Worte blieben mir im Halse stecken, und an ihrer statt kam nichts als ein ungeheures Eselsgeschrey heraus. Zufälliger Weise giengen eben ein paar Bauren, die einen verlohrnen Esel suchten, vorbey, und wie sie mich so gewaltig schreyen hören, kommen sie unangefragt herein, in der Meynung, es könnte wohl der ihrige seyn, und werden unvermuthet Augenzeugen der unnennbaren Dinge, die hier vorgiengen. Sie kamen bald wieder mit großem Gelächter heraus, und liefen im ganzen Dorfe herum, um das liederliche Leben der Priester bekannt zu machen. Diese schämten sich so sehr daß solche Dinge von ihnen ausgekommen waren, daß sie sich in der nächsten Nacht in aller Stille davon machten; aber wie sie weit genug von der Landstraße entfernt waren, ließen sie ihren Zorn an mir aus, daß ich ihre Mysterien verrathen hätte. So lang es bey Schimpfwörtern und Flüchen blieb, wäre das Übel noch wohl zu ertragen gewesen: aber dabey ließen sie nicht bewenden. Sie nahmen die Göttin von mir herab, und setzten sie auf die Erde, ziehen mir hierauf alle meine Decken ab, binden mich nackend an einen großen Baum, und peitschen mit der verwünschten

23) So glaube ich die Lücke ausfüllen zu müssen, die hier in den Worten, ὑπεραλγήσας ἐπὶ τῇ ἐμαντοῦ μεταβολῇ — ὅ τι μέχρι νῦν ἀνέχομαι κακῶν [über meine Verwandlung heftigen Schmerz empfindend — was ich bis heute an Leid zu ertragen habe] zwischen μεταβολῇ und ὅ τι deutlich genug in die Augen fällt.

24) nehmlich: daß du solchen Schandthaten so gelassen zusehen kannst; oder, wenn sie dir mißfallen, nicht Macht genug hast, sie zu bestrafen.

Art von Strick-Geiseln, die vorn mit bleyernen Würfeln besteckt sind, so grausam auf mich zu, daß sie mich beynahe todt geschlagen hätten. Da, sagten sie, lerne ein andermal schweigen, wie es dem Träger unsrer Göttin geziemt! Es gieng so weit, daß sie davon sprachen, mich nach ausgestandener Geiselung gar umzubringen, so beleidigt fanden sie sich, daß ich sie in so große Schande gestürzt und zum Dorfe hinausgetrieben, ehe sie noch was darin verdient hätten. Doch von diesem Vorhaben schreckte sie ein beschämender Blick der Göttin ab, die auf der Erde lag, und die ohne mich ihre Reise nicht wohl hätte fortsetzen können. Sie packten sie mir also, ehe ich noch meine Schläge verschmerzt hatte, wieder auf, und wir setzten unsre Reise fort.

Unser nächstes Nachtlager nahmen wir auf dem Gute eines reichen Mannes, der, zum Glücke, selbst da war, die Göttin mit vielem Vergnügen in sein Haus aufnahm, und ihr sogar Opfer schlachten ließ. Hier kam ich in eine Gefahr die ich sobald nicht vergessen werde! Einer von den guten Freunden des Herrn vom Hause hatte ihm eine Keule von einem wilden Esel zum Präsent geschickt[25]). Wie sie zubereitet werden soll, kommen, durch Nachlässigkeit des Kochs, Hunde in die Küche, und laufen mit ihr davon. Der Koch, der sich der verlohrnen Keule wegen auf die grausamste Bestrafung Rechnung machen konnte, gerieth darüber in solche Verzweiflung daß er sich erhängen wollte. Zur bösen Stunde für mich sagte seine Frau zu ihm: rede

25) Man sieht aus dieser Stelle, daß der wilde Esel damals für ein köstliches Wildpret gehalten wurde, wie es zur Zeit des *D. Olearius*, und also vermuthlich auch noch jetzt, in Persien ebenfalls geschah. Bey den Griechen trug vermuthlich auch ihre Seltenheit dazu bey, daß sie einen so großen culinarischen Werth hatten.

nicht vom sterben, lieber Mann, und überlaß dich keiner solchen Muthlosigkeit! Wenn du *mir* folgest, kann noch alles gut gehen. Führe den Esel der Cinäden hinaus an einen abgelegenen Ort, schlachte ihn, haue ihm eine Keule ab, und bereite sie dem gnädigen Herrn zu; das übrige wirf in irgend eine Tiefe hinab. Man wird glauben der Esel sey davon gelaufen, und wird sich weiter keine Mühe um ihn geben. Er ist fleischigt und fett, wie du siehst, und wird gewiß noch ein besseres Gerichte abgeben als der Wilde. Der Koch lobte den Rath seiner Ehhälfte; das ist ein guter Einfall, Weib, sprach er; es ist das einzige Mittel wie ich der Geislung entgehen kann. Ich will sogleich Hand ans Werk legen. — Ich Armer stand ganz nahe dabey, als mein verwünschter Koch dieses schöne Gespräch mit seiner Gemahlin hielt. Die Gefahr war dringend, und es galt hier nicht mich lange besinnen, wenn ich dem Tod entgehen wollte. Ich riß mich also von dem Riemen loß an dem ich festgemacht war, brach in vollem Sprung in den Saal hinein, wo meine Cinäden mit dem Herren des Hauses speisten, warf, indem ich so angesprungen kam, Leuchter und Tische um, und glaubte da einen recht feinen Einfall gehabt zu haben, mein Leben zu retten; weil ich nicht zweifelte, der Herr der Villa werde mich sogleich als einen toll gewordenen Esel einsperren und genau bewachen lassen. Aber der feine Einfall brachte mich in die nehmliche Gefahr, der ich dadurch zu entrinnen gehofft hatte. Denn, weil sie mich für rasend hielten, so waren in einem Augenblick eine Menge Schwerdter, Spieße und große Prügel gegen mich aufgehoben, und sie würden mich, nach ihren Gebehrden zu urtheilen, auf der Stelle todt gemacht haben, wenn ich mich nicht, beym Anblick einer so großen Gefahr, mit schnellen

Sprüngen in den Saal gerettet hätte, der meinen Herren zum Schlafgemach bestimmt war. Sobald sie mich nun drinnen sahen, verrammelten sie die Thür von aussen, so gut sie konnten, und ich hatte diese Nacht nichts weiter zu besorgen.

Da man mich am folgenden Morgen wieder ganz zahm und ruhig fand[26]), so setzte man mir die Göttin wieder auf den Rücken, ich zog mit den Landstreichern weiter, und wir kamen in einen großen und volkreichen Flecken, wo sie einen neuen Streich ausführten und den Einwohnern durch ihre Gaukelkünste weiß machten, die Göttin bleibe in keines Menschen Hause, sondern wolle in dem Tempel ich weiß nicht mehr welcher andern Landesgöttin wohnen, die in dieser Gegend in besonders hohen Ehren gehalten wurde. Die guten Leute bezeugten sich überaus willig, die fremde Göttin aufzunehmen und bey ihrer eigenen einzulogieren: uns aber wiesen sie ein Häuschen armer Leute zur Herberge an. Nachdem sich meine Herren viele Tage hier aufgehalten, beschlossen sie endlich wieder weiter und nach einer benachbarten Stadt zu gehen; sie baten sich also ihre Göttin von den Einwohnern wieder aus, hohlten sie auch selbst aus dem Tempel, setzten sie auf meinen Rücken, und zogen mit ihr davon. Aber die Bösewichter hatten, wie sie in den besagten Tempel hineinkamen, sich der Gelegenheit ersehen, eine in denselben gestiftete goldene Schale zu stehlen, und unter den Kleidern ihrer Göttin wegzupraktizieren. Die Leute im Dorfe wurden des Dieb-

26) Diesen Umstand mußte ich, der Verbindung wegen hinzusetzen, weil die Erzählung, wie jedermann sehen wird, ohne ihn, abgebrochen und mangelhaft wäre. Lukian liebt oft die überflüssigsten Tautologien, und läßt dafür an andern Orten den Leser errathen, was ihm, nach den Regeln der guten Art zu erzählen, gesagt werden soll. Dieß ist nicht worin ich ihn nachahmen möchte.

stahls bald gewahr, setzten ihnen zu Pferde nach, hohlten sie unterwegs ein, schalten sie gottlose Buben und Tempelräuber, foderten das gestohlne Weyhgeschenk zurück, und fanden es, nachdem sie alles durchstöbert hatten, endlich im Busen der Göttin versteckt. Sie banden hierauf die Weichlinge, brachten sie zurück und warfen sie ins Gefängniß, mir nahmen sie die Göttin ab, um sie einem andern Tempel zu geben, und stellten ihrer eigenen Göttin die goldne Schale wieder zu.

Am folgenden Tage wurde beschlossen, mit den übrigen Effecten der gefangnen Übelthäter auch mich zu verkaufen; und demzufolge überließen sie mich an einen Becker aus einem benachbarten Orte. Mein neuer Herr belud mich mit zehn Maltern Weizen, die er eingekauft hatte, und trieb mich auf einem rauhen Wege nach Hause. Mein erster Gang, als wir ankamen, war in die Mühle, wo ich eine große Anzahl Thiere meines gleichen sah, und eine Menge Mühlen, die von ihnen getrieben wurden, und alles überall voller Mehl. Da ich bereits eine schwere Last auf einem sehr bösen Wege getragen hatte, und überdieß ein neuer Knecht war, so ließ man mich den übrigen Tag ausruhen: aber am folgenden zogen sie mir ein Tuch über die Augen, banden mich an die Deichsel einer Mühle, und trieben mich an. Nun wußte ich zwar recht gut wie ich mich zum mahlen anzuschicken hätte, da ich mehr als zu viel Gelegenheit gehabt hatte es zu lernen; aber ich stellte mich als ob ich es nicht wüßte, in Hoffnung man würde mich zu diesem Geschäffte untauglich erklären. Darin aber hatte ich mich sehr geirrt. Denn die umherstehenden Knechte griffen nach ihren Stecken, und schlugen, da ich an nichts weniger dachte (denn sehen konnt' ich nichts) so dicht und derb auf mich zu, daß ich von ihren

Schlägen plötzlich wie ein Kreisel herumgetrieben wurde; und so gab mir meine Erfahrung die Lehre, daß ein Knecht, um seine Schuldigkeit zu thun, nicht auf die Hand des Herren warten soll.

Da ich nun bey dieser Lebensart ganz vom Fleische fiel und elend wurde, verkaufte mich mein Herr an einen Mann, der seiner Profession ein Gärtner war, und einen großen Garten zu bauen übernommen hatte. Hier war nun die Arbeit so zwischen uns getheilt. Des Morgens früh belud er mich mit so viel Gemüse als ich tragen konnte, und zog damit zu Markte; und wenn es verkauft war, trieb er mich in den Garten zurück, wo ich, während er grub und pflanzte und das gepflanzte begoß, müßig dastand und zusah. Indessen hatte ich doch ein sehr beschwerliches Leben bey ihm: denn es war in der Winterszeit, und der arme Mann hatte nicht soviel daß er eine Decke für sich selbst hätte kaufen können, geschweige für mich; überdieß mußte ich, unbeschlagen wie ich war, bald durch den Koth, bald wieder auf hartgefrohrnem Boden gehen; und endlich hatten wir beyde nichts zu essen als bittern Salat, der so zäh wie Leder war.

Einsmals, da wir in den Garten zurückgiengen, begegnete uns ein Mann von gutem Ansehen, in Soldaten-Uniform, der uns in lateinischer Sprache anredete, und meinen Gärtner fragte wo er mit dem Esel hin wollte? Dieser, weil er vermuthlich die Sprache nicht verstund, blieb ihm die Antwort schuldig. Darüber wurde jener, der es ihm für Verachtung auslegte, zornig, und gab dem Gärtner ein paar Hiebe mit seiner Peitsche. Sogleich kriegt ihn mein Gärtner zu packen, schlägt ihm ein Bein unter, wirft ihn der Länge nach zu Boden, springt mit Füßen auf ihm herum, und hammert, erst mit der Faust, zuletzt mit einem von der Straße aufgerafften Steine, auf den zu Boden liegenden loß. Dieser wehrt sich anfangs, und droht, wenn er wieder auf die Beine komme, ihm den Degen durch den Leib zu jagen. Dieß nimmt mein Gärtner wie es scheint als eine Erinnerung an für seine Sicherheit zu sorgen, reißt dem Soldaten den Degen von der Seite, wirft ihn weit von sich, und fängt nun von neuem an, so wüthend auf ihn zuzuschlagen, daß der arme Mann es nicht länger aushalten kann, und, um auf einmal davon zu kommen, sich stellt als ob er den Geist aufgebe. Darüber erschrickt der Gärtner, läßt den Soldaten liegen wo er liegt, nimmt den Degen mit und reitet auf mir in die Stadt zurück. Hier übergiebt er die Besorgung seines Gartens einem seiner Cameraden, er selbst aber, da er sich nirgends ohne Gefahr blicken lassen konnte, versteckte sich und mich bey einem Freunde, den er in der Stadt hatte. Des folgenden Tages, nachdem sie mit einander zu Rathe gegangen, verbergen sie meinen Herren in einer Kiste, mich aber packen sie bey den Füßen, tragen mich die Treppe hinauf, und schließen mich im obern Stock in eine Kammer an.

Inzwischen hatte sich, (wie ich sagen hörte) der Soldat mit vieler Mühe endlich vom Boden aufgerafft, war mit einem von Schlägen aufgeschwollnen Kopfe in die Stadt zu seinen Cameraden gegangen, und hatte ihnen erzählt wie unvernünftig der Gärtner sich an ihm vergriffen habe. Diese machten gemeine Sache mit ihm, ruheten nicht bis sie entdeckten wo wir verborgen waren, und nahmen die Obrigkeit des Orts zu Hülfe. Es wird ein Stadtdiener abgeschickt, mit dem Befehl, daß alle Personen die im Hause sind, herausgehen sollen: sie gehen alle heraus aber da ist kein Gärtner zu sehen. Die Soldaten bestehen darauf, der Gärtner und sein Esel müßten im Hause seyn: jene versichern, es sey niemand mehr darin, weder Mensch noch Esel. Über dem Zusammenlauf und Geschrey, so dieser Sache wegen in dem Gäßchen sich erhebt, sticht mich unbesonnenen und naseweisen Esel der Vorwitz, zu wissen wer die Schreyer da unten sind, und ich strecke meine Ohren zu einem Ladenfensterchen hinaus und gucke auf die Gasse herab. Sobald mich die Soldaten sehen, erheben sie ein lautes Geschrey; die Leute im Hause werden über der Unwahrheit ertappt; die Obrigkeit geht hinein, läßt alles durchsuchen, findet meinen Herren in der Kiste, und schickt ihn ins Gefängniß, um von seiner Frevelthat Rechenschaft zu geben; ich aber werde herabgeschleppt und den Soldaten ausgeliefert. Das Gelächter wollte gar nicht aufhören, das beym Anblick des Zeugen aus dem Dachfenster entstand, der seinen eigenen Herrn so sinnreich verrathen hatte; und von dieser Zeit an wurde die Redensart »aus dem Herabschauen des Esels«[27]) zum Sprüchwort.

Wie es dem Gärtner, meinem Herrn, ergieng, weiß ich nicht; aber mich verkaufte der Soldat um fünf und zwanzig Attische Drachmen an den Koch eines sehr reichen Mannes aus Thessalonike, der größten Stadt in Macedonien. Dieser Mensch hatte einen Bruder zum Mitknecht, der die Kuchen- und Zuckerbeckerey[28]) zu besorgen hatte. Beyde Brüder lebten und wohnten beysammen, die Werkzeuge ihrer Kunst lagen immer unter einander, und nun wurde auch mir in der gemeinschaftlichen Wohnung mein Plätzchen angewiesen. Hieher tru-

27) Nehmlich, *jemand überweisen und verurtheilen.* Das Sprüchwort wurde bey Gelegenheiten gebraucht, wo jemand um schlechter Ursachen willen vor Gericht gezogen, oder aus unbedeutenden Gründen verurtheilt wurde.

28) Im Griech. μελίπηκτα, weil die Griechen sich zu dergleichen Naschwerk des Honigs bedienten.

gen beyde die Überbleibsel von der Tafel ihres Herren zusammen, der Koch das Fleischwerk und die Fische, der andere alle Arten von Backwerk und Kuchen. So oft sie nun mit einander ins Bad giengen[29]) schlossen sie mich ein und ließen mich, zu meinem großen Troste, als Hüter aller dieser guten Sachen zurück. Nun gute Nacht Gerste! die hatte jetzt gute Ruhe vor mir; ich profitiere von den Künsten und Gewinsten meiner beyden Herren, und lasse mir die so lange entbehrte menschliche Kost ganz vortrefflich schmecken. Wie sie wiederkamen, merkten sie das erstemal nichts von meiner Näscherey; theils wegen großer Menge der vorhandenen Eßwaaren, theils weil ich noch mit einer gewissen Schüchternheit und Zurückhaltung genascht hatte. Da ich aber immer kühner wurde, und, im vollen Vertrauen auf ihre vermeynte Dummheit, die schönsten Stücke, auch von allem eine große Menge verschlang, und sie also nothwendig den Schaden gewahr werden mußten: hatte anfangs einer den andern im Verdacht, und beschuldigte den andern daß Er der Dieb sey, und einen Theil des gemeinschaftlichen Gutes zu seinem Vortheil heimlich unterschlage. Sie machten einander deßhalben ziemlich hitzige Vorwürfe, und, um auf den Grund zu kommen, gab jeder nun desto genauer Acht, und zählte alle Stücke. Ich meines Orts ließ mir inzwischen das wollüstige und delicate Leben wohl behagen; ich bekam einen glatten und glänzenden Balg davon, und wurde so schön als ich je gewesen war; so daß die beyden Ehrenmänner, wie sie sahen, daß ich von Tag zu Tag fetter wurde, und

29) Nehmlich, jedesmal wenn sie mit Zubereitung der Mahlzeit ihres Herren fertig waren, und nun auch an die ihrige gehen wollten, giengen sie vorher, nach Griechischer Sitte, ins Bad.

die Gerste doch nicht abnehme, sondern immer ihr erstes Maas behalte, endlich Argwohn gegen mich faßten. Um also hinter die Sache zu kommen, giengen sie wie gewöhnlich mit einander weg, als ob sie ins Bad gehen wollten, und schlossen die Thür ab; schlichen sich aber wieder sachte hinzu, und beobachteten durch eine Spalte in der Thür was passierte. Ich, dem kein Gedanke an eine solche Hinterlist kam, mache mich getrost und mit gewöhnlichem Appetit über ihre Vorräthe her, und führe tüchtig ein. Einen Esel eine solche Mahlzeit halten zu sehen, war etwas so neues und unglaubliches für sie, daß sie darüber lachen mußten; ja, es däuchte sie so lustig, daß sie die übrigen Bedienten zu diesem seltsamen Schauspiel herbeyriefen. Nun entstand ein so lautes Gelächter, daß es dem Hausherrn zu Ohren kam. Er fragte, was der Lerm da draussen bedeute, und was die Leute so zu lachen hätten? Wie er hörte was die Ursache sey, stand er von der Tafel auf, guckte ebenfalls durch die Spalte, und sah wie ich eben ein Stück schwarzes Wildpret hinunter schlang. Er brach in ein wieherndes Gelächter aus[30]) und stürzte in das Gewölbe herein. Mir war es äusserst verdrießlich, von dem Herrn des Hauses als ein Dieb und Näscher zugleich so auf frischer That ertappt zu werden. Aber er machte sich einen großen Spaß aus der Sache, und das erste war, daß er Befehl gab, mich auf der Stelle in seinen eigenen Speisesaal zu führen. Hierauf ließ er einen Tisch vor mich hinstellen, der mit allem besetzt wurde, was kein anderer Esel

30) Wie leicht zu glauben ist, und wie der Text sagt. *Massieu* muß dieß nicht *decent* genug gefunden haben, denn er sagt gerade das Gegentheil: il garda son serieux [er blieb ernst]. Warum sollte doch der gute Mann in seinem eigenen Hause über etwas wirklich lächerliches nicht so laut lachen dürfen als ihm beliebt?

essen kann, allerley Fleischspeisen, Austern, Ragouts und Fischen, diesen in einer Lack-Soße, einen andern mit Senf übergossen. Ich, wie ich sah daß mich das Glück so freundlich anlachte, und da ich wohl begriff, daß mich nichts retten könne als dem gnädigen Herren seinen Spaß nicht zu verderben, stellte mich an den Tisch, und aß von allem wiewohl ich schon voll genug war. Inzwischen erschallte der Saal von unaufhörlichem Gelächter. Einer von den Gästen sagte wie er mich so arbeiten sah: ich wette dieser Esel trinkt auch Wein mit Wasser, wenn man ihm welchen giebt. Der Herr befahl, daß man mir Wein vorsetzen sollte, und ich trank.

Man kann sich leicht vorstellen, daß ich ein zu ausserordentliches Thier in seinen Augen war, um mich einem Hausofficianten zu lassen. Er befahl einem seiner Hausverwalter, dem, der mich gekauft hatte, das doppelte seiner Auslage auszuzahlen, und übergab mich einem seiner jungen Freygelassenen, mit dem Auftrag mich allerley Künste zu lehren, womit ich ihm die meiste Kurzweil machen könnte. Mein neuer Hofmeister hatte keine große Mühe mit mir, denn ich gehorchte ihm gleich in allem was er mich thun hieß. Das erste war, daß ich mich in der Stellung eines Menschen, der auf den Ellenbogen gestützt liegt, auf einen Sopha legen mußte. Hernach mußte ich mit ihm ringen und tanzen, gerade auf den Hinterfüßen stehen, mit nicken oder schütteln des Kopfes, auf das was man mich fragte, Ja oder Nein antworten, und eine Menge andere Dinge thun lernen, die ich auch ohne Lehrmeister hätte thun können. Wie natürlich, kam der Wunderesel, der Wein trinken, ringen und tanzen konnte, gar bald in einen großen Ruf; aber was den Leuten am unbegreiflichsten vorkam, war, daß ich auf die Fragen, die man an mich that, immer passend Ja oder Nein antwortete, und wenn ich trinken wollte, durch ein Zeichen, das ich dem Schenken zuwinkte, zu trinken verlangte. Da sie nicht wissen konnten daß ein Mensch in diesem Esel stecke, so wunderten sie sich über das alles als etwas ganz übernatürliches: ich hingegen machte mir ihre Unwissenheit zu nutz, um ein müßiges und wollüstiges Leben zu führen. Unter andern lernte ich auch einen Paß gehen, und so leicht und sanft laufen, daß mein Reiter kaum die Bewegung spürte, daher ich dann zuweilen die Ehre hatte, meinen Herrn selbst zu tragen. Ich hatte aber auch das prächtigste Sattel und Zeug, Decken von Purpur, einen mit Gold und Silber geschmückten Zaum, und ein Geschell, das die schönste Musik von der Welt machte, wenn ich gieng.

Menekles (so hieß unser Herr) war, wie ich schon gesagt habe, von Thessalonike, und in die Stadt, wo wir uns jetzt aufhielten, gekommen, um zu einer Art von Gladiatorischem Schauspiel, das er seiner Vaterstadt zu geben versprochen hatte, Anstalten zu machen. Die Fechter, die er dazu gebrauchen wollte, waren nun beysammen, und in gehöriger Verfassung, und die Zeit der Abreise kam. Wir giengen des Morgens früh ab, und so oft der Weg zu rauh zum fahren im Wagen war, trug ich unsern Herrn auf meinem Rücken. Als wir nun nach Thessalonike kamen, war kein Mensch in der Stadt, der nicht herbeygelaufen wäre, unsern Einzug[31]), und

31) Es ist, däucht mich, aus dem ganzen Zusammenhang klar, daß ϑέα [Schauspiel] hier nicht das Gladiatorspiel selbst sey, wie Massieu, vom lateinischen Übersetzer verleitet, gemeynt; denn daß dieses erst einige Zeit hernach gegeben worden, sagt Lucius in der Folge ausdrücklich. Es kann also nichts anders als der *Einzug* des Menekles mit seinen Gladiatoren und übrigem Gefolge gemeynt seyn, der immer sehens-

besonders meine Wenigkeit zu sehen; denn das Gerücht, wie vielerley Rollen ich spielen, und wie ich gleich einem Menschen ringen und tanzen könne, war schon aus der Ferne vor mir hergegangen.

Mein Herr machte sich ein eigenes Vergnügen daraus, mich den angesehensten unter seinen Mitbürgern bey Tafel zu zeigen, und sie mit allen meinen erwähnten Spielen und Späßen bey dieser Gelegenheit zu regalieren. Mein Lehrmeister aber fand Mittel, sich durch mich ein ganz artiges Einkommen zu verschaffen; denn er schloß mich ein, und wer mich und meine übernatürlichen Künste sehen wollte, dem öffnete er die Thür nicht anders als um baare Bezahlung. Diese Personen brachten mir dann immer etwas zu essen mit, der eine dieß, der andre jenes, was sich, ihrer Meynung nach, mit einem Eselsmagen am wenigsten vertragen könne: aber ich aß alles, so daß ich in kurzer Zeit durch die guten Tage die ich bey meinem Herren hatte, und die Leckerbissen, die mir von den Leuten in der Stadt zugesteckt wurden, überaus stark und fett wurde. Diese meine Schönheit und meine übrige ausserordentliche Verdienste zogen mir eines der seltsamsten Abenteuer zu. Eine fremde Dame die sehr reich und von Person gar nicht übel war, hatte die Neugier auch gehabt mich zu Mittag essen zu sehen, und verliebte sich so sterblich in mich, daß sie der Versuchung die Pasiphaë mit mir zu spielen nicht widerstehen konnte. Sie trat darüber in Unterhandlung mit meinem Hofmeister, und versprach ihm eine starke Summe, wenn er ihr erlauben wollte eine Nacht bey mir zuzubringen; wozu er sich auch ganz willig finden ließ, ohne sich darum

würdig genug war, um die Einwohner einer ziemlich großen Stadt, deren Erwartung schon gespannt war, auf die Straßen zu locken.

zu bekümmern, ob es ihr wohl oder übel bekommen würde[32]). — Indessen schien die Dame an meiner Unterhaltung so viel Geschmack gefunden zu haben, daß wie sie sich mit Anbruch des Tages wieder entfernte, sie meinem Vorgesetzten noch eine Nacht um den nehmlichen Preis abmiethete. Dieser, theils um des vielen Geldes willen, das er dadurch auf meine Kosten gewann, theils um mich unserm Herrn von einer ganz neuen Seite zeigen zu können, schloß sie noch einmal mit mir ein, und ich muß gestehen, die Dame behandelte mich ohne alle Schonung. Mein Patron, den mein Aufseher durch die Spalte in der Thür zum heimlichen Zuschauer dieser Scene gemacht hatte, fand die Sache so unterhaltend, daß er sich auf der Stelle entschloß, dem Publico ein Schauspiel dieser Art zum Besten zu geben. Er verbot dem Freygelaßnen, keinem Menschen nichts davon zu sagen, und machte sich zum Voraus einen großen Spaß daraus, mich diese Rolle mit einer verurtheilten Weibsperson auf dem öffentlichen Schauplatze spielen zu lassen. Es wurde eine Creatur dazu ausersehen, die den wilden Thieren vorgeworfen zu werden verurtheilt war, und damit ich mich an sie gewöhnen möchte, führte

32) Der Detail dieses Nachtstücks füllt im Original ein ziemlich großes Capitel aus und enthält Dinge, die sich nur auf Griechisch sagen lassen. Lukian konnte (wie es scheint) der Versuchung, ein von keinem andern vermuthlich noch gewagtes Gemählde aufzustellen, so wenig widerstehen als die *menschliche Eselin*, die er die Pasiphaë mit dem *Eselmenschen* Lucius spielen läßt, ihrem asininischen Instincte. Indessen muß man ihm doch nachsagen, daß er die ganze Scene ohne Beymischung des geringsten Muthwillens zwar so umständlich, aber auch so unbefangen und rein historisch erzählt, wie nur immer ein Naturgeschichtschreiber die Ehgeheimnisse eines Insects beschreiben kann. — Da es nicht wohl angieng, dieser anstößigen Geschichte gar nicht zu erwähnen, so habe ich wenigstens so leicht und schnell, als es nur immer möglich war, davon zu kommen gesucht.

man sie schon vorher zu mir, und befahl ihr, mich zu streicheln und freundlich mit mir zu thun.

Als nun endlich der Tag gekommen war, den Menekles zu den öffentlichen Schauspielen, die er auf seine Kosten der Stadt geben wollte, angesetzt hatte, wurde ich folgendermaßen ins Amphitheater gebracht. Man legte mich auf einen kostbaren Sopha, dessen Holzwerk mit indianischem Schildkrot überzogen und mit goldnen Buckeln eingelegt war, und das Weibsbild mußte sich neben mich legen; hierauf wurden wir, wie wir waren, auf eine Tragmaschine gebracht, ins Amphitheater getragen, und mitten in demselben, unter allgemeinem Freudengeschrey und Händeklatschen der Zuschauer niedergesetzt. Neben uns stand ein Tisch, der mit den leckerhaftesten Schüsseln reichlich besetzt war, und verschiedene schöne Knaben, die uns Wein in goldnen Gefäßen einschenkten. Hinter mir stand mein Aufseher, der mir zuzulangen befahl. Aber mir war nichts weniger als esserlich, theils, weil ich mich schämte, so öffentlich vor aller Welt da zu liegen, theils weil ich dem Spiele nicht traute, und alle Augenblicke befürchtete, daß irgend ein Bär oder Löwe hervorspringen und das Lustspiel in eine Tragödie verwandeln möchte.

Unvermuthet werde ich eines Menschen gewahr, der mit einem Korb voll Blumen bey den Zuschauern herum gieng, worunter ich auch frische Rosen hervorblicken sah. Ich, ohne einen Augenblick zu zaudern, springe vom Sopha herab, und auf den Blumenträger zu. Jedermann glaubt ich thue es um zu tanzen: aber mir war es um was ganz anders zu thun. Ich durchstöberte die Blumen eine nach der andern, und sobald ich die Rosen herausgekriegt hatte, fraß ich sie gierig auf. Noch waren alle Augen mit Verwunderung auf mich geheftet, als mir auf einmal meine thierische Maske (wenn ich so sagen kann) abfällt und nicht mehr ist, der bisherige Esel aus allen Augen verschwindet, und der vorige Lucius, der in jenem gesteckt hatte, nackend dasteht.

Es ist unmöglich, das Entsetzen zu beschreiben, das ein so unerwartetes und übernatürliches Schauspiel allen Anwesenden verursachte; es entstand ein fürchterlicher Tumult, und das ganze Amphitheater theilte sich in zwey Partheyen. Die eine verlangte, daß ich als ein Zauberer, der von dieser Kunst alle Gestalten anzunehmen einen sehr gefährlichen Gebrauch machen könnte, auf der Stelle verbrannt werden sollte, die andere hingegen behauptete, man müßte doch erst abwarten was ich sagen würde, und nicht eher ein Endurtheil fällen, bis die Sache gehörig untersucht worden sey.

Zu gutem Glücke war der Statthalter der Provinz in Person gegenwärtig. Ich lief also hinzu, berichtete ihm, indem ich von unten zu ihm hinauf sprach, welcher Gestalt ich von einem Thessalischen Mädchen, der Magd einer Thessalischen Frau, vermittelst einer magischen Salbe, in einen Esel verwandelt worden sey, und bat ihn fußfällig, mich so lange in seinen Schutz zu nehmen, bis ich ihn überzeugt haben würde, daß ich ihm keine Unwahrheit vorgegeben hätte.

Der Statthalter fragte mich nach meinem Nahmen, nach meinen Ältern und Anverwandten und nach dem Nahmen meiner Vaterstadt. Ich antwortete ihm: mein Vater heisse — —[33]) mein Nah-

33) Es ist aus dem Zusammenhang des Textes klar genug, daß der Abschreiber, von dessen Nachlässigkeit wir schon so viele Proben gesehen, auch hier den Nahmen des Vaters ausgelassen und mit dem Vornahmen des Sohnes vermengt hat. Wer sich davon völlig überzeugen will, lese *Geßners* Anmerk. n. 44. in der Reizischen Ausgabe Vol. II. pag. 622.

me sey Lucius, meines Bruders Vornahme Cajus, die beyden übrigen Nahmen hätten wir gemein[34]; ich wäre Verfasser einiger historischen und andern Schriften, mein Bruder ein Elegiendichter und geschickter Wahrsager; unsre Vaterstadt aber die Achajische Stadt Paträ. — So bist du, sagte der Statthalter,[35]) aus einer Familie, die ich ganz vorzüglich werth halte, und mit welcher ich durch das Gastrecht verbunden bin, da ich ehmals bey den Deinigen logiert habe, und auf eine sehr edle Art von ihnen beschenkt worden bin. Mir ist genug zu wissen, daß du der Sohn eines solchen Hauses bist, um versichert zu seyn daß du nicht fähig bist eine Unwahrheit zu sagen. Mit diesen Worten springt er von seinem Lehnstuhl auf, umarmt und küßt mich mit vieler Wärme und nimmt mich mit sich in seinen Palast. Bald darauf langte auch mein Bruder an[36]), der mir Geld und viele andere Sachen mitbrachte; auch sprach mich der Statthalter (von allem Vorwurf der Zauberey, der mir bey meiner Verwandlung gemacht worden war) gerichtlich und öffentlich[37]) frey. Wir sahen uns hierauf im Hafen

34) Nehmlich den Geschlechtsnahmen und Zunahmen. Lukian wollte ihn damit sagen lassen, sie seyen von einer Familie, die als Clienten einer vornehmen *römischen* den Nahmen derselben angenommen habe, (denn die eigentlichen Griechen hatten nur Einen Nahmen) aber er verräth dadurch seine Unwissenheit in römischen Dingen. Einem römischen Proconsul hätte diese Manier es zu sagen ziemlich possierlich vorkommen müssen; denn daß Brüder einerley Geschlechts und Zunahmen hatten, verstund sich bey Römern von selbst.

35) Vorhin nannte er ihn den Oberbefehlshaber der Provinz (ἄρχων τῆς ἐπαρχίας) hier nennt er ihn den Richter (δικαστής), ohnezweifel ist der römische Statthalter oder Gouverneur von Macedonien gemeynt.

36) dem er vermuthlich von seiner Geschichte Nachricht gegeben hatte. So etwas läßt uns Lukian öfters selbst errathen, wie es sich denn auch von selbst versteht.

37) Dieß wollen die Worte δημοσίᾳ πάντων ἀκουόντων [öf-

nach einem Schiffe um, lassen unser Gepäcke dahin bringen, und schicken uns zur Abreise an.

Inzwischen hielt ich es für eine Art von Schuldigkeit, der Dame, die mich so sehr geliebt hatte als ich nur ein armer Esel war, meine Aufwartung zu machen; indem ich nicht zweifelte, ich würde ihr nun, da ich wieder Mensch sey, desto schöner und liebenswürdiger vorkommen. Sie empfieng mich sehr freundlich und schien an dem Wunderbaren meines Abenteuers große Freude zu haben, sie bat mich mit ihr zu speisen und die Nacht bey ihr zuzubringen, und ich ließ mich sehr leicht bereden; denn ich hätte es ordentlich für Sünde gehalten[38]), wenn derjenige, der als Esel geliebt worden war, nun, da er zum Menschen geworden, den Spröden machen und seine Liebhaberin über die Achsel ansehen wollte. Ich speise also mit ihr, parfumiere mich, und bekränze mich mit Rosen, der Blume, die mir, seitdem ich ihr meine Menschheit zu danken hatte, unter allen die liebste war. Endlich, wie die Nacht schon ziemlich weit vorgerückt und es Zeit zum Schlafen gehen war, stehe ich auf, kleide mich, nichts böses ahnend, vielmehr in der Meynung es recht gut zu machen, hurtig aus, und stelle mich meiner Dame dar, fest überzeugt ihr durch die Vergleichung mit meiner ehmaligen Eselsgestalt nur desto mehr zu gefallen[39]). Aber wie sie sah, daß

fentlich, wobei alle zuhörten (in öffentlicher Verhandlung)] sagen, und nicht en plein theatre (im vollen Theater), wie Massieu übersetzt. Die Ehre des Lucius erfoderte, daß die Sache, (wenigstens pro forma) *gerichtlich* behandelt würde.

38) Diese populare Redensart entspricht hier, däucht mich, am besten der Griechischen Νεμέσεως ἄξιον νομίζων [der Nemesis (= Strafe) für würdig haltend]. Die Göttin Nemesis strafte alle Unbilligkeit und Undankbarkeit, allen Übermuth, alle Handlungen gegen andere, die dem, was sie um uns verdient hatten, nicht gemäß waren.

39) Beyde betrogen sich also (wie wir gleich sehen werden)

alles an mir so menschlich war, spie sie mit Verachtung vor mir aus, und befahl mir, mich augenblicklich aus ihrem Hause zu packen, und ihrenthalben schlafen zu gehen wohin ich wollte. Ich armer, der mir diesen plötzlichen Unwillen gar nicht erklären konnte, fragte sie mit Erstaunen: und was für ein so großes Verbrechen habe ich denn begangen, daß ich dir auf einmal so zuwider bin? — Wie? versetzte die Dame, muß ich mich noch deutlicher erklären? Bildest du dir denn ein, daß ich, da du noch ein Esel warst, in *Dich* verliebt gewesen, oder meine Liebkosungen an *Dich* verschwendet habe? Nicht du, armseliges Ding, sondern der *Esel* war es, den ich liebte, und da du zu mir kamst, dachte ich nichts anders als du werdest auch jetzt noch das verdienstlichste deiner vorigen Gestalt aufzuweisen haben: aber leider! sehe ich dich aus dem schönen und nützlichen Thiere, das du warst, in einen — Affen verwandelt. — Mit diesen Worten rief sie einigen Bedienten, und befahl ihnen, mich wie ich war aufzupacken, zum Hause hinauszutragen, und mir die Thür vor der Nase zuzuschließen. Man kann sich vorstellen, was für eine angenehme Nacht ich zu-

so übel an einander, weil jedes, nach seiner eigenen Art, zu gut von dem andern dachte. Die Dame hatte Ursache zu glauben, Lucius kenne sie viel zu wohl, um sich in dem eigentlichen Gegenstande ihrer Zuneigung zu irren, und ließ sich gar nicht träumen, daß er so *unverschämt* seyn könnte, sich bey ihr zu melden, wenn er sich nicht bewußt wäre, durch seine Verwandlung nichts von dem, was seinen wahren Werth in ihren Augen ausmachte, verlohren zu haben. Daher die gute Aufnahme und die Einladung. Lucius hingegen, der durch seine wieder erlangte Menschheit viel *gewonnen* zu haben glaubte, schloß a minore ad majus [vom Kleineren auf das Größere] und zweifelte keinen Augenblick, daß er der Dame nun um soviel lieber seyn würde, als ein Mensch einem Esel vorzuziehen ist. So kann man sich an einander irren!

brachte, da ich, so schön, parfumiert, mit Rosen bekränzt und unbekleidet, als ich war, nun im dunkeln und unter freyem Himmel, die nackte Erde umarmen, und anstatt einer sehr warmen Beyschläferin mit einer so kalten vorlieb nehmen mußte! Mit der ersten Morgendämmerung lief ich dem Schiffe zu, und erzählte meinem Bruder mit Lachen, was mir begegnet war. Wir segelten hierauf, mit dem ersten guten Winde, der von der Stadt her wehte, von dannen, und langten in wenig Tagen in meiner Vaterstadt an, wo mein erstes Geschäfte war, den rettenden Göttern ein Opfer und Weyhgeschenke darzubringen, daß sie mich aus diesem mühseligen und heillosen Eselsabenteuer, nach so langem herumtreiben, wiewohl nur mit genauer Noth, wohlbehalten wieder nach Hause gebracht hatten.

HETÄRENGESPRÄCHE.

I.
Glycera und Thais.

GLYCERA.

Liebe Thais, erinnerst du dich des Akarnanischen Hauptmanns noch, der die Abrotonon unterhielt,

Hetärengespräche. Da ich in *Adelungs* Wörterbuche kein Wort finde, das mit dem Griechischen *Hetäre* völlig gleichbedeutend wäre, und da das zur Noth brauchbare *Courtisane* eben so wenig teutsch ist als jenes: so halte ich, alles wohl erwogen, für das schicklichste, das Wort Hetäre als ein griechisches Kunstwort zu behandeln, welches wir, um den Begriff, den die Griechen damit verbanden, von verfälschenden Nebenbegriffen rein zu erhalten, eben so wenig zu verteutschen suchen müssen, als die Wörter *Archon*, *Nomophylax*, *Mystagog*, *Philosoph*, *Theurg*, und hundert andere dieser Art, deren Subjecte wir entweder gar nicht haben, oder die doch bey uns ganz was anders, als bey ihnen sind. *Hetäros* hieß bey den Griechen was bey uns ein *guter Freund oder Camerad* heißt, und *Hetära* ist das Femininum davon. Dieses jovialische Volk, das in allem die *Euphemie* liebte, fand keine anständigere Benennung, als diese, für die Mädchen, die vom Ertrag ihrer Reizungen lebten, die Kunst zu gefallen und Vergnügen zu machen, entweder als eine mechanische Hanthierung oder als eigentliche *Künstlerinnen* trieben, und überhaupt dazu bestimmt waren, die Mannspersonen (denen, nach griechischer Sitte beynahe aller gesellschaftliche Umgang mit dem ehrbaren Theile des schönen Geschlechts versagt war) für diese Entbehrung einer der größten Annehmlichkeiten des Lebens, die einem geselligen und polierten Volke in die Länge unerträglich fallen mußte, einigermaßen, zu entschädigen. Diese *Hetären* (die man mit den niedrigern Priesterinnen oder vielmehr Schlachtopfern der *Venus Volgivaga* nicht vermengen muß) machten bey den Griechen, un-

und sich hernach in *mich* verliebte, des schönen Officiers, der immer in der scharlachnen Uniform gieng? Oder hast du ihn schon vergessen?

THAIS.

Ich erinnere mich seiner sehr wohl, Glycerion; er hat ja erst in verwichnem Jahre am Ceresfeste mit uns geschmaust. Aber warum fragst du mich? Solltest du seinethalben was auf dem Herzen haben?

gefehr wie ihre Professionsverwandtinnen zu Venedig, Paris und London, eine eigene Classe aus: nur wurden sie von den Gesetzen nicht bloß *geduldet*, sondern hatten sich sogar des besondern Schutzes der Göttin der Liebe zu erfreuen, die ihnen die nicht geringe Ehre erwies, zu *Athen* und zu *Ephesus* den Beynahmen *Hetäre* zu führen. (S. *Muson. Philos. de Luxu Graecor.* c. 12. in *Gronov. Thes.* Vol. VIII.) *Venus Hetäre* warf natürlicher Weise einen gewissen Glanz auf den ganzen Stand und Orden dieser *guten Freundinnen* des Publicums, in welchem überdieß nicht wenige theils, wie *Lais* und *Phryne*, durch eine ausserordentliche Schönheit, theils, wie *Sappho* und *Leontium*, durch Talente und Schönheit des Geistes sich auszeichneten, ja einige, wie *Thargelia* und *Aspasia*, durch die seltensten Vorzüge aller Arten sich sogar bis zum höchsten Rang empor geschwungen hatten. Wenn unser Autor bey seinen *hetärischen Dialogen* auch keine andere Absicht gehabt hätte als einen neuen und noch von keinem Schriftsteller seiner Art betretnen Weg, seine Leser angenehm zu unterhalten, einzuschlagen, so sehe ich nicht, was gegen diesen Einfall einzuwenden wäre, und warum er in der neuen Art von satyrischen Dialogen, wovon er als der Erfinder angesehen werden kann, nicht eben so gut Hetären, als Götter und Göttinnen, lächerliche Philosophen und Personen aus dem Reiche der Todten hätte auftreten lassen dürfen, vorausgesetzt, daß er in diesen kleinen dramatischen Scenen die Gesetze der Ehrbarkeit und Anständigkeit so genau beobachtete, wie er wirklich gethan hat. Aber ohnezweifel hatte er auch bey seinen Hetärengesprächen (wie bey fast allen seinen Schriften) die Absicht, das Nützliche mit dem Angenehmen zu verbinden; mir wenigstens scheint es eines Philosophen für die Welt, wie er war, auf keine Weise unwürdig zu seyn, im Gegentheil vielmehr zur Vollständigkeit seines schriftstellerischen Plans (über

GLYCERA.

Kannst du dirs vorstellen, Thais? die schändliche Creatur, die Gorgona, die sich stellte, als ob sie meine Freundin wäre, hat nicht nachgelassen bis sie mir ihn heimlich weggeschnappt hat.

THAIS.

Er hat dich also aufgegeben und Gorgonen zu seiner Gesellschafterin gewählt.

welchen ich mich schon anderswo erklärt habe) zu gehören, daß man auch diese reizenden *Sirenen*, die in großen Städten einen wahrlich nicht unbedeutenden Einfluß auf Familienverhältnisse, häusliches Glück und auf die Sitten überhaupt haben, in seinen Schriften mit wahren Zügen und Farben abgeschildert, und von mancherley Seiten, in allerley Situationen, mit und ohne Maske, *ohne Verschönerung*, aber auch *ohne Verunstaltung*, kurz mit philosophischer Unpartheylichkeit und Treue dargestellt finde. Man kann unbesorgt deßwegen seyn, daß alles, was uns Welt und Menschen besser kennen lehrt, immer seinen Nutzen hat. Ich begreiffe daher nicht, was für ein übellauniger Dämon den *Dr. Franklin* auf den unglücklichen Einfall bringen konnte, diese eleganten Dialogen unserm Autor geradezu abzusprechen, und für unterschobene, seines Geistes unwürdige Bastarden zu erklären; ein Urtheil, das jeden Leser von Geschmack um so mehr befremden muß, da er sie alle ohne Ausnahme mit dem Stempel der unserm Autor eigenen Laune, Manier und Schreibart unverkennbar bezeichnet finden wird. Übrigens ist unter den funfzehn hetärischen Gesprächen nur ein einziges, das keine Übersetzung in irgend eine lebende Sprache gestattet, jedoch ohne daß deßwegen ein billiger Tadel auf Lukian fallen könnte; denn der Grund davon liegt nicht in der Art, wie er das Süjet dieses Dialogs behandelt hat — diese ist wirklich für einen solchen Gegenstand züchtig genug — sondern in dem Süjet selbst. Lukian hatte vermuthlich gute Ursachen, eine unter den vornehmen Damen seiner Zeit ziemlich im Schwange gehende Ausschweiffung, zu ihrer Beschämung und zur Warnung junger Personen, durch dieses vertrauliche Gespräch einer sittsamen jungen Hetäre mit einer ältern Freundin öffentlich zur Schau auszustellen: aber bey uns finden weder diese Bewegursachen statt, noch vertragen unsere Sitten, was die Sitten seiner Zeitgenossen vertragen konnten.

GLYCERA.

Leider, liebe Thais! Es hat mir nicht wenig weh gethan, das kannst du mir glauben.

THAIS.

Es ist verdrießlich, aber nichts befremdliches. So was begegnet ja bey unsers gleichen alle Tage, und du solltest dich weder so sehr darüber grämen, noch auf Gorgonen so ungehalten seyn. War doch Abrotonon mit dir im nehmlichen Falle: sie war deine Freundin, und du nahmst ihr nichts desto weniger ihren Liebhaber weg, ohne daß sie dir gram wurde. Aber das wundert mich, was dem Hauptmann denn so sehr an ihr gefallen haben kann? Er muß seitdem ich ihn gesehen habe, stockblind worden seyn, oder er hätte doch sehen sollen, daß sie beynahe kahl ist, und daß die paar Haare, die sie noch hat, eine halbe Elle weit von der Stirne abstehen; daß sie ganz bleyfarbige leichenblasse Lippen und eine lange Nase hat, und daß man alle Adern an ihrem dürren Halse zählen kann. Das einzige muß man ihr lassen, sie ist wohl gewachsen, trägt sich schön gerade, und hat in der That etwas zauberisches in ihrem Lächeln.

GLYCERA.

Du bildest dir also ein, Thais, der Hauptmann sey in ihre Schönheit verliebt? Kennst du denn ihre Mutter Chrysarion nicht? Weißt du nicht daß sie eine Hexe ist? daß sie Thessalische Zaubersprüche gelernt hat und den Mond herabbeten kann? Man sagt sogar sie fliege bey Nacht. Die Alte hat's dem Menschen angethan, sie hat's ihm zu trinken gegeben, das kannst du mir glauben; und nun beeren sie ihn bis auf den Kamm ab!

THAIS.

Dafür wirst *Du* einen andern abbeeren, Glycerion; diesen laß seiner Wege gehen!

II.
Myrto, Pamphilus, Doris.

MYRTO.

Du heurathest also des Schiffers Philo Tochter, Pamphilus, oder hast sie vielmehr schon geheurathet wie ich höre? Alle die Schwüre die du mir geschworen und die Thränen die du dabey geweint hast, sind also in Einem Augenblick verflogen? Dein armes Myrtchen ist vergessen, und dieß da ich schon im achten Monat schwanger von dir gehe? Das ist also Alles was ich von deiner Liebe habe, daß ich einen großen Bauch vor mir hertragen muß, und nächstens ein Kind zu stillen habe, was einer Person meines Standes so äusserst lästig ist! Denn, daß ich das arme Würmchen aussetzen sollte, dazu kann ich mich nicht entschließen[1]), am wenigsten wenn es ein Junge ist; ich will ihn Pamphilus nennen, und er soll der einzige Trost meiner unglücklichen Liebe seyn. Er wird dereinst zu dir gehen und dir Vorwürfe machen, daß du so treulos an seiner armen Mutter gehandelt hast! — Übrigens beneide ich deine Jungfer Braut nicht um ihre Schönheit. Ich sah sie neulich mit ihrer Mutter an den Thesmophorien, und ließ mir damals wenig

1) Wiewohl es bey den Griechen, nicht weniger als bey den Chinesen erlaubt war.

davon träumen, daß ich um ihrentwillen meinen Pamphilus nicht wieder sehen würde. Indessen thätest du nicht übel, wenn du ihr noch vorher genauer ins Gesicht schautest, eh der Knoten gemacht ist, wär' es auch nur, um zu sehen, was sie für Augen hat, damit es dich nicht hintendrein verdrieße, daß sie von der schönsten Wasserfarbe sind und gegen einander schauen. Doch, du hast ja den Philo, den Vater deiner Braut, gesehen; da du *seine* Larve kennst, so wär' es überflüssig die Tochter erst in Augenschein zu nehmen.

PAMPHILUS.

Wie lange, liebstes Myrtchen, muß ich dich so irre reden, und was weiß ich von welchen Schifferstöchtern und eingebildeten Hochzeiten faseln hören? Weiß ich etwa, ob die Braut, mit der du mich beschenkst, schielt oder schön ist? oder ob Philo von Alopözien (denn der wird wohl gemeynt seyn?) eine Tochter zu verheurathen hat oder nicht? Er steht nicht einmal gut mit meinem Vater, und es ist noch nicht lange, daß er vor Gerichte mit ihm gelegen ist. Er war, wo mir recht ist, meinem Vater tausend Thaler schuldig und wollte nicht bezahlen: mein Vater machte die Sache anhängig, und hatte viele Mühe bis er das Geld endlich von ihm herauspreßte; wiewohl nicht alles, wie mein Vater sagt. Wenn ich also ja heurathen wollte, so würde ich wohl meine Base, dic Tochter des Demeas, der in verwichnem Jahre Feldherr war, vorbeygehen, und des Schiffers Philo Tochter nehmen? Ich möchte doch wissen, wer dir so einfältiges Zeug in den Kopf gesetzt hat? Oder hast du dir diese Hirngespenster selbst erdacht, damit deine Eifersucht etwas habe, womit sie sich zum Zeitvertreib herumbeissen könne?

MYRTO.

Du heurathest also nicht, Pamphilus?

PAMPHILUS.

Bist du toll, Myrtchen? Oder hast du zu tief ins Glas geguckt? Gestern giengs doch ziemlich nüchtern her?

MYRTO.

Mein Mädchen Doris, hier, hat mir dieses Herzleid zubereitet. Ich hatte sie ausgeschickt, um mir einige Bedürfnisse auf meine Niederkunft einzukaufen, und der Lucina ein Gelübde für mich zu thun. Da wäre ihr, sagte sie, die Lesbia[2]) begegnet und hätte ihr — doch, du kannst es ihm selbst erzählen, Doris, was sie dir sagte, wenn du es anders nicht selbst erdichtet hast.

DORIS.

Ich will des Todes seyn, Frau, wenn ich das geringste dazu gelogen habe. Wie ich nicht mehr weit vom Rathhause bin, treffe ich auf Lesbien, die mir mit einem hönischen Lächeln sagt: euer Liebhaber Pamphilus heurathet Philons Tochter. Weil ich es nun nicht glauben wollte, hieß sie mich nur in euere Gasse hineinschauen; ich würde, sagte sie, alles mit Blumenkränzen behangen sehen, und Pfeifferinnen und ein Gedräng von Menschen, und einen Chor der den Brautgesang singe.

PAMPHILUS.

Und da hast du hineingeguckt, Doris?

2) Die Sclavin einer andern Hetäre von Myrto's Bekanntschaft. Die Sclaven und Sclavinnen hatten öfters keinen andern Nahmen als von dem Orte, woher sie gebürtig waren, als z. B. *Lesbia* von der Insel Lesbos, *Doris* von der Landschaft dieses Nahmens, *Lydia* von Lydien, u. s. w.

DORIS.

Das hab' ich, und hab' alles gesehen, wie sie mirs sagte.

PAMPHILUS.

Nun merke ich was euch irre gemacht hat. Die Lesbierin hat dir nicht ganz die Unwahrheit gesagt, *du* hast deiner Gebieterin die Wahrheit erzählt, und gleichwohl habt ihr euch vergeblichen Kummer gemacht; denn die Hochzeit ist nicht bey uns. Ich erinnere mich aber nun, was mir meine Mutter gestern sagte, da ich von euch nach Hause kam. Pamphilus, sagte sie, Charmides, ein Jüngling ungefehr von deinem Alter, ist im Begriff unsers Nachbars Aristänets Tochter zu heurathen. Das nenn' ich einen wackern und gesetzten jungen Menschen! Wie lange wird dich dein freyes Leben noch abhalten, deiner Mutter auch eine solche Freude zu machen? — Ich hörte dieß ohne Acht darauf zu geben und schlief darüber ein[3]). Morgens früh gieng ich wieder aus, und sah noch nichts von dem allen, was Doris hernach gesehen hat. Wenn du mir aber nicht glauben willst, so kann Doris noch einmal gehen, und, anstatt in die Gasse zu gucken, die beyden Hausthüren anschauen; sie wird bald sehen, daß die mit Blumenkränzen behangene des Nachbars Thür ist.

MYRTO.

Du hast mir das Leben gerettet, Pamphilus; denn ich würde mich erhängen, wenn ich so was erleben müßte.

3) Er schlief also in seiner Mutter Schlafgemach; ein Zeichen, daß er noch sehr jung, und jene schon bey Jahren war. Dergleichen kleine Umständchen geben uns über Sitten und Gebräuche der Griechen Winke, die oft den Abgang genauerer Nachrichten von ihrem häuslichen Leben ersetzen müssen.

PAMPHILUS.

Noch geht alles gut; ich müßte ja nicht bei meinen Sinnen seyn, um meiner guten Myrto zu vergessen, zumal da sie mich bald zum Vater machen wird[4]).

III.
Philinna und ihre Mutter.

DIE MUTTER.

Hast du den Verstand verlohren, Philinna, oder was fehlte dir, daß du dich bey dem gestrigen Schmause so albern aufführtest. Diphilus kam diesen Morgen zu mir, und erzählte mir mit Thränen, wie übel du ihm begegnet seyest. Du hättest dich so betrunken, daß du, was er auch gethan um dich zurückzuhalten, aufgestanden seyest und vor der ganzen Gesellschaft herumgetanzt habest; hernach hättest du dem Lamprias einen Kuß gegeben, und da er (Diphilus) darüber böse geworden, seyest du von ihm weg und zum Lamprias gelaufen, und habest ihn sogar umarmt; so daß der arme Diphilus vor Ärger beynahe den Tod davon gehabt hätte. Ja du habest nicht einmal bey ihm schlafen wollen, sondern dich allein auf das nächste Ruhebettchen gelegt, und die ganze Nacht nichts gethan als Liedchen singen, bloß um ihm Verdruß anzuthun. Ist das eine Aufführung?

PHILINNA.

Aber wie *Er* sich aufgeführt hat, Mutter, das hat er dir nicht erzählt; sonst würdest du gewiß nicht

4) Auch dieser Zug verdient wegen des Contrasts mit unsern Sitten bemerkt zu werden.

die Parthey des unartigen Menschen gegen mich nehmen, der mich sitzen ließ und sich mit der Thais, des Lamprias Freundin, der noch nicht zugegen war, so vertraulich unterhielt, als ob sie allein in der Welt wären. Da ich ihm durch Winke zu verstehen gab, daß es mich verdroß, was hatte er zu thun? Nahm er nicht die Thais beym Ohrläppchen, drückte sie mit zurückgebogenem Nacken an sich, und küßte sie so inbrünstig, daß sie die Lippen kaum wieder von einander bringen konnten. Ich weinte vor Ärger; aber meine Thränen machten ihn nur lustig, und er hatte der Thais beständig was ins Ohr zu zischeln — vermuthlich über mich — denn Thais sah mich immer dabey an und lächelte. Wie sie endlich den Lamprias kommen hörten und sich satt geküßt hatten, war ich gleichwohl eine so gute Närrin, und setzte mich bey Tische dem Diphilus zur Seite, um ihm keinen Vorwand zu geben mich noch mehr zu mißhandeln. Während der Tafel stand Thais auf und tanzte zuerst, indem sie sich ziemlich weit über die Knöchel aufschürzte, als ob sie allein schöne Füße hätte. Wie sie endlich aufhörte, sagte Lamprias kein Wort: Diphilus hingegen konnte nicht Ausdrücke genug finden, ihre zierliche Art zu tanzen zu loben, und wie genau sie die Mensur halte, und wie harmonisch alle ihre Bewegungen zur Musik stimmten, und was sie für einen schönen Fuß habe, und tausend solche Dinge. Kurz, man hätte denken sollen, die Rede sey von der *Sosandra* des Kalamis*), und nicht von dieser Thais, die du so gut kennen mußt als ich, da wir ja oft genug zusammen im Bade gewesen sind. Aber auch Thais selbst konnte das Sticheln nicht lassen. Nun mag mich

*) einer schönen Bildsäule, deren in den *Bildern* [in vorliegender Auswahl nicht enthalten] Erwähnung geschehen ist.

eine andere ablösen, sagte sie, wenn sie nicht etwa Bedenken trägt ihre dünnen Beine sehen zu lassen. Was konnt' ich da sagen, Mutter? da war nichts zu thun, als daß ich auf aufstund und tanzte. Oder hätt' ich geduldig dasitzen und leiden sollen, daß Thais die Königin des Festes machte?

MUTTER.

Du nimmst es gar zu genau, Mädchen; das klügste wäre immer gewesen, dir nichts daraus zu machen. Aber wie giengs dann weiter?

PHILINNA.

Ich tanzte mit allgemeinem Beyfall; nur Diphilus allein lag, wie vor langer Weile, auf sein Polster zurückgelehnt und guckte die Decke an, bis ich endlich müde war und aufhörte.

MUTTER.

Aber daß du den Lamprias geküßt und umarmt haben sollst, ist das wahr? — du schweigst? — das ist doch wenigstens nicht zu verzeihen!

PHILINNA.

Es geschah bloß, um ihm auch was zum Verdruß zu thun.

MUTTER.

Und dann noch vollends nicht bey ihm liegen zu wollen, und, während der arme Mensch vor Reue und Liebe in Thränen zerfloß, sogar Liedchen zu singen! Weißt du denn nicht, Mädchen, daß wir arm sind; oder hast du vergessen, wie viel wir schon von ihm gezogen haben, und wovon wir in verwichnem Winter hätten leben wollen, wenn uns Venus diesen Freund nicht zugeschickt hätte?

PHILINNA.

Und deßwegen soll ich mir so schnöde begegnen lassen, und alles von ihm leiden?

MUTTER.

Zürne immerhin, nur treibe die Empfindlichkeit nicht zu weit. Du solltest doch wissen, daß Verliebte, wenn sie sich vergangen haben, gar bald wieder zurückkommen, und sichs dann selbst kaum verzeihen können. Du bist offenbar zu streng gegen den Menschen gewesen, und magst du dich in Acht nehmen, die Sayten nicht so hoch zu spannen, daß sie endlich springen müssen!

IV.
Melissa, Bacchis.

MELISSA.

Liebe Bacchis, wenn du irgend eine von den alten Weibern kennst, dergleichen es in Thessalien viele geben soll, die sich darauf verstehen durch Zaubermittel eine verhaßte Person liebenswürdig zu machen, so beschwöre ich dich, führe sie mir zu. Und sollt' es mich meine ganze Garderobe, und meine Juwelen dazu, kosten, wenn ich nur die Freude hätte den *Charinus* wieder zu mir zurückkehren, und diese verwünschte *Simmiche*, in die er so vernarrt ist, eben so herzlich hassen zu sehen, wie er jetzt *mich* haßt!

BACCHIS.

Wie, meine Melisse? Er lebt nicht mehr mit *dir*, sondern mit der Simmiche? dieser Charinus, der sich deinetwegen mit seiner ganzen Familie überwarf, als er die reiche Person nicht heurathen wollte, die ihm, wie es hieß, fünf Talente zur Mitgift[1]) zubringen sollte? Denn ich erinnere mich noch recht gut, diese Umstände von dir selbst gehört zu haben.

MELISSA.

Diese Zeiten sind vorbey, Bacchis; es ist heute schon der fünfte Tag, seitdem ich ihn mit keinem Auge mehr gesehen habe, während er und Simmiche sich alle Abende bey seinem Freunde Pammenes wohl seyn lassen.

BACCHIS.

Das ist abscheulich! Aber was hat euch denn entzweyen können? Es muß doch wahrlich keine Kleinigkeit gewesen seyn!

MELISSA.

Alles kann ich dir selbst nicht recht sagen. Genug, er kam neulich aus dem Piräus, wo er, denk' ich, eine Schuld für seinen Vater eincassieren mußte, hieher; ich eile ihm, wie gewöhnlich mit offnen Armen entgegen; aber *er* stößt mich zurück, und sagt, ohne mich nur ansehen zu wollen, packe dich zu dem Schiffsherrn Hermotimus, oder lies was im Ceramikus an allen Wänden angeschrieben ist, wo euere Nahmen sogar auf einem öffentlichen Denkmale Parade zusammen machen. Ich konnte gar nicht begreifen was er damit wollte, und sagte es ihm; aber ich brachte kein Wort mehr aus ihm heraus; er wollte nicht zu Nacht essen und auf dem

1) Fünf Talente (5000 Rthlr.) galten bey den Atheniensern für eine sehr reiche Parthie.

Sopha kehrte er mir den Rücken zu. Du kannst dir vorstellen, daß ich nichts unversucht ließ um ihn zu gewinnen und in eine bessere Stimmung zu setzen: aber, ohne sich im geringsten erweichen zu lassen, drohte er mir, wenn ich ihn nicht ungeplagt ließe, so gehe er mir, wiewohl es schon um Mitternacht war, auf der Stelle aus dem Hause.

BACCHIS.

Du kennest also doch wohl diesen Hermotimus?

MELISSA.

Möchtest du mich noch unglücklicher sehen als ich es schon bin, wenn ich einen Schiffsherrn kenne der Hermotimus heißt! Daß ichs kurz mache, sobald der Hahn krähte, stand mein Charinus auf, und gieng davon. Da mirs noch im Sinne lag, daß mein Nahme, wie er sagte, im Ceramikus an einer Mauer geschrieben stehen sollte, schickte ich sogleich mein Mädchen hin, um zu sehen was an der Sache sey. Sie fand aber nichts als daß an der Doppel-Pforte, rechter Hand im hineingehen, geschrieben war: Melissa liebt den Hermotimus und besser unten: Hermotimus, der Schiffsherr, liebt Melissen.

BACCHIS.

Nun versteh ich den ganzen Handel! Es ist ein loser Streich von einem unsrer jungen Herren, die nichts bessers zu thun haben. Ganz gewiß hat es einer geschrieben der den Charinus necken wollte, weil er wußte wie eifersüchtig er ist, und der Kindskopf hat es ohne weitere Untersuchung geglaubt. Sobald ich ihn sehe, will ich ihm ein Wort darüber ins Ohr sagen. Er ist noch unerfahren und milchbärtig.

MELISSA.

Aber wie willst du ihn zu sprechen bekommen, da er sich, wer weiß wohin? mit der Simmiche eingeschlossen hat, wiewohl ihn seine Ältern noch immer bey *mir* suchen. Das beste wäre, liebste Bacchis, wenn du mir so eine alte Frau, wie ich dir sagte, schaffen könntest. Die würde mir in einem Augenblick geholfen haben!

BACCHIS.

Ich kenne eine geschickte Zauberin, aus dem Syrerlande, ein noch ziemlich derbes rüstiges Weib, die mir den Phanias, der aus eben so schlechten Ursachen mit mir zürnte, wie jetzt Charinus mit dir, nach vier ganzen Monaten, da ich schon alle Hoffnung aufgab, durch ihre Beschwörungen wieder zurückgebracht hat.

MELISSA.

Erinnerst du dich noch wie sie es machte?

BACCHIS.

Sie fodert keinen großen Lohn, liebe Melissa; sie ist mit vier Groschen und einem Leib Brodt zufrieden: Ausserdem muß eine Portion Salz, sieben Obolen, etwas Weyhrauch und eine Fackel hingelegt werden. Das alles nimmt die Frau zu ihren Handen, und es muß auch ein Becher mit Honigwein bereit stehen, den sie rein austrinken muß. Von der Mannsperson müssen einige Kleidungsstücke, oder Schuhe, oder wenigstens einige Haare oder so etwas bey der Hand seyn.

MELISSA.

Ich habe Pantoffeln von ihm.

BACCHIS.

Diese hängt sie an einen Nagel, beräuchert sie mit dem Weyhrauch, wirft auch etwas Salz in die Gluth, und spricht euern Nahmen, den deinigen und den seinigen, dazu aus. Hernach zieht sie eine Garnwinde aus dem Busen hervor, und dreht sie herum, indem sie mit entsetzlicher Geschwindigkeit allerley fürchterliche Worte in einer unbekannten Sprache herausmurmelt. Nicht lange, nachdem sie das gemacht hatte, kam Phanias wieder zu mir, ungeachtet seine Cameraden und Phöbis, mit der er inzwischen lebte, alles anwandten um ihn zurückzuhalten; so unwiderstehlich zog ihn der Zauberspruch zu mir. Daneben empfahl sie mir auch, besonders als ein treffliches Mittel ihm die Phöbis zu verleiden, ich sollte auf ihre Fußstapfen acht geben, und so wie Phöbis den Fuß zurückgezogen hätte, sollte ich den Stapfen mit dem meinigen auslöschen, so daß mein rechter Fuß auf den Stapfen ihres linken, und umgekehrt mein linker auf ihren rechten zu stehen käme, und dazu sagen:

Nun bin ich über dir,
und du bist unter mir!

Und ich that wie sie mir befohlen hatte.

MELISSA.

Keinen Augenblick versäumt, liebste Bacchis! Hole mir die Syrerin auf der Stelle! Und du, Acis, schaffe gleich das Brodt, den Weyhrauch, und alles andere herbey, was zu dem Zauberwerke nöthig ist![2])

---

2) Das hätten unsre schönen Leserinnen wohl nicht gedacht, daß sie aus dem alten Lukian auch ein bißchen hexen lernen würden? Immer auch nicht übel! Man weiß nicht, wenn Zeit und Gelegenheit kommt, wo man so etwas brauchen kann, und inzwischen trägt man nicht schwer daran. Übri-

V.
Clonarion, Leaena.*)

CLONARION.

Man redet merkwürdige Dinge über dich, liebe Leaena: Megilla, das reiche, von Lesbos stammende Weib, liebe dich, wie wenn sie Mann sey. Und ihr paartet euch, indem ihr, was weiß ich nicht, miteinander treibt. Was ist daran? Du wirst rot? Ist's wahr?

LEAENA.

Wahr ist es, liebe Clonarion, aber ich schäme mich dessen, so ganz und gar unnatürlich ist's.

CLONARION.

Doch, bei Aphrodite, was soll das heißen? Was will das Weib? Was thut ihr, wenn ihr bey einander lagert? Nun wahrlich, du liebst mich nicht, anders würdest du mir nichts verheimlichen.

LEAENA.

Mehr denn ein ander Weib hab' ich dich lieb, o Clonarion. Das Weib jedoch ist seltsam männlich.

gens, da ich ihnen zu viel Gutherzigkeit zutraue, als daß es ihnen gleichgültig seyn sollte, ob die schöne Melissa ihren so unschuldiger Weise verlohrnen Liebhaber wieder bekommen habe oder nicht, können Sie versichert seyn, daß das Zaubermittel der Syrerin, unter den angegebenen Umständen, und vermittelst der paar Worte, die ihm (da er doch nicht immer *unsichtbar* bleiben kann) die Syrerin oder die dienstfertige Bacchis ins Ohr sagen wird, unfehlbar die beste Wirkung gethan hat. — Was die Zauberformel betrifft, die in einer unbekannten Sprache hergemurmelt werden muß, damit hat es keine Schwierigkeit, wenn die Worte nur unverständlich sind und ein wenig fürchterlich klingen; allenfalls thut es das Bettellied des *Kalenders* in den *Pilgrimmen von Mecca* so gut als etwas anders.

*) [Dieser von Wieland nicht übersetzte Dialog erscheint hier in einer deutschen Version von Paul Hansmann.]

CLONARION.

Ich verstehe nicht, was du sagen willst. Sollte deine Freundin eine Tribade sein, deren es, wie es heißt, viele auf Lesbos giebt? Eines der Weiber, die sich weigern, mit Männern des Umgangs zu pflegen, und selber sich der Weiber erfreuen, wie wenn sie Männer wären?

LEAENA.

So etwas ist es.

CLONARION.

Erzähle mir, meine liebe kleine Leaena, wie sie dir ihre Liebe eingestanden hat, wie du dich hast überreden lassen und all das übrige.

LEAENA.

Einen Abendschmaus hatte sie veranstaltet mit der Korinthierin Demonassa, welche gleich ihr in Reichtum lebt und derselben Kunst wie Megilla obliegt. Und holen ließen sie mich, um zu singen und während des Mahles die Leyer zu schlagen. Nachdem ich gesungen, war es spät geworden, und es war an der Zeit schlafen zu gehen; sie aber hatten wacker gezecht und Megilla sprach also zu mir: Komm, meine liebe kleine Leaena, es ist höchste Zeit zu Bett zu gehen, du sollst hier schlafen, zwischen uns beiden!

CLONARION.

Und du hast dich niedergelegt? Was ist dann geschehen?

LEAENA.

Anfangs küßten sie mich, wie es Männer getan haben würden, nicht nur mit Lippendruck, sondern indem sie auch den Mund um ein weniges aufmachten und sich der Zunge bedienten, umarmten mich und drückten meine Brüste. Demonassa biß mich gar bey der Umarmung. Ich für mein Teil begriff noch nicht, wo hinaus sie wollten. Schließlich nimmt Megilla, welche schon sehr erhitzt war, einen gar wohl nachgemachten und vollkommen passenden falschen Haarschopf vom Haupte und stellte sich fast geschoren dar wie die männlichen Athleten. Bey solchem Anblick erschrack ich sehr. Sprach sie aber zu mir: Hast du, meine liebe kleine Leaena, schon einen so schönen Jüngling gesehen? — Ich sehe hier aber keinen Jüngling, Megilla. — Mache kein Weib aus mir, fuhr sie fort, ich heiße Megillus und habe vor langem Demonassa geheuratet, sie aber ist meine Frau! Ich hub an zu lachen, liebe Clonarion. Also wärest du, sprach ich, ein Mann, o Megilla, und wir wüßten es nicht? So, wie man von Achilleus erzählt, der inmitten der Jungfrauen in Purpurgewändern verborgen geblieben? Besitzest du, was die Männer auszeichnet? Thust du mit Demonassa, wie Männer thun? — Wahrlich, liebe Leaena, antwortete sie mir, ich habe das Ding nicht, bedarf seiner aber auch nicht sonderlich. Sehen sollst du, daß ich mich auf eine merkwürdige Weise mit dir paare, welche noch viel wollüstiger als die gewöhnliche ist. — Bist du denn ein Hermaphrodit? Viele soll es deren geben, wie man erzählt, welche die Merkmale beider Geschlechter besitzen. In Wahrheit, meine liebe Clonarion, wußt' ich noch immer nicht, was sie wollte. Nein, antwortete sie mir, ich bin vollkommen Mann. Darauf erwiederte ich: Ich habe von einer boeotischen Flötenspielerin, Ismenodora heißt sie, sagen hören, daß zu Theben ein Weib Mann und ein sehr berühmter Seher geworden sey, mit Nahmen

Teiresias, glaube ich. Ist es dir etwa auch so ergangen? — Nichts dergleichen, meine liebe Leaena; wie ihr anderen alle bin auch ich auf die Welt gekommen, mein Sinn jedoch, meine Begierden, alles in mir ist männlich. — Genügt dir denn die bloße Begierde? sprach ich. — Gieb dich mir, liebe Leaena, war ihre Antwort, wenn du kein Vertrauen zu dem hast, was ich dir sage; und du sollst sehen, daß ich den Männern in nichts nachstehe. Thatsächlich habe ich anstelle der männlichen Waffen etwas, das ihr gleich gilt; doch komm nur, du sollst sehen! — Ich habe mich hingegeben, liebe Clonarion, sie bat mich so schön! Und dann hat sie mir auch einen köstlichen Halsschmuck geschenkt, und spinnwebefeine Oberkleider. Darauf umarmte ich sie wie einen Mann: sie aber liebkoste mich, küßte mich und ihr Atem ging schwerer; sie schien mir einen wonniglichen Genuß zu haben.

CLONARION.

Aber was hat sie gemacht? Und wie hat sie's gemacht? Das vor allen Dingen mußt du mir sagen, meine liebe Leaena.

LEAENA.

Stelle keine so unschicklichen Fragen an mich. Das waren schändliche Sachen. Nein, bei der göttlichen Aphrodite, ich werde dir nichts weiter sagen.

VI.
Krobyle und Korinna.

KROBYLE.

Nun, Korinnchen, so hast du denn gelernt, daß es nichts so erschreckliches darum ist, aus einer Jungfer eine Frau zu werden, wie du dir eingebildet hast? Der schöne junge Herr, der dichs gelehrt hat, hat dir auch, zum Einstand, nicht weniger als eine Mine da gelassen, wofür ich dir auf der Stelle ein schönes Halsband kaufen will.

KORINNA.

Thut das, liebes Mütterchen! — und daß nur auch etliche Rubinen dran sind, wie an der Philänis ihrem!

KROBYLE.

Es soll so schön seyn als du es nur verlangen kannst. Aber nun will ich dir auch sagen, mein liebes Kind, was du nun weiter zu beobachten hast, und wie die Männer behandelt seyn wollen. Denn wir haben nun einmal kein anderes Mittel uns durch die Welt zu bringen als dieß. Weißt du nicht, wie kümmerlich wir uns diese zwey Jahre her, seit deines seligen Vaters Tode, haben behelfen müssen? So lang er lebte, fehlte es uns freylich an Nichts; er war ein Kupferschmidt, und hatte einen großen Nahmen im Piräus; noch auf diesen heutigen Tag kann man dort alle Augenblicke schwören hören, so ein Arbeiter wie Philinus werde nicht wieder kommen! Aber nach seinem seligen Ende fand ich mich gar bald gezwungen, die Zangen, den Amboß und den Hammer um zwey Minen zu verkaufen. Wir lebten davon so lang es reichen wollte, und seitdem sie aufgezehrt sind, hab' ich Mühe genug gehabt, mit weben, zetteln, und spinnen kaum den nothdürftigsten Unterhalt für dich und mich zu verdienen; alles in Hofnung —

KORINNA.

Der Mine, die ich so eben verdient habe?

KROBYLE.

Warum nicht gar! Ich rechnete darauf, wenn du nur erst in dieses Alter gekommen wärest, würdest du im Stande seyn mich wieder zu ernähren, und dich selbst in hübsche Umstände zu setzen, und Geld zu verdienen, und dir schöne Kleider und Mägde zu deiner Bedienung anzuschaffen.

KORINNA.

Ich, Mutter? Was meynst du damit? Wie soll das zugehen?

KROBYLE.

Dazu, Kind, brauchst du weiter nichts, als mit jungen Herren umzugehen, mit ihnen zu schmausen, und für ihr baares Geld bey ihnen auf dem Sopha zu liegen.

KORINNA.

Wie die Tochter der Daphnis, die Lyra?

KROBYLE.

So ungefehr.

KORINNA.

Aber die ist ja eine Hetäre?[1])

KROBYLE.

Dächte man nicht was es wäre! Mach' es wie sie, so wirst du auch so reich werden wie sie, und viele

1) Korinnchen war eines ehrlichen Bürgers Tochter zu Athen, und bisher als eine solche auferzogen worden. Ungeachtet der Hetärenstand gewissermaßen privilegiert war, so war er doch, wie billig, nicht weniger mit einer *bürgerlichen als sittlichen* Makel behaftet; eine Hetäre zu werden war also etwas, wodurch ein ehrliches Mädchen, wie arm sie auch war, sich sehr zu degradieren glaubte, und die junge naive Korinna erschrack vor dem *Nahmen*, wiewohl ihr die *Sache* nicht so übel gefiel.

Liebhaber bekommen. Was weinst du, Korinna? Siehst du nicht, wie groß die Anzahl der Hetären ist, und wie man ihnen die Aufwartung macht, und was sie für ein Einkommen haben? Hab' ich nicht diese nehmliche Tochter der Daphnis gekannt ehe sie noch mannbar war? Heilige Adrastea! wenn sie was anders als Lumpen auf dem Leibe hatte! —[2]) Nun siehst du wie sie dahergeht, über und über in Gold und bunt gestickten Kleidern, und vier Mägde hinter ihr drein.

KORINNA.

Und wie kam denn Lyra zu dem allem?

KROBYLE.

Das will ich dir sagen, Kind. Vor allem hielt sie sich immer nett und reinlich in Kleidung und an ihrer ganzen Person; sie war gegen jedermann freundlich, aber brach darum nicht alle Augenblicke in ein lautes Kichern und Lachen aus, wie *Du* zu thun pflegst, sondern es war immer etwas anmuthiges und anziehendes in ihrem Lächeln. Im Umgang mit den Mannsleuten die zu ihr kamen oder sie zu sich rufen ließen, hielt sie zwischen schüchterner Zurückhaltung und unanständiger Frechheit den Mittelweg; sie betrog keinen in seiner

2) — so strafe mich! — Denn dieß will sie mit Anrufung der *Adrastea* sagen. Adrastea ist, nach der wahrscheinlichsten Meynung nur ein Beynahme der *Nemesis*, von Adrastes, einem alten Könige zu Argos und Sicyon, der ihr den ersten Tempel erbaut haben soll. Aus einer Stelle des Pausanias im 33sten Kapitel seiner Beschreibung von Attika läßt sich schließen, daß diese Göttin besonders auch von *Liebenden* als eine Patronin betrachtet wurde; und vermuthlich rührt es daher, daß Lukian in diesen Dialogen seine Frauenzimmer mehrmals bey der Adrastea schwören läßt.

Erwartung, aber warf sich auch keinem in die Arme. Verdingt sie sich zu einem Gastmahl, so betrinkt sie sich niemals (denn dadurch macht man sich zum Gespötte und den Mannsleuten ekelhaft) noch überfüllt sie sich mit essen wie Leute die keine Lebensart haben, sondern rührt alles nur mit den Fingerspitzen an, nimmt schweigend einen Bissen nach dem andern, ohne sich beyde Backen vollzustopfen, und trinkt langsam, nicht auf Einen Zug, sondern mit öfterem Absetzen.

KORINNA.

Auch wenn sie Durst hat, Mutter?

KROBYLE.

Dann am meisten, Korinna. Auch hat sie nicht immer den Mund zum reden offen, sondern spricht nicht mehr als sich schickt, übt ihren Witz nie auf Unkosten eines Anwesenden, und sieht keinen an als den, der sie gedungen hat. Das ist es wodurch sie sich so beliebt bey ihnen macht. Und wenn man sich endlich zu Bette legt, wird sie nie die geringste Leichtfertigkeit oder Unanständigkeit begehen, sondern alles ist bey ihr bloß darauf angelegt, und das ist ihr einziges Bestreben, wie sie das Herz des Mannes, bey dem sie ist, gewinnen, und einen wahren Liebhaber aus ihm machen wolle.[3]) Siehe, Korinna, das ists warum jedermann so gut von ihr spricht. Also brauchst du sie nur in diesem allem zum Muster zu nehmen, so werden auch wir glück-

3) Natürlicher Weise war dieß das letzte Ziel einer Hetäre, die Verstand und Conduite hatte, wie diese *Lyra*, welche Krobyle ihrer Tochter, als einer Anfängerin, zum Muster vorstellt. Ein bloßer Kundsmann blieb bey dem gewöhnlichen Preise; die Freygebigkeit eines eigentlichen Liebhabers hingegen war so groß als seine Leidenschaft.

lich werden. Denn was das übrige betrifft, da ist ein großer — vergieb mir, liebste Adrastea![4]) ich sage kein Wort mehr — Wenn du nur *lebst*, so wünsch' ich mir nichts weiter!

KORINNA.

Aber, liebe Mutter, sind die Herren, die uns miethen, alle so wie der Eukritus, bey dem ich gestern schlief?

KROBYLE.

Nicht alle; es giebt noch bessere; manche darunter sind schon älter und mannhafter; es melden sich aber auch manche an, die nichts weniger als so hübsch und wohlgemacht sind.

KORINNA.

Und bey denen muß man auch schlafen?

KROBYLE.

Ja wohl, meine Tochter! denn die geben auch am meisten; die schönen Herren sind in sich selbst verliebt, und rechnen uns ihre Schönheit gar hoch an. *Du* hingegen mußt immer nur darauf sehen wer am meisten giebt, wenn du die Zeit recht bald erleben willst, wo alle Leute mit Fingern auf dich weisen und sagen werden: sieh einmal Korinnen, der Krobyle Tochter? wie reich sie ist, und wie dreymal glücklich sie ihre Mutter gemacht hat! — Was

4) Krobyle hat nicht das Herz es ganz herauszusagen was sie auf der Zunge hatte, (nehmlich daß Korinna viel jünger und schöner sey als Lyra) aus Furcht Adrastea möchte es ihr für einen Übermuth ausdeuten, und es, zu Bestrafung der Mutter, die Tochter entgelten lassen. Denn Nemesis oder Adrastea strafte immer durch das wodurch man sich versündigte.

sagst du? Willst du meinem Rathe folgen? Ja, das willst du, ich weiß es, und so wirst du in kurzem die erste unter allen seyn. — Nun, geh und bade dich; vielleicht kommt der junge Eukritus heute wieder; wenigstens hat er mirs versprochen.[5])

---

5) Nur ein paar Worte über die Moralität dieser ziemlich anstößig klingenden Unterredung zwischen Mutter und Tochter. Krobyle, die in äusserst dürftigen Umständen ist, baut das Glück ihrer Tochter und die Hofnung ihres Alters auf das Gewerbe, das sie Korinnen mit ihrer Schönheit treiben lehrt. Ob sie daran recht gethan habe, ist ja wohl keine Frage. Aber Personen ihres Standes denken in ihren Umständen selten feiner und edler, und es wird in großen Städten, selbst unter Leuten, von deren Stand und Erziehung man billig mehr fodern könnte, nie an Müttern wie Krobyle fehlen. Und ist der Grundsatz, dem sie in ihrem Plan folgt, das was moralisch besser und edler ist, im Collisionsfalle, dem *Nützlichern* aufzuopfern, etwa nicht der nehmliche, wornach die große Welt von jeher gehandelt hat? Das Gewerbe, das Korinna treiben sollte, war bey den Griechen so wenig ehrsam als bey uns, aber es war *erlaubt;* und vorausgesetzt, daß sie es nun einmal ergriffen hatte, so that Krobyle nichts als ihre Schuldigkeit, indem sie ihrer Tochter über die sichersten Mittel sich beliebt zu machen, einen zweckmäßigen Unterricht gab, wozu sie als Mutter einen nähern Beruf hatte, als Sokrates beym Xenophon, die schöne Theodota in der Verführungskunst zu unterweisen. Der Hauptpunkt aber, den man in Beurtheilung dieses und aller übrigen Hetärengespräche nie aus den Augen verlieren muß, ist: daß es bey *Sittengemählden* dieser Art, wo Menschen wie sie sind, nicht wie sie nach den reinsten moralischen Grundsätzen seyn sollten, geschildert werden, bloß auf *Wahrheit der Darstellung* ankommt. Die Absicht ist hier nicht Beyspiele zur Bewunderung und Nachahmung aufzustellen, sondern uns eine gewisse Gattung von Menschen *kennen* zu lehren. Hat der Mahler seine Personen nur recht getroffen, was an ihnen zu billigen oder nicht zu billigen ist, wird uns unser eigenes Gefühl schon sagen.

VII.
Musarion
und ihre Mutter.

DIE MUTTER, *spöttisch.*

Wenn wir noch so einen Liebhaber finden, Musarion, wie dieser Chäreas ist, so können wir weniger nicht thun als daß wir der Venus Pandemos eine weisse Ziege, der Urania und der in den Gärten jeder eine junge Kuh opfern, und die Plutodoteira[1]) über und über mit Blumenkränzen umhängen; wir wären auf immer die glücklichsten Leute in der ganzen Welt. Das mußt du mir doch selbst gestehen daß es ein freygebiger junger Herr ist! Wenn er, seit dem du ihn kennst, auch nur mit einem armen Doppelbatzen hervorgerückt wäre! Nur ein Halstuch, oder ein paar Schuhe, oder ein Pommadetöpfchen wenigstens! Aber nichts! Nichts als Entschuldigungen, und Versprechungen und weit hinausgeschobene Hofnungen, und das ewige »Wenn mein Vater — Wenn ich Herr von meinen Erbgütern seyn werde, — dann ist alles dein« — Sagst du nicht, er habe dir mit einem Eide versprochen daß er dich sogar heurathen wolle?

MUSARION.

Ja, Mutter, das hat er mir bey den beyden Göttinnen[2]) und bey der Polias[3]) geschworen!

1) Die *Reichthumgeberin*, ein Beywort, das nach Tib. Hemsterhuys Bemerkung in einem der Orphischen Hymnen der Eleusinischen Ceres gegeben wird.

2) Ceres und Proserpine.

3) *Minerva Polias*, d. i. Schutzgöttin der Stadt Athen.

MUTTER.

Und du bist eine Närrin und glaubst ihm? Und drum gabst du ihm neulich, da er keinen Heller hatte um das Kränzchen, das er geben mußte, zu bezahlen, ohne mein Vorwissen deinen Ring vom Finger? der ist nun verkauft und durch die Gurgel gejagt! Und wo sind die zwey Ionischen Halsketten hingekommen, deren jede zwey *Dariken* wog,[4]) womit dich der Schiffsherr Praxias beschenkt hatte, und die er expreß für dich zu Ephesus hatte machen lassen? Die sind auch fort! Denn freylich brauchte der holde Chäreas Geld, um sein Contingent zu einem großen Schmause den jungen Herren seines Alters zu erlegen. Um wie viele Schleyer und Unterröcke er dich schon gebracht hat, daran mag ich gar nicht denken. Wahrhaftig, der Mensch ist ein rechter Schatz, den wir gefunden haben!

MUSARION.

Aber dafür ist er schön, und hat noch ein glattes Kinn, und sagt mir mit heissen Thränen daß er

4) Der Darik (δαρεικός) war eine in Griechenland, Kleinasien, Syrien und Persien gewöhnliche Goldmünze, die ihren Nahmen von Darius Hystaspis Sohn hatte, der sie zuerst schlagen ließ. In der Folge ließen auch die Macedonischen, Syrischen und andere Könige Münzen von gleichem Werthe schlagen, die z. B. Philippei, Alexandrei, u. s. w. oder, nach unsrer Art zu reden, *Philippd'or*, *Alexanderd'or*, aber gewöhnlich auch *Dariken* hießen, so wie man bey uns alle Fünfthaler Stücke, es mögen nun wirkliche alte *Louis*, oder Friedrichsd'or, Augustd'or, Carld'or, u. s. w. seyn, im gemeinen Leben *Louisd'or* zu nennen pflegt. Der Darik wog an Golde von 23 Carat fein *zwey Drachmen*, und galt bey den Griechen (vermöge des bey ihnen eingeführten Verhältnisses des Goldes zum Silber) 20 Silberdrachmen. *Eduard. Bernard de Mensur. et ponder. antiquis* p. 171. *Otho Sperling. de nummis non cusis*, cap. 21. Diesemnach hätten die beyden Halsketten der Musarion zusammen nicht mehr als zwey Loth gewogen, und ihr größter Werth müßte in der Feinheit und Zierlichkeit der Fasson bestanden haben.

mich liebe, und ist der Dinomache und des Areopagiten Laches einziger Sohn, und verspricht mich zu heurathen, und wir haben die größten Hofnungen von ihm, sobald der Alte die Augen zumacht.

MUTTER.

Wenn wir also ein paar Pantoffeln nöthig haben, und der Schuster acht Groschen verlangt, so wollen wir ihm sagen: Geld haben wir zwar nicht, aber Hofnungen in Menge; nimm dir etliche davon an Zahlungs statt! Den Becker fertigen wir künftig auf die nehmliche Art ab; und will der Hausherr seinen Miethzins haben, so sagen wir ihm: Gedulde dich nur bis der alte Laches todt ist, nach der Hochzeit wollen wir dich richtig bezahlen. Schämst du dich nicht in dein Herz hinein, daß du die einzige unter allen Hetären bist, die keine Ohrenringe, kein Halsband, nicht einmal eine Tarentinische Schemise hat?[5])

MUSARION.

Sind sie darum etwa glücklicher und schöner als ich?

MUTTER.

So sind sie wenigstens klüger und verstehen ihr Handwerk. Sie lassen sich nicht mit glatten Wörtchen abspeisen, und glauben nicht an die Schwüre, die solchen jungen Windbeuteln schaarenweis auf den Lippen sitzen. Aber du bist eine treue zärtliche Seele, und lebst einzig für deinen lieben Chä-

5) ταραντινίδιον. Ein weibliches Kleidungsstück von einem sehr feinen durchsichtigen Zeug, der zu Tarent fabriziert wurde. Was es eigentlich für eine Form hatte, ist unbekannt; ich habe also proprio Marte [auf eigene Faust] eine Schemise daraus gemacht, weil ich vermuthe daß es wohl der sogenannte *leinene Nebel* des *Petronius* seyn könnte.

reas! Wie tractiertest du neulich den jungen Akarnanischen Weinbauer, den sein Vater mit einem Fuder Wein in die Stadt zu Markte geschickt hatte? Der hatte doch auch noch keinen Bart, aber einen desto gespicktern Beutel; und so einen Kundsmann, der dir von seinem gelößten Gelde zwey baare Minen anbot, weisest du verächtlich ab, und letzest dich dafür mit deinem *Adonis* Chäreas!

MUSARION.

Ich hätte ihn also sitzen lassen; und dem bocksenden Bauerlümmel die Zeit vertreiben sollen? Das wäre ein feiner Tausch!

MUTTER.

Nu, Nu! Er ist freylich nur ein Bauerjunge, und riecht nicht zum besten. Das möchte dir noch hingehen. Aber was hattest du gegen den Antipho, des Menekrates Sohn, einzuwenden, der eine Mine geben wollte? *Der* ist doch ein so feiner junger Herr aus der Stadt als Chäreas immer? Warum wurde auch *der* abgewiesen?

MUSARION.

Chäreas drohte uns alle beyde umzubringen, wenn er mich jemals bey ihm antreffen würde.

MUTTER.

So? Sind dergleichen Drohungen etwa was ungewöhnliches? Um deßwillen sollst du also ohne Liebhaber bleiben, und so keusch leben wie eine Priesterin der Ceres? Wofür wärst du denn eine Hetäre? Doch nichts weiter davon! Die *Haloa*[6]) fangen heute an; was hat er dir zum Fest für ein Present gemacht?

6) Ein Fest der Ceres.

MUSARION.

Der arme Schelm hat nichts, Mutter; was sollt' er mir geben können?

MUTTER.

Er ist also der einzige, der kein Mittel ausfindig machen kann, Geld von seinem Vater zu erwischen? Hat er keinen Sclaven der dem Alten was vorlügen konnte? Oder warum begehrt er nicht was von seiner Mutter? Konnt' er ihr nicht drohen, er wolle auf und davon gehen und Soldat werden, wenn sie ihm nichts gebe? Aber da sitzt er mit den Händen im Schoos, und zehrt uns auf, giebt selbst nichts, und will doch nicht leiden daß wir von andern, die so gerne gäben, etwas annehmen! Aber *du* solltest klüger seyn, Musarion! Meynst du denn du werdest immer achtzehn Jahre alt bleiben? Oder bildest du dir ein, Chäreas wenn er einst selber reich ist, und seine Mutter ihm eine Braut mit vielen Tausenden aufgefunden hat, werde gesinnt bleiben wie jetzt? Denkst du, er werde sich seiner Thränen und Küsse und Eidschwüre erinnern, wenn er eine Mitgift von fünf baaren Talenten auf dem Tische liegen sieht?

MUSARION.

Das wird er ganz gewiß! Und ein Beweis davon ist, daß er nicht bereits eine Frau genommen, sondern es seiner Familie, die ihn beynahe mit Gewalt dazu nöthigen wollte, rein abgeschlagen hat.

MUTTER.

Ich wünsche daß er dich nicht hintergehe! Aber du wirst noch an mich denken, Musarion!

VIII.
Ampelis, Chrysis.

AMPELIS.

Wie? den Mann, der weder eifersüchtig ist, noch böse über dich wird, der dir nie keine Ohrfeige gegeben, oder die Haare glatt vom Kopfe weggeschoren, oder die Kleider vom Leibe gerissen hat, den wolltest du für einen Liebhaber gelten lassen?

CHRYSIS.

Das werden doch hoffentlich nicht die einzigen Kennzeichen eines Liebhabers seyn sollen?

AMPELIS.

Wenigsten *die* eines warmen Liebhabers. Alles andre, Küsse, Thränen, Schwüre ewiger Treue, häufiges Wiederkommen, und dergleichen, das findet sich bey jeder noch neuen Liebe: aber das wahre Feuer zündet allein die Eifersucht an. Wenn dich also Gorgias, wie du sagst, tüchtig abgerbt und so eifersüchtig wie ein Drache ist, so laß dichs freuen, und wünsche daß er's dir nie anders mache!

CHRYSIS.

Wie? was? daß er mich immer prügeln soll?

AMPELIS.

Das nun eben nicht; aber daß er nicht leiden könne, wenn du einen andern als ihn ansiehst. Wenn er dich nicht liebte, würde er wohl so wüthig darüber werden, dich in den Armen eines andern Liebhabers zu wissen?

CHRYSIS.

Ich habe aber keinen andern. Er hingegen hat sich ohne allen Grund in den Kopf gesetzt, daß ein gewisser reicher Herr mir die Cour mache, bloß weil ich zufälliger Weise seinen Nahmen nannte.

AMPELIS.

Auch das ist ein guter Umstand, wenn er glaubt, daß dir reiche Leute die Cour machen. Das wird ihn desto ärger wurmen, und er wird sich einen Ehrenpunkt daraus machen, von seinen Nebenbulern nicht an Freygebigkeit übertroffen zu werden.

CHRYSIS.

Er ist der rechte dazu! Er zankt und tobt und prügelt, aber geben ist seine Sache nicht.

AMPELIS.

Das wird noch kommen! Die eifersüchtigen sind immer am leichtesten zu plündern.

CHRYSIS.

Aber ich begreife gar nicht, liebe Ampelis, wie du so darauf versessen bist daß ich Schläge bekommen soll.

AMPELIS.

Das bin ich nicht. Ich meyne nur, daß du mit etwas mehr Kunst deinen Eifersüchtigen zum verliebtesten Menschen von der Welt machen könntest. Ich spreche als eine Person, die unsre Profession schon zwanzig Jahre treibt; du bist kaum achtzehn auf der Welt. Du hast deinen Liebhaber durch deine allzugroße Anhänglichkeit und die Furcht vor seiner Eifersucht verwöhnt. Du solltest ihm vielmehr Ursache dazu geben, und ihm die Möglichkeit zeigen daß er dich verlieren könnte. Denn so lang er so gewiß ist daß er dich allein hat, so ermattet die Begierde, und du wirst seine Sclavin da du seine Gebieterin seyn könntest. Wenn du willst so will ich dir erzählen, was mir vor nicht gar vielen Jahren begegnet ist. Demophantus, der Wechsler, der hinter der Pöcile wohnt, war damals mein Liebhaber. Er hatte mir nie mehr als fünf Drachmen auf einmal gegeben, und maßte sich doch an den Herren über mich zu spielen. Der Pfeil der Liebe war nicht tief in das Herz des Geldmäklers eingedrungen; es war nicht viel mehr als ein Nadelritz; er seufzte und weinte nicht, kam nicht in später Nacht bey Wind und Wetter vor meine Thür; kurz, das Ganze war daß er zuweilen bey mir schlief, und auch das selten genug. Nun kam er einsmals angezogen, da eben der Mahler Kallides bey mir war, der sich meine Thür mit zehn Drachmen geöfnet hatte. Er wurde abgewiesen, schimpfte gewaltig, mußte sich aber doch endlich seiner Wege trollen. Er mochte sich eingebildet haben, daß ich nach ihm schicken würde: aber wie er sich immer darin betrogen fand, kam er nach vielen Tagen wieder. Kallides war ihm abermals zuvorgekommen. Nun wurde mein Demophantus auf einmal warm, und fieng bald so lichterloh zu brennen an, daß er so lange lauerte, bis er die Thür einmal offen fand; und nun stürzte der Mensch herein, und heulte und tobte, drohte sich vor meinen Augen zu erstechen, schlug auf mich zu, riß mir die Kleider vom Leibe, kurz, führte sich auf wie ein toller Mensch und das Ende von der Komödie war, daß er mir baare tausend Thaler hinzählte, um mich acht Monate allein zu haben. Seine Frau sagte allen Leuten, ich hätte ihn durch einen Liebestrank wahnsinnig gemacht: aber der Liebestrank war weiter nichts als die Eifersucht. Das ist also das Zaubermittel, liebe Chrysis, das ich dir empfohlen haben will, dem Gorgias einzugeben. Es verlohnt sich schon der Mühe; denn der junge Mensch wird ein großes Vermögen bekommen, wenn seinem Vater was menschliches begegnen sollte.

IX.
Dorkas, Pannychis, Philostratus und Polemon.

DORKAS.

Wir sind verloren, Frau, wird sind verloren! Polemon ist aus dem Kriege wiedergekommen, und bringt großes Geld mit sich, wie es heißt; ich selbst hab ihn gesehen; er trug ein mit Purpur besetztes und mit einer prächtigen Agraffe zusammengeschnalltes Kriegskleid, und hatte eine Menge Bediente hinter sich her. Während nun seine Freunde, sobald sie ihn erblickten, herbey eilten und ihn begrüßten, machte ich mich an einen von seinen Nachtretern, der mit ihm ausser Landes gewesen war, grüßte ihn bey seinem Nahmen, und fragte, wie es ihnen ergangen sey, und ob sie auch etwas, das sich der Mühe seinen Hals zu wagen verlohne, aus dem Kriege mitgebracht hätten?

PANNYCHIS.

Du hättest nicht gleich so herausplatzen sollen. — O! allen Göttern und vor allen dem Jupiter Xenius und der Minerva Strateia *) sey Dank, daß sie euch

*) Diese Minerva Strateia scheint von der eignen Erfindung der Pannychis zu seyn; wenigstens findet sie sich sonst nirgends mit diesem soldatischen Beynahmen.

wieder glücklich zu uns zurückgebracht haben! Meine Frau war immer in großer Unruhe euertwegen; wie mag es ihnen jetzt gehen? fragte sie alle Augenblicke, wo mögen sie seyn? — So was solltest du gesagt haben, und hättest du noch hinzugesetzt: die arme Frau weinte soviel um euch! hatte immer den Nahmen ihres Polemon im Munde! — so wär' es noch desto besser gewesen.

DORKAS.

Das hab' ich alles vorangeschickt; ich wollte es nur bey dir nicht wiederholen, um desto geschwinder auf das zu kommen, was er *mir* sagte. Eigentlich fieng ich so an: Nun, Parmeno, haben euch die Ohren nicht recht oft geklungen? Meine Gebieterin konnte an nichts anders denken als an euch; sie hat was ehrliches um euch geweint, sonderlich wenn jemand aus einem Treffen zurückkam, wo viele Menschen geblieben seyn sollten. Wie raufte sie sich nicht die Haare aus dem Kopf! wie zerschlug sie nicht ihren Busen, so oft eine Botschaft ankam, ohne ihr von ihrem lieben Polemon Nachricht zu bringen!

PANNYCHIS.

Bravo! So war's recht!

DORKAS.

Und erst, nachdem ich das alles gesagt hatte, that ich die besagte Frage an ihn. Wir kommen in sehr glänzenden Umständen zurück, war seine Antwort.

PANNYCHIS.

Also *auch* ohne Eingang? ohne etwas davon zu erwähnen, wie fleißig Polemon an mich gedacht, wie er sich nach mir gesehnt, und wie viele Gelübde er gethan habe, mich gesund wieder zu sehen?

DORKAS.

O gewiß sagte er viel dergleichen, das versteht sich. Aber die Hauptsache war doch immer was er mir von dem großen Reichthum, dem vielen Golde und Elfenbein, und den kostbaren Kleidern, und der Menge von Sclaven, so sie mitgebracht hätten, erzählte; das Silber betreffend, dessen habe er so viel daß es nicht gezählt, sondern mit dem Scheffel gemessen werde, und es mache deren eine große Zahl aus. Parmeno selbst hatte am kleinen Finger einen sehr großen vieleckigten Ring mit einem Rubin von der Sorte die in dreyerley Farben spielt. Der Mensch hatte eine so große Lust mir von ihren Thaten zu erzählen, daß ich ihm eine gute Weile zuhören mußte, wie sie, nach ihrem Übergang über den Halys, einen gewissen Teridates ins Gras gestreckt, und wie tapfer Polemon sich in einem Treffen gegen die Pisidier gehalten: aber endlich macht' ich mich doch von ihm loß, und lief was ich konnte, um dir von dem allen Nachricht zu bringen, damit du deine Maaßregeln darnach nehmen könntest. Denn wenn Polemon käme (und er kommt ganz gewiß sobald er sich von seinen Freunden loßreissen kann) und er fände den Philostratus, von dem er vielleicht schon was erfahren hat, bey uns: was meynst du wohl was er dazu sagen würde?

PANNYCHIS.

Hilf mir auf ein Mittel denken, Dorkas, uns aus dieser Verlegenheit zu retten! denn daß wir diesen fortschicken sollten, der ein reicher Kaufmann ist, und mir kaum tausend Thaler ausgezahlt hat, und noch viel mehr verspricht, das wäre nicht schön; hingegen wär es eben so wenig nützlich, den wiedergekommenen Polemon nicht anzunehmen; zumal da er sehr eifersüchtig ist. Er war es schon auf eine ganz unerträgliche Art da er noch arm war: was würde er sich nicht erst in seinen jetzigen Umständen erlauben?

DORKAS.

Alles Überlegen hat ein Ende; ich seh ihn schon kommen!

PANNYCHIS.

Ach Dorkas, die Sinne vergehen mir vor Angst, ich zittre an allen Gliedern.

DORKAS.

Zu allem Unglück kommt auch Philostratus.

PANNYCHIS.

Was soll ich anfangen? O daß die Erde sich unter mir aufthäte!

PHILOSTRATUS.

Nun, Pannychis, wir trinken doch eins mit einander?

PANNYCHIS *heimlich zu Philostratus.*

Du stürzest mich ins Verderben! *laut zu Polemnon.* Sey mir gegrüßt, Polemon! Du hast uns lange auf dich warten lassen.

POLEMON.

Aber wer ist denn der da, der hier so bekannt thut? — Du schweigst? — Vortrefflich! — Aus meinen Augen, Pannychis! — Und um eines solchen Weibsstücks willen fliege ich in fünf Tagen von Pylä hieher! Aber mir geschieht recht, und ich danke dir noch dafür; nun bin ich doch sicher daß du mich nicht plündern sollst!

PHILOSTRATUS.

Und wer bist denn du, mein schöner Herr?

POLEMON.

So wisse denn, weil du es nicht weißt, ich bin Polemon von Stiria aus dem Pandionischen Stamme, ehmals Oberster über tausend, dermalen über ein Corps von fünftausend Mann, und der Liebhaber dieser Pannychis, wie ich noch eine bessere Meynung von ihrem Verstande hatte.

PHILOSTRATUS.

Aber so wie sie jetzt ist, Herr Oberster, ist sie mein, und hat tausend Thaler dafür von mir empfangen, und soll noch tausend bekommen, wenn ich meine Schiffsladung abgesetzt haben werde. Für jetzt folge du mir, Pannychis, und schicke diesen Herren zu den Odrysiern, wo er so viele Tausende commandieren mag als er Lust hat.

DORKAS.

Meine Gebieterin ist eine freye Person, sie wird folgen wenn es ihr beliebt.

PANNYCHIS *leise zu Dorkas.*

Rathe mir, was soll ich thun?

DORKAS.

Das Beste wird immer seyn hinein zu gehen. Es schickt sich nicht, daß du dem Polemon, so aufgebracht als er ist, länger vor den Augen bleibest; seine Eifersucht würde dadurch nur immer höher gespannt werden.

PANNYCHIS *zu Philostratus.*

Wenn du willst, so gehen wir hinein.

POLEMON.

Ihr sollt heute euer letztes trinken, das versichre ich euch, oder ich müßte mich vergebens bey so vielen Mordgelegenheiten in der Kunst geübt haben. He, Parmeno? die Thrazier!

PARMENO.

Sie sind schon alle unterm Gewehr; sie haben in einem Phalanx das ganze Gäßchen besetzt. Die schwere Infanterie macht die Fronte, die Schleuderer und Bogenschützen sind auf beyden Flügeln vertheilt, und die übrigen stehn im Hintertreffen.

PHILOSTRATUS *zu Polemon.*

Solches Zeug muß er Kindern vorsagen, Herr Kriegsknecht. Meynt er etwa daß er den Popanz mit uns spielen könne? Du Großpraler! *Du* hättest in deinem ganzen Leben nur einen Gockelhahn todt gemacht? *Du* hättest dem Krieg ins Gesicht gesehen, du? Höchstens bist du auf irgend einer alten Burg mit sieben Mann in Garnison gelegen, und vermuthlich erweis' ich dir schon zuviel Ehre, da ich dir *so* viel einräume.

POLEMON.

Das wirst du bald erfahren, wenn du uns mit vorgestreckten Speeren in blinkender Rüstung anrükken sehen wirst.

PHILOSTRATUS.

Kommt nur alle in Schlachtordnung herbey; ich und dieser Tibys hier, der einzige Bediente den ich bey mir habe, wollen euch mit Steinen und zerbrochnen Töpfen dermaßen auseinander stöbern, daß ihr nicht wissen sollt, wohin ihr euch verkriechen wollet.

X.
Chelidonion, Drose.

CHELIDONION.

Kommt denn der junge Klinias nicht mehr zu dir, liebe Drose? Es ist schon so lange daß ich ihn nicht mehr bey euch gesehen habe.

DROSE.

Nicht mehr, liebe Chelidonion. Sein Lehrer hat es ihm verboten.

CHELIDONION.

Und wer ist denn der? doch nicht der Fechtmeister Diotimus? denn der ist einer meiner guten Freunde.

DROSE.

Nein, der verdammte Philosoph Aristänetus ists.

CHELIDONION.

Wie? der finstre übelgekämmte bockbärtige Kerl, der immer mit den jungen Herren in der Pöcile auf und abspaziert?

DROSE.

Dieser nehmliche Windmacher. O daß ich ihn doch an seinem eignen langen Bart aufgehangen am Galgen verdorren sehen möchte!

CHELIDONION.

Aber was ficht den Menschen an, daß er dem Klinias solche Dinge in den Kopf setzt?

DROSE.

Das weiß ich nicht; aber dieß weiß ich, daß Klinias, dessen erste Liebe ich war, und der vom ersten

Tage an da er sich zu mir hielt, nicht eine einzige Nacht ausgeblieben ist, in diesen verwichnen drey ganzen Tagen sogar unsre Gasse ausgewichen hat. Ich weiß selbst nicht wie mir dabey zu Muthe wurde; genug, es machte mich unruhig, und da schickte ich meine Nebris, daß sie sich auf dem großen Platze oder in der Stoa nach ihm umsehen sollte. Diese sagt, sie habe ihn mit dem Aristänetus auf und abgehen sehen; sie habe ihm von ferne zugewinkt; er sey darüber roth worden und habe auf den Boden gesehen, aber von dem an die Augen nicht wieder aufgeschlagen. Da er sie nun, wiewohl sie ihm bis an die doppelte Pforte nachgieng, nicht wieder ansehen wollte, kam sie zurück, ohne mir etwas zuverläßiges berichten zu können. Du kannst leicht denken wie übel ich seit dem meine Zeit zugebracht, da ich unmöglich errathen konnte was dem jungen Menschen fehle. Hab' ich ihm denn irgend was zu Leide gethan, sagte ich; oder liebt er eine andere? Oder hat ihm sein Vater mein Haus verboten? Indem mir eine Menge solcher Gedanken durch den Kopf liefen, kam sein Dromo Abends spät, und brachte mir diesen Brief von ihm. Lies ihn selbst, Chelidonion! Du hast doch wohl lesen gelernt[1]).

CHELIDONION.

Laß sehen! die Handschrift ist nicht sehr leserlich; die Buchstaben schlingen sich in einander und verrathen die Eilfertigkeit des Schreibers. *(Sie liest)* »Wie sehr ich dich geliebt habe, meine Drose, darüber rufe ich die Götter zu Zeugen an — «

1) Allem Ansehen nach hatte es die gute Drose selbst nicht gelernt, wiewohl sie ihre blinde Seite so ziemlich zu verbergen weiß.

DROSE *weint.*

Hi! Hi! Der Unglückliche schreibt mir nicht einmal einen Gruß[2])!

CHELIDONION *fortlesend.*

»— und auch jetzt laß' ich nicht aus Haß sondern aus Nothwendigkeit von dir. Mein Vater hat mich dem Aristänet übergeben, um der Philosophie mit ihm obzuliegen. Dieser hat alles, was zwischen uns vorgegangen, ausgekundschaftet, und mich sehr stark deßwegen ausgescholten. Er sagt, es sey meiner, als eines Sohnes des Architeles und der Erasiklea[3]), unwürdig, mit einem Mädchen von deiner Profession Umgang zu haben, und es sey viel besser die Tugend der Wollust vorzuziehen —«

DROSE.

Mög' er nie des Lebens froh werden, der alte Narr, der einem jungen Menschen solche Dinge lehrt[4])!

CHELIDONION *liest fort.*

»Ich bin also genöthiget ihm Folge zu leisten. Denn er geht mir auf allen Tritten und Schritten nach, und hütet mich aufs schärfste, so daß ich ausser ihm selbst keinen Menschen nur ansehen darf. Wenn ich mich recht vernünftig aufführe, sagt er, und ihm in allem folge, so verspricht er mir, ich werde höchst glücklich seyn und ein tugendhafter Mann werden; nur müsse ich mich schlechterdings durch Arbeit und Enthaltsamkeit dazu geschickt machen. Dieß ist alles was ich dir schrei-

2) Mit diesem einzigen Zug steht die ganze Drose vor uns da!

3) d. i. sehr vornehmer Leute, wie sich schon aus den vornehm klingenden Nahmen bey den Griechen schließen ließ.

4) Ein zweyter Charakterzug, der den ersten vollendet.

ben kann, da ich es nur verstohlner Weise thun muß. Und so lebe dann wohl und sey glücklich und denke zuweilen an Klinias!«

DROSE.

Was sagst du zu dieser saubern Epistel, Chelidonion?

CHELIDONION.

Alles übrige klingt wie Scythisch: aber das »denke zuweilen an Klinias« führt ein wenig Hoffnung bey sich.

DROSE.

So kam es mir auch vor; aber indessen sterbe ich vor Liebe. Nun sagt mir Dromo: der Aristänet sey ein Päderast und brauche die Wissenschaften nur zum Vorwand, um die schönsten jungen Leute an sich zu ziehen; er rede viel und oft in geheim mit Klinias und mache ihm große Versprechungen, als ob er ihn den Göttern gleich machen wolle; auch lese er ihm gewisse erotische Dialogen der alten Philosophen mit ihren Schülern vor, und sey, mit Einem Wort, immer um den jungen Menschen herum. Er drohte auch, der Dromo, daß er es dem Vater seines jungen Herren sagen wolle.

CHELIDONION.

Du hättest dem Kerl die Kehle tüchtig schmieren sollen!

DROSE.

Das hab' ich auch gethan; er ist aber ohnehin mein, denn der Mund wässert ihm gewaltig nach meiner Nebris.

CHELIDONION.

Wenn das ist so sey gutes Muthes, es wird alles nach Wunsche gehen. Ich denke, ich will auch an eine Mauer im Ceramikus, wo Architeles zu spazieren pflegt, mit großen Buchstaben schreiben: Aristänet verführt den Klinias — damit ich dadurch die Anklage des Dromo unterstützen helfe.

DROSE.

Aber wie willst du das schreiben daß dich niemand gewahr wird?

CHELIDONION.

Bey Nacht, Drose, und mit einer Kohle.

DROSE.

Glück zu! Wenn *du* mir kämpfen hilfst, so hoffe ich noch wohl über den windichten Aristänet Meister zu werden.

XI.
Tryphäna, Charmides.

TRYPHÄNA.

Wo hat aber auch jemals ein Mann einer Hetäre fünf Drachmen[1]) gegeben, um ihr die ganze Nacht durch den Rücken zuzukehren, und zu weinen und zu seufzen als ob ihm das Herz zerspringen wolle? Der Wein wollte dir diesen Abend nicht recht schmecken, und doch mochtest du auch nicht allein soupieren. Von Zeit zu Zeit liefen dir die Thränen über die Backen, ich bemerkte es sehr wohl; und nun kannst du vollends gar nicht aufhören wie ein kleines Kind zu wimmern. Ich bitte dich, Char-

1) Fünf Drachmen scheinen der gewöhnliche wiewohl geringste Marktpreis einer nicht ganz gemeinen Hetäre gewesen zu seyn; aber zu Athen konnte man auch mit zwey Drachmen des Tages viel bestreiten. Arme Leute lebten von zwey oder drey Obolen.

mides, was soll das heissen? Verheele mir die Ursache nicht, damit ich doch wenigstens diesen Vortheil von der schlaflosen Nacht habe, die du mich zubringen machst.

CHARMIDES.

Ich sterbe vor Liebe, Tryphäna! Ich halte es nicht länger aus.

TRYPHÄNA.

Daß ich *die* nicht bin, die du liebst, ist klar genug; vermuthlich würdest du dich dann nicht so zurückziehen und deinen Mantel zu einer Mauer zwischen uns machen, aus Furcht daß ich dich etwa berühren möchte. Sage mir also wer ist die Glückliche? Vielleicht kann ich dir in deiner Liebe behülflich seyn; ich verstehe mich so ziemlich darauf, wie dergleichen Angelegenheiten behandelt seyn wollen.

CHARMIDES.

Du kennst sie sehr wohl, und sie dich; sie ist kein unbekanntes Frauenzimmer.

TRYPHÄNA.

Wie heißt sie denn?

CHARMIDES.

Philemation, gute Tryphäna!

TRYPHÄNA.

Welche meynst du? denn es sind ihrer zwey; *die* aus dem Piräus, die erst kürzlich in unsern Orden getreten ist, und jetzt von Damyllus, des dermaligen Oberfeldherrn Sohn, unterhalten wird? oder die andere, die man nur die *Schlinge* zu nennen pflegt?

CHARMIDES.

Die letztere. Ich Unglücklicher habe mich in dieser Schlinge gefangen, und bin so darin verwikkelt, daß ich unmöglich wieder loß kommen kann.

TRYPHÄNA.

Um derentwillen also weintest du so bitterlich?

CHARMIDES.

Ja wohl!

TRYPHÄNA.

Und ist es schon lange daß du in sie verliebt bist?

CHARMIDES.

Es sind ungefehr sieben Monate seit dem letzten Bacchusfeste, wo ich sie zum erstenmale sah.

TRYPHÄNA.

Wahrscheinlich mußt du keine Gelegenheit gehabt haben, mehr von ihr zu sehen, als ihr Gesicht, und was eine Person von fünf und vierzig Jahren, wie Philemation ist, vernünftiger Weise zeigen kann?

CHARMIDES.

Von fünf und vierzig, sagst du? *Sie* schwört, daß sie in künftigem Februar erst zwey und zwanzig seyn werde.

TRYPHÄNA.

Wem willst du nun glauben, ihren Schwüren oder deinen eignen Augen? Du brauchst weiter nichts als ihre Schläfe ein wenig genauer anzusehen, wo sie noch ihre eigene Haare hat; denn alles übrige ist falsch. Aber daß sie um die Schläfe schon grau wird, das zeigt sich, sobald die Farbe, womit sie sich die Haare schwärzt, hier und da abgegangen ist. Doch das ist das wenigste. Nöthige sie einmal sich nackend sehen zu lassen!

CHARMIDES.

Dazu hab' ich sie noch nie bringen können.

TRYPHÄNA.

Das glaub' ich! Sie hofft wohl nicht daß du ihre Schwindflecken sehr reizend finden würdest; denn sie ist vom Halse bis zum Knie so scheckigt als ein Pardel. Und du weintest dir die Augen aus, einer so lieblichen Creatur entbehren zu müssen? Hat sie dir nicht etwa noch oben drein übel begegnet?

CHARMIDES.

Ja leider! gute Tryphäna, wiewohl sie mich schon soviel Geld kostet: und nun, da sie auf einmal tausend Drachmen[2]) von mir verlangt, die ich ihr, weil mich mein Vater sehr kurz hält, nicht geben kann, hat sie den Moschion angenommen und mir ihr Haus verschlossen. Deßwegen habe ich dich eben holen lassen; es geschah bloß, um ihr einen Gegenverdruß dafür anzuthun.

TRYPHÄNA.

So wahr mir Venus hold sey, ich würde nicht gekommen seyn, wenn mir jemand gesagt hätte, man hole mich bloß um einer andern Verdruß anzuthun, und das noch gar so einem Aschenkruge wie Philemation! Also lebe wohl! der Hahn kräht jetzt ohnedem schon zum drittenmal.

CHARMIDES.

Warum so eilig, liebe Thryphäna? Wenn das alles wahr ist, was du von Philemation und ihren falschen Haaren, und ihrer Färberey und ihren Leberflecken sagtest, so wär' ich nicht im Stande sie nur wieder anzusehen.

2) Zweyhundert und funfzig Gulden.

TRYPHÄNA.

Frage deine Mutter, die sich vielleicht einmal mit ihr gebadet hat; denn, was ihr Alter betrifft, davon kann dir dein Großvater, wenn er noch am Leben ist, die beste Nachricht geben.

CHARMIDES.

Da es *so* mit ihr beschaffen ist, so würfen wir, dächte ich, die Mauer ein, Tryphäna, und — würden gute Freunde? Wie viel Dank bin ich dir schuldig, daß du mir aus dieser Schlinge heraus geholfen hast!

XII.
Joessa, Pythias, Lysias.

JOESSA.

Du bist also meiner überdrüssig worden, Lysias, weil ich dich zu zärtlich liebte? Nur zu wahr! Ich verdiene keine bessere Begegnung, da ich dir niemals Geld abgefodert, dir niemals mit der angenehmen Formel, der Platz ist schon besetzt, meine Thür verschlossen, noch, wie andere, dich genöthigt habe, deinen Vater zu hintergehen, oder deine Mutter zu bestehlen, um es *mir* zuzutragen, sondern dich, vom Anfang unsrer Bekanntschaft an, aus Neigung und ohne die geringste Absicht auf Gewinn, glücklich gemacht habe. Du weißt, wie viele Liebhaber ich um deinetwillen fortgeschickt habe, den Ethokles, der jetzt im Rathe ist, — den Schiffsherrn Passion, — deinen Cameraden Melissus, ungeachtet er neulich durch den Tod seines Vaters Herr über sein Vermögen geworden ist. Ich habe mich dir allein ergeben, dich zu meinem *Phaon*[1]) gemacht, bin so ganz dein gewesen, daß ich keinen andern als dich angesehen, geschweige vorgelassen habe. Ich Thörin glaubte deinen Schwüren, hieng mit der Treue einer Penelope an dir, was mir auch meine Mutter die Ohren voll schrie, und wie oft sie mich bey allen meinen Freundinnen verklagte. Und du, sobald du die arme liebeskranke Närrin in deiner Gewalt sahst, machtest dir so wenig aus mir, daß du bald vor meinen sehenden Augen mit Lycänen schäkertest, bloß um mir Weh zu thun, bald an meiner Seite liegend kein Ende finden konntest mir die Sängerin Magidion vorzuloben, ohne dich meinen Schmerz über so empfindliche Kränkungen und meine Thränen im geringsten anfechten zu lassen. Du hast doch wohl noch nicht vergessen, wie du dich neulich, bey dem Schmause, den du deinen Freunden Thraso und Diphilus gabst, aufführtest, wo Cymbalion, die Flötenspielerin, und Pyrallis, die als meine Feindin bekannt ist, zugegen waren. Daß du eine Creatur wie Cymbalion fünfmal küßtest, kümmerte mich ganz und gar nicht[2]); du beschimpftest bloß dich selbst dadurch; aber der Pyrallis, da du doch wußtest wie ich mit ihr stehe, immer zuzuwinken, ihr den Becher aus dem du trankst zu zeigen, ihn dann dem Bedienten zu geben, und ihm ins Ohr zu raunen, daß er, wenn Pyrallis zu trinken verlange, ihr und ja keiner andern in diesen nehmlichen Becher einschenken sollte, — das war zu arg! Und nun vollends einen Apfel anzubeißen, und in einem Augenblick, wo Diphilus[3]),

1) d. i. dich eben so inbrünstig geliebt wie *Sappho* den schönen Phaon.

2) Und doch zählte sie so genau?

3) Der damalige Inhaber der Pyrallis.

weil er eben mit Thraso sprach, nicht darauf Acht gab, dich zurück zu lehnen, und, (ohne dich im geringsten zu bekümmern, ob ich es sehe oder nicht) den Apfel mit einem wohlgezielten Wurfe der Pyrallis in den Schoos zu werfen, die ihn sogleich küßte und unter ihrem Halstuch mitten in ihren Busen steckte! — Was für Ursachen habe ich dir gegeben mich *so* zu behandeln? Hab ich mich in irgend etwas, es sey großes oder kleines, gegen dich versündigt? dir jemals etwas zum Verdruß gethan? Jemals einen andern angesehen? Lebt' ich nicht für dich ganz allein? Wahrlich, Lysias, es ist eine schlechte Heldenthat, ein armes Mädchen, das dich bis zum Wahnsinn liebt, zu peinigen! Aber es ist eine Adrastea im Himmel, die das sieht und dirs vergelten wird. Denn du wirst bald genug hören, daß ich mich erdrosselt oder in einen Brunnen gestürzt habe: ich werde doch wohl ein Mittel finden aus der Welt zu kommen und dich von meinem Anblick zu befreyen! Triumphiere dann immerhin als ob du eine große herrliche That verrichtet hättest! — Was siehst du so stier an mich hin und knirschest mit den Zähnen? Wenn du was über mich zu klagen hast, so rede! Pythias hier soll Richterin zwischen uns seyn. — Wie? Er geht fort und würdigt mich nicht einmal einer Antwort? — *Sie weint.* Du siehst, Pythias, wie ich von ihm mißhandelt werde!

PYTHIAS.

Welche Gefühllosigkeit! Nicht einmal von ihren Thränen gerührt zu werden! Er ist ein Stein und kein Mensch. — Aber, wenn ich die Wahrheit sagen soll, du hast ihn selbst dadurch verderbt, daß du ihn zu übermäßig liebtest, und es ihm sehen ließest. Du hättest ihm nicht zeigen sollen daß dir so ausserordentlich viel an ihm gelegen ist. Das macht sie eben übermüthig! — Weine nicht so, armes Kind! Wenn du dir rathen lassen willst, so schließ ihm ein- oder ein paarmal die Thür vor der Nase zu: du wirst sehen wie bald er wieder in Flamme gerathen wird, und dann laß die Reyhe an ihn kommen, vor Liebe unsinnig zu werden.

JOESSA.

Geh mit deinem Rath! Ich dem Lysias die Thür verschließen? Wollte Gott daß er mir nicht zuvorkomme und mich auf ewig sitzen lasse!

PYTHIAS.

Da kommt er ja schon wieder!

JOESSA.

Du hast mich zu Grunde gerichtet, Pythias! Er wird gehört haben, daß du mir riethest ihm die Thür zu verschließen?

LYSIAS.

Nicht dieser Creatur zu Gefallen, die nicht einmal meines Anblicks werth ist, sondern deinetwegen, Pythias, komm' ich zurück, damit du mich nicht ungehört verdammest, noch sagen könnest, Lysias sey ein hartherziger Mensch.

PYTHIAS.

Das sage ich eben jetzt, Lysias.

LYSIAS.

Du verlangst also, daß ich diese Joessa dulden soll, die jetzt in Thränen zerfließt, und die ich doch vor kurzem mit diesen meinen Augen über der Untreue erwischt und bey einem jungen Menschen schlafend angetroffen habe?

PYTHIAS.

Darauf, mein guter Lysias, könnte ich kurz und gut antworten, sie ist eine Hetäre. Aber, wie lange ist es denn, daß du sie in einer solchen Lage angetroffen hast?

LYSIAS.

Es wird heute der sechste Tag seyn. Mein Vater, der in Erfahrung gebracht hatte, daß ich seit langer Zeit in dieses tugendhafte Frauenzimmer hier vernarrt sey, hatte mir die Hausthür verschließen lassen, und dem Thürhüter verboten, mir aufzumachen. Aber ich, dem es unerträglich war nicht bey ihr zu seyn, befahl meinem Sclaven Dromo, an der Hofmauer, wo sie am niedrigsten ist, unterzustehen, so daß es mir nicht schwer war, von seinem Rücken über die Mauer hinüber zu kommen. Daß ichs kurz mache, ich stieg hinüber und langte glücklich an Ort und Stelle an. Ich fand die Hausthür sorgfältig verschlossen. Da es schon um Mitternacht war, wollte ich nicht anklopfen, sondern hob die Thür, wie ich schon mehrmals gethan hatte, ganz sachte aus den Angeln, und kam also ohne Geräusch hinein. Alles schlief. Ich tappte so lange herum, bis ich endlich ihr Bette fand.

JOESSA.

Heilige Ceres! was wird noch heraus kommen? Ich stehe Todesangst aus[4]).

LYSIAS.

Wie ich nun merkte daß hier zwey Personen athmeten, glaubte ich anfangs, ihr Mädchen Lydia

4) Sollte man nicht aus dieser Unruhe der Joessa schließen, daß es mit ihrer angerühmten Treue nicht so ganz richtig gewesen sey? Die Sache ist wenigstens problematisch, und in zweifelhaften Fällen ist die Präsumtion immer gegen die Joessas und Pythias.

schlafe bey ihr. Aber das war es nicht, Pythias. Denn indem ich so herum tastete, fand ich daß es ein glattes, unbärtiges, bis auf die Haut abgeschornes, parfümiertes Bürschchen war. Hätte ich einen Degen bey mir gehabt — so könnt ihr leicht denken daß ich mich nicht lange bedacht haben würde — Nun, was soll das? Was lacht ihr? Kommt dir die Sache so belachenswürdig vor, Pythias?

JOESSA.

Das war es also was dich so böse gemacht hat, Lysias? Es war diese nehmliche —

PYTHIAS *ihr die Hand auf den Mund legend.*

Ich bitte dich, Joessa, sag es ihm nicht.

JOESSA.

Und warum sollt' ichs nicht sagen dürfen? Pythias, mein Liebster, diese nehmlich hier gegenwärtige Pythias war es, die ich hatte bitten lassen bey mir zu schlafen; denn es war mir so traurig daß ich dich nicht bey mir hatte.

LYSIAS.

Pythias wäre der Bursche gewesen, dem die Haare bis auf den Kopf abgeschoren waren? Wie ist ihr denn binnen sechs Tagen wieder so mächtig viel Haar gewachsen?

JOESSA.

Die Haare waren ihr in einer Krankheit so stark ausgefallen, daß sie sich vollends abscheeren lassen mußte; und nun trägt sie eine Perücke. Zeig es ihm doch, Pythias, damit er den Glauben in die Hand bekommt. *(Sie nimmt ihr die falschen Haare ab)* Hier präsentiere ich dir den zarten unbärtigen jungen Buler, auf den du so eifersüchtig wurdest!

LYSIAS.

Aber sage selbst, Joessa, mußt' ichs nicht werden, da ich ihn mit meinen eignen Händen zu betasten glaubte? Ich müßte dich nicht geliebt haben, wenn ich es weniger geworden wäre.

JOESSA.

Du bist also zufrieden gestellt? Wäre nun die Reyhe nicht an *mir*, dich wieder zurück zu quälen, und hätte ich nicht bessere Ursache als du, mit dir zu schmollen und die Eifersüchtige zu machen?

LYSIAS.

Thu' es nicht, liebe Joessa! Laß uns jetzt zusammen trinken und fröhlich seyn, und Pythias soll uns unser neues Bündniß feyern helfen! *zu Pythias.* Wieviel hab' ich deinetwegen ausgestanden, edelster der Jünglinge Pythias!

PYTHIAS.

Dafür hab' ich euch aber auch wieder ausgesöhnt, und eure Liebe gewinnt so viel dabey, daß du unmöglich auf mich zürnen kannst. Aber noch Eins, Lysias — laß die Perücke ein Geheimniß unter uns bleiben!

XIII.
Leontichus, Chenidas und Hymnis.

LEONTICHUS.

Aber nun vollends in dem Treffen gegen die Galater, — das soll euch Chenidas erzählen, wie ich da vor allen unsern Reutern auf meinem weissen Rosse angesprengt kam, und die Galater, wiewohl es ihnen sonst an Muth nicht fehlt, sobald sie mich erblickten, zu zittern anfiengen, und kein einziger Mann mehr in Reyhe und Gliede stehen blieb. Nun schleuderte ich meinen Wurfspieß und schoß den Anführer ihrer Cavallerie und sein Pferd durch und durch; auf den Rest aber, der noch Miene machte Stand halten zu wollen (denn, wiewohl der ganze Phalanx gesprengt war, so blieben doch noch einige und versuchten sich in eine Colonne zu formieren) stürme ich mit gezücktem Schwerdt und so wüthend loß, daß ich durch den blossen Stoß meines Pferdes die sieben Vordersten von ihnen übern Hauffen werfe, während ich mit meinem Degen einem Rittmeister den Schädel auf Einen Hieb entzwey spalte. — Bald darauf rücktet ihr andern auch an, Chenidas, fandet aber nichts mehr zu thun, als den Fliehenden nachzusetzen.

CHENIDAS.

Und was für Wunder, Leontichus, thatest du nicht erst in dem Zweykampf mit dem Satrapen an der Grenze von Paphlagonien?

LEONTICHUS.

Gut daß du mich daran erinnerst! Ich muß selbst gestehen, es war keine von meinen schlechtesten Thaten. Der Satrap, ein Mann von gigantischer Statur und der für den besten Fechter in der ganzen feindlichen Armee passierte, dabey ein großer Verächter von allem was Griechisch heißt, war trotzig vor die Fronte geritten, und hatte einen jeden von uns, der das Herz hätte sich mit ihm zu messen, herausgefodert. Alles erschrack über diese Ausforderung, Obersten, Generale, und der Oberfeldherr selbst — ein Ätolier, Nahmens Aristächmus, ein Mann, dem es nicht an Bravour fehlte, und der beste Lanzenwerfer in der ganzen Armee. — Ich commandierte damals nur tausend Mann; aber das Herz schwoll mir empor, ich stieß meine Cameraden, die mich zurückhalten wollten, auf die Seite — denn es wurde ihnen bange für mich beym Anblick des riesenmäßigen Barbaren, der in seiner vergoldeten Rüstung dastand als ob er Strahlen von sich würfe, und mit seinem vom Helm herabwehenden Federbusch und der trotzigen Miene womit er seine Lanze schwenkte, in der That ein fürchterliches Ansehn hatte.

CHENIDAS.

Ich muß gestehen, auch mir wurde damals Angst für dich, Leontichus; du wirst dich erinnern, wie viele Gewalt ich anwandte dich zurück zu halten, wie ich dich bat dich nicht für andere in Gefahr zu begeben! Denn was hätte mir das Leben helfen können wenn *du* gestorben wärest?

LEONTICHUS.

Aber, wie gesagt, das Herz schwoll mir hoch empor und ich trat mitten zwischen beyde Heere hervor, nicht schlechter bewafnet als der Paphlagonier, sondern ebenfalls von Kopf zu Fuß in Gold. Sogleich erhob sich ein großes Geschrey von Seiten der Unsrigen sowohl als der Barbaren; denn auch diese erkannten mich stracks an meinem runden Schild, an meinem Waffenschmuck und an meinem Helmbusche. Wem, sagte man, daß ich da gleich gesehen hätte, Chenidas?

CHENIDAS.

Wem anders, beym Jupiter, als jenem berühmten Sohne der Thetis und des Peleus, dem großen Achilles? Man hätte sich verschworen du wärest es selbst, so ein heldenmäßiges Ansehen hattest du in deinem Helm, in deinem purpurnen Kriegsrock, und den blitzenden Schild am Arme!

LEONTICHUS.

Nun giengen wir auf einander loß, und es glückte dem Barbaren mir zuerst eine kleine Wunde beyzubringen, indem er mich ein wenig überm Knie, wiewohl nur ganz leicht, mit seinem Wurfspies streifte: ich aber stoße ihn mit meinem langen Macedonischen Speer durch seinen Schild mitten in die Brust; er fällt, ich laufe hinzu, haue ihm mit meinem breiten Schwerdt den Kopf ab, und kehre im Triumph, mit seinen Waffen, und mit dem Kopfe des Prahlers auf der Spitze meines Speers über und über von seinem Blute triefend, zu den Meinigen zurück.

HYMNIS *zusammenfahrend.*

Gott bewahre! Was für schreckliche und abscheuliche Dinge erzählst du von dir selbst, Leontichus? Wer wollte einen Mann, der solche Freude an Blut hat, nur ansehen, geschweige mit ihm essen und trinken und bey ihm schlafen können?

LEONTICHUS.

Ich bezahle dich doppelt.

HYMNIS.

Ich kann unmöglich bey einem solchen Mörder schlafen!

LEONTICHUS.

Fürchte dich nicht, Hymnis! das alles ist in Paphlagonien geschehen; jetzt bin ich der friedfertigste Mann von der Welt.

HYMNIS.

Aber du bist mit einem Mord verunreinigt! Das Blut von dem Kopfe des Barbaren, den du auf deinem Speer trugst, hat auf dich herab getropft, und ich sollte einen solchen Mann umarmen und küssen? Das wollen die Grazien verhüten! Er ist ja um nichts besser als der Scharfrichter!

LEONTICHUS.

Ich würde dir gewiß gefallen wenn du mich in meiner Rüstung sehen würdest!

HYMNIS.

Wenn ich nur davon reden höre, kehrt sich mir alles im Leibe um, die Haut schaudert mir, und mich däucht, ich sehe die blutigen Gespenster der Ermordeten, besonders des armen unglücklichen Rittmeisters, dem du den Kopf gespaltet hast. Wie wär' es erst, wenn ich die Sache selbst, und das viele Blut und die herumliegenden Todten sähe! Ich hätte den Tod davon, ich, die nicht einmal einen Hahn abwürgen sehen kann.

LEONTICHUS.

Ey, ey, Hymnis! bist du denn so gar feigherzig und von so kleiner Seele? Ich dachte, dir mit meiner Erzählung noch viel Vergnügen zu machen.

HYMNIS.

Da mußt du dir Lemnierinnen oder Danaiden*) suchen, wenn es anders noch dergleichen giebt: ich

*) Die 50 Töchter des Danaus, (die bis auf Eine) ihre Männer auf Befehl ihres Vaters in der ersten Hochzeitnacht ermordeten, sind bekannt. Gleicherweise hatten die Weiber in der Insel Lemnos, zur Zeit der Argonautischen Fahrt nach Kolchis, einer allgemeinen Abrede gemäß, ihre Männer aus Eifersucht in Einer Nacht umgebracht (die einzige Hypsipile

eile zu meiner Mutter zurück weil es noch Tag ist. — Komm du mit, Gramme! und du, tapferster aller Chiliarchen, lebe wohl, und schlage so viel Köpfe ab als dir beliebt; ich will den meinigen in Sicherheit bringen. *Sie läuft davon.*

LEONTICHUS.

Holla! wohin, Hymnis? So bleibe doch! — Wahrhaftig sie ist fortgelaufen.

CHENIDAS.

Du hast aber auch dem guten Mädchen mit deinem wehenden Federbusch und den unglaublichen Mordgeschichten gar zu Angst gemacht! Ich sah gleich wie sie blaß wurde, da du noch an dem Rittmeister warst, und wie sie zusammenfuhr und sich schüttelte, da du ihm den Schädel entzwey spaltetest.

LEONTICHUS.

Ich bildete mir für gewiß ein, das würde mich desto liebenswürdiger in ihren Augen machen. Aber du bist allein an meinem Unglück schuld, Chenidas. Warum mußtest du mir auch den verwünschten Zweykampf in den Weg werfen?

CHENIDAS.

Ich mußte dir ja doch wohl lügen helfen, da ich sah was du mit deinen Aufschneidereyen wolltest. Aber du hättest es nicht so *gar* arg machen sollen! Wenn dem armen Paphlagonier doch ja der Kopf

rettete dem Könige Thoas, ihrem Vater, das Leben) so daß die Argonauten, wie sie zu Lemnos anlandeten, die ganze Insel bloß mit Weibern besetzt, diese letztern aber (deren Männerhaß sich inzwischen ziemlich abgekühlt hatte) nicht abgeneigt fanden, zu Verhütung einer gänzlichen Entvölkerung ihres Landes die gehörigen Maßregeln mit ihnen zu nehmen.

abgehauen werden mußte, so hättest du ihn wenigstens nicht auf den Spies stecken und das Blut auf dich herunter triefen lassen sollen.

LEONTICHUS.

Das war in der That zu arg, du hast recht, Chenidas; aber das übrige klang doch so übel nicht. Lauf also, und wende alles bey ihr an, daß sie diese Nacht mit mir passiert.

CHENIDAS.

Soll ich sagen, es sey an allem kein wahres Wort? Du habest bloß deine Tapferkeit in Credit bey ihr setzen wollen?

LEONTICHUS.

Davon hätt' ich wenig Ehre, Chenidas; das geht nicht an.

CHENIDAS.

Anders kommt sie dir gewiß nicht. Wähle also was du lieber willst: entweder ihren Abscheu mit der Meynung daß du eine große Kriegsgurgel seyest; oder zu bekennen daß du gelogen hast, und Hymnis zur Schlafgesellin zu haben?

LEONTICHUS.

Die Wahl ist schwer — aber Hymnis schlägt doch vor! Geh also, und sag' ihr — was du willst, nur nicht daß Alles erlogen sey!

XIV.
Dorion, Myrtale.

DORION.

Jetzt also werd' ich ausgeschlossen, Myrtale, jetzt da du mich zum Bettler gemacht hast! Ehmals, wie ich dir immer so viel zu bringen hatte, da war ich dein Liebster, dein Mann, dein Herr, da war ich Alles: aber nun, nachdem du mich bis auf den letzten Tropfen ausgedrückt und dafür den Bithynischen Kaufmann[1]) aufgetrieben hast, nun kann ich vor der Thür stehen und heulen so lang ich will; jener hingegen wird glücklich gemacht, und ist Herr im Hause, und durchwacht ganze Nächte mit dir, und du giebst sogar vor, schwanger von ihm zu seyn!

MYRTALE.

Höre Dorion, ich bin es herzlich überdrüssig dich solche Reden führen zu hören, und am meisten verdrießt es mich wenn du sagst, ich koste dich so viel und habe dich zum Bettler gemacht. So komm dann her und rechne alles zusammen was du mir gegeben hast, seitdem wir bekannt mit einander sind!

DORION.

Gut, Myrtale, wir wollen zusammen rechnen. Primo, ein paar Sicyonische Schuhe für zwey Drachmen; schreibe zwey Drachmen!

MYRTALE.

Aber dafür hast du auch zwey Nächte bey mir gelegen.

1) Ein *Bithynischer* Kaufmann erregte damals, wie bey uns, ein Holländischer, sogleich den Begriff des Reichthums.

DORION.

Ferner, wie ich aus Syrien zurückkam, einen Topf voll weicher Phönizischer Pommade, die mich, beym Neptunus! ebenfalls zwey baare Drachmen kostete.

MYRTALE.

Und ich, gab' ich dir nicht die Schifferjacke mit auf die Reise, die der Untersteuermann Epiurus bey mir liegen ließ?

DORION.

Die hat nicht lange bey mir ausgehalten; da wir neulich in Samos zusammentrafen, erkannte er sie für die seinige, und ich mußte sie, nachdem wir uns tüchtig darum gezankt hatten, am Ende doch wieder hergeben. Item, hab ich dir aus Cypern Zwiebeln und fünf Häringe, und als ich aus dem Bosporus wiederkam, vier Bärse mitgebracht. Item acht Stück Schiffszwieback, einen großen Topf voll Carische Feigen, und neulich aus Patarä vergoldete Sandalien, du undankbares Ding du! — Und eben jetzt fällt mir auch der Käse ein, den ich dir aus Gythium mitbrachte.

MYRTALE.

Und das alles zusammen, Dorion, wird Summa Summarum etwa so viel als fünf Drachmen werth seyn.

DORION.

Das ist auch alles, was ein armer Matrose wie ich, der von seinem Solde leben muß, geben kann. Indessen solltest du mich jetzt weniger verachten als jemals, seit ich es so weit gebracht habe, daß die ganze rechte Ruderbank unter meinem Befehle steht. Und hab' ich nicht neulich an den Aphrodisien[2]) eine silberne Drachme deinetwegen zu den

2) Einem Feste der Venus, deren gewöhnlicher griechischer Nahme *Aphrodite* ist.

Füßen der Göttin gelegt? — hab' ich nicht deiner Mutter zwey Drachmen zu einem paar Schuhen gegeben, und deiner Lyde hier, viel und oft, bald zwey bald drey Obolen in die Hand gedrückt? Das Alles zusammengerechnet macht eines armen Bootsmanns Hab und Gut aus.

MYRTALE.

Die Zwiebel und Häringe meynst du?

DORION.

Allerdings! Unser einer kann nicht mehr geben als er hat; wenn ich reich wäre, so wär' ich kein Matrose. Meiner leiblichen Mutter hab' ich in meinem Leben nicht eine Knoblauchsbolle gebracht. Aber nun möcht' ich doch auch wissen, was dir denn der Bithynier für Presente gemacht hat?

MYRTALE.

Primo sieh einmal diese Schemise an; sie ist von ihm, und dieß Halsband dazu, das, wie du ihm ansehen kannst, ein hübsches Gewicht hat.

DORION.

Geh, das hab' ich schon lange an dir gesehen!

MYRTALE.

Was du gesehen hast, das war viel dünner und hatte keine Smaragden. Diese Ohrenringe und der Teppich sind ebenfalls von ihm; auch ist es noch nicht lange, daß er mir zwey Minen an baarem Gelde gegeben und unsre Hausmiethe bezahlt hat. Das tönt anders als Patarische Pantoffeln und Gythischer Käse und solche Lumpereyen.

DORION.

Aber davon sagst du nichts, was für ein Mann es ist, den du in dein Bette aufnimmst? Ein verheuratheter Mann, über funfzig Jahre alt, kahl am ganzen Vorderkopfe, und eine Farbe wie ein Taschenkrebs. Seine Zähne hast du wohl auch nicht recht betrachtet? Bey den Dioskuren,[3]) ein anmuthsvoller Liebhaber! sonderlich wenn er singt und den Artigen machen will! das steht ihm gerade so an wie dem Esel das Lautenschlagen. Aber, wie er ist, wünsch ich dir Prosit zu ihm! Du bist seiner würdig, und möchtet ihr einen Sohn bekommen der dem Vater gleiche! Mir ist nicht leid darum, daß ich nicht eine Delphis, oder eine Cymbalion, Mädchen meiner Gattung, finden sollte, oder meine Nachbarin, die Sackpfeiferin, oder irgend eine andere, wie ich sie brauche. Nicht jedermann hat Teppiche, und goldne Halsbänder und Hände voll Geld zu verschenken.

MYRTALE.

Glückliches Mädchen, das dich zum Anbeter haben wird, Dorion! Sie kann sichere Rechnung auf Cyprische Zwiebel machen, und auf einen Laib Käse, wenn du von Gythium zurückkommst!

XV.
Kochlis und Parthenis.

KOCHLIS.

Was weinst du, Parthenis? Und wo kommst du mit deinen zerbrochnen Flöten her?

3) Ein Schifferschwur, weil Kastor und Pollux Schutzgötter der Seefahrer waren.

PARTHENIS.

Der große Ätolische Soldat, der Liebhaber der Krokale hat mich geschlagen, weil er mich bey seinem Mädchen fand, wohin mich sein Nebenbuhler Gorgus bestellt hatte, und hat mir meine Flöten in Stücken zerbrochen und den Tisch, woran sie eben saßen und zu Nacht essen wollten, übern Haufen geworfen, und die Kanne umgeschmissen, daß aller Wein auf den Boden floß; und den armen Tropf Gorgus haben sie bey den Haaren vom Tische weggeschleppt, der Soldat (Dinomachus, denk' ich, heißt er) und sein Camerad, und haben ihn so erschrecklich durchgeprügelt, daß ich nicht weiß ob der arme Mensch mit dem Leben davon kommen wird: denn das Blut stürzte ihm strohmweise aus der Nase, und das ganze Gesicht ist aufgeschwollen und braun und blau.

KOCHLIS.

Ist der Kerl rasend? Oder war er so betrunken, daß er nicht mehr wußte was er that?

PARTHENIS.

Eifersucht, liebe Kochlis, und unsinnige Liebe war an allem Schuld. Krokale hatte, glaub' ich, zweytausend Thaler von ihm verlangt, wenn er sie für sich allein haben wollte. Weil ihr nun Dinomachus nicht soviel geben wollte, so schloß sie ihm, das nächstemal da er kam, die Thüre vor der Nase zu; und wurde dagegen mit diesem Gorgus, einem reichen Landmann aus Önoe einig, daß sie den Abend mit einander passieren, und mich dazu nehmen wollten, um ihnen was auf meiner Flöte vorzuspielen. Sie hatten schon eine gute Weile getrunken, ich fieng ein Lydisches Stückchen zu blasen an, die Musik kam dem guten Gorgus in die

Füße, er stand auf und tanzte dazu, Krokale klatschte ihm Beyfall, kurz wir waren fröhlich und guter Dinge. Auf einmal hören wir ein entsetzliches Getöse und Geschrey, die Hofthür wird aufgestoßen, und gleich darauf stürzen gegen acht baumstarke junge Bursche herein, und der Ätolier unter ihnen. In einem Augenblick war alles unter über sich geworfen, der arme Gorgus wurde, wie gesagt, zu Boden geschlagen und unter die Füße getreten; aber Krokale hatte sich, ich weiß nicht wie, noch in Zeiten aus dem Staube gemacht und zu ihrer Nachbarin Thespias geflüchtet. Dafür gieng es desto ärger über mich: Dinomachus gab mir tüchtige Maulschellen, zerbrach mir die Flöten, warf mir die Stücke an den Kopf, und fluchte mir alles Unheil auf den Hals: und so bin ich denn endlich entronnen, und gehe meinem Herrn von dem Vorfall Nachricht zu geben. Der Bauer ist indessen auch zu einigen Freunden gegangen, um mit ihrer Hülfe die Sache bey der Obrigkeit anhängig zu machen.

KOCHLIS.

So geht es wenn man sich mit solchen Eisenfressern einläßt! Alles was man davon hat sind Schläge und böse Händel. Wenn man *sie* hört, so sind sie lauter Generale und Obersten; wenn sie aber was geben sollen, da verweisen sie uns immer zur Geduld, bis die Kriegssteuer eingetrieben sey; wenn ich meinen Sold eingenommen habe, heißt es, will ich alles thun. Der Henker hole die großsprecherischen Kerls! Bey mir darf sich keiner von ihnen melden. Dafür lobe ich mir einen ehrlichen Fischer, oder Schiffer oder Bauer, der wenig von Complimentieren und schön thun versteht, aber desto besser bezahlt! Alle die Pflastertreter, die ihre Federbüsche schütteln und Relationen von den

Schlachten machen, die sie geliefert haben, sind Windbeutel, das kannst du mir glauben, liebe Parthenis!

DER PARASIT

oder

Beweis daß Schmarotzen eine Kunst sey.

Tychiades und Simon.

TYCHIADES.

Wie kömmt das, Simon? Alle andere Menschen, Freygebohrne und Sclaven haben irgend eine Kunst gelernt, wodurch sie sich selbst und andern nützlich sind: du hingegen kannst, so viel ich weiß, nichts womit du dir etwas erwerben oder einem andern dienen könntest.

Der Parasit. Dieser Dialog, dessen größte Schönheit in der lächerlich ernsthaften Behandlung eines frivolen Gegenstandes besteht, wiewohl er eines der sinnreichsten Werke unsers Autors ist, hat durch die Zeit einen Theil des Interesse verlohren, das die Athenienser, für die er geschrieben war, darin finden mußten. Mir ist sehr wahrscheinlich daß die pikantesten Grazien dieser Composition in feinen und leichtverschleyerten Anspielungen auf Personen bestehen, die uns unbekannt sind, und an denen wir, wenn sie es auch nicht wären, doch wenig Antheil nehmen würden. Offenbar gilt das darin herrschende Persifflage vielmehr den *Philosophen* als den *Parasiten*, wiewohl diese, so zu sagen, ihre Haut zu der Peitsche hergeben, womit jene gegeisselt werden. Besonders glaube ich an vielen Stellen, eine zwar indirecte, aber mir wenigstens sehr auffallende Verspottung der affectirten Subtilität und langweiligen Weitläuftigkeit vieler *Platonischen Dialogen* wahrzunehmen.

SIMON.

Wie meynst du das, Tychiades? du mußt deutlicher fragen, wenn ich dich verstehen soll.

TYCHIADES.

Kannst du irgend eine von den freyen und edlern Künsten, als, zum Beyspiel, die Musik?

SIMON.

Gott bewahre!

TYCHIADES.

Also vielleicht die Arzneykunst?

SIMON.

Auch diese nicht.

TYCHIADES.

Aber die Feldmeßkunst?

SIMON.

Nichts weniger.

TYCHIADES.

Etwa die Rhetorik? Denn nach der Philosophie will ich gar nicht fragen; von der bist du wohl so weit entfernt als die Schelmerey von der Tugend.

SIMON.

O, wenn's möglich wäre, möcht' ich noch weiter von ihr seyn![2]) daß du dir also nicht einbildest, du

2) Der launische Haß gegen die Philosophie, den der Parasit hier gleich anfangs und durch diesen ganzen Dialog so lebhaft ausläßt, ist zugleich ein treffender Charakterzug, und ein feiner Kunstgriff, die Philosophische Scharlatans seiner Zeit zu peinigen, ohne daß Lukian selbst directen Antheil daran zu nehmen scheint. Denn mußte er nicht den Parasiten

habest mir da etwas vorgerückt das ich nicht wisse und eingestehe! Ja, ich *bin* ein Taugenichts, und gewiß noch um ein gutes Theil mehr als du denkst.

TYCHIADES.

Das mag leicht seyn. Doch, vielleicht hast du keine von jenen Künsten gelernt, weil sie sehr schwer sind und große Fähigkeiten erfodern; aber dagegen irgend eine von den gemeinern Professionen, etwa das Zimmer- oder Tischler- oder Schusterhandwerk? denn deine Umstände sind eben nicht so, daß dir eine von diesen Künsten nicht gute Dienste thun sollte.

SIMON.

Da hast du Recht, Tychiades; und doch verstehe ich auch keine von diesen.

TYCHIADES.

Welche andere also?

SIMON.

Welche andere? Meiner Meynung nach eine sehr edle. Ich denke du selbst sollst sie loben, wenn du

seinem Charakter gemäß sprechen lassen? Der Widerwille des letztern gegen die Philosophen hat zwar die Miene der natürlichen Antipathie, die man immer zwischen Menschen von sehr ungleicher Sinnesart wahrnimmt; aber *Simon* läßt es sich doch deutlich genug anmerken, daß noch eine Art von Brod, oder Handwerksneid dahinter steckt, den er zwar unter die affectierte Verachtung zu verbergen sucht, der aber wider seinen Willen überall zum Vorschein kommt. Die Philosophen machten die Nebenbuler der *Parasiten* bey den Großen und Reichen, und ein Mann von Simons Profession fand sie überall, wo es was zu schmausen gab, in seinem Wege. Hinc illae lacrymae! [Daher jene Tränen! Terenz, Andria I, 1,99]. Man sieht leicht was für Vortheile dies unserm Autor gab, die erstern durch einen Contrast, wobey sie nothwendig immer der verlierende Theil waren, in ein lächerliches Licht zu stellen.

sie lernen willst. Was die Praxis betrift, darin glaube ich dir alle Vortheile und Handgriffe zeigen zu können, wenn ich gleich nicht geschickt genug bin, mich in einen weitläufigen Discurs darüber einzulassen.

TYCHIADES.

Und wie soll denn diese Kunst heissen?

SIMON.

Ich glaube die Theorie derselben noch nicht genug durchgedacht zu haben: du wirst also nicht ungehalten werden, daß ich dir jetzt weiter nichts sagen kann als dies: ich verstehe eine gewisse Kunst. Was für eine, sollst du bald hören.

TYCHIADES.

Ich kann nicht lange warten.

SIMON.

Der Nahme — weil ich ihr doch einen Nahmen geben soll — wird dir sehr wunderlich klingen, wenn du ihn hören wirst.

TYCHIADES.

Um so ungeduldiger bin ich ihn zu hören.

SIMON.

Ein andermal, Tychiades.

TYCHIADES.

Nicht doch! gleich auf der Stelle; es wäre denn daß du ihn aus Schamhaftigkeit nicht nennen dürftest.

SIMON.

Nun, so sag' ich dir also — die *Parasitik.*[3])

3) Die Ursache warum ich dieses Wort als ein Kunstwort (wie Logik, Mechanik, u. dgl.) beybehalte, wird aus dem folgenden, von selbst erhellen.

TYCHIADES.

Aber welcher Mensch, der bey seinen Sinnen ist, wird denn das eine Kunst nennen?

SIMON.

Der Mensch bin ich; und wenn du mich deswegen für toll hältst, so denke, daß eben meine Tollheit Schuld ist, daß ich keine andere Kunst gelernt habe, und sprich mich deshalben von allen weitern Vorwürfen frey. Denn man sagt, diese Göttin[4]), wie übel sie auch sonst mit ihren Besitzern umgehe, befreye sie von der Zurechnung dessen was sie sündigen, und nehme immer, wie ein Lehrmeister oder Pädagog, alle Schuld auf sich selbst.

TYCHIADES.

Die Parasitik wäre also eine Kunst, Simon?

SIMON.

Allerdings ist sie eine Kunst, und ich bin ihr Schöpfer.

TYCHIADES.

Du bist also ein Parasit?

SIMON.

Und du glaubst mich damit recht geschimpft zu haben, nicht wahr?

TYCHIADES.

Aber schämst du dich denn nicht, dich selbst einen Parasiten zu nennen?[5])

4) Simon macht die Tollheit (μανία) scherzweise zu einer Göttin, wie Plato die Armuth (πενία) in seinem Mährchen über den Ursprung der Liebe. Auch das Wort δαίμων [Gottheit], dessen er sich bedient, ist der platonischen Terminologie eigen.

5) Obgleich die Parasiten damals (so wie heut zu Tage) gleichsam eine eigene Classe von Menschen ausmachten, so war doch der Nahme Parasit

SIMON.

Gewiß nicht! Ich würde mich schämen wenn ich diesen Nahmen *nicht* verdiente.

TYCHIADES.

Zum Jupiter! wenn wir dich also an jemand zu präsentiren hätten, so müßten wir sagen, dieß ist der Parasit Simon?

SIMON.

Eben so unbedenklich, und noch mehr, als wenn ihr den Phidias einen Bildhauer nennt. Denn ich habe gewiß nicht weniger Freude an meiner Kunst als Phidias an seinem Jupiter.

TYCHIADES *nachdem er ausgelacht.*

Laß dichs nicht verdrießen daß ich so lachen muß; es ist mir eben was sehr lächerliches eingefallen.

SIMON.

Und was dann?

TYCHIADES.

Wenn man künftig auf deine Briefe die Addresse machte, *an Simon den Parasiten?*

SIMON.

Das soll mir noch angenehmer seyn als dem

bey den Griechen so gut eine Art von Schimpfwort als bey uns der Nahme Schmarotzer, den man in Ermangelung eines passendern, für gleichgeltend zu nehmen pflegt. Um so drollichter war also der Einfall, einen Parasiten aufzustellen, der die glückliche Unverschämtheit hat, sich aus seinem Nahmen noch gar eine Ehre zu machen, und seine Profession nicht nur zum Rang einer Kunst, sondern sogar zur ersten aller Künste zu erheben.

Dion[6]), wenn man *an den Philosophen* auf seine Briefe setzt.

TYCHIADES.

Nun, wie du gern betitelt seyn willst, daran liegt mir wenig oder nichts; aber es kommen hier noch andere Ungereimtheiten in Betrachtung.

SIMON.

Zum Exempel?

TYCHIADES.

Du verlangst also daß deine Kunst mit den übrigen freyen Künsten in gleichem Rang stehe, und kurz, daß man in eben dem Sinne die *Parasitik* sage, wie man die Grammatik, die Arithmetik, die Mechanik, sagt?

SIMON.

Ich bin der Meynung daß sie noch mehr Kunst sey als irgend eine andere: und wenn du Lust hast mich anzuhören, so will ich dir sagen wie ich das verstehe, ob ich gleich, wie gesagt, gar nicht auf die Sache vorbereitet bin.

TYCHIADES.

Rede immer zu, die Wahrheit wird wenig dabey verlieren.

6) Unter Vespasian und Domitian hatte sich ein gewisser *Dion* unter den Philosophen seiner Zeit einen Nahmen gemacht, und Apollonius von Tyana erklärt ihn beym Philostratus (*Vita Apoll.* L. VIII. c. 7. 2.) für einen seiner vertrautesten Freunde. Er war ein großer Nachahmer des Plato in seinen Reden und Schriften, (wovon aber nichts auf uns gekommen ist) und soll, nach dem Suidas, bey dem Kayser Trajan in besondern Gnaden gestanden haben. Es ist möglich, daß dieser Dion hier gemeynt seyn kann; wiewohl man, aus dem Zusammenhang der Rede, eher einen andern spätern Dion vermuthen sollte, dessen Ansprüche an den Philosophentitel nicht so vollgültig waren, und der sich also durch eine solche Aufschrift auf seinen Briefen geschmeichelt finden mußte.

SIMON.

Wir wollen also, wenn es dir gefällig ist, vor allen Dingen den generischen Begriff der Kunst aufsuchen: wenn wir diesen haben, wird es uns leicht seyn die besondern Arten der Künste auszufinden.

TYCHIADES.

Du weißt doch also was *Kunst* ist?

SIMON.

Allerdings.

TYCHIADES.

Nun so halte nicht länger hinterm Berge damit.

SIMON.

Kunst ist, (wie ich mich erinnere von einem Weisen[7]) gehört zu haben) ein System von deutlichen Begriffen, die durch öftere Übung mechanisch worden sind, und auf einen gewissen, im menschlichen Leben nützlichen Zweck abzielen.

TYCHIADES.

Es ist dir, wie ich sehe, kein Wort von seiner Definition entgangen.

SIMON.

Wenn sich nun das alles bey der Parasitik findet, was sollte sie denn anders seyn als eine Kunst?

7) Die Definition, welche Simon hier von der Kunst giebt, findet sich zwar von Wort zu Wort beym *Sextus Empirikus*, *Adversus Mathematicos* L. II. p. 66. edit. Genev. de 1621. Sie steht aber auch schon mit eben so viel lateinischen Worten im Quinctilian (*Instit. Orat.* L. II. c. 17. Artem constare ex praeceptionibus consentientibus et coexercitatis ad finem vitae utilem [Die Kunst besteht aus widerspruchsfreien und zur Erreichung eines praktischen Lebensziels angewandten Regeln]) und er sagt ausdrücklich daß sie die gewöhnlichste sey.

TYCHIADES.

Wenn sichs so befindet, allerdings.

SIMON.

Laß uns also diese Formen der Kunst auf die Parasitik anpassen, um zu sehen ob die Erklärung derselben damit zusammen klingt, oder, wie die schlechten Töpfe wenn man sie anschlägt, einen falschen Ton von sich giebt? — Sie muß, wie jede andere Kunst, *ein System von deutlichen Begriffen* seyn. Das erste was ein Parasit zu thun hat, ist seinen Mann wohl zu prüfen und richtig zu beurtheilen, ob er die zu einem Tischpatron erfoderliche Eigenschaften hat, und ob er, wenn er ihn zu füttern angefangen, sichs nicht in der Folge wieder gereuen lassen könnte. Wenn wir es den Wechslern für eine Kunst gelten lassen, daß sie die falschen Münzen von den ächten zu unterscheiden wissen: wie sollte es keine Kunst seyn die ächten und unächten Menschen zu unterscheiden, zumal da man es ihnen, so wenig als den Münzen, gleich beym ersten Blick ansehen kann? Denn, wie der weise Euripides sehr wohl gesagt hat,

ein Böser bringt kein Muttermahl
mit auf die Welt, woran er kennbar wäre,[8])

und um so größer ist also die Kunst des Parasiten, da sie so verdeckte und unsichtbare Dinge, noch besser als die Physiognomik selbst, zu errathen und zu unterscheiden weiß. Überdieß, zu wissen was man bey jeder Gelegenheit zu reden und zu thun hat, um sich dem, der uns zu essen giebt, angenehm und nothwendig zu machen und ihn von unserer gänzlichen Ergebenheit zu überzeugen, dünkt dir

8) *Medea*, v. 518. 19.

das nicht eine Sache zu seyn, die viel Verstand und einen gesunden Blick erfodert?

TYCHIADES.

Ganz gewiß!

SIMON.

Und bey Gastmälern selbst, derjenige zu seyn, dem es in allen Stücken am besten dabey ergangen ist, und mehr Beyfall zu erhalten als jeder andere der nicht ebenfalls Meister in unsrer Kunst ist, sollte das ohne Grundsätze und ohne eine gewisse Virtuosität bewerkstelliget werden können?

TYCHIADES.

Auf keine Weise.

SIMON.

Noch mehr. Um von den Vollkommenheiten und Mängeln so mannichfaltiger Gerichte, Ragouts und Backwerke richtig zu urtheilen, meynst du daß dazu weiter nichts als der läppische Gernwiz eines naseweisen Gecken und nicht vielmehr eine Menge von Kenntnissen erfodert werden? Sagt nicht der göttliche Plato selbst[9]) mit dürren Worten: »Wer schmausen will ohne sich auf die Kochkunst zu verstehen, wird von den Tractamenten kein zuverläßiges Urtheil fällen können.« Daß es aber bey der Parasitik nicht nur auf richtige Begriffe, sondern auch zugleich auf beständige *Ausübung* ankomme, wird dir aus folgendem begreiflich werden. Bey vielen andern Künsten erhalten sich die Kenntnisse, die man sich von ihnen erworben hat, Tage und Nächte und Monate und oft ganze Jahre, auch ohne Ausübung: bey dem Parasiten hingegen, der seine Theorie nicht täglich in Ausübung bringt, geht

9) in seinem *Theaetetus*. S. *Opp. Platonis* Vol. 2. p. 126. der Zweybrückischen Ausgabe.

nicht nur die Kunst, denke ich, sondern der Künstler selbst zu Grunde. Was endlich den Punct, *zu einem im menschlichen Leben nützlichen Zweck*, betrifft, wäre es nicht Unsinn eine Erörterung hierüber für nöthig zu halten? Ich meines Ortes kenne im ganzen Leben nichts nützlichers als Essen und Trinken, da ohne beydes vom Leben nicht einmal die Rede wäre.

TYCHIADES.

Da hast du allerdings Recht.

SIMON.

Die Parasitik ist auch nicht, wie z. B. die Schönheit oder die Stärke, von der Art, daß sie eher für bloße Naturgabe als Kunst anzusehen wäre.

TYCHIADES.

Richtig!

SIMON.

Noch viel weniger kann man sagen, daß sie eine *Unkunst* sey[10]), denn mit dieser hat noch niemand jemals irgend etwas recht gemacht. Oder, sage mir, wenn du es auf dich nehmen wolltest, ein Schiff durch ein stürmisches Meer zu führen, ohne daß du dich auf das Steuern verstündest, würdest du wohl mit dem Leben davon kommen?

TYCHIADES.

Gewiß nicht.

10) d. i. daß sie ohne Studium und Kunsterfahrenheit ausgeübt werden könne. Ich mußte das Wort (Unkunst) wagen, weil ohne ein einziges, dem Griechischen ἀτεχνία [Kunstlosigkeit] in unserer Sprache völlig gleichlautendes Wort, das Persifflage in dem beygefügten lächerlich spitzfündigen Beweise (dessen Stachel wir ohnehin nur stumpf fühlen) vollends ganz verlohren gienge.

SIMON.

Und warum das, als weil es dir an der *Kunst* fehlte durch die du dich erhalten könntest?

TYCHIADES.

Allerdings.

SIMON.

Also würde auch der Parasit von der Parasitik nicht erhalten werden können, wenn sie eine *Unkunst* wäre?

TYCHIADES.

Schwerlich!

SIMON.

Die *Kunst* also erhält, die *Unkunst* hingegen nicht?

TYCHIADES.

Ohnezweifel.

SIMON *mit einer triumphierenden Miene.*

Die Parasitik ist also eine Kunst.[11])

TYCHIADES.

Eine Kunst, so scheint es in der That.

SIMON.

Und zwar sind mir geschickte Steuermänner und kunsterfahrne Kutscher bekannt, die dem ungeachtet herabgeworfen wurden, und Arm und Bein brachen oder gar ums Leben kamen: aber daß einem Parasiten seine Kunst jemals so gefehlt hätte, wird niemand sagen können. Da nun also die Para-

11) In diesem ganzen Beweise muß die possierliche Nachahmung der Manier, wie der Platonische Sokrates im *Theaetetus*, *Theages*, *Euthydemus* und so vielen andern Dialogen seine Interlocutoren catechisirt, einem jeden auffallen, der mit Platons Schriften bekannt ist.

sitik weder eine bloße Naturgabe noch eine Unkunst sondern ein System von praktischen Kenntnissen ist, so wird es von nun an etwas ausgemachtes zwischen uns bleiben müssen, daß sie eine *Kunst* sey.

TYCHIADES.

Soviel ich aus dem bisherigen schließen kann. Nun fehlt nur noch daß du uns eine tüchtige Definition der Parasitik giebst.

SIMON.

Da hast du recht. Mich däucht man könnte sie am besten so definiren: die Parasitik ist eine Kunst auf andrer Unkosten zu essen und zu trinken, deren Zweck das sinnliche Vergnügen ist.

TYCHIADES.

Du scheinst mir deine Kunst sehr gut definirt zu haben: nur magst du zusehen, daß du über deinen *Zweck* nicht mit gewissen Philosophen Händel bekommst.[12])

SIMON.

Mir ist genug, wenn sichs zeigt, daß das letzte Ziel der Glückseligkeit und der Parasitik eines und eben dasselbe ist. Und dieß beweise ich so. Selbst der weise *Homer*, von Bewunderung der Parasitischen Lebensart hingerissen, bezeugt daß sie die glücklichste und beneidenswürdigste unter allen sey, in diesen Versen:

Nein, ich kann in der Welt nichts angenehmers mir denken,
als wenn Fröhlichkeit sich des ganzen Volkes bemächtigt,

12) Nehmlich mit den *Stoikern*, deren ewiges Wortgezänke mit den Epikuräern über den *Zweck* des Lebens, oder das sogenannte *höchste Gut*, Lukian hier, wie öfters, verspottet. Zum Unglück liegt der Stachel der Pläsanterie in Wortspielen, die in der Übersetzung verlohren gehen.

und in den Häusern die Gäste, in Reyhen sitzend, dem Sänger
horchen, indem vor ihnen vollauf die Tische bedeckt sind
mit Gebacknem und Fleisch, und der Schenke den Wein aus
der Kumpe
fleissig schöpft und ringsum in vollen Bechern vertheilet: [13])

Und als ob er den hohen Werth, den er auf diese Glückseligkeit setzt, noch nicht genug ausgedruckt habe, setzt er, um seine Gesinnung noch offenbarer zu erklären, noch hinzu:

Ja, dies nennet mein Herz die höchste Wonne des Lebens!

Das heißt doch, sollt' ich denken, deutlich genug gesagt, daß er das höchste Gut in das Parasitische Leben setze. Und diese Rede legt er nicht etwa dem ersten dem besten in den Mund, sondern dem Weisesten aller Griechen seiner Zeit. Gewiß, hätte Ulysses das höchste Gut der Stoiker anpreisen wollen, an Gelegenheit dazu fehlte es ihm nicht, und er hätte, da er den Philoktet aus Lemnos zurückhohlt, da er Ilium verwüstet, da er die fliehenden Griechen zurückruft, etc. etc. oder, da er, mit Geiselstriemen von seiner eigenen Hand bedeckt, in bettelhaften stoischen Lumpen nach Troja kommt, eine solche Erklärung recht gut anbringen können. Ja sogar da er das Leben der Epikuräer bey der Nymfe Kalypso lebte, da es ihm frey stand seine Tage in Müßiggang und Wollust zuzubringen, bey einer Tochter des Atlas zu liegen, und kurz, sich alle Arten von *sanften Leibes- und Gemüthsbewegun-*

13) *Odyssee* IX, 5. u. f. Homer braucht das Wort τέλος [wörtlich: Ziel, Zweck] und scheint in Verbindung desselben mit dem Beyworte χαριέστερον [reizvoller] nichts anders haben sagen wollen, als das angenehmste was ein Mensch sich denken könne; weil aber τέλος auch *Endzweck* und in der Sprache der Stoiker und andrer Philosophen oft das höchste Gut bedeutet: so bedient sich der Parasit dieses Umstandes, sich auf Homers Rechnung über die Philosophen zu mockiren.

gen[14]) zu verschaffen, nennt er dieß nicht die höchste Wonne des Lebens: das Parasitenleben allein ist ihm dieses Nahmens würdig. Denn zu seiner Zeit nannte man die Parasiten *Dätymonen*[15]). Übrigens hat *Epikur* den Parasiten höchst unverschämter Weise ihr höchstes Gut gestohlen, da er die *Eudämonie* d. i. Wohlleben und seinem Genius gütlich thun, zu dem seinigen macht. Denn daß dieß wahrer Diebstahl, und die *Wollust* in der That keine Sache des Epikuräers, sondern des Parasiten ist, will ich dir sogleich beweisen. Ich setze voraus, daß die Wollust in einem Zustande besteht, der von aller Beschwerde und unruhigen Bewegung des Leibes sowohl als der Seele frey ist. Beydes erhält der Parasit, der Epikuräer hingegen weder das eine noch das andere. Denn wer sich darum bekümmert was die Erde für eine Figur habe, ob es unendlich viele Welten gebe, wie groß die Sonne sey und wie weit sie von uns abstehe, wie die ersten Elemente beschaffen seyen, und ob es Götter gebe oder nicht, ja wer sogar über das höchste Gut selbst immer mit andern im Streit lebt, der bringt sein Leben nicht nur in den gemeinen menschlichen, sondern sogar in weltbürgerlichen Unruhen zu. Der Parasit hingegen, dem alles recht ist, und der sich gar nicht einfallen läßt daß etwas besser seyn sollte oder könnte als es ist, lebt von allen diesen Dingen unangefochten in vollkommner Sorglosigkeit und Windstille, läßt sich Essen und Trinken schmecken, und schläft Hände und Füße herabhängend auf dem Rücken, wie Homers Ulyß, da er von Scheria nach Hause fährt. — Doch, ich habe ausserdem noch einen andern Beweis warum die Wollust den Epikur

14) So definirten die Epikuräer das was sie *Wollust* nannten.

15) Dätymonen sind, der Etymologie nach, *Gäste*, Parasiten, *Mitesser*.

nichts angeht. Denn, kurz und gut, Epikur mit aller seiner Weisheit hat entweder zu essen oder nicht. Hat er nichts zu essen, so wird es um Leben und Wohlleben bald geschehen seyn: hat er aber zu essen, so hat ers entweder von sich selbst, oder von einem andern. Im letztern Fall ist er ein Parasit, und also nicht das wofür er sich ausgiebt: im erstern kann er nicht angenehm leben.

TYCHIADES.

Wie so?

SIMON.

Wenn er von sich selbst zu leben hat, so folgen eine Menge Dinge daraus die ihm das Vergnügen des Lebens verbittern. Um nur etwas davon zu berühren: muß nicht wer angenehm leben will, seine Begierden, so wie sie ihn anwandeln, gleich befriedigen können?

TYCHIADES.

So scheint es.

SIMON.

Bey einem der alles vollauf hat, mag das angehen; aber nicht bey dem der wenig oder nichts hat. Ein Armer kann also kein Weiser nach Epikuräischem Zuschnitte seyn, und das höchste Gut ist keine Sache für ihn: aber auch der Reiche, den sein Vermögen in den Stand setzt seine Lüste überflüßig zu befriedigen, kann nicht dazu gelangen. Warum? Weil es eine unvermeidliche Nothwendigkeit ist, daß, wer sein eigenes verzehrt, sich eine Menge Unannehmlichkeiten gefallen lassen muß. Bald muß er sich mit seinem Koche, der ihm schlecht zu essen giebt, herumzanken, oder, wenn er das nicht will, schlecht essen und also eines Vergnügens entbehren; bald mit seinem Verwalter, wenn er nicht gut wirthschaftet. Oder ists nicht so?

TYCHIADES.

Ich dächte wenigstens.

SIMON.

Epikur muß also im einen Falle wie im andern seines höchsten Gutes verfehlen. Der Parasit hingegen hat keinen Koch über den er sich erzürnen könnte, kein Landgut, keinen Hausverwalter, kein Geld dessen Verlust ihn schmerzen würde, und hat doch zu essen und zu trinken die Fülle, ohne von einer einzigen der Beschwerlichkeiten, womit jener geplagt ist, angefochten zu werden. — Daß die Parasitik eine *Kunst* sey, wäre also aus allem diesem hinlänglich dargethan: nun muß auch noch gezeigt werden, daß sie *die beste* ist; und zwar nicht bloß überhaupt daß sie besser als alle andre Künste ist, sondern auch insonderheit, daß sie einer jeden derselben vorgeht. Keine andere Kunst kann ohne Lehrjahre, Arbeit, Furcht und Schläge erlernt werden; lauter Dinge die jedermann verabscheut. Die Parasitische ist die einzige, meines Wissens, die man ohne Mühe erlernen kann. Wer ist jemals mit verweinten Augen von einem Gastmal weggegangen, wie wir viele von ihren Lehrmeistern gehen sehen? Oder wer ist jemals mit einem grisgrämlichen Gesichte zu Gaste gegangen, wie diejenigen die zur Schule gehen? Im Gegentheil, der Parasit hat eine solche Freude an seiner Kunst, daß er sich sogar ungerufen bey einem Schmause einstellt: da hingegen die Lehrlinge der andern Künste öfters solchen Abscheu vor denselben haben, daß sie nicht selten aus der Schule laufen ehe sie noch was gelernt haben. Und verdient nicht auch der Umstand hiebey in Betrachtung zu kommen, daß die Eltern kein besser Mittel wissen den Fleiß ihrer Kinder in den andern Künsten zu belohnen, als mit dem was dem Parasiten etwas alltägliches ist? »Der Junge hat, beym Jupiter, heute schön geschrieben, sagen sie, gebt ihm was zu essen! — er hat *nicht* hübsch geschrieben, gebt ihm nichts!« — Von so großer Wirkung scheint den Leuten das Essen sowohl zum Belohnen als zum Bestrafen zu seyn. Sodann ist der *Genuß* bey den übrigen Künsten etwas das erst aufs Lernen *folgt:* sie tragen Früchte, aber als eine späte Belohnung der vorhergegangenen Arbeit, und der Weg dazu ist lang und steil: die Parasitik hingegen ist unter allen Künsten die einzige die im Lernen selbst schon den Genuß der Kunst gewährt, und, so zu sagen, mit dem ersten Schritt ihr Ziel erreicht. Nicht nur einige, sondern im Grund' alle Künste werden bloß darum erlernt, damit sie dereinst ihren Meister nähren sollen: der Parasit nährt sich von der seinigen schon beym ersten Versuche. Der Ackermann pflügt sein Feld nicht um des Pflügens — der Zimmermann zimmert sein Holz nicht um des Zimmerns willen; seine Arbeit ist nur das Mittel zu einem entfernten Zwecke: bey dem Parasiten hingegen ist Zweck und Mittel eines und eben dasselbe. Noch weiter. Wer weiß nicht daß alle übrige Künstler und Professionsverwandte sich die meiste Zeit mit saurer Arbeit placken müssen und in einem ganzen Monat nicht mehr als einen oder zwey Feyertage haben? Auch eine ganze Stadt begeht ihre gesetzten Festtage entweder jährlich oder monatlich, und das heissen die Leute sich was zu gute thun: der Parasit hingegen hat alle Monate genau dreyssig Feyertage, und das ganze Jahr ist ein einziges Fest für ihn. Ferner: Wer es in irgend einer andern Kunst hoch bringen will, muß wenig essen und trinken und beynahe die Diät eines Kranken beobachten: denn es ist eine alte Erfahrung, daß ein voller Magen zum lernen träg ist. Noch mehr: alle andere Künste sind ohne gewisse Werkzeuge (die mit Kosten angeschafft werden müssen) ihrem Besitzer unnütz; niemand kann ohne Flöte flöten, ohne Violine[16]) geigen, oder ohne Pferd reiten: die einzige Parasitenkunst ist sich selbst so genug und macht es ihrem Meister so bequem, daß er sie ohne Hülfe irgend eines Werkzeuges ausüben kann. Wer eine andere Kunst lernen will, muß dafür bezahlen: wer die meinige lernt, *wird* dafür bezahlt. Andere Professionen kann man nicht ohne Lehrmeister lernen: die Parasitenkunst bedarf dessen nicht; sie ist eine Gabe des Himmels, und man wird zum Parasiten, wie Sokrates[17]) sagt daß man zum Poeten werde, von Gottes Gnaden.[18]) Auch verdient noch bemerkt zu werden, daß die Parasitenkunst sich überall, selbst auf Reisen zu Wasser und zu Lande, ausüben läßt, welches bey den meisten übrigen nicht angeht. Endlich ist auch das kein geringer Vorzug der erstern, daß die andern Künste einen Hang zur Parasitik zu haben scheinen, diese hingegen sich mit keiner andern abzugeben braucht noch verlangt.

TYCHIADES.

Bey dem allen fällt mir auf einmal ein kleiner Scrupel ein.[19]) Ist es nicht unrecht, sich fremder Leute Gut zuzueignen?

16) Im Griechischen: Lyra.

17) S. *Platons Ion.* Opp. Vol. IV. p. 187.

18) Das ist zwar gerade das Gegentheil dessen was er kurz vorher behauptet hatte: aber man muß von einem Parasiten nicht fodern, daß er immer mit sich selbst übereinstimme, und an ihm ist die Inconsequenz eine Grazie.

19) Im Original macht Tychiades seinen Einwurf ohne alle Einlenkung; aber in jeder modernen Sprache würde diese Art auf eine andere Materie zu kommen sehr unangenehm auffallen.

SIMON.

Unstreitig.

TYCHIADES.

Wie sollte das also dem Parasiten allein nicht unrecht seyn?

SIMON.

Auf das — weiß ich dir nicht gleich zu antworten. — Aber um noch einige Vorzüge der Parasitik vor den andern Künsten anzuführen, wer kann läugnen, daß der Anfang der letztern gering und verächtlich ist, jene hingegen einen sehr edeln Ursprung hat? Denn wenn du es genau besiehest, so ist es nichts geringers als der weltgepriesene Nahme der *Freundschaft*, dem sie ihr Daseyn schuldig ist.

TYCHIADES.

Wie so?

SIMON.

Weil ordentlicher Weise niemand seinen Feind, oder einen unbekannten Menschen, oder auch nur einen mit dem er wenig Umgang hat, zu Tische bittet, sondern man muß erst auf einem freundschaftlichen Fuße mit jemand stehen um sein Tischgenosse zu seyn, und zu den Mysterien unsrer Kunst zugelassen zu werden. Daher hört man oft sagen: wie sollte der unser Freund seyn, da er doch nie mit uns getrunken hat? Woraus klar erhellet, daß man nur den, der mit uns ißt und trinkt, für einen ächten Freund zu halten pflegt. Noch ein Beweis, daß die Parasitik in der That den Nahmen einer *königlichen Kunst*[20]) verdient. Andere Kunstverwandte arbeiten nicht nur mit Mühe und Schweiß, sondern größtentheils sogar sitzend oder stehend, und zeigen dadurch daß sie gleichsam Sclaven ihrer Kunst sind:

20) Eine Anspielung auf eine Stelle in Platons *Euthydemus*, *Opp.* Vol. III. p. 45. edit. cit.

der Parasit hingegen treibt die seinige auf eben die Art wie die Könige Audienz geben, — liegend. Nichts davon zu sagen, wiewohl es kein geringes Stück seiner Glückseligkeit vor andern ist, daß er allein (wie der weise Homer von seinen Cyklopen sagt)

weder pflanzet noch pflügt mit seinen eigenen Händen[21])

sondern ärntet wo er nicht gesäet, und geniest was ihn nichts gekostet hat. Endlich kann ein Rhetor, ein Feldmesser, ein Schmidt, seine Kunst ungehindert treiben, wenn er gleich ein ungesitteter Kerl, ja sogar ein Dummkopf ist: in der Parasitik hingegen kommt weder ein ungezogener Mensch noch ein Pinsel fort.

TYCHIADES.

Himmel! wer hätte gedacht, daß es eine so herrliche Sache um die Schmarotzerkunst wäre? Du hast mich beynahe dahin gebracht, daß ich lieber ein Parasit seyn möchte als was ich bin.

SIMON.

Ich denke also den großen Vorzug meiner Kunst vor den übrigen insgemein hinlänglich erwiesen zu haben. Laß uns nun, wenn es dir gefällt, auch sehen, wie weit sie einer jeden insbesondere vorgeht. Doch, sie mit irgend einem von den mechanischen Handwerken vergleichen zu wollen, wäre Thorheit und unverzeyhliche Abwürdigung einer so edeln Kunst. Es wird genug seyn, wenn ich dir zeige, wie weit sie den größten und schönsten aller Künste vorzuziehen ist. Daß unter diesen die *Redekunst* und die *Philosophie* den ersten Rang behaupten, wird so allgemein anerkannt, daß einige sie

21) *Odyssee* IX. v. 108.

ihrer Vortreflichkeit wegen sogar für Wissenschaften erklären. Wenn ich also beweise, daß die Parasitik diesen beyden bey weitem vorgeht, so wird klar zu Tage liegen, daß sie auch über alle übrigen Künste, wie Nausicaa über ihre Kammermädchen und Sclavinnen[23]) hervorrage. Überhaupt also geht sie beyden, der Rhetorik und der Philosophie, in Rücksicht auf das Wesen selbst, *darin* vor, daß gar keine Frage darüber ist, *was sie sey?* da hingegen darüber, was die Rhetorik sey, die Meynungen sehr getheilt sind; indem einige sie für eine Kunst, andere für eine bloße Naturgabe, andere sogar für eine lose Kunst, andere für wieder was anders halten. Das nehmliche gilt von der Philosophie; denn einen andern Begriff macht sich Epikur davon, einen andern die Stoiker, einen andern die Akademiker, wieder einen andern die Peripatetiker: einem jeden von ihnen ist die Philosophie was anders, so daß sie, bis auf diesen Tag, weder selbst darüber eins werden können, noch ihre Kunst eine und eben dieselbe scheint. Braucht es mehr um den Schluß hieraus zu ziehen, daß eine Kunst, von der es nicht einmal ausgemacht ist was sie sey, sogar den Nahmen einer Kunst mit Unrecht führe? Die Arithmetik ist überall eine und eben dieselbe; zweymal zwey sind bey den Persern so gut vier als bey uns; Griechen und Barbaren haben hierüber nur Eine Meynung. Der Philosophieen hingegen sehen wir viel und mancherley, die weder im Grunde noch im Zwecke zusammenstimmen.

TYCHIADES.

Du hast recht. Sie sagen zwar es sey nur Eine Philosophie, aber sie selbst machen viele aus ihr.

22) Anspielung auf die schöne Vergleichung der Tochter des Alcinous unter ihren Mägden mit der Diana unter ihren Nymfen, im 6ten Buche der *Odyssee*, v. 101-110.

SIMON.

Wenn in manchen andern Künsten nicht alles zusammenstimmt, und sie jemand damit entschuldigen will, daß sie ihrer Natur nach etwas schwankendes haben müßten, weil sie von Begriffen und Grundsätzen abhangen, die zu keiner völligen Deutlichkeit und Gewißheit zu bringen sind; so lasse ich mir die Entschuldigung gefallen: aber wer sollte es dulden können, wenn die Philosophie, deren Grundsätze nothwendig und evident seyn sollen, nicht Eins ist und noch weit vollkommner mit sich selbst zusammenklingt als das reingestimmteste Instrument? Nun fehlt aber soviel daran daß die Philosophie Eins sey, daß man sie vielmehr was unendliches nennen könnte. Da nun, weil es nur Eine Philosophie geben kann, ihrer nicht viele seyn können, so ist klar daß es gar keine giebt. Eben dieß läßt sich auch auf die Rhetorik anwenden. Denn, wenn von einem gewissen Subjekte, was es auch sey, nicht Alle eben dasselbe sagen, sondern die Meynungen getheilt sind und Streit darüber entsteht: so ist dieß der sicherste Beweis, daß das Ding, wovon man nicht einerley Begriff hat, gar nicht ist. Mit der Parasitik ist es keineswegs so beschaffen: sie ist bey Griechen und Barbaren ihrem Wesen, ihrer Form, ihrem Gegenstand und Endzweck nach, eine und eben dieselbe. Man kann nicht sagen anders schmarotze dieser, anders jener; es giebt keine Secten, keine Stoiker und Epikuräer unter ihnen, die einander in ihren Lehrmeinungen widersprechen: sondern bey allen findet sich eine vollkommne Gleichheit der Grundsätze und die genaueste Übereinstimmung in der Verfahrungsweise und dem Endzweck: so daß, meiner geringen Meinung nach, die Parasitik in dieser Rücksicht wohl den Nahmen der Weisheit selbst verdienen dürfte.

TYCHIADES.

Über diesen Punct hast du dich, wie mich däucht, mehr als genug erklärt. Aber wie willst du den Vorzug deiner Kunst vor der Philosophie auch in den übrigen Stücken beweisen?

SIMON.

Vor allen Dingen kann ich nicht umhin dich darauf aufmerksam zu machen, daß noch nie ein Parasit ein Liebhaber der Philosophie gewesen ist: da hingegen von sehr vielen ehmaligen und heutigen Philosophen bekannt ist, daß sie große Liebhaber der Parasitik waren und noch sind.

TYCHIADES.

Wie? solltest du mir Philosophen nennen können, die sich mit schmarotzen abgegeben hätten?

SIMON.

Denkst du etwa daß sie auch mir unbekannt seyen, weil *du* dich so unwissend stellest, gleich als ob ihnen das zur Schande und nicht vielmehr zur Ehre gereichte.

TYCHIADES.

Das nun eben nicht, Simon: aber ich zweifle sehr daß du mir einige solltest nennen können.

SIMON.

Du mußt dich in den Lebensbeschreibungen dieser Herren wenig umgesehen haben, da dir diejenigen, die ich meine, nicht sogleich beygefallen sind.

TYCHIADES.

In ganzem Ernste, du wirst mich verbinden, wenn du sie mir nennen willst.

SIMON.

Gut, wir wollen dir einige von ihnen vorführen, und gewiß keine von den schlechtesten, sondern im Gegentheil, soviel ich beurtheilen kann, die vorzüglichsten unter allen, Männer, zu denen du dich dessen wohl am wenigsten versehen hättest. Also, der berühmte Sokratiker *Äschines*[23]), der Verfasser der großen und eleganten Dialogen, die in allen Händen sind[24]), kam mit seinen Dialogen im Mantelsack nach Sicilien, um, wo möglich, dem Dionysius dadurch bekannt zu werden. Er kam auch dazu ihm seinen *Miltiades* vorzulesen, und da er dem Fürsten gefallen zu haben schien, blieb er eine lange Zeit zu Syrakus sitzen, machte den Schmarotzer beym Dionysius, und gute Nacht Sokratische Unterhaltungen! — Aber was sagst du zu *Aristipp* von Cyrene? Du lässest ihn doch für einen Philosophen gelten?

TYCHIADES.

Ganz gewiß.

SIMON.

Auch *er* lebte um dieselbe Zeit zu Syrakus, und schmarotzte bey Dionysen, bey dem er sich besser

23) Sokrates hat nie eine Schule gehalten, und also eigentlich keine Schüler gehabt. Man pflegte aber diejenigen, die am meisten mit ihm umgegangen waren, und sich nach ihm zu bilden gesucht hatten, *Sokratiker* zu nennen, und dieser Äschines (den man mit dem spätern Redner dieses Nahmens nicht verwechseln muß) war einer der vorzüglichsten unter ihnen.

24) Zu Lukians Zeiten waren ihrer sieben vorhanden, deren Nahmen sein Zeitgenosse, Diogenes Laertius, also angiebt: *Miltiades*, *Kallias*, *Axiochus*, *Aspasia*, *Alcibiades*, *Telauges* und *Rhinon*. Von diesen ist bloß der einzige Axiochus, *über den Tod und das Leben nach dem Tode*, auf uns gekommen; und beyde Beywörter, wodurch Lukian diese Dialogen charakterisiert, passen sehr gut auf ihn. Die beyden übrigen, die noch seinen Nahmen führen, scheinen unter die unächten zu gehören, deren der besagte Biograph erwähnt.

als alle übrigen Philosophen in Achtung zu setzen wußte. In der That hatte er ein ganz vorzügliches Geschick zu unsrer Kunst, und dieß gieng so weit, daß Dionysius seine Köche täglich zu ihm schickte, um von seinen Einsichten zu profitiren. Man muß gestehen, er machte unsrer Kunst Ehre. Aber sogar euer hochgepriesner *Plato* selbst kam in keiner andern Absicht nach Sicilien, als den Parasiten bey dem Tyrannen zu machen; und daß er, nach einem Versuche von wenigen Tagen, wieder davon abstehen mußte, kam bloß daher weil er zu wenig Genie für die Kunst hatte. Er kehrte also nach Athen zurück, gab sich alle mögliche Mühe sich zu einem neuen Versuche vorzubereiten, machte eine zweyte Reise nach Sicilien, schmausete abermals einige Tage, sah sich aber bald wieder genöthigt, die Profession aus gänzlichem Mangel an Geschicklichkeit aufzugeben[25]): so daß sich sein Abenteuer am Hofe des Dionysius nicht übel mit der unglücklichen Expedition des Nicias[26]) vergleichen ließe.

TYCHIADES.

Und was für einen Gewährsmann kannst du mir dafür nennen?

25) Es ist drollicht einen Parasiten einen Schlüssel zu Platons geheimer Geschichte am Hofe des Dionysius, in seiner Manier schmieden zu sehen. Wer Lust hat, dieses merkwürdige Stück von Platons Leben auf eine seiner würdigere Art erzählt zu sehen, wird sich in einem Buche, das vor zwanzig Jahren ziemlich Mode war, *Agathon* genannt, befriedigen können, wo diese geheime Geschichte den Inhalt einiger Kapitel im 9ten Buche ausmacht.

26) Die Athenienser hatten sich vom Alcibiades ein luftiges Eroberungsproject in den Kopf setzen lassen, dessen Ausführung mit Sicilien anfangen sollte: weil sie aber dem Alcibiades (wiewohl er ihr Abgott war) nicht recht trauten, gaben sie ihm den Lamachus und Nicias zu, und diese Vorsicht war die erste Ursache, warum die ganze Unternehmung verunglückte. Es ist nicht unwahrscheinlich daß Alcibiades allein, wenn sie ihm die Ausführung gänzlich überlassen hätten, glücklich damit zu Stande gekommen wäre.

SIMON.

Unter vielen andern den *Aristoxenus Musikus*, einen berühmten Mann und der selbst ein Parasit des Neleus war. Daß *Euripides* beym Könige Archelaus bis an seinen Tod geschmarotzt habe, so wie *Anaxarchus* bey Alexander dem großen, kann dir unmöglich unbekannt seyn. Was den *Aristoteles* betrifft, so kann man sagen, daß auch er in der Parasitik wenigstens einen Anfang gemacht, da es überhaupt seine Sache war sich bey den Anfangsgründen der Künste aufzuhalten. — Ich habe dir also, versprochner maßen, Philosophen gezeigt, die sich mit der Parasitik abgegeben haben: aber einen Parasiten, dem es eingefallen wäre den Philosophen zu machen, wird mir niemand nennen können. Wenn es nun zur Glückseligkeit (dem großen Problem der Philosophen) sehr wesentlich ist nicht zu dürsten noch zu frieren: wo sind die Philosophen, die hierin den Parasiten nicht den Vorzug lassen müßten? Man wird der ersten ohne Mühe eine Menge finden, welche sehr gut wissen was frieren und hungern ist, aber gewiß keinen Parasiten; oder er müßte nur dieses edeln Nahmens ganz unwürdig, irgend ein schlechter Kerl oder ein Bettler, oder so was — einem Philosophen ähnliches seyn.

TYCHIADES *mit einer wichtigen Miene:*

Genug hievon! Du thatest ja vorher, als ob du noch andere und größere Vorzüge der Parasitik vor der Philosophie und Redekunst anzuführen hättest?

SIMON.

Das menschliche Leben, mein vortreflicher Herr, theilt sich in zwey Zeiten, in Friedens- und in Kriegszeiten. In den einen oder den andern muß es sich zeigen, was die Künste und ihre vorgebliche

Meister werth sind oder nicht. Nehmen wir zuerst die Kriegszeiten vor, und suchen, wer darin sich selbst sowohl als dem gemeinen Wesen am nützlichsten ist, der Philosoph und Redner, oder der Parasit!

TYCHIADES.

Ein schöner Wettstreit! Ich lache schon lange in mir selbst, wenn ich bedenke was ein Philosoph für eine Figur macht, der sich mit einem Schmarotzer zusammenstellen und vergleichen lassen muß.

SIMON.

O, die Sache ist nicht halb so seltsam und spashaft als sie dir vorkommt: sie soll bald ein ernsthaftes Gesicht bekommen! Stellen wir uns also vor, es komme die Nachricht: die Feinde seyen plötzlich in unsre Grenzen eingefallen; die Noth erfodre, daß man ihnen entgegen rücke, um sie zu verhindern die Landschaft zu verwüsten; der Feldherr rufe bereits alle aufgeschriebenen, die das Alter zum Kriegsdienste haben, zusammen, und unter den übrigen erscheinen auch einige Philosophen, Redner, und Parasiten. Die erste Operation wird also seyn, daß wir sie auskleiden; denn wer gewaffnet werden soll, muß zuvor nackend ausgezogen werden. Nun bitte ich dich, mein werther Herr, betrachte mir einen nach dem andern, und untersuche ihre allerseitige Leibesbeschaffenheit. Es werden dir sogleich einige in die Augen fallen, die vor Hunger und Mangel so ausgemergelt, blaß und erbärmlich aussehen, als ob sie schon ein paar Tage unter den Blessirten auf dem Schlachtfelde gelegen wären. Urtheile selbst, ob es nicht lächerlich wäre zu sagen, solche kraftlose Invaliden könnten im Stande seyn, den Zusammenstoß mit dem Feinde, das rastlose Gefecht, das Gedränge, den Staub und die

Wunden eines Treffens auszuhalten! — Nun sieh einmal dagegen auf der andern Seite den Parasiten, wie ganz anders der aussieht! Er ist stark und wohl bey Leibe, hat eine frische schöne Gesichtsfarbe, nicht zu schwarz noch zu weiß, wovon dieses nur den Weibern, jenes nur den Sclaven geziemt; er ist muthig, hat Feuer im Auge wie ich, (denn ein feiges weibisches Auge thut im Handgemenge schlechte Wirkung) kurz sieht aus wie ein Mann, der seine Haut nicht wohlfeil geben wird und Blut zu verlieren hat: und nun sage, wird ein solcher Mann nicht einen braven Soldaten abgeben, und, wenn's ja gestorben seyn muß, eines schönen Todes sterben? Doch, wozu brauchen wir uns mit Dichtungen zu helfen, da wir historische Beyspiele genug vor uns haben? Um die Sache rund heraus zu sagen: alle Philosophen und Redner, soviel ihrer jemals in den Krieg gezogen sind, haben sich entweder weislich nicht weit über die Mauern hinausgewagt, oder, wenn sich zuweilen einer genöthigt sah in Reyhe und Glied zu fechten, so behaupte ich daß er sogleich links um gemacht, und davon gelaufen sey.

TYCHIADES.

Wie du in Eifer kommst und übertreibst! — Aber rede nur weiter!

SIMON.

Von den Rednern[27]) also anzufangen, so fehlte soviel daran, daß *Isokrates* jemals zu Felde gezogen

27) Simon spricht von Rhetoren im eigentlichen Verstande, d. i. von Professoren dieser Kunst, und von Advokaten, die in einem Demokratischen Staate durch ihre Beredsamkeit auch wohl, wie Demosthenes, Äschines u. a. sich zu *Demagogen* erheben könnten: nicht von solchen Staatsmännern, die (wie *Perikles*) zu Demagogen gebohren, sich einer Beredsamkeit, die mehr Talent als Kunst war, bloß als

wäre, daß er nicht einmal das Herz hatte die Rednerkanzel zu besteigen, aus Furcht die Stimme möchte ihm in der Kehle stecken bleiben. Doch was sage ich? Verriethen nicht *Demokrates*, *Äschines* und *Philokrates*, auf die erste Nachricht daß Philippus zu den Waffen gegriffen habe, die Stadt und sich selbst aus bloßer Furcht an diesen Prinzen? oder was thaten sie von diesem Augenblick an anders, als daß sie seine Parteygänger zu Athen machten, und das Volk zu Maaßregeln, die ihm angenehm waren, verleiteten; und dieß so eifrig, daß es einer nur mit dem Philippus zu halten brauchte, um auf ihre Freundschaft rechnen zu können. Und wenn auch *Hyperides*, *Demosthenes* und *Lykurgus* mehr Muth zu haben schienen, und in den Volksversammlungen unaufhörlich Lerm bliesen und auf den Philippus loszogen: wo hat jemals einer von ihnen im Kriege mit ihm brav gethan? Hyperides und Lykurg hatten kaum das Herz ein wenig durchs Stadtthor hinaus zu gucken; und, während die Stadt belagert wurde, saßen sie hinter den Mauern zu Hause um Sentenzen zu drehen und Decrete zu schmieden: ihr großer Vorfechter aber[28]), — der in den Volksversammlungen immer mit dem heillosen Macedonier Philippus[29]), aus dem Lande »woher kein Mensch nicht einmal einen Sclaven kaufen möchte« um sich warf, — da er doch endlich soviel Herz zusammenraffte ihm in Böotien entgegen zu

eines Werkzeuges bedienten, und wie groß auch ihre Gabe zu reden seyn mochte, nach der Griechischen Weise zu reden, nicht in die Classe der eigentlichen Rhetorn gestellt wurden.

28) Demosthenes.

29) ὄλεθρος [Verderben] und κάθαρμα [Auswurf] sind griechische Schimpfnahmen welche wir, wie so viele andere Wörter dieser Sprache, mit andern zu vertauschen genöthigt sind, die, ohne ihren ganzen Nachdruck zu haben, doch auf teutsche Leser ungefehr dieselbe Würkung thun.

rücken, warf, eh es noch zum Angriff und Handgemenge kam, seinen Schild weg und lief davon[30]). Oder solltest du das alles nicht schon von jemand gehört haben, da es nicht etwa blos in Athen, sondern sogar bey den Thraziern und Scythen, wo der verdammte Schwätzer herstammte,[31]) bekannt ist.

TYCHIADES.

Ich weiß es. Übrigens waren das Redner, die aufs Reden abgerichtet waren, nicht aufs Handeln. Aber was hast du gegen die Philosophen zu sagen? diesen kannst du doch nicht den nehmlichen Vorwurf machen?

SIMON.

Ihnen? Sie dissertiren zwar tagtäglich über die Tapferkeit, und zermalmen das arme Wort Tugend unaufhörlich zwischen ihren Zähnen: aber mit allem dem sind sie noch feigere Memmen und größere Zärtlinge als die Redner selbst. Bedenke nur dieß. Fürs erste kann niemand sagen daß jemals ein Philosoph sein Leben in einem Treffen gelassen hätte. Entweder thaten sie gar keine Dienste, oder wenn sie dienten, liefen sie davon. Antisthenes, Diogenes, Krates, Zeno, Plato, Äschines, Aristoteles, und wie sie alle heissen, haben in ihrem Leben kein Kriegsheer in Schlachtordnung gesehen, und der einzige

30) Der Parasit Simon spielt natürlicher Weise dem Demosthenes nicht besser mit als dem Plato und Sokrates. Wer übrigens das Stück der griechischen Geschichte, worauf sich diese ganze Stelle bezieht, mit eben so viel Kürze als Richtigkeit erzählt lesen will, dem können wir dazu nichts bessers vorschlagen als das 9. Kap. im 3. Th. d. Allgem. Damenbibliothek.

31) Äschines soll dem Demosthenes öffentlich den Vorwurf gemacht haben, seine Mutter sey eine *Barbarin* gewesen? (*Plutarch* im *Leben des Demosthenes.*) Diesen Umstand scheint hier der Parasit, in seinem komischen Eifer gegen den größten der Redner geltend zu machen.

von ihnen, der das Herz hatte dem Treffen bey Amphipolis beyzuwohnen, floh, und lief in einem fort vom Parnes bis in die Fechtschule des Taureas; denn es däuchte ihm viel *urbaner* zu seyn sich dort zu den schönen Knaben hinzusetzen und ihnen verliebte Possen vorzuplaudern, und dem ersten dem besten der ihm in den Wurf kam seine Sophistereyen aufzurathen zu geben, als sich in blachem Felde mit einem handfesten Spartaner herumzuschlagen.[32])

TYCHIADES.

Alles dieß, mein schöner Herr, habe ich von andern schon gehört, und von Leuten, die wahrlich nichts weniger im Sinne hatten als die Philosophen zu höhnen und lächerlich zu machen; ich kann dir also nicht vorwerfen, daß du deiner Kunst zu lieb die Philosophen verläumdet habest.[33]) Laß es also dabey bewenden, und sage nun was denn der Parasit im Kriege für ein Held ist, und ob sich überhaupt beweisen läßt, daß es schon in den heroischen Zeiten Parasiten gegeben habe?

SIMON.

Wie ungelehrt einer auch übrigens seyn mag, mein Freund, so hat er doch wenigstens den Homer gehört[34]), und muß also wissen, daß bey ihm die besten seiner Helden Parasiten sind. Denn sogar jener berühmte *Nestor*

dem von der Zunge wie Honig die süße Rede herabfloß,[35])

32) Der Parasit vermengt zwey ganz verschiedene Actionen, denen Sokrates beywohnte, nehmlich die bey Amphipolis und die bey Delium: ein Umstand, an dessen Erörterung unsern Lesern wenig gelegen ist; zumal da die leichtfertige Art, wie *Simon* die Sache erzählt, dem Sokrates nicht zum Nachtheil gereichen kann. Xenophon und Plato verdienen billig hierüber mehr Glauben.

33) Dies ist ein wenig boshaft von Tychiades gesprochen.

34) weil er den Kindern in der Schule erklärt wurde.

35) *Ilias* I. v. 249.

Nestor selbst war ein Parasit des Königs Agamemnon, und weder Achilles, wiewohl er für den schönsten und bravsten Mann des ganzen Heeres gehalten wurde, und es auch war, noch Diomedes, noch Ajax, wird von Agamemnon so hoch geachtet und gelobt wie Nestor. Denn er wünscht sich weder zehn Ajaxe noch zehn Achillen, sondern ist versichert daß er Troja unfehlbar erobern würde, wenn er zehn solche Kriegsmänner hätte wie dieser alte Parasit[36]). Auch von *Idomeneus*, einem Sohne Jupiters, sagt Homer daß er ein Parasit Agamemnons gewesen sey.

TYCHIADES.

Ich kannte die Stellen welche du im Sinne hast, aber noch ist mir nicht deutlich wie diese beyden Männer Agamemnons Parasiten heissen können.

SIMON.

Erinnere dich nur, mein Bester, der Verse die Agamemnon selbst zum Idomeneus sagt:

— dein Becher stand immer gefüllet
vor dir, wie mir, so oft als die Lust zum trinken dich ankam.[37])

Denn natürlich will er damit nicht sagen, daß sogar im Schlaf oder in der Schlacht immer ein voll eingeschenkter Becher vor Idomeneus gestanden wäre: sondern nur, daß er vorzugsweise alle Tage seinen Platz an des Königs Tafel eingenommen habe[38]),

36) *Ilias* II. v. 371. u. f. Cicero macht von eben diesem Wunsche Agamemnons Gebrauch um die Vorzüge des Alters, wenn es mit Weisheit vergesellschaftet ist, geltend zu machen; *Cato maj.* c. 10.

37) *Ilias* IV. v. 262. u. f.

38) Der Parasit verfälscht den Homer offenbar zum Vortheil seiner Hypothesen: denn Agamemnon erklärt sich deutlich genug, worin der Vorzug bestanden, den er dem Idomeneus an seiner Tafel vor den übrigen gab. »Die andern Fürsten der Griechen bekommen ihre gewisse Portion sagt er,

da hingegen die übrigen Befehlshaber nur an gewissen Tagen eingeladen worden. So sagt er, z. B. vom Ajax, da er aus einem für ihn sehr rühmlichen Zweykampf mit Hektorn zurückkam, »sie führen ihn zum göttlichen Agamemnon«, nemlich, weil der König, ihm zu besondern Ehren, wiewohl es schon spät war, ein Gastmal angestellt hatte. Idomeneus und Nestor aber waren die täglichen Tischgenossen des Königs, wie er selbst sagt.[39]) Besonders scheint mir Nestor ein großer Virtuos in der Kunst bey den Königen zu schmarotzen gewesen zu seyn: denn er fieng nicht erst beym Agamemnon an, sondern hatte sie schon vorher bey den Königen Cäneus und Exadius getrieben, scheint sie auch nicht eher als mit dem Tode Agamemnons aufgegeben zu haben.

TYCHIADES.

Das war also ein Parasit der euerm Orden Ehre machte. Kannst du mir aber noch andere von diesem Rang aus den homerischen Zeiten nennen?

SIMON.

Wie, Tychiades? War denn Patroklus nicht ein Parasit des Achilles? Ein junger Mann, der wahrlich keinem andern Griechen weder an Leibes- noch Seelen-Vollkommenheit nachstand! Ich glaube sogar aus seinen Thaten den Schluß machen zu können, daß Achilles selbst hierin nichts vor ihm voraus gehabt habe. Denn er trieb den Hektor, der durch die Thore des griechischen Walles eingebrochen

hingegen wird dein Becher immer wieder vollgeschenkt wie mir selbst, damit du so oft trinken könnest als du Lust hast.« Diese Stelle beweiset also nichts für seine Behauptung.

39) Die Wahrheit zu gestehen, sagt er das nirgends, man müste denn der Stelle, im 2ten Buche v. 405. Gewalt anthun wollen; woraus sich freylich unser Parasit kein Gewissen zu machen scheint.

war, und schon innerhalb desselben bey den Schiffen fochte, wieder zurück, und löschte das Schiff des Protesilaus, das schon zu brennen anfieng, wiewohl es von keinen schlechtern Männern als Telamons beyden Söhnen vertheidiget wurde. Dieser Parasit des Achilles erlegte eine Menge Barbaren, und sogar den Sarpedon, wiewohl er ein Sohn Jupiters war. Auch in der Art seines Todes ist etwas vorzügliches. Hektor fiel von der einzelnen Hand des Achilles, und Achilles wurde hinwieder von dem einzelnen Paris getödtet: aber den Parasiten zu erlegen brauchte es nicht weniger als einen Gott und zwey Menschen[40]), und die letzten Worte womit er seine Seele ausathmete, waren nicht wie die des edeln Hektors, der den Achilles fußfällig fleht, wenigstens seinen Leichnam den seinigen ausfolgen zu lassen: sondern Worte die eines Parasiten würdig waren.

TYCHIADES.

Und wie lauteten sie?

SIMON.

Wären mir zwanzig wie du in Waffen entgegen gekommen,
Alle wären, bezwungen von meinem Speere, gefallen!

TYCHIADES.

Genug! — Aber wie willst du beweisen daß Patroklus nicht ein Freund, sondern ein Parasit des Achilles gewesen sey?

SIMON.

Er soll es dir selbst sagen.

TYCHIADES.

Das wäre!

40) Apollo, Hektor und Euphorbus. *Ilias* XVI. v. 781–848.

So höre dann seine eigenen Worte:

Laß nicht, Achill, mein Gebein besonders vom deinigen legen, sondern beysammen, wie wir in euerer Wohnung erzogen wurden, — [41])

und bald darauf

Freundlich empfieng mich dein Vater, der Rossebändiger Peleus, und erzog mich mit liebender Sorgfalt, und nannte mich *deinen Diener,*

d. i. deinen Parasiten. Hätte er ihn seinen Freund nennen wollen, so würde er das Wort Diener nicht gebraucht haben; denn Patroklus war frey. Was kann er also unter Diener verstehen als solche die weder Freunde noch Sclaven, folglich Parasiten sind? In eben diesem Sinne heisset *Merion*[42]) ein Diener des Idomeneus. Und auch hier bitte ich dich zu bemerken, daß Homer nicht diesen Idomeneus, wiewohl er Jupiters Sohn war, würdig findet ihn *dem Kriegsgott gleich* zu nennen, sondern den Parasiten Merion. Und war nicht (um ein näheres Beyspiel anzuführen) nach dem Zeugnis des Thucydides, *Aristogiton,*[43]) ein Jüngling ohne Adel und Vermögen, der Parasit des Harmodius; aber auch sein Liebhaber; denn was ist billiger als daß die Para-

41) *Ilias* XXIII. v. 83. u. f.

42) *Ilias* XIII. 246. Im Ernste zu reden, verstand Homer unter dem Worte θεράπων, wenn er es von Patroklus und Merion gebraucht, wohl nichts anders als was unsre Alten unter *Schildknapp* oder *Edelknecht* verstanden. Der Schwätzer Simon scheint, indem er den Merion zum Parasiten des *Idomeneus* macht, schon wieder vergessen zu haben, daß dieser letzte, seinem eigenen Vorgeben nach, ein Parasit des *Agamemnon* war.

43) S. *Thucyd.* B. VI. Auch hier läßt Lukian den Parasiten einen Gedächtnisfehler begehen, vermuthlich weil dergleichen Unrichtigkeiten dem Charakter eines solchen Burschen gemäßer sind als die Genauigkeit eines Gelehrten. Nach dem Thucydides war Harmodius der Liebling und Parasit des Aristogiton.

siten die Liebhaber derjenigen sind, die ihnen zu essen geben? Und dieser Parasit war der Mann, der Athen von der Unterdrückung der Söhne des Pisistratus befreyte; und steht auch dafür mit seinem Geliebten, auf dem großen Platze, aus Erzt gegossen. Ich denke das sind Beyspiele genug von sehr braven Männern welche Parasiten waren. — Und wie meynst du wohl daß der Parasit sich zu einem Treffen anschicken und dabey betragen werde? Wird er nicht, fürs erste, gleich den Vortheil haben, nicht anders als, nach dem weisen Rathe des Ulysses,[44]) mit einer guten Mahlzeit im Leibe ins Treffen zu gehen? Denn wen Ulysses gegen den Feind schickt, dem giebt er vorher tüchtig zu essen, und wenn er gleich mit Anbruch des Tages fechten müßte.[45]) Während also daß andere Soldaten, der eine seinen Helm vor Angst zehnmal aufsetzt und wieder abnimmt, bis er ihm recht sitzt, ein anderer seinen Brustharnisch anschnallt; ein dritter sich das schlimmste was begegnen kann zum voraus einbildet und zittert, sitzt der Parasit mit heiterm Gesichte bey Tische und läßt sich belieben: sobald es aber ins Treffen geht, stellt er sich unter die vordersten. Sein Patron steht im nächsten Gliede hinter dem Parasiten, der ihn, wie Teukrus seinen Bruder Ajax, mit seinem Schilde verbirgt, und, wenn es nun zum Pfeilschuß gekommen ist, sich selbst blos giebt um nur ihn zu decken, als an dessen Erhaltung ihm mehr als an seiner eigenen gelegen ist.

44) Für die Zeitgenossen Lukians lag etwas sehr lustiges darin, daß Simon von dem *Parasiten*, als einem Ideale, in eben dem Tone spricht wie die Stoiker von *dem Weisen* — *der* Parasit, nicht *ein* Parasit, und die Stoiker alle die großen Wunderdinge die man weiß, nicht von einem d. i. von diesem oder jenem Weisen, sondern von dem Weisen par excellence, von dem idealischen und archetypischen Weisen, prädicirten.

45) *Ilias* XIX. v. 160. u. f.

Gesetzt aber auch, er falle im Treffen, so werden gewiß weder sein Officier noch seine Cameraden sich seiner zu schämen haben, wenn ein so stattlicher Mann als Leiche, so schön wie bey einem Gastmale daliegt; und es verlohnte sich wohl der Mühe zu sehen, wie er von dem dürren schmutzigen bocksbärtigen Cadaver des armseligen Tropfen, des Philosophen, absticht, dem die Seele vor Angst schon entfuhr ehe die Schlacht angieng. Wer sollte einen Staat nicht verachten, den er von so armseligen Beschützern vertheidigt sähe? Oder wer könnte die grüngelben, übelgekämmten und zottelbärtigen Männerchen so da liegen sehen, ohne auf den Gedanken zu gerathen, dic Republik habe aus Mangel an Soldaten ihre Gefängnisse aufgethan, und die eingekerkerten Missethäter bey ihrem Kriegsvolk untergesteckt. Und so verhielten sich also die Philosophen und Redner gegen die Parasiten im Kriege! Im Frieden ist die Vergleichung den ersten nicht vortheilhafter: im Gegentheile, da ist meines Erachtens die Parasitik den Philosophen so weit vorzuziehen als der Friede dem Kriege. Um dieß in sein gehöriges Licht zu setzen, suchen wir einmal, wenn dirs gefällt, die Örter auf, wo der Friede eigentlich seinen Sitz hat.

TYCHIADES.

Noch verstehe ich nicht was du damit sagen willst; aber laß sehen!

SIMON.

Ich meyne den großen Markt, die Gerichtshöfe, die Ringeplätze und Gymnasien, die Jagden und die Gastmale. Was also den Markt und die Gerichtsstätten betrifft, so überläßt der Parasit diese Schauplätze der Leidenschaften und der Schicane den Sykophanten, die dort eigentlich zu Hause sind. Die Ringeplätze, die Gymnasien und die Gastmale hingegen besucht er desto fleißiger, und macht freylich da eine ganz andere Figur als eure Philosophen oder Redner. Denn wo hat man jemals gesehen daß einer von diesen letztern, wenn er sich zum Ringen entkleidete, sich neben einem Parasiten hätte sehen lassen dürfen? Oder welcher von ihnen kann sich im Gymnasium zeigen ohne dem Orte Schande zu machen? Aber auch in einem Walde hätte keiner von ihnen das Herz einem auf ihn loß rennenden Stück Wild Stand zu halten: der Parasit hingegen bleibt stehen und läßt sie anlaufen, weil er bey Tafel zu bekannt mit ihres gleichen worden ist um sie zu fürchten. Ihn erschreckt kein Hirsch, kein borstiger Hauer; und wenn dieser die Zähne gegen ihn wetzt, so wetzt der Parasit die seinigen wieder gegen *ihn*. Bey der Mahlzeit aber, wer wollte sich da mit dem Parasiten, es sey im Scherzen oder im Essen, in einen Wettstreit wagen? Wer wird mehr zur Belustigung der Tischgesellschaft beytragen, er, der immer ein Liedchen oder einen witzigen Einfall in Bereitschaft hat? oder der Pedant, der gar nicht weiß was lachen ist, und in seinem abgeschabten Mantel dasitzt und auf den Boden sieht, als ob er zu einem Leichenbegängnis, nicht zu einem Schmause, gekommen sey? In meinen Augen ist ein Philosoph bey einem Gastmale gerade so viel nütze als ein Hund in einem Bade. Doch, lassen wir das alles an seinen Ort gestellt seyn, um den innern Gemüthszustand des Parasiten zu betrach- und mit jenen zu vergleichen. Das erste, was dir dabey in die Augen leuchtet, ist, daß der Parasit den Ruhm verachtet, und sich nichts darum bekümmert was die Leute von ihm denken: bey den Philosophen und Rednern hingegen wird man finden, daß nicht nur etwa dieser und jener, sondern Alle so viel ihrer sind von Eitelkeit und Ruhmsucht, ja was noch schändlicher ist, sogar von Geldsucht aufgerieben werden. Der Parasit achtet das Geld so wenig, daß niemand die Kieselsteine an den Ufern weniger achten kann, und er macht zwischen dem Glanz des Goldes und des Feuers keinen Unterschied.[46]) Jene hingegen sind mit einem so unseligen Durst nach Golde behaftet, daß man berühmte Philosophen unsrer Zeit kennt (von den Rednern will ich lieber gar nichts sagen) wovon der eine überwiesen wurde daß er sich bestechen lassen in einer Sache, worin er Richter war, einen ungerechten Spruch zu thun; ein anderer sich für seine Sophistereyen von seinen Schülern bezahlen läßt; noch ein anderer unverschämt genug ist von dem Kayser bloß dafür daß er sich an seinem Hofe aufhält, einen Lohn zu fodern: ja, wir kennen sogar einen, der noch in seinen alten Tagen in der Welt herumzieht, und, seine Weisheit um Taglohn vermiethet, wie ein Indianischer oder Scythischer Kriegsgefangner seine Handarbeit, sich sogar des Nahmens nicht schämt, und selbst gesteht, daß das was er dafür empfängt *Liedlohn* sey. Doch diese Geldsucht ist nicht ihre einzige Schwachheit: du wirst finden, daß sie noch von andern Leidenschaften, böser Laune, Zorn, Mißgunst, und allen Arten von Begierden, wie die gemeinsten Menschen beherrschet werden. Der Parasit hingegen ist über das alles weg. Er erzürnt sich über nichts, weil er das unangenehme zu ertragen weiß, und — weil er niemand hat über den er böse werden könnte; oder

46) Nehmlich, das eine ist ihm so angenehm als das andere. Diesem seltsamen Gedanken scheint eine Anspielung auf den bekannten Anfang der ersten Olympischen Ode Pindars zum Grunde zu liegen.

wenn ihm auch etwas über die Leber läuft, so ist sein Zorn nicht heftig, und endet sich, anstatt verdrieslicher Folgen, zum Vergnügen aller Anwesenden, mit Lachen. Von Traurigkeit aber weiß niemand weniger als er, da ihm seine Kunst den besondern Vortheil gewährt, nichts zu haben worüber er traurig seyn könnte. Denn er hat weder Güter, noch Haus, noch Gesinde, weder Weib noch Kinder, Dinge deren Verlust denjenigen, der sie besaß, nothwendig betrüben muß. Endlich kann man doch wohl sagen, daß derjenige von Begierden frey sey, der gegen Ehre und Reichthum, ja gegen die Schönheit selbst, gleichgültig ist.

TYCHIADES.

Man sollte doch denken, Simon, daß ihn die Nahrungssorgen zuweilen in seiner guten Laune stören müßten.

SIMON.

Du vergissest, Tychiades, daß derjenige schon kein Parasit wäre, der über sein Mittagessen verlegen seyn müßte: so wie ein tapfrer Mann, sobald es ihm an Tapferkeit gebricht, nicht tapfer, und ein Kluger, den seine Klugheit auf dem Sande sitzen läßt, nicht klug ist. Wir haben es aber hier mit dem Parasiten, *der es ist*, zu thun, nicht mit dem der es *nicht ist*. Denn wenn der Tapfre es nur durch die wirkliche Tapferkeit, und der Kluge nur durch die wirkliche Klugheit ist: so ist auch der Parasit nur durch wirkliches *parasitiren* Parasit; wollen wir ihm das nicht zugestehen, so thäten wir besser von jedem andern Gegenstande zu sprechen als vom Parasiten.[47])

47) Auch hier wird die indirecte Verspottung des Plato, dessen Art zu argumentiren der Parasit mit lächerlichem Ernst parodirt, einem jeden in die Augen fallen, der nur einige Bekanntschaft mit ihm hat.

TYCHIADES.

Es kann also, deiner Meynung nach, dem Parasiten nie an einem gedeckten Tische fehlen?

SIMON.

Allerdings bin ich dieser Meynung: er kann über diesen Punct, wie über alle andere, ganz ruhig seyn. Dagegen leben die Philosophen, eben so wohl als die Redner, in beständiger Furcht, und man sieht sie daher größtentheils nie anders als mit einem Stekken in der Hand auf der Straße. Würden sie wohl bewafnet gehen, wenn sie sich nicht fürchteten? Oder würden sie ihre Thüren so sorgfältig verriegeln, wenn ihnen nicht vor einem nächtlichen Einbruch bange wäre? Wenn der Parasit seine Kammerthür zuschließt, so hat er wohl keinen andern Beweggrund als damit sie der Wind nicht aufmache; ein nächtlicher Lerm verursacht ihm nicht die geringste Unruhe, und er reiset unbewafnet durch den ödesten Wald, weil er unbesorgt ist, daß ihm etwas geraubt werden könnte. Hingegen hab' ich schon oft Philosophen bewafnet gesehen, wo nichts zu fürchten war, und ihren Prügel führen sie bey sich, sogar wenn sie ins Bad oder zu Gaste gehen. Endlich ist niemand, der den Parasiten Ehebruchs, gewaltsamen Überfalls, Raubes, oder irgend eines andern Bubenstückes beschuldigen könnte: denn ein solcher Verbrecher wäre eben darum kein Parasit, oder (was auf Eins hinausläuft) wenn der Parasit einen Ehebruch begienge, so bekäme er durch die That selbst auch die Benennung derselben, und hieße ein Ehebrecher. Denn so wie ein Bösewicht eben darum nicht ein guter sondern ein böser Mensch heißt: so, denke ich, verliert auch der Parasit, wenn er etwas schändliches begeht, das wodurch er Parasit ist, und nimmt den Nahmen der

Übelthat auf sich die er begangen hat. Wie viele Verbrechen die Philosophen und Redner sich zu Schulden kommen lassen, wissen wir nicht nur selbst aus unzählichen Beyspielen die vor unsern Augen geschehen sind, sondern können auch in Büchern lesen, daß es die ehmaligen nicht besser machten. Man hat *Apologien* für den Sokrates, den Äschines, den Hyperides, den Demosthenes, und beynahe für alle Redner und Weise: aber man wird keine Apologie für einen Parasiten nennen können, und niemand kann sagen daß er jemals ein Klaglibell gegen einen Parasiten gesehen habe.

TYCHIADES.

Nun, beym Jupiter, ich will dir gelten lassen daß dein Parasit im Leben den Vortheil über die Philosophen und Redner habe: dafür aber mag wohl sein Tod desto schlimmer seyn?

SIMON.

Gerade das Gegentheil, ohne alle Vergleichung glücklicher! von den Philosophen allen, oder doch von den meisten, wissen wir daß es ein böses Ende mit ihnen genommen hat: einige wurden der größten Verbrechen wegen zum Giftbecher verdammt; andere verbrannten bey lebendigem Leibe; andre giengen am Harnzwang drauf, andere starben im Elende. Dem Parasiten kann niemand eine solche Todesart nachsagen; er stirbt sanft und süß unter vollen Schüsseln und Bechern, und sollte ja einer von uns eines gewaltsamen Todes gestorben seyn, so war es gewiß nur an einer Unverdaulichkeit.

TYCHIADES.

Du hast die Sache der Parasiten gegen die Philosophen tapfer durchgefochten. Nun hättest du nur, wo möglich, noch zu beweisen, daß die Schmarotzerey eine ehrbare Kunst und demjenigen nützlich sey, auf dessen Unkosten der Parasit lebt. Ich meines Ortes finde etwas sehr demüthigendes darin, seinen Unterhalt von reichen Leuten als eine Wohlthat anzunehmen.

SIMON.

So einfältig wirst du doch nicht seyn, Tychiades, um nicht einzusehen, daß ein reicher Mann, wenn er auch so viel Gold hätte als Gyges[48]), nur ein armer Teufel wäre wenn er allein essen müßte; und daß er sich ohne einen Parasiten an seiner Seite auf der Straße schlecht ausnehmen, und von andern die nichts haben wenig unterscheiden würde. Ein Reicher ohne einen Parasiten ist wie ein Soldat ohne Waffen, ein Rock ohne Purpur, ein Pferd ohne Schmuck; kurz, der Parasit macht dem Reichen Ehre, nicht der Reiche dem Parasiten. Das beschämende, das du darin zu finden glaubst, sich von einem Reichen auf den Fuß eines Clienten ernähren zu lassen, fällt also gänzlich weg, wenn du bedenkest, daß der Reiche wirklich Nutzen daraus zieht, indem diese Art von Leibwache, ausser dem Zuwachs von Ansehen so sie ihm giebt, seine Sicher-

48) Die Geschichte oder vielmehr das Mährchen von dem unsichtbarmachenden Ringe dieses Gyges, und das eben so seltsame Mährchen, wie er zur Lydischen Krone gekommen, das *Herodot* so treuherzig erzählt, sind bekannte Sachen. Aber hievon ist hier nicht die Rede, sondern von seinen Reichthümern, worüber wir aus Dichtern und Geschichtschreibern eine Menge Zeugnisse anführen könnten, wenn es nöthig wäre. *Strabo* erwähnt (L. I. c. 14.) gewisser Gold- und Silberbergwerke zwischen Atarne und Pergamus, als der hauptsächlichsten Quellen, woraus Gyges die Schätze gezogen, die ihn zu einem der reichsten asiatischen Fürsten seiner Zeit machten. Es bedarf also der von *Moses du Soul* vorgeschlagenen Veränderung des Gyges in *Midas* oder *Krösus* ganz und gar nicht.

heit nicht wenig vermehrt. Denn niemand wird so leicht einen Angriff auf ihn wagen, wenn er ihm einen solchen Beschützer zur Seite sieht. Auch wird keiner, der einen Parasiten hat, so leicht an Gifte sterben: denn wer wird es wagen ihn vergiften zu wollen, da der Parasit alle Speisen und Getränke zuerst kostet? der Reiche hat also nicht nur Ehre von seinem Parasiten, sondern betrachtet ihn billig als den Mann dem er die Sicherheit seines Lebens zu danken hat. Der Parasit nimmt aus Liebe zu seinem Ernährer alle Gefahr auf sich, und hält nicht nur im Essen treulich und bis auf den letzten Bissen bey ihm aus, sondern ist auch bereit sich für ihn zu Tode zu essen.

TYCHIADES.

Ich muß gestehen, Simon, du hast alles mögliche gethan deine Kunst herauszustreichen, und sie kann sich nicht beklagen daß du ihr das geringste vergeben habest: kurz, du hast nicht gesprochen als ob du der Sache niemals nachgedacht (wie du mich glauben machen wolltest) sondern alles geleistet was man von dem geübtesten Kopf erwarten könnte.[49]) — Dafür hast du mir aber auch eine solche Lust zu deiner Kunst gemacht, daß ich, wie die Schulknaben, vor und nach Tische zu dir kommen werde, um Lection bey dir zu nehmen; und hoffentlich wirst du mich ohne Zurückhaltung in allen ihren Geheimnissen initiiren, da ich dein erster

49) Ich bin genöthigt gewesen hier eine kleine Stelle wegzulassen, an welcher die Leser nichts verlieren. Sie ist, als ein bloßes und ziemlich plattes Spiel mit der Etymologie des Wortes παρασιτεῖν [schmarotzen], *unübersetzlich*; und ich begreiffe nicht recht, wie Lukian sich entschließen konnte, den Schluß eines so witzigen Aufsatzes mit einem so frostigen Einfall zu verunzieren; zumal da er ein wahres hors d'oeuvre ist, und durch seine Weglassung keine Lücke im Text entsteht.

Schüler bin. Denn was man von den Müttern sagt, daß sie ihre Erstgebohrnen immer am liebsten haben, das muß billig auch von den ersten Schülern gelten.

DER VERKAUF

der

Philosophischen Secten.

Jupiter. Merkur. Die Philosophen Pythagoras, Diogenes, Demokritrus, Heraklitus, Sokrates, Chrysippus, und ein Pyrrhonist, als Sclaven. Verschiedene Käufer.

JUPITER *zu zwey Bedienten.*

Du, setze die Bänke in Ordnung und mache Platz für die Ankommenden! — Und *du* hohle die Waaren heraus und stelle sie auf; aber bürste und putze

Der Verkauf u. s. w. Ich gestehe daß dieser Dialog, den alle mir bekannten Übersetzer und Commentatoren Lukians für eines seiner vorzüglichsten Werke erklären, in meinen Augen eines seiner schlechtesten ist, und daß ich ihn weder, wie *Jensius*, *longe facetissimum* [als den bei weitem witzigsten] finde, noch, mit dem Englischen Übersetzer *D. Fränklin* (der hierin das Echo des ehrlichen *Moses dü Soul* ist) der Meinung bin, »daß Lukian in diesem Dialog die absurden Meinungen, Eigenheiten und Grundsätze jeder Secte mit unendlicher Laune durchgezogen habe.« Die erste und wesentlichste Eigenschaft eines satyrischen Werkes ist, *daß dem Verspotteten kein Unrecht geschehe.* Das Lächerliche muß in der Sache *liegen*, nicht vorsetzlich hineingebracht, oder dem Belachten hinter seinem Rücken aufgeheftet werden. Witz und Laune können auch wohl bloßes Persiflage in einer fröhlichen Stunde unterhaltend machen: aber dann muß es wenigstens *unschuldig* seyn. In *diesem* Aufsatze hat sich Lukian gegen die Philosophen alles erlaubt; Verdrehung und Verfälschung ihrer Lehrsätze, geflissentliche Mißdeutungen, elende Volkssagen und Mährchen, kein Mittel ist ihm zu schlecht, um die sie vorher tüchtig heraus, damit sie gut ins Auge fallen und recht viele Liebhaber herbeylocken. Du, Merkur, thue den Aufruf und mache mit gutem Glücke! bekannt, daß sich die Käufer nunmehr einfinden können. Wir haben Philosophische Charakter von allen Arten und Secten zu verkaufen. Sollte es jemandem nicht gelegen seyn, sogleich baar zu bezahlen, so geben wir, gegen Stellung eines Bürgen, auf ein Jahr Credit.

MERKUR.

Es kommen schon viele Käufer zusammen, wir wollen zum Werke schreiten um die Leute nicht ohne Noth aufzuhalten.

JUPITER.

Gut! machen wir den Anfang!

MERKUR.

Wen wollen wir zuerst vorführen?

JUPITER.

Den *Ionier* dort, mit den langen dichten Locken, denn er sieht wirklich einem ganz venerablen Burschen gleich.

größten und vortreflichsten Männer aus dieser Classe, selbst einen Pythagoras, Sokrates, Plato, Demokritus, Aristoteles, dem Spott eines ungelehrten Leserpöbels Preis zu geben. Ob das bißchen attisches Salz, womit alle diese Scurrilitäten bestreut sind, und das Beyspiel des Aristophanes, der sich an Sokrates auf ähnliche Art, wiewohl mit unendlich mal mehr Witz und Laune versündigte, hinlänglich sey, einen solchen Muthwillen zu entschuldigen, kann doch wohl keine Frage seyn; und wie unzulänglich sich Lukian selbst deßwegen gerechtfertigt habe, werden wir aus dem folgenden Stücke [*Das Schiff oder die Wünsche;* in vorliegender Auswahl nicht enthalten] sehen. Übrigens setzt dieser Dialog einige Bekanntschaft mit der Geschichte der Griechischen Philosophie bey den Lesern voraus, deren Mangel durch Anmerkungen nur sehr unzulänglich ersetzt werden könnte.

MERKUR.

Hay da, Pythagoras! steige herab, und laß dich von den Herren hier besehen.

JUPITER *zum Merkur.*

Ruf' ihn aus!

MERKUR.

Hier, meine Herren, biete ich das beste Stück in unserm ganzen Lager aus; einen höchst respectablen und vortreflichen Charakter. Wer hat Lust zu kaufen? wer möchte gern »mehr seyn als ein Mensch?« wer verlangt »die Harmonie des Ganzen« kennen zu lernen, und »nach seinem Tode wieder aufzuleben?«

KÄUFER.

Er sieht keinem gemeinen Menschen gleich. Was kann er denn?

MERKUR.

Arithmetik, Astronomie, Magie, Geometrie, Musik, Taschenspielerkunst. — Es ist ein großer Wahrsager, das kannst du mir glauben!

KÄUFER.

Darf ich ihn selbst ein wenig ausfragen?

MERKUR.

Frage in Gottes Nahmen!

KÄUFER.

Woher bist du?

PYTHAGORAS.

Von Samos.

KÄUFER.

Wo bist du erzogen worden?

PYTHAGORAS.

In Ägypten, bey den dortigen Weisen.

KÄUFER.

Wenn ich dich nun kaufe, was willst du mich lehren?

PYTHAGORAS.

Lehren werd' ich dich nichts: aber ich werde dir alles wieder in *Erinnerung* bringen.

KÄUFER.

Wie willst du das machen?

PYTHAGORAS.

Zuerst werde ich deine Seele ausreinigen, und allen Schmutz der sich darinn angesetzt hat, auswaschen.

KÄUFER.

Bilde dir einmal ein das sey geschehen: was wird nun erfordert um mich in den Stand der Wiedererinnerung zu setzen?

PYTHAGORAS.

Fürs erste, eine langwierige *Stille der Seele*, und ein *funfjähriges Schweigen* ohne ein Wort zu sprechen.

KÄUFER.

Mein vortreflicher Herr, da muß er einen Stummen[2]) in die Lehre nehmen. Ich verlange keine Bildsäule zu seyn, ich muß meine Zunge brauchen dürfen. — Aber wenn die fünf Schweigjahre endlich vorbey sind, wie weiter?

PYTHAGORAS.

Dann wirst du tüchtig in der praktischen *Musik* und in der *Geometrie* geübt werden.

2) Im Griechischen: *den Sohn des Krösus*, welcher taub und stumm gebohren war. *Herodot* I. 34 u. 85.

KÄUFER.

Das ist lustig; um weise zu werden, muß man also vorher zur Cither singen können?

PYTHAGORAS.

Wenn du das kannst, dann mußt du *zählen* lernen.

KÄUFER.

Das kann ich jetzt schon.

PYTHAGORAS.

Wie zählst du dann?

KÄUFER.

Eins, zwey, drey, vier —

PYTHAGORAS.

Siehst du, — was du für *vier* hältst, ist *zehn*[3]) und ein vollkommenes Dreyeck[4]), und unser großer Schwur.

KÄUFER.

Bey der wundervollen *vier!* so göttliche und geheimnißreiche Dinge sind mir in meinem Leben nie vor die Ohren gekommen!

PYTHAGORAS.

Hernach, guter Freund, sollst du das Wesen der Erde, der Luft, des Wassers und des Feuers, und ihre Kräfte, Figur und Bewegung kennen lernen.

KÄUFER.

Feuer, Wasser, Luft, haben also eine Figur?

3) weil die Zahl vier, drey, zwey und eins in sich begreift, und diese vier Zahlen zusammengenommen zehn ausmachen.

4) Dieß wird durch die Figur

anschaulich, worin jede Seite des durch sie construirten Dreyecks *vier* oder eine *Tetras* ist.

PYTHAGORAS.

Augenscheinlich; denn wie könnten sie sich ohne Figur oder bestimmte Gestalt bewegen? Überdieß wirst du noch einsehen, daß die Gottheit eine Zahl und Harmonie ist.

KÄUFER.

Das ist erstaunlich![5])

PYTHAGORAS.

Und doch ist es lange noch nicht alles. Du wirst, zum Exempel, lernen, daß du selbst, der für eine einzelne Person passirt, ein andrer zu seyn scheinst und ein anderer bist.

KÄUFER.

Wie soll ich das verstehen? Ich wäre ein anderer und nicht der, der jetzt mit dir spricht?

PYTHAGORAS.

Jetzt bist du freylich *der*, aber ehemals erschienst du in einem andern Leibe und unter einem andern Nahmen, und zu seiner Zeit wirst du wieder in einen andern Leib übergehen und einen andern Nahmen führen.

5) Es würde einen allzuweitläuftigen Commentar erfordern, wenn ich, um den Pythagoras gegen diese Plattitüden zu rechtfertigen, mich in eine Erklärung seines Systems und seiner philosophischen Sprache (die überdieß ein noch unaufgelößtes Räthsel ist) einlassen wollte. Lukian (dem es, bemerktermaßen, nur darum zu thun ist den Pythagoras zu schicaniren und lächerlich zu machen, ohne sich darum zu bekümmern, wieviel oder wenig er ihm Unrecht dabey thut) nimmt z. B. das Wort *Zahl* hier in der gewöhnlichen Bedeutung: Pythagoras hingegen gebrauchte dieses Wort, (aus Ursachen, die nicht dieses Ortes sind) um dasjenige was wir das Wesen der Dinge nennen zu bezeichnen. Die Zahlen worüber Lukian spottet sind also nicht *arithmetische*, sondern *intelligible* Zahlen, und wenn in der Pythagorischen Sprache *Gott* eine *Zahl*, oder die *Zahl aller Zahlen* heist, so ist dieß im Grunde weder mehr noch weniger, als wenn wir ihn, mit einem eben so unbegreiflichen Ausdruck, das *Wesen der Wesen* nennen.

KÄUFER.

Du meinst ich werde unsterblich seyn und in allerley Gestalten verwandelt werden? Aber genug hievon! Was ist deine gewöhnliche Kost?

PYTHAGORAS.

Ich esse nichts worin eine Seele gewesen ist; sonst alles, nur keine Bohnen.

KÄUFER.

Warum hast du einen solchen Abscheu vor Bohnen?

PYTHAGORAS.

Ich habe keinen Abscheu vor ihnen; aber sie sind heilig, und es ist etwas wundervolles in ihrer Natur. Denn fürs erste sind sie lauter Saame, und wenn du einer noch grünen Bohne die Haut abziehest, wirst du sehen daß sie den männlichen Zeugungsgliedern ähnlich sieht, setzest du sie hingegen gekocht eine gewisse Anzahl Nächte in den Mondschein so werden sie zu Blut werden; und, was noch das größte ist, die Athenienser haben ein Gesetz, ihre Magistratspersonen mit Bohnen zu erwählen.[6])

6) daß diese albernen Ursachen, warum Pythagoras Bohnen zu essen verboten haben soll, auf Rechnung seiner spätern Ausleger komme, bedarf kaum erinnert zu werden. Aber das lustigste wäre, wenn er dieses Verbot, worüber sich seit mehr als 2000 Jahren so viele Gelehrte den Kopf zerbrochen haben, gar nicht gegeben hätte? Gewiß ist, daß *Aristoxenus* (ein Schüler des Aristoteles, und Verfasser eines Buches über den Pythagoras und seine Schüler, dessen Verlust zu beklagen ist) ausdrücklich versicherte: daß die Bohnen eines der gewöhnlichsten Gemüse der Pythagoräer gewesen seyen. (*A. Gell. Noct. Att.* IV. 11.) Aristoxenus konnte dieß sehr gut wissen, da er selbst einen Pythagoräer zum Lehrer gehabt hatte. Vermuthlich hatte die Vieldeutigkeit des Wortes κύαμος [Bohne, Los zur Auswahl von Beamten im alten Athen] den ersten Anlaß zu den spätern Mißdeutungen gegeben. Ob aber Pythagoras unter demselben, in einer wenigstens nicht gewöhnlichen

KÄUFER.

O vortreflich! du sprichst wie ein Orakel. — Nun, zieh dich aus, ich möchte dich auch nackend sehen[7]). — Großer Herkules! er hat einen goldnen Schenkel![8]) Der Mann ist ein Gott, er kann kein bloßer Sterblicher seyn; den muß ich kaufen! was soll er kosten, Herr?

MERKUR.

Zehn Minen.

KÄUFER.

So ist er mein, ich nehme ihn dafür.

JUPITER *zu Merkur.*

Schreibe also den Nahmen und das Vaterland des Käufers.

MERKUR.

Er scheint mir ein Italiäner, aus der Gegend von Krotona und Tarent und dem dortigen Griechenlande zu seyn. Aber, wie ich sehe sind ihrer noch dreyhundert, die ihn gemeinschaftlich erstanden haben.[9])

Bedeutung, Eyer verstanden habe, wie schon *Coelius Rhodiginus* (*Ant. Lect.* XXVII. 17. p. 1510.) versichert, und ein Ungenannter in den *Miscell. Observ. Crit.* Vol. VI. p. 429. f. aus einer Stelle in Plutarchs Symposium zu beweisen sucht, ist eine Frage, deren Untersuchung nicht dieses Ortes ist.

7) Eine Unziemlichkeit, welche Sclaven, die auf öffentlichem Markte verkauft wurden, sich gefallen lassen mußten.

8) Dieses Mährchens ist schon oben im *Hahn* [in dieser Auswahl nicht enthalten] erwähnt worden. Da ein so ernsthafter Mann wie Plutarch sich nicht geschämt hatte, es in seinem *Numa* wieder aufzuwärmen, und deutlich zu verstehen zu geben, Pythagoras habe durch ich weiß nicht was für Zauber- oder Taschenspielerkünste zuwegegebracht, daß einer seiner Schenkel dem zu Olympia versammelten Volke, indem er mitten durch selbiges hindurchgegangen, *golden* geschienen habe: so ist Lukian um so eher zu entschuldigen, daß er einen solchen Umstand nicht unbenutzt ließ.

9) So groß war (nach dem Diogenes Laert.) die Anzahl der öffentlichen und erklärten Jünger des Pythagoras zu Krotona.

JUPITER.

Sie können ihn nehmen! — Nun einen andern vorgeführt!

MERKUR.

Etwa den schmutzigen dort aus dem Pontus?

JUPITER.

Recht gern.

MERKUR.

Hola, du mit dem Schnapsack und den nackten Schultern, tritt hervor und geh im Kreise bey den Anwesenden vorbey! — Da, meine Herren, biet' ich euch einen tapfern Mann aus, einen treflichen Mann, einen edeln freyen Mann. Wer kauft?

KÄUFER.

Was sagst du da, Ausrufer? Du verkaufst einen freyen Menschen?

MERKUR.

Nicht anders.

KÄUFER.

Und du fürchtest nicht daß er dich vor den Areopagus ziehen und des Menschenraubes anklagen werde?

MERKUR.

Es ist ihm ganz einerley ob er verkauft wird oder nicht, denn er glaubt überall unter allen Umständen frey zu seyn.

KÄUFER.

Und wozu wäre denn ein so lumpichter Kerl, da es mit seinem Verstande so übel steht[10]), zu ge-

An einem andern Orte (Sect. 15.) giebt er ihm noch sechshundert, die (wie Nicodemus zu Christo) bey Nacht kamen, sich in seiner Lehre initiiren zu lassen.

10) Lukian macht, wie wir sehen, seine Käufer zu ungelehrten Leuten, die nie etwas von der Sprache der Philosophen gehört haben, und Alles (wie z. B. hier das Wort *Frey-*

brauchen als höchstens zum Graben oder Wassertragen?

MERKUR.

Allenfalls kannst du ihn auch zum Thürhüter brauchen; das ist ein Amt, das er dir besser als der treuste Hund versehen wird; man nennt ihn auch nicht anders als den Hund.

KÄUFER.

Wo ist er her, und wofür thut er sich denn eigentlich aus?

MERKUR.

Das Beste wird seyn du fragst ihn selbst.

KÄUFER.

Er stiert so übellaunig und gefährlich unter seinen Wimpern hervor, daß ich besorge er möchte mich anbellen oder gar beissen, wenn ich ihm zu nahe komme. Siehst du nicht wie er seinen Knittel aufhebt, und die Augbraunen zusammenzieht und drohend und zornig umherblickt?

MERKUR.

Fürchte nichts, er ist from.

KÄUFER *zu Diogenes.*

Fürs erste, guter Freund, wo bist du zu Hause?

DIOGENES.

Allenthalben.

KÄUFER.

Was willst du damit sagen?

DIOGENES.

Daß ich ein Weltbürger bin.

heit) in der vulgärsten Bedeutung nehmen. Daraus entstehen dann die häufigen *Quiproquo's* [Verwechslungen], die den größten Theil des Witzes in diesem Dialog ausmachen.

KÄUFER.

Hast du dir jemand zum Vorbilde genommen?[11])

DIOGENES.

Den Herkules.

KÄUFER.

Warum hängst du denn nicht auch eine Löwenhaut um? dein Knittel sieht so ziemlich seiner Keule ähnlich.

DIOGENES.

Dieser abgeschabene Mantel thut mir eben die Dienste wie eine Löwenhaut, und ich lebe, wie Herkules, in ewigem Kriege mit der Wollust, aber nicht auf Befehl eines andern (wie er) sondern freywillig, weil ich mir vorgesetzt habe die Welt von dieser Pest zu reinigen.

KÄUFER.

Ein löbliches Vorhaben! Aber worauf verstehst du dich denn eigentlich? oder was für eine Profession hast du gelernt?

DIOGENES.

Ich bin ein Befreyer der Menschheit und ein Arzt ihrer Leidenschaften; überhaupt aber mache ich Profession, ein Prophet der Wahrheit und Freymüthigkeit zu seyn.

KÄUFER.

Nun dann, Herr Prophet, wenn ich dich kaufe, wie gedenkst du mich zu behandeln?

DIOGENES.

Ich werde damit anfangen dir alles überflüssige auszuziehen, dich mit der Dürftigkeit in einen klei-

11) Diese Frage wird hier bloß der Antwort zu gefallen gethan; welches in diesem Stükke öfters der Fall ist, und zu erkennen giebt, daß mehr Laune als Kunst in der Composition desselben herrsche.

nen Winkel einzusperren, und in einen groben Kittel zu kleiden. Dann sollst du mir arbeiten bis du keinen Arm mehr fühlst, und auf dem harten Boden schlafen, und Wasser trinken und dich mit dem ersten besten, was dir der Zufall vorwirft, sättigen lernen. Dein Vermögen, falls du welches hast, wirfst du, wenn du mir folgest, ins Meer: du kümmerst dich nicht um Weib und Kinder noch Vaterland; alles was die Menschen treiben und worauf sie einen Werth legen, hältst du für Narrenspossen; du siehest dein väterliches Haus mit dem Rücken an, und wohnest in einem Grabmal, oder in einem zerfallenen Thurme, oder allenfalls in einer Tonne. Übrigens muß dein Schnapsack immer von Wolfsbohnen und auf beyden Seiten vollgeschriebnen Büchern strotzen.[12]) Wenn du dich einmal auf diesen Fuß gesetzt hast, wirst du dich glücklicher schätzen als den großen König; und solltest du auch in den Fall kommen ausgepeitscht oder auf die Folter gezogen zu werden, so wirst du so gleichgültig dabey seyn als ob es dich nicht schmerzte.

KÄUFER.

Wie? es soll mir nicht weh thun wenn ich gepeitscht werde? Meynst du denn ich habe eine Haut von Schildpatt oder von Krebsschalen?

DIOGENES.

Du wirst es, mit einer kleinen Veränderung, machen wie jener beym Euripides.

12) Gewöhnlich wurden die Bücherrollen (volumina) nur auf der inwendigen Seite voll geschrieben; die Cyniker, die sich in allem bloß auf das Unentbehrliche einschränkten und auch in den kleinsten Dingen sich von dem gewöhnlichen Costum entfernten, überschrieben ihre Bücher von aussen und innen; wie auch wohl andere, die zwar keine Cyniker aber eben so arme Teufel waren, aus Noth thaten.

KÄUFER.

Wie so?

DIOGENES.

Die Seele wird dich schmerzen, nicht die Zunge.[13])

Die wesentlichsten Eigenschaften aber, die du besitzen mußt, sind diese: du mußt frech und trotzig seyn, und einem jeden ohne Ausnahme, vom Fürsten bis zum gemeinsten Manne, Grobheiten ins Gesicht sagen. Denn das wird aller Augen auf dich ziehen und dir den Nahmen eines großherzigen Mannes verschaffen. Deine Sprache muß etwas fremdes und der Ton deiner Stimme etwas knurriges und hündisches haben; dein Gesicht muß in die Länge gezogen seyn, und dein Gang wie sichs zu einem solchen Gesichte schickt: mit Einem Worte, alles wild und thierisch. Aller Schaam, Anständigkeit und Bescheidenheit mußt du auf immer den Abschied geben, und keinen Begriff davon haben wie man über etwas erröthen kann. Du erscheinst überall wo die meisten Menschen beysammen sind, aber thust immer als ob du mitten unter ihnen allein seyest, und erkennest niemand, weder einheimischen noch fremden, für deinen Freund; denn dieß würde deiner königlichen Unabhänglichkeit auf einmal ein Ende machen. Verrichte ungescheut vor aller Welt Augen was niemand im Verborgenen thun möchte, und wenn du der Venus opferst, so gescheh es immer auf die widersinnigste und lächerlichste Art. Endlich, wenn du des Possenspiels müde bist, so iß einen rohen Polypus oder einen Tintenfisch

13) Parodie eines berühmten Verses im *Hippolytus* (v. 12.) des Euripides. Lukians Diogenes will damit sagen: du wirst so viel Gewalt über dich selbst haben nicht zu schreyen, wiewohl du die Schmerzen so gut als ein anderer fühlst.

auf[14]) und stirb. Dieß ist die Glückseligkeit die ich dir garantiren kann!

KÄUFER.

Pfuy! das nenn' ich eine schändliche und viehische Glückseligkeit!

DIOGENES.

Dafür aber ist sie auch ohne alle Mühe zu erhalten, und steht zu allen Zeiten in eines jeden Gewalt. Denn du brauchst dazu weder Gelehrsamkeit noch Räsonnement, noch andere solche Possen, sondern gehst unter allen Wegen die zum Ruhme führen den kürzesten. Du kannst der gemeinste Kerl, ohne alle Erziehung und Kenntnisse, ein Gerber, ein Pökelhändler, ein Grobschmidt, oder ein Geldmäkler seyn, das wird dich nicht hindern ein Wundermann in den Augen des Volkes zu werden, wenn du nur unverschämt und frech genug bist, und tapfer schimpfen gelernt hast.

KÄUFER.

Höre, Bursche, zu dem allen kann ich dich nicht brauchen; aber du hast tüchtige Schultern, um am Ruder oder im Garten zu arbeiten, und dazu will ich dich kaufen; aber mehr als zwey Pfennige laß ich mirs nicht kosten.

MERKUR.

Sollst ihn dafür haben! Wir sind froh daß wir des lästigen Schreyers loß sind, der allen Leuten ohne Unterschied nichts als unartige und beleidigende Dinge sagt.

14) So soll sich *Menippus* (und, nach einer vermuthlich fabelhaften Tradition, auch Diogenes) aus der Welt geholfen haben.

JUPITER.

Rufe nun den Cyrenäer dort im Purpurkleide und mit dem Kranz um die Stirne her.[15])

MERKUR.

Nun, ihr Herren allerseits, gebt wohl acht! das ist ein kostbares Stück, das nur reiche Leute kaufen können. Wer hat Lust, sich das angenehmste das glückseligste Leben zu verschaffen? Wer ist Liebhaber von Üppigkeit und Wollust? wer kauft mir diesen Weichling ab?

KÄUFER.

Komm näher, du, und sage was du kannst; ich möchte dich wohl kaufen, wenn du zu was nütze bist.

MERKUR.

Beunruhige ihn nicht mit Fragen, wenn ich bitten darf; du siehst ja, daß er dir mit dieser wackelnden Zunge nicht wohl antworten könnte; er ist betrunken.

KÄUFER.

Aber welcher vernünftige Mensch wird einen so liederlichen unenthaltsamen Sclaven kaufen wollen? Nach wie vielen Riechwassern er stinkt! Wie er daher schlottert und keinen festen Tritt thun kann! — Und was soll dann an ihm seyn, Merkur? was ist seine Sache?

MERKUR.

Überhaupt ist er ein treflicher Gesellschafter, ein großer Weinkenner, und bey einem Nachtschmaus

15) Den Aristippus, der hier eben so ungerecht behandelt wird als die andern alle, aber auch nicht erwarten konnte, besser als ein Pythagoras und Sokrates wegzukommen. Billiger und richtiger kann man ihn aus dem *Agathon* (III. Th. 9. Cap.) und meinen Anmerkungen zu Horazens Briefen kennen lernen.

eines jungen Taugenichts mit einer Tänzerin den dritten Mann zu machen, darin thut es ihm keiner so leicht zuvor. Überdieß versteht er sich sehr gut aufs Kuchenbacken und ist einer der geschicktesten Köche die man finden kann[16]): mit Einem Worte, ich geb' ihn für einen ausgelernten Meister in der Kunst die Wollust zu raffiniren! Seine Lehrjahre brachte er zu Athen zu; darauf trat er in die Dienste gewisser Sicilianischen Fürsten, und stand in ausserordentlichen Gnaden bey ihnen. Übrigens kann ich dir mit drey Worten sagen, worauf sein System hinausläuft. Es besteht darin: alles zu persifliren, sich in alles schicken zu können, und überall das Angenehme heraus zu finden.

KÄUFER.

Da wirst du dich um einen Käufer umsehen müssen, der das Geld wegzuwerfen hat; ich bin nicht reich genug einen so lockern Zeisig zu erstehen.

MERKUR *zu Jupiter.*

Der scheint nicht verkäuflich zu seyn, Jupiter; er wird uns wohl bleiben[17]).

JUPITER.

Heiß' ihn auf die Seite treten, und laß einen andern kommen — oder lieber dort den lachenden Abderiten, und den weinenden Ephesier; denn die beyden müssen mit einander weggehen.

16) Die Billigkeit erfordert, zu erinnern daß Lukian alle diese Vorwürfe und Sarkasmen nicht aus dem Ermel schüttelte sondern mit Zeugnissen zu belegen im Stande war; wie man aus dem Diogenes Laertius sehen kann, der alles was er von den Philosophen geschrieben fand, wahres und fabelhaftes, ohne Wahl und Urtheil in sein Werk zusammengeschleppt hat.

17) Anspielung auf den Umstand, daß Aristippus eigentlich keine Secte gestiftet hat, wiewohl er einige unbedeutende Schüler hinterließ.

MERKUR.

So tretet hervor! Da biete ich ein paar herrliche Charakter aus! Ich gebe sie für die zwey weisesten in meinem ganzen Magazine.

KÄUFER.

Großer Jupiter! welch ein Contrast! der eine lacht ohne Aufhören, und dem andern muß was sehr liebes gestorben seyn, denn er weint an Einem Stücke. — Hey da, guter Freund, worüber lachst du so?[18]

DEMOKRITUS.

Du kannst noch fragen? Weil ich alle eure Dinge und euch selbst lächerlich finde.

KÄUFER.

Wie? du lachst uns alle aus, und siehest alle menschliche Dinge für nichts bedeutend an.

DEMOKRITUS.

So ists; es ist überall nichts gescheidtes daran, alles ist ungefehrer Atomentanz im unendlichen Leeren.

KÄUFER.

Du magst mir wohl selbst ein leerer Kopf und ein großer Windbeutel seyn. Was für eine Insolenz das ist! Wird das Lachen kein Ende nehmen? — Aber du, ehrlicher Mann, (denn mit dir, hoff' ich, wird

18) Das: perpetuo risu pulmonem agitare solebat Democritus [Demokrit pflegte wegen seines ununterbrochenen Gelächters zu keuchen. *Juvenal* X, 33], dieses platte Mährchen, das Lukian, um auch über den Demokritus lachen zu können, im buchstäblichen Verstande für wahr annimmt, hatte vermuthlich keinen andern Grund, als daß Demokritus so oft lachte als seine lieben Mitbürger, die *Abderiten*, etwas albernes sagten oder thaten, und etwas sehr kluges damit gesagt oder gethan zu haben glaubten. War es seine Schuld, wenn dieß so oft geschah, daß er endlich um nicht immer zu lachen, sich ganz von ihnen zurückziehen muste?

sich doch noch ein vernünftiges Wort reden lassen) warum weinst du?[19])

HERAKLITUS.

Weil ich das Loos der Menschen jämmerlich und beweinenswürdig finde. Alles, vom Kleinsten bis zum Größten, ist der Hinfälligkeit und dem Tod unterworfen. Das menschliche Leben ist in meinen Augen ein immerwährender Leichenzug und die Erde ein immer offnes Grab. Das Gegenwärtige möchte noch hingehen: aber was in der Zukunft bevorsteht ist äußerst traurig; ich meine den allgemeinen Brand, der das Ganze zerstören wird. Das ist's, was ich bejammere; und daß nichts beständiges in der Natur ist, sondern alles in einem ewigen Mischmasch durch einander geht; daß Vergnügen und Schmerz, Wissenschaft und Unwissenheit, Großes und Kleines, das Oberste und das Unterste im Grunde ebendasselbe ist, kurz, daß in dem Kinderspiele der Zeit alle Dinge ohne Plan und Endzweck[20]) wechseln.

19) Wenn man ja den Heraklitus zum Haupt einer eigenen Secte machen will, so war er doch kein Stifter einer besondern fortdaurenden Schule. Lukian scheint ihm also die Ehre, unter den Fürsten der Griechischen Philosophie zu paradiren, bloß darum erwiesen zu haben, weil das Mährchen von seinem beständigen Weinen, und die berufene räthselhafte Dunkelheit seines Buches *über die Natur*, die erwünschte Gelegenheit gab, ihm eben so übel als den übrigen mitzuspielen, wiewohl er es eben so wenig verdiente. Sokrates soll von dem gedachten Buche gesagt haben: das wenige was ich davon verstehe, macht mich glauben, daß auch das übrige vortreflich ist; und in der That beweisen die noch vorhandenen Bruchstücke seines Systems, daß er tiefere Blicke in die Natur gethan als die meisten Physiker seiner Nation.

20) Von diesem letztern Satze lehrte Heraklitus gerade das Gegentheil. Aber speculative Philosophie war Lukians Sache nicht, und es war freylich leichter über einen Heraklit zu spotten als ihn verstehen zu lernen.

KÄUFER.

Was ist also die Zeit?

HERAKLITUS.

Ein Kind, das mit Steinchen spielt, und ohne Absicht hin und wieder läuft.

KÄUFER.

Und was sind die Menschen?

HERAKLITUS.

Sterbliche Götter.

KÄUFER.

Und die Götter?

HERAKLITUS.

Unsterbliche Menschen[21]).

KÄUFER.

Du sprichst ja lauter Räthsel, guter Freund; man wird aus deinen Reden nicht klüger als aus den Orakeln der Pythia.

HERAKLITUS.

Das macht weil ich mich nichts um euch bekümmere.

KÄUFER.

So wird dich auch kein vernünftiger Mensch kaufen.

21) Heraklit liebte diese Art von Räthsel, wo Subject und Prädicat einander aufzuheben scheinen. Diejenigen, die ihm Lukian hier in den Mund legt, kamen wirklich in seinen Schriften vor. Von ähnlicher Art waren die Ausdrücke: *den Tod leben, das Leben* (oder, ins Leben) *sterben; wir sind und sind nicht*, u. dergl. mehr. *Auct. allegor. Homericar.* cit. *Menagio* in *Diog.* IX. 6.

HERAKLITUS.

Ihr könnt meinetwegen alle, so viel eurer sind, Käufer und Nichtkäufer, zum Henker gehen[22])!

KÄUFER.

Der arme Mann hat die Milzsucht schon in einem hohen Grade. Ich für meinen Theil kann keinen von beyden brauchen.

MERKUR.

Die werden also auch unverkauft bleiben.

JUPITER.

Ruf einen andern aus.

MERKUR.

Etwa den Athenienser dort, den Schwätzer?

JUPITER.

Meinetwegen.

MERKUR.

So komm her! Hier, meine Herren, biete ich euch einen tugendhaften, weisen und unsträflichen Charakter aus.

KÄUFER.

Worauf verstehst du dich denn am besten?

SOKRATES.

Ich bin ein Knabenliebhaber, und überhaupt ein Meister in der Kunst zu lieben.

KÄUFER.

So bist du gleich kein Mann für mich, denn ich brauche einen Aufseher für einen hübschen Jungen, den ich zu Hause habe.

22) Auch dieser Zug bezieht sich auf die Misanthropie, die dem Heraklitus nachgesagt wird, und wozu ihm seine Mitbürger, die Ephesier, mehr als hinlängliche Ursache gegeben haben sollen.

SOKRATES.

Und wo wolltest du einen tauglichern Mann zur Aufsicht über deinen schönen Sohn finden können? Denn du mußt wissen, daß meine Liebe nicht aufs Körperliche geht; ich finde nur die Seele schön. Es hat nichts zu sagen wenn sie auch unter Einer Decke bey mir liegen: du wirst aus ihrem eigenen Munde hören, daß ich ihnen nichts Leides thue[23]).

KÄUFER.

Wie? Ein Liebhaber von Profession, wofür du dich ausgiebst, sollte, wenn er unter Einer Decke mit dem Geliebten läge, es blos mit seiner Seele zu thun haben? Das mache du einem andern weiß!

SOKRATES.

Ich schwöre dir beym Hund und beym Ahornbaum[24]), daß es so ist, wie ich dir sage.

KÄUFER.

Das sind mir sonderbare Götter!

SOKRATES.

Wie? Du hältst den Hund für keinen Gott? Weist du nicht, wie viel Anubis in Ägypten, der große Hund am Himmel, und der Cerberus in der Unterwelt zu bedeuten haben?

23) Da Lukian den Sokrates hier überhaupt in der Manier des *Aristophanes* behandelt, wie hätte er sich diese boshafte Anspielung auf eine bekannte Stelle in Platons *Gastmale* nicht erlauben sollen?

24) Sokrates pflegte beym Hund und beym Platanus zu schwören; und so erinnere ich mich, in meiner Jugend die vortreflichsten und gelehrtesten Männer in *Zürch*, *beym Ketzer* und *beym Kätzli* (oder nach ihrer Mundart beym Chatzer und Chatzli) viele hundertmal, selbst bey den ernsthaftesten Gelegenheiten, schwören gehört zu haben. Sokrates dachte vermuthlich bey seinem Hunde nicht mehr als Bodmer bey seinem Chatzli.

KÄUFER.

Da hast du recht; ich habe gefehlt. Aber wie bringst du dein Leben zu?

SOKRATES.

Ich lebe in einer Republik, die ich selbst geschaffen habe, und bin mein eigener Gesetzgeber[25]).

KÄUFER.

Ich möchte wohl eines von deinen Gesetzen hören.

SOKRATES.

So höre nur gleich das vornehmste, nemlich was ich der Weiber halben verordnet habe. In meiner Republik gehört keine Frau einem einzigen Mann allein, sondern wenn sie einmal verheurathet ist, kann Antheil an ihr haben wer will.

KÄUFER.

Das wäre! Du hättest also die Gesetze gegen den Ehebruch abgeschafft?

SOKRATES.

Zum Jupiter, das hab' ich! alle die Kinderpossen über eine so unbedeutende Sache sind bey mir rein abgestellt.

KÄUFER.

Aber wie hältst du es in deiner Republik mit den schönen Knaben?

25) Sokrates war an *Platons Republik*, und an der Gemeinschaft der Weiber in derselben, wohl so unschuldig als Zoroaster und Confucius: aber Lukian, dem es in dieser Aristophanischen Posse bloß darum zu thun ist, den Philosophen nach Art der römischen Gassenjungen zu Horazens Zeit, *Schwänze aufzuheften*, macht sich aus dergleichen *quiproquo's* [Vertauschungen] kein Gewissen. *Dummodo risum excutiat sibi, non hic cuiquam parcet* [Kann er sich nur ein Lachen auspressen, so schont er keinen. Nach *Horaz, Satiren* I. 4. 34 ff.].

SOKRATES.

Mit diesen belohne ich die Verdienste. Wer irgend eine edle oder tapfere That gethan hat, erhält den Kuß eines schönen Knaben zur Belohnung.

KÄUFER.

Das heisse ich Verdienste belohnen! — Nun noch ein Wörtchen von deiner Philosophie! Was ist eigentlich die Substanz davon?

SOKRATES.

Die *Ideen*, oder die Urbilder der Dinge. Denn von allem was du siehest, von Himmel, Erde, und Meer und von allem was darin ist, stehen gewisse unkörperliche Urbilder ausserhalb der Welt[26]).

KÄUFER.

Wo stehen sie also?

SOKRATES.

Nirgendwo; denn wenn sie irgend wo wären, so wären sie gar nicht.

KÄUFER.

Es ist doch sonderbar, daß ich diese Urbilder nicht sehen kann.

SOKRATES.

Das geht sehr natürlich zu; du bist blind an deinem Seelenauge. Ich hingegen sehe sie sehr gut; ich

26) Auch hier muß sich Sokrates auf eine sehr unbillige Art mit Plato vermengen lassen. Wie konnte dem Lukian der große Unterschied zwischen dem wirklichen Sokrates und dem Sokrates der Platonischen Dialogen unbekannt seyn? Hatte er den Xenophon nie gelesen? oder konnte er den Xenophontischen Sokrates nur darum nicht brauchen, weil es schwer gewesen wäre ihn lächerlich zu machen?

sehe dich, und mich selbst, und, mit Einem Wort, Alles doppelt, körperlich und unkörperlich.

KÄUFER.

Den Mann muß ich kaufen, der so weise und scharfsichtig ist. *Zu Merkur.* Was verlangst du für ihn?

MERKUR.

Um zwey Talente sollst du ihn haben.

KÄUFER.

Ich kaufe ihn darum; die Zahlung will ich nächstens richtig machen.

MERKUR.

Wie ist dein Name?

KÄUFER.

Dio von Syrakus[27]).

MERKUR.

Nimm ihn hin und viel Glück dazu! — Die Reihe ist nun an dir, *Epikurus.* Wer hat Lust, den da zu kaufen? Er ist zwar ein Schüler des Lachers dort, und des Zechbruders, den wir vorhin feil geboten haben: aber das eine hat er wenigstens vor ihnen voraus, daß er noch ein bischen gottloser ist; übrigens ein gutlauniger Bursche und ein Erzleckermaul.

KÄUFER.

Wie hoch haltet ihr ihn?

MERKUR.

Zwey Minen.

27) Der vornehmste unter Platons Freunden und Anhängern. S. *Plutarch* in dessen *Leben.*

KÄUFER.

Da sind sie. Aber ich möchte doch noch wissen, was eigentlich seine Leibspeisen sind.

MERKUR.

Er ist ein großer Liebhaber von allem was süß ist, besonders von trocknen Feigen.

KÄUFER.

Das läßt sich hören; ich will ihn mit Feigenzelten[28]) füttern bis er genug hat.

JUPITER.

Ruf einem andern — dem bis auf die Haut abgeschornen dort, dem Sauertopf aus der *Stoa.*

MERKUR.

Gut! Ich merke schon eine Weile, daß viele Lust zu ihm haben und blos auf Ihn warten. Hier, meine Herren, biet' ich die Tugend selbst aus — einen Mann an dem gar nichts auszusetzen ist. Wer hat Lust alles allein zu wissen?

KÄUFER.

Wie meinst du das?

MERKUR.

Das will sagen, daß der Mann hier allein weise, allein schön, allein gerecht, allein tapfer, reich, König, Redner, Gesetzgeber, kurz, alles was man seyn kann, ist.

KÄUFER.

Also, mit Erlaubniß, auch allein ein Koch, und, so Gott will, der einzige Gerber, Zimmermann, Schmidt, u. s. w.*).

28) Da nichts gemeineres in Griechenland war als Feigen, so wurden aus zusammengestampften trocknen Feigen eine Art viereckigter Zelten oder Brodte gemacht, womit man gewöhnlich die Sclaven fütterte.

*) S. die dritte von *Horazens Satyren*, v. 124. seq.

MERKUR.

Wahrscheinlich.

KÄUFER.

Hola, komm näher, guter Freund! ich habe Lust dich zu kaufen; sage mir wer du bist, und vornehmlich, ob es dich nicht verdriest verkauft zu werden und ein Knecht zu seyn?

CHRYSIPPUS.

Keinesweges; denn solche Dinge stehen nicht bey uns, und was nicht bey uns stehet, geht uns nichts an.

KÄUFER.

Ich verstehe dich nicht.

CHRYSIPPUS.

Wie? du kennest den Unterschied zwischen den *mitnehmlichen* und *abweislichen* Dingen nicht[29])?

KÄUFER.

Das versteh ich noch weniger.

CHRYSIPPUS.

Kein Wunder, da du unsrer Kunstwörter nicht gewohnt bist, und keine *kataleptische**) Einbildungskraft hast. Wer sich Mühe gegeben hat unsre Logik

29) προηγμένα und ἀποπροηγμένα übersetzt *Cicero (de Finib.* III. et IV.) *praeposita* oder *praecipua*, und *rejecta* oder *rejectanea*, und fügt die Erklärung bey: »Gesundheit, Vermögen, Freyheit von körperlichen Schmerzen nennt der Stoiker nicht *gute* Dinge, sondern *proëgmena mitnehmliche*, hingegen Armuth, Krankheit, Schmerz, nicht *böse*, sondern *abweisliche* Dinge. Von jenen sagt er nicht, er *wünsche* oder *begehre* sie, sondern er *erlese* oder *nehme* sie; von diesen nicht, er *fliehe* sie, sondern er *mertze sie aus*.

*) Wieder eines der gewöhnlichsten logischen Kunstwörter der Stoiker, Cicero giebt κατάληψις [Erfassen, Begreifen] durch comprehensio oder perceptio. Eine *kataleptische* Einbildungskraft ist also die Fertigkeit sich schnell einen klaren Begriff von dem, was uns gesagt wird, zu machen.

aus dem Grunde zu erlernen, weiß nicht nur das, sondern auch was für ein großer und viel bedeutender Unterschied zwischen *Symbama* und *Parasymbama* ist.

KÄUFER.

Um aller Philosophie willen, sey so gut und erkläre mir, was das für Dinge sind. Schon dem blossen Klange der Worte nach muß es was sonderbares seyn!

CHRYSIPPUS.

Herzlich gern. Gesetzt jemand, der einen lahmen Fuß hätte, stieße mit eben diesem lahmen Fuße an einen Stein und verwundete sich, so wäre seine Lahmheit ein *Symbama*, und die Wunde am lahmen Fuße hätte er als ein *Parasymbama* dazu bekommen[30].

KÄUFER.

Das nenn' ich scharfsinnig seyn! Aber was kannst du noch mehr?

CHRYSIPPUS.

Ich weiß gewisse *Redeschlingen* zu machen, worin ich diejenigen, die mit mir reden, fange, und ihnen den Mund so gut zuschließe, als ob ich ihnen einen Maulkorb umgethan hätte. Dieses Kunststück, mein Freund, ist der weltberühmte *Syllogismus*.

KÄUFER.

Beym großen Herkules, das muß ein fürchterliches Kunststück seyn!

30) *Asymbama* und *parasymbama* [Ausdrücke verschiedener Arten des Prädikats] sind grammatische Kunstwörter der Stoiker, um eine eben so subtile als unnütze Distinction zu bezeichnen, deren Erklärung wer Lust hat vom *Priscianus* oder *Apollonius Dyskolus* lernen kann. Die Erklärung, die der lukianische Chrysippus davon giebt, ist bloßer Scherz.

CHRYSIPPUS.

Du sollst gleich eine Probe davon sehen. Hast du einen jungen Sohn?

KÄUFER.

Und wenn nun?

CHRYSIPPUS.

Gesetzt ein Krokodil hätte den Knaben, da er nahe am Ufer des Nils herumlief, ergriffen, und nun verspräche er dir dein Kind wiederzugeben, wenn du errathen könnest, ob er es dir wiedergeben werde oder nicht: was wolltest du ihm sagen?

KÄUFER.

Das ist eine schwere Frage! Ich fürchte den Knaben nicht wieder zu bekommen, ich mag ja oder nein sagen. Um's Himmels willen, antworte du für mich und rette mir den Jungen eh' ihn der Krokodil aufgefressen hat.

CHRYSIPPUS.

Sey deswegen unbekümmert; ich will dich noch viel wunderbarere Dinge lehren.

KÄUFER.

Als zum Exempel?

CHRYSIPPUS.

Den *Schnitter* und den *Gehörnten*, und vor allen die *Elektra* und den *Verhüllten*[31]).

31) *Chrysippus* soll wirklich mehrere Bücher über diese verschiedene Gattungen und Formen von Vexierschlüssen, von welchen schon mehrmals in diesen Dialogen und in meinen Anmerkungen die Rede war, geschrieben haben. Daß er aber einen so großen Werth darauf gelegt habe, wie unser Spötter seinen Leser glauben machen will, läßt sich nicht wohl von dem Manne denken, von welchem die Stoiker zu sagen pflegten: wäre Chrysippus nicht, so wäre keine Stoa.

KÄUFER.

Und was soll das für ein Verhüllter und für eine Elektra seyn?

CHRYSIPPUS.

Die Elektra ist keine andere als jene berühmte Tochter Agamemnons, die eben dasselbe zu gleicher Zeit wußte und nicht wußte. Denn wie ihr Bruder Orest noch unerkannt vor ihr stand, so wußte sie zwar, daß Orest ihr Bruder sey, aber sie wußte nicht, daß der Mann, der vor ihr stand, Orest war. Nun will ich dich auch den Verhüllten kennen lehren; es ist einer der bewundernswürdigsten Syllogismen. Antworte mir einmal: kennst du deinen Vater?

KÄUFER.

Das sollt' ich denken.

CHRYSIPPUS.

Wenn ich dir nun einen verhüllten Menschen vorführte und dich fragte, kennst du *den?* — was wolltest du antworten?

KÄUFER.

Daß ich ihn nicht kenne.

CHRYSIPPUS.

Ausgelacht! der Verhüllte war eben dein Vater; da du ihn nun nicht kanntest, so ist klar, daß du deinen eigenen Vater nicht kennst.

KÄUFER.

Ich brauch' ihn also nur aufzudecken, so weiß ich gleich, woran ich bin. Aber lassen wir das gut seyn, und sage du mir davor was das letzte Ziel der Weisheit ist? Oder, was du dann thun willst, wenn du den Gipfel der Tugend erstiegen hast?

CHRYSIPPUS.

Dann werde ich im ruhigen Besitz der höchsten Naturgüter seyn; ich meine damit Reichthum, Gesundheit, und was dazu gehört. Es ist aber keine leichte Sache so weit zu kommen. Da muß man sich vorher keine Arbeit dauern lassen, seine Augen an einer Menge klein geschriebener Bücher abnutzen, Glossen und Erklärungen zusammentragen, sich den Kopf mit Solöcismen und unverständlichen Wörtern anfüllen, und, was der Hauptpunkt ist, es ist keinem erlaubt ein Weiser zu werden, der sich nicht vorher einige Tage hinter einander[32]), — mit einer guten Dosis Niesewurz gereiniget hat.

KÄUFER.

Das laß' ich gelten! Dazu gehört eine herzhafte Entschließung. Aber wie passen Geitz und Wucher — ein paar Dinge, womit du mir sehr genau bekannt scheinst, zu einem Manne, der die Niesekur bereits überstanden und den Gipfel der Tugend erstiegen hat?

CHRYSIPPUS.

Sehr wohl; im Gegentheil, wem könnte es besser geziemen sein Geld wuchern zu lassen als dem Weisen? Schlüsse zusammenrechnen oder Zinsen zusammenrechnen, beydes läuft auf rechnen hinaus: da nun jenes dem Weisen ausschließlich zukommt, so behaupte ich eben dasselbe auch von diesem. Ja noch mehr: er braucht sich nicht, wie andere gemeine Leute, auf bloße Zinsen einzuschränken, sondern er zieht Zinsen von Zinsen, so gut wie er Schlüsse aus Schlüssen zieht. Oder weißt du etwa nicht, daß es zweyerley Zinsen giebt, erste, und zweyte, die gleichsam die Kinder der ersten sind? Nun höre, was der Syllogismus sagt: »Wenn der

32) wörtlich nach dem Texte, *dreymal.*

Weise den ersten Zins nimmt, so nimmt er auch den andern: er nimmt aber den ersten: *ergo* nimmt er auch den andern.«

KÄUFER.

Das nehmliche gilt also auch vermuthlich vom Lohne, den du für deine Weisheit von jungen Leuten nimmst, und es ist klar, daß nur allein der vollkommne Weise die Tugend um Geld verkauft?

CHRYSIPPUS.

Du hast die Sache, wie ich sehe, wohl begriffen; denn ich nehme das Geld nicht meinetwegen, sondern dessentwegen der mirs giebt, und am Ende läuft die ganze Sache darauf hinaus: der eine gießt aus, der andere faßt auf. Ich nehme die Rolle des letztern auf mich, und überlasse meinem Schüler das erste.

KÄUFER.

Aus dem, was du vorhin sagtest, sollte gerade das Gegentheil folgen: der junge Mensch wäre der auffassende, und du, der allein reich ist, der ausgießende Theil.

CRHYSIPPUS.

Du spottest, guter Freund; nimm dich in Acht, daß ich dir nicht einen unauflößlichen Syllogismus in den Leib schieße!

KÄUFER.

Was wird mir das Übels thun?

CHRYSIPPUS.

O genug! Es wird dich verlegen machen und zum Schweigen bringen, und eine greuliche Verwüstung in deinem Kopfe anrichten; ja, was noch ärger ist, es kommt bloß auf mich an, dich auf der Stelle in einen Stein zu verwandeln.

KÄUFER.

In einen Stein? Du siehst mir gleichwohl keinem Perseus[33]) gleich, sollt' ich denken.

CHRYSIPPUS.

So will ich dir den Beweis in die Hände geben. Ein Stein ist doch ein Körper, nicht wahr?

KÄUFER.

Allerdings.

CHRYSIPPUS.

Ein lebendiges Wesen ist auch ein Körper?

KÄUFER.

Ja.

CHRYSIPPUS.

Und du bist ein lebendiges Wesen?

KÄUFER.

Das dächt' ich.

CHRYSIPPUS.

Also bist du ein Stein — weil du ein Körper bist.

KÄUFER.

Ganz und gar nicht. Indessen würdest du mir gleichwohl einen Gefallen thun, wenn du die Bezauberung auflösen und mich wieder zum Menschen machen wolltest.

CHRYSIPPUS.

Das wird nicht schwer seyn. Antworte mir also: ist jeder Körper ein lebendiges Wesen?

KÄUFER.

Nein.

33) der mit dem abgehauenen Haupte der Medusa alle, die es ansahen, in Stein verwandeln konnte.

CHRYSIPPUS.

Ist ein Stein ein lebendiges Wesen?

KÄUFER.

Nein.

CHRYSIPPUS.

Aber du bist ein Körper?

KÄUFER.

Ja.

CHRYSIPPUS.

Und ein lebendiges Wesen, wiewohl du ein Körper bist?

KÄUFER.

Freylich.

CHRYSIPPUS.

Also bist du kein Stein — weil du ein lebendiges Wesen bist.

KÄUFER.

Ich bedanke mich schönstens. Es war hohe Zeit; denn ich fühlte schon, wie mir, gleich der Niobe, die Beine zu erkalten und hart zu werden anfiengen. Gut! ich will dich kaufen. *Zu Merkur.* Was ist für ihn zu bezahlen?

MERKUR.

Zwölf Minen.

KÄUFER.

Hier ist das Geld.

MERKUR.

Hast du ihn für dich allein gekauft?

KÄUFER.

Nein, beym Jupiter! sondern wir alle zusammen, die du hier siehest, sind die Käufer.

MERKUR.

Eine hübsche Anzahl, und mit derben Schultern! die können *den Schnitter* schon auf ihren Rücken nehmen!

JUPITER.

Halte uns nicht auf! Ruf einen andern her.

MERKUR.

Hey da, mein schöner Peripatetiker, tritt hervor! — Meine Herren, *den* kauft! *der* hat Verstand! Mit Einem Wort, er weiß alles, ohne Ausnahme Alles.

KÄUFER.

Was ist sein Charakter?

MERKUR.

Er ist ein gesetzter Mann, der immer weiß was sich schickt, der nie zuviel noch zu wenig thut, kurz, der zu leben weiß[34]), und was das vornehmste ist, er ist doppelt.

KÄUFER.

Wie soll ich das verstehen?

MERKUR.

Das heißt, er ist ein anderer Mann von aussen, und ein anderer von innen. Wenn du ihn also kaufst, so merke dir, daß jener der *exoterische* und dieser der *esoterische* heist.

KÄUFER.

Was sind denn eigentlich seine hauptsächlichsten Grundsätze?

MERKUR.

Er sagt, es gebe dreyerley Güter; die ersten haben ihren Sitz in der Seele, die andern im Leibe, die dritten in den äusserlichen Umständen.

34) Anspielung auf die Hauptbegriffe und Grundsätze der Aristotelischen Moral-Philosophie.

KÄUFER.

Das nenne ich doch Menschenverstand! Was soll er kosten?

MERKUR.

Zwanzig Minen.

KÄUFER.

Das ist viel Geld!

MERKUR.

Ganz und gar nicht, mein lieber Mann; denn wir haben Ursache zu glauben, daß er sich ein Stück Geld zusammengespart hat; du wirst keinen schlimmen Kauf thun. Überdieß kann er dir aus dem Stegreife sagen, wie lang eine Mücke lebt, wie tief die Sonnenstralen ins Meer eindringen, und was die Austern für eine Seele haben.

KÄUFER.

Zum Herkules, das muß ein grundgelehrter Mann seyn!

MERKUR.

Was wirst du erst sagen, wenn du noch viel subtilere Dinge von ihm hören wirst, zum Exempel, was er über den Saamen und die Zeugung sagt, und wie die Kinder in Mutterleibe gebildet werden, und daß der Mensch ein lachendes Thier, der Esel hingegen weder ein lachendes, noch zimmerndes noch ruderndes ist.

KÄUFER.

Das sind in der That wichtige und ersprießliche Wissenschaften! *So* ist er freylich schon seine zwanzig Minen werth!

MERKUR.

Es bleibt dabey. — Wer ist denn noch übrig? — Aha! Pyrrhias[35]), der Zweifler — Hervor! Wir

35) Pyrrhias war ein gewöhnlicher Sclavennahme. Lukian benennt also zum Scherz, den Skeptiker damit, weil der

müssen dich noch geschwinde los werden; die Menge hat sich schon verlaufen, wer weiß ob sich unter den wenigen, die noch da sind, ein Liebhaber für dich finden wird. — He, meine Herren! will uns jemand auch diesen noch abnehmen?

KÄUFER.

Der bin ich. Aber sag mir erst was du weist?

PYRRHONIST.

Nichts.

KÄUFER.

Wie soll das gemeint seyn?

PYRRHONIST.

Daß ich nicht weiß ob überall etwas da ist.

KÄUFER.

Wie? also wären auch wir nicht da?

PYRRHONIST.

Wenigstens nicht daß ichs wüßte.

KÄUFER.

Du weißt also auch nicht ob du selbst da bist?

PYRRHONIST.

Das ist gerade was ich am wenigsten weiß.[36])

Stifter dieser Secte *Pyrrho* hieß.

36) Das wäre freylich lustig genug; aber so weit hat doch wohl kein Zweifler die Sache nie getrieben! Vermuthlich will unser Spötter damit sagen, der Pyrrhonist, der nichts auf das Zeugniß der *äussern Sinne* für wahr gelten lassen will, müsse also, um consequent zu seyn, auch den *innern* Sinn, der uns unsers eigenen Daseyns versichert, für betrüglich halten. Das ganze Persifflage gründet sich, dem Charakter und Ton dieses Dialogs gemäß, auf einen vorsetzlichen Mißverstand des Pyrrhonistischen Lehrbegriffs.

KÄUFER.

Das heißt die Ungewißheit weit getrieben! Was willst du denn mit dieser Wage?

PYRRHONIST.

Ich wäge die Gründe für und wider so genau darauf ab als mir möglich ist, und wenn ich sehe daß sie einander die Wage halten, dann — weiß ich nicht in welcher Schale die Wahrheit liegt.

KÄUFER.

Aber was im gemeinen Leben zu thun ist, das wirst du doch hoffentlich ausrichten können?

PYRRHONIST.

Alles, nur keinen Entlaufenen einholen.

KÄUFER.

Und warum das nicht?

PYRRHONIST.

Weil ich nichts *fasse.*

KÄUFER.

Das begreift sich; du scheinst in der That ein langsamer schwerfälliger Bursche zu seyn. Aber was ist denn das Ultimatum deines Philosophirens?

PYRRHONIST.

Die Unwissenheit, und weder zu sehen noch zu hören.

KÄUFER.

Du bist also, wie ich höre, auch blind und taub?

PYRRHONIST.

Auch ohne Urtheilskraft, ohne Geschmack, mit Einem Wort, um nichts besser daran als ein Regenwurm.

KÄUFER.

Das macht mir Lust dich zu kaufen. Was soll er gelten?

MERKUR.

Um eine attische Mine ist er dein.

KÄUFER.

Hier! — Nun, was meinst du, guter Freund, hab ich dich gekauft?

PYRRHONIST.

Das ist mir nichts ausgemachtes.

KÄUFER.

O das ist sehr ausgemacht! denn ich habe mein baares Geld für dich bezahlt.

PYRRHONIST.

Ich halte mein Urtheil noch zurück, bis ich die Sache näher untersucht habe.

KÄUFER.

Folge du mir unterdessen wie es die Schuldigkeit meines Sclaven ist.

PYRRHONIST.

Wer kann wissen ob du die Wahrheit sagst?

KÄUFER.

Der Ausrufer, mein Geld und die Umstehenden.

PYRRHONIST.

Sind denn noch mehr Leute da?

KÄUFER.

Die Mühle, in die ich dich werfen lassen will, soll dich bald auf eine sehr fühlbare Art überzeugen, daß ich dein Herr bin.

PYRRHONIST.

Ich halte mein Urtheil zurück.

KÄUFER.

Zum Jupiter, ich hoffe mich deutlich genug erklärt zu haben.

MERKUR *zum Pyrrhonist.*

Hör' einmal auf dich zu sträuben und folge deinem Käufer. Euch aber, meine Herren, laden wir auf Morgen wieder ein, wo wir Ungelehrte, Handarbeiter und Bauern feil bieten werden.

Der CYNIKER.

Ein Cyniker. Lycinus.

LYCINUS.

Hör' einmal Du, was mag wohl die Ursache seyn, warum du Haar und Bart wachsen lässest, hingegen kein Hemde trägst, und mit deinem groben Kaputrock auf dem bloßen Leibe baarfuß einhergehst, in deiner ganzen Lebensweise das Gegentheil von allen andern Leuten bist, kurz, das Leben eines Wald-Thiers lebst, von einem Orte zum andern herumschweifest und dein Nachtlager auf dem harten Boden nimmst? — Daher denn auch dein Kittel so schmutzig aussieht, ausserdem daß er weder leicht noch weich noch fein ist, und allem Ansehn nach nie keine Farbe gehabt hat.

Der Cyniker. Unser Autor, der in so vielen seiner Schriften die unächten Jünger oder vielmehr Affen eines *Krates* und *Diogenes* ohne alle Schonung züchtigte, wollte vermuthlich durch diese Darstellung eines *wahren Cynikers* gleichsam die *Manes* der Stifter dieses Ordens beruhigen, und einen Beweis geben, daß er von ihnen und ihren ächten Jüngern eben so groß denke, als er diejenigen, die das cynische Costum als einen Freybrief für Unwissenheit, Unverschämtheit und zügellose Sitten ansahen, verachte. Sein Cyniker ist zwar ein *Ideal*, das weder dazu gemacht ist, ohne Einschränkung zum *Muster* genommen noch so leicht erreicht zu werden: aber es ist doch, seinen wesentlichen Zügen nach, ein *Ideal menschlicher Naturvollkommenheit*, welchem so viel als Verhältnisse und Umstände zulassen, nahe kommen zu können, jeder, der sein wahres Interesse kennt, wünschen muß. Lukian, der immer mehr als Einen Nebenzweck zugleich mit seiner

CYNIKER.

Das braucht es auch nicht: so wie er da ist, ist er für mich eben recht; er kostet mich nicht viel, und macht mir die wenigste Ungelegenheit. Aber du, meynst du etwa daß in Pracht und Üppigkeit nichts böses sey?

LYCINUS.

Das meyn' ich nicht.

CYNIKER.

Oder hältst du die Genügsamkeit für keine Tugend?

LYCINUS.

O gewiß halt' ich sie dafür!

CYNIKER.

Warum tadelst du denn mich, den du genügsamer leben siehst als die meisten, und nicht vielmehr jene, die großen Aufwand machen?

LYCINUS.

Ich tadle dich nicht weil du genügsamer lebst als andere Leute, sondern weil du armselig, dürftig, und

Hauptabsicht zu verbinden gewohnt ist, hat sich dieser Gelegenheit bedient, die Lebensart und Sitten der höhern Classen einer durch Macht, Reichthum, Verfeinerung und Üppigkeit verderbten Nation (über die er schon im *Nigrinus* [in dieser Auswahl nicht enthalten] eine so scharfe Censur ergehen ließ) mit der Lebensweise seines philosophischen *Naturmenschen*, zum Nachtheil der erstern, contrastieren zu lassen. *J. J. Rousseau* hat dieß in verschiedenen seiner Schriften auch gethan: aber die Sokratische Simplicität, und der ungeschminkte unaufgestutzte *Bonsens*, womit Lukian seinen Cyniker sprechen läßt, ist nicht nur dem Charakter desselben gemäßer, sondern hat auch (nach meinem Geschmacke wenigstens) mehr Anmuth, als der emphatische Ton und die Witz- und Antithesenvollen Declamationen jenes neuern Cynikers, dem man's nur gar zu sehr ansieht, daß er es mehr aus böser Laune und Mißmuth über die Welt, als aus freyer Wahl und Neigung war.

elend lebst. Denn ich sehe nicht worin du besser daran wärest als ein Bettler der sein tägliches Brodt auf den Straßen heischt.

CYNIKER.

Willst du also, weil wir doch einmal auf diesen Discurs gekommen sind, daß wir ein wenig nachsehen was Mangel und was Genug ist?

LYCINUS.

Wie du willst.

CYNIKER.

Wer gerade so viel hat als für seine Bedürfnisse zureicht, hat der genug oder nicht?

LYCINUS.

Er hat genug.

CYNIKER.

Und er leidet Mangel, wenn er weniger hat als er bedarf, und also mit dem was er hat nicht ausreicht?

LYCINUS.

Richtig!

CYNIKER.

Mir mangelt also nichts; denn ich habe gerade nicht mehr und nicht weniger als mein Bedürfniß erfodert.

LYCINUS.

Das ists eben was ich nicht begreife.

CYNIKER.

So laß einmal sehen, wozu eine jede Sache deren wir bedürfen da ist! Fangen wir bey der Wohnung an! Wozu brauchst du ein Haus als um bedeckt zu seyn? Und wozu einen Rock, als abermal um bedeckt zu seyn?

LYCINUS.

So ist's!

CYNIKER.

Und wofür haben wir nöthig bedeckt zu seyn als damit sich das Bedeckte desto besser befinde?

LYCINUS.

Das dünkt mich auch.

CYNIKER.

Um was befinden sich nun, deiner Meynung nach, meine Füße schlechter als andrer Leute ihre?

LYCINUS.

Das weiß ich nicht.

CYNIKER.

So will ich dichs lehren. Wozu braucht man die Füße?

LYCINUS.

Zum Gehen.

CYNIKER.

Findest du daß die meinigen schlechter gehen als andrer Leute Füße?

LYCINUS.

Es scheint nicht.

CYNIKER.

Wenn sie also ihre Schuldigkeit nicht schlechter thun, so befinden sie sich auch nicht schlechter?

LYCINUS.

Das sollte man denken.

CYNIKER.

Mit den Füßen hätte es also seine Richtigkeit. Aber ists mit meinem ganzen Körper nicht eben so? Der Leib befindet sich übel wenn er schwächlich ist, denn seine Vollkommenheit besteht in seiner Kräftigkeit. Kannst du nun sagen, mein Körper sey schwächer als andere?

LYCINUS.

Dem Ansehen nach, nicht.

CYNIKER.

Du siehst also daß weder meine Füße noch mein Leib an Bedeckung Mangel leiden müssen; denn sonst würden sie sich übel befinden, weil der Mangel dessen was zu Hebung eines Bedürfnisses unentbehrlich ist, immer ein Übel bleibt, wobey man sich nicht wohl befinden kann. Du siehst aber auch daß mein Leib nicht schlimmer daran ist, weil er mit schlechten Speisen genährt wird.

LYCINUS.

Das zeigt der Augenschein.

CYNIKER.

Er könnte unmöglich stark seyn wenn er übel genährt wäre; denn schlimme Nahrung verderbt den Körper.

LYCINUS.

Es ist nicht zu läugnen.

CYNIKER.

Wenn es also diese Bewandtniß hat, so möcht' ich wohl wissen, wie du sagen kannst meine Lebensart tauge nichts und sey elend?

LYCINUS.

Das will ich dir gleich sagen. Du kannst doch nicht läugnen, daß die Natur, die so viel bey dir gilt, und die Götter uns Menschen in den Besitz der Erde, aus welcher so vielerley Gutes hervorgeht, gesetzt haben, damit wir uns nicht bloß auf das Unentbehrliche einschränken, sondern auch im Genuß einer unendlichen Menge von Dingen, die bloß zu unserm Vergnügen da sind, leben sollen. Von allem diesem aber wird dir nichts zu Theil, und du genießest nicht mehr davon als das liebe Vieh. Du trinkst Wasser wie alle andere Thiere, issest was du findest wie die Hunde, hast auch kein besseres Lager als die Hunde; denn ein wenig Heu oder Stroh ist dir und ihnen gut genug; und zwischen deinem Rock und einem Bettlermantel ist ein schlechter Unterschied. Wenn du nun recht daran thust dich mit so wenigem zu begnügen, so hätte der liebe Gott übel daran gethan, daß er die Schafe mit feiner Wolle versehen, und Reben die so köstliche Weine geben und eine so wundervolle Mannichfaltigkeit anderer Dinge hervorgebracht hat, die zur Verschönerung und Annehmlichkeit des Lebens dienen; kurz, er hätte Unrecht gehabt, dafür zu sorgen daß wir so vielerley Arten von wohlschmeckenden Nahrungsmitteln und angenehmen Getränken, so mancherley Bequemlichkeiten, weiche Betten, schöne Wohnungen, mit Einem Worte, eine so unzähliche Menge aller Arten von angenehmen und künstlichen Sachen haben möchten; denn auch die Werke der Kunst sind als Geschenke der Götter anzusehen. Ein Leben das aller dieser Dinge beraubt ist, ist ein elendes Leben. Schlimm genug wenn uns andere dessen berauben! aber ungleich schlimmer, wenn ein Mensch sich alles schönen und angenehmen selbst beraubt. Wie kann man das anders nennen als offenbare Tollheit?

CYNIKER.

Was du da sagtest mag so unrecht nicht seyn. Aber antworte mir nur auf Eine Frage. Wenn ein reicher und menschenfreundlicher Mann einer grossen Anzahl von allerley Personen, Gesunden und Kranken, Starken und Schwachen, ein großes herrliches Gastmal gäbe, wo er alle diese Gäste aufs reichlichste und mit mancherley köstlichen Schüsseln bewirthete; und einer von den Gästen zöge alle Schüsseln auf der ganzen Tafel an seinen Ort, und fräße alles — auch die Speisen die für die Schwachen und Kränklichen aufgesetzt worden wären — allein auf, da er sich doch vollkommen wohl befände, und übrigens nur Einen Magen hat, der nur einen kleinen Theil aller dieser Speisen brauchen kann, und von dem was zu viel ist nothwendig gedrückt und krank werden muß; was würdest du von dem Verstande und der Mäßigkeit dieses Menschen für eine Meynung haben?

LYCINUS.

Eine sehr schlechte.

CYNIKER.

Und würdest du nicht einen andern, der an dieser nehmlichen Tafel säße, und ohne sich um die vielerley Schüsseln zu bekümmern, von einer einzigen, die zunächst vor ihm stände und zu Stillung seines Hungers zureichte, mit Anständigkeit äße, sich daran genügen ließe und alle übrigen nur nicht ansähe, — würdest du diesen nicht für den verständigern und bessern Mann unter beyden halten?

LYCINUS.

Das sollt' ich meynen.

CYNIKER.

Verstehst du mich nun, oder muß ich dir noch mehr sagen?

LYCINUS.

Was denn?

Daß Gott dieser edle wohlthätige Wirth ist, der uns so viel und so vielerley, damit jeder etwas finde das für ihn taugt, in Überfluß auftischt, das eine für gesunde, ein anderes für kranke, dieß für stärkere, jenes für schwächere Personen; nicht daß wir Alle alles genießen sollen, sondern jeder nur was zunächst vor ihm liegt, und so viel er davon bedarf. Ihr andern aber gleichet dem unersättlichen Vielfraß, der alle Schüsseln zu sich zieht, und eignet euch Alles allenthalben her zu; weder euer Land noch euer Meer ist euch hinreichend, sondern ihr kauft aus den fernsten Enden der Erde Wollüste zusammen, zieht immer das ausländische dem einheimischen, das theuerste dem wohlfeilern, das seltenste dem was leicht zu haben ist, vor; und kurz, ehe ihr ohne so viele Umstände leben wolltet lebt ihr lieber mit großem Aufwand übel. Denn wie theuer bezahlt ihr nicht die Mittel und Anstalten zu dieser mühsamen Glückseligkeit auf die ihr euch so viel zu gute thut? Dieses so hochgeschätzte Gold und Silber, diese prächtigen Paläste, diese reichen und aufs künstlichste gearbeiteten Kleider, mit wie vieler Gefahr und Mühe muß euch das alles angeschafft werden! Wie viele tausend Menschen büßen darüber ihre Gesundheit, ihre Glieder, und selbst ihr Leben ein! Nicht nur weil um dieser Dinge willen so viele Seefahrer zu Grunde gehen, oder weil die armen Leute, die euch jene kostbaren Erzte und Steine aus der Erde holen und bearbeiten müssen, unsäglich viel dabey ausstehen und fast immer ihr Leben daran wagen müssen: sondern auch weil diese Dinge die Veranlassung zu so vielem Hader unter den Menschen und die Ursache sind, warum Freunde ihren Freunden, Kinder ihren Ältern, Ehefrauen ihren Männern nach dem Leben stellen. Oder war es nicht um ein goldenes Halsband daß Eriphyle ihren Gemahl verrieth? Gleichwohl steht der würkliche Nutzen den ihr von diesen Dingen zieht, mit dem hohen Preise um den sie erkauft werden, in keiner Proportion. Gestickte Kleider wärmen, vergoldete Dächer decken euch nicht besser als gemeine; der Wein schmeckt nicht besser aus goldnen und silbernen Trinkgefäßen, und der Schlaf nicht süßer auf Bettgestellen von Elfenbein: im Gegentheil, gerade diese Glücklichen sind es die in ihren weichen und prächtigen Betten am wenigsten schlafen können. Und wozu helfen diese mit so großem Aufwand und Überfluß besetzte Tafeln als den Körper zu beschweren und zu schwächen, und anstatt gesunder Säfte den Saamen von allerhand Krankheiten in die Adern zu bringen? Ich übergehe, wie viele Geschäfte und Plagen die Menschen sich der Vergnügungen der Venus wegen machen, da es doch so leicht ist, dieser Begierde loß zu werden, wenn man sie nicht vorsetzlich zu einem Werkzeug der Üppigkeit machen will. Aber nicht nur in den Opfern die sie dieser Göttin bringen, treiben es die Menschen bis zu den unsinnigsten Ausschweifungen: auch in tausend andern Dingen verkehren sie den natürlichen Gebrauch der Dinge; wie, z. B. wenn man sich statt eines Wagens seines Bettes so bedient als ob es ein Wagen wäre.[2])

LYCINUS.

Wer thut denn das?

CYNIKER.

Ihr andern, die ihr aus Menschen Lastthiere und

2) Die Rede ist von einer Art *Palankinen*, die um diese Zeit unter den ausgearteten Römern und Griechen so sehr als unter den Morgenländern, wo das heiße Klima diese Bequemlichkeit einheimisch macht, Mode geworden waren.

Pferde macht, und sie nöthigt sich an eure Tragbetten wie an Wagen spannen zu lassen, indessen ihr selbst auf diesen prächtigen Thronen wollüstig ausgestreckt liegt, und die Zügel in den Händen habt, um die Träger, wie Esel, nach euerm Belieben auf diese oder jene Seite gehen zu machen. Und gleichwohl ist dieß eine von den großen Glückseligkeiten, die der Pöbel an den Reichen so beneidenswürdig findet![3]) Und kann man nicht auch von denen, die z. E. die Schnecken nicht nur zur Speise sondern auch zum färben brauchen (wie die Purpurfärber thun) mit Recht sagen, daß sie einen widernatürlichen Gebrauch von der Gabe Gottes machen?

LYCINUS.

Das dächte ich nicht! Denn das Fleisch der Purpurschnecke kann eben so gut zur Farbe als zur Speise dienen.

CYNIKER.

Aber es ist doch nicht dazu gemacht.[4]) Denn so könnte einer auch seinem Becher Gewalt anthun und ihn statt eines Topfes brauchen:[5]) aber der Becher ist doch nicht dazu gemacht. — Doch wer könnte alle diese Dinge herrechnen, woraus die Menschen sich unnöthiger Weise würkliches oder eingebildetes Elend erkünstelt haben? Und du kommst und machst mir noch einen Vorwurf daraus, daß ich

3) Der Pöbel ist hierein nicht zu tadeln: er fühlt bloß daß es besser ist getragen zu werden, als zu tragen, und daran hat er Recht.

4) Hier wird der Cyniker zu spitzfindig. Die Purpurschnecke ist nicht mehr dazu gemacht gegessen zu werden als zum färben zu dienen: sie ist da — um da zu seyn, d. i. weil in der Kette der Wesen kein Glied fehlen kann; und der Mensch braucht sie (wie Alles andere in der Natur, was er erfassen kann) wozu er sie zu gebrauchen weiß.

5) Warum nicht, wenn er just keinen Topf hat, und der Becher im Nothfall ungefähr dieselben Dienste thut?

keinen Theil daran haben mag? Gleichwohl lebe ich gerade wie der wackre Mann, von dem vorhin die Rede war; ich lasse mir belieben was vor mir steht und am wenigsten kostet, und verlange nichts von allen euern leckerhaften und kostbaren Schüsseln. Wenn ich dir aber darum wie ein Thier zu leben scheine weil ich wenig bedarf und wenig genieße, so müssen wohl nach deiner Rechnung die Götter noch schlimmer daran seyn als die Thiere: denn *sie* bedürfen gar nichts. Um dich aber genauer zu belehren was es mit dem mehr oder weniger bedürfen für eine Bewandtnis hat, so erwäge nur daß Kinder mehr bedürfen als Erwachsene, Weiber mehr als Männer, Kranke mehr als Gesunde; überhaupt, daß das unvollkommnere immer mehr Bedürfnisse hat als das vollkommnere. Daher bedürfen die Götter gar nichts, und diejenigen, die ihnen am nächsten sind, am wenigsten. Oder meynst du etwa, der bravste unter allen Menschen, der göttliche und mit so vielem Recht unter die Götter gezählte Herkules, sey aus Noth und Elend mit einer Löwenhaut auf dem bloßen Leibe in der Welt herumgezogen, ohne etwas von allen euern Glückseligkeiten zu verlangen? Wahrlich der Mann litt keine Noth, dessen stetes Geschäfte war andern aus der Noth zu helfen; und der konnte nicht arm seyn der zu Wasser und zu Lande überall Meister war. Denn überall wohin ihn sein Muth trieb, überwand er alle, und so lange er unter den Menschen lebte, fand er nirgends seines gleichen, geschweige einen bessern Mann als er. Denkst du so ein Mann habe nackt und baarfuß herumwandern müssen weil es ihm an Kleidung und Schuhen gefehlt habe? — Und nicht vielmehr, er habe aller dieser Dinge freywillig entbehrt, weil er enthaltsam und tapfer war, keinen Herren über sich haben wollte, und die

Wollüste verachtete? Und Theseus, sein Schüler und Nachahmer, war er nicht König über ganz Attika, nicht ein Sohn Neptuns, wie die Sage geht, und der erste aller Männer seiner Zeit? Gleichwohl gefiel es auch ihm, unbeschuht und nackend einher zu gehen und Bart und Haare wachsen zu lassen: und das that nicht etwan er allein; alle jene Helden des Alterthums thaten das nehmliche, und waren doch wohl ganz andere Männer als ihr. Wahrlich man hätte eben so leicht versuchen können einem Löwen seine Mähne, als einem von ihnen seinen Bart abschären zu wollen. Ein glattes Kinn und eine weiche Haut schickte sich ihrer Meynung nach nur für die Weiber: Sie waren Männer, und wollten auch wie Männer aussehen. Sie hielten den Bart für eine Zierde des Mannes, und glaubten, die Natur habe ihn eben so damit schmücken wollen, wie sie den edelsten Thieren, dem Rosse und dem Löwen, die Mähne als eine Zierde beygelegt hat. Diese Alten sind es, die ich bewundere und beneide; ihnen will ich nachahmen; die Leute der jetzigen Zeit sind nicht meine Leute. Immerhin mögen sie eine große Glückseligkeit darin setzen kostbar zu essen, reiche Kleider zu tragen, sich alle Haare auszuraufen, die Haut mit Bimsstein zu polieren, und kurz an ihrem ganzen Leibe nichts zu lassen wie es ihnen gewachsen ist, ich werde sie gewiß um diese Herrlichkeiten nicht beneiden! Was ich mir wünsche ist, daß meine Füße so hart werden mögen bis zwischen ihnen und dem Huf eines Centauren kein Unterschied mehr ist, und daß ich Madratzen und Decken so wenig als ein Löwe, und eines köstlichen Tisches so wenig als ein Hund nöthig habe. Möge ich nie ein anderes Lager, als was ich überall auf der bloßen Erde finde, verlangen, und mit jeder Kost, die ich unter meinen Händen oder Füßen finde, zufrieden seyn! Gold und Silber aber möge weder ich noch jemand den ich liebe jemals unter unsre Bedürfnisse zählen! Denn alles Elend das die Menschheit drückt, Empörungen, Krieg, Untreue, Verschwörungen und Meuchelmord entspringen aus der Begierde nach diesem unseligen Metall und dem Durst immer mehr zu haben. Ferne sey diese Krankheit der Seele von mir! Nie möge ich mehr als ich habe begehren, und immer gefaßt darauf seyn noch weniger zu haben! Hier hast du mit wenig Worten meine Art zu denken und zu leben. Sie ist, wie du siehest, von der gewöhnlichen sehr verschieden. Was Wunder also, wenn ich mich auch in meinem äusserlichen von denen unterscheide, denen ich in Grundsätzen so unähnlich bin? Übrigens begreife ich nicht, wie einer, der es schicklich finden kann, daß ein Sänger, ein Flötenspieler, ein Komödiant seinen besondern Habit habe, nicht auch dem Manne, der Profession davon macht ein wahrer und guter Mensch zu seyn, etwas eigenes in seinem Äusserlichen erlauben will, sondern darauf besteht, er müsse schlechterdings aussehen wie die Meisten, wiewohl die Meisten sehr schlechte Menschen sind. Wenn es aber schicklich ist, daß die Guten etwas ausgezeichnetes im Äusserlichen haben, was taugt besser dazu als ein Aufzug, der unter allen möglichen der ist worin die Weichlinge sich am wenigsten sehen lassen möchten? Und gerade *so* ist der meinige beschaffen. Denn worin besteht er anders als daß ich zotticht und schmutzig aussehe, einen abgeschabenen Kaput trage, meine Haare wachsen lasse und baarfuß gehe? Hingegen ist zwischen dem Aufzug eines Cinäden[6]) und dem

6) Die schändliche Art von Mann-Weibern, die dieses unübersetzbare Wort bezeichnet, machte schon lange unter den Griechen und Römern, ungefähr eben so wie die *Hetären*,

eurigen nicht der geringste Unterschied; Farbe der Kleidung, Feinheit des Zeugs, Menge der Unterkleider, Schlafröcke, Schuhe, Kopfputz, Parfümirung, Alles ist bey euch wie bey ihnen; denn würklich riecht ihr auch bereits so gut wie sie, wenigstens diejenigen von euch, die den ersten Rang unter den Glücklichen behaupten. Was möchte aber wohl jemand um einen Mann geben der wie ein Cinäde riecht? Daher kommt es denn auch, daß ihr euch vor Arbeit und Anstrengung nicht weniger scheut als sie, und allen Wollüsten eben so unmäßig ergeben seyd wie sie. Ihr esset wie sie, schlafet wie sie, und geht wie sie, oder vielmehr ihr geht gar nicht, sondern laßt euch, wie Lasten, bald von Menschen, bald von lastbaren Thieren tragen. Mich hingegen tragen meine eignen Füße wohin ich will; auch kann ich Kälte und Hitze gleich gut aushalten, und komme nie in den Fall, über den lieben Gott und seine Einrichtungen zu murren, weil ich selbst ein armer Schwächling bin, der nichts ertragen kann. Ihr hingegen seyd vor lauter Glückseligkeit nie mit der Natur zufrieden, tadelt alles, könnt das Gegenwärtige nie ertragen, und sehnt euch immer nach dem Vergangenen oder Zukünftigen: im Winter wünscht ihr den Sommer, im Sommer den Winter

(oder die schönen Mädchen, die ihre Gesellschaft bey Tag und Nacht um einen ihrer Jugend und ihren Reizungen proportionierten Preis vermietheten) eine eigene ausgezeichnete Classe aus, die zwar allen gesitteten Leuten verächtlich war, aber doch geduldet wurde. Ehmals waren diese Elenden an ihrer weichlichen und üppigen Kleidung, an der Art wie sie ihre Haare trugen, an ihrer Affectation sich auf eine weibische Art herauszuputzen, an dem Dunstkreise von Wohlgeruche, in den sie eingehüllt waren, beym ersten Anblick zu erkennen gewesen: aber seitdem der Luxus alle diese Dinge zur allgemeinen Mode gemacht hatte, hatten die *Cinäden* im äusserlichen nichts besonders mehr; sie sahen nun aus wie die ehrlichen Leute, weil die ehrlichen Leute sich nicht schämten wie *Cinäden* auszusehen.

zurück; ist es kalt, so hättet ihrs gern warm, ist es warm, so sollt' es kalt seyn; kurz, ihr seyd wie kranke Leute, denen man's nie recht machen kann und die immer klagen; nur mit dem Unterschiede, daß bey ihnen die Krankheit, bey euch die ganze Lebensart daran Schuld ist. Und ihr könnt noch von uns verlangen, daß wir die unsrige abändern und verbessern sollen? als ob wir unser eigenes Bestes nicht verständen und nach falschen Grundsätzen handelten: da ihr doch in euren eigenen Angelegenheiten so wenig Überlegung zeigt, und nichts deßwegen, weil ihr es geprüft und für das Beste befunden habt, sondern alles bloß aus Gewohnheit und Leidenschaft thut. Aber dafür müßt ihr auch, gleich einem der in einen reißenden Strom gefallen ist, euch fortwälzen lassen, wohin euch euere Leidenschaften führen. Es geht euch gerade wie jenem, der ein kolleriges Pferd ritt, und da es auf einmal mit ihm durchgieng, nicht wieder herunter konnte, sondern sich der Willkühr seines Pferdes überlassen mußte. Wo hinaus? fragte ihn einer der ihm begegnete: wohin *dieser* will, war seine Antwort, indem er auf seinen Gaul wieß. Wenn Euch jemand fragte, wo hinaus? und ihr wollet die Wahrheit sagen, was könntet ihr anders antworten, als: wohin unsre Leidenschaften, oder, wenn jeder für sich spräche, wohin die Wollust, die Ruhmbegier, die Gewinnsucht wollen? Mit unter scheint auch bald der Zorn, bald die Furcht, bald eine andere Passion dieser Art mit euch durchzugehen; denn ihr reitet nicht immer eben dasselbe tolle Pferd, sondern nach und nach eine Menge anderer, nur daß sie zum Unglück alle den Koller haben, und über Stock und Stein mit euch davon rennen, bis sie euch in Abgründe stürzen, die ihr nicht eher gewahr werdet als wenn der Sturz geschehen ist. — Übrigens hat dieser abgetragne Kittel, über den ihr euch lustig macht, und dieses struppichte Haar, und überhaupt mein ganzes Aussehen die große Kraft in sich, daß sie mir ein stilles sorgenfreyes Leben verschaffen und die Glückseligkeit zu thun was ich will und mit keinen andern Personen umzugehen als solchen die mir angenehm sind. Denn gerade um dieses Aufzugs willen macht sich nicht leicht ein Mensch von gemeiner Erziehung und Denkart an mich. Die eleganten Herren gehen mir sogar schon von ferne aus dem Wege. Nur Leute von vorzüglichem Verstand und guter Lebensart, nur solche die noch einen Werth auf Tugend legen, lassen sich mit mir ein, suchen mich sogar, und machen mir durch ihren Umgang Vergnügen. Die Thüren eurer sogenannten Glücklichen hingegen sind sehr sicher vor mir; ihr Purpur und ihre goldnen Kronen sind Dunst, und sie selbst lächerliche Geschöpfe in meinen Augen.

Um dich aber zu überführen, daß mein Costum nicht nur guten Menschen sondern Göttern selbst wohl geziemt,[7]) so betrachte, ehe du wieder darüber spottest, die Bilder der letztern, und siehe wem sie ähnlicher sind, euch oder mir! durchgehe alle Tempel der Griechen und der übrigen Völker, und erkundige dich ob die Götter Haar und Bart tragen wie ich, oder ob sie nach eurer Mode mit glattgeschornem Kopf und Kinn gebildet und gemahlt werden. Du wirst sogar finden daß sie größtentheils auch ohne Unterkleider sind, wie ich. Wie könntest du dich also unterstehen von meinem Aufzug noch länger verächtlich zu sprechen, da sichs findet, daß er sogar den Göttern anständig ist?

7) Den *Schmutz* abgerechnet, der weder Götter noch Menschen ziert, und doch, seinem eigenen Geständniß nach, zum cynischen Costum gehörte.

TIMON.

Timon, Jupiter, Merkur, Plutus, Penia, Gnathonides, Philiades, Demea, Thrasykles.

TIMON.

O Jupiter, Schutzgott der Freundschaft, der Geselligkeit und des häuslichen Glückes, Schirmer der Fremdlinge, Rächer des Meineids, Wolkenversammler,

Timon. Ich vermuthe, dieser Dialog, den man eben so wohl ein kleines prosaisches Drama nennen könnte, sey eines von den ersten Werken welche Lucian während seinem Aufenthalt zu *Athen* ausgearbeitet hat. Daß er eines seiner schönsten sey, ist die einstimmige Meynung aller Kenner. *Le Beau*, der jüngere, hat in seiner Abhandlung über den *Plutus* des *Aristophanes* eine Vergleichung zwischen dieser Komödie und dem Lukianischen *Timon* angestellt, (s. den 51sten Theil der *Memoir. de l'Acad. des Inscript.*) woraus, wie er selbst sehr wohl anmerkt, mehr die Ähnlichkeit des Genies der Verfasser, als der beyden Werke erhellet. Immerhin mag Aristophanes in Lukian den ersten Gedanken, seinen Timon zu schreiben veranlaßt haben: Timon bleibt nichts desto weniger, in *Erfindung*, *Composition*, *Zweck* und *Ausführung*, ein Originalwerk; und mich dünkt daß man ihm, ohne ungerecht gegen Aristophanes zu seyn, den Vorzug eines größern Interesse für heutige Leser zugestehen könne; Lukian hat einen weit größern Hauptzweck und verbindet mehr Nebenzwecke mit demselben als Aristophanes. Die Satyre die im Timon herrscht, ist von weiterm Umfang, trift mehrere Gattungen von Menschen, und geht, wie der gröste und wichtigste Theil der Lukianischen Schriften, auf nichts geringeres aus, als den Nebel, der die Menschen verhindert, in ihren wesentlichsten Angelegenheiten richtig zu sehen, zu zerstreuen, die Betrüger zu entlarven, den Betrog-

Blitzeschleuderer[2]), oder mit welchem andern Nahmen die angedonnerten hirnwüthigen Dichter — zumal wenn sie um Ausfüllung eines Verses verlegen sind — dich begrüßen: wo bleibt dein *mächtigkrachender Blitz*, dein *weitbrummender Donner*, und dein *flammenzückender*, *allblendender*, *schrecklichschmetternder Wetterstral?* — Augenscheinlich sind alle diese Dinge, das Geprassel der Worte abgerechnet, lauter Possenwerk und poetischer Dampf. Dein so viel besungenes *weittreffendes*, *immerfertiges Geschoß* ist, ich weiß nicht wie, gänzlich erloschen und erkaltet, und hat auch nicht den kleinsten Funken von Zorn gegen die Lasterhaften mehr in sich. Ein Bösewicht, der im Begriff ist einen falschen Eid zu schwören, würde sich eher vor einer gestrigen Lichtschnuppe, als vor deines *allbezwingenden Blitzes*

nen die Augen zu öfnen, und besonders die *Götter* und die *Philosophen seiner Zeit*, in ihrer Blöße darzustellen. Der berüchtigte Menschenfeind *Timon* war ein zu glückliches Sujet, und enthielt einen zu reichhaltigen Stoff für die Lukianische Satyre, als daß es unserm Autor, der (wie es scheint) während seines Aufenthalts zu Athen auf die Jagd solcher Sujets ausgieng, unbenutzt hätte entgehen können. Übrigens stimmt das Wenige, was uns andere griechische Schriftsteller, (als, *Aristophanes*, *Plutarch*, *Diogenes Laertius* und *Pausanias*) von diesem sonderbaren Menschen sagen, sehr wohl mit den Zügen überein, mit welchen er uns in dieser sinnreichen Composition dargestellt wird; nur der Umstand, daß Timon, nachdem er durch Leichtsinn und Gutherzigkeit große Reichthümer durchgebracht, in der Folge durch irgend einen Zufall wieder zu Vermögen gekommen sey, scheint mir keineswegs so eine ausgemachte Wahrheit als der *Abbé du Resnel* in seinen *Recherches sur Timon le Misanthrope* aus sehr schwachen Gründen annimmt. Auch bedurfte Lukian dessen nicht, um zu der Dichtung berechtiget zu seyn welche die Grundlage seines Timons ausmacht.

2) Alle diese Nahmen und Beywörter, die hier und im Verfolge dieser Apostrophe an den Jupiter mit größern [in vorliegender Auswahl: kursiven] Lettern gedruckt worden, sind aus Homer und andern Dichtern genommen.

Flamme fürchten. Kurz, du scheinst ihnen, anstatt des Donnerkeils, einen Löschbrand zu schleudern, von dem sie weder Feuer noch Rauch befürchten; das ärgste was ihnen begegnen kann, wenn er sie trifft, ist mit Kohlstaub bedeckt zu werden. Ist es bey solcher Bewandtnis wohl zu verwundern, daß ein *Salmoneus*[3]) sich unterstand dir entgegen zu donnern? ein Unternehmen, womit ein so stolzer und hitziger Mann gegen einen so kaltlebrichten Jupiter noch wohl zu Rande zu kommen hoffen durfte. Denn warum sollte er das nicht, da du so hart schläfst als ob du einen Schlaftrunk bekommen hättest, und weder Ohren für falsche Schwüre noch Augen für die andern Übelthäter der Menschen hast? Wie kann man anders denken, als daß deine Augen vor Alter endlich blöde und deine Ohren dickhäutig geworden seyn müssen? denn in deinen jungen Jahren ließ sich freylich nicht mit dir scherzen; da warst du leicht aufzubringen, und dein Zorn war schrecklich in seinen Ausbrüchen. Da vergönntest du den Lasterhaften und Gewaltthätigen keinen Waffenstillstand. Dein Keil war noch in seiner vollen Kraft, deine Ägide[4]) immer in Bewegung; immer hörte man das Brüllen deines Donners, und deine Blitze fuhren hin und her, wie die Wurf-

3) Ein König von Elis, aus den heroischen Zeiten, der den Jupiter spielte und Donner und Blitz durch ein Getöse mit kupfernen Töpfen und emporgeschleuderten Fackeln nachahmte, bis ihn Jupiter mit einem wahren Blitz in den Tartarus hinabdonnerte. *Apollodor.* B. I. Cap. IX. §. 7.

4) *Ägis*, oder wie wir mit den Franzosen zu schreiben pflegen, *Ägide*, heist der Schild des Jupiters, der aus dem Felle einer ungeheuern Ziege gemacht war, mit deren Milch er in seiner Kindheit von der Amalthea aufgezogen worden war. Doch führte diesen Nahmen auch der Brustharnisch der Minerva, von einem feuerspeyenden Ungeheuer dieses Nahmens, welches diese Göttin erlegt haben soll. *Diodor. Bibliothek* B. III. Cap. 69.

pfeile in einem Scharmützel. Die Erde bebte noch als ob sie in einem Siebe geschüttelt würde, der Schnee fiel klumpenweise, es hagelte Felsenstücke, und, um mich recht tragisch auszudrücken, reissend und gewaltig platzten damals die Regengüsse herunter, jeder Tropfe ein Strom! — dergestalt, daß unter *Deukalions* Regierung, ehe man die Hand umkehren konnte, eine so entsetzliche Überschwemmung entstand, daß alle Fahrzeuge, auf die sich die Menschen geflüchtet hatten, untergiengen, und mit Noth ein einziger Nachen auf dem Lykorischen Berge sitzen blieb, worin ein lebendiger Funke sich erhielt, um einer neuen noch schlimmern Menschen-Rasse das Daseyn zu geben. Dafür aber geben sie dir auch den verdienten Lohn für deine schläfrige Unthätigkeit. Denn wer opfert dir wohl heut zu Tage noch, oder bringt dir Kränze, wenn es nicht etwa irgend ein Anwohner des Olympus ist, der es gleichwohl nicht als etwas, wozu er sich verbunden glaubte, sondern, ohne was dabey zu denken, aus bloßer alter Sitte und Gewohnheit so mitmacht? Kurz, sie machen so wenig Ceremonie mehr mit dir, daß du, o Edelster aller Götter, unvermerkt die Rolle eines zweyten Saturnus[5]) spielen wirst. Ich sage nichts davon, wie oft sie dir deine Tempel ausgeraubt: haben sie sich doch unterstanden, zu Olympia sogar an dich selbst Hand anzulegen! Und du, der sich den *Hochbrausenden*[6]) schelten läßt, wecktest nicht einmal die Hunde, oder riefst die Nachbarn auf, damit sie zusammenlaufen und der Räuber, ehe sie noch mit ihrer Beute davon gegangen, sich bemächtigen könnten: sondern der großmächtige *Gigantenwürger* und *Titanenbändiger* saß, mit einem

5) d. i. der Weltregierung, wie Saturn, entsetzt werden wirst.

6) ὑψιβρεμέτης, ein Beywort, das Homer dem Jupiter häufig giebt.

zehnellenlangen Blitz in der Hand da, und ließ sich in aller Gelassenheit von den Dieben die goldnen Lokken abscheeren[7]). — Wenn wird denn einmal die Zeit kommen, mein vortreflicher Herr, wo du aufhören wirst alle diese Dinge so sorglos zu übersehen? Wenn wirst du endlich einmal allem diesem Unfug Einhalt thun? Wie oft müßtest du wohl die Welt verbrennen oder ersäufen[8]), um die Menschen für ihren überschwänglichen Übermuth nach Verdienst zu züchtigen?

Ich will, um jetzt nichts von andern zu sagen, nur dabey stehen bleiben wie *mir* mitgespielt worden ist, mir, der ich so vielen Atheniensern aufhalf, so manchen armen Tropf zum reichen Manne machte, allen die meiner Hülfe bedurften unter die Arme griff, ja, wie ich wohl sagen kann, unermeßliche Reichthümer bloß durch die Leidenschaft meinen Freunden Gutes zu thun verschwendete. Seitdem ich durch dies alles arm geworden bin, will mich niemand mehr kennen, und eben dieselben Leute, die ehmals die Augen aus Ehrfurcht vor mir niederschlugen, sich beynahe auf den Bauch vor mir legten und an meinem Winke hiengen, würdigen mich jetzt keines Anblicks mehr. Begegne ich ihnen von ungefehr auf der Straße, so gehen sie bey mir vorbey, wie man vor einem durch die Länge der Zeit zusammengefallnen Denkmal eines längst vergeßnen Todten vorübergeht, ohne daß einem einfällt

7) Ohne Zweifel bezieht sich dieser spöttische Vorwurf auf eine zu Lukians Zeiten geschehene Beraubung der herrlichen und reichen Bildsäule des Jupiters zu Olympia, an welcher die Haare, der Bart, der Mantel und die Bekleidung der Füße von gediegenem Golde waren. Der Anachronismus ist stark, aber Lukian bedient sich darin eines Rechtes, das man komischen Dichtern (sie mögen in Versen oder Prosa schreiben) nicht absprechen kann.

8) Im Original: *Wie viele Phaetonen und Deukalionen bedürfte es* u. s. w.

die Überschrift lesen zu wollen; ja manche nehmen, wenn sie mich von fern erblicken, einen andern Weg, als ob sie einem scheußlichen und unglückbedeutenden Gegenstande zu begegnen fürchteten, wenn sie *mir* begegneten, mir, den sie noch vor so kurzer Zeit ihren Wohlthäter und Beschützer nannten. Und so hat mich denn die Noth an diese äusserste Spitze des Attischen Ufers getrieben, wo ich in dieser armseligen Kleidung, um ein Taglohn von acht Kreuzern[9]) die Erde grabe, und so nebenher mit meinem Grabscheit und diesen öden Felsen hier philosophiere. Ich gewinne doch wenigstens das dabey, daß ich die Menge Schurken nicht vor Augen sehen muß, denen es wider ihr Verdienen wohl geht. Denn ich gestehe, das ist mir unerträglich. Wie wäre es denn nun, o Sohn des Kronus und der Rhea, wenn du endlich einmal aus diesem langen tiefen Schlummer, womit du den *Epimenides* selbst[10]) überschlafen hast, erwachtest, deinen erloschnen Donnerkeil wieder anbliesest, oder im Ätna anzündetest, und durch ein gewaltiges Zornfeuer uns wieder den ehmaligen kraftvollen und jugendlich raschen Jupiter zeigtest, — wenn man anders nicht glauben soll, was die Kretenser von dir fabeln, sie, die den Fremden sogar dein Grab auf ihrer Insel zeigen?

JUPITER *aus dem Himmel herabschauend, zu Merkur.*

Merkur, wer ist denn da unten in Attica am Fuße des Hymettus der lumpichte schmutzige Kerl mit

9) Vier *Obolen*. Ein *Obolus* betrug, als der sechste Theil einer Drachme (welche *Eisenschmidt* auf vier Groschen berechnet) acht Pfenninge.

10) Epimenides aus Kreta passirte bey den Griechen für einen Propheten und großen Heiligen, und eines der geringsten Wunder, die seine Legende von ihm erzählte, war, er habe in seiner Jugend in einer gewissen Höle sieben und funfzig Jahre an einem fort geschlafen. *Diogen. Laert.* L. I. s. 109.

Ziegenfellen um die Lenden, der so zu uns herauf schreyt? — Jetzt krümmt er sich nieder, und gräbt, däucht mich, in die Erde. Ein geschwätziger dreister Bursche! vermuthlich ein Philosoph! denn sonst hätte er wohl nicht so gottlose Reden gegen uns ausgestoßen.

MERKUR.

Wie, mein Vater? Kennst du den Timon, des Echekratides Sohn von Kolyttos[11]) nicht mehr, der uns so oft mit festlichen Opfern tractirte? den kürzlich noch so reichen Mann, der uns ganze Hekatomben*) auf einmal darbrachte, und bey dem wir die Diasia[12]) so herrlich zu begehen pflegten?

JUPITER.

Ey! mit dem hat sichs garstig verändert! Was? der ansehnliche reiche Mann, der immer einen solchen Hof von Freunden um sich hatte? Was ist ihm denn begegnet, daß er in diesen armseligen Zustand gerathen ist? Denn nach dem schweren Grabscheit, das er führt, zu urtheilen, kann er nichts bessers seyn als ein Gräber der um Taglohn arbeitet.

MERKUR.

Ich könnte sagen, seine Güte und Menschenliebe und sein Mitleiden mit allen Dürftigen habe den armen Mann zu Grunde gerichtet: aber die reine

11) Kolyttos war der Nahme einer von den Abtheilungen der Atheniensischen Bürger, welche sie *Demos* nannten, und die sich auf die Flecken oder Dörfer bezogen, in welchen die Einwohner von Attica zerstreut gewohnt hatten, ehe sie *Theseus* alle in der Hauptstadt vereinigte.

*) Eine *Hekatombe* war ein sollennes Opfer von hundert (oder, wie einige behaupten fünf und zwanzig) Stück Opferthieren, als Stieren, Schafen, Schweinen, u. s. w. S. *Jul. Capitolin.* in *Balbino.*

12) So hieß das Fest des *Jupiter Meilichius*, eines der vornehmsten Feste der Athenienser. S. *Thucyd.* B. I. cap. 126.

Wahrheit ist, daß es seine Thorheit, übermäßige Gefälligkeit und Unvorsichtigkeit in der Wahl seiner Freunde gethan hat. Der einfältige Mensch merkte nicht, daß er seine Gefälligkeiten an Raben und Wölfe verschwende, und hielt alle die Wespen, die ihm seine Leber auffraßen, für Freunde, die sich aus Wohlwollen und gutem Herzen zu ihm gesellten, da sie doch nur des Fraßes wegen kamen. Es ergieng ihm also wie man sichs vorstellen kann. Nachdem sie ihm gar säuberlich alles Fleisch rings um die Knochen abgenagt, und, wo etwa noch ein wenig Mark darin war, auch dieses ganz und gar ausgesogen hatten, flogen sie davon, und ließen ihn als ein dürres Gerippe[13]) liegen, ohne ihn mehr zu kennen noch anzusehen, (denn was hätten sie davon gehabt?) geschweige ihm beyzustehen oder nur einen kleinen Theil des empfangenen zurückzugeben. Dies hat ihn nun dahin gebracht, daß er, mit dem einzigen was ihm von seinem Vermögen übrig blieb, mit einem paar Ziegenfellen um die Schultern und einem Grabscheit in der Hand der Stadt aus Schaam den Rücken kehrte, und sich um Taglohn zu Feldarbeiten hieher verdingte, wo er seinem Elende nachhängt, und schwarzes Blut dabey macht, wenn die Leute, die durch ihn reich wurden, mit der Nase in der Luft vorbeygehen, und sich nicht einmal mehr erinnern können daß er Timon heißt.

JUPITER.

Der Mann darf keinesweges länger übersehen und vernachläßiget werden, oder er könnt' es uns billig übel nehmen, wenn wir es eben so machten wie jene schurkischen Schmeichler, und eines Menschen vergäßen, der uns die vielen fetten Hinterviertel von

13) Im Original: *dürr und bis an die Wurzel abgehauen* – ein Bild das zum vorigen nicht paßt.

Rindern und Ziegen auf unsern Altären verbrannte, wovon ich den angenehmen Geruch noch immer in der Nase habe. Übrigens muß ich gestehen, daß ich, — aus Mangel an Muße wegen der ungeheuern Menge von Meineidigen und Straßenräubern, und besonders aus Furcht vor den häufigen Tempeldieben, die ich, um mich ihrer zu erwehren, keinen Augenblick aus den Augen lassen darf, — seit langer Zeit nicht auf Attica herabgesehen habe; zumal seit dem die Philosophie und das Argumentiren gegen einander dort im Schwange geht. Denn die Leute verführen ein solches Krähengeschrey dabey, daß unser einer nicht einmal die Gebete der Andächtigen davor hören kann: so daß man entweder mit den Fingern in den Ohren da sitzen, oder sich die abscheulichste Langeweile machen lassen muß, wenn die Kerls von ich weiß nicht was für einem Dinge das sie Tugend[14]) nennen, und von unkörperlichen Wesen[15]), und andern solchen Schnurrpfeiffereyen aus vollem Halse daher declamiren. Über dem allen ist uns dann begegnet, daß wir diesen wackern Mann wirklich ganz aus den Augen gelassen haben. Um also keine Zeit zu verlieren, Merkur, so nimm den *Plutus*[16]) zu dir, und begebt euch unverzüglich zu ihm. Plutus soll den *Thesaurus*[17]) mit

14) Man ärgere sich nicht an dieser Art von der Tugend zu reden, die noch öfters bey unserm Autor vorkommen wird. Der verächtliche Ton gilt nicht der Tugend, sondern dem schimärischen Hirngespenste, worüber sich die Sophisten und Philosophen unter diesem *Nahmen* zankten. Denn nicht die *Sachen*, sondern *Nahmen*, dunkle Begriffe und *Worte ohne Sinn* sind von jeher das wichtige Objekt gewesen, um dessentwillen die Menschen einander am wüthendsten angefochten, verketzert und verfolgt haben.

15) Ein Stich auf die Philosophen *Anaxagoras* und *Plato*.

16) Den Gott des Reichthums.

17) Diese Personification des Thesaurus oder Schatzes (welchen Timon in der Erde finden sollte) ist eine humoristische Nachahmung des Aristophanes, welcher die *Wolken*, die *Ar-*

sich nehmen, und beyde sollen ihre Wohnung bey Timon aufschlagen und nicht so leicht wieder davon gehen, wenn er sie gleich vermöge seiner bekannten Gutherzigkeit, selbst wieder zum Hause hinauswerfen wollte. Was seine Schmeichler und ihre an ihm bewiesene Undankbarkeit betrift, darüber behalte ich mir vor das Weitere zu verfügen. Ungenossen soll es ihnen nicht hingehen, sobald mein Blitz ausgebessert seyn wird. Denn die zwey größten Stralen daran sind zerbrochen und haben sich ganz abgestumpft, als ich ihn neulich ein wenig zu hitzig auf den Sophisten *Anaxagoras*[18]) schleuderte, der seine Schüler bereden wollte, wir andern Götter wären gar nicht in der Welt. Ich verfehlte ihn zwar — denn Perikles hielt seine Hand über ihn — aber der Blitz schlug zum Unglück in den Tempel der Dioskuren[19]), und brannte ihn nieder, wäre aber selbst an einem Quaderstein beynahe in Stücken gegangen. Inzwischen wird es eine hinlängliche Strafe für die Schurken seyn, wenn sie den Timon wieder reicher als jemals sehen werden.

MERKUR *vor sich, indem er den Plutus hohlt.*

Was es einem doch hilft, recht laut zu schreyen, und grob und trotzig zu seyn! Wie ich sehe, befin-

muth (*Penia*) den *Krieg* und den *Aufruhr* personificiert. Jedoch stellt Lukians Thesaurus nur eine stumme Person vor.

18) Anaxagoras war eigentlich was man heut zu Tage einen *Deisten* nennt, und dachte also von den *populären Göttern* ziemlich heterodox. Nach dem *Diogenes Laertius* wurde er von den Atheniensern wegen seines Glaubens *an Einen Gott* um fünf Talente gestraft und aus Athen verbannt. *Plutarch* hingegen sagt: Perikles habe den Philosophen, dessen Freund und Beschützer er immer gewesen, noch in Zeiten aus der Stadt gebracht, ohne den Ausbruch des Ungewitters abzuwarten: und auf diesen Umstand scheint Lukians Timon hier anzuspielen.

19) des Kastor und Pollux. Lukian zielt hier vermuthlich auf eine wirkliche Begebenheit.

den sich nicht nur die Partheyen in einem Rechtshandel, sondern auch die Leute, die etwas von den Göttern wollen, wohl dabey. Timon wird nun in einem Augenblick aus einem Bettler ein steinreicher Mann, bloß weil er das Maul weit aufriß und Jupitern die derbsten Grobheiten ins Gesichte warf. Hätte er mit duldsam gebogenem Rücken stillschweigend fortgegraben, er grübe noch, und könnte noch lange graben bis man sich um ihn bekümmerte.

PLUTUS.

Was mich betrifft, Jupiter, ich bin fest entschlossen *nicht* zu ihm zu gehen.

JUPITER.

Warum denn aber, mein bester Plutus?[20]) und zwar, da *ich* dirs befohlen habe?

PLUTUS.

I, zum Jupiter! weil er mich insultirt hat! Weil er mich — nicht etwa mit einer Heugabel zum Hause hinausgejagt, oder wie etwas das ihn auf der Hand brennte auf einmal von sich geworfen, sondern recht mit kaltem Blute in unzähliche Stückchen zerschnitten, und dann so brockenweise weggeschmissen und verzettelt hat, und das ungeachtet ich schon vom Vater her ein Freund seines Hauses war. Und ich sollte nun wieder zu ihm gehen, um mich Schmarotzern, Schmeichlern und Buhlschwestern preisgeben zu lassen? Schicke mich lieber zu Leuten, die deine Gaben zu schätzen wissen und nach mir verlangen, die mich mit offnen Armen auf-

20) Man bemerke diese Höflichkeit des sonst so leicht auffahrenden Jupiters gegen den *Gott des Reichthums*. Sie ist einer von den feinen satyrischen Zügen, die dem Lukian eigen sind, und wovon dieses Stück voll ist.

nehmen und in Ehren halten. Solche dumme Kybitze, wie dieser Timon, mögen bey ihrer geliebten *Penia* aushalten, weil sie ihr doch einmal den Vorzug vor mir gegeben haben! mögen mit dem Schafpelz und dem Grabscheit, dem einzigen, was sie ihnen zu geben hat, und mit vier Obolen des Tages vorlieb nehmen; die Tröpfe, die das Geld so sorglos Zentnerweise weggeschleudert haben!

JUPITER.

Du hast künftig nichts dergleichen mehr von Timon zu besorgen. Das Grabscheit hat ihm unfehlbar deine Vorzüge vor der Armuth begreiflich gemacht, oder seine Hüften müßten nur gar nicht wissen was Schmerz ist. Übrigens scheinst du auf einmal sehr übellaunig geworden zu seyn, da du dich über den Timon beschwerest, daß er dir seine Thüren geöffnet und dir Erlaubnis gegeben herum zu schweifen, anstatt dich, wie ein eifersüchtiger Liebhaber, zu Hause eingeschlossen zu halten. Ehmals war es just das Gegentheil. Da zürntest du über die Reichen, die dich hinter Riegel und Schlösser einsperreten, ja dich sogar einsiegelten, so daß du nicht einmal durch irgend eine Ritze ins Tageslicht hinausblicken konntest. Über das alles beklagtest du dich sonst bitterlich bey mir, und jammertest, daß man dich in dumpfer Finsternis ersticken ließe; sahest bleich und bekümmert aus, hattest von dem unaufhörlichen Zählen und Rechnen steife Finger, und drohtest sogar, bey der ersten besten Gelegenheit, die du finden würdest, davon zu laufen. Kurz, es kam dir entsetzlich vor, ewig in einem eisernen oder ehernen Kämmerchen, unberührt, wie eine andere *Danae*[21]), eingeschlossen zu seyn, und

21) Eine angenehme Anspielung auf den *eisernen Thurm*, worin (nach der Fabel) Akrisius seine Tochter Danae ein-

von so harten Pädagogen als der Wucher und das Einmaleins in der Zucht gehalten zu werden. Es könnte doch nichts ungereimteres seyn' sagtest du, als Leute, die dich rasend lieb hätten, und sich doch nicht getrauten deiner zu genießen, wiewohl es ihnen niemand wehrte noch wehren durfte, da sie deine Herren wären; sondern, im Gegentheil, die Augen keinen Augenblick von dem Siegel ünd den Riegeln, worunter sie dich verschlossen hielten, abgewandt, die ganze Nacht durch bey dir aufsäßen, und das schon für hinlänglichen Genuß hielten, wenn sie deinen Genuß jedem andern verwehren könnten: wie der Hund in der Krippe, der zwar den aufgeschütteten Haber unangerührt läßt, aber auch dem hungrigen Pferde nicht gestatten will davon zu fressen.[22]) Zuweilen lachtest du auch über alle diese Albernheiten deiner Liebhaber, und nichts kam dir lustiger vor, als daß sie, nicht zufrieden eifersüchtig über andere zu seyn, es sogar über sich selbst wären, ohne sich davon träumen zu lassen, daß, — während der arme Teufel von Hausherrn, bey dem sichtbaren Dunkel einer enghalsigen und öldurstigen Lampe, sich den Schlaf versagt um seine Zinsen auszurechnen, — irgend ein schurkischer Sclave, Hausverwalter oder Kinderwärter indessen Mittel finden werde ihm über seinen Schatz zu kommen, und des verhaßten Knausers hinter seinem Rücken zu spotten. Alles dies, o Plutus, pflegtest du sonst den Reichen aufzumutzen: mit welcher Billigkeit kannst du jetzt dem Timon das Gegentheil zum Verbrechen machen?

gesperrt hielt, um allen Mannspersonen den Zugang zu ihr zu verwehren.

22) Eine Anspielung auf eine damals bekannte Äsopische Fabel, die sich aber in der Sammlung, die auf uns gekommen ist, nicht befindet.

Wenn du es beym rechten Lichte besiehest, Jupiter, wirst du finden, daß ich in beyden Fällen Recht habe. Daß Timons gleichgültiges und sorgloses Betragen gegen mich einen gänzlichen Mangel an Zuneigung voraussetze, kann gar keine Frage seyn. Was aber die andern betrifft, die mich einschließen, und deren einzige Sorge ist mich immer fetter und dickleibiger zu machen, ohne mich weder selbst anzurühren, noch an das Tageslicht hervorzuführen, damit ich ja von niemand gesehen werde: so habe ich wohl gute Ursache sie für Thoren und mich von ihnen beleidiget zu halten, da sie mich unschuldiger Weise unter so vielen Fesseln verfaulen lassen, ohne zu bedenken wie bald sie aus der Welt gehen, und mich irgend einem andern, der meiner nicht bedarf, überlassen werden. Ich kann also weder diese, die mich gar nicht zu gebrauchen wissen, noch jene, die mich immer zwischen den Fingern haben, loben: sondern nur den, der mit Maße zu Werke geht, was denn auch in allen Dingen das Beste ist. Um die Sache durch ein Gleichnis vollends ins Klare zu setzen, o Jupiter, so überlege einmal beym Jupiter![23]) selber — wenn einer sich ein hübsches junges Mädchen zur Frau nähme, und ließe sie dann, ohne sie zu Hause zu behalten und im mindesten eifersüchtig über sie zu seyn, nach freyem Belieben Tag und Nacht herumschwärmen und sich die Zeit vertreiben mit wem sie wollte; ja, wenn er sie sogar selber ihren Galanen zuführte, sein Haus immer offen hielte, selbst den Kuppler spielte, und jedermann auf sie zu Gaste bäte: könnte man sagen daß er seine

23) Das Schwören beym Jupiter indem man mit Jupitern selbst spricht, mußte für die Griechen was sehr lustiges haben, weil es in den Lukianischen Dialogen so oft vorkommt.

Frau liebe? Wahrlich, Jupiter, du, der du in Liebesangelegenheiten so erfahren bist, wirst das nicht sagen wollen! Auf der andern Seite, wenn einer eine schöne vollblühende Jungfrau, in der löblichen Absicht Kinder mit ihr zu erzielen, geheurathet hätte, und er sperrte sie vor aller Menschen Augen in das Innerste seines Hauses ein, fütterte sie da ihr ganzes Leben lang wie eine Priesterin der Ceres, und ließe, statt sich der ehlichen Rechte zu bedienen, das schöne liebliche Geschöpf in ewiger kinderloser Jungferschaft dahin welken, versicherte aber gleichwohl daß er vor Liebe zu ihr brenne, und bewiese es auch wirklich durch die gelbliche Blässe seiner Gesichtsfarbe, seine stündlich zunehmende Magerkeit, und seine holen eingefallnen Augen: würde man einen solchen Menschen nicht für wahnwitzig halten? — Nun ist aber immer das eine oder das andere mein Fall; entweder ich muß mich auf die unwürdigste Art zum Hause hinauswerfen, verprassen und erschöpfen lassen, oder sie stigmatisiren[24]) und binden mich wie einen Sclaven; und das ist es eben was mich so toll auf die Leute macht!

JUPITER.

Du ereiferst dich ganz unnöthiger Weise. Sind nicht beyde gestraft genug dafür? die einen schnappen, wie eben so viele *Tantalusse*, mit ewig offnen aber ewig dürren und lechzenden Lippen nach ihrem Golde ohne es jemals habhaft zu werden: den andern wird ihre Nahrung, wie dem *Phineus*, von Harpyen bis aus dem Gaumen herausgehohlt. Aber

24) Man pflegte bey den Griechen und Römern den Sclaven, denen man nicht traute, ein Zeichen aufzubrennen, woran man sie und ihren Eigenthums-Herren erkennen konnte, wenn sie davon liefen.

wozu alle das Geschwätze?[25]) Geh einmal, sag' ich dir! du wirst einen ganz andern Mann an Timon finden als den Thoren, der er ehmals war.

PLUTUS.

Wie? du meynst er werde jemals aufhören können, mich vorsetzlicher Weise mit einem durchlöcherten Korbe zu schöpfen, aus Furcht er möchte in lauter Reichthum ersaufen, wenn er mich ganz und auf einmal einlaufen ließe? Ich bin versichert es wird mir gerade so mit ihm ergehen als ob ich Wasser in das Faß der Danaiden schütten wollte. Das Loch ist zu groß; ich werde gießen und gießen, das Faß wird doch immer leer bleiben, weil es geschwinder wieder ausgelaufen seyn wird als ich nachgießen kann.

JUPITER.

Er mag selbst zusehen wie er das Loch stopfen will! Läßt er dich wieder ausfließen, so wird er wenigstens seinen Schafpelz und sein Grabscheit im Bodensatze wieder finden. — Aber geht endlich einmal, sag' ich, thut was ich euch heisse! Und du, Merkur, hörst du? Bringe mir wenn du zurückkommst die Cyklopen vom Ätna mit; sie sollen mir meinen Blitz wieder zurechte schmieden und spitzen, denn ich werde ihn nächstens so scharf als möglich vonnöthen haben.

MERKUR.

Nun, Plutus, mache dich auf die Füße! — Aber wie? was soll das? du hinkst, mein edler Herr? Ich wußte wohl daß du blind bist: aber daß du auch lahm seyst, war mir unbekannt.

25) Lukian scheint diese Frage seinen Lesern vor dem Munde wegzunehmen; denn wirklich hat dieser Dialog mehr als viele andere von der wortreichen Schwatzhaftigkeit der Rhetoren und Sophisten seiner Zeit.

PLUTUS.

Auch bin ich es nicht immer, Merkur, sondern nur wenn ich von Jupitern zu jemand geschickt werde. Da weiß ich nicht wie es zugeht, aber es ist als ob ich auf einmal keine Knochen mehr in den Beinen habe; ich hinke an beyden Füßen, und es geht so langsam, daß der Mann der mich erwartet gemeiniglich schon ein Greis ist, eh ich an Ort und Stelle angelangt bin. Kommt es aber darauf an, mich wegzubegeben, so dächtest du ich hätte Flügel bekommen, und es geht so schnell daß mich kein Vogel einhohlen könnte. Die Laufbahn ist kaum eröffnet[26]), so ruft mich der Herold schon zum Sieger aus; so schnell hab' ich, ehe die Zuschauer mir mit den Augen folgen können, das ganze Stadium übersprungen.

MERKUR.

Was du da sagst, Plutus, ist wohl nicht so ganz wahr. Denn ich könnte dir viele nennen, die gestern nicht soviel hatten um sich einen Strick zu kaufen, und heute auf einmal reich sind, großen Aufwand machen, und mit einem schneeweißen Zug Pferde daher gefahren kommen, wiewohl sie in ihrem ganzen Leben nicht einen Esel im Stalle hatten. Ich denke solche Leute haben Mühe sich selbst zu überreden daß ihr Reichthum kein Traum sey; und das mag wohl die Ursache seyn, warum sie immer in Purpurkleidern und mit so viel goldenen Ringen an den Fingern[27]) einherstolziren.

26) Im Original: *das Seil ist kaum gefallen*, nehmlich das vor die Rennbahn gezogene Seil, durch dessen Niederlassung den Wettläufern das Zeichen zum Rennen gegeben wurde. *Pausan. in Eliacis*. L. VI. c. 20.

27) Man setzte nicht zu Timons, aber wohl zu Lukians Zeiten, einen besondern Staat darin, beynahe an allen Fingern beyder Hände goldne Ringe zu tragen. Lukian erlaubt sich (wie schon bemerkt worden) mehr dergleichen *Anachronismen* in diesem Stücke.

PLUTUS.

Das ist ganz was anders, Merkur! Bey solchen Gelegenheiten gehe ich nicht auf meinen eigenen Füßen; auch schickt mich dann nicht Jupiter sondern der Höllengott *Pluto*, in so fern auch er ein Geber des Reichthums ist, wie es denn, anderer Beywörter zu geschweigen, sein bloßer Nahme schon mit sich bringt. Wenn ich also von Plutons wegen, von einem Herrn zum andern wandern soll, geht es damit *so* zu. Erst werfen sie mich in eine Wachstafel, dann siegeln sie mich mit großer Sorgfalt zu, und tragen mich in Ceremonie zum Hause hinaus. Der Todte liegt inzwischen in irgend einem finstern Winkel des Hauses, mit einem alten Hader um die Knie, den Katzen, die sich um ihn balgen, preisgegeben: mich hingegen erwarten die hoffenden Erben auf dem Gerichtshofe mit aufgesperrten Mäulern, wie die zwitschernden Jungen die herbeyfliegende Schwalbe[28]). Wenn denn nun das Siegel abgerissen, der Bindfaden zerschnitten, das Testament eröffnet, und der neue Eigenthümer öffentlich ausgerufen ist, es sey nun ein Anverwandter oder ein ehmaliger Schmeichler des Erblassers oder einer von seinen Kammerleuten, ein gewesener Liebling, der sich durch die Gefälligkeiten und Liebesdienste aller Art, die er seinem Herrn zu leisten sichs sauer genug werden lassen mußte,[29]) einen solchen Vorzug vor seinen Mitknechten und eine so reichliche Belohnung seiner edeln Willfährigkeit allerdings wohl verdient hat[30]) — dann hat dieser

28) Lukian hat gewisse Lieblingsbilder, die öfters in seinen Werken vorkommen. Dies ist eines davon, und es thut in der That im komischen Styl einen sehr guten Effect.

29) Das Original erklärt sich hier mit einer Deutlichkeit die unsere Sitten nicht ertragen könnten.

30) Daß dies *Ironisch* gesagt werde, brauchte man *griechischen Lesern* nicht zu sagen.

glückliche, wer er auch sey, nichts weiter zu thun, als das Testament und mich eilends in den Schubsack zu stecken, nach seinem nunmehr eigenthümlichen Hause zu laufen, und da er zuvor etwa Pyrrhius oder Dromo oder Tibius[31]) geheissen, sich nun auf einmal Megakles oder Megabyzus oder Protarchus schelten zu lassen; während die andern, die ihre Schnäbel vergebens aufgesperrt hatten, einander mit ungeheuchelter Traurigkeit anstarren, und sichs, wie billig, von Herzen leid seyn lassen, daß ihnen ein so großer Meerfisch aus dem Innersten des Netzes entwischt ist, ohne ihnen für die viele Lockspeise die er auf ihre Kosten verschlungen, einen Ersatz zu lassen[32]). Was Wunder, wenn ein Mensch, der so auf einmal in mich hineinplumpt, so ein dickhäutiger pöbelhafter Kerl, ohne Erziehung und feineres Gefühl, der, wenn ein Vorbeygehender von ungefehr mit der Peitsche schnalzt, gleich die Ohren reckt und zusammenfährt, und vor dem Mahlgewölbe[33]) wie vor einem Tempel mit heiligem Schauder vorbeygeht, kurz, dem noch immer von Fußeisen und Handmühlen träumt, — was Wunder, sage ich, wenn ein solcher Mensch allen die mit ihm zu schaffen haben unerträglich, grob und übermüthig gegen diejenigen die er nun für seines glei-

31) Gewöhnliche Sclavennahmen, so wie Megakles, Megabyzus oder Protarchus Nahmen waren, die sich nur für Personen von hohem Stande schickten.

32) Beynahe sollte man glauben, daß Lukian (wiewohl er nirgends merken läßt daß ihm die Existenz des *Horaz* bekannt gewesen sey) dieses ganze Bild aus der 5ten Satyre (des 2ten Buches) dieses römischen Dichters kopirt habe. Die Ähnlichkeit ist gar zu auffallend.

33) μυλών [Mühlenhaus], pistrinum, der Ort, wo die Handmühle stand, zu welcher gewöhnlich nur die geringste Art von Sclaven, die andern aber nur zur Strafe wenn sie sich übel aufführten, oder sich sonst die Ungnade des Herrn zugezogen hatten, gebraucht wurden.

chen ansieht, und grausam gegen seine ehmaligen Mitsclaven ist, die er geißeln läßt, blos um zu probiren ob ihm auch das nunmehr erlaubt sey: bis er endlich irgend einer listigen kleinen Hure in die Klauen fällt, oder sich einfallen läßt, schöne Pferde zu halten, oder sich einem Pack Schmarotzer Preis giebt, die ihm zuschwören daß er schöner sey als Nireus[34]), edler als Cekrops oder Kodrus[35]), verschlagener als Ulysses, und reicher als sechzehn Krösusse; da dann der schlechte Kerl auf diese Art in einem Augenblicke wieder verschwendet, was von seinem Erblasser mit so vielen falschen Eiden, Ungerechtigkeiten und losen Künsten nach und nach zusammengekratzt worden war.

MERKUR.

Es ist ungefehr so wie du sagst. Aber wenn du auf deinen eignen Füßen gehst, wie kannst du den Weg finden da du so blind bist? Oder wie machst du es um diejenigen zu erkennen, zu denen dich Jupiter abschickt, weil er sie für würdig hält reich zu werden?

PLUTUS.

Du glaubst also ich könne sie ausfindig machen?

MERKUR.

Nein, beym Jupiter! sonst würdest du wohl nicht bey einem *Aristides* vorbeygehen, um dich einem *Hipponikus* oder *Kallias*[36]), und so manchen andern

34) Nireus, der schönste Mann der gegen Ilion auszog unter den Griechen, nächst dem untadelichen Achilles. *Ilias* B. II. v. 673. 74.

35) Jener der erste Stifter von Athen dieser der letzte unter den attischen Königen.

36) *Aristides* ist keinem unsrer Leser unbekannt. *Hipponikus* und *Kallias*, Vater und Sohn, waren aus einer edeln Familie in Athen, deren Reichthum bey den Griechen zum Sprichwort worden war, wie vor einem paar Jahrhunderten der Reichthum der *Fugger* in Augsburg. Kallias, ein Stief-

Atheniensern die nicht einen Heller werth sind, aufzuhängen!

PLUTUS.

Ich will dir sagen wie das zugeht. Ich irre so lange auf und nieder, hin und her, bis ich ungefehr auf jemand stoße, der mich, ohne weiter nachzufragen, mit sich nach Hause nimmt, und dir, Merkur, für den unverhofften Gewinn seinen Dank opfert[37]).

MERKUR.

So wird also Jupiter hintergangen, indem er sich versichert hält daß du nur diejenigen reich machest, die er dessen würdig achtet?

PLUTUS.

Und das mit Recht, da er einen Blinden dazu braucht, um eine Sache zu suchen, die der scharfäugige Lynceus[38]) selbst zu finden Mühe haben würde. Denn da die Guten so selten, die Bösen hingegen überall in Menge sind und den Meister spielen, was Wunder, daß ich bey meinem Herumtaumeln so leicht an die letzten gerathe und von ihnen weggefischt werde.

sohn des großen Perikles, wird vom *Aristophanes* wegen der liederlichen Art, wie er sich und sein Erbgut Schmarotzern und Weibsbildern Preis gab, an mehr als einem Orte, bitter durchgezogen. S. dessen *Frösche*, v. 431–34. und *Vögel*, v. 284–87.

37) Aller ungefähre und unverhoffte Gewinn oder Zuwachs an Vermögen wurde dem Merkur zugeschrieben.

38) Die Griechen erzählten große Wunder von den Augen dieses *Lynceus*, der einer von den Helden war, die an der berühmten Kaledonischen Jagd und an der Fahrt der Argonauten nach Kolchis Antheil hatten. Seine Scharfsichtigkeit wurde zum Sprüchwort, und das Sprüchwort gab, wie natürlich, zu den Hyperbolen der Dichter Anlaß. So sagt z. B. *Pindar*, er habe durch einen Eichbaum, und der Verf. des dem Orpheus zugeschriebenen Gedichts über die Argonauten, er habe durch Erde und Meer bis an den Tartarus sehen können.

MERKUR.

Wie kommst du aber zurechte wenn du sie wieder verlässest, da du deinen Weg nicht sehen kannst?

PLUTUS.

So lang ich fliehe, bekomm' ich den Gebrauch meiner Augen und meiner Füße wieder.

MERKUR.

Weil ich nun einmal am Fragen bin, so erkläre mir auch noch das. Da du doch, wie nicht zu läugnen ist, blind, schwarz-gelb und ziemlich übel zu Fuße bist, wie kommt es daß du demungeachtet so viele Liebhaber hast, daß Alle nur für dich Augen haben, und wenn sie dich besitzen sich für überglücklich halten, hingegen, wenn sie dich verlören, das Leben selbst nicht mehr ertragen möchten? Ich selbst habe ihrer nicht wenige kennen gelernt, die so jämmerlich in dich verliebt waren, daß sie (mit dem Dichter zu reden) von *luftigen Felsen herab in das grundlose Meer*[39]) gesprungen sind, bloß weil sie glaubten du hättest verächtlich über sie weggesehen, da du sie doch nicht einmal angesehen hattest. Du wirst doch, wenn du dir anders Gerechtigkeit widerfahren lässest, selbst gestehen müssen, daß man mit der Korybantenwuth[40]) behaftet seyn muß, um in einen solchen Geliebten so unmäßig vernarrt zu seyn.

39) Eine Anspielung auf ein Epigramma des *Theognis*, worin er sehr ernstlich räth vor der Armuth zu laufen, und wenn man auch den Hals darüber brechen oder sich in die Tiefe des Meeres stürzen müßte.

40) Die Korybanten, deren fanatische Raserey dem Autor hier dazu dient, seinen Lesern ein sehr lebhaftes Bild in einem einzigen Worte darzustellen, waren eine Art von Priestern der Rhea oder Cybele. S. das 12te der kleinen Göttergespräche.

PLUTUS.

Ich merke du meynst, sie sehen mich wie ich bin, so blind, und so lahm, kurz, mit allen meinen Gebrechen?

MERKUR.

Wie sollten sie nicht, sie müßten denn nur alle insgesammt selbst blind seyn?

PLUTUS.

Nicht eben blind, mein Bester; aber die Unwissenheit und die Täuschung, die sich der ganzen Welt bemächtigt haben, umnebeln sie, und die Wahrheit zu gestehen, ich selbst helfe dem Betrug nach, indem ich mich ihnen nicht anders als unter einer sehr liebenswürdigen, schimmernden, mit Gold und Edelsteinen ausgeschmückten Maske darstelle. Die armen Narren, die sich einbilden mein wahres Gesicht zu sehen, gerathen über die vermeynte Schönheit ausser sich, und verzweifeln wenn sie meiner nicht habhaft werden können. Unfehlbar, wenn mich jemand vor ihren Augen auszöge und in meiner wahren Gestalt zeigte, würden sie über ihre Blödsinnigkeit und thörichte Liebe zu einem so ungestalten und unliebenswürdigen Gegenstand selbst ein strenges Urtheil fällen.

MERKUR.

Aber daß sie auch dann, wenn sie nun wirklich reich geworden sind, und die besagte Maske sich selbst umgethan haben, noch immer betrogen werden; daß sie, wenn man sie ihnen abziehen will, lieber den Kopf als die Larve dahinten liessen — das ist doch unbegreiflich! Denn wer kann sich vorstellen, daß sie, die doch die inwendige Seite sehen, nicht wissen sollten daß die ganze Schönheit mit dem Pinsel aufgestrichen ist?

PLUTUS.

Es kommen mir verschiedene Umstände dabey zu statten.

MERKUR.

Die möcht' ich wohl hören!

PLUTUS.

Sobald mir einer, dem ich zum erstenmale begegne, die Thür aufmacht, so schleichen sich ungesehen Hoffart, Unverstand, Aufgeblasenheit, Weichlichkeit, Übermuth, Selbstbetrug und tausend andere ihres gleichen mit mir hinein. Kaum haben sich diese einer Seele bemeistert, so bewundert sie was keine Bewunderung verdient, und gelüstet nach dem was sie fliehen sollte; mich aber, den Vater aller dieser Unholde, schätzt sie, so lange ich von ihnen umgeben bin, über Alles, und würde eher das ärgste leiden als sich gutwillig von mir trennen.

MERKUR.

Und gleichwohl, mein guter Plutus, bist du so glatt und schlüpfrig daß es beynahe unmöglich ist dich nicht zu verlieren: man kann dich nirgends fest halten, sondern ehe man sichs versieht bist du einem, wie ein Aal[41]), zwischen den Fingern weggeschlüpft. *Penia* hingegen ist so zäh als ob sie aus lauter Vogelleim gemacht wäre, und streckt aus allen Theilen ihres Körpers eine unendliche Menge Stacheln und Scheren hervor, womit sie diejenigen die ihr zu nahe kommen fest hält, und so leicht nicht wieder entwischen läßt. — Aber während wir hier die Zeit mit Plaudern verderben, haben wir das wichtigste vergessen.

41) Im Original steht noch zum Überfluß *oder wie eine Schlange.*

PLUTUS.

Was denn?

MERKUR.

Wir haben den *Thesaurus* nicht mitgenommen, dessen wir doch am nöthigsten haben.

PLUTUS.

Darüber mache dir keine Sorge. Den lasse ich immer unter der Erde, wenn ich zu euch auf die Oberwelt gehe, mit dem Befehl die Hausthüre wohl verschlossen zu halten, und sie niemand aufzumachen, wofern er mich nicht rufen gehört hat.

MERKUR.

Wir haben nun die Grenze von Attica erreicht. Fasse mich am Rockzipfel und folge mir, bis ich die Einöde ausfindig gemacht habe, wo Timon sich aufhält.

PLUTUS.

Deine Vorsicht ist wohl angebracht; ich könnte sonst leicht an einen *Hyperbolus* oder *Kleon*[42]) gerathen, wenn ich ohne Führer herumtappen müßte. Aber was hör' ich da für einen Schall, wie wenn Eisen an einen Stein geschlagen würde?

MERKUR.

Wir sind dem Orte nahe, wo Timon in dem harten und steinigten Boden arbeitet. — Ha, da seh ich ja schon die *Penia*, und ihre gewöhnlichen Gefährten *Arbeit*, *Unverdrossenheit*, *Weisheit* und *Tapferkeit*, mit der ganzen übrigen Schaar die unter der Fahne des Hungers zu dienen pflegt. Das sind andere

42) Wieder ein paar Personen, denen in den Komödien des Aristophanes sehr übel, wiewohl nicht ärger als sie verdient haben sollen, mitgespielt wird. Den Lesern des Plutarch sind sie aus dessen *Themistokles*, *Alcibiades* u. a. bekannt.

Figuren, Plutus, als deine schwachherzigen Trabanten, deren du vorhin erwähntest!

PLUTUS.

So wäre wohl das sicherste uns auf die Seite zu machen, Merkur? An einem Manne, der von einer solchen Leibwache bedeckt wird, werden wir nicht viel Ehre einlegen.

MERKUR.

Jupiter ist anderer Meynung. Wir wollen den Muth noch nicht sinken lassen.

PENIA.

Wo führst du diesen Blinden hin, Merkur?

MERKUR.

Jupiter hat uns zum Timon dort abgeschickt.

PENIA.

Wie? Plutus wird dem Timon zugeschickt, und das, nachdem ich ihn in den elenden Umständen, worein ihn die Üppigkeit gebracht hatte, übernommen, und mit Hülfe meiner beyden Kinder, *Sophia* und *Ponos*[43]), einen wackern und tüchtigen Mann aus ihm gemacht habe? Ihr denkt also, die arme *Penia* sey gut genug sich so verächtlich und unbillig mitspielen zu lassen als euch beliebt? Ich besitze auf der Welt nichts als diesen Timon, und nachdem ich mir alle Mühe gegeben habe ihn zu einem tugendhaften Mann umzubilden, kommt ihr und reißt ihn wieder von mir weg, um ihn mir, wenn Plutus und seine Gesellen wieder den Weichling und Thoren und Taugenichts, der er war, aus ihm gemacht haben werden, am Ende als einen Lumpen zurückzugeben?

43) *Weisheit* und *Arbeit.*

MERKUR.

So beliebt es dem Jupiter, gute Penia.

PENIA.

Ich habe also hier weiter nichts zu thun. Du, *Sophia*, und du, *Ponos*, folget mir! Er wird bald genug inne werden, was für eine nützliche Mitarbeiterin und Lehrmeisterin alles Guten er an mir verlohren hat. So lange er sich zu *mir* hielt, verschaffte ich ihm Gesundheit an Leib und Gemüthe; er lebte das Leben eines Mannes, lernte sich selbst achten und das übrige alles als überflüßig und ihn nichts angehend ansehen, wie es auch nicht anders ist. — Es wird sich zeigen was er beym Tausche gewinnen wird!

MERKUR.

Sie gehen davon, Plutus: nun wollen wir auf ihn zugehen.

TIMON.

Was für verwünschte Figuren sind das? Was wollt ihr? Was führt euch hieher, einen ehrlichen Taglöhner in seiner Arbeit zu stören? Aber ihr sollt mirs nicht umsonst gethan haben, ihr Schurken die ihr alle seyd! Ich will euch mit Erdschollen und Steinen so zusammenwerfen, daß kein Gebein von euch ganz bleiben soll.

MERKUR.

Das laß bleiben, Timon! Wir sind keine Menschen, wie du meynst: ich bin Merkur, und dieser hier ist der Gott des Reichthums. Jupiter hat dein Gebet gehört, und schickt uns zu dir. Empfang' also zur guten Stunde Glück und Wohlstand aus unsrer Hand, und höre auf dich mit dieser sauren Arbeit zu placken!

TIMON.

Es soll euch darum nicht besser ergehen, wenn ihr die Götter seyd wofür ihr euch ausgebt; ich hasse Götter und Menschen, die einen wie die andern, und diesem Blinden hier, wer er auch sey, werd' ich mit meinem Grabscheit den Schädel einschlagen.

PLUTUS.

Um Jupiters willen, Merkur, laß uns gehen! Ich sehe der Mensch ist wahnsinnig, und sein Wahnsinn ist von der tollen Art. Ich gehe, es möchte mir sonst übel bekommen.

MERKUR.

Übereile dich nicht, Timon! Laß dieses wilde und rasche Verfahren; lange mit beyden Händen nach deinem guten Glücke, sey wieder reich und der erste unter den Atheniensern; aber sey nun glücklich für dich selbst, und sieh jene Undankbaren mit Verachtung an!

TIMON.

Ich brauche nichts von euch! Laßt mich ungeplagt! Mein Grabscheit ist mir Reichthums genug. Was das übrige betrift, wenn mir nur jedermann vom Leibe bliebe, so wäre ich so glücklich als ich zu seyn wünsche.

MERKUR.

So unleutselig, Freund? Soll ich diese harsche rauhtönende Antwort Jupitern überbringen? Ich begreife daß du ein Menschenfeind bist, nachdem du so vieles und ungeheures Unrecht von ihnen erlitten hast: aber das begreif' ich nicht, wie du ein Götterfeind seyn kannst, da sie doch so gütig für dich sorgen.

TIMON.

Dir, Merkur, und Jupitern bin ich für die Fürsorge herzlich dankbar: aber mit diesem Plutus hier will ich nichts zu schaffen haben.

MERKUR.

Und warum das?

TIMON.

Weil er mir ehedem unzählich viel Böses zugezogen hat. Denn ist *er* es nicht, der mich Schmeichlern und Schmarotzern Preis gab? der mir hinterlistige Freunde zuführte, mir Hasser und Neider erweckte, mich durch Üppigkeit und Wollust verderbte, und am Ende mich in der Noth, wie ein treuloser Verräther, der er ist, sitzen lies? Wie edel hat hingegen die gutherzige *Penia* an mir gehandelt! Sie hat mich durch männliche Arbeit und tüchtige Leibesübung wieder hergestellt. Ihr Umgang war immer mit Wahrheit und Freymüthigkeit vergesellschaftet. Sie verschaffte mir durch Arbeit das Unentbehrliche, und lehrte mich alles übrige, was Wollust und Thorheit den Reichen zum Bedürfnis machen, verachten; ließ alle Hofnungen meines Lebens von mir selbst abhangen, und zeigte mir, was der Reichthum sey, den ich in Wahrheit als den *meinigen* zu betrachten habe, weil er mir von keinem Fuchsschwänzer abgeschmeichelt, von keinem Sykophanten abgetrotzt, kurz, weder von einem aufgehetzten Pöbel, noch von einem redseligen Demagogen, noch von einem auf mein Verderben erpichten Tyrannen entrissen werden kann. Und nun, da ich mit einer durch Arbeit gestärkten Gesundheit unverdrossen dieses Feld baue, wo keines von den Übeln, wovon die Stadt so voll ist, meine Augen beleidiget, nun bin ich zufrieden; denn mein Grabscheit verschafft mir zureichenden und sichern

Unterhalt. Also, Merkur, mache dich je bälder je lieber auf den Rückweg, und bringe den Plutus zu Jupitern zurück. Will er mir ja einen Gefallen erweisen, so soll er alles was Mensch heißt, junge und alte, sammt und sonders — an den Galgen schicken![44])

MERKUR.

Darauf möchten sich nun wohl nicht alle eingerichtet haben. Aber, höre einmal mit solchen feindseligen und unbesonnenen Reden auf, guter Timon, und nimm den Plutus zu dir! denn die Gaben, die uns Jupiter sendet, so von sich zu stoßen ziemt sich nicht.

PLUTUS.

Wenn du es zufrieden bist, will ich mich gegen deine Beschuldigungen verantworten. Oder ist es dir auch zuwider, mich reden zu hören?

TIMON.

Rede meinetwegen; nur mach es kurz, und keinen weitläuftigen Eingang, wie eure verwünschten Volksredner! dem Merkur hier zu Gefallen will ich mich überwinden ein paar Worte von dir anzuhören.

PLUTUS.

Billig hätte mir erlaubt seyn sollen mich weitläuftig zu verantworten, da du mir so vieles zur Last gelegt hast. Indessen urtheile selbst, ob ich dir, wie du sagst, übel mitgespielt habe; ich, der ich dir alles was den Menschen das Angenehmste ist, Würde, Rang, öffentliche Belohnungen und Ehrenzeichen, kurz, alles was nur immer zum höchsten

44) Die in solchen Fällen gewöhnliche griechische Redensart, οἰμώζειν ποιῆσαι [etwa: den letzten Seufzer tun lassen], läßt sich im Teutschen nicht wohl anders ausdrücken, um eben dieselbe Wirkung zu thun.

Wohlstand und Wohlleben gerechnet wird, zugetheilt habe? Um meinetwillen warst du angesehen und berühmt, jedermann beeiferte sich dir seine Achtung zu zeigen und dir Dienste zu leisten. Wenn dir von Fuchsschwänzern Leids geschehen ist, so bin ich ausser Schuld; im Gegentheil, ich habe mich über *dich* zu beschweren, daß du mich mit so wenig Achtung den schlechtesten Menschen Preis gegeben hast, deren verstellte hinterlistige Freundschaft eine bloße Falle war, worein sie dich und mich zu ziehen suchten. Ich hätte dich verrathen, sagtest du: mit besserm Rechte könnte ich dir die Beschuldigung zurückgeben, da du alles mögliche, um meiner los zu werden, gethan, und mich, im eigentlichsten Verstande, den Kopf zu unterst zum Hause hinausgeworfen hast. Wofür dich denn auch, statt des feinen prächtigen Staatsrockes, deine hochgeehrte *Penia* mit diesem Ziegenpelz ausstaffiert hat! — Übrigens kann Merkur hier bezeugen, wie inständig ich Jupitern gebeten habe, mich nicht wieder zu einem Manne zu schicken, der so übel mit mir umgegangen war.

MERKUR.

Du siehst aber nun, Plutus, wie er sich geändert hat, und hast alle Ursache einen bessern Muth zu ihm zu fassen. Also, zur Sache! — Du, Timon, grabe zu! — Und du, befiel dem Thesaurus sich unter sein Grabscheit zu legen; denn er wird dir unfehlbar gehorchen, wenn du laut genug schreyst.

TIMON.

Nun, weil denn kein ander Mittel ist als zu gehorchen und wieder reich zu werden, so sey es dann! Was ist zu machen wenn die Götter Gewalt wider einen brauchen? Bedenke indessen, Merkur, in was für Umstände du mich armen Mann stürzest, mich, der kurz zuvor noch so glücklich war, und nun, ohne mein Verschulden, einen solchen Haufen Goldes, und mit ihm so viel Sorgen, übernehmen soll!

MERKUR.

Ertrag es mir zu lieb, Timon, wie verdrieslich und unwillkommen es dir auch seyn mag; wenigstens wirst du das Vergnügen haben, deine Fuchsschwänzer vor Neid bersten zu sehen. Ich fliege jetzt über den Ätna in den Himmel zurück.

PLUTUS.

Der ist also fort; denn mich däucht ich höre seine Flügel rauschen. Du, Timon, bleibe hier! Ich will gehen und dir den *Thesaurus* an meiner Stelle schicken. Schlage nur ein wenig tiefer in den Boden! — Und du, goldner *Thesaurus*, erkenne diesen Timon für deinen Herrn, und liefere dich in seine Hände! — Grabe zu, Timon! schlage tiefer ein! Ich will euch nun Platz machen.

TIMON.

Wohlan denn, mein liebes Grabscheit, verdopple deine Kraft, und werde mir nicht müde, bis du den Schatz aus der Tiefe an das Tageslicht gebracht hast![45]) — O wunderthätiger Jupiter mit allen deinen Korybanten! Und du, o gewinngebender Merkur, woher alle diese Menge Goldes? — Oder ist es nur ein Traum, und werd' ich beym Erwachen den Schatz in Kohlen verwandelt finden? — Doch

45) Es ist ein sehr wahrer Zug, und ein Zeichen, daß Lukian das menschliche Herz kannte, daß er seinen Timon, ungeachtet er kaum noch so abgeneigt davon war, unvermerkt wieder Lust zum reich werden bekommen läßt, wiewohl er keinen Gebrauch von seinem Schatze zu machen gedenkt.

nein! Es ist wirkliches, ausgeprägtes, glänzendes, wichtiges Gold! Welch ein lieblicher Anblick!

O Gold, du schönste Augenlust der Sterblichen![46])
Gleich dem lodernden Feuer
Glänzest du bey Nacht und bey Tage![47])

Willkommen du liebstes und lieblichstes aller Dinge! Nun kann ich glauben, daß Jupiter einst zum goldnen Regen worden sey. Welches Mädchen wollte einem so schönen, durch die Ziegel herabrinnenden Liebhaber nicht mit Freuden ihren Schoos öffnen? O Midas, o Krösus, o Schatz des Delphischen Tempels, wie nichts seyd ihr gegen Timon und Timons Reichthum! Der Persische König selbst kann nicht mit ihm zu vergleichen seyn. — Mein gutes Grabscheit, und du, einst so geliebter Ziegenpelz, ihr sollt vor allen Dingen an diesem *Pan*[48]) als Opfer aufgehängt werden. Dann will ich diese ganze Landspitze kaufen, und einen Thurm[49]) über meinen Schatz bauen, der gerade nicht mehr Gelaß haben soll als ich für mich allein brauche, dies soll meine Wohnung, und, ich denke, auch meine Grabstätte seyn. Für all mein übriges Leben aber setze und verordne ich hiemit zum Grundgesetze: mit keinem Menschen Umgang zu haben, keinen zu kennen, über alle wegzusehen. — Die Wörter, Freund, Gast, Camerad, und Altar der Barmherzigkeit[50]) sollen ohne Bedeutung in meiner

46) Ein Vers aus dem *Bellerophon* des Euripides.

47) Aus *Pindars* erstem *Olympischen* Siegesgesang.

48) d. i. an dieser Bildsäule des Pan, des Beschützers der Felder und Heerden bey den Griechen.

49) Pausanias in seiner Beschreibung von Attica erwähnt dieses Thurms, als eines Denkmals, das noch zu seinen, und also auch zu Lukians Zeiten gestanden. *Attic.* L. I. c. 30.

50) Dieser Altar, der der Menschlichkeit der Athenienser Ehre macht, stand auf dem neuen Markte. Seine Stiftung verlohr sich in dem grauesten Alterthum, und er erhielt sich

Sprache, und Mitleiden mit einem Weinenden zu tragen oder einem Dürftigen zu helfen, soll Verbrechen und Umsturz der guten Sitten seyn. Ich will einzeln und für mich allein leben wie die Wölfe,[51]) und keinen andern Freund in der Welt haben als den Timon. Alle andere will ich für Feinde, Diebe und Meuchelmörder halten, und mit einem von ihnen zu sprechen, soll mir Verunreinigung seyn. Der Tag, an dem ich einen Menschen nur erblickt habe, soll als ein unglücklicher Tag angezeichnet werden. Es soll mir nicht erlaubt seyn, weder einen Gesandten von ihnen anzunehmen, noch mich in irgend ein Bündnis mit ihnen einzulassen: kurz es soll so wenig Gemeinschaft zwischen mir und ihnen seyn als ob sie steinerne oder eherne Bildsäulen wären. Diese Wüste soll die Grenze gegen sie seyn. Zunft- und Gemeindegenossen, Mitzünfter, Mitbürger[52]), und Vaterland selbst, lauter schaale Nahmen, die nur bey sinnlosen Menschen in Achtung stehen! Timon sey für sich allein reich, lasse sich allein mit sich selbst wohl seyn, weit von allen Schmeichlern und pausbackichten Lobrednern entfernt; allein, auch wenn er den Göttern opfert und das festliche Opfermahl begeht, weil er keinen andern Haus- und Feldnachbar hat als sich selbst, und

bis zum Tode des Kaiser Julians. *Meursius* unterscheidet ihn ohne allen Grund von einem Altar der *Menschlichkeit*, der sein Daseyn bloß der Flüchtigkeit, womit dieser arbeitsame Compilator zu lesen pflegte, zu danken hat. S. dessen *Ceramicus geminus* c. 16.

51) Man hat unsern Autor dieser Stelle wegen ohne Grund angefochten. Der scharfsinnige und beredte Geschichtschreiber der Natur (*Büffon*) bekräftiget in seiner Beschreibung des Wolfes, was Lukian seinen Timon hier von der Ungeselligkeit dieses Raubthiers sagen läßt.

52) Die hier vorkommenden Benennungen, φυλέται, φράτορες und δημόται [Mitglieder einer Phyle, einer Phratrie, eines Demos], die sich auf die Atheniensische Stadtverfassung beziehen, lassen keine genauere Übersetzung zu.

alle übrige von sich abgeschüttelt hat. Ja, sogar im Tode soll er von keinem andern Menschen als von sich selbst Abschied nehmen, und sich mit eigener Hand den Kranz aufsetzen, der einem Verstorbenen von seinen Freunden aufgesetzt zu werden pflegt. Ich will stolz darauf seyn den schönen Nahmen Menschenfeind zu führen, und mürrisches Wesen, Grobheit, Brutalität und Unmenschlichkeit sollen die Kennzeichen meines Charakters seyn. Wenn ich einen Menschen in Gefahr sähe im Feuer umzukommen, und er flehte mich an, die Flamme zu löschen, so will ich aus allen Kräften mit — Pech und Öl löschen, und wenn ein reissender Winterstrom einen vor meinen Augen daher wälzt, und er mich mit emporgestreckten Armen um Hülfe anruft, so soll es mir Pflicht seyn, ihn mit dem Kopf hinabzustoßen, und mit Gewalt zu verhindern daß er nicht wieder auftauchen könne.[53]) Denn nur auf diese

53) Plutarch führt in seinem Leben des *M. Antonius* einige Züge an, die unsern Autor berechtigen konnten, dem Timon diesen entsetzlichen Grad von Menschenhaß beyzulegen. z. B. der junge Alcibiades war um diese Zeit der große Günstling des Volkes zu Athen; und eben dieser Alcibiades war auch das einzige menschliche Wesen, gegen welches Timon eine Art von Zuneigung blicken ließ. Man fand diese Ausnahme so sonderbar, daß ihn endlich ein gewisser Apemantus um die Ursache derselben fragte. Ich bin diesem jungen Menschen gut antwortete Timon, weil ichs voraussehe, daß er die Athenienser in großes Unglück bringen wird. Ein andermal erschien Timon in der allgemeinen Volksversammlung, und bestieg die Rednerkanzel, als ob er dem Volke etwas vorzutragen hätte. Jedermann erwartete in größter Stille und Verwunderung was herauskommen würde. Männer von Athen, sagte Timon, in einem kleinen Bauplatz an meiner Wohnung steht ein alter Feigenbaum, an dem sich schon viele Bürger erhängt haben. Da ich nun diesen Platz zu überbauen willens bin, so habe ich das Publicum davon benachrichtigen wollen, damit diejenigen die etwa Lust dazu haben, sich noch aufhängen können, ehe der Feigenbaum umgehauen wird.

Weise werde ich ihnen wiedergeben was ich von ihnen empfangen habe. Dieses Gesetz hat Timon, des Echekratides Sohn, aus dem Kolyttischen Districte, in Vortrag gebracht, und besagter Timon, da er den Präsidenten und die Gemeine in seiner Person vereinigt hat es auch bestätiget. Und dabey soll es nun bleiben, und es soll hiemit die volle Kraft eines unwiderruflichen Gesetzes empfangen, und wir werden männlich darüber zu halten wissen! Übrigens sollte mir's jetzt sehr angenehm seyn, wenn ich allen Atheniensern bekannt machen könnte, daß ich wieder unmäßig reich worden bin; denn ich bin gewiß, es würde ihnen die Hälse zuschnüren. — Aber wie? Was bedeutet das? Da seh' ich sie ja schon von allen Seiten, ganz mit Staube bedeckt und ausser Athem, herbeygelaufen kommen! Sie müssen Wind von meinem Golde bekommen haben, wie es auch damit zugegangen seyn mag. — Was ist nun zu thun? Soll ich auf die Anhöhe dort hinaufklettern, und sie aus diesem festen Posten mit einem Steinhagel bewillkommen? Oder wollen wir diesen einzigen Bruch in unser Gesetz machen, und noch Einmal mit ihnen reden, um sie durch die schmähliche Art wie wir sie behandeln wollen desto empfindlicher zu kränken? Das letztere wird doch wohl das Beste seyn. Ich will also stehen bleiben und sie anrücken lassen. — Laß doch sehen, wer der wackere Mann ist der allen andern zuvorläuft? Wahrlich der nehmliche *Gnathonides*, der mir neulich, da ich ihn um eine kleine Beyhülfe ansprach, einen Strick reichte, wiewohl der Schurke ehedem ganze Fässer Wein bey mir — gespieen hat. Er thut wohl daß er kömmt, dafür soll er auch die schwere Noth zuerst kriegen!

GNATHONIDES.

Sagt' ichs nicht immer, die Götter würden einen so guten Mann wie Timon nicht verlassen? Guten Tag, schönster, liebster Timon! Wie steht's, altes Zechbrüderchen?

TIMON.

Guten Tag auch, Gnathonides, du — aller Geyer gefräßigster und aller Menschen nichtswürdigster!

GNATHONIDES.

Du bist noch immer der alte Spaßvogel, höre ich. Aber warum seh' ich hier den Tisch nicht gedeckt? Wo ist das Gastmal? Ich bringe dir ein ganz neu gelerntes Trinklied mit, so frisch wie es aus des Dichters Hirnpfanne gekommen ist.

TIMON.

Mein Grabscheit da soll dich eine Elegie singen lehren, und das eine sehr klägliche! *Er prügelt ihn.*

GNATHONIDES.

Was soll das seyn, Timon? du schlägst mich? Ich werde Zeugen herbeyrufen — o Herkules! Au Weh! Weh! Ich werde dich beym Areopagus verklagen, daß du mir ein Loch in den Kopf geschlagen hast.

TIMON.

Wenn du noch eine kleine Weile verziehest, sollst du mich verklagen daß ich dich todt geschlagen habe.

GNATHONIDES.

So weit wollen wirs nicht kommen lassen. Meine Wunde soll bald geheilt seyn, wenn du ein wenig Gold darauf legen willst; Gold ist ein gar herrliches Mittel das Blut zu stillen.

TIMON.

Bist du noch da? *Er schlägt auf ihn zu.*

GNATHONIDES.

Nun ja doch, ich will ja gehen; aber es soll dir wenig Freude bringen, daß du aus dem guten Manne der du warst, ein so ungeschlachter Grobian geworden bist. *Er geht ab.*

TIMON.

Wer ist der Glatzkopf, der sich da heranmacht? — Ach, nun erkenn' ich ihn; es ist *Philiades*, der schamloseste unter allen mein ehmaligen Tellerleckern. Das ist der Schurke, der ein ganzes Landgut, und zwey tausend Thaler zu Ausstattung seiner Tochter noch oben drein von mir empfing, bloß um ihn dafür zu belohnen, daß er mein Singen, während alle andern stillschwiegen, bis an den Himmel erhob, und seine arme Seele verschwor, kein sterbender Schwan singe so lieblich: und wie ich neulich krank und elend zu ihm kam und ihn um Hülfe ansprach, wies mich der edle Mann sogar mit Schlägen ab.

PHILIADES.

O des unverschämten Volks! So? Nun kennt ihr den Timon wieder? Nun ist Gnathonides wieder sein Freund, und bereit ihm seinen Wein wieder auszutrinken! Es ist ihm Recht geschehen, dem Undankbaren! Wir, Timons alte Bekannte und Jugendfreunde und Zunftgenossen, wiewohl wir ein näheres Recht hätten, halten gleichwohl an uns, und möchten ihm, um alles in der Welt, nicht so unbescheiden auf den Leib rücken. — Viel Glücks, Geehrtester Herr! Aber laß dich zugleich vor diesen verdammten Schmarotzern warnen, diesem Rabengesindel, die blos deine Freunde sind so lang es was zu schmausen giebt. Man darf doch heutiges Tages keinem Menschen mehr trauen! Es ist lauter undankbares heilloses Schelmenpack! — Ich kam eben hieher, dir tausend Thaler zu Bestreitung der nothwendigsten Bedürfnisse zu bringen, als mir nicht weit von hier gesagt wurde, du wärest wieder zu unermeßlichem Reichthum gelangt; und so wußte ich dir meinen guten Willen durch nichts anders als diese freundschaftliche Warnung zu beweisen, wiewohl ein so kluger Mann wie du, ein Mann von dem Nestor selbst im Nothfalle noch lernen könnte, keine Erinnerungen von meinesgleichen bedarf.

TIMON.

Das wollen wir gut seyn lassen, Philiades. Tritt ein wenig näher herbey, damit ich dir meine Ergebenheit — ebenfalls mit meinem Grabscheit bezeugen kann. *Er schlägt ihn vor den Kopf.*

PHILIADES.

Zu Hülfe, liebe Leute! Der undankbare Mensch hat mir für meinen wohlgemeynten Rath die Hirnschale entzwey geschlagen!

TIMON.

I, da kommt ja noch ein dritter, der Redner *Demeas*, mit einem Decret in der Hand. Der wird nun wieder mein Vetter seyn wollen! Er war einmal der Republik sechzehn tausend Thaler schuldig, und sollte, weil er nicht bezahlen konnte, geschlossen ins Gefängnis geführt werden. Aus Mitleiden bezahlte ich diese Summe auf Einem Brete für ihn. Neulich, da die Reihe an ihn kam der Zunft der Erechthiden das Schauspielgeld[54]) auszuzahlen,

54) ϑεωρικόν [Theaterzuschuß] hieß eine Gabe von zwey oder drey Obolen, die an den großen jährlichen Festen,

und ich hinzugieng, meinen gebührenden Antheil zu empfangen, hat der Kerl nicht die Unverschämtheit, mir ins Gesicht zu sagen: er wisse nichts davon daß ich ein Bürger sey!

DEMEAS.

Sey mir gegrüßt, o Timon, du große Zierde deines Stammes, du Stütze von Athen und Vormauer des ganzen Griechenlandes! Schon lange warten beyde Raths-Collegien[55]) und die ganze versammelte Stadtgemeine auf deine Zurückkunft. Zuvor aber erlaube mir, dir das Decret vorzulesen, das ich deinetwegen abgefaßt habe:

»Demnach Timon, des Echekratides Sohn, aus der Gemeine Kolyttos, ein Mann, der sowohl an Rechtschaffenheit und guten Sitten als an Weisheit im ganzen Griechenlande schwerlich seines gleichen findet, sich diese ganze Zeit her auf mancherley Art und Weise um das gemeine Wesen besonders wohl verdient gemacht; gestalten denn derselbe in Einem Tage zu Olympia im Faustkampfe, im Ringen, im Wettlauf, und im Rennen mit zwey- und vierspännigen Wagen den Preis davon getragen; — «

TIMON.

Ich? der ich Olympia in meinem ganzen Leben nie gesehen habe?

DEMEAS.

Was schadet das? So wirst du es künftig sehen! Je mehr dergleichen in einem Decret steht, je besser! —

den armen Bürgern zu Athen aus dem öffentlichen Schatze gereicht wurde, um einen Platz im Theater bezahlen zu können.

55) Nehmlich, der Areopagus und der Senat der Fünfhundert.

»deßgleichen in abgewichnem Jahre sich gegen die Akarnenser für die Republik sehr tapfer gehalten, und zwey Bataillons Peloponnesische Truppen in die Pfanne gehauen; — «

TIMON.

Wie hätt' ich das gemacht, da ich, aus Mangel an Gewehr, nicht einmal auf die Musterrolle kam?

DEMEAS.

Es ist bloße Bescheidenheit daß du so von dir selber sprichst: wir hingegen würden mit Recht für undankbar gehalten, wenn wir's vergessen hätten—

»nicht weniger auch auf viele andere Weise durch Rath und That, in Kriegs- und Friedenszeiten der Republik ungemeine Dienste geleistet hat: als ist, in Erwägung alles dessen, von dem Rath und der Gemeine, sowohl dem größern Ausschuß als allen Zünften, sammt und sonders gemeinschaftlich für gut befunden und beschlossen worden, Eingangs ersagtem Timon eine goldene Bildsäule[56]) neben der Minerva auf der Akropolis[57]) setzen zu lassen, mit Stralen ums Haupt, und einen Donnerkeil in der rechten haltend; ferner, ihn mit sieben goldnen Kronen zu krönen, und diese ihm zuerkannte Belohnung an den Dionysien[58]), welche an heutigem Tage ihm zu Ehren mit neuen Tragödien gefeyert werden sollen, öffentlich ausrufen zu lassen. Dieses Decret hat in Vorschlag gebracht Demeas, der Rhe-

56) So pflegten die Griechen, des *Wohlklangs* wegen, die vergoldeten zu nennen.

57) Der Burg von Athen, welche ehmals *Cekropia* hieß.

58) Das Fest des Bacchus, an welchem gewöhnlich neue Tragödien oder wenigstens neue Schauspiele zum Besten gegeben wurden. Ein ausserordentliches Bacchusfest ausdrücklich dem Timon zu Ehren anzuordnen, war die höchste Ehre, die ihm nur immer angethan werden konnte, und ohne Zweifel in den Zeiten, wo Timon lebte, ohne Beyspiel.

tor, Timons nächster Verwandter und Lehrjünger; denn Timon ist auch der erste unter den Rednern, so wie alles andere was er will.« — So lautet also das Decret. Übrigens gedachte ich dir auch meinen Sohn vorzustellen, den ich nach deinem Nahmen Timon genannt habe.

TIMON.

Wie das, Demeas, da du meines Wissens nie verheurathet gewesen bist?

DEMEAS.

Ich hoffe aber, mit Gottes Hülfe, aufs neue Jahr eine Frau zu nehmen, und Kinder zu zeugen; und da dies schon so gut als geschehen ist, und das erste unfehlbar ein Knabe seyn wird, so nenn' ich ihn jetzt schon Timon.

TIMON *indem er nach ihm schlägt.*

Ob dieser Schlag nicht etwa ein Loch in deine Heurath machen wird, mein feiner Herr, dafür steh ich dir nicht gut.

DEMEAS.

Au Weh! Was soll das heissen? Glaubst du hier Herr zu seyn, daß du dich unterstehst freye Leute zu schlagen, du, dessen freye Geburt und Bürgerrecht noch zweifelhaft ist? Aber es soll dir nicht ungenossen hingehen! Du sollst mir nicht ungestraft Feuer in der Burg angelegt haben!

TIMON.

Wenn hat denn die Burg gebrannt, du Sykophante?

DEMEAS.

Wenigstens kömmt dein Reichthum bloß daher, daß du einen Einbruch in die Schatzkammer gethan hast.

TIMON.

Damit wirst du nicht weit kommen; jedermann weiß daß die Schatzkammer nicht erbrochen worden ist.

DEMEAS.

Dazu soll schon Rath werden! Genug daß man den ganzen Schatz bey dir finden wird.

TIMON *schlägt ihn wieder.*

Dafür mußt du noch Eins haben!

DEMEAS.

O weh, mein Rücken!

TIMON.

Krähe nicht so, oder du kriegst noch einen dritten. Das müßte doch närrisch zugehen, wenn ein Mann, der zwey Bataillons Lacedämonier in die Pfanne hauen konnte, mit einem einzigen Schurken nicht fertig werden könnte! Was hälfe mirs auch, zu Olympia im Faustkampf und im Ringen obgesiegt zu haben? *Demeas entfernt sich.* Immer besser! Seh ich nicht dort den Philosophen *Thrasykles* kommen? Es kann kein andrer seyn. Wie der Mensch mit vorgestrecktem Bart und aufgezogenen Augenbraunen in stolzer Selbstgefälligkeit einherschreitet, mit dem trotzigen Blick eines Titanen, und mit krausem aufgebüftem Stirnhaar, ein leibhafter Boreas oder Triton, wie sie Zeuxis zu mahlen pflegte! Das ist der Mann der an Einem Tage immer zwey so verschiedene Personen spielt. Früh Morgens kündigt sein ganzes Anstand, sein Gang und seine Kleidung den sittsamsten und nüchternsten Weisen an. Wie es ihm da vom Munde geht, wenn er von der Tugend spricht! Wie scharf er auf die Freunde der Wollust loßzieht! Was für schöne Dinge er von der Begnügsamkeit auskramt und von der Glückseligkeit wenig zu bedürfen! Aber sobald er aus dem Bade zu einem Gastmal kommt, und (was immer seine erste Sorge ist) sich einen größern Becher von dem Bedienten hat geben lassen, dächte man er trinke, wiewohl er nichts als puren Wein trinkt, lauter Wasser aus dem *Lethe*, so gänzlich thut er nun von allem was er in seinen Morgenlectionen gepredigt hatte das Gegentheil. Da fällt er wie ein Stoßvogel über die Gerichte her, reißt alles zu sich, entfernt seinen Nachbar mit dem Ellenbogen, bückt sich über die Schüssel her als ob er das höchste Gut herausfinden möchte, und stopft sich mit so hündischer Gefräßigkeit voll, daß ihm die Brühe über das Kinn herabtrieft, streicht was am Teller klebt noch mit dem Zeigefinger zusammen, und klagt noch immer daß er zu kurz komme, damit ihm eine Pastete oder ein Wildbraten oder sonst irgend eine leckere und ergiebige Schüssel allein abgetreten werde. Dazu trinkt er nun, nicht etwa bloß bis er vor ausgelassener Fröhlichkeit singt und springt: er säuft so lange bis er grob wird und Händel anfängt; oder er fängt gar mit dem Becher in der Hand zu declamiren an, und ist unverschämt genug mit schwerem Kopf und lallender Zunge das Lob der Mäßigkeit und der sittlichen Grazie anzustimmen, bis er etwa durch eine nicht sehr anmuthige Operation seines überfüllten Magens unterbrochen wird. Das Ende davon ist, daß ihn ein paar Sclaven zu packen kriegen, und ihn, wiewohl er sich mit beyden Händen an die Flötenspielerin[59]) anklammert, mit Gewalt zum Saale hinaustragen[60]). Übrigens läßt er

59) Eine Person, die bey einem griechischen Gastmale nicht fehlen durfte.

60) Daß dieses ganze Gemählde, welches nur ein Hogarth unserm Autor nachmahlen könnte, den Afterphilosophen aus Lukians Zeiten galt,

sich, auch nüchtern, von keinem leicht den Vorzug im Lügen, im Pralen und in der Geldgierigkeit nehmen; im Fuchsschwänzen sucht er seinesgleichen, und wer einen falschen Eid geschworen haben will, findet ihn immer bereit: Heucheley und Betrug gehen vor ihm her, und die Unverschämtheit hängt ihm zur Seite: kurz, der Mann ist ein ausgemachter und mit allen Arten der Vollkommenheit ausgerüsteter Meister in seiner Kunst. Nur herbey, vortreflicher Mann! Auch du sollst deinen Lohn bekommen! *Zu Thrasykles, der inzwischen herangekommen ist:* Was seh ich? Ey! da kommt mir ja Thrasykles wie gerufen!

THRASYKLES *in einem declamirenden Tone.*

Aber nicht aus dem eigennützigen Beweggrunde, o Timon, nicht mit dem lüsternen Seitenblick auf dein Gold und Silber und deine köstliche Tafel, womit dir alle diese Leute auf den Hals gekommen sind, die sich in deinen Reichthum verliebt haben, und durch ihre Schmeichlerkünste von einem so arglosen und freygebigen Manne Alles zu erhalten hoffen. Für mich ist, wie du weißt, ein Stück Brodt eine hinlängliche Mahlzeit, Aschlauch und Kresse die liebsten Gerichte, ein bischen Salz der leckerhafteste Nachtisch. Mein Getränke reicht mir der öffentliche Brunnen, und dieser alte Mantel ist mir lieber als das schönste Purpurkleid. Was sollte ich also mit dem Golde machen, das in meinen Augen nicht mehr Werth hat als die Kieselsteine die dort am Ufer liegen? Ich komme bloß um deinetwillen, und um, wo möglich, zu verhüten, daß dieses

ist wohl keinem Zweifel unterworfen. In dem Zeitalter des Perikles und Sokrates hatten auch die verächtlichsten unter den Sophisten mehr Lebensart als die Pedanten und philosophischen Marktschreyer des Lukianischen.

schlimmste und gefährlichste aller Dinge, der Reichthum, der schon so vielen die Ursache des größten Unglücks und Elends geworden ist, nicht auch dich ins Verderben stürze. Wenn du also gutem Rathe folgen willst, so wirf unverzüglich all dein Gold ins Meer, als etwas, das einem rechtschaffnen Manne, dem alle Schätze der Weisheit offen stehen, zu gar nichts helfen kann. Es ist eben nicht nöthig, daß du es sogar weit ins Meer hinaus schleuderst; du brauchst nur bis über die Knie ins Wasser zu steigen, und es ein wenig über die Brandung hinauszuwerfen, wenn niemand zugegen ist als ich allein. Solltest du aber dazu keine Lust haben, so giebt es noch einen andern und beynahe noch bessern Weg, deines Goldes bis auf den letzten Heller loß zu werden. Verschenk es an die Armen; gieb diesem einen Gulden, jenem zwanzig Thaler, einem andern fünfhundert. Ein Philosoph kann billig zwey oder dreymal so viel erwarten. Ich meines Orts, da ich nichts für mich selbst sondern blos für meine armen Freunde verlange, will zufrieden seyn, wenn du mir diesen Schnappsack füllest, der nicht mehr als zwey Äginetische Scheffel hält. Denn es geziemt einem Philosophen wenig zu bedürfen und mäßig in seinen Begierden zu seyn, und nicht über seinen Schnappsack hinaus zu sorgen.

TIMON.

Ich lobe diese Denkart an dir, Thrasykles; aber eh' es an den Schnappsack kommt, will ich dir zuvor mit meinem Grabscheit eine gute Anzahl Kopfnüsse zumessen. *Er giebt ihm Schläge.*

THRASYKLES.

O Demokratie! O Gesetze! Was ist aus euch geworden? Wie? In einem freyen Staate müssen wir uns von einem solchen Bösewicht mit Schlägen mißhandeln lassen?

TIMON.

Was ereiferst du dich so, guter Thrasykles? Hab' ich dir etwa nicht voll genug gemessen? Nun, so will ich noch vier Metzen oben drein geben. *Er schlägt wieder zu. Thrasykles läuft davon.* Aber was soll das? Ich sehe eine Menge Volks herbeygelaufen kommen. — Der edle Blepsias, Laches, und Gniphon, kurz, ein ganzes Regiment Schurken denen der Buckel juckt. — Das Beste wird hier seyn, mein Grabscheit, das schon viel gearbeitet hat, ein wenig ausruhen zu lassen, auf diese Felsenspitze zu steigen, einen Haufen Steine zusammen zu tragen, und auf die wackern Leute, sowie sie sich nähern, herunter zu hageln.

BLEPSIAS.

Halt ein, Timon! Wir wollen ja gerne wieder gehen.

TIMON *indem er mit Steinen nach ihnen wirft.*

Ihr sollt mir doch wenigstens blutige Köpfe nach Hause bringen!

VORREDE
zu den Göttergesprächen.

Das Vergnügen, das alle Arten von Leser — die einzigen, die keinen Scherz vertragen können, ausgenommen — noch heut zu Tage an den Lukianischen Göttergesprächen finden, wiewohl sie für uns kaum ein anderes Interesse haben, als alte Gemmen oder Herkulanische Gemählde, läßt uns auf den ungemeinen Reiz schließen, den sie für den feinern Theil von Lukians Zeitgenossen, wo der große noch an diese Götter glaubte, haben mußten. Es war ein eben so glücklicher als neuer und kühner Gedanke, die Götter, so zu sagen, in ihrem Hauswesen und im Neglischee, in Augenblicken von Schwäche, Verlegenheit und Zusammenstoß ihrer einander so oft entgegenstehenden Forderungen und Leidenschaften, kurz, in solchen Lagen und Gemüthsstellungen mit einander reden zu lassen, wo sie (unwissend daß sie Menschen zu heimlichen Zuhörern hätten) sich selbst gleichsam entgöttern und ihren bethörten Anbetern in ihrer ganzen Blöße darstellen mußten. Lukian hätte dem Aberglauben seiner Zeit keinen schlimmern Streich spielen können, und er war um so gewisser seinen Endzweck nicht zu verfehlen, weil seine eigene Person dabey gar nicht zum Vorschein kommt. Denn, da in allen diesen dramatischen Scenen das Daseyn der darin auftretenden

Götter und die historische Wahrheit ihrer abenteuerlichen Legenden treuherzig *vorausgesetzt* wurde: so sind es immer die Götter, die sich selbst lächerlich machen, und, wider Wissen und Willen, mit dem besten Erfolge von der Welt an der Zerstöhrung ihres eigenen Ansehens arbeiten, indem sie sich durch ihre Unarten, Thorheiten, Ausschweifungen und Laster aller Achtung und alles Zutrauens der Menschen unwürdig zeigen.

Die Griechische Göttergeschichte versah unsern Autor hiezu mit einem unerschöpflichen Vorrathe von Ungereimtheiten, Widersprüchen, und albernen Mährchen; er hatte bloß die Mühe des Auslesens; aber er schränkte sich weislich auf die bekanntesten, und auf lauter solche Züge der *Götterlegende* ein, die entweder durch die Werke der berühmtesten Dichter und Künstler, oder den allgemeinen Volksglauben, oder durch besondere religiose Denkmähler, Feste, oder Gebräuche einzelner Orte und Gegenden eine gewisse Sanction erhalten hatten.

Es verdient zu Lukians Ehre bemerkt zu werden, daß er bey einem so kitzlichten Unternehmen, und bey so vielen Versuchungen zum Muthwillen (denen wohl nicht leicht einer unsrer heutigen Witzlinge hätte widerstehen können) seinen Witz und seine Einbildungskraft ziemlich scharf im Zügel gehalten hat. Er thut seinen Göttern nie Unrecht; er sagt ihnen nichts nach, was er nicht mit guten Zeugnissen aus *ihren Geschichtschreibern**), oder aus den *von ihnen selbst begeisterten* Sängern, einem Homer,

*) Ihrer war, wie den Gelehrten bekannt ist, eine große Menge. Unter den wenigen, die auf uns gekommen sind, ist die sogenannte *Bibliothek des Apollodorus* beynahe allein hinlänglich, unsern Autor, wenn es nöthig wäre, mit Belegen zu versehen.

Hesiodus, Äschylus*), und andern, hätte belegen können. Er hängt ihnen keine Ungereimtheiten an, die nicht unmittelbar aus dem Contrast ihres persönlichen Charakters mit dem Decorum ihrer Würde, oder ihrer Abentheuer und Thaten mit Natur, Vernunft und Sittlichkeit, entspringen, und also auf ihre eigene, nicht auf ihres Mahlers Rechnung kommen. Endlich hält er sich sogar in Erdichtung der kleinen Züge und Umstände, wozu ihn die dramatische Darstellung hie und da nöthigte, so genau an die Gesetze der Analogie und an sein großes Vorbild, den göttlichen Homer, daß ich nicht sehe, was ihm die ganze Klerisey aller zwölf obern Götter, in dieser Rücksicht, mit Grund hätte zur Last legen können. Seine Götter reden immer so ganz in ihrer eigenen Laune und Manier, so unbefangen, naiv, und ihrer Lage oder ihren Leidenschaften so gemäß, daß es nirgends Lukians Schuld scheint, wenn man über sie lachen muß. Nur sehr selten, z. B. bey Jupiters Niederkunft mit dem Sohne der Semele, entschlüpft ihm ein Aristophanischer Zug; aber auch diese wenigen, wie unschuldig und züchtig sind sie gegen die unartigen Zoten, die der *attische Scurra* seinem Bacchus in den Mund legt, um die Hefen des cekropischen Pöbels in wieherndes Gelächter aufbrausen zu machen!

Die Göttergeschichte der Griechen ist bekanntermaßen ein wahres Chaos, worin alles wider einander fährt und nichts zusammenhängt. Nicht ein einziges Abentheuer, nicht eine einzige That ihrer Götter und Götterkinder, die nicht von Verschiedenen auf

*) Dieser große Dichter hat in seinen Tragödien eine beträchtliche Anzahl Mythologischer Sujets, als *Alkmene*, *Danae*, *Europa*, *Ixion*, *Kallisto*, *Nereus*, *Semele*, *Sisyphus*, u. a. m. bearbeitet, wovon sich leider, nur der *gebundene Prometheus* erhalten hat.

ganz verschiedene Weise erzählt wurde; alles, sogar ihre Genealogie, ist mit Dunkelheit, Verwirrung und Widersprüchen angefüllt. Indessen war doch in allem diesem Manches, was man für die gemeine oder gewöhnlichste Tradition gelten lassen konnte; und diese ist es, die in den Lukianischen Göttergesprächen überall zum Grunde liegt. Um den *Ursprung* dieser Tradition, um den *Grund*, den die griechischen Götterfabeln in der Geographie, Physik und Astronomie, oder in der ursprünglichen Bildersprache, oder auch, (wie ich, aller Einwendungen und Gründe des neuesten Auslegers dieser Räthsel ungeachtet, zu glauben geneigt bin) in der ältesten Geschichte dieser aus so vielerley verschiedenen Völkerstämmen zusammen gewachsenen, und durch Einpfropfung phönicischer und ägyptischer Colonien so vielfach modifizirten Nation haben mögen — um die Absonderung dieses wenigen historischen Goldes von dem unächten Metalle, womit es durch die Zeit und vornehmlich durch die Dichter vermischt worden — am allerwenigsten aber um die physikalischen, politischen und moralischen Wahrheiten, die man (nach dem Beyspiele des Plato und anderer Philosophen) in spätern Zeiten aus diesem Schlamme auszuwaschen sich Mühe gab, — um alles dieß bekümmert sich in diesen Göttergesprächen Lukian und sein Dollmetscher eben so wenig als der große Haufe der Griechen, der die Tradition von seinen Göttern und Heroen, und alles was Homer von ihnen fabelt, im buchstäblichen Sinne nahm, und den Allegorischen, als den angeblichen Kern dieser Schalen, den Gelehrten herauszuknacken überließ. Diese mystische Auslegung der Göttergeschichte gehörte nicht wesentlich zur Volksreligion; sie wurde aber freylich, je mehr die Aufklärung zunahm, desto nöthiger für diejenigen, denen daran gelegen war, das unter der Last seiner Ungereimtheit einsinkende Heidenthum zu unterstützen, und seinen gänzlichen Umsturz so lange als möglich aufzuhalten: und man kann mit gutem Grunde annehmen, daß unser Autor selbst, durch das komische Licht, worein er die Vernunftwidrigkeit der buchstäblich genommenen Götterlegende setzte, indirecte mehr als irgend ein Anderer dazu beygetragen habe, die allegorischen und mystischen Erklärungen, die nach seiner Zeit so sehr Mode wurden, zu befördern.

Wenn wir, um desto billiger gegen das griechische Volk seyn zu können, in unsern eigenen Busen greifen wollen, so werden wir ihnen eine Schwachheit zu gut halten, die sie mit allen andern Völkern des Erdbodens gemein hatten. Wo ist das Volk, in dessen Augen das Unglaublichste nicht glaublich, das Ungereimteste nicht ehrwürdig würde, sobald es mit dem Stempel der Religion, oder (was in der Wirkung einerley ist) eines von Voreltern abgestammten religiosen Aberglaubens, bezeichnet ist? Und wie lange hat es nicht von jeher, selbst bey den aufgeklärtesten Nationen, gedauert, bis sie einsehen lernten, daß religioser Unsinn darum nicht weniger Unsinn ist als anderer?

Wie abgeschmackt es *uns* also auch vorkommen mag, daß das Griechische Volk jemals an die wundervolle Geburt der Minerva oder des Bacchus, oder an irgend eines der kindischen Mährchen, über welche Lukian in seinen Göttergesprächen spottet, buchstäblich geglaubt haben sollte: so können wir dieß doch eben so wenig läugnen, als daß eine Zeit war, wo beynahe die ganze Christenheit an das Mährchen vom großen Christoffel, und an hundert andere eben so glaubwürdige Geschichten, buchstäblich glaubte. Lukian that also etwas einem weisen Mann sehr anständiges, wenn er der Göttermährchen seiner Nation spottete. Daß er es ungestraft thun dürfte, beweiset freylich, daß ihr Ansehen damals schon sehr gesunken war: aber wenn nicht noch immer viel Glauben an diese Dinge unter dem unaufgeklärtern Theile aller Stände geherrschet hätte, würde er sich gewiß nicht ein so angelegenes Geschäfte daraus gemacht haben, der gesunden Vernunft einen völligen und entschiednen Sieg über diesen Aberglauben zu verschaffen.

KURZES SCHEMA

der Verwandschaft der Griechischen Götter und des alten und neuen Götterhofes

zum Behuf der Lukianischen Göttergespräche.

Das erste Götterpaar, war *Uranos* und *Ge*, d. i. *Himmel* und *Erde*, denen man den *Äther* und die *Hemera*, so wie diesen *Chaos* und die *Finsterniß* (Achle) zu Eltern gab. Weiter wollte sich der Stammbaum der Götter nicht hinaufführen lassen. Vom Himmel und Erde stammt die Familie der *Titanen* ab, die in ihren verschiedenen Zweigen, beynahe alle griechischen Götter in sich begreift.

Die bekanntesten unter den *Titanen* sind: *Oceanus*, *Cöus*, *Hyperion*, *Iapetus* und *Kronos*, oder wie ihn die Lateiner nennen, *Saturnus:* die vornehmsten *Titaniden: Tethys*, *Rhea*, *Themis*, *Phöbe*, *Mnemosyne*, *Dione* und *Theia.* Diese Titanen und Titaniden sind insgesammt Kinder des Himmels und der Erde, und also Brüder und Schwestern. Ausserdem hatten *Uranos* und *Ge* (wie es scheint) noch eine Schwester *Thalassa* (das Meer) genannt; auch hatte *Ge* von dem Äther einen Sohn, Nahmens *Pontus.* Dieser zeugte mit Thalassa den *Nereus*, den Vater der unter dem allgemeinen Nahmen der *Nereiden* bekannten Meergöttinnen.

Oceanus zeugte mit seiner Schwester *Tethys* eine unzählige Menge von Töchtern, unter welchen hier nur *Amphitrite*, *Doris*, und *Metis*, zu bemerken sind. Die erste vermählte sich mit *Neptun*, die zweyte mit *Nereus*, und die dritte war Jupiters erste Gemahlin, und gewißermaßen die Mutter der Minerva. (S. Das 8te Göttergespräch.)

Der Titan *Cöus* zeugte mit seiner Schwester *Phöbe* die *Latona*, welche Jupitern zum Vater von *Apollo* und *Dianen* (Artemis) machte;

Hyperion mit seiner Schwester *Theia* den *Helios* (Sol), die *Selene* (Luna) und die *Aurora.*

Iapetus wurde durch *Clymene*, eine Tochter des Oceanus, Vater von *Prometheus*, dem Menschenschöpfer, und von *Atlas*, mit dessen *Tochter Maja* Jupiter in der Folge den *Merkurius* (Hermes) zeugte.

Kronos, oder *Saturnus*, wiewohl der jüngste unter den Titanen, fand Mittel, mit Hülfe seiner Brüder sich des Thrones zu bemächtigen. Er vermählte sich mit seiner Schwester *Rhea*, und *Jupiter* (Zeus), *Neptun* (Poseidon) und *Pluto*, nebst *Juno* (Here), *Ceres* (Demeter) und *Vesta* (Hestia) waren die Früchte dieser Ehe.

Alle zuvor benannten Kinder, Enkel und Urenkel des *Uranos* machten den *Hof des Saturnus* oder den *alten Götterhof* aus, und die verschiedenen Departements der Weltregierung waren unter einige derselben vertheilt.

Aber Jupiter spielte mit seinem Vater Kronos die nehmliche Tragödie, welche dieser mit dem seinigen gespielt hatte; er stieß ihn vom Throne, bemächtigte sich der Regierung, machte große Veränderungen in derselben, und besetzte die Haupt-Departements theils mit seinen Brüdern, theils in der Folge mit seinen Söhnen und Töchtern, so daß nach und nach die alten Götter von ihren Ämtern verdrängt wurden, und z. B. *Neptun* an die Stelle des Pontus, *Apollo* an den Platz des Helios, *Diana* an die Stelle der Selene kam, die alten Titanen aber, die mit diesen Neuerungen nicht zufrieden waren, in den Tartarus verstoßen wurden.

Jupiter zeugte (ausser seinen schon benannten Kindern) mit seiner Schwester und Gemahlin *Juno*, den *Mars* (Ares) und *Vulcan* (Hephästos), mit der *Ceres* die *Proserpina* (Persephone), mit *Dione* die *Venus*, mit *Mnemosyne* die *Musen*, mit *Themis* die *Horen*, u. s. w. und mit einer Menge anderer Nymphen und Sterblichen eine unendliche Menge Halbgötter und Heroen, wovon einige, als *Bacchus* und *Herkules* in der Folge den Göttern vom ersten Range beygefügt wurden.

Die zahllose Familie der Nymphen, deren hier noch erwähnt werden muß, theilte sich in zwey Hauptclassen: die *Oreaden*, *Napäen*, *Dryaden* und *Hamadryaden*, und die *Nereiden* und *Najaden.* Alle diese Göttinnen vom zweyten Range waren theils Töchter des *Nereus* und der *Doris*, theils andern, bekannten oder unbekannten, Ursprungs. Ihnen correspondirten die *Meer- Fluß-* und *Waldgötter* und die Götter der Winde welche, wie leicht zu erachten, es nach dem Beyspiel ihrer Obern nicht an sich fehlen ließen, das Göttergeschlecht mit sterblichen und unsterblichen Schönen ins Unendliche zu vermehren.

Unter den alten Göttern, welche Lukian in seinen Gesprächen aufführt, ist einer, der ohne jemals Tempel oder Altäre gehabt zu haben, es, was den Adel seiner Geburt betrifft, mit Jupitern selbst aufnehmen konnte. Dieß ist *Momus*, ein Sohn der *Nacht* (sein Vater ist ungewiß) und also, da diese für eine Schwester des *Äthers*, oder (was wenigstens schicklicher wäre) der *Hemera* des Tages ausgegeben wird, Geschwisterkind mit Uranus; welche hohe Abstammung vermuthlich auch die Ursache ist, warum die übrigen Götter und Jupiter selbst sich bey Gelegenheit die derbsten Wahrheiten und bittersten Sarkasmen mit der größten Geduld von ihm sagen lassen.

Ausser diesem sind noch einige alte Götter zu bemerken, die nicht vom Titanischen Geschlechte, sondern Kinder der *Nacht* oder *Finsterniß*, und also gleichsam gebohrne Bewohner des Hades oder Todtenreichs sind, worin ihnen die vulgare Theologie der Griechen verschiedene Ämter und Verrichtungen angewiesen hat. Die vornehmsten derselben sind die *Parzen*, oder Schicksalsgöttinnen, *Erinnyen* oder *Furien*, per euphemiam *Eumeniden* genannt, *Hekate*, eine sehr geheimnisvolle Gottheit, über deren Abstammung und Natur ihre Verehrer selbst ungewiß waren, und *Charon*, der Fährmann der Todten über den Stygischen See. Über sie alle scheint *Erebus*, ein Sohn des Chaos (nach dem Hesiodus) geherrscht zu haben, bis nach der Entthronung Saturnus und bey der Theilung der Welt zwischen Jupitern und seinen Brüdern, der jüngste derselben, *Pluto*, die Regierung der unterirdischen Welt zu seinem Antheil empfing. Wie aber *Tartarus*, eine andere ebenfalls aus dem Chaos entstandene Höllengottheit, vom Erebus verschieden sey, oder ob sie nicht beyde, als bloße Personificationen des zunächst ans Nichtseyn angrenzenden Zustandes der Todten oder ihres Aufenthalts, im Grunde für ein und eben dieselbe allegorische Person zu achten seyen, ist schwerlich auszumachen; wenigstens ist hier nicht der Ort zu solchen Untersuchungen.

PROMETHEUS.

Merkur, Vulcan, Prometheus.

MERKUR.

Das ist also der Kaukasus, Vulcan, an welchen dieser unglückselige Titan angenagelt werden soll. Wir wollen uns umsehen, ob wir irgend einen abschüssigen Felsen finden können, der von Schnee leer ist, damit die Bande desto fester halten, und damit auch der Angefesselte gehörig in die Augen falle.

Prometheus. Dieses Stück scheint mir einer von den ersten Versuchen unsers Autors in der dialogistischen Schreibart zu seyn, und zwischen dem eigentlichen Lukianischen Dialog, und den Reden über Sujets aus der Fabel oder poetischen Geschichte, womit die Sophisten dieser Zeiten, aus Mangel interessanterer Gegenstände und Veranlassungen, sich öfters hören zu lassen pflegten, gleichsam in der Mitte zu schweben. Denn der Hauptinhalt ist eine Art von gerichtlicher Rechtfertigung, welche der auf Jupiters Befehl an den Kaukasus geschmiedete Prometheus gegen die angeblichen Verbrechen führt, die ihm von seinem tyrannischen Richter zur Last gelegt wurden. Da in dieser ganzen Sache Vernunft und Billigkeit offenbar auf Prometheus Seite sind, der Großsultan der Götter und Menschen hingegen eine sehr schlechte Rolle dabey spielt, so kann man sich leicht vorstellen, wie Lukians feinschalkhafter Satyr eine so schöne Gelegenheit den Göttern ihre Wahrheiten zu sagen, benutzt haben werde: zumal da ihm der *gefesselte Prometheus* des *Äschylus* (worin sich Jupiter von öffentlicher Schaubühne herab als ein Tyrann und Usurpateur des Götterthrones tractiren lassen mußte) zu einem Freybriefe diente, und überdieß die dem Prometheus in den Mund gelegte gerichtliche Selbstvertheidigung es dem Verfasser sogar zur Pflicht machte, ihn

VULKAN.

Das wollen wir! Denn an einer niedrigen und der Erde zu nahe liegenden Stelle darf er nicht gekreuziget werden, damit ihm die Menschen, die sein Machwerk sind, nicht zu Hülfe kommen; aber auch nicht zu hoch, weil er sonst von unten auf nicht gesehen werden könnte. Wenn dirs recht ist, soll er hier, ungefehr in der Mitte, über diesem Abgrunde, die Arme zu beyden Seiten ausgestreckt, angenagelt werden.

MERKUR.

Gut! die Felsen sind hier abgebrochen, unzugangbar, und von allen Seiten so abschüssig, daß man Mühe haben würde eine Stelle zu finden, wo sich einer nur auf den Fußspitzen festhalten könnte. Hier wird der beste Platz zur Kreuzigung seyn. Also nicht lange gezaudert, Prometheus! Steige hinauf und laß dich an den Felsen annageln!

PROMETHEUS.

So habt doch Erbarmen mit mir, Vulcan und Merkur, da ihr selbst wißt, daß ich ohne mein Verschulden unglücklich bin!

alles sagen zu lassen, was er zum Behuf seiner Unschuld und zur Beschämung seiner Feinde nur immer aufzubringen vermochte. Ein Umstand, der ihm hiebey noch besonders zu statten kam, ist, daß Prometheus selbst ein Gott und Jupiters naher Anverwandter war, und sich daher auf Unkosten seines durch eine bloße Usurpation regierenden Vetters Freyheiten herausnehmen konnte, die im Munde eines Sterblichen ungebührlich gewesen wären. Das Sujet ist also in jeder Betrachtung eines *der glücklichsten zu Lukians Absichten*, und einige Wiederholungen und eine gewisse rhetorische Geschwätzigkeit des Prometheus abgerechnet, muß man gestehen, daß er es mit Geist und Laune zu behandeln gewußt habe.

MERKUR.

Mein guter Prometheus, es ist bald gesagt, erbarmt euch! daß wir uns etwa, wenn wir unsern Auftrag nicht ausrichteten, auf der Stelle mit kreuzigen ließen! Oder meinst du, der Kaukasus habe nicht Raum genug, daß noch ein paar andere angeschmiedet werden? Frisch, die rechte Hand her! du, Vulcan, schließe sie und nagle das Band mit tüchtigen Hammerschlägen fest! — Nun auch die andere Hand! — Nur recht fest! — Gut! Bald wird auch der Adler herbeyfliegen, der dir die Leber abweiden soll, damit du deinen vollständigen Lohn für deine schöne wohl ausgesonnene Bildnerey bekommest!

PROMETHEUS.

O Saturn, und Iapetus, und du, o Mutter Erde[2]), was muß ich Unglücklicher leiden, wiewohl ich nichts böses gethan habe!

MERKUR.

Du nichts böses gethan? du? Der du fürs erste, als du die Fleischaustheilung zu besorgen hattest, so unbillig und betrüglich dabey zu Werke giengst, daß du die besten Stücke für dich behieltest, den Jupiter hingegen mit den Knochen anführtest. Ich erinnere mich, zum Jupiter, recht gut, daß *Hesiodus*[3]) die Sache so erzählt! Zweytens hast du die

2) Prometheus richtet seine Anrufung an drey Götter vom *alten Hofe:* an den Saturn, um dadurch zu zeigen daß er nur ihn, nicht seinen Sohn Jupiter, für den rechtmäßigen Götterkönig erkenne; an den *Iapetus* seinen eignen Vater und Saturns Bruder, und an die *Erde*, als die allgemeine Mutter der Götter, und seine Großmutter.

3) In der *Theogonie*, V. 535. seq. Ein burlesker Anachronismus, dergleichen Lukian seine Götter öfters machen läßt, weil sie in dem Munde von Wesen, die aus Inconsequenz und Widersprüchen gleichsam

Menschen, — eine Art von Thieren, die auf alle mögliche Ränke abgerichtet und alles zu unternehmen fähig sind, — und, was noch schlimmer ist, die Weiber gemacht. Endlich hast du den Göttern sogar das kostbarste ihrer Güter, das Feuer gestohlen und den Menschen geschenkt. Und einer, der so ungeheure Dinge begangen hat, darf noch sagen, er leide unschuldig?

PROMETHEUS.

Ich sehe wohl, Merkur, daß auch *du* dir wenig daraus machst, einen Unschuldigen zu beschuldigen (wie sich der Dichter[4]) ausdrückt), da du mir Dinge zum Vorwurf machst, um derentwillen ich mich, wenn mir Gerechtigkeit widerfahren sollte, sogar einer öffentlichen ehrenvollen Belohnung[5]) würdig

zusammengesetzt sind, eine eigene Grazie haben. Hier wird der Effect noch komischer, weil es so herauskommt als ob Merkur diese schöne Geschichte nur aus seinem Hesiodus und gleichsam *von der Schule her* wisse; denn Homer und Hesiodus wurden den Kindern in der Schule erklärt.

4) ἀναίτιον αἰτιάασθαι. *Iliad.* XIII. 775.

5) Im Texte: *des Freylisches im Prytaneon.* Dieß letztere war der Nahme eines Platzes in Athen, wo verschiedene öffentliche Gebäude beysammen standen, und besonders diejenigen worin die *Prytanen*, oder der Senat ihre Zusammenkünfte hielten. Ein großer Saal in diesem letztern, θόλος genannt, war der Speisesaal, wo die 50 Prytanen, welche alljährlich in Function waren, nebst allen denjenigen, welche die Republik auf eine ausgezeichnete Art belohnen wollte, auf Unkosten des Staats, gespeiset wurden. Lange Zeit war dieß eine so ehrenvolle Belohnung, daß sie nur Siegern in den Olympischen Spielen, oder andern Männern von ausserordentlichen Verdiensten zugestanden wurde. Zuweilen erstreckte sich diese Distinction bis auf die Nachkommenschaft eines großen Mannes. So wurde z. B. jedem Ältesten von den Abkömmlingen des Demosthenes, so lange noch einer von seinem Blute vorhanden seyn würde, dieses Recht im Prytaneon zu essen, zuerkannt. Hier scheint Lukian ein Wort im Auge gehabt zu haben, das Plato dem *Sokrates* in seiner für denselben geschriebenen Apologie in den Mund legt, und das mit dem, was Prometheus sagt, völlig gleichlautend ist.

halte. Wenn du Zeit hättest, wünschte ich wohl mich über diese Beschuldigungen gegen dich zu verantworten und dir zu beweisen, daß Jupiter ein ungerechtes Urtheil über mich ergehen ließ: du hingegen, der für einen Schönsprecher und schlauen Advocaten bekannt bist, könntest seine Rechtfertigung übernehmen, und beweisen, er habe recht daran gethan, mich hier, nicht weit vom Caspischen Passe, zum jämmerlichen Schauspiel für alle Scythen, an den Kaukasus kreuzigen zu lassen.

MERKUR.

Der Streit wozu du mich herausfoderst, Prometheus, kann dir zwar nichts helfen; indessen rede immer wenn du Lust hast; ich muß ohnehin noch ein wenig hier verweilen, bis der Adler kommt, der deine Leber zu besorgen hat. Wir können doch aus der Zwischenzeit nichts bessers machen, als sie zu Anhörung einer sophistischen Declamation zu verwenden, wie man sie von einem so feinen Meister in der Kunst wie du erwarten kann.

PROMETHEUS.

Rede du also zuerst, und daß du ja meiner in der Anklage nicht schonst, und deinem Vater nichts von seinem Rechte vergiebst! Dich, Vulcan, erbitte ich, für meinen Theil, zum Richter.

VULCAN.

Zum Jupiter! anstatt dein Richter zu seyn, werd' ich vielleicht als zweyter Kläger gegen dich auftreten, weil du Schuld warst, daß meine Esse kalt wurde, als du uns das Feuer entwandtest.

PROMETHEUS.

Auch gut; so theilt euch in die Anklage: *du* sprichst vom Diebstahl, und Merkur von der Menschenmacherey und der Fleischaustheilung. Denn ihr seyd beyde Virtuosen und habt mir die Miene starke Redner zu seyn.

VULCAN.

Merkur mag zugleich für *mich* sprechen; Rechtshändel sind meine Sache nicht. Meine Geschäffte werden vor dem Schmiedofen abgethan. Aber *der da* ist ein Redner und giebt sich stark mit solchen Dingen ab.

PROMETHEUS.

Ich bildete mir nur ein, Merkur würde nicht gerne von Diebstahl reden, und mir ein Verbrechen aus etwas machen wollen, worin ich blos sein Kunstverwandter bin. Doch, wenn du auch das auf dich nehmen willst, o Sohn der Maja, so wär' es endlich Zeit, die Klage anzubringen.

MERKUR *deklamirend.*

Es würde zwar allerdings, o Prometheus, eine große und vorbereitete Rede erfodern, wenn ich von deinen Übelthaten nach Verdiensten sprechen sollte: indessen mag es für dießmal genug seyn sie nur summarisch anzuzeigen: daß du nehmlich *Erstens*, da dir die Fleischaustheilung oblag, die schönsten Stücke für dich behalten, und den König hintergangen; *Zweytens*, unnöthiger Weise und gegen alle Gebühr die Menschen gebildet, und *Drittens* uns das Feuer gestohlen hast, um es ihnen zuzutragen; lauter Verbrechen von solcher Grösse, daß du, anstatt dich zu beklagen, vielmehr Ursache hättest, die ausnehmende Menschenliebe Jupiters in der Gelindigkeit deiner Bestrafung zu erkennen. Solltest du nun läugnen wollen, daß du alles das begangen habest, so würde ich genöthiget seyn, dich durch eine umständliche Rede zu überweisen, und die Wahrheit in ihr möglichstes Licht zu setzen: gestehest du aber die besagten drey Punkte ein, so bin ich mit meiner Anklage fertig, und würde die Zeit mit Possen verderben, wenn ich weitläuftiger seyn wollte.

PROMETHEUS.

Ob nicht auch *das* Possenwerk ist, was du so eben vorgebracht hast, Merkur, wird sich in kurzem ausweisen: ich, meines Orts, will also, wenn dieß (wie du sagst) zu meiner Anklage hinlänglich ist, mein möglichstes thun, zu versuchen, ob ich diese Beschuldigungen werde vernichten können[6]). Zuerst also höre was ich wegen der Fleischaustheilung zu sagen habe. Und hier, so wahr mir *Uranus* helfe! schäme ich mich in Jupiters Seele, daß er einer so kleinlichen Denkart und eines so kindischen Neides fähig ist, wegen eines kleinen Knochens, den er in seinem Antheile gefunden, einen so alten Gott wie mich ans Kreuz schlagen zu lassen, ohne sich der wichtigen Dienste zu erinnern, die ich ihm geleistet, und ohne zu bedenken, daß es nur einem kleinen Knaben zukomme, sich zu erzürnen und ungebehrdig zu thun, wenn er nicht das größte Stück bekommt. Mich däucht, Merkur, für dergleichen unbedeutende Neckereyen, die bey einem Gastmahle vorfallen, müsse man gar kein Gedächtnis haben, sondern, gesetzt auch, daß einer von den Gästen sich in fröhlichem Muthe vergangen hätte, es für Scherz aufnehmen, und, ehe man noch von Tische aufgestanden ist, alles schon wieder vergessen ha-

6) Im Original wiederhohlt hier Merkur (um die Formalitäten des Atheniensischen Gerichts-Styls nachzuahmen) die Klagpuncte von Wort zu Wort; eine Genauigkeit die unsre Leser uns sehr gern erlassen werden; zumal da wir die Anklage aus Merkurs eigenem Munde schon zweymal gehört haben.

ben: aber den Groll noch bis auf den folgenden Tag aufbewahren, und sich eines arglosen Muthwillens als einer Beleidigung zu erinnern, die man einem nachträgt und auf eine künftige Gelegenheit zur Rache aufspart, — Pfui! das schickt sich nicht für Götter und ist überhaupt nicht königlich. Was würde aus einem Gastmahle werden, wenn man dergleichen Fröhlichkeit und Scherze daraus verbannen wollte, und es nicht mehr erlaubt wäre, einander aufzuziehen, auszulachen, und kleine Possen zu spielen? was würde übrig bleiben als stillschweigend dazusitzen, Gesichter zu machen, und vor lauter Langerweile sich zu überessen und voll zu trinken, wobey die Unterhaltung schwerlich viel gewinnen würde. Ich hätte mir daher nichts weniger versehen, als daß Jupiter nur den andern Morgen noch an diese Posse denken, geschweige daß er sich so mächtig darüber entrüsten und es für eine so schreckliche Beleidigung aufnehmen sollte, wenn einer beym Austheilen des Bratens ein Spiel daraus machen wollte, ob der andere, dem er die Wahl ließe, nach dem besten Stücke greifen würde. Setze nun aber auch den Fall, Merkur, ich hätte dem Jupiter nicht bloß das schlechtere Theil vorgelegt, sondern das Ganze weggeschnappt: wär' es wohl der Mühe werth gewesen, Himmel und Erde deßwegen unter einander zu werfen, Ketten, Kreuze und den ganzen Kaukasus ins Spiel zu ziehen, und Adler herabzuschicken, die mir die Leber ausfressen sollen? Frage dich selbst, ob eine solche Rache nicht einen kleinen unedel denkenden Geist verräth, der keine Gewalt über seine Leidenschaften hat? Denn wer um etliche Stückchen Fleisch in einen so ungeheuren Zorn gerathen kann, was will er machen, wenn er um einen ganzen Ochsen gekommen ist? Wie viel verständiger führen sich in solchen

Fällen die Menschen auf, denen es doch weniger übel anstände sich vom Zorn übereilen zu lassen als den Göttern! Gleichwohl ist kein einziger unter ihnen, der seinen Koch kreuzigen ließe, wenn er den Finger in den Fleischtopf gesteckt und die Brühe gekostet[7]), oder ein Stückchen von einem Braten abgeschnitten und verschluckt hätte: man verzeiht es ihm, oder, wenn's hoch kommt, so ists mit einer Ohrfeige oder einem Backenstreich abgethan. Daß jemand um eines solchen Verbrechens willen bey ihnen wäre gekreuziget worden, ist etwas unerhörtes. Und soviel von dem ersten Punkt! Ich schäme mich auf eine solche Anklage antworten zu müssen: aber gewiß, der hat sich noch mehr zu schämen, der sie vorbrachte!

Ich komme nun auf den zweyten, nemlich, daß ich die Menschen gebildet habe. Da der Vorwurf, den ihr mir deßwegen macht, zweyfach seyn kann, so weiß ich nicht, welches von beyden ihr mir eigentlich zur Last leget: ob euerer Meynung nach die Menschen gar nicht hätten gemacht werden, sondern unverarbeiteter lebloser Leimen bleiben sollen, wie sie zuvor waren; oder ob ich sie nur anders und nicht nach *diesem* Modell hätte bilden sollen? Ich will mich aber über beydes erklären, und fürs erste zu beweisen suchen, den Göttern sey dadurch, daß die Menschen ins Leben hervorgerufen worden, nicht nur nicht der geringste Nachtheil zugewachsen, sondern, im Gegentheil, es sey ihnen um sehr vieles zuträglicher, als wenn die Erde von Menschen leer geblieben wäre. Um nun ins klare zu setzen, ob ich unrecht gethan habe die Erde mit dieser neuen Art von Wesen auszuschmücken, be-

7) Abermals eine Stelle woraus man schließen sollte, daß *Horaz* unserm Autor nicht unbekannt gewesen. S. dessen 3te *Satyre* im Iten Buche v. 80. u. f.

darf es nur einen Blick in die Zeiten zu werfen, wo ausser den Göttern und himmlischen Wesen[8]) sonst nichts lebendes vorhanden war. Damals war die Erde noch eine wilde und ungestalte Lehde, die über und über von Wäldern starrte. Die Götter hatten weder Altäre noch Tempel; und wo hätten auch damals Prachtsäulen, Marmorbilder und dergleichen herkommen sollen, die man jetzt überall und mit der größten Kunst ausgearbeitet, antrifft? Ich also, der immer für das gemeine Beste besorgt bin, und darauf denke wie das Interesse der Götter befördert und überhaupt alles zu größerer Vollkommenheit gebracht werden könnte, überlegte bey mir selbst, daß ich nichts bessers thun könnte als ein wenig Leimen zu nehmen und Thiere daraus zu bilden, die an Gestalt uns Göttern ähnlich wären. Denn ich dachte, es mangle der göttlichen Natur etwas, so lange es nicht auch sterbliche Wesen gebe, mit welchen sie sich vergleichen, und dadurch ihre eigene Vorzüge desto besser fühlen könnten. Dieses neue Geschlecht sollte nur sterblich, übrigens aber mit soviel Kunstfertigkeit, Verstand und Gefühl des Schönen begabt seyn als mir möglich wäre. Ich machte also mit dem Dichter zu reden[9]), aus Erde und Wasser einen Teig, knetete ihn tüchtig durch, und bildete, mit Hülfe Minervens, die ich gebeten hatte an meiner Arbeit Theil zu nehmen, die Menschen daraus. Und das ist nun das große Verbrechen das ich an den Göttern begangen haben soll! Denn man sieht ja freylich wie groß der Schade ist, daß ich aus Leim lebendige Dinge gemacht, und was bisher als todte Masse dalag, in Bewegung gesetzt habe! Die Götter sind nun vermuthlich weni-

8) Den Gestirnen.

9) Anspielung auf einen Ausdruck, den *Hesiodus* in *Oper. et Dies.* v. 61. in der Beschreibung, wie Vulkan Pandoren bildete, gebraucht.

ger Götter als zuvor, seit die Erde mit einigen sterblichen Thieren besetzt worden ist? Wenigstens sollte man aus Jupiters Unwillen auf mich schließen, der Zustand der Unsterblichen müßte sich durch Entstehung der Menschen sehr verschlimmert haben: er fürchtet vermuthlich, daß auch *sie* etwa einen Aufstand gegen ihn erregen, und, gleich den Giganten, die Götter mit Krieg überziehen möchten. Daß euch aber von mir und meinen Werken nicht das geringste Übel zugewachsen sey, ist augenscheinlich; oder, zeige du mir, Merkur, auch nur ein einziges, wie klein es immer seyn mag, so will ich schweigen und gestehen, daß mir nicht zuviel von euch geschieht. Willst du dich hingegen überzeugen wie nützlich sie den Göttern geworden sind, so wirf einen Blick auf diese Erde, die vorher so roh und unförmlich aussah, und siehe sie mit Städten und angebauten Feldern und zahmen Gewächsen geziert, das Meer mit Schiffen bedeckt, die Inseln bewohnt, und überall Altäre und Opfer und Tempel und festliche Versammlungen, und alle Straßen und Märkte voll von Jupiter. Hätte ich die Menschen für *mich* gebildet und zu meinem alleinigen Gebrauch vorbehalten, so könnte man mir allenfalls Habsüchtigkeit und Vergrößerungssucht vorwerfen: so aber habe ich sie euch Göttern als ein gemeinschaftliches Gut überlassen; ja noch mehr, die Altäre Jupiters, Apollo's, und die deinen, Merkur, sieht man überall, einen Altar des Prometheus nirgends[10]), zum augenscheinlichen Beweis wie ich

10) Gleichwohl spricht *Pausanias* (*in Atticis* cap. 30.) von einem Altare des *Prometheus*, der in der Akademie zu Athen gestanden haben soll. Unserm Autor, der in Athen gewiß so gut und besser zu Hause war als Pausanias, konnte dieser Altar unmöglich unbekannt seyn, wenn er vorhanden war; wie konnte er also seinen Prometheus so positiv sagen lassen:

nur mein eigenes suche, das gemeine Wesen hingegen verrathe und in Abnahme bringe! Übrigens Merkur, überlege nur noch dieses: ob dir wohl irgend ein Werk oder Besitzthum, das von niemand bewundert würde, eben so angenehm wäre als wenn du es auch andern zeigen könntest? Die Anwendung ist leicht gemacht. Hätte ich die Menschen *nicht* gebildet, so würde die Schönheit des Weltalls ohne Zeugen seyn; wir besäßen einen unendlichen Reichthum, der von niemand bewundert und zuletzt von uns selbst wenig mehr geachtet würde. Denn womit wollten wir ihn vergleichen, um zu fühlen, wie viel glücklicher wir sind, wenn wir keine Wesen fänden, denen das Schicksal unsre Vorzüge versagt hat? Das Große erscheint nur dadurch groß wenn es mit etwas kleinerem gemessen wird. Und ihr, anstatt mir, wie billig, für eine so gemeinnützliche Erfindung Ehre anzuthun, habt mich zum Dank dafür gekreuziget! Aber wie viele unter den Menschen, höre ich dich sagen, sind Übelthäter, brechen die Ehe, ziehen gegen einander zu Felde, heurathen ihre leiblichen Schwestern und stellen ihren Vätern nach dem Leben? — Als ob das Alles

man sehe nirgends keinen Altar des Prometheus? Die beste Auflösung dieses Knotens dünkt mich zu seyn, wenn man annimmt, daß Lukian von Altären rede auf welchen *geopfert* wurde, und daß der Altar, wovon Pausanias spricht, (der nehmliche, dessen der Scholiast des Sophokles aus dem *Apollodor* erwähnt) eigentlich bloß ein aus alten Zeiten übriggebliebenes *Denkmal* gewesen, worauf Prometheus und Vulkan, mit einem zwischen ihnen stehenden Altare, *abgebildet* zu sehen waren, wie der bemeldete Scholiast deutlich genug sagt. Ein auf einem alten Postement (βάσις ἀρχαία) abgebildeter Altar war in Vergleichung mit den Altären, worauf den andern Göttern überall geopfert wurde, soviel als gar keiner; und das Aufheben, das *Brodeau* in seinen *Miscellaneis* I. c. 18. dieser angeblichen Unrichtigkeit wegen gegen unsern Autor macht, ist also bloße Schicane.

bey uns Göttern nicht alle Tage geschähe! Und gleichwohl macht es niemand dem *Himmel* und der *Erde* zum Verbrechen, daß sie uns aufgestellt haben. Du könntest auch noch sagen: die Sorge für sie mache uns nothwendig viel zu thun. Aber mit eben soviel Rechte könnte sich ein Schäfer beklagen, daß er eine Heerde habe, weil er sie besorgen muß. Es ist freylich Arbeit dabey; aber auch Vergnügen, und diese Fürsorge verschafft uns eine gewiß nicht unangenehme Unterhaltung. Oder was wollten wir thun wenn wir niemand hätten für den wir sorgten? Faullenzen, und unsern Nektar austrinken, und uns vor lauter Langerweile mit Ambrosia vollpfropfen, wäre alles was uns übrig bliebe. Was mich aber am meisten ärgert, ist dieß, daß ihr mir meine Menschenmacherey, besonders die Weiber zum Vorwurf macht, und gleichwohl so große Liebhaber von den letztern seyd, daß ihr unaufhörlich heruntersteigt, und ihnen bald als Stiere, bald als Satyrn oder Schwäne die Ehre anthut, Götter mit ihnen zu fabriziren. Doch vielleicht wirst du noch einwenden, die Menschen hätten immerhin gemacht werden mögen, nur nach einem andern Modell als nach dem unsrigen. Aber wo hätte ich ein besseres hernehmen können als die vollkommenste aller Gestalten ist? Oder hätte ich sie zu vernunftlosen viehischen Feldthieren machen sollen? Wie würden sie euch Göttern da geopfert, oder euch sonst so viele Ehre angethan haben? Gleichwohl ist euch dieß sehr angenehm, und ihr bedenkt euch nicht lange, ob die Reise bis über den Ocean zu den unbescholtenen Äthiopiern geht, wenn es nur Hekatomben zu schmausen giebt[11]). Und mich, der euch alle diese

11) Homer läßt Jupitern mit seinem ganzen Hofe diese Reise machen, um sich bey den wakkern Äthiopiern zu Gaste zu bitten. *Ilias* I. 423.

Ehrenbezeugungen und Opfer verschafft hat, mich habt ihr kreuzigen lassen!

Soviel mag dann über diesen Punkt, die Menschen betreffend, hinlänglich seyn. Ich komme also nun, mit deiner Erlaubniß, auf den mir so hoch aufgemutzten Feuerdiebstahl. Und hier sage mir, um aller Götter willen, was fehlt uns von diesem Feuer seitdem die Menschen etwas davon bekommen haben? Du wirst nichts angeben können: denn das, däucht mich, ist in der Natur dieses Dinges, daß es durch Mittheilung nicht weniger wird; es löscht nicht aus, wenn man ein anderes dabey anzündet. Es ist also bloßer handgreiflicher Neid, wenn ihr nicht leiden wollt, daß, ohne euern geringsten Nachtheil, andern, die dessen bedürftig sind, etwas davon gegeben werde: und gleichwohl, da ihr Götter seyd, solltet ihr gut und Geber alles Guten und über alle Mißgunst weit erhaben seyn! Und wenn ich euch am Ende all euer Feuer weggetragen und gar nichts davon übrig gelassen hätte, was würde es euch geschadet haben? Denn wozu braucht ihr Feuer, da ihr nicht friert, eure Ambrosia ungekocht eßt, und keiner Lichter nöthig habt? Den Menschen hingegen ist das Feuer zu unzählichen Dingen, und besonders auch zu den Opfern unentbehrlich: denn wie wollten sie ohne Feuer die Straßen mit Opferfett einräuchern, Weyhrauch anzünden, und Nierenstücke auf dem Altar verbrennen, von welchem allem ihr doch so große Liebhaber seyd, daß ihr es für den angenehmsten Schmaus haltet, wenn sich der Opfergeruch in dicken Rauchwolken zu euch hinauf windet? Ihr streitet also gegen euer eigenes Vergnügen, wenn ihr mir diesen Vorwurf macht. Mich wundert übrigens nur, daß ihr nicht auch der Sonne verboten habt den Menschen zu scheinen, da ihr Feuer doch unstreitig göttlicher und mehr Feuer als das gemeine ist; oder warum ihr nicht auch sie vor Gericht deßwegen fodert, daß sie euer Eigenthum verschleudern? Meine Vertheidigung ist nun zu Ende: ihr aber, Merkur und Vulcan, wenn ihr glaubt, daß ich in einem oder anderem Stücke übel gesprochen habe, weiset mich zurecht und widerleget mich: so werde ich mich alsdann ferner zu verantworten wissen.

MERKUR.

Es ist nichts leichtes, Prometheus, mit einem so mächtigen Sophisten zu ringen wie du bist. Übrigens kannst du froh seyn, daß du Jupitern nicht dabey zum Zuhörer gehabt hast: ich bin gewiß, er würde dir sechzehn Geyer für einen über deine Eingeweide schicken, so heftig hast du ihn angeklagt, wiewohl du nur dich selbst zu vertheidigen schienest. Indessen wundert mich nur eins, und das ist: wie dir, da du doch ein Wahrsager bist, verborgen seyn konnte, daß dir diese Strafe bevorstehe?

PROMETHEUS.

Ich wußte es sehr wohl, und weiß auch, daß meine Quaal ein Ende nehmen, und daß dereinst ein guter Freund von dir[12]) aus Theben kommen, und den Adler mit seinen Pfeilen erschießen wird, der mich, wie du sagst, anfallen soll.

MERKUR.

Möge dieß wahr werden, und ich bald das Vergnügen haben dich wieder frey und an unsrer Göttertafel sitzen zu sehen! Nur, daß du nicht die Portionen auszutheilen bekommest!

12) Herkules.

PROMETHEUS.

Sey darüber ruhig, Merkur! Ich werde wieder mit euch schmausen, und Jupiter wird mich für einen nicht geringen Dienst wieder frey geben.

MERKUR.

Darf man fragen was für einen?

PROMETHEUS.

Du kennest ja die Thetis, Merkur? — Doch es ist nicht Zeit, *mehr* zu sagen. Ich muß mein Geheimnis zu meinem Lösegeld aufsparen.

MERKUR.

Behalt es immerhin bey dir, Titan, wenn es besser für dich ist! Wir, Vulcan, wollen nun gehen; denn dort seh' ich schon den Adler angeflogen kommen. — Halte tapfer aus, und möchte sich doch der Thebaner, von dem du sagtest, jetzt schon sehen lassen, um dich von den Bissen dieses grausamen Vogels zu befreyen!

GÖTTERGESPRÄCHE.

I.
Befreyung des Prometheus.

Prometheus, Jupiter.

PROMETHEUS.

Laß mich los, Jupiter, du hast mich lange und schrecklich genug leiden lassen.

JUPITER.

Dich sollt' ich loslassen, dich, der immer noch zu gelinde bestraft wäre, wenn ich dich mit dreymal schwerern Fesseln belegt, und dir den ganzen Kaukasus auf den Kopf gewälzt hätte? Dich, dem sechzehn Geyer für einen nicht nur die Leber sondern die Augen ausfressen sollten, um dich nach Verdienen dafür zu bestrafen, daß du uns eine so widersinnische Art von Thieren wie die Menschen auf die Welt gesetzt, das Feuer vom Himmel gestohlen, und, was noch das ärgste ist, die Weiber erschaffen hast! Denn wie du mich selbst bey der Austheilung des Opferfleisches betrogen, da du mir nichts als Knochen mit Fett bedeckt vorsetztest und das Fleisch für dich behieltest, davon mag ich gar nicht reden[1].

[1] S. den vorhergehenden Dialog.

PROMETHEUS.

Bin ich nicht genug dafür gestraft, daß ich schon so viele tausend Jahre[2]), an den Kaukasus angeschmiedet, diesen verdammten Adler mit meiner Leber füttern muß?

JUPITER.

Und doch ist es nur der kleinste Theil dessen was du zu leiden verdient hast.

PROMETHEUS.

Ich verlange meine Freyheit nicht umsonst, Jupiter; ich will dir etwas dafür entdecken, das von der größten Wichtigkeit für dich ist.

JUPITER.

Du willst mir was weiß machen, Prometheus?

PROMETHEUS.

Was könnte mir's helfen? Du würdest gewiß nicht vergessen, wo der Kaukasus liegt, und es würde dir nicht an Fesseln fehlen, wenn herauskäme, daß ich dir nur eine Nase gedreht hätte.

JUPITER.

Erst will ich wissen, was du mir denn entdecken kannst, das eine solche Gnade werth sey?

PROMETHEUS.

Wenn ich dir sage wohin du jetzt gehest und was du vorhast, wirst du mir dann glauben was ich dir weissagen will?

2) Die Zeit mag einem in der Lage des armen Prometheus freylich sehr lang vorkommen: indessen waren es doch nach *Hygins* Angabe, nicht über dreißig Jahre. Nach dem *Äschylus*, der bis zu seiner Befreyung durch den Herkules dreyzehn Generationen rechnet, hätte er doch immer über 400 Jahre leiden müssen. Aber wer wollte chronologische Richtigkeit in die Mythologie zu bringen versuchen?

JUPITER.

Warum nicht?

PROMETHEUS.

Du eilest zur Thetis, in der Absicht, sie — wie deine Gemalin zu behandeln[3]).

JUPITER.

Das hat er getroffen! — Aber was nun weiter? Bald sollt' ich glauben, daß du mir die Wahrheit sagen werdest.

PROMETHEUS.

Nimm dich vor dieser Nereide in Acht! Denn wird sie von dir schwanger, so hast du von dem Sohne, den sie gebähren wird, das nehmliche zu erwarten, was du deinem Vater Kronus gethan hast.

JUPITER.

Das soll so viel sagen als, er werde mich der Regierung berauben?

PROMETHEUS.

Das sey ferne, o Jupiter! Aber daß die Verbindung, die du mit ihr vorhast, dich damit bedrohet, ist gewiß.

JUPITER.

Um diesen Preis danke ich für die schöne Thetis! — Dich soll Vulkan für die Warnung wieder in Freyheit setzen.

---

3) συνεσόμενος αὐτῇ [ihr beizuwohnen]. Von Heurathen konnte nicht die Rede seyn, denn Jupiter war schon lange zuvor mit seiner Schwester Juno vermählt.

II.
Jupiters Beschwerden gegen Amorn.

Jupiter, Amor.

AMOR.

Und wenn ich auch was gefehlt habe, so verzeyh' es mir; ich bin eben noch ein Kind und unverständig.

JUPITER.

Du ein Kind? und bist noch älter als der Iapetus![1]) Wie? weil du noch keinen Bart und keine grauen Haare hast, möchtest du gerne für ein Kind passiren, da du doch so alt und so voller Schelmerey bist!

AMOR.

Aber was hab' ich dir denn, wenn ich so ein Greis bin, zu Leide thun können daß du mich binden willst?

JUPITER.

Sind das etwa Kleinigkeiten, du gottloser Bube, daß du, bloß um deinen Muthwillen mit mir zu treiben, alles mögliche schon aus mir gemacht hast? Oder liegt es etwa nicht bloß an dir, daß mich auch nicht eine einzige Sterbliche lieben will; so daß ich mir nicht anders zu helfen weiß, als Zauberey gegen sie zu gebrauchen, und zum Satyr, zum Stier, zum Adler und zum goldnen Regen werden muß[2]), wenn

1) Nehmlich nach der Götter Genealogie des Hesiodus, vermöge deren Amor so alt ist als das Chaos und die Erde, die Mutter des Iapetus, und der übrigen Titanen, unter denen Kronos oder Saturnus, Jupiters Vater, der jüngste war.

2) Zum Satyr bey *Antiope*, zum Stier bey *Europa*, zum

ich ihnen beykommen will. Und was gewinne ich damit? Sie lieben den Stier oder Schwan, und sterben vor Angst sobald sie mich in meiner eigenen Gestalt sehen.

AMOR.

Das geht sehr natürlich zu, wie sollten sie, da sie nur Sterbliche sind, Jupiters Anblick ertragen können?

JUPITER.

Wie kommt es denn, daß *Apollo* sich vom *Branchus*[3]) und *Hyacinthus* lieben machte?

AMOR.

Daphne hingegen lief vor ihm davon, wiewohl er ein glattes Kinn und die schönsten Haare von der Welt hat. Wenn du geliebt seyn willst, so lege deinen Blitz und diese fürchterliche Ägide bey Seite, mache dich so angenehm als möglich, laß deine struppichten Locken fein auskämmen, zu beyden Seiten zierlich aufwinden und mit einer goldenen Haarbinde zusammenschlingen, zieh einen schönen Purpurrock und Halbstiefel von vergoldetem Leder an, laß Pfeiffen und Paucken vor dir hergehen, und siehe dann ob du nicht ein schöneres Gefolge von Nymphen bekommen wirst als Bacchus selbst.

Schwan bey *Leda*, zum Goldregen bey *Danae*. Er hätte das Register noch ansehnlich vermehren können: denn, außer den genannten Schönen, betrog er die *Io* als Nebel, die *Kallisto* als Diana, die *Ägina* als Feuer, die *Mnemosyne* als Schäfer, die *Klytoria* als Ameise, die *Asteria* als Adler, seine Schwester und nachmalige Gemahlin *Juno* als Wiedehopf, und die *Alkmene* in Gestalt ihres eigenen Mannes.

3) Dieser Branchus war der Stifter einer unter dem Nahmen der *Branchiden* bekannten Familie zu Milet, die, von ihrem Urahnherrn her, im Besitz eines sehr angesehenen Orakels des Apollo Didymäus war. Der römische Dichter *Statius* macht ihn zu einem Sohne des Apollo. Lukian erwähnt seiner noch einmal in der *Rede über einen schönen Saal* [in vorliegender Auswahl nicht enthalten].

JUPITER.

Geh mit deinem albernen Rathe! Ich verlange um diesen Preis nicht liebenswürdig zu seyn.

AMOR.

So solltest du auch den Liebhaber nicht spielen wollen. Das wäre doch so schwer nicht?

JUPITER.

Schwer oder nicht, dem Vergnügen der Liebe will ich nicht entsagen, ich will nur daß es mir wenig Mühe koste. Dieß zu bewerkstelligen ist *deine* Sache, und unter dieser Bedingung soll dir dießmal noch verziehen seyn!

III.
Io.

Jupiter und Merkur.

JUPITER.

Merkur!

MERKUR.

Was befiehlt der Herr Vater?

JUPITER.

Du kennst doch die schöne Tochter des *Inachus?*

MERKUR.

Die *Io* meynst du? O ja.

JUPITER.

Kannst du dir vorstellen, daß das arme Ding zur Kuh gemacht worden ist?

MERKUR.

Das wäre! wie kam es daß sie so transfigurirt wurde?

JUPITER.

Einer so eifersüchtigen Frau wie Juno ist alles möglich,[1]) aber sie hat der unglücklichen einen noch schlimmern Streich gespielt: sie hat ihr einen gewissen vielaugichten Kuhhirten, Nahmens *Argus*, einen Kerl der gar nicht weiß was schlafen ist, zum Wächter gegeben.

MERKUR.

Was ist da zu thun?

JUPITER.

Nichts als daß du nach *Nemea*, wo er weidet, hinabfliegen, den Argus tödten,[2]) die Io aber nach Ägypten führen und zur Isis machen sollst.[3]) Dort soll sie künftig als eine Göttin verehrt werden, den Ergießungen des Nils vorstehen, und den Seefahrern günstige Winde geben, und ihre Schutzpatronin seyn.

---

1) Von den meisten Mythologen wird die Sache so erzählt, daß es Jupiter selbst gewesen sey, der die *Io* in eine Kuh verwandelt habe, als er den Nebel in welchen er sich und seine Geliebte eingehüllt hatte, durch die Macht der eifersüchtigen Juno zerfließen, und sich also in Gefahr gesehen, in flagranti erwischt zu werden.

2) Daher führt Merkur beym Homer gewöhnlich den Beynahmen *Argustödter* (ἀργειφόντης).

3) *Apollodor.* II. 1. §. 3. Es war eine Grille der Griechen, besonders seitdem der Thron von Ägypten von einer griechischen Familie eingenommen war, ihre einheimische Mythologie mit der ägyptischen zu vermengen und zusammenzuschmelzen. Denn im Grunde hatte die Isis der Ägyptier und die Tochter des Inachus nichts mit einander gemein.

IV.
Ganymed.

Jupiter und Ganymed.

JUPITER.

Nun, mein lieber Ganymed, sind wir an Ort und Stelle angekommen. Küsse mich, mein Püppchen, damit du siehest daß ich keinen krummen Schnabel, keine scharfen Klauen und keine Flügel mehr habe, wie es dir vorkam, da ich ein Vogel zu seyn schien.

GANYMED.

Wie, Mann? du warst doch nicht der Adler, der vor einer kleinen Weile herabgeflogen kam und mich mitten aus meiner Herde davon führte? wo wären denn deine Flügel hingekommen? und warum siehst du denn jetzt ganz anders aus?

JUPITER.

Das kommt daher, mein Kind, weil ich weder ein Mensch noch ein Adler, sondern der König der Götter bin, der die Adlersgestalt nur annahm, weil sie ihm zu seiner Absicht bequem war.

GANYMED.

Was du sagst! du bist also der *Pan*, von dem ich schon soviel gehört habe? Aber wo ist denn deine Pfeife? und warum hast du keine Hörner und keine Bocksfüße?

JUPITER.

Meynst du denn es gebe sonst keinen Gott als ihn?

GANYMED.

In unserm Dorfe weiß man von keinem andern; darum opfern wir ihm auch einen ganzen Bock vor der Höle wo sein Bild steht. Du magst mir wohl einer von den garstigen Leuten seyn, die die Menschen stehlen und dann für Sclaven verkaufen!

JUPITER.

Sage mir einmal, hast du den Jupiter nie nennen hören, und auf der Spitze des Ida[1]) nie den Altar des Gottes gesehen, der Regen, Blitz und Donner schickt?

GANYMED.

Du wärst also der feine Herr,[2]) der uns neulich das entsetzliche Hagelwetter auf den Hals schickte? der, wie sie sagen, da oben wohnt und das Krachen in den Wolken macht, und dem mein Vater neulich den Schafbock opferte? — Aber was hab ich denn begangen, daß du mich so davongeführt hast, o König der Götter? Nun werden meine Schafe indessen in die Wildnis gerathen seyn, und sind vielleicht schon von den Wölfen aufgefressen worden.

JUPITER.

Was kümmern dich die Schafe? du bist nun unsterblich und bleibst bey uns.

GANYMED.

Wie? du willst mich nicht heute noch nach dem Ida zurückbringen?

JUPITER.

Gewiß nicht! wofür wär ich aus einem Gott ein Adler geworden?

1) *Gargarus* genannt. S. den XXsten Dialog.

2) Das σύ, ὦ βέλτιστε (du, Liebster), hat etwas komisches welches sich in unsrer Sprache schwerlich anders als durch diese Wendung ausdrükken läßt.

GANYMED.

Aber da wird mein Vater böse auf mich werden, wenn er mich nirgends finden kann, und ich werde Schläge dafür kriegen, daß ich meine Herde im Stiche gelassen habe!

JUPITER.

Er soll dich nicht wieder zu sehen bekommen.

GANYMED.

Nein, nein! ich will wieder zu meinem Vater! — *Schmeichelnd.* Wenn du mich wieder zurückbringst, so versprech' ich dir, er soll dir *noch* einen Widder dafür opfern; den großen dreyjährigen, der immer vor der Herde hergeht, wenn ich sie auf die Weide treibe.

JUPITER *vor sich.*

Wie offen und unschuldig der Junge noch ist! noch ein völliges Kind! — Mein lieber Ganymed, du mußt dir alle diese Dinge aus dem Sinne schlagen, und gar nicht mehr an den Ida und deine Herde denken. Du bist nun ein Himmelsbewohner, und wirst von hier aus deinem Vater und Vaterlande viel Gutes thun können. Statt Milch und Käse wirst du Ambrosia essen und Nektar trinken. Du sollst mein Mundschenk werden, und, was das vornehmste ist, kein Mensch mehr seyn, sondern ein Unsterblicher; und es soll ein Gestirn deines Nahmens am Himmel funkeln; kurz, es soll dir recht wohl gehen!

GANYMED.

Aber wenn ich nun spielen will, wer wird mit mir spielen? auf dem Ida hatte ich gar viele Knaben meines Alters.

JUPITER.

Daran soll es dir hier auch nicht fehlen; ich will dir eine Menge schöner Käulchen geben, und Amor soll dein Spielgesell seyn. Fasse nur ein Herz, mein Kind! mach' ein fröhliches Gesicht, und laß dich nichts mehr anfechten was da unten ist!

GANYMED.

Aber was kann ich euch denn hier nütze seyn? muß ich hier etwan auch die Schafe hüten?

JUPITER.

Bey Leibe nicht. Du wirst uns den Nektar einschenken und bey der Tafel aufwarten.

GANYMED.

Das ist eben keine Kunst; ich verstehe mich recht gut darauf Milch einzuschenken und den Epheubecher hinzureichen.

JUPITER.

Daß du doch den Hirtenjungen nicht vergessen kannst! du bist hier im Himmel, sag ich dir, und wir Götter trinken nichts als Nektar.

GANYMED.

Schmeckt das besser als Milch?

JUPITER.

Wenn du nur einen Tropfen davon gekostet hast, wirst du keine Milch mehr verlangen.

GANYMED.

Aber wo werd' ich denn bey Nacht schlafen? Etwa bey meinem Cameraden Amor?

JUPITER.

Närrchen, deßwegen hab ich dich ja entführt daß du bey *mir* schlafen sollst.

GANYMED.

Du kannst's also nicht allein, und bildest dir ein, du werdest besser schlafen können, wenn du bey mir liegst?

JUPITER.

Bey einem so hübschen Knaben wie du, allerdings!

GANYMED.

Was kann die Schönheit zum schlafen helfen?

JUPITER.

O sie führt etwas gar angenehm einschläferndes bey sich, und macht einen viel sanftern Schlaf!

GANYMED.

Mein Vater sprach ganz anders. Er wurde immer ungehalten auf mich wenn ich bey ihm lag, und klagte des Morgens, daß ich mich immer hin und her gewälzt und ihn gestoßen, oder im Schlaf aufgeschrien, so daß er gar keine Ruhe vor mir haben können; und deßwegen schickte er mich meistens zur Mutter schlafen. Wenn du mich also nur *dazu* geraubt hast, so kannst du mich immer wieder auf die Erde tragen; denn ich werde dir sehr überlästig seyn weil ich mich so oft umkehre.

JUPITER.

Das wird mir eben das angenehmste seyn, wenn ich recht viel bey dir wachen und dich nach Herzenslust küssen und drücken kann.

GANYMED.

Das magst du! ich werde schlafen und dich küssen lassen.

JUPITER.

Das wird sich schon geben. *Zu Merkur.* Jetzt führe du ihn weg, und laß ihn den Trank der Unsterblichkeit trinken. Dann zeige ihm, wie er den Becher mit Anstand reichen muß, und bring' ihn zurück, damit er sein Amt bey Tafel antreten kann.

V.
Ein ehlicher Wortwechsel zwischen Jupiter und seiner Gemahlin.

Juno, Jupiter.
Ganymed *als stumme Person.*

JUNO.

Seitdem du den Phrygischen Knaben da vom Ida geraubt und hieher gebracht hast, finde ich dich sehr kalt gegen mich, Jupiter.

JUPITER.

Du bist also auch über den unschuldigen harmlosen Jungen eifersüchtig? Ich dachte, nur die Weiber und Mädchen, die gut mit mir stehen, machten dich so übellaunig.

JUNO.

Es ist in Wahrheit gar nicht schön an dir, und schickt sich sehr übel für die Würde des Monarchen der Götter, deine rechtmäßige Ehegattin sitzen zu lassen, und da unten auf der Erde in Gestalt eines Schwans oder Stiers oder Satyrs überall herum zu buhlen. Indessen bleiben die Creaturen doch noch wo sie hingehören: aber diesen Hirtenjungen da, hast du, deiner göttlichen Majestät zur Schmach, sogar in den Himmel heraufgeholt, und mir vor die Nase hingesetzt, unter dem Vorwande daß er dir den Nektar einschenken solle; als ob du so verlegen um einen Mundschenken wärest, und *Hebe* oder *Vulkan* einem so schweren Amt nicht länger vorzustehen vermöchten. Aber freylich nimmst du den Becher nie aus seiner Hand, ohne ihm vor unser aller Augen einen Kuß zu geben, der dir besser als der Nektar schmeckt, so daß du alle Augenblicke zu trinken verlangst, wenn du gleich keinen Durst hast; ja du treibst es so weit, daß du den Becher, wenn du ihn nur ein wenig abgetrunken hast, dem Jungen hinreichst und ihn daraus trinken lässest um das, was er übrig gelassen hat, als etwas gar köstliches aufzuschlürfen; und zwar auf der Seite die er mit seinen Lippen berührt hat, damit du zugleich das Vergnügen zu trinken und zu küssen habest. Und legtest du nicht neulich deine Ägide und deinen Donnerkeil auf die Seite, und schämtest dich nicht, trotz deiner Würde und dem großen Bart den du herunter hängen hast, auf dem Boden zu sitzen und mit ihm zu spielen? Bilde dir ja nicht ein, als ob du deine Sachen so heimlich triebest; ich sehe alles recht gut.

JUPITER.

Und was ist denn das so entsetzliches, Frau Gemahlin, wenn ich etwa, um mir ein doppeltes Vergnügen zu machen, einem so schönen Knaben unterm Trinken einmal einen Kuß gebe? Wenn ich ihm erlaubte dich ein einziges mal zu küssen, du würdest mir gewiß kein Verbrechen mehr daraus machen, daß ich seine Küsse dem Nektar vorziehe.

JUNO.

Das sind sehr unanständige Reden, Jupiter! So weit soll es hoffentlich mit meinem Verstande nie kommen, daß ich meine Lippen an einem Phrygischen Hirtenjungen, und dazu an einem solchen weibischen Weichling, verunreinigen möchte!

JUPITER *hitzig.*

Mäßigen Sie Sich in ihren Ausdrücken, Madame — dieser weibische Knabe, dieser Phrygische Hirtenjunge, dieser Weichling — doch, ich will lieber nichts sagen, um mir die Galle nicht noch mehr zu erhitzen!

JUNO.

O meinetwegen kannst du ihn gar heurathen! Ich sagte das nur, um dich zu erinnern, was für Unanständigkeiten du mich um deines Mundschenken willen zu leiden nöthigest.

JUPITER.

So? dein sauberer Sohn Vulkan also, so schmutzig und mit Kohlenstaub bedeckt, wie er von seiner Schmied-Esse zu Lemnos kömmt, der sollte also um die Tafel herum hinken und uns den Wein einschenken?[1]) Aus solchen Fingern sollten wir den Becher nehmen, und uns wohl gar noch, meynst du nicht? an seinen rußichten Küssen laben, vor denen dir doch selbst ekelt, wiewohl du seine Mutter bist[2]). Das würde was angenehmes seyn! das wäre ein Mundschenk der die Göttertafel zieren würde! den Ganymed muß man nach dem Ida zurückschicken; denn der ist reinlich, und hat Rosenfinger, und reicht den Pocal mit Grazie hin, und, was dich am meisten ärgert, küßt süßer als Nektar.

1) Wie er zu Ende des ersten Buchs der *Iliade* thut.

2) Und zwar ohne Zuthun eines Mannes; denn sie empfieng ihn bloß vom *Winde;* so wie die *Hebe* von zu vielem Salat, den sie an einem Gastmal des Apollo gegessen hatte, und den *Mars* vom bloßen Anrühren einer gewissen Blume.

JUNO.

Also, seit uns der Berg Ida dieses schöne kraushaarige Bürschgen auferzogen hat, ist Vulkan nun auf einmal hinkend und mit Kohlenstaub überpudert und ein ekelhafter Anblick für dich geworden! Vorher sahest du von dem allen nichts, und ließest dich weder Funken noch Schmiedesse abhalten, dir den Nektar recht wohl belieben zu lassen, den er dir einschenkte.

JUPITER.

Liebe Juno, du machst dir nur selbst Verdruß; das ist alles was du mit deiner Eifersucht gewinnst: denn meine Liebe wird dadurch nur höher gespannt. Im übrigen, wenn es dir zuwider ist deinen Becher aus der Hand eines schönen Knaben zu nehmen, so laß du dir immerhin von deinem Sohn einschenken; und du, Ganymed, bedienst mich künftig allein! Und mit jedem Becher küsse mich zweymal; wenn du mir ihn reichst, und wenn du ihn wieder von mir zurückempfängst. *Ganymed fängt an zu weinen.* Wie? was weinst du, mein Kind? Fürchte nichts! dem soll es übel bekommen der dir was zu Leide thun wollte!

VI.
Ixion.

Juno und Jupiter.

JUNO.

Dieser *Ixion*[1]), dem du einen so freyen Zutritt bey uns verstattest, Jupiter, was meynst du wohl, was er für ein Mann ist?

1) Die Mythologen sind nicht einstimmig, weder wer dieses *Ixions* Vater gewesen, noch wie er zu der Ehre gekommen ein

JUPITER.

Ein sehr hübscher Mann, liebe Juno, und ein angenehmer Tischgesellschafter. Würde ich ihn wohl zu meiner Tafel ziehen wenn er dessen unwürdig wäre?

JUNO.

Er ist aber dessen unwürdig und kann nicht länger bey uns geduldet werden.

JUPITER.

Was hat er denn ungebührliches gethan?

JUNO.

Was er gethan hat? Es ist so arg, daß ich es vor Scham nicht sagen kann.

JUPITER.

Um so weniger darfst du mirs verschweigen, wenn er was so schändliches begangen hat. Hat er einer unsrer Göttinnen etwas zugemuthet? Denn ich merke aus deinem Zögern, daß es so was dergleichen seyn wird.

JUNO.

Mir selbst und keiner andern, Jupiter, und dieß schon eine geraume Zeit her. Anfangs konnte ich lange nicht begreifen, warum er mich immer so starr und unverwandt ansah; mit unter seufzte er auch und hatte die Augen voll Wasser. Wenn ich dem Ganymed den Becher einzuschenken gab, bat er ihn heimlich, ihm aus demselben Becher zu trinken zu geben, und wenn er ihn bekam, küßte er ihn und drückte ihn an die Augen, und blinzelte dabey immer nach mir. Nun fieng ich an zu merken, daß er mir seine Liebe dadurch zu verstehen geben

so besonderer Günstling Jupiters zu werden. Durch seine Gemahlin *Dia* wurde er ein König in Thessalien und Vater des durch seine Freundschaft mit dem Theseus berühmten Pirithous.

wolle: aber die Scham hielt mich immer zurück, dir etwas davon zu sagen, und ich hoffte auch, der Mensch würde von seinem Unsinn endlich ablassen. Aber da er sich nun gar unterstanden hat mir mündliche Liebeserklärungen zu thun, hab ich ihn auf dem Boden, wo er weinend vor mir hinfiel, liegen lassen, mir die Ohren zugehalten, um die beleidigenden Bitten nicht zu hören, die er zu meinen Füßen vorbrachte, und bin hieher gekommen, es dir anzuzeigen. Siehe nun selbst, was für eine Rache du an dem Menschen nehmen willst.

JUPITER.

Ey der verruchte Kerl! Was? Mich selbst anzutasten, und auf der empfindlichsten Seite! Ists möglich, daß ihn der Nektar bis auf diesen Grad trunken machen konnte? — Aber freylich sind wir selbst schuld daran, und treiben die Menschenliebe offenbar zu weit, da wir sie mit uns essen und trinken lassen. Wahrlich, es ist ihnen zu verzeihen, wenn sie bey einem Wein wie der unsrige, und über dem Anschauen himmlischer Schönheiten, dergleichen ihnen auf der Erde nie vorgekommen sind, vor Liebe den Verstand verliehren und ihrer zu genießen begehren. Denn Amor ist ein gewaltthätiger Tyrann, der nicht nur über die Menschen, sondern zuweilen über uns Götter selbst den Meister spielt.

JUNO.

Von dir ist er in der That unumschränkter Herr, zieht dich bey der Nase, wie man zu sagen pflegt, ohne den geringsten Widerstand wohin er will, und verwandelt dich in jede beliebige Gestalt; kurz, du bist, im eigentlichsten Verstande, Amors Eigenthum und Spielzeug. Auch weiß ich sehr gut, warum du dem Ixion jetzt so leicht verzeihen kannst. Du erinnerst dich ohne Zweifel, daß du noch in seiner Schuld bist, und daß sein vermeinter Sohn *Pirithous* eine Frucht deiner ehemaligen Vertraulichkeit mit seiner Gemalin[2]) ist.

JUPITER *lachend.*

Erinnerst du dich der kleinen Kurzweile noch, die ich mir ehemals auf der Erde da unten machte? — Aber soll ich dir sagen, was wir mit dem Ixion machen wollen? Ihn zu strafen und von unsrer Tafel wegzujagen, wäre in der That zu hart, da der arme Kerl die Liebe im Leibe hat, und, wie du selbst sagst, so erbärmlich daran leidet, daß er die hellen Thränen weint.

JUNO.

Und was also? — Du wirst doch nicht fähig seyn, deiner eigenen Gemahlin einen beleidigenden Antrag zu thun?

JUPITER.

Warum nicht gar! Ich will eine Wolke nehmen, und eine Art von lebendigem Bilde daraus machen, das dir so gleich sehen soll als ob du es selbst wärest; und wenn wir von Tische aufstehen, will ich, während er sich schlaflos (wie einem unglücklichen Liebhaber geziemet) auf seinem Lager herumwälzt, das Wolkengebilde neben ihn legen. Das wird ihm, ohne Nachtheil deiner Tugend, von seinen Liebesschmerzen helfen, und was kannst du mehr verlangen?

JUNO.

Ein schöner Einfall! So sollte er also, anstatt der Strafe, die seine übermüthige Leidenschaft verdient, noch dafür belohnt werden?

JUPITER.

Laß doch! Was kann es *dir* denn schaden, wenn sich Ixion mit einer Wolke ergötzt?

2) *Dia*, des Hesioneus oder Dejoneus Tochter.

JUNO.

Aber er wird doch die Wolke für *mich* halten, und so wird es eben so viel seyn, als ob er mich selbst entehrt hätte!

JUPITER.

Das sind Spitzfündigkeiten! Die Wolke wird nie zur Juno, und du nie zur Wolke werden: bloß Ixion wird getäuscht, das ist die ganze Sache.

JUNO.

Gleichwohl, wie die Menschen undelicate Geschöpfe sind, ist er im Stande, wenn er wieder auf die Erde kommt, sich groß damit zu machen, und allen Leuten zu erzählen, er habe bey der Juno geschlafen und Jupiters Bette getheilt: ja er wird sogar kein Bedenken tragen, zu sagen, daß ich ihn liebe, und die Leute werden's ihm glauben, weil sie nicht wissen können, daß es nur eine Wolke gewesen ist.

JUPITER.

Das wäre ein Anderes! Wenn er sich unterstünde so was zu sagen, so soll es ihm nicht ungenossen hingehen! Dann will ich ihn in den Tartarus hinunter werfen, und ihn auf ein Rad binden lassen, und der arme Teufel soll ewig auf dem Rade herumgetrieben werden, und mit dieser unaufhörlichen Quaal für seine verwegene Liebe büßen[3])!

JUNO.

Wenigstens würde es für eine solche Pralerey nicht zu viel seyn!

---

3) Man muß gestehen, daß Jupiter, bey aller seiner *Jovialität*, ein großer Meister in Erfindung grausamer Strafen ist; auch spricht er in dem wahren Ton eines Dilettanten von der Sache.

VII.
Merkurs Kindheit und frühzeitige Talente.

Apollo und Vulcan.

VULCAN.

Hast du den kürzlich erst gebohrnen Sohn der Maja[1]) schon gesehen, wie er so schön ist und alle Leute anlacht? Es ist nur noch ein Wiegenkind, aber es hat schon alle mögliche Anscheinung, daß etwas sehr Gutes aus ihm werden müsse.

APOLLO.

Wie soll ich den ein Kind nennen, Vulcan, oder mir viel Gutes von ihm versprechen, der an Schelmerey jetzt schon älter als Iapetus ist?

VULCAN.

Wem sollte ein Kind, das kaum auf die Welt gekommen ist, was Böses thun können?

APOLLO.

Frage den Neptun, dem er seinen Dreyzack gestohlen, oder den Mars, dem er das Schwert heimlich aus der Scheide gezogen; nichts davon zu sagen, daß er mir selbst Bogen und Pfeile gemaust hat.

1) *Merkur*, Jupiters Sohn von *Maja*, des Titanen *Atlas* Tochter. Seine vielfachen Talente (wovon in diesem Dialog die Rede ist) machten ihn zum Schutzgotte der Diebe, Kaufleute, Redner, Ringer und Musiker, zum Führer der Seelen in und aus dem Tartarus, und zum Herold und Boten der Götter. Man vergleiche mit diesem Dialog den *Homerischen Hymnus* auf den *Merkur*.

VULCAN.

Ein neugebohrnes Kind, das sich in seinen Windeln kaum rühren kann!

APOLLO.

Du wirst gleich selbst die Erfahrung davon machen was er kann, wenn er nur erst zu dir gekommen ist.

VULCAN.

Das ist er schon.

APOLLO.

Und ist dir nichts von deinem Werkzeuge weggekommen? Ist noch alles da?

VULCAN.

Alles, Apollo.

APOLLO.

Siehe nur recht nach!

VULCAN.

Zum Jupiter! ich sehe die Zange nicht.

APOLLO.

Du wirst sie unfehlbar in der Wiege des Kleinen finden.

VULCAN.

Der hat ja so behende Finger, als ob er die Kunst zu stehlen in Mutterleibe schon studiert hätte.

APOLLO.

Und hast du nicht gehört, wie artig er schon plaudert und wie hurtig es ihm von der Zunge rollt? Er macht sogar schon den Pagen bey uns. Und stelle dir vor, daß er gestern den Amor heraus foderte, und daß er ihn in einem Augenblick, ich weiß nicht wie, bey den Fersen kriegte und zu Boden warf. Und da wir ihn alle lobten, und Venus ihn seines Sieges wegen auf die Arme nahm und küßte, stahl er ihr ihren Gürtel und dem Jupiter seinen Scepter; und wäre ihm der Donnerkeil nicht zu schwer und zu heiß gewesen, er wäre auch mit dem davon gegangen!

VULCAN.

Das laß mir einen gewandten Jungen seyn!

APOLLO.

Noch mehr, er ist auch schon ein Musicus.

VULCAN.

Woraus schließest du das?

APOLLO.

Ich weiß nicht wo er eine Schildkröte fand. Sogleich machte er sich ein Instrument aus ihrer Schale, befestigte einen Hals mit einer Handhabe daran, setzte einen Steg und einen Sattel drauf, schlug Nägel ein, bespannte es mit sieben Saiten, und spielt dir nun so anmuthig und meisterlich darauf, daß ich mich selbst nicht mehr hören mag, wiewohl ich mich schon so lange mit der Zither abgebe. Überdieß sagte uns seine Mutter, er bleibe nicht einmal bey Nacht im Himmel, sondern schleiche sich aus Vorwitz bis in den Tartarus hinab, vermuthlich um zu sehen, ob es was zu stehlen gebe? Denn er hat Flügel, und ich weiß nicht wie er zu einer gewissen Ruthe[2]) gekommen ist, die eine so wunderbare Kraft in sich hat, daß er die Seelen damit an sich zieht und die Todten in den Tartarus hinunter führt.

2) *Odyssee* v. 47. Diese goldene Ruthe scheint von dem mit zwey Schlangen umwundenen Caduceus oder Heroldsstab verschieden zu seyn.

VULCAN.

Die hat er von mir bekommen; ich gab sie ihm als ein Spielzeug.

APOLLO.

Und zum Danke hat er dir deine Feuerzange gemaust.

VULCAN.

Gut daß du mich erinnerst; ich will gleich gehen und sie wieder hohlen, falls sie sich etwa, wie du sagst, in seinen Windeln findet.

VIII.
Minervens Geburt aus Jupiters Haupt.

Vulcan und Jupiter.

VULCAN.

Wozu begehrst du meiner Dienste, Jupiter? Ich bringe dir, wie du befohlen hast, eine so scharfe Axt mit, daß ich Steine auf Einem Hieb damit durchhauen wollte.

JUPITER.

Sehr wohl, Vulcan: so haue mir nur gleich den Kopf entzwey.

VULCAN.

Du willst mich probieren ob es in dem meinigen noch richtig sey? Sprich im Ernst und sage mir was ich thun soll.

JUPITER.

Mir den Hirnschädel aufspalten, sag ich dir; gehorche, oder du wirst mich böse machen. Es wäre nicht zum erstenmale. Laß es also nicht darauf ankommen, haue aus allen Kräften zu und zaudere nicht länger. Denn ich kann die Wehen nicht länger ausstehen, die mir das Gehirn zerreissen[1]).

VULCAN.

Siehe zu, Jupiter, daß wir kein Unheil anrichten! Die Axt ist scharf; sie wird dir, wenn hier was zu gebähren ist, keine so sanfte Hebammendienste thun wie Lucina.

JUPITER.

Haue nur herzhaft zu; ich weiß daß es mir wohl bekommen wird.

VULCAN.

Ich gehorche, so schwer es mich auch ankommt; denn was will einer machen wenn du befiehlst?

1) Es gieng sehr natürlich mit dieser Schwangerschaft Jupiters zu, sagen die Dichter und Mythologen. *Metis*, eine der Töchter des Oceanus, war Jupiters erste Gemahlin, die nicht wenig dazu beytrug, daß ihr Gemahl zur Regierung der Welt gelangte. Denn sie brachte dem alten Saturnus ein Brechmittel bey, welches ihn nöthigte seine mit Rhea erzeugten Söhne, die er verschluckt hatte, wieder von sich zu geben, da diese sich dann mit Jupitern vereinigten um den Vater vom Throne zu stoßen. Nach einiger Zeit wurde Metis schwanger, und Jupiter, der sich bey den Parzen nach dem Erfolge erkundigte, erfuhr von ihnen, daß er durch den Sohn, den sie ihm gebähren sollte, seinen Thron verlieren würde. Diesem Erfolge zuvorzukommen wußte er sich nicht anders zu helfen, als daß er seine Gemahlin, auf gut Saturnisch mit Haut und Haar verschluckte. Wie den Göttern alles möglich ist, so fand er auf die eine oder andre Art ein Mittel, den Sohn, mit welchem Metis schwanger gieng, in eine Tochter zu verwandeln, und sie in seinem Hirnschädel vollends auszubrüten; bis endlich zu gehöriger Zeit, mit Hülfe der Axt des Vulkans, *Minerva* zum Vorschein kam.

Er haut Jupitern den Kopf auf. Ha! was ist das? ein Mädchen in vollständiger Rüstung! Nun wundert es mich nicht länger, daß du so gräuliches Kopfweh hattest, und eine Zeit her so böser Laune warst! Es ist kein Spaß, eine so große Prinzessin, und von Fuß auf gewaffnet, unter der Hirnhaut auszubrüten! — Wie? Sie tanzt schon den Waffentanz ohne ihn gelernt zu haben? Wie sie sich dreht und aufhüpft und den Schild schüttelt und den Speer schwingt, und von ihrer eigenen Gottheit zusehends immer stärker begeistert wird! Aber das vornehmste ist, daß sie so schön, und in so wenig Augenblicken schon mannbar geworden ist. Sie hat zwar blaugrünlichte Katzenaugen aber zum Helme steht es ihr nicht übel. Ich bitte dich, Jupiter, laß meinen Hebammenlohn seyn, gieb sie mir zur Gemahlin!

JUPITER.

Du verlangst was unmögliches, Vulcan! Sie will ewig Jungfer bleiben. Ich für meinen Theil wollte dir nicht entgegen seyn.

VULCAN.

Das ist alles was ich will; fürs übrige laß *mich* sorgen; ich will schon mit ihr fertig werden.

JUPITER *weggehend.*

Wenn dirs so leicht scheint, so mache was du kannst; ich weiß aber, daß du nicht viel Freude davon haben wirst[2]).

---

2) Der Versuch lief wirklich so übel ab, daß wir genöthigt sind, diejenigen die mehr davon wissen wollen, an den *Apollodorus* (*Biblioth.* L. III. §. 6.) oder auch allenfalls an Hrn. *Benjamin Hederich* zu verweisen, der ihn in seiner eigenen unnachahmlichen Manier jenem nacherzählt.

IX.
Wundervolle Geburt des Bacchus.

Neptun und Merkur.

NEPTUN.

Kann man vor den Jupiter kommen, Merkur?

MERKUR.

Dießmal nicht, Neptun.

NEPTUN.

Melde mich nur wenigstens an.

MERKUR.

Sey nicht beschwerlich, Neptun; ich sage dir ja, daß er jetzt keine Zeit hat, und daß du ihn nicht zu sehen bekommen kannst.

NEPTUN.

Hat er sich etwa mit der Juno eingeschlossen?

MERKUR.

Nein, es ist ganz was anders.

NEPTUN.

Aha, ich verstehe! Ganymed ist drin.

MERKUR.

Auch das nicht — kurz, er ist nicht wohl.

NEPTUN.

Wie sollte das zugehen, Merkur? Das ist ja unbegreiflich!

MERKUR.

Es ist so, daß ich mich schäme davon zu reden.

NEPTUN.

Bin ich nicht dein Oheim? Mir wirst du es doch nicht verschweigen wollen?

MERKUR.

Er ist eben von einem jungen Sohn entbunden worden.

NEPTUN.

Bist du toll? *Er* entbunden worden? Wer ist denn der Vater? Er wäre also ein Zwitter gewesen, ohne daß wir was davon gemerkt hätten? An seiner Dicke konnte man ihm wenigstens nicht ansehen, daß er schwanger sey.

MERKUR.

Da hast du recht; das Kind lag aber auch nicht wo sie gewöhnlich zu liegen pflegen.

NEPTUN.

Es ist also wieder aus dem Kopfe gekommen, wie die Minerva[1])?

MERKUR.

Dießmal nicht; er gieng (weil es doch heraus muß) im Dickbein mit einem Kinde der *Semele* schwanger.

NEPTUN.

Die Natur ist freygebig gegen ihn gewesen, das muß man gestehen[2])! Aber wer ist denn die Semele?

MERKUR.

Eine Thebanerin, der Töchter des Kadmus eine, die von ihm schwanger wurde.

1) Das Original setzt hinzu: denn er hat eine ordentliche Bährmutter statt des Gehirns im Kopfe.

2) Im Original: »er ist ja am ganzen Leibe über und über trächtig.«

NEPTUN.

Und nun hat er für sie gebohren?

MERKUR.

Ich sehe, daß dir die Sache lächerlich vorkommt, aber es ist doch nicht anders. Ich will dir sagen wie es damit zugieng. Juno, deren Eifersucht dir nicht unbekannt ist, kam hinterlistiger Weise an die gute Semele, und überredete sie, vom Jupiter zu verlangen, daß er in seiner ganzen Herrlichkeit, mit Blitz und Donner, zu ihr kommen sollte. Jupiter gewährte ihr ihre Bitte: aber darüber gerieth das Haus in Brand, und Semele selbst wurde vom Blitz erschlagen. Da er die Mutter nicht retten konnte, befahl er mir, ihr wenigstens das Kind aus dem Leibe zu schneiden und ihm zu überbringen. Weil es aber erst sieben Monat alt und also noch nicht zeitig war, so machte er sich eine Öffnung in den Schenkel, und steckte es hinein um es vollends auszutragen. Nun hat er das Kind endlich nach neun Monaten zur Welt gebracht, und befindet sich von den Geburtsschmerzen etwas schwach.

NEPTUN.

Wo ist denn das Kind?

MERKUR.

Ich mußt' es nach Nyssa[3]) tragen, und unter dem Namen Dionysos den Nymphen aufzuziehen geben.

NEPTUN.

Mein Herr Bruder ist also zugleich Vater und Mutter zu dem kleinen Dionysos[4])?

3) Oder Nysa, eine Stadt in Indien, wo Bacchus erzogen worden seyn soll.

4) Bacchus.

MERKUR.

So scheint es. Aber ich kann mich nicht länger aufhalten. Ich muß Wasser für ihn hohlen, und alles übrige besorgen was bey einer Wöchnerin gebräuchlich ist.

X.
Jupiter und Alkmene.

Merkur und Helios.

MERKUR.

Helios[1]), du sollst heute nicht ausfahren, sagt Jupiter, auch morgen und übermorgen nicht. Dieser ganze Zeitraum soll nur eine einzige lange Nacht seyn. Die *Horen*[2]) können also deine Pferde nur wieder ausspannen, und du lösche deine Fackel wieder und ruhe diese Zeit über aus.

HELIOS.

Das ist ein ganz neuer und seltsamer Befehl, den du mir da bringst. Glaubt er etwa, daß ich meinen

1) Oder *Sol* der Sonnengott, der mit Phöbus Apollo nicht verwechselt werden muß.

2) Die *Horen*, deren Nahmen und Anzahl ungewiß ist. Sie sind beym Homer die Thürhüterinnen des Himmels, und in seinem zweyten Hymnus an Venus macht er sie zu den ersten Aufwärterinnen dieser Göttin. Unter andern war auch ihr Amt die Sonnen-Pferde täglich ein und auszuspannen. Auch regieren sie die Witterung und die Jahreszeiten, und gehören nebst den *Grazien*, der *Hebe* und *Harmonia*, zum Gefolge der Liebesgöttin.

Lauf nicht richtig vollbracht habe, oder meine Pferde aus dem Wege austreten lassen, und ist er deßwegen so ungehalten auf mich, daß er die Nacht künftig dreymal so lang als den Tag machen will?

MERKUR.

Das ist die Ursache nicht; es soll auch nicht immer dabey bleiben; er hat nur für dießmal zu einem gewissen Geschäfte eine etwas lange Nacht vonnöthen.

HELIOS.

Wo ist er denn jetzt? Woher schickt er dich mit diesem Auftrag an mich ab?

MERKUR.

Aus Böotien, von der Gemahlin Amphitryons, bey der er zum Besuch ist.

HELIOS.

Das heißt, in die er verliebt ist. Aber hat er dazu an Einer Nacht nicht genug?

MERKUR.

Auf keine Weise. Es soll bey dieser Gelegenheit an einem sehr großen und kampflustigen Gotte gearbeitet werden, und den in einer einzigen Nacht zu Stande zu bringen, ist unmöglich.

HELIOS.

Viel Glück also zur Ausführung eines so großen Werkes! Aber — weil wir doch hier unter vier Augen sind, Merkur, — zu Saturns Zeiten geschahen doch solche Dinge nicht. Er schied sich nicht von Rhea's Bette, und stahl sich nie vom Himmel weg um die Nacht zu Theben zu passiren: sondern Tag war Tag, und eine Nacht dauerte keine Minute länger, als es die Jahrszeiten mit sich brachten. Jetzt hingegen muß sich um eines einzigen heillosen Weibes willen die ganze Natur auf den Kopf stellen lassen; meine Pferde müssen durch die zu lange Ruhe steif, und der Weg, weil er drey Tag lang unbefahren bleibt, schlechter werden; die armen Menschen müssen indessen elendiglich im Dunkeln leben, und, Dank sey dem verliebten Temperament des Götterkönigs! dasitzen und warten, bis der große Athlet, den du uns ankündigst, in dieser langen Finsterniß fertig wird[3]).

MERKUR.

Stille, Helios! Deine freye Zunge möchte dir leicht übel bekommen. Lebe wohl! Ich eile zu *Lunen* und zum *Schlafe*, um ihnen ebenfalls Jupiters Befehle zu überbringen: jener, daß sie langsamer als gewöhnlich gehe; und diesem, daß er die Sterblichen lange genug gebunden halte, um nichts davon zu merken, daß diese Nacht so lang geworden ist.

---

3) Helios gehörte eigentlich zu dem *alten Götterhofe*, nehmlich dem unter Saturn, Jupiters Vater, dessen auch im *Jupiter Tragödus* [in vorliegender Auswahl nicht enthalten] Erwähnung geschieht. Diese Beschwerung über Jupiters Ungebundenheit hat also im Munde eines alten Hofmanns, der bessere Zeiten gesehen hatte, etwar sehr schickliches; zumal da es im Grunde von so guter Herkunft als Jupiter war, und sogar noch ein näheres Recht zum Throne hatte als dieser, wie die Genealogie des Titanischen Götterstammes ausweiset.

XI.
Endymion.

Venus und Luna.

VENUS.

Ey, ey, schöne Luna[1]), was die Leute nicht von dir sprechen? So oft du in deinem Laufe die Grenze von Carien erreichest, hältst du, sagt man, mit deinem Wagen still, um auf den *Endymion*, der als Jäger auf dem Latmos unter freyem Himmel schläft, herabzuschauen; ja man will wissen, daß du sogar schon mitten aus dem Wege zu ihm herabgestiegen seyest.

LUNA.

Frage deinen Sohn, Venus, der ganz allein Schuld daran ist.

VENUS.

Es ist freylich ein leichtfertiger Junge! wie hat er nicht mir selbst schon mitgespielt? Bald verleitet er mich dem Anchises zu lieb[2]) auf den Ida, bald auf den Libanus zu dem bekannten Assyrischen Jüngling[3]). Und um diesen hat er mich noch gar zur Hälfte gebracht, weil ich ihn mit Proserpinen thei-

1) *Selene* oder *Luna*, die Göttin des Mondes, war die Schwester des Helios, und muß von Dianen, wie ihr Bruder vom Apollo unterschieden werden, wiewohl es nicht selten ist, sie bey den Dichtern verwechselt zu sehen. Ich habe den lateinischen Nahmen *Luna* dem Griechischen vorgezogen, weil er den meisten bekannter ist, und es mir immer wohlgethan scheint, auf diesen Umstand Rücksicht zu nehmen.

2) Äneas, der Held Virgils, war die Frucht dieser Verirrungen der Venus auf dem Berge Ida, wo Anchises, nach Gewohnheit der Trojanischen Prinzen, die Kühe hütete. S. *Homers* Hymnus I. an die Venus.

3) *Adonis.*

len muß, die er ebenfalls in ihn verliebt machte. An Zucht lasse ich es gewiß nicht bey ihm fehlen. Wie oft hab' ich ihm nicht schon gedroht, ihm, wenn er seine Bübereyen nicht lassen werde, Bogen und Pfeile zu zerbrechen, und sogar die Flügel zu beschneiden[4]). Ja ich hab' ihm wohl eher mit meinem Pantoffel den Hintern tüchtig ausgeklopft. Für den Augenblick gebehrdet er sich dann freylich ganz demüthig und verspricht Besserung; allein, ich weiß nicht wie in kurzem alles bey ihm wieder vergessen ist. — Aber sage mir doch, liebe Luna, ist Endymion schön? Denn, wenn man ja in dieß Unglück gerathen müßte, so gereicht wenigstens die Schönheit des Gegenstandes zu einigem Troste.

LUNA.

Mir, liebe Venus, scheint er sehr schön zu seyn: zumal wenn er auf seinem über den Felsen hingespreiteten Jagdpelze schlummert, und in der Linken etliche Wurfpfeile hält, die ihm schon aus der Hand entschlüpfen, den rechten Arm aber mit einer unbeschreiblichen Grazie um seinen Kopf herumgebogen hat, so daß die Hand einen Theil seines schönen Gesichtes verdeckt.[5]) So liegt er in den reizendsten Schlummer aufgelößt, und sein sanfter Athem ist so rein und lieblich als wär' er mit Ambrosia genährt. Ich gestehe dir, daß ich mich dann nicht enthalten kann, so sachte als möglich herabzusteigen, auf den äussersten Fußspitzen, aus Furcht ihn aufzuwecken, zu ihm hinzuschleichen, und dann — doch, wozu brauche ich dir zu sagen was weiter erfolgt? Genug, ich läugne nicht daß ich vor Liebe schier von Sinnen komme.

---

4) Eine Anspielung an eine Stelle in *Bions* erstem Idyllion.

5) Lukian scheint hier nach irgend einem damals berühmten Gemählde copirt zu haben.

XII.
Attis und Cybele.

Venus und Amor.

VENUS.

Mein Sohn Amor, sieh einmal was du für Händel anstellst! Ich spreche nicht von dem, was du die Menschen auf der Erde gegen sich selbst und gegen andere zu begehen verleitest, sondern bloß von dem was im Himmel vorgeht, wo du Jupitern zu allem machst was dir einfällt, Lunen auf die Erde herabziehest, und Schuld bist daß der Sonnengott sich so oft bey Klymenen[1]) verspätet und seinen Lauf anzutreten vergißt. An mir, deiner leiblichen Mutter, glaubst du dich vollends gar nicht versündigen zu können. Aber daß du, kleiner Tollkopf, sogar die gute Rhea[2]), die schon eine alte Frau und so vieler Götter Mutter ist, dahin gebracht hast, sich mit solcher Wuth in diesen Phrygischen Knaben[3]) zu verlieben, das ist zu arg. Denn sie ist ja ordentlich rasend, spannt Löwen vor ihren Wagen, schwärmt mit ihren Korybanten, die sie eben so rasend gemacht hat als sie selbst ist, auf dem ganzen Ida herum, und heult um ihren Attis; und von ihren Korybanten[4]) schneidet sich der eine Löcher in die

1) Der Mutter des Phaeton, dessen unglücklicher Versuch, den Sonnenwagen regieren zu wollen, der Inhalt des 25sten Gespräches ist.

2) Lukian nimmt also *Rhea*, *Cybele* und *Demeter* für Eine Person; denn von Cybele wird eigentlich erzählt was er hier auf Rechnung der *Rhea* setzt.

3) *Attis* oder *Atys*.

4) Diesen Nahmen geben sich die Priester der Cybele, und mit dieser Affectation einer fanatischen Begeisterung, wie Lukian sie hier beschreibt, pflegten sie in Phrygien, und überall, wo der Dienst dieser Göttin eingeführt war, das Fest derselben zu begehen. In Rom, wo

Arme, ein anderer läuft mit fliegenden Haaren im Gebürge herum, ein dritter bläßt in ein Horn, noch ein andrer schlägt auf eine Trommel oder macht ein Getöse mit zusammengeschlagenen Blechen; kurz, der ganze Ida ist in Aufruhr und fanatischer Wuth. Bey solchen Umständen befürchte ich — denn was muß die Unglückliche, die dich zum Unheil der Welt gebohren hat, nicht immer befürchten? — daß Rhea, in einem Anfall von Raserey, oder sollte ich nicht vielmehr sagen, wenn sie noch soviel Besonnenheit hat, ihren Korybanten befehlen könnte, dich zu greiffen und in Stücken zu zerreissen, oder ihren Löwen vorzuwerfen. Wahrlich davor bist du keinen Augenblick sicher!

AMOR.

Beruhige dich liebe Mutter, die Löwen werden mir nichts thun; wir sind schon ganz gute Freunde; sie lassen mich willig auf ihren Rücken steigen und sich am Zügel von mir führen, wohin ich will[5]): sie liebkosen mir sogar und lecken mir die Hand, wenn ich sie ihnen in den Rachen stecke, ohne Schaden. Was aber die alte Rhea betrifft, wo sollte sie die Zeit hernehmen sich um mich zu bekümmern, da sie so ganz in ihrem Attis lebt? — Im übrigen, wenn ich euch auf das Schöne aufmerksam mache, was thu' ich daran so unrechtes? Laßt ihr euch davon hinreissen, so ist das eure Sache; was gebt ihr *mir* die Schuld? Oder möchtest du etwa, Mutter, von deiner Liebe zum Kriegsgott geheilt seyn, oder ihn von seiner Leidenschaft für dich geheilt sehen?

sie seit dem Jahre 547 A. C. unter dem Nahmen der *Idäischen Mutter* verehrt wurde, hießen diese ihre Priester Galli, und das Fest, das ihr zu Ehren jährlich sechs Tage lang gefeyert wurde, Megalesia.

5) So sieht man ihn häufig auf geschnittnen Steinen.

VENUS.

Du bist ein abscheulicher Junge, es ist gar kein Auskommen mit dir. Es kommt aber gewiß noch eine Zeit, wo du an meine Warnungen denken wirst.

XIII.
Rangstreit zwischen zwey neugeadelten Göttern.

Jupiter, Äskulap und Herkules.

JUPITER.

So hört doch einmal auf, Äskulap und Herkules, euch zu zanken als ob ihr noch Menschen wäret? das schickt sich ja gar nicht für Götter, und am allerwenigsten bey Tafel.

HERKULES.

Du willst also, Jupiter, daß der Giftmischer da über mir sitze?

ÄSKULAP.

Das sollt' ich wohl denken da ich ein besserer Mann bin als er!

HERKULES.

Warum, du donnerschlächtiger[1]) Kerl? Etwa weil dich Jupiter mit einem Wetterstral erschlug,

1) Dieses oberdeutsche Wort ist das einzige in unsrer Sprache, das dem ὦ ἐμβρόντητε des Originals genau entspricht, zumal da man es nie anders als aus dem Munde roher pöbelhafter Leute als ein Schimpfwort hörte. Das hochdeutsche *Verdonnert* oder *Verwettert* paßte hier nicht so gut, weil Herkules dem Äskulap zum Vorwurf machen will, daß er vom Donner *erschlagen* worden; und dieser Begriff liegt in keinem dieser beyden Wörter.

da du thatest was nicht erlaubt war[2]), und weil du nun, aus Barmherzigkeit, unter die Unsterblichen aufgenommen worden bist?

ÄSKULAP.

Du hast also vergessen, Herkules, daß du auf dem Berge Öta verbranntest, weil du mir das Feuer vorrückst?

HERKULES.

Es war ein großer Unterschied zwischen meinem Leben und deinem Leben. Ich bin ein gebohrner Sohn Jupiters, und mein ganzer Lebenslauf war ein beständiger Kampf mit den Feinden der Menschheit von denen ich den Erdboden reinigte, — mit Ungeheuern die ich bezwang, und gewaltthätigen Menschen die ich zur Strafe zog. Du hingegen bist ein Wurzelmann und ein Marktschreyer! Kranken Leuten Arzneyen einzugeben, dazu magst du allenfalls gut seyn; aber keine mannhafte That kannst du in deinem ganzen Leben nicht aufweisen.

ÄSKULAP.

Freylich war es keine, da ich die Brandblattern heilte, womit du bedeckt warst, als du neulich halbgebraten, und von beydem, vom vergifteten Hemde der Dejanira und vom Feuer so übel am ganzen Leibe zugerichtet, in den Himmel heraufkamst! Übrigens, wenn ich auch sonst nichts zu meinem Behuf sagen könnte, bin ich doch nie ein Knecht

2) Äskulap trieb seine Heilkunst so weit, daß er seine Patienten nicht nur gesund machte, sondern sogar wieder ins Leben zurückrief, wenn sie gestorben waren. Die Einkünfte und Gerechtsame des Höllengottes Pluto litten dadurch so großen Abbruch, daß dieser endlich bey seinem ältern Bruder heftige Klagen darüber führte, so daß Jupiter sich genöthigt sah, dem Arzt das Handwerk mit seinem Donnerkeile zu legen. Zur Vergütung wurde er, als ein Sohn Apollos und Wohlthäter der Menschen, unter die Götter aufgenommen.

gewesen, und habe keine Wolle in Lydien gekämmt, und keinen purpurnen Weiberrock getragen, und bin nie von einer Omphale mit einem goldnen Pantoffel um die Ohren geschlagen worden; auch hab' ich nie aus Milzsucht mein Weib und meine Kinder umgebracht.

HERKULES.

Wenn du nicht gleich zu schmähen aufhörst, sollst du auf der Stelle erfahren, daß dir deine Unsterblichkeit wenig helfen wird; ich kriege dich zu packen und schmeisse dich zum Himmel hinaus, daß *Päeon*[3]) selbst deinen zertrümmerten Schädel nicht wieder soll zusammenflicken können!

JUPITER.

Macht dem Gezänk' ein Ende, sag' ich, und stört das Vergnügen der Gesellschaft nicht länger, oder ich schick' euch beyde von der Tafel fort! — Übrigens, Herkules, ist es nicht mehr als billig, daß Äskulap über dir sitze, wär' es auch aus keinem andern Grunde als weil er zuerst gestorben ist.

---

3) Dieser *Päeon*, oder Päon war der Wundarzt der Götter, wie man aus dem fünften Buche der Iliade sehen kann. Mir ist wahrscheinlich daß er, eben so wie *Helios*, einer von den alten Göttern vom Hofe Saturns gewesen, und, wie Helios, erst in spätern Zeiten, mit Phöbus Apollo vermengt worden sey. Daß Homer und Hesiodus ihn vom Apollo unterscheiden, ist gewiß. S. die Anmerkung des *Scholiasten* vom 232st. Verse des IVten Buches der *Odyssee*.

XIV.
Unglücklicher Tod des schönen Hyacinthus.

Merkur und Apollo.

MERKUR.

Warum so finster, Apollo?

APOLLO.

Weil mirs in meinen Liebesangelegenheiten so hinderlich geht.

MERKUR.

Das ist freylich betrübt. Aber darf man fragen, was dich dermalen veranlaßt, dein Schicksal in der Liebe anzuklagen? Geht dir etwa die Geschichte mit der Daphne noch im Kopfe herum?

APOLLO.

Das nicht; ich traure nur um meinen Liebling den Sohn des Öbalus aus Lakonien.

MERKUR.

Wie? der schöne *Hyacinth* wäre todt[1]?

APOLLO.

Leider!

MERKUR.

Aber woran denn? Wer konnte ein so großer Feind von allem, was liebenswürdig ist, seyn, um einen so schönen Knaben zu tödten?

1) *Pausanias* (L. III. 1.) macht den Hyacinth zu einem Sohne des spartanischen Königs *Amyklas*, der des Öbalus Großvater war. Lukian scheint der gemeinen Tradition zu folgen.

APOLLO.

Ich selbst hab es gethan.

MERKUR.

Bist du rasend, Apollo?

APOLLO.

Das nicht; mein Unglück machte mich wider Willen zu seinem Mörder.

MERKUR.

Ich wünschte wohl zu hören wie das zugieng.

APOLLO.

Er lernte den Diskus[2]) werfen, und ich war sein Gespiele dabey. Nun war der verdammteste aller Winde, der Zephyr, auch und schon lange in den Knaben verliebt; weil er aber kein Gehör bey ihm fand, lauerte er auf eine Gelegenheit sich zu rächen. Indem ich nun den Diskus, wie wir schon so oft gethan, in die Höhe werfe, bläst der verfluchte Zephyr vom Taygetus[3]) herab, und treibt ihn im Herunterfallen dem Knaben mit solcher Gewalt auf den Kopf, daß das Blut gleich stromweise aus der Wunde floß, und der Knabe auf der Stelle starb. Wüthend verfolgte ich Zephyrn bis an den Berg, und verschoß alle meine Pfeile vergebens nach ihm: dem Knaben aber richtete ich zu *Amyklä*, an dem Orte wo ihn der unglückliche Diskus niederschlug, einen

2) Das Übungsspiel mit dem Diskus war eines der ältesten bey den Griechen, und erfoderte eben soviel Stärke als Gewandheit. Man warf den Diskus entweder nur so hoch man konnte, oder nach einem gewissen Ziele. Er bestand aus einer runden tellerförmigen Platte von Stein oder Metall, von beträchtlicher Schwere, zumal in den heroischen Zeiten, wie man aus dem 23st. Buche der Iliade, v. 826 seq. sehen kann.

3) Ein Berg in Lakonien.

hohen Grabhügel auf[4]); und aus seinem Blute, Merkur, mußte mir die Erde die schönste und lieblichste aller Blumen hervortreiben, und ich bezeichnete sie mit den Buchstaben der Todtenklage[5]). Findest du nun nicht, daß ich Ursache habe traurig zu seyn?

MERKUR.

Nein! denn, da du wußtest, daß du dir einen Sterblichen zum Liebling erkohren hattest, wie kannst du es übel nehmen, daß er gestorben ist?

XV.
Eifersucht der zwey schönsten Götter über Vulkans Glück im Heurathen.

Merkur und Apollo.

MERKUR.

Aber daß dieser Vulkan, der doch nur ein Krüppel und ein Grobschmidt seines Handwerks ist, die schönsten unserer Göttinnen, die *Venus* und die

4) Zu Pausanias Zeiten glaubte man, das Fußgestell der Statue des Apollo in seinem Tempel zu Amyklä ruhe auf dem Grabe des Hyacinthus, dessen Jahresfest die Spartaner unter dem Nahmen *Hyacinthia* feyerten. *Pausan. Lacon.* c. 19.

5) D. i. mit den Buchstaben Aι, Aι. Diese Buchstaben, womit die Blume des Hyacinthus bezeichnet seyn soll, sind, (so wie der vorgebliche Todesgesang des Schwans) unter den alten Dichtern zur Sage geworden; wiewohl bis auf diesen Tag weder die Schwäne singen, noch die Hyacinthe oder irgend eine andere bekannte Blume mit Aι bezeichnet ist.

Charis, zu Weibern haben soll[1]) — ist es nicht unausstehlich?

APOLLO.

Er ist nun einmal im Heurathen glücklich, Merkur. Indessen wundert es auch mich, wie sie es ertragen können, mit einem Manne zu leben, der immer von Schweiße trieft und von dem beständigen Herabbücken auf seine Esse mit Ruß im Gesicht überzogen ist; und so einen Mann umarmen sie, küssen sie, und liegen bey ihm!

MERKUR.

Das ist es eben was mich verdrießt, und warum ich den Vulkan beneide. Er läßt uns auf unsere Vorzüge so stolz seyn als wir wollen, dich auf dein lockichtes Haar, auf deine Schönheit und auf deine Zither, mich auf meine fechtermäßige Figur und auf meine Leyer: wenn's schlafengehens Zeit ist, müssen wir eben doch allein liegen!

APOLLO.

Ich spiele überhaupt in Liebessachen immer unglücklich. Mit den beyden einzigen, die ich vor allen und recht inbrünstig liebte, hätte mirs nicht schlimmer gehen können. Der Daphne war ich so zuwider, daß sie lieber zum Baume als mein werden wollte; der arme Hyacinth verlohr sein Leben durch

1) *Homer* (*Ilias* XVIII. 382.) und *Hesiodus* (*geneal. Deor.* 945. geben dem Vulcan eine *Charis* oder *Grazie* zur Gemahlin, und Hesiodus nennt sie die jüngste der Grazien, *Aglaja.* Die unendliche Verwirrung die aus der ganzen Griechischen Theologie ein wahres *Chaos* macht, herrscht auch in dem Artikel von den Grazien, über deren Stand und Wesen, Genealogie, Nahmen und Anzahl, fast überall eine andere Tradition angenommen war. Soviel ist indeß gewiß, daß die *Charis des Vulcans* mit den *Grazien der Venus*, deren in den spätern Zeiten gewöhnlich *drey* angenommen wurden, nicht zu verwechseln ist.

einen Diskuswurf; und an ihrer statt habe ich nun Lorber- und Blumen-Kränze.

MERKUR.

Ich hatte doch einmal — ohne mich zu rühmen — die Venus —

APOLLO.

Wir wissen was davon; es hieß ja so gar, sie habe den schönen *Hermaphroditus*[2]) von dir. Aber, wenn du es weißt, so sage mir doch wie es kommt, daß Venus und Charis nicht eifersüchtig über einander sind?

MERKUR.

Ich weiß keine andre Ursache als weil die letztere zu *Lemnos* mit ihm lebt, Venus hingegen nur im Himmel[3]): überdem ist diese auch zu stark mit ihrem geliebten Mars beschäftigt, um sich um den Schmidt viel zu bekümmern.

APOLLO.

Glaubst du, daß Vulkan etwas von dieser Intrigue wisse?

MERKUR.

Ja wohl; aber was will er machen? mit einem so rüstigen Jüngling, und der noch obendrein Soldat ist, anzubinden, wäre nicht rathsam. Er stellt sich also ganz ruhig; aber er arbeitet in aller Stille an einem gar künstlichen Netze, worin er sie nächstens einmal, wenn sie beysammen sind und — am wenigsten an ihn denken, zu fangen hofft[4]).

2) S. *Ovids Verwandlungen.* IV. Fab. 11.

3) Woher Lukian diese Anekdote hat, weiß ich nicht: wenigstens nicht aus dem *Homer*, der die Charis so gut als Aphroditen oder Venus im Himmel wohnen läßt. Sie ist indessen wahrscheinlich; und am Ende muß ja Merkur diese Dinge am besten wissen.

4) Diese Eröfnung, welche Merkur dem Apollo im Vertrauen thut, macht die Vorbereitung zum XVII. Dialog.

XVI.
Die Götterkönigin macht ihrer Eifersucht über Latonen Luft.

Juno und Latona.

JUNO *spöttisch.*

Das muß man gestehen, Latona[1]), daß du Jupitern ein paar schöne Kinder gebohren hast!

LATONA *in gleichem Tone.*

Wir können nicht alle so schöne Kinder in die Welt setzen wie dein *Vulkan* ist.

JUNO.

Der ist doch am Ende, so lahm er auch ist, noch zu etwas nütze; denn er ist ein großer Künstler, und die schönsten Möbeln im Himmel sind von seiner Arbeit; auch hat er, mit aller seiner Häßlichkeit eine schöne Frau bekommen und wird von ihr werth gehalten. Aber was kann man von *deinen* Kindern sagen? Die eine will es mit aller Gewalt den Männern gleich thun, und schwärmt wie eine Wilde in Bergen und Wäldern herum; und, seitdem sie neulich zu den Scythen nach *Taurien* gezogen ist, und sich die Reisenden, die dort ankommen, opfern läßt, wissen alle Leute, was ihr Leibessen ist; da sie unter Menschenfressern lebt, kann man

1) *Latona*, war eine Tochter des Titan *Cöus*, und also eine Cousine Jupiters, welchem sie den Apollo und die Diana als Zwillinge gebahr.

sich leicht vorstellen, daß sie auch ihre Sitten angenommen hat. Dein *Apollo* aber giebt sich die Miene, als ob er alles wisse und könne, macht den Bogenschützen, den Zitherspieler, den Poeten, und den Arzt, und hat zu *Delphi* und zu *Klaros* und zu *Didymi*[2]) Wahrsagerbuden aufgeschlagen, wo er die Leute, die ihn fragen, mit schiefen und zweydeutigen Antworten, die man immer auf beyde Seiten drehen kann, um ihr Geld bringt. Weil der Narren, die sich von Marktschreyern betrügen lassen, viele sind, so wird er zwar reich dabey: aber verständige Leute wissen was sie von seinen Wunderkünsten zu halten haben, und daß der große Prophet nicht einmal vorhersah, daß er seinen Liebling mit einem Diskus tödten, und daß Daphne, trotz seiner Schönheit und seiner langen goldenen Locken, vor ihm davon laufen würde. Ich sehe also nicht warum du dir einbilden kannst, schönere Kinder zu haben als *Niobe*[3]).

LATONA.

O, ich weiß recht gut, wie diese Menschenfresserin und dieser Lügenprophet dir in den Augen Wehe thun, wenn du sie unter den Göttern sehen mußt, und wie es dich ärgert, jene wegen ihrer Schönheit, und diesen, wenn er bey Tafel auf der Zither spielt, von Allen bewundert zu sehen.

2) Die berühmtesten Orakel des Apollo waren ehemals zu *Delphi* in der Landschaft Phocis — zu *Claros*, einem zu der Stadt Kolophon in Ionien gehörigen Orte, und zu *Didymi*, unweit Miletus in Ionien, die, (nach der Tradition) einen Sohn dieses Gottes zum Erbauer hatte.

3) *Niobe*, eine Tochter des Tantalus und Enkelin Jupiters, war so stolz auf die vierzehn Kinder, die sie dem Könige Amphion von Theben gebohren hatte, daß sie sich der Latona auf eine übermüthige Art vorzog. Die Rache der letztern ist durch die berühmte *Gruppe Niobe und ihre Kinder*, bekannt, welche dermalen eine der größten Zierden des Großherzoglichen Museums zu Florenz ist.

JUNO *mit affectirtem Lachen.*

Ich muß über deinen Geschmack lachen. Apollo bewundernswürdig? Er, dem Marsyas[4]), wenn die Musen hätten recht richten wollen, die Haut würde abgezogen haben, da er ohne Vergleichung ein besserer Musicus ist: so aber mußte der arme übervortheilte Tropf das Opfer eines partheyischen Urtheils werden. Und wie es um die Schönheit deiner schönen Jungfer Tochter steht, kann man daraus sehen, daß sie den armen Aktäon, wie sie gewahr wurde, daß er sie im Bade gesehen hatte, von seinen eigenen Hunden zerreissen ließ, aus Furcht, er möchte ihre Häßlichkeit unter die Leute bringen. Nichts davon zu sagen, daß sie den Gebährenden schwerlich Hebammendienste thun würde[5]), wenn sie selbst noch Jungfer wäre.

LATONA.

Du bildest dir gar zu viel darauf ein, daß du Jupiters Gemahlin und Mitregentin bist, und nimmst dir deswegen etwas mehr Freyheiten gegen andere heraus als sich gebührt. Ich hoffe aber es soll nicht lange anstehen, bis ich dich wieder weinen sehe, wenn er dich sitzen lassen und auf die Erde hinabsteigen wird um Stier oder Schwan zu werden.

---

4) Ein *Satyr*, der den Apollo zu einem Wettstreit herausgefordert hatte, wobey die Musen Richter waren und, wie natürlich, den Ausspruch für ihren Präsidenten thaten.

5) als *Ilithyia*. Bey den Römern war *Juno*, als *Lucina*, die Patronin der Gebährenden.

XVII.
Das Netz des Vulkanus.

Apollo und Merkur.

APOLLO.

Was lachst du so, Merkur[1]?

MERKUR.

Über etwas sehr lächerliches, das ich gesehen habe, Apollo.

APOLLO.

So laß hören, damit ich dir lachen helfen kann.

MERKUR.

Venus ist mit ihrem Mars über der That ertappt worden, und Vulkan hat sie so künstlich gefangen, daß sie gar nicht los kommen können.

APOLLO.

Wie machte er das? das muß eine lustige Geschichte seyn!

MERKUR.

Er merkte schon lange was, denke ich, und lauerte nur auf eine gute Gelegenheit, das künstliche Netz (wovon ich dir neulich sagte) anzubringen; und da er sie gefunden zu haben glaubte, legte er's

1) Ich hoffe von denen, die das Original lesen können, leicht Verzeihung zu erhalten, daß ich mir in diesem Dialog etwas mehr Freyheit als gewöhnlich erlaubt habe. Es war gleich nöthig, bald *deutlicher*, bald *undeutlicher* im Ausdruck zu seyn als Lukian; und, auch außerdem, wäre es ohne eine gewisse Freyheit nicht möglich gewesen, dieses Stück der Chronique scandaleuse des Himmels mit der gehörigen Laune zu erzählen.

um sein Bette, und that als ob er sich, einer Arbeit wegen, nach seiner Werkstätte zu Lemnos begeben müsse. Kaum war er fort, so kommt mein Mars, der sich keiner Hinterlist vermuthen war, in aller Stille angeschlichen: er wird aber vom *Helios* erblickt, der dem Vulkan sogleich davon Nachricht giebt. Inzwischen besteigen unsere Verliebten das Bette, und — verwickeln sich (du kannst dir einbilden wie?) in dem unsichtbaren Jagdnetze, daß es eine Freude war. Auf einmal kommt Vulkan in eigener Person dazu. Die arme Frau, die sich im Stand der puren Natur befand, hätte vor Schaam vergehen mögen, daß sie nichts hatte, womit sie sich bedecken konnte; der Galan aber hoffte anfangs seine Fesseln zerreissen zu können und sich mit der Flucht zu retten; wie er aber merkte, daß es unmöglich war, legte er sich aufs Bitten.

APOLLO.

Und was that Vulkan? wickelte er sie loß?

MERKUR.

Nein, so leicht läßt er sie nicht davon kommen. Er hat alle Götter zusammengerufen, um sie zu Augenzeugen seines Glücks im Ehestande zu machen. Du kannst dir die Verlegenheit und Beschämung der beyden Hauptpersonen, in den Umständen und der Attitüde, worinn sie zusammengestrickt sind, besser vorstellen, als ich sie beschreiben könnte; es ist ein sehenswerthes Schauspiel, das versichere ich dich!

APOLLO.

Aber schämt sich denn der Grobschmidt nicht, seine eigene Schande so weltkundig zu machen?

MERKUR.

O zum Jupiter, er steht dabey und lacht noch lauter als alle andern! Ich für meine Person, wenn ich die Wahrheit gestehen soll, konnte mich nicht enthalten, den Mars, wie ich ihn mit der schönsten aller Göttinnen so zusammengeschlungen sah, noch sehr beneidenswürdig zu finden[2]).

APOLLO *lächelnd.*

Du wolltest dich also um diesen Preis auch binden lassen?

MERKUR.

Und du etwa nicht, Apollo? Komm nur und sieh selbst, und wenn du nicht auf den ersten Blick meiner Meinung bist, dann will ich deiner Weisheit eine große Lobrede halten.

XVIII.
Juno macht ihrem Gemahl wegen seines Bastarts Bacchus eifersüchtige Vorwürfe.

Juno und Jupiter.

JUNO.

Ich würde mich schämen, Jupiter, wenn ich einen solchen Sohn hätte, wie dein *Bacchus* ist, der so

2) S. die bey diesem Dialog zum Grunde liegende Erzählung dieser erbaulichen Geschichte im VIIIt. Buche der *Odyssee.*

wollüstig, und der Trunkenheit so ergeben ist, daß er gar nicht nüchtern wird, und sich kein Bedenken macht in einem weibermäßigen Kopfschmuck[1]) unter den rasenden Dirnen, mit denen er lebt, zu Trommeln, Pfeiffen, und Klapperbecken zu tanzen und herumzuschwärmen! Wenn er dein Sohn ist, so muß ich gestehen, daß er einem jeden andern ähnlicher ist als seinem Vater.

JUPITER.

Gleichwohl hat dieser Weichling, den du nicht weibisch genug beschreiben kannst, Lydien erobert, die Anwohner des Tmolus bezwungen und die Thrazier in seine Gewalt gebracht; ja er ist mit diesem nehmlichen Weiberheer bis in Indien eingedrungen, hat sich ihrer Elefanten bemächtigt, ihr Land eingenommen, und ihren König der ihm zu widerstehen sich erkühnte, gefangen davon geführt; und das alles singend und tanzend, mit keinen andern Waffen als mit epheubekränzten Thyrsusstäben

1) μίτρα, eine mehr morgenländische als Griechische Art von Frauen Kopfschmuck, die von den Lydiern zu den Griechen und von diesen zu den Römern übergieng, wiewohl sie zu *Juvenals* Zeiten bloß ein Unterscheidungszeichen ausländischer Buhldirnen gewesen zu seyn scheint. Ite, quibus grata est picta lupa barbara mitra [geht (doch zu ihr), die ihr an der Barbarenhure mit ihrem bunten Kopfputz Spaß habt]. *Satyra* III. 66. — Il y a de quoi admirer le caprice du gout et la bizarrerie de la mode, qui fait servir les mêmes choses à nos ceremonies les plus augustes et à l'appareil de la Galanterie, et *met sur la tête des plus respectables ministres du Seigneur* les mêmes ornemens, â peu prés, dont se paroient les *Courtisanes* [Man muß die Launen des Geschmacks und die Absonderlichkeiten der Mode bewundern, die bewirkt, daß die gleichen Dinge unseren erhabensten Zeremonien genauso dienen wie den Vorbereitungen zu Liebesabenteuern, und die die Kopfbedeckungen der verehrungswürdigen Gottesdiener ungefähr mit den gleichen Mustern ausstattet, mit denen sich die Kurtisanen schmücken], sagt der Abt *Nadal*, in seiner Abhandlung vom Luxus der römischen Damen.

in der Hand, trunken, wie du sagst und schwärmend. Und wer sich unterstand ihn zu schmähen oder seiner Mysterien zu spotten, den ließ er entweder mit Weinranken fesseln, oder machte, daß der Frefler von seiner eigenen Mutter für ein Hirschkalb angesehen[2]) und in Stücken zerrissen wurde. Das wären doch männliche Thaten, dächte ich, deren sein Vater sich nicht zu schämen hätte! Daß auch ein wenig Muthwillen und Leichfertigkeit dabey mit unter läuft, muß ihm nicht so übel ausgelegt werden; zumal wenn man bedenkt was er nüchtern seyn müßte, da er betrunken schon so große Dinge thut.

JUNO.

Du scheinst mir in der Laune zu seyn, so gar die schöne Erfindung, auf die er sich so viel einbildet, den Weinstock und den Wein, gut zu heißen, ungeachtet du siehest was die Folgen davon sind, und zu was für wilden Ausschweifungen die Betrunknen in ihrem Taumel, der oft zu einer völligen Wuth wird, hingerissen werden, wie *Ikarius*, der erste, den er mit der Weinrebe beschenkte, zum Beyspiel dienen kann, der von seinen berauschten Zechbrüdern mit Hacken zu Tode geschlagen wurde[3]).

JUPITER.

Das will gar nichts sagen, daran hat weder der Wein noch Bacchus Schuld, sondern bloß, daß die Leute mehr trinken als ihnen wohl thut und als sie

2) Dieß war das Schicksal des Thebanischen Königs Pentheus, da er sich der Einführung der Orgien des Bacchus widersetzte, und diesen damals noch ganz neugestempelten Gott nicht für voll gelten lassen wollte. S. die *Bacchantinnen* des *Euripides*, und die 7. 8. 9. u. 10te Fabel des IIIt. Buches der *Ovidischen Verwandlungen*.

3) So erzählt auch *Apollodorus* dieses Histörchen L. III. pag. 227. in *Galei Scripl. Hist. Poel.* edit. Paris de 1675.

ertragen können. Wer im Trinken Maß zu halten weiß, wird nur fröhlicher und ein desto angenehmerer Gesellschafter, und seine Mittrinker können sehr sicher seyn, daß sie das Schicksal des Ikarius nicht von ihm zu befürchten haben[4]). Ich sehe wohl, liebe Juno, daß die Eifersucht hier wieder im Spiel ist, und daß dir die Semele im Kopfe stecken muß, da du dem Bacchus sogar was das Beste an ihm ist zum Verbrechen machst.

XIX.
Warum Amor einige Göttinnen ungeneckt läßt.

Venus und Amor.

VENUS.

Wie kommt es, Amor, daß du, der du über alle übrigen Götter, über Jupitern, Neptun, Apollo, über die Rhea[1]) und mich, deine Mutter selbst, Meister geworden bist, Minerven allein unangefochten läs-

4) Der Abt *Massieu* übersetzt dieß: Citerés vous un seul compagnon d' Icarius, à qui le même malheur soit arrivé? [Können sie auch nur einen Gefährten des Ikarius nennen, dem das gleiche Unglück widerfahren wäre?] Ich weiß nicht wie er diesen Sinn in den Griechischen Worten finden konnte; aber es begegnet ihm öfters, den Lukian auf ähnliche Art zu verfehlen. Ich erinnere dieß hier bloß, um zu versichern, daß es meine Schuld nicht ist, wenn wir nicht immer zusammentreffen.

1) Nach der Verbesserung des vortreflichen *Tiber. Hemsterhuis*, statt der gewöhnlichen aber unschicklichen Leseart, Ἥραν, *Juno*.

sest, und daß nur bey ihr deine Fackel ohne Feuer und dein Köcher ohne Pfeile ist?[2])

AMOR.

Ich fürchte mich vor ihr, liebe Mutter; sie hat etwas so schreckendes und trotziges in ihrem Blicke, und sieht mir überhaupt gar zu mannhaft aus. Wenn ich mich ihr auch einmal mit gespanntem Bogen nähere, und sie schüttelt nur ihren Helmbusch, so kommt mich gleich ein solches Grauen an, daß ich am ganzen Leibe zittre und Bogen und Pfeile mir aus den Händen schlüpfen.

VENUS.

Ist denn Mars nicht noch fürchterlicher? Und gleichwohl hast du ihn entwafnet und überwunden.

AMOR.

O! der läßt mich gutwillig herankommen, und ruft mir wohl selbst: Minerva hingegen beobachtet mich immer mit mißtrauischen Augen. Einsmals, da ich bey ihr vorbeyflog, und ihr von ungefehr[3]) mit der Fackel zu nahe kam, stellte sie sich sogleich in Positur, und wenn du mir näher kommst, rief sie, so jage ich dir, bey meinem Vater! die Lanze durch den Leib, oder nehme dich beym Beine und schleudre dich in den Tartarus hinab, oder zerreisse dich mit meinen eignen Händen in Stücken. Dergleichen Drohungen stieß sie noch eine Menge aus; und dann macht sie immer eine so grimmige Miene, und hat

2) Lukian, der (wie man schon bemerkt haben muß) die *Tautologie* liebt, setzt zum Überfluß noch hinzu »*du selbst aber bist als ob du weder schießen noch treffen könntest;*« denn dieß scheint der Sinn der Wörter ἄτοξος [ohne Bogen und Pfeil] und ἄστοχος [das Ziel verfehlend] zu seyn.

3) *Dieß von ungefehr* ist nicht ausdrücklich im Texte: es scheint aber in dem Worte ἄλλως [anders als es sein sollte; ungewollt] und im ganzen Zusammenhang zu liegen.

überdieß noch einen gräßlichen Kopf mit Schlangenhaaren auf der Brust, vor dem ich mich ganz entsetzlich fürchte; denn er macht mir ein so abscheuliches Fratzengesicht[4]), daß ich gleich davonlaufen muß, sobald ich es ansichtig werde.

VENUS.

Du fürchtest dich also, wie du sagst, vor der Minerva und ihrem Medusenkopfe, du, dem Jupiter selbst mit seinem Donnerkeil nicht bange macht? Aber warum sind dir auch die *Musen* unverwundbar und schußfrey? Schütteln sie etwan auch ihre Helmbüsche gegen dich, und halten dir Gorgonenköpfe vor die Nase?

AMOR.

Vor denen habe ich Respect, Mutter; denn sie sehen so ehrwürdig aus, und haben immer was zu denken oder zu singen; ich bleibe oft bey ihnen stehen als ob ich nicht wieder fort könnte, so sehr bezaubert mich der Gesang[5]).

VENUS.

Nun so lassen wir auch diese Musen in Ruhe, weil sie doch so ehrwürdig sind; aber was ist denn die Ursache daß du *Dianen* nicht verwundest?

4) μορμολύττεταί με. Die *Mormo* war eine Art Popanz, (wie die *Lamien* und *Empusen*) womit Ammen und Kinderwärterinnen (die bey den Griechen nicht weiser waren als die unsrigen) die Kinder zu schrekken pflegten, um zu schlafen oder wacker zu seyn.

5) Hemsterhuys erinnert sich hier eines artigen Sinngedichts aus der Anthologie wovon ich die Übersetzung, im Vorbeygehen, als eine Blume auf den Altar der Musen werfe.

Zu den Musen sprach Cypris: ihr Mädchen, ehrt Aphroditen,
Oder sie rächt sich, und schickt Amorn euch über den Hals.
Spare den Scherz für den Mars, versetzten der Cypris die Musen,
Denn so hoch bis zu uns flieget dieß Knäbelein nicht.

AMOR.

O der kann ich nicht einmal nachkommen, da sie beständig in den Bergen herumjagt; und dann hat sie auch schon ihre eigene Liebhaberey.

VENUS.

Was für eine wäre das, mein Kind?

AMOR.

Die Liebe zur Jagd, zu den Hirschen und Hirschkälbern, die sie den ganzen Tag mit solcher Hitze verfolgt, daß sie keiner andern Leidenschaft fähig ist. Denn was ihren Bruder betrifft, wiewohl er auch ein tüchtiger Bogenschütze ist —

VENUS.

Ich weiß was du sagen willst, mein Kind; den hast du ziemlich oft angeschossen!

XX.
Das Urtheil des Paris.

Jupiter, Merkur, Juno, Pallas, Venus, Paris, auch Alexander genannt.

JUPITER.

Merkur, nimm diesen Apfel da, und begieb dich damit nach Phrygien zu dem Sohne des Priamus, der die Kühe auf dem Ida weidet[1]), und sage ihm

1) Im Original ist noch des Gargarus erwähnt, der mittelste der drey Berge aus welchen der Ida bestand. Zu *Strabons* Zeiten zeigte man noch die Scene dieses berühmten Urtheils des Paris auf einem Berge, der damals Alexandria genannt wurde.

von Meinetwegen, weil er selbst schön sey und sich auf Liebessachen besonders gut verstehe, so befehle ich ihm den Ausspruch zu thun welche unter diesen Göttinnen die schönste sey; und die Siegerin in diesem Streite soll den Apfel aus seiner Hand empfangen! — *Zu den drey Göttinnen.* Es ist nun Zeit, daß ihr euch zu euerm Richter verfüget; ich für meine Person mag mit der Entscheidung nichts zu thun haben, da ihr mir gleich lieb seyd, und ich euch, wenn es nur angienge, recht gern alle drey siegen sähe. Aber auch ausserdem ist es eine Unmöglichkeit, Einer den Preis der Schönheit zu geben ohne sich bey den übrigen äusserst verhaßt zu machen. Aus allen diesen Ursachen tauge ich ganz und gar nicht dazu euer Richter zu seyn. Dieser Phrygische Jüngling hingegen, zu welchem ihr gehen werdet, ist von königlichem Blute, und ein Verwandter des Ganymedes hier, übrigens ein ungekünstelter Sohn der Natur, und den niemand eines solchen Schauspiels unwürdig halten kann.

VENUS.

Ich, für meinen Theil, würde mich dem Augenschein getrost unterwerfen, wenn du uns auch den tadelsüchtigen Momus selbst zum Richter setztest. Denn was wollte er an mir zu tadeln finden? Aber diese beyden müssen sich den Menschen auch gefallen lassen.

JUNO.

Auch wir fürchten uns nicht, Aphrodite, wenn gleich dein Mars selbst den Ausspruch thun müßte; wer also dieser Paris auch seyn mag, wir haben nichts gegen ihn einzuwenden.

JUPITER *zu Minerven.*

Ist dieß deine Meinung auch, meine Tochter? was sagst du? du wendest dich und wirst roth?

Das ist so was eigenes bey euch Jungfrauen über dergleichen Dinge roth zu werden: aber du giebst doch dein Ja durch einen Wink zu verstehen. Geht also; aber daß ihr mir ja nicht über euern Richter ungehalten werdet, oder dem armen Jungen was zu Leide thut! Denn am Ende ist es doch nicht wohl möglich, daß alle gleich schön seyn könnten.

MERKUR.

Wir gehen also nun geraden Weges nach Phrygien; ich zeige euch den Weg, und ihr folget mir ganz gemächlich. Habt nur guten Muth! Ich kenne den Paris, es ist ein schöner junger Bursche, und eine verliebte Seele obendrein; er schickt sich unvergleichlich zum Richter in solchen Sachen. Er wird ganz gewiß keinen falschen Ausspruch thun.

VENUS.

Desto besser für mich, wenn unser Richter so gerecht ist als du sagst. — Ist er noch unverheurathet, oder hat er schon eine Frau?

MERKUR.

So ganz unverheurathet ist er wohl nicht, Aphrodite.

VENUS.

Was willst du damit sagen?

MERKUR.

So viel ich weiß, hat er eine Idäische Dirne[2]) bey sich, ein tüchtiges Mädel, wiewohl etwas plump, und — wie sie auf solchen Bergen zu wachsen pflegen. Er scheint eben nicht sehr stark an ihr zu

2) Merkur spricht von *Önone*, die er (nach seiner unpoetischen Vorstellungsart) aus einer Nymphe und Tochter des Flusses Xanthus, wie billig, zu einer frischen derben Kühmelkerin macht.

hangen. Aber weßwegen thust du diese Frage an mich?

VENUS.

Ich fragte nur so, um was zu reden.

PALLAS *zu Merkur.*

Das ist wohl nicht in deiner Instruction, du da, daß du dich mit ihr in ein besonderes Gespräch einlassen sollst?

MERKUR.

Es hat gar nichts zu bedeuten, Minerva, und ist nichts gegen euch; sie fragte mich bloß, ob Paris noch ledig sey.

PALLAS.

Was geht denn das *Sie* an?

MERKUR.

Das weiß ich nicht. Sie sagt, sie habe ohne alle Absicht gefragt, blos weil es ihr so in den Sinn gekommen sey.

PALLAS.

Und *ist* er denn ledig?

MERKUR.

Ich glaube nicht.

PALLAS.

Aber hat er kriegerische Neigungen? Ist er ruhmbegierig, oder nichts als ein gewöhlicher Kühhirt?

MERKUR.

So genau kann ich das nicht sagen: aber da er noch jung ist, so läßt sich vermuthen, daß er nicht ohne solche Leidenschaften seyn wird, und daß es ihn wohl nicht verdrießen sollte, ein großer Kriegsheld zu seyn.

VENUS *zu Merkur.*

Du siehst, ich beschreye dich nicht darüber, daß du mit ihr besonders sprichst: so was überläßt Aphrodite gewissen Personen, die immer einen Vorwand finden ihre üble Laune auszulassen.

MERKUR.

Sie fragte mich beynahe das nehmliche. Du hast also keine Ursache es übel zu nehmen, oder zu denken, daß etwas zu deinem Nachtheil vorgefallen sey; ich habe ihr eben so unschuldig geantwortet als dir. Aber, während wir so schwatzen, haben wir schon ein tüchtiges Stück Weges vorwärts gemacht und die Sterne weit hinter uns zurück gelassen. Was hier vor uns liegt, ist Phrygien; denn ich erkenne bereits den Ida, und den ganzen Gargarus, und, wo mir recht ist, sehe ich auch unsern Richter Paris in eigener Person.

JUNO.

Wo dann? Ich seh' ihn noch nicht.

MERKUR.

Schaue dort hin, Juno, linker Hand; nicht auf die Spitze des Berges, auf die Seite, wo du die Höle und die Heerde siehest.

JUNO.

Ich sehe aber keine Heerde.

MERKUR.

Wie? du siehst die kleinen Kühe nicht, nur so groß, *(er mißt ihre scheinbare Kleinheit an seinem Finger)* die dort mitten aus den Felsen hervorkommen; und einen, mit einem krummen Stecken in der Hand, der von der Anhöhe herabläuft und sie zurücktreibt, damit sich die Heerde nicht zu sehr zerstreue?

JUNO.

Nun seh' ich ihn, wenn es *der* ist.

MERKUR.

Er ists. Weil wir also der Erde so nahe sind, wollen wir uns, wenn es euch gefällig ist, vollends herunter lassen und zu Fuße gehen, damit wir ihn nicht erschrecken, wenn wir so auf einmal aus der Höhe vor ihm herabfielen.

JUNO.

Du hast recht, machen wirs so! — Nun da wir auf festem Boden sind, wirst du, Aphrodite, uns wohl am besten den Weg zeigen können; denn du mußt in dieser Gegend überall Bescheid wissen, da du, wie es heißt, öfters hier beym *Anchises*[3]) zum Besuche gewesen bist.

VENUS.

Du betrügst dich, Juno, wenn du dir einbildest, daß mich dergleichen Spottreden mächtig verdrießen werden.

MERKUR.

Folget nur mir: ich bin in den Zeiten, da Jupiter seine Neigung auf Ganymeden warf, mit dem Ida sehr bekannt worden; ich mußte oft genug herabsteigen, um nach dem Knaben zu sehen; und als er sich in den Adler verwandelte, flog ich neben ihm her, und half ihm seinen Liebling tragen. Wenn ich mich recht erinnere, entführte er ihn von diesem

3) Anchises stammte mit Priamus in gleichem Grade von *Tros*, König von Troja ab. Wie diese ganze königliche Familie *bukolisch* war, so machte auch Anchises in seiner Jugend den Kühhirten auf dem Ida, und in einem der Besuche, die er in den anmuthigen Wildnissen dieses Berges von der Liebesgöttin erhielt, soll der Held der Äneide sein Daseyn empfangen haben.

nehmlichen Felsen, wo er eben unter seinen Schafen saß, und auf der Rohrpfeiffe bließ. Auf einmal flog Jupiter auf ihn zu, schlug so sanft als möglich die Klauen um ihn herum, biß mit dem Schnabel in seinen Turban, und hob den Knaben in die Höhe, der mit schreckenvollem Erstaunen, den Nacken zurückgebogen zu seinem Räuber emporsah; indessen ich die Rohrpfeiffe aufhob, die er vor Schrekken hatte fallen lassen[4]). — Aber nun sind wir unserm Schiedsmanne so nahe, daß wir ihn anreden wollen — Guten Tag, Kühhirt!

PARIS.

Dir auch so viel, junger Mann! was bringt dich zu uns hieher? Und was für Frauensleute hast du da bey dir? Sie sehen mir nicht so aus als ob sie in diesem Gebürge zu Hause wären; dazu sind sie zu hübsch!

MERKUR.

Es sind freylich keine gemeine Frauensleute, mein guter Paris. Du siehest hier die *Juno*, die *Pallas*, und die *Venus* vor dir, und in mir den Merkur, vom Jupiter abgeschickt. Was zitterst du so und erblassest? Fürchte dich nicht, es soll dir kein Leid wiederfahren! Er befiehlt dir nur, über ihre Schönheit den Ausspruch zu thun. Denn da du selbst so schön seyst, sagt er, und für einen Kenner in Liebessachen passirest, so überlasse er dir den Ausspruch. Was der Preis dieses Kampfes ist, wirst du auf diesem Apfel lesen.

PARIS.

Nur her, laß doch sehen was er sagt — *er lieset: Die Schöne soll ihn haben!* — Aber, gnädiger Herr

4) Auch diese Beschreibung scheint wie mehrere andere die in unserm Autor vorkommen, nach einem *Gemählde* gemacht zu seyn.

Merkurius, wie sollte ein bloßer Sterblicher und ein Bauer oben drein, wie ich, Richter in einer solchen Sache seyn können? Das geht über den Verstand eines Kühhirten: solche Dinge gehören für die hübschen Herren aus der Stadt. Ja, wenn die Frage, von drey Ziegen oder jungen Kühen wäre, da wollte ich nach der Kunst entscheiden, welche die schönste sey! Aber mit diesen Frauen hier ist es ganz ein anders; die sind alle gleich schön, und ich weiß nicht wie's einer machen soll, um die Augen von der einen auf die andere zu kehren. Man muß sie recht mit Gewalt abreissen, sie wollen nicht fort, was sie zuerst ansehen, daran bleiben sie kleben, und das däucht ihnen das schönste: wenden sie sich auf eine andere, so geht es eben so; das nächste ist da so gut, daß man daran genug hat, und nichts bessers verlangt. Ich weiß nicht wie ich es sagen soll, aber mir ist, ich sey von ihrer Schönheit über und über umflossen und umfangen, und es schmerzt mich ordentlich, daß ich nicht wie Argus lauter Auge bin, und sie nicht aus meinem ganzen Leibe anschauen kann. Ich glaube also, ich werde mein Richteramt am besten verwalten, wenn ich den Apfel allen dreyen gebe. Zudem muß es sich just treffen, daß die eine Jupiters Schwester und Gemahlin, und die beyden andern seine Töchter sind; wie sollte das die Wahl nicht noch schwerer machen?

MERKUR.

Ich weiß nicht; aber das weiß ich, daß du dich dem Befehl Jupiters nicht entziehen kannst.

PARIS.

So bitt' ich nur um das einzige, Merkur, bringe sie dazu, daß die beyden, die dabey zu kurz kommen, nicht böse auf mich werden, sondern glauben, die Schuld liege bloß an meinen Augen.

MERKUR.

Das versprechen sie dir; mache also nur, daß du zum Urtheil schreitest.

PARIS.

Ich will mein Bestes thun, weil es doch nun einmal seyn muß. Aber vorher möcht' ich doch wissen, ob es wohl genug ist sie zu sehen wie sie da sind: oder ob sie sich nicht ausziehen sollten, damit die Untersuchung desto gründlicher ausfallen könnte?

MERKUR.

Das kommt bloß auf den Richter an; du hast zu befehlen, wie du es haben willst.

PARIS.

Wie ichs haben will? Wenn das ist, so will ich sie nackend sehen.

MERKUR.

Die Damen werden sich also gefallen lassen, die Kleider abzulegen: ich will indeß anderswohin sehen[5]).

VENUS.

Recht schön, Paris! — Ich bin gleich die erste, die sich ohne Bedenken entkleidet, damit du sehest, daß ich nicht bloß *weiße Ellenbogen* habe, oder mir auf ein *paar große Augen* viel einbilde[6]), sondern daß ich überall gleich schön bin.

5) Merkur macht im Original etwas weniger Fasson mit seinen Göttinnen; aber auch in der burlesken Manier würde — »*Zieht euch aus, ihr da*« — zu drey Göttinnen gesagt, modernen Ohren anstößig klingen. Wir haben im Lukian sehr oft Gelegenheit zu sehen, daß zwischen der griechischen Urbanität und unsrer heutigen Höflichkeit ein ziemlicher Unterschied vorwaltete.

6) Eine scherzhafte Anspielung, auf die Beywörter λευκώλενος [mit weißen Ellenbogen; weißarmig] und βοῶπις [kuhäugig; großäugig], welche Homer der *Juno* gewöhnlich beylegt.

PALLAS.

Vor allem andern, o Paris, laß sie ihren Gürtel ablegen[7]), denn sie ist eine Zauberin, und könnte dir leicht mit Hülfe desselben ein Blendwerk vor die Augen machen[8]); auch hätte sie sich nicht so mächtig verschönern, und so viel weiß und roth auflegen sollen, daß sie einer wirklichen Courtisane gleich sieht, sondern ihre Schönheit ungekünstelt und natürlich lassen sollen, wie sie ist.

PARIS.

Sie haben recht was den Gürtel betrifft; also weg damit!

VENUS.

Und warum legst denn du, Minerva, nicht auch deine Sturmhaube ab, und zeigst dich mit bloßem Kopfe, sondern schüttelst den Federbusch so, als ob du den Richter schrecken wolltest? Fürchtest du etwa deine wasserblauen Augen möchten ohne das Furchtbare, das sie von deinem Helm entlehnen, keine sonderliche Wirkung thun?

PALLAS *den Helm ablegend.*

Da siehst du mich ohne diesen Helm!

VENUS *den Gürtel ablegend.*

Und du mich ohne den Gürtel.

JUNO.

Nun, so zaudern wir nicht länger! *Sie entkleiden sich.*

7) Sollte Lukian nicht [μὴ] ἀπολύσῃς [laß (sie) nicht gehen!] geschrieben haben? die gewöhnliche Leseart giebt auf keine Weise einen schicklichen Sinn; denn Paris zog sie doch wohl nicht eigenhändig aus, und was sagt [μὴ] ἀποδύσῃς [entkleide (sie) nicht!] anders?

8) Die Zaubermacht des Gürtels der Venus ist bekannt. S. *Iliade* XIV. 214. u. f. verglichen mit der schönen Nachahmung dieser Stelle im XVI. Gesange des *Befreyten Jerusalems*, Stanze 24 u. 25.

PARIS.

O wunderthätiger Jupiter, welch ein Anblick! welche Schönheit! welche Wollust! Was das eine Jungfrau ist! — Was *die* für einen Glanz von sich wirft! Welche Majestät! Wie königlich, wie ganz Jupiters würdig! — Und diese da, wie holdselig sie einen ansieht! Wie reizend und anlockend sie lächelt! Nein! das ist mehr, als ich auf einmal ertragen kann! — Ich will nun, wenn es euch gefällig ist, jede besonders in Augenschein nehmen: denn *so* schwanke ich immer hin und her, und sehe so viel schönes auf einmal, daß ich keinen Augenblick bey Einem Gegenstand verweilen kann, und selbst kaum weiß was ich sehe oder wohin ich sehen soll.

VENUS.

Wie dirs beliebt.

PARIS.

So entfernt euch, ihr Beyde, und du, Juno, bleibe hier.

JUNO.

Ich bleibe; und wenn du mich nun genau besehen hast, so überlege dann auch, ob dir das Geschenk ansteht, das ich dir für deine Stimme zugedacht habe. Wenn du den Ausspruch thust, daß ich die schönste sey, sollst du gebietender Herr über ganz Asien werden.

PARIS.

Mit Geschenken ist bey mir nichts auszurichten. Du kannst dich wieder entfernen; ich werde thun was mir gut dünken wird. — Komm nun du herbey, Pallas!

PALLAS.

Hier bin ich; und wenn du mich für die schönste erklärst, so sollst du in keinem Streit jemals überwunden werden, sondern immer das Feld behalten;

denn ich will einen großen Kriegsmann und siegreichen Helden aus dir machen.

PARIS.

Mir ist mit Krieg und Streit ganz und gar nicht gedient, Pallas; in Phrygien und Lydien ists überall Friede, und meines Vaters Reich hat keinen Krieg zu befürchten. Aber sey dem ungeachtet ohne Sorge; es soll dir nicht zu kurz geschehen, wiewohl ich mich nicht durch Geschenke bestechen lasse. Du kannst dich nun wieder anziehen, und deinen Helm aufsetzen; ich habe dich hinlänglich betrachtet. Es ist Zeit, daß Venus sich stelle.

VENUS.

Hier siehest du mich so nahe als du verlangen kannst; beschaue mich Stück vor Stück und übergehe nichts, sondern verweile auf jeder einzelnen Schönheit besonders. — Wenn du aber willst, schöner Hirt, so höre was ich dir sagen will. Du bist jung und schön, wie man schwerlich in ganz Phrygien noch einen finden wird; ich preise dich glücklich deßwegen, aber ich kann es nicht gut heißen, daß du diesen Felsen nicht schon lange mit der Stadt vertauschet hast, sondern deine Schönheit lieber in einer Einöde verderben lässest, wo sie dir ganz unnütz ist: Denn was kann es deinen Rindern helfen, daß du schön bist? Billig solltest du schon lange vermählt seyn; ich meine nicht mit einer Bauerdirne, wie die Weiber auf dem Ida sind, sondern mit irgend einer schönen Griechin von Argos oder Korinth oder Sparta, wie *Helena*, zum Exempel, die jung und schön ist, und mir in keinem Stücke nachsteht, und was das Beste ist, sehr leicht Feuer fängt. Denn du kannst versichert seyn, wenn sie dich nur sieht, so wird sie sich in deine Arme werfen, und alles im Stiche lassen, um dir zu folgen und mit dir zu leben. — Doch, es ist nicht möglich, daß du nicht schon etwas von ihr gehört haben solltest.

PARIS.

Kein Wort, Aphrodite; aber ich will dir mit Vergnügen zuhören, wenn du mir mehr von ihr sagen willst.

VENUS.

Sie ist eine Tochter der schönen *Leda*, auf welche Jupiter in Gestalt eines Schwans herabflog.

PARIS.

Wie sieht sie denn aus?

VENUS.

So weiß, wie man erwarten kann, da sie einen Schwan zum Vater hat; zart wie eine Person die aus einem Ey hervorgekrochen, so wohlgewachsen, stark und gewandt, wie eine Person, die in allen Gymnastischen Spielen geübt[9]) ist; kurz, der Ruf ihrer Schönheit ist so groß, und die Mannspersonen sind so erpicht auf sie, daß schon ein Krieg um ihrentwillen entstanden ist, als sie vom Theseus entführt wurde, da sie beynahe noch ein Kind war. Seit dem sie aber in ihrer vollen Blüthe steht, haben sich alle Fürsten der Griechen um sie beworben. Nun ist sic zwar dem Pelopiden Menelaus zuerkannt worden: wenn du aber Lust hättest, so wollte ich *dir* zu dieser Heurath verhelfen.

9) Nach Spartanischer Sitte, wo die jungen Frauenspersonen beynahe eben so männlich und kriegerisch als die Männer selbst erzogen wurden. — Wiewohl Venus hier einen ziemlichen *Anachronismus* macht; denn diese gymnastische Erziehung der Spartanerinnen schreibt sich erst von Lykurgus und seiner Gesetzgebung her.

PARIS.

Wie? zur Heurath mit einer Person die schon vermählt ist?

VENUS.

Was für ein Neuling du noch bist, und wie dorfmäßig du noch denkst! Ich muß am besten wissen, wie solche Dinge anzugreifen sind.

PARIS.

Wie denn? das möcht' ich wohl auch wissen.

VENUS.

Du machst eine Reise unter dem Vorwande Griechenland zu sehen; und wenn du nach Sparta kommst, wird Helena dich zu sehen bekommen; daß sie sich in dich verliebe und dir folge, wird dann *mein* Werk seyn.

PARIS.

Aber eben das kommt mir unglaublich vor, daß sie ihren Gemahl sollte verlassen wollen, um mit einem Fremden und Barbaren zu Schiffe zu gehen.

VENUS.

Darüber mache du dir gar keinen Kummer. Ich habe zwey Söhne von sonderbarer Schönheit, den *Cupido* und den *Amor*, die ich dir zu Führern auf dieser Reise zugeben will. Amor soll sich ihrer ganz bemeistern und sie zum Lieben zwingen; *Himerus*[10])

10) Lukian unterscheidet mit Homer und Hesiodus, den angesehensten Theologen der Griechen, den *Himeros* oder *Reitz*, (Cupido) von dem *Eros* oder *Amor*, wiewohl jener gewöhnlich nur als ein allegorisches Wesen betrachtet wird. *Hesiodus* giebt beyde der Venus zu Begleitern, und von beyden, so wie auch von dem *Pothos*, den sie am Ende noch zu Hülfe zu nehmen verspricht, hatte *Skopas*, einer der berühmtesten Bildhauer Statuen gemacht, die zu Lukians Zeiten im Tempel der Venus Praxis zu Megara zu sehen waren. *Pausan. in Attic.* c. 43.

hingegen soll sich um dich ergießen, und dich so reitzend und liebenswürdig machen, als er selbst ist. Auch ich selbst will mit den Grazien bey der Hand seyn, und so werden unsrer so viele ja wohl mit ihr fertig werden.

PARIS.

Was die Sache für einen Ausgang nehmen wird, Göttin, weiß ich nicht; aber das fühle ich, daß ich Helenen schon liebe; ich weiß nicht wie es zugeht, aber mir ist, ich sehe sie vor mir, und schiffe geraden Weges nach Griechenland, und sey zu Sparta angelangt, und komme schon mit meiner schönen Beute wieder; und nun ärgert michs, daß ich das alles nicht schon wirklich thue.

VENUS.

Hüte dich, Paris, dich eher in diese Liebe einzulassen, bis du mir, der Stifterin und Brautführerin bey dieser Verbindung deinen Dank durch einen Ausspruch zu meinem Vortheil gezeigt hast. Um eure Vermählung zu Stande zu bringen, muß ich erst den Preis in diesem Streit erhalten haben, um zugleich deine Hochzeit und meinen Sieg zu feyern; kurz, es steht blos bey dir, dein Glück in der Liebe und die schönste Frau in Griechenland mit diesem Apfel zu erkaufen.

PARIS.

Ich fürchte nur, wenn ich den Spruch erst gethan habe, wirst du dich nichts mehr um mich bekümmern.

VENUS.

Willt du, daß ich dirs zuschwören soll?

PARIS.

Das nicht, ich will zufrieden seyn, wenn du mirs nur noch einmal versprichst.

VENUS.

Ich verspreche dir also, daß ich dir Helenen zur Frau geben will, und daß sie dir nach Troja folgen soll; ich will selbst dabey seyn, und alles für dich zu Stande bringen.

PARIS.

Und du versprichst mir auch den Amor, den Himeros, und die Grazien mitzunehmen?

VENUS.

Sey ruhig, und den *Pothos*[11]) und Hymenäus noch dazu.

PARIS.

Dafür ist nicht mehr als billig, daß ich dir den Apfel gebe: nimm ihn also auf diese Bedingungen!

XXI.
Mars spottet über eine Gasconade Jupiters.

Mars und Merkur.

MARS.

Hast du gehört, Merkur, wie uns Jupiter gedroht hat? Wie übermüthig und ungereimt zugleich? Wenn es mir beliebt, sagte er, so lasse ich eine Kette

11) Das *Verlangen*. Die griechischen Dichter und Künstler, die alle Kräfte, Triebe und Leidenschaften personificirten und idealisirten, machten aus der heftigen und innigen Begierde, die nur der Genuß befriedigen kann, einen von den Liebesgöttern, die zum Gefolge der Venus gehören.

vom Himmel herunter, und ihr sollt euch alle daran hängen und mich mit aller eurer Gewalt herunter zu ziehen versuchen; es wird vergeblich seyn, ihr werdet mich nicht von der Stelle bringen: ich hingegen, wenn ich die Kette wieder zurückziehen will, ziehe nicht nur euch sondern die Erde und das Meer dazu, bis über die Wolken herauf — und was er sonst noch sagte, wie du gehört haben mußt. Ich, für meinen Theil, will ihm noch gelten lassen, daß er stärker ist als jeder von uns, allein genommen: aber daß er uns allen zusammen so überlegen seyn sollte, daß wir ihn nicht einmal zu Boden wägen konnten, wenn wir noch Erde und Meer dazu nähmen, das soll er mir nicht weiß machen[1])!

MERKUR.

Nimm dich in Acht, Mars! Es ist gefährlich so frey zu reden, der Spaß könnte uns übel bekommen.

MARS.

Meinst du denn ich werde so was zu allen sagen, und nicht zu dir allein, von dem ich weiß, daß er schweigen kann? Ich kann mir also nicht helfen, ich muß dir noch sagen was mir am lächerlichsten vorkam, wie ich ihn so pralen hörte. Es fiel mir ein, denn es ist eben noch nicht so lange her, als Neptun, Juno und Minerva gegen ihn aufstanden und einen Anschlag machten, ihn zu überfallen und zu binden, in wie vielerley Gestalten ihn da die Furcht verwandelte, ungeachtet ihrer nur drey gegen ihn waren: und wirklich, hätte Thetis ihm damals nicht aus Mitleiden den hundertarmigen Briareus zu Hülfe gerufen, er würde zusammt[2]) seinem Blitz und

1) Jupiter muß diese Rodomontade, die ihm einmal in der *Iliade* entfallen ist, oft genug von unserm Autor hören!

2) Das *zusammt*, welches in einem großen Theil von Deutschland ein altes gutes Wort ist, ist zwar eine *pleo-*

Donner gebunden worden seyn. Indem ich das bey mir selbst bedachte, konnt' ich mich des Lachens kaum erwehren, wie ich ihn so großsprechen hörte.

MERKUR.

Stille! Respect! Es ist nicht sicher für dich solche Dinge zu sagen, noch für mich sie anzuhören!

XXII. Merkur wird wider seinen Willen von Pan überwiesen, daß er sein Vater sey.

Pan und Merkur.

PAN.

Guten Tag, Vater Merkur.

MERKUR.

O guten Tag auch! Aber seit wann sind wir so nahe Verwandte?

PAN.

Bist du denn nicht etwa Merkur von Cyllene[1])?

nastische Art zu sprechen, aber *eben deßwegen* in der vertraulichen und komischen Sprache, wo die Verstärkung der Bedeutung eines Wortes oft eine gute Wirkung thut, kaum entbehrlich.

1) *Cyllenius* ist einer der gewöhnlichsten Beynamen des Merkurs, von dem Berge Cyllene in Arkadien, wo Maja den verstohlnen Besuch vom Jupiter erhielt, der sie zu Merkurs Mutter machte.

MERKUR.

Das bin ich allerdings; aber wie folgt daraus, daß du mein Sohn bist?

PAN.

So ganz mit rechten Dingen giengs wohl nicht zu — ein Kind der Liebe von deiner Fasson.

MERKUR.

Zum Jupiter, du siehest eher dem Sohn einer Ziege von der Fasson eines Bockes ähnlich. Wie sollte *ich* zu einem Sohne mit Hörnern, und mit einer solchen Nase und einem solchen Zottelbart und gespaltnen Bocksfüssen und einem Schwanz über dem Hintern, gekommen seyn?

PAN.

Daß du so verächtlich von deinem eigenen Sohne sprichst, Vater, davon hab' ich zwar wenig Ehre; aber gewiß, du selbst hast noch weniger davon, daß du solche Kinder in die Welt setzest; ich kann nichts für meine Gestalt.

MERKUR.

Wer wäre denn also deine Mutter? Ich bin doch hoffentlich nicht unwissender Weise irgend einer Ziege zu nahe gekommen?

PAN.

Das eben nicht; aber besinne dich nur, ob du nicht einmal in Arkadien einem edeln Mädchen Gewalt angethan hast? Was nagst du so am Finger, und thust, als ob du dich nicht besinnen könntest? Ich spreche von der Tochter des Ikarius, *Penelope*[2]).

2) Es ist nicht zu bergen, daß die von Homer verewigte Penelope sich die Anekdote, wovon hier die Rede ist, von bösen Zungen nachsagen lassen mußte, aber Homer, der in der Geschichte des Olymps am besten unterrichtet seyn mußte,

MERKUR.

Aber was für eine Grille war das von ihr, mich mit einem Sohne, der einem Bock ähnlich sieht, zu beschenken?

PAN.

Ich will dir sagen wie sie selbst die Sache erzählt hat. Wie sie mich nach Arkadien schickte, sprach sie zu mir: Mein Sohn, ich, deine Mutter, bin die Spartanerin Penelope: wisse aber, daß du einen Gott, den Merkur, Jupiter und Majens Sohn, zum Vater hast. Übrigens laß dich deine Hörner und deine Bocksfüße nicht verdrießen: es kommt bloß daher, weil Merkur, um nicht entdeckt zu werden, die Gestalt eines Ziegenbocks annahm, da er dein Vater wurde.

MERKUR.

Ich erinnere mich nachgerade, daß mir einmal so etwas begegnet seyn mag. Aber daß ich, der ich mir immer so viel auf meine Gestalt zu gute that und noch dato ein glattes Kinn führe, für deinen Vater passiren, und mich von allen Leuten meiner schönen Zucht wegen auslachen lassen soll, das will mir nicht recht in den Kopf!

PAN.

Ich werde dir keine Schande machen, Vater; ich bin ein Musikus, und blase dir auf der Rohrpfeiffe, daß es eine Lust ist; und Bacchus, der gar nicht mehr ohne mich leben kann, hat mich zu seinem beständigen Kameraden und zum Anführer seines Chors gemacht; und wenn du die Heerden, die ich bey Tegea und um den Berg Parthenius habe, besehen wolltest, du würdest deine Freude daran sehen!

da er aus unmittelbarer Eingebung der Musen schrieb, giebt dem Pan, in seinem Hymnus auf ihn, die Nymphe *Dryope* zur Mutter.

Ganz Arkadien ist mir unterthan; und es ist noch nicht lange, daß ich den Atheniensern zu Hülfe zog, und mich bey Marathon so gut hielt, daß sie mir die Höle unter der Burg zur Belohnung meiner Tapferkeit zuerkannt haben[3]). Wenn du einmal nach Athen kommst, wirst du hören, was sich Pan für einen Namen dort gemacht hat.

MERKUR.

Weil du denn so eine vielbedeutende Person bist, Pan, — denn so däucht mich, nennen sie dich — hast du dir auch schon eine Gemahlin beygelegt?

PAN.

Ich danke dafür, Herr Vater! — Ich bin etwas verliebter Natur, und mich mit einer einzigen zu behelfen wäre meine Sache nicht.

MERKUR *lachend.*

Du behilfst dich vermuthlich mit deinen Ziegen?

PAN.

Das sagst du doch wohl nur im Spas? — O! ich habe ganz andere Liebschaften! Die *Echo*, die *Pitho*[4]), und alle *Mänaden* des Bacchus, so viele

3) *Pausanias* erwähnt dieser Höle im 28sten Kap. seiner Beschreibung von *Attica*, und erzählt bey dieser Gelegenheit das Histörchen, wovon Lukian hier Gebrauch macht. Als nehmlich die Athenienser bey dem Einfall der Perser in ihr Gebiet die Lacedämonier um schleunigen Beystand baten, meldete der an sie abgeschickte Gesandte Philippides bey seiner Zurückkunft: die Spartaner könnten sobald nicht kommen, weil es ein Religionspunkt bey ihnen wäre, vor dem Vollmond nicht ins Feld zu rücken: ihm, Philippides, aber wäre *Pan* am Berge Parthenius erschienen, und hätte ihm versprochen, daß er den Atheniensern, deren besonders guter Freund er wäre, zu Marathon gegen die Perser beystehen wollte.

4) *Hemsterhuys* macht es wahrscheinlich, daß hier Πειθοῖ [statt Πίτυι] gelesen werden müsse. Diese Pitho war eine

ihrer sind, und ich gelte sehr viel bey ihnen, das kann ich dir versichern.

MERKUR.

Wohl, mein Sohn, willst du mir was zu Gefallen thun, wenn ich dich darum bitte?

PAN.

Du hast zu befehlen, Vater; wir wollen dann sehen was möglich ist.

MERKUR.

Komm her und umarme mich! Aber den Namen Vater laß künftig weg, zumal wenn es jemand hören könnte.

XXIII.
Seltsame Ungleichheit dreyer Söhne der Liebesgöttin.

Apollo und Bacchus.

APOLLO.

Wer sollte wohl glauben, Dionysus, daß *Amor*, *Hermaphrodit* und *Priap*, leibliche Brüder von eben derselben Mutter seyn könnten? Sie, die an Ge-

der Grazien, von welcher Pan die Nymphe *Iynx* gehabt haben soll. Nach andern war *Pitys* eine Nymphe, welche Pan liebte, und, da sie von seinem Nebenbuhler *Boreas* aus Eifersucht an einem Felsen zerschmettert wurde, in den Baum, mit dessen Zweigen er gewöhnlich bekränzt war, nehmlich in eine *Fichte*, verwandelte.

stalt, Sinnesart und Lebensweise einander so sehr ungleich sind! Denn der *erste* ist alles was man schön nennen kann, und weiß den Bogen zu führen, und ist mit einer Macht bekleidet, wodurch er Herr der ganzen Welt ist; der *andere* ist weibisch, nur ein halber Mann, und sieht so zweydeutig aus, daß man auf den ersten Blick nicht entscheiden kann, ob er ein Jüngling oder ein Mädchen sey; *Priap* hingegen, der ist sogar mehr Mannes als sich geziemet.

BACCHUS.

Das ist so wunderbar nicht wie du denkst, Apollo; daran ist Venus nicht Schuld, sondern die Verschiedenheit der Väter[1]). Begegnet es doch zuweilen, daß eben dieselbe Mutter von Einem Vater mit Zwillingen von verschiedenem Geschlechte niederkommt, wie bey dir und Dianen der Fall war.

APOLLO.

Das ist wohl wahr: aber wir sind einander doch ähnlich, und treiben einerley Handwerk; denn wir sind beyde Bogenschützen.

BACCHUS.

So weit geht auch blos die Ähnlichkeit: denn Diana schlachtet bey den Scythen die Fremdlinge, du hingegen bist Wahrsager und Arzt.

APOLLO.

Bilde dir nicht ein, daß meine Schwester eine so große Freude an den Scythen habe! Sie ist dem Metzeln so gram, daß sie schon darauf gefaßt ist,

1) Sie hatte nehmlich, nach der gemeinen Sage, den Amor vom *Mars*, den Hermaphroditus vom *Merkur*, und den Priap vom *Bacchus*.

mit dem ersten Griechen, den der Zufall nach Taurien führen wird, davon zu gehen[2]).

BACCHUS.

Da wird sie wohl dran thun! Aber wieder auf Priapen zu kommen, von dem muß ich dir was lustiges erzählen. Neulich, da ich zu Lampsakus war[3]), nahm ich mein Quartier bey ihm; er bewirthete mich nach seinem besten Vermögen, und wir begaben uns endlich zur Ruhe, nachdem wir der Flasche tapfer zugesprochen hatten. Mitten in der Nacht steht mein Herr Urian auf, und — ich schäme mich weiter zu erzählen.

APOLLO.

Ich verstehe — Und was thatest du?

BACCHUS.

Was hätt' ich thun sollen? Ich lachte ihn aus.

APOLLO.

Das war schön an dir, daß du die Sache nicht ernsthaft nahmst, und kein Spectakel deßwegen anfiengst. Es ist ihm zu verzeihen, daß er bey einem so schönen Jüngling wie du, sein Glück versuchen wollte.

BACCHUS.

Da hätte er noch mehr Ursache, Apollo, *dir* eine solche Ehre anzuthun; deine Schönheit und deine

2) Eine Anspielung auf die Geschichte des Orestes, der nach Taurien kam und seine Schwester Iphigenien, die dort Dianens Priesterin war, zugleich mit dem Bilde der Göttin entführte. S. *Euripid. Iphig. in Tauris.*

3) Eine Griechische Stadt in Mysien, am Hellespont, die sich rühmte der Geburtsort dieses Gottes zu seyn, und ihm daher vorzügliche Ehre erwies.

goldnen Locken wären vermögend, einen Priap dahin zu bringen, daß er sogar nüchtern Hand an dich legte.

APOLLO.

Das wird er sich wohl nicht gelüsten lassen, Dionysus: ich führe, ausser meinem schönen Haar, auch Pfeil und Bogen zu seinen Diensten.

XXIV. Merkur bricht in ungeduldige Klagen über sein Schicksal aus.

Merkur und Maja.

MERKUR.

Giebt es wohl im ganzen Himmel einen elendern Gott als mich?

MAJA.

Rede nicht so ungebührlich, mein Sohn!

MERKUR.

Wie, Mutter? ich soll nicht reden dürfen, ich, der ich mit so unendlich viel Geschäften geplagt bin, immer allein arbeiten, und mich zu so vielerley knechtischen Diensten herumzerren lassen muß? Morgens früh, sobald ich aufgestanden bin, ist gleich mein erstes den Speisesaal auszukehren und die Madratzen in der Rathsstube zurechte zu legen; wenn nun alles in die gehörige Ordnung gebracht ist, dann muß ich bey Jupitern aufwarten, und den ganzen Tag hin und her und auf und nieder laufen, um seine Befehle und Bothschaften in der Welt herumzutragen. Kaum bin ich wieder im Himmel angelangt, so muß, ohne daß ich nur so viel Zeit habe den Staub abzukehren, die Ambrosia aufgetragen werden; ehe Ganymed als Mundschenk herauf kam[1]), hatte ich auch den Nektar einzuschenken. Aber das unerträglichste ist, daß ich der einzige unter allen Göttern bin, der sogar bey Nacht keine Ruhe hat; denn da muß ich dem Pluto die Seelen der Verstorbenen zuführen, und bey dem Gericht über sie zugegen seyn. Nicht genug, daß ich den ganzen Tag über den Fechtmeister, den Herold und den Professor der Rhetorik mache[2]), muß ich zu so vielen Geschäfften, in die ich zerstückelt bin, wenn andere schlafen noch die Angelegenheiten der Todten besorgen! Die Söhne der Leda[3]) lösen einander doch ab, und während der eine seinen Tag bey den Todten zubringt, lebt der andere im Himmel[4]), ich hingegen muß tagtäglich an beyden Orten seyn. Die Söhne der Alkmena und Semele, die doch nur armselige sterbliche Weiber waren, sitzen sorgenlos an der Göttertafel und lassen's sich belieben; und ich, Sohn der Maja und Enkel des Atlas, muß ihnen aufwarten! Nur eben komme ich von der Schwe-

1) Im Original: »ehe *dieser neuerkaufte Mundschenk* kam« — Dieses Beywort bezieht sich darauf, daß Jupiter den Vater des jungen Ganymedes, Tros, für seinen entführten Sohn mit einem Zug unsterblicher Götterpferde befriedigte, wie aus *Homers Ilias* V. v. 265.66. zu ersehen ist.

2) Weil die Ringer, die Herolde oder *Caduceatoren*, und die Redner ihn als ihren Schutzpatron ansahen.

3) Kastor und Pollux. S. den XXVIsten Dialog.

4) Wenigstens ist dieß der Sinn der Worte des Merkurs, der sich hier (im Zorn vermuthlich) etwas undeutlich ausdrückt.

ster des Kadmus[5]) zu Sidon zurück, nach deren Befinden ich mich in Jupiters Namen erkundigen mußte; und, ohne mich nur verschnaufen zu lassen, schickt er mich schon wieder nach Argos, die *Danae* zu besuchen; und wenn du auf dem Rückwege durch Böotien gehst, sagt er, so sieh im Vorbeygehen einen Augenblick nach der *Antiope.* In der That, ich halt' es nicht länger aus! Wenn ichs möglich zu machen wüßte, ich wollte mich mit Vergnügen an irgend einen Menschen auf der Erde zu den geringsten Sclavendiensten verkaufen lassen.

MAJA.

Laß diese Reden, mein Kind! Es ist deine Schuldigkeit deinem Vater in allem zu Befehl zu stehen, zumal da du noch so jung bist; und da er dich nun einmal abgeschickt hat, so eile was du kannst nach Argos und von da nach Böotien, oder du könntest noch oben drein für deine Saumseligkeit Schläge bekommen; denn die Verliebten haben eine gar hitzige Leber.

XXV.
Phaeton.
Jupiter und Helios.

JUPITER.

Was hast du da gemacht, du Heillosester aller Titanen? Die ganze Erde ist beynahe darüber zu Grun-

5) Nehmlich der *Europa.* Ohne Zweifel war es ein bloßer Gedächtnißfehler, daß Lukian *Tochter* statt Schwester schrieb; denn daß hier Europa, die Schwester, und nicht *Semele,* die Tochter dieses Phönizischen Abentheurers, gemeint sey, erhellet daraus, weil Merkur unmittelbar vorher von dem Sohne der Semele (nehmlich dem Bacchus) spricht, der als seine Mutter starb, noch nicht einmal gebohren war.

de gegangen, daß du deinen Wagen einem unbesonnenen Knaben anvertraut hast, die eine Hälfte hat er verbrannt, weil er ihr zu nahe kam, und die andere mußte vor Frost verderben, weil er sich zu weit von ihr entfernte: kurz, er hat alles in die äußerste Zerrüttung und Verwirrung gesetzt, und hätte ich nicht noch in Zeiten wahrgenommen was vorgieng, und ihn mit meinem Donnerkeil vom Wagen herunter geschmissen, es würde vom ganzen Menschengeschlecht, nicht ein Gebein mehr übrig seyn; so einem saubern Kutscher hast du deinen Wagen zu führen gegeben!

HELIOS.

Ich habe gefehlt, Jupiter; aber zürne nicht so sehr, daß ich den inständigen Bitten eines Sohnes nachgegeben habe! Wie konnte ich mir vorstellen, daß ein solches Unglück daraus entstehen würde?

JUPITER.

Wußtest du etwa nicht, wie viel Geschicklichkeit dieses Geschäffte erfodere, und daß er nur ein wenig aus dem Wege zu fahren brauche, um alles zu ruiniren? Kanntest du den raschen Muth deiner Pferde nicht, und wie nöthig es ist, sie scharf im Zügel zu halten, und daß sie gleich durchgehen, sobald man nur ein wenig nachläßt? Die Probe haben wir an diesem jungen Wagehalse gesehen, mit dem sie bald auf, bald ab, bald rechts, bald links, bald gar nach der entgegengesetzten Richtung davonrannten, ohne daß er sich ihrer erwehren konnte.

HELIOS.

Das alles wußte ich nur gar zu wohl; und eben deßwegen, weil ich ihm nicht zutraute, daß er meinen Wagen würde führen können, widersetzte ich mich ihm sehr lange, da er mich aber so flehentlich und mit Thränen bat, und seine Mutter *Clymene* ebenfalls so heftig in mich stürmte, so ließ ich mich endlich zwar erbitten, und setzte ihn auf den Wagen, sagte ihm aber zugleich alles was er zu beobachten hätte, wie er sich stellen müßte um recht fest zu stehen, wie weit er mit verhängten Zügeln in die Höhe fahren und wie er dann wieder niederwärts lenken müsse, und wie er es zu machen habe, um immer Herr vom Zügel zu bleiben und so feurigen Rossen nichts zu übersehen; ich sagte ihm auch, wie groß die Gefahr wäre, wenn er nicht immer gerade vorwärts führe. Aber freylich ist es nur gar zu natürlich, daß ein noch so junger Mensch, wie er sich rings um mit so viel Feuer umgeben sah, und in die unermeßliche Tiefe hinabblickte, den Kopf verlohr, und daß die Rosse, sobald sie merkten, daß sie nicht ihren gewohnten Führer hätten, den Knaben verachteten, mit ihm durchgiengen, und alles dieß Unheil anrichteten; denn vermuthlich ließ der arme Junge, aus Furcht herabzufallen, die Zügel fahren, und hielt sich an dem Wagen fest. Aber wir sind beyde gestraft genug, Jupiter; er durch seinen Tod, und ich durch das Leid, worein er mich gesetzt hat[1]).

JUPITER.

Gestraft genug, sagst du, für einen so großen Frevel? Doch für dießmal verzeih' ich dir: wenn du dich aber künftig wieder auf eine ähnliche Art vergehen, und einen solchen Stellvertreter an deinen

1) Wer das Gemählde das *Ovid* im 2t. Buche der Verwandlungen, in seiner luxurianten Manier von dieser Wundergeschichte macht, mit diesem Dialog vergleichen will, wird auf den Gedanken kommen müssen, daß Lukian entweder den lateinischen Dichter hier und da berupft habe, oder daß beyde bey einerley Quelle an einander getroffen.

Platz schicken wirst, sollst du auf der Stelle erfahren, um wie viel feuriger das Feuer meines Blitzes als das deine ist! — Inzwischen sollen ihn seine Schwestern, am Ufer des Eridanus, wo er vom Wagen herabfiel, begraben, Bernstein auf ihn weinen[2]), und vor Jammer zu Pappeln werden. Du aber stelle unverzüglich deinen Wagen wieder her — denn die Deichsel ist zerbrochen und das eine Rad zerschmettert — dann spanne deine Pferde wieder vor, und fahre zu! Aber vergiß nicht was ich gesagt habe!

XXVI.
Kastor und Pollux.

Apollo und Merkur.

APOLLO.

Kannst du mir sagen, Merkur, wer von diesen beyden der Kastor und wer der Pollux ist[1])? Denn ich sehe nichts an ihnen, wodurch ich sie unterscheiden könnte.

MERKUR.

Der, der den gestrigen Tag bey uns zubrachte, war Kastor, und dieser hier ist Pollux.

2) Die Thränen der Schwestern des Phaeton, (welche als Töchter des *Helios* gewöhnlich die Heliaden hießen) wurden in Bernstein verwandelt. *Ovid* am a. O.

1) Apollo sah sie also beyde zugleich, und um dieß zu verstehen, muß man annehmen, daß Merkur so eben den Pollux von den Todten zurückgebracht habe, um den Kastor dagegen unmittelbar dahin abzuführen.

APOLLO.

Aber woran erkennest du das, da sie einander so gleich sehen?

MERKUR.

An den Narben, die dieser hier im Gesichte hat, von den Wunden, die er im Faustkampf von seinen Gegnern bekommen hat, besonders von Amykus, dem Fürsten der Bebrycier[2]), als er mit Jason nach Kolchis schiffte. Der andere hingegen ist im ganzen Gesichte glatt und unbeschädigt.

APOLLO.

Ich bin dir verbunden, daß du mich über diesen Punkt ins Klare gesetzt hast: denn alles übrige, das halbe Ey auf ihrem Kopfe[3]), der Stern darüber[4]), und der Wurfspies in der Hand, und die weissen Pferde worauf sie reiten, giebt ihnen eine so große Gleichheit, daß es mir oft begegnet ist den Kastor Pollux und den Pollux Kastor zu nennen, wenn ich

2) Die Bebrycier bewohnten zur Zeit der Fahrt der Argonauten noch Kolchis, die Seeküste der Provinz Bithynien am Propontis (Mar di Marmora). *Amykus*, ein Sohn des Neptuns, war ein fürchterlicher Riese, und der Erfinder des mörderischen Caestus, dessen sich die Faustkämpfer zu bedienen pflegten. Kastor und Pollux waren unter den Argonauten, als diese, um sich mit frischem Wasser zu versehen, an der Küste der Bebrycier anlandeten. Amykus foderte sie auf den Caestus heraus, und Pollux erlegte ihn nach einem schrecklichen Zweykampf, der den Inhalt von Theokrits 22st. Idyllion ausmacht.

3) Der spartanische Hut oder Helm, womit sie als gebohrne Spartaner und nachmalige Schutzgötter dieser Republik allezeit bezeichnet wurden.

4) Auch dieser Stern über dem Hut ist ein beständiges Attribut dieser beyden Halbgötter auf den Lacedämonischen Münzen und andern Denkmälern; auf den ersten findet man oft bloß die beyden Hüte mit den Sternen darüber, als das Symbol der Dioskuren und der Spartanischen Republik. Die Bedeutung dieser Sterne ist anderswo schon erklärt worden.

sie anredete. Nun erkläre mir nur noch eins. Woher kommt es, daß sie nie beyde zugleich bey uns sind, sondern immer mit einander abwechseln, so daß einer um den andern heute ein Gott und morgen wieder ein Todter ist?

MERKUR.

Ihre ausserordentliche brüderliche Liebe hat sie dazu gebracht. Denn da es nun einmal nicht anders seyn konnte, als daß einer von Leda's Söhnen sterblich und der andere unsterblich seyn mußte, so haben sie sich auf diese Weise in die Unsterblichkeit getheilt.

APOLLO.

Das haben sie nicht gut gemacht, däucht mich: denn da vermöge dieser Theilung der eine allezeit bey den Göttern lebt, wenn der andre unter den Todten ist, so bekommen sie einander nicht einmal zu sehen, und doch war das vermuthlich gerade was sie am meisten wünschten. Übrigens, da ich selbst wahrsage, Äskulapius curirt, du im Ringen Unterricht giebst und der beste Fechtmeister bist, Diana die Hebamme macht, und alle übrige unter uns irgend eine den Göttern oder den Menschen nützliche Kunst treiben: was werden denn diese beyde für ein Amt bekommen? Oder sollen sie uns etwa müßig Nektar und Ambrosia verschmausen helfen, da sie doch schon so große Bengel sind[5])?

5) Das τηλικοῦτοι ὄντες [in solch einem Alter] scheint mir hier eine komische Bedeutung zu haben, der dieses Wort angemessen ist. Ein Bengel schlechtweg mag immerhin, wie *Adelung* sagt, einen groben ungesitteten Menschen in der niedrigen Sprechart bezeichnen: Ein *großer* Bengel ist in unsrer Sprache das was Franzosen un grand flandrin nennen, und dieß war es, was Apollo sagen wollte.

MERKUR.

Keineswegs; es ist ihnen aufgetragen worden, bey Neptun Dienste zu thun, auf dem Meere herumzureiten, und wo sie irgendwo einen Seefahrer in Gefahr sehen, sich auf das Schiff zu setzen und es wohlgeborgen in einen Hafen zu geleiten[6]).

APOLLO.

Das laß ich gelten, Merkur: da werden sie ein edles und heilsames Handwerk treiben!

6) Daß der Text nicht nur von den Personen, die am Bord sind, sondern von dem ganzen Schiffe zu verstehen sey, beweisen unter andern Stellen der Alten, die wir anführen könnten, die folgenden Worte des *Libanius*: Ἴσμεν δὲ καὶ τοὺς Διοσκούρους οἷς ἂν ὦσιν εὐμενεῖς μέχρι λιμένων παραπέμποντας αὐτούς τε καὶ τὸν γόμον [Wir wissen, daß auch die Dioskuren diejenigen, denen sie wohlgesonnen sind, bis zum Hafen geleiten, und zwar die Menschen und die Fracht] etc. *Orat.* XXVIII. Tom. Opp. II. p. 624.

DIE ÜBERFAHRT

oder

der Tyrann.

Charon, Klotho, Merkur,
Cyniscus, Megapenthes, Micyllus.
Einige andre Todten. Tisiphone.
Rhadamanthus.

CHARON.

Sehr gerne, Klotho! mein Nachen ist schon lange zu recht gemacht und zur Überfahrt in bestem Stande; das Wasser ist ausgepumpt, der Mast aufgerichtet, das Segel aufgespannt, und die Ruder hangen fest

Die Überfahrt. Ein kleines Aristophanisches Drama, wovon die Scene in der unterirdischen Welt liegt, und der Contrast zwischen dem Zustande, in welchen (bey Voraussetzung der *Persönlichkeit* dessen was von uns fortdauert,) der Tod einen lasterhaften König, und einen unschuldigen Bettler natürlicher und nothwendiger Weise versetzt, den Hauptinhalt ausmacht. Die Lebhaftigkeit der Darstellung, und das Interesse, das Lukians Geist und Laune auch in die gemeinsten Lieux communs [Gemeinplätze] zu bringen weiß, geben diesem Stück eine Stelle unter seinen besten; und da es halb ein Götter- und halb ein Todten-Gespräch ist, so vereinigt es auch den Charakter und Werth dieser beyden Gattungen in sich — feine Verspottung populärer Wahnbegriffe, ohne daß er selbst den Mund dabey verzieht, und praktische Lebensweisheit, indem er seine Leser bloß mit einem Mährchen aus der andern Welt belustigen zu wollen scheint.

an ihren Riemen. Auf meiner Seite ist also kein Hinderniß den Anker zu lichten und davonzufahren. Nur Merkur, der schon lange da seyn sollte, hält uns noch auf; es fehlt an Passagieren, und anstatt daß wir heute schon dreymal hätten fahren können, kommt die Feyerabendszeit herbey ehe noch ein Kreuzer verdient ist. Und dann wird Pluto, ich kenn' ihn schon, sich einbilden es rühre von meiner Saumseligkeit her, da die Schuld doch bloß an einem andern liegt. Ganz gewiß wird unser holder Todtenführer da oben lethäischen — Wein getrunken haben, daß er zu uns zu kommen vergessen hat; oder er amüsirt sich irgendwo, auf einem Fechtplatz mit jungen Burschen sich herum zu balgen, oder auf der Cither zu spielen, oder macht den Redner und kramt seine langweiligen Possen aus. Vielleicht hat der edle Herr auch wohl im Vorbeygehen etwas zu mausen gefunden; denn auch das ist eine von seinen sieben Künsten. Er nimmt sich große Freyheiten mit uns heraus, da er doch zur Hälfte in unsern Diensten ist!

KLOTHO.

Woher kannst du wissen, Charon, ob ihm nicht eine andere Abhaltung vorfiel, und Jupiter vielleicht seiner zu den Geschäften der Oberwelt länger als gewöhnlich vonnöthen hat. Denn der ist ja ebenfalls sein Herr. —

CHARON.

Aber so weit geht sein Recht nicht, daß er einen gemeinschaftlichen Diener über die gehörige Zeit brauchen dürfte! Wir halten ihn ja auch nicht auf, wenn er gehen muß. Aber ich weiß sehr gut woran die Schuld liegt. Bey uns giebt es nichts als Asphodilblumen und Libationen von dünnen Honigkuchen, und magere Todtenopfer; alles übrige ist Nebel und ewige Finsterniß. Im Himmel hingegen lacht einen Alles an, und Ambrosia und Nektar giebts da die Fülle. Es ist ganz natürlich daß man sich lieber dort aufhalten läßt. Von uns eilt er immer, wie aus einem Kerker, was er kann davon: ists aber Herabsteigenszeit, da hat er immer noch was zu thun; da gehts Schritt vor Schritt, und man muß noch froh seyn wenn er nur endlich einmal da ist.

KLOTHO.

Höre auf zu sprudeln, Charon; da kommt er ja, wie du siehst, und bringt uns eine Menge Leute mit, oder treibt sie vielmehr mit seiner Ruthe, in einen Haufen zusammengedrängt, wie eine Heerde Ziegen vor sich her. — Aber was ist das? Einer unter ihnen ist gebunden, ein andrer lacht an einem weg, noch ein andrer hat einen großen Schnappsack um die Schultern hängen und einen Knittel in der Hand. Der Kerl macht ein recht gefährliches Gesicht, und schlägt immer auf die andern zu, daß sie schneller gehen sollen. Und siehst du nicht wie Merkuren der Schweiß vom ganzen Leibe rinnt, wie bestaubt seine Füße sind, und wie er keucht und kaum zu Athem kommen kann? — Was bedeutet denn das, Merkur? Warum so hastig? du bist ja ganz außer dir?

MERKUR.

Was sollte es seyn, Klotho, als daß ich diesem Ausreisser so lange habe nachlaufen müssen, daß ich schon besorgte ich würde euern Nachen heute gar nicht zu sehen bekommen.

KLOTHO.

Wo ist er denn, und was kam ihn an daß er davon lief?

MERKUR.

Das ist leicht zu errathen, daß er lieber gelebt hätte. Er ist irgend ein König oder Fürst, soviel ich aus seinem Heulen und Wehklagen über die große Glückseligkeit, die ihm seinem Sagen nach geraubt wurde, schließen kann.

KLOTHO.

Und der alberne Mensch hat davon laufen wollen, als ob er noch fortleben könnte, wenn der Faden, den ich ihm gesponnen habe, ausgegangen ist!

MERKUR.

Er *wollte* davon laufen, sagst du? Ich versichere dich, wenn dieser wackere Mann mit dem Knittel hier mir nicht geholfen hätte ihn einzuhohlen und zu binden, er wäre jetzt über alle Berge. Denn von dem Augenblick an, da ihn Atropos in meine Hände übergab, wehrte und sträubte er sich den ganzen Weg über, oder stämmte sich mit den Füßen gegen den Boden daß ich ihn beynahe nicht von der Stelle bringen konnte. Zuweilen warf er sich auf die Knie vor mir und bat mich flehentlich und unter großen Versprechungen, ihn nur auf eine ganz kurze Zeit gehen zu lassen. Natürlicher weise ließ ich ihn nicht gehen da er das Unmögliche verlangte. Da wir aber bereits an der Mündung angelangt waren, und ich, wie gewöhnlich die mitgebrachten Todten dem Äakus zuzählte, und dieser sie mit der Note, die ihm deine Schwester geschickt hatte, verglich und überrechnete: ersah der verfluchte Kerl, ich weiß nicht wie, eine Gelegenheit uns aus den Augen zu kommen, und machte sich davon. Wie nun beym Nachrechnen ein Todter fehlte, zog mein Äakus die Augenbraunen in die Höhe, und wollte mich beschuldigen daß ich einen unterschlagen hätte. Deine Geschicklichkeit im Stehlen ist nicht überall wohl angebracht, sagte er: im Himmel magst du solche Späße treiben so viel du willst, aber in den Angelegenheiten des Todtenreiches wird Alles aufs genaueste genommen, und man kann uns nicht hintergehen. Hier stehen, wie du siehest, tausend und vier Stück auf der Note, und du bringst mir einen weniger, oder du müßtest nur sagen wollen, Atropos habe sich verrechnet. Ganz beschämt über einen solchen Vorwurf erinnerte ich mich sogleich dessen was unterwegs vorgegangen war; ich schaute herum, und da ich diesen Kerl nicht mehr sah, merkte ich daß er durchgegangen seyn müsse, und verfolgte ihn augenblicklich auf dem Wege der an das Tageslicht zurückführt. Dieser wackere Mann hier folgte mir von freyen Stücken, wir liefen als ob es eine Wette gelte, und ergriffen unsern Flüchtling noch da er schon den Tänarus erreicht hatte; so wenig fehlte daß er uns entwischt wäre.

KLOTHO.

Und wir, Charon, sprachen dem Merkur schon wegen vermeynter Nachläßigkeit das Urtheil!

CHARON.

Nun, was zaudern wir noch länger, als ob wir nicht schon lange genug aufgehalten worden wären?

KLOTHO.

Du hast Recht; sie sollen einsteigen! Ich will mich, wie gewöhnlich, mit meinem Diarium an die Schiffsleiter setzen und jeden einsteigenden examiniren, wer er ist, wo er herkommt, und was für eines Todes er gestorben ist; du, Merkur, stelle sie in Reyhe und Glieder! Aber vorher wirf diese Neugebohrnen hinein; denn was könnten *die* mir antworten?

MERKUR.

Sieh her, Fährmann! ihrer sind, mit Einschluß der Ausgesetzten, dreyhundert an der Zahl.

CHARON.

O weh! ein schlechter Fang! das ist gar zu grüne Waare, Merkur, die du uns da mitbringst!

MERKUR.

Wollen wir nicht auch die Unbeweinten zu den Vorigen auf Einen Haufen werfen, Klotho?

KLOTHO.

Die Alten meynst du? Gut! Wofür sollt' ich mir auch die Mühe geben, so tief in die alte Geschichte einzudringen? — Alle, die über sechzig sind, sollen herbeykommen! — Was ist das? Sie hören mich nicht? Sollten sie denn alle vor Alter harthörig geworden seyn? Du wirst sie wohl auch aufpacken und hineintragen müssen, da sie so schwach auf den Beinen sind.

MERKUR.

Hier sind ihrer vierhundert, weniger zwey, alle weich und reif, und zu rechter Zeit abgeschnitten!

KLOTHO.

Dafür steh' ich! Sie sind ja alle so eingeschrumpft wie die trocknen Weinbeeren. — Bringe nun die an Wunden gestorbenen herbey, Merkur! — Vor allen Dingen sagt mir, was die Ursache ist warum ihr hicr seyd? — Doch, ich komme kürzer davon wenn ich euch nach der Note recensire. Gestern müssen in Medien ihrer drey und achtzig in einem Gefechte geblieben seyn, und unter ihnen Gobaris des Oxyartes Sohn.

MERKUR.

Hier sind sie!

KLOTHO.

Sieben haben sich selbst aus Liebe abgethan, und der Philosoph Theagenes einer Courtisane aus Megaren wegen.

MERKUR.

Hier!

KLOTHO.

Wo sind die beyden, die einander wegen eines Thrones die Hälse gebrochen haben?

MERKUR.

Da stehen sie!

KLOTHO.

Und ein Gewisser, der von seiner Frau und ihrem Galan ermordet wurde?

MERKUR.

Da, neben dir.

KLOTHO.

Bringe nun auch die zum Tode verurtheilten her, die zu Tode geprügelten, die gespießten, die gekreuzigten. Und wo sind die sechzehn, die von Straßenräubern umgebracht wurden?

MERKUR.

Diese durchlöcherten hier sind es. — Soll ich dir nun auch die Weibspersonen zusammen vorführen?

KLOTHO.

O ja, und die in Schiffbrüchen ertrunknen, weil sie entweder zugleich oder einerley Todes gestorben sind. — Auch die am hitzigen Fieber gestorbenen, mit ihrem Arzt Agathokles. — Aber wo ist denn der Philosoph Cyniskus, der ja wohl sterben mußte, da er so viele Hekatesmähler und Lustraleyer und über alles das zuletzt noch gar einen ganzen Tintenfisch roh aufgefressen hat?

CYNISKUS.

Ich warte schon lange auf dich, schönste Klotho. Was hab' ich denn gesündigt, daß du mich eine so schrecklich lange Zeit da oben gelassen hast? Würklich hast du bloß mit *meinem* Leben beynahe deine ganze Spindel voll gemacht. Ich hatte es so satt, daß ich oft den Faden zu zerreissen versuchte; aber ich weiß nicht wie es kam, er wollte schlechterdings nicht brechen.

KLOTHO.

Ich ließ dich leben um ein Beobachter und Arzt der menschlichen Thorheiten zu seyn. So steige dann ein, und sey willkommen!

CYNISKUS.

Nicht eher, beym Herkules! bis wir diesen Gebundenen hier an Bord gebracht haben. Ich besorge immer er möchte dich mit seinem Bitten erweichen.

KLOTHO.

Wer ist er denn?

MERKUR.

Der Tyrann Megapenthes, des Lacydes Sohn.

KLOTHO *zu Megapenthes.*

Steig ein!

MEGAPENTHES.

O nicht doch, großmächtigste Gebieterin Klotho! Laß mich nur auf eine kleine Zeit wieder auf die Oberwelt zurück! Ich will dir von selbst und ungerufen wiederkommen.

KLOTHO.

Und warum möchtest du denn zurück?

MEGAPENTHES.

Ich möchte gerne meinen Palast ausbauen, den ich halbfertig zurückgelassen habe.

KLOTHO.

Possen! Steig ein!

MEGAPENTHES.

Ich bitte um keine lange Zeit, o Parze; laß mich wenigstens nur einen einzigen Tag bleiben, damit ich meiner Gemahlin meiner Verlassenschaft halben Befehle geben, und ihr sagen kann, wo ich den großen Schatz vergraben habe.

KLOTHO.

Der Schluß steht feste; dein Bitten ist vergeblich.

MEGAPENTHES.

Und ein solcher Haufen Goldes soll verlohren seyn!

KLOTHO.

Darüber mache dir keinen Kummer; dein Vetter Megakles wird ihn finden.

MEGAPENTHES.

Welche Kränkung! Was? Mein ärgster Feind, den ich aus bloßer Feigherzigkeit nicht vor mir aus der Welt geschickt habe?

KLOTHO.

Eben der; und er wird dich um mehr als vierzig Jahre überleben, und sich deine Beyschläferinnen, deine prächtigen Kleider und alle deine Reichthümer zueignen.

MEGAPENTHES.

Das ist ungerecht von dir, Klotho, daß du das Meinige meinem ärgsten Feinde zutheilest!

KLOTHO.

Wie? Hast denn du nicht dasselbe gethan? Hast du dir nicht das alles von deinem Vorfahrer Kydimachus zugeeignet, nachdem du ihn selbst, und seine Kinder noch vor seinen sterbenden Augen ermordet hattest?

MEGAPENTHES.

Aber nun war es einmal mein!

KLOTHO.

Der Termin deines Besitzes ist abgelaufen, wie du siehest.

MEGAPENTHES.

Höre mich an, Klotho, ich habe dir was allein zu sagen. Ihr andern entfernt euch ein wenig. Wenn du mich heimlich entfliehen lassen willst, so verspreche ich daß ich dir heute noch tausend Talente gemünzten Goldes in die Hände liefern will.

KLOTHO.

Närrischer Kerl! Du hast also den Kopf noch immer mit Gold und Talenten angefüllt?

MEGAPENTHES.

Ich will, wenn du es verlangst, noch zwey goldene Pokale dazu thun, die ich durch Ermordung des Theokritus gewann, und deren jeder hundert Talente des feinsten Goldes schwer ist.

KLOTHO.

Schleppt ihn in den Kahn! Es scheint nicht als ob er gutwillig einsteigen werde.

MEGAPENTHES.

Ich nehme euch alle zu Zeugen des Unrechts das mir geschieht. Die Mauer und das Schiffzeughaus bleiben nun unvollendet, die ich zu Stande gebracht haben würde, wenn ich nur noch fünf Tage länger gelebt hätte.

KLOTHO.

Sey ohne Sorge, ein anderer wird sie ausbauen.

MEGAPENTHES.

Aber was ich jetzt verlange ist doch gewiß äusserst billig.

KLOTHO.

Und was wäre das?

MEGAPENTHES.

Nur noch so lange zu leben bis ich die Pisidier bezwungen, den Lydiern einen Tribut auferlegt, und mir selbst ein prächtiges Monument errichtet und es mit einer Aufschrift aller großen und königlichen Thaten, die ich in meinem Leben gethan, versehen haben werde.

KLOTHO.

Wie? Anstatt eines Tages verlangst du auf einmal zwanzig Jahre?

MEGAPENTHES.

Ich bin bereit euch für die Eilfertigkeit, womit ich meine Zurückkunft beschleunigen will, Bürgen zu stellen, ja, wenn ihr wollt, will ich euch indessen meinen einzigen Sohn als meinen Stellvertreter zuschicken.

KLOTHO.

Bösewicht! Und da oben batest du die Götter so oft daß er dich überleben möchte!

MEGAPENTHES.

Das that ich ehmals: aber jetzt hab' ich den Werth des Lebens besser kennen gelernt.

KLOTHO.

Auch deinen Sohn wirst du in kurzem hier sehen; der jetzige Regent ist dir bereits zuvor gekommen.

MEGAPENTHES.

So wirst du mir doch dieß einzige nicht abschlagen, gute Parze!

KLOTHO.

Was denn?

MEGAPENTHES.

Ich möchte nur sehen wie es in meinem Hause zugeht.

KLOTHO.

Das sollst du hören, und du wirst schlechte Freude daran haben. Dein Weib wird deinem ehmaligen Sclaven Midas zu Theil werden, der schon lange ihr Galan war.

MEGAPENTHES.

Der verdammte Bube, dem ich auf ihre Fürsprache die Freyheit schenkte!

KLOTHO.

Deine Tochter wird unter die Beyschläferinnen des jetzigen Königs gesteckt, und alle die Bildsäulen und Brustbilder, die dir ehmals auf gemeine Kosten gesetzt wurden, werden in Stücken zerschlagen und ein Gegenstand des Spottes der Vorübergehenden werden.

MEGAPENTHES.

Wie? und meine Freunde sehen dem allem ruhig zu? Ist keiner unter ihnen, der darüber in Feuer geräth und sich entgegensetzt?

KLOTHO.

Wer sollte dein Freund gewesen seyn, und aus welchen Ursachen? Du weißt also nicht, daß alle diese Leute, die sich bis zur Erde vor dir bückten, und alles was du sagtest und thatest vortrefflich fanden, es bloß aus Furcht oder Hoffnung thaten, den Mantel bloß nach dem Winde hiengen, und des Fürsten nicht des Megapenthes Freunde waren?

MEGAPENTHES.

Und bey den Banketten die ich ihnen gab, war immer ihr erstes, eine Libation auf meine Gesundheit auszubringen und mit großem Geschrey mir alles mögliche Gute zu wünschen! Da war nicht Einer, der nicht bereit war an meiner statt zu sterben wenn's angienge; kurz, sie hatten keinen andern Schwur als bey meinem Leben!

KLOTHO.

Und zum Beweise ihrer Aufrichtigkeit verlohrest du es, als du gestern bey einem von ihnen schmaußtest. Der letzte Becher, der dir eingeschenkt wurde, hat dich hieher geschickt.

MEGAPENTHES.

Das war also die Ursache des bittern Nachgeschmacks? Aber warum that er das?

KLOTHO.

Keine unnützen Fragen! Es ist Zeit daß du einmal einsteigst.

MEGAPENTHES.

Ich habe nur noch ein einziges auf dem Herzen, das mich ganz besonders drückt, und weßwegen ich noch einmal einen Blick ins Tageslicht thun möchte.

KLOTHO *spöttisch.*

Das muß ja was ganz ausserordentliches seyn. Was ists denn?

MEGAPENTHES.

Karion, einer meiner Sclaven, sobald er hörte daß ich todt sey, schlich sich Abends spät in das Gemach, wo ich lag und wo meine Beyschläferin Glycerion ganz allein bey meinem Leichnam wachte. Da er die Gelegenheit so günstig fand, schloß er die Thür ab, und machte sich ohne alle Scheu (weil sie ganz allein zu seyn glaubten) über das Mädchen her, die, wie ich merkte, schon lange so vertraulich mit ihm gelebt haben mußte. Wie der Schurke seine Lust gebüßt hatte, sah er nach mir hin, und sagte: Da nimm das, du verdammter Kerl, für die Schläge, die du mir so oft unverdienter Weise gegeben hast! und damit zupfte er mich beim Barte, gab mir Maulschellen bis ers müde war, räusperte dann so breit er konnte, spuckte mir ins Gesicht, hieß mich zu allen Teufeln fahren, und machte sich davon. Ich hätte vor Ärger bersten mögen, und konnte dem Buben doch nichts thun, weil ich bereits kalt und erstarrt war. Aber die verfluchte Spitzbübin, sobald sie Leute kommen hörte, netzte sich die Augen mit Speichel, als ob sie über meiner Leiche geweint hätte, und gieng mit Geheul und zärtlichen Ausrufungen meines Nahmens davon. O! wenn ich nur *die* beyden kriegen könnte!

KLOTHO.

Spare diese Drohungen und steig ein! Die Zeit ist da, wo du vor Gericht erscheinen mußt.

MEGAPENTHES.

Und wer darf sich unterstehen über einen Souverän richten zu wollen?

KLOTHO.

Über den Souverän niemand, aber über den Todten Rhadamanthus, den du bald zu sehen bekommen, und dann erfahren wirst, daß er mit der strengsten Gerechtigkeit jedem nach Verdienen sein Urtheil spricht. Halte uns nun nicht länger auf!

MEGAPENTHES.

Und wenn du auch nur einen gemeinen armen Mann aus mir machen wolltest, liebste Parze, nur einen Sclaven! ich will gerne nicht mehr König seyn — laß mich nur wieder leben!

KLOTHO.

Wo ist der mit dem Knittel? — Merkur, zieh ihn bey den Füßen hinein, weil er nicht gutwillig einsteigen will.

MERKUR.

Fort, du Ausreisser! Marsch! — *Zu Charon.* Da, Charon, nimm ihn ein, und den handfesten Gesellen hier dazu! Und Sicherheits halben soll der Tyrann an den Mast gebunden werden!

MEGAPENTHES.

Mir gebührt der oberste Sitz.

KLOTHO.

Und warum das?

MEGAPENTHES.

Zum Herkules, weil ich ein regierender Fürst war und zehntausend Trabanten hatte.

KLOTHO.

Und Karion hätte einen so brutalen Burschen wie du bist nicht mit Recht beym Barte gezaußt? Aber der Knittel hier, wenn du ihn zu kosten kriegen wirst, soll dir die Souveränität garstig verbittern!

MEGAPENTHES.

Wie? Ein Cyniskus sollte sich unterstehen den Stecken gegen mich aufzuheben? Wie viel fehlte neulich, da du dir die Freyheit herausnahmst über mich zu räsonniren, daß ich dich nicht ans Kreuz nageln ließ?

CYNISKUS.

Dafür sollst du auch jetzt an den Mast genagelt werden.

MICYLLUS.

Ey sage mir doch, Klotho, wird denn unser einer bey euch für gar nichts gerechnet, und muß ich, weil ich nur ein armer Mann bin, darum gerade der letzte im Einsteigen seyn?

KLOTHO.

Wer bist du denn?

MICYLLUS.

Der Schuster Micyllus.

KLOTHO *lächelnd.*

Und du beschwerst dich daß du aufgehalten werdest? Du hast gehört wieviel der Tyrann zu geben versprach, um nur auf eine kurze Zeit loßgelassen zu werden: und dir wäre die Verzögerung nicht willkommen?

MICYLLUS.

Ich will dir aufrichtig sagen, wie ichs meyne, schönste der Parzen. In meinen Augen ist es eine gar schlechte Gnade, wenn der Cyklope dem Ulyß verspricht daß er ihn *zuletzt* fressen wolle;[2]) denn ich mag der erste oder letzte seyn, so warten eben dieselben Zähne auf mich. Übrigens hat es mit mir eine ganz andere Bewandtniß als mit den reichen

2) *Odyssee* IX. 369.

Herren. *Ihr* Leben und *mein* Leben sind das vollkommene Gegentheil von einander. Der Tyrann dünkte sich glücklich; er stand in hohem Ansehen, wurde von jedermann gefürchtet, und hat eine Menge Gold und Silber, prächtige Kleider, schöne Pferde, eine herrliche Tafel, hübsche Knaben und schöne Weiber zurücklassen müssen: es ist also ganz natürlich daß es ihm wehe thut von dem allen weggerissen zu seyn. Ich weiß nicht wie es kommt, aber es ist als ob die Seele an diesen Dingen wie ein Vogel an einer Leimruthe kleben bleibe, und sich gar nicht davon loßwinden könne noch wolle; es sind Bande, die immer unauflößlicher werden, je länger man sie trägt, und die Gebundenen gewöhnen sich so daran, daß sie in laute Wehklagen ausbrechen, wenn man sie mit Gewalt aus ihrem Kerker führt. Wie übermüthig sie auch sonst sind, sobald sie diesen Weg in die Unterwelt antreten sollen, entfällt ihnen das Herz; sie sehen sich, wie unglückliche Liebhaber, mit Sehnsucht nach dem was sie zurücklassen mußten um, und wünschen, wär' es auch nur von ferne, noch einmal in das Tageslicht zurück zu blicken;[3]) wie es dieser Narr da machte, der unterwegs sogar ausreissen wollte, und dir hier mit seinen unablässigen Bitten lästig wurde. Ich hingegen, der weder Äcker noch Haus und Hof, noch baares Geld, noch Geräthe, noch Ehrenstellen noch Ahnenbilder auf der Welt zurück ließ, ich war gleich reisefertig. Auf den ersten Wink der Atropos warf ich fröhlich meinen Schusterkneif und den

3) Der Schuster Micyllus hört sich gerne reden, wie man sieht, und dieß charakterisirte ihn schon in seinem Dialog mit seinem Haushahn [in dieser Auswahl nicht enthalten]. Sollten sich *auch die griechischen Schuster* durch den Hang zum grübeln und spintisiren, den man an unsern modernen Schustern bemerkt haben will, schon ausgezeichnet haben?

unvollendeten Halbstiefel, den ich eben in Händen hatte, weg, sprang auf, barfuß wie ich war, ohne mir nur das Pech von den Händen zu waschen, und folgte, oder lief vielmehr voraus, und sah nur immer vorwärts, weil ich nichts nachließ das mich zurückgerufen oder nur den Kopf zu drehen gereizt hätte. Auch finde ich wahrlich alles bey euch recht schön, und besonders ist die hier eingeführte Gleichheit sehr nach meinem Geschmack. Vermuthlich wird hier kein Schuldner mehr von seinen Gläubigern angefochten; hoffentlich hat man bey euch keine Steuern und Gaben mehr zu bezahlen, und, was das vornehmste ist, ich bin, denke ich, hier sicher, weder im Winter mehr zu frieren, noch krank zu werden, noch von dem vornehmen Volke Stockschläge zu bekommen. Hier ist eitel Friede, und eine völlig umgekehrte Welt: wir armen Leute lachen hier, die Reichen hingegen jammern und heulen.

KLOTHO.

Darüber also seh' ich dich diese ganze Zeit über so lustig? Aber was kam dir denn am lächerlichsten vor?

MICYLLUS.

Das will ich dir sagen, o geehrteste unter allen Göttinnen. Weil ich da oben nicht weit von dem Tyrannen wohnte, so hatte ich Gelegenheit alles was bey ihm vorgieng genau zu beobachten; und, wenn ich ihn dann so in seinen schimmernden Purpurröcken daherstolziren sah, und sah die Menge von Bedienten, die hinter ihm her giengen, und das viele Gold in seinem Palaste, die mit Edelsteinen besetzten Trinkgefäße, und die vielen Kanapees mit silbernen Füßen, und besonders wenn mich der Wohlgeruch der vielen köstlichen Speisen, die für seine Tafel zubereitet wurden, in die Nase biß: da schien mirs klar, daß er mehr als ein bloßer Mensch, und das glücklichste und herrlichste aller Wesen sey. Oft, wenn er so feyerlich einher stieg und sich in die Brust warf, und alle, die sich ihm näherten, durch einen bloßen Blick aus ihrer Fassung brachte, kam es mir vor, er sey würklich schöner und größer als er war, und wenigstens eine Elle höher als alle andere Menschen. Allein seitdem er todt ist und ich ihn von aller dieser Herrlichkeit rein ausgezogen sehe, finde ich daß er ein höchst lächerliches Kerlchen ist; aber noch mehr muß ich über meine eigene Einfalt lachen, daß ich vor einem solchen Schuft so viel Respect haben konnte, und mich durch den Bratengeruch aus seiner Küche und das Schneckenblut, womit seine Kittel gefärbt waren, verführen ließ ihn anzustaunen und selig zu preisen. Als ich aber vollends noch den Geldmäkler Gniphon gewahr wurde, und sah wie der arme Tropf ächzte, und sichs reuen ließ daß er seine Reichthümer nicht genossen hatte, sondern ohne was davon gekostet zu haben, aus der Welt gegangen war, um all' sein Haab und Guth dem liederlichen Rhodocharis zu hinterlassen, der als nächster Anverwandter sein Intestat-Erbe war: da konnt' ich gar nicht mehr aufhören zu lachen, indem ich zurückdachte, wie bleich und schmutzig der Mensch immer aussah, wie ihm Kummer und Sorge die Stirne zusammenzogen, und wie alles was er von seinem Reichthum hatte darin bestand, daß er alle die Tausende und Zehentausende in seine Geldsäcke hineinzählte, und mit saurer Mühe stückweise zusammenscharrte, was der glückliche Rhodocharis in kurzem zu ganzen Händenvoll verschleudern wird. — Aber warum stoßen wir nicht vom Lande? Wir könnten das übrige während der Überfahrt nachholen. Ihr Gewinsel wird es uns nicht an Stoff zu Lachen fehlen lassen.

KLOTHO.

So steig ein, damit der Fährmann den Anker lichten kann.

CHARON *zum Micyllus, der einsteigen will.*

Hola, du, wo hinaus? Der Kahn ist schon voll. Du kannst warten wo du bist; morgen früh wollen wir dich übersetzen!

MICYLLUS.

Du thust mir Unrecht, Charon, mich zurückzulassen, da ich schon seit gestern eine Leiche bin. Ich werde dich beym Rhadamanth verklagen, daß du das Gesetz nicht besser beobachtest. — O weh! Sie fahren ab und lassen mich hier mutterseelenallein. — Aber warum sollt' ich ihnen nicht nachschwimmen können? Da ich einmal todt bin, ist mir nicht vorm Ersaufen bange. Ich habe ohnehin keinen halben Batzen um das Fährgeld zu bezahlen.

KLOTHO.

Was ist das? Halt, Micyllus! Es ist nicht erlaubt, *so* herüber zu kommen.

MICYLLUS.

Ich will vielleicht noch vor euch am andern Ufer seyn.

KLOTHO.

Das geht nicht an. Wir wollen ihm entgegenfahren und ihn einnehmen. Zieh ihn herein, Merkur!

CHARON.

Und wo soll er sitzen? Du siehst ja daß alles voll ist.

MERKUR.

Er kann dem Tyrannen auf die Schultern hocken wenn dirs recht ist.

KLOTHO.

Ein trefflicher Einfall, Merkur! — Steig ein, und tritt dem Verruchten auf den Nacken! — Nun fort und Glück zur Überfahrt!

CYNISKUS.

Charon, es wird dir am besten seyn wenn ich dir gleich die Wahrheit sage: ich kann keinen halben Batzen für meine Person bezahlen; denn ausser diesem Schnappsack und meinem Stecken hab' ich nie in der Welt nichts. Wenn du aber willst, daß ich pumpen oder rudern helfen soll, so bin ich bereit. Du sollst mit mir zufrieden seyn, insofern du mir nur ein tüchtiges Ruder geben willst.

CHARON.

So rudre! ich bins zufrieden daß du mir dein Fährgeld abverdienest.

CYNISKUS.

Darf ich auch eins dazu singen?

CHARON.

O ja, wenn du ein hübsches Schifferlied weißt.

CYNISKUS.

Mehr als eins, Charon. — *Er singt.* Hörst du, wie uns diese da mit ihrem Gewinsel secundiren? Das wird ein jämmerliches Gesinge geben!

EIN REISENDER.

O meine Schätze!

EIN ANDRER.

O meine schönen Landgüter!

NOCH EIN ANDRER.

Ach, ach! Das schöne Haus das ich zurücklassen mußte!

EIN ANDRER.

O! wie wird mein Erbe die vielen Tausende ververgeuden die er von mir bekommt!

EIN ANDRER.

Hu! Hu! Meine armen Kleinen![4])

EIN ANDRER.

Wer wird nun den Wein lesen den ich vor einem Jahre pflanzte?

MERKUR.

Micyll, hast denn du allein nichts zu weinen? Es geht ganz und gar nicht an, daß hier jemand mit trocknen Augen überfahre.

MICYLLUS.

Laß mich mit Frieden, Merkur; ich habe nichts zu heulen, da unsre Fahrt so gut von statten geht.

MERKUR.

Seufze nur wenigstens ein Bißchen um den Brauch mit zu machen.

MICYLLUS.

Nun, so will ich denn auch heulen weil du es so haben willst, Merkur. — *In einem bürlesk tragischen Tone.* O meine Riemen! O meine alten Pantoffel! Au, au! Meine durchgetretnen Schuhsolen! Nun werd' ich unglücklicher von Morgen bis an den Abend ungegessen seyn müssen, und im Winter ohne Schuhe und halbnackend herumirren, und vor Kälte mit den Zähnen klappen! Wer wird sich nun meines Kneifs und meiner Ahle bemächtigen? —

4) Ich möchte zur Ehre des Herzens Lukians wünschen, daß ihm diese Zeile nicht entwischt wäre —

Zu Merkur. Das, dächte ich, heißt doch was ehrliches gejammert? — Wir sind beynahe am Lande.

CHARON.

Nun, fürs erste zahle jeder sein Fährgeld! — He da, du auch! — Haben alle bezahlt? — Gieb du deinen halben Batzen auch, Micyll!

MICYLLUS.

Du scherzest, Charon, oder wenn dirs Ernst ist, desto schlimmer! Du könntest eben so leicht einen hölzernen Bock melken[5]), als vom Micyllus einen halben Batzen auspressen. Ich habe mein Tage nicht gewußt ob ein halber Batzen rund oder viereckigt ist.

CHARON.

Nun wahrhaftig, bey der heutigen Fahrt ist unser Profit bald gezählt! — Steigt aus, damit ich nun die Pferde, Ochsen, Hunde, und die übrigen Thiere holen kann; denn die müssen auch herübergefahren seyn.

KLOTHO.

Du, Merkur, übernimm diese Todten und führe sie ab: Ich fahre wieder an das jenseitige Ufer zurück, um die Serischen Fürsten Indopathes und Heramithres[6]) herüber zu bringen, die in einem Streit über ihre Grenzen ums Leben gekommen sind. *Sie fährt mit Charon ab.*

5) im Griechischen: du schreibst in den Sand wenn du vom Micyll einen Obolus erwartest.

6) Es versteht sich doch wohl ohne abermalige Erinnerung, daß alle Nahmen, die in diesem Stücke vorkommen, erdichtet sind; die Ausleger sind lepida capita [Schlauköpfe] mit ihrem gutherzigen Bedauren, daß sie uns keine nähere Nachrichten von diesem Indopanthes und Heramithres geben können!

MERKUR.

Vorwärts ihr Bursche! oder vielmehr, marschiert alle in guter Ordnung hinter mir her.

MICYLLUS.

Zum Herkules! Was es hier finster ist! Wo ist nun der schöne Megillus? Oder woran könnte man hier unterscheiden ob Phryne schöner als Symmiche ist? Alles hat hier nur Eine Farbe, nichts ist weder schön noch schöner, und sogar mein armseliger Kittel, der noch kaum mir selbst abscheulich vorkam, gilt jetzt so viel als der Purpurrock eines Königs; unter der Hülle dieser Finsterniß sind beyde gleich unsichtbar. — Wo bist du, Cyniskus?

CYNISKUS.

Hier Micyll! — hier, sag' ich — wenn dirs recht ist, wollen wir mit einander gehen.

MICYLLUS.

Das ist ein guter Gedanke; gieb mir die Hand. — Höre, Cyniskus, da du doch in den Eleusinischen Mysterien initiirt bist, findest du nicht auch es sey eine große Ähnlichkeit zwischen dem wie es hier und wie es dort ist?[7])

CYNISKUS.

Du hast nicht unrecht. — Sieh nur, da kommt gleich eine Fackelträgerinn, die eine ganz fürchterliche und drohende Miene macht! Sollt' es wohl eine *Erinnys* seyn?

MICYLLUS.

Ihrem Costum nach sollte mans denken!

7) Diese Stelle bedarf, seitdem gewisse moderne, von diesen alten abcopierte Mysterien aufgehört haben ein Geheimniß zu seyn, keiner Erläuterung.

MERKUR *zu Tisiphone.*

Hier übergeb' ich dir diese Tausend und vier, Tisiphone.

TISIPHONE.

Rhadamanth erwartet euch schon lange.

RHADAMANTH.

Führe sie herbey, Erinnys — und du, Merkur, rufe sie vor Gericht!

CYNISKUS.

O Rhadamanth, ich beschwöre dich bey deinem Vater[8]), laß mich zuerst zur Untersuchung vorführen.

RHADAMANTH.

Und warum?

CYNISKUS.

Ich bin entschlossen, jemanden wegen vieler Übelthaten, die er in seinem Leben begangen hat und wovon ich Wissenschaft habe, anzuklagen. Nun kann ich aber keinen glaubwürdigen Zeugen abgeben, bis erst bekannt ist wer ich selbst bin und wie ich gelebt habe.

RHADAMANTH.

Und wer bist du denn?

CYNISKUS.

Cyniskus, hochedler Herr, meines Zeichens ein Philosoph.

RHADAMANTH.

So tritt näher und stelle dich zuerst vor Gericht. Du, Merkur, rufe seine Ankläger auf.

8) *Jupiter*, dessen Sohn von Europa Rhadamanthus war.

MERKUR.

Wer etwas gegen diesen Cyniskus anzubringen hat, der trete hervor!

RHADAMANTH.

Niemand tritt hervor. Aber das ist noch nicht genug, Cyniskus. Ziehe dich aus, damit ich deine Mahlzeichen untersuchen kann.

CYNISKUS.

Wie sollte ich zu Mahlzeichen gekommen seyn?

RHADAMANTH.

Wer unter euch in seinem Leben böses gethan hat, trägt von jeder Übelthat eine gewisse fast unmerkliche Brandnarbe an seiner Seele.

CYNISKUS.

Hier bin ich so nackend als du es verlangen kannst; suche nun die Narben wovon du sprichst.

RHADAMANTH.

Er ist würklich ganz rein, bis auf drey oder vier verblichne, die man kaum gewahr werden kann. In der That sehen sie Spuren ehemaliger Brandnarben gleich, aber ich weiß nicht wie es zugieng daß sie ausgelöscht oder vielmehr ausgeschabt sind. Wie kommt das, Cyniskus? Wie hast du es angefangen um wieder so rein zu werden?

CYNISKUS.

Das will ich dir sagen. Es war eine Zeit, da ich aus Mangel an gesunden Begriffen und Grundsätzen nicht viel taugte, und während dieser Zeit zog ich mir eine Menge Narben zu: sobald ich aber zu philosophiren anfieng, wurden alle diese Mahlzeichen in kurzem aus meiner Seele ausgewaschen.

RHADAMANTH.

Da hast du eine vortreffliche Arzney gebraucht, guter Freund. Sobald du also den Tyrannen, von dem du sagtest, angeklagt haben wirst, kannst du dich in die Inseln der Seligen begeben, wo du in Gesellschaft der Besten unter den Menschen seyn wirst. — Merkur, rufe nun andere herbey!

MICYLLUS.

Bey mir wird es nicht viel Untersuchens brauchen. Ich stehe schon lange nackend da; es wird mit einem einzigen Anblick gethan seyn.

RHADAMANTH.

Wer bist du?

MICYLLUS.

Der Schuster Micyllus.

RHADAMANTH.

Bravo, Micyllus, du bist ja so rein wie ein unbeschriebenes Blatt Papier! Du kannst mit dem Cyniskus gehen. — Lade nun den Tyrannen vor, Merkur!

MERKUR.

Megapenthes Lacydes' Sohn soll erscheinen! — Wo willst du hinaus? Hieher! — Du bist doch der Tyrann den ich aufrief? — Tisiphone, schleppe ihn mit Gewalt her, da er nicht gutwillig kommen will! Und du, Cyniskus, laß hören was du als Kläger gegen den Mann hier anzubringen hast.

CYNISKUS *zu Rhadamanth.*

Wiewohl es eigentlich dieser Weitläuftigkeit nicht bedürfte, da du aus seinen Narben bald erkennen wirst, was für ein Mensch er ist, so will ich doch nichts desto weniger auch das Meinige beytragen, diesen Erzbösewicht zu entlarven und in seiner wahren Gestalt darzustellen. Ich übergehe alles was er als Privatmann begangen hat: aber seitdem er sich einen Anhang von Leuten, die zu allem bereit sind, gemacht, und mit Hülfe derselben und einer Rotte gedungener Banditen, die seine Trabanten[9]) vorstellten, sich zum willkührlichen Herrn der Republik aufgeworfen, hat er mehr als zehentausend Personen ohne Urtheil und Recht umbringen lassen, und die unermeßlichen Reichthümer, die er sich durch Einziehung ihrer Güter zu verschaffen wußte, zu allen nur ersinnlichen Arten von Ausgelassenheit und Schwelgerey angewandt. Seine unglücklichen Bürger mißhandelte er mit dem grausamsten Übermuth; er schändete ihre Jungfrauen, verführte ihre Jünglinge, kurz, erlaubte sich gegen seine Unterthanen Alles, was ein besoffener Mensch im Taumel der wildesten Fröhlichkeit fähig ist. Es ist unmöglich ihn für seinen Hochmuth, seine Aufgeblasenheit, den schnarchenden Ton gegen diejenigen die mit ihm sprechen mußten, nach Verdienen zu bestrafen. Ein Mann hätte leichter in die Sonne schauen mögen, als es wagen dürfen ihm mit festem Blick ins Gesicht zu sehen. Und wer vermöchte alle die neuen Martern und Todesarten herzuzählen die er erfunden hat, und wovor seine Vertrautesten selbst nicht sicher waren? Zum Beweise daß dieß keine Verläumdung ist, darfst du nur die von ihm Ermordeten herbeyrufen lassen. Doch, da kommen sie ja ungerufen! Du siehst wie sie auf ihn eindringen und ihn ängstigen. Alle diese, o Rhada-

9) δορυφόροι [Lanzenträger] ist zwar der allgemeine Nahme für die Leibgarde oder Trabanten die von den Königen und Fürsten zu ihrer Sicherheit unterhalten wurden: aber hier schien mir der ganze Zusammenhang eine Umschreibung zu erfodern, worin ausgedrückt wäre, was diese Leute, ungeachtet des Titels womit sie decorirt wurden, würklich waren.

manth, mußten von den Händen dieses Scheusals sterben; die einen weil sie schöne Weiber hatten, andere weil sie die Entehrung ihrer Kinder nicht mit Geduld ertrugen, andere weil sie Vermögen hatten, noch andere weil sie Männer von vorzüglicher Geschicklichkeit und Tugend waren, und eine solche Art zu regieren nicht gut heißen konnten.

RHADAMANTH *zu Megapenthes.*

Was antwortest du hierauf, Verruchter?

MEGAPENTHES.

Die Mordthaten läugne ich nicht; aber alles übrige, alle die Ausschweifungen die mich Cyniskus beschuldiget, sind Verläumdungen[10]).

CYNISKUS.

Soll ich dir also hierüber Zeugen aufstellen, Rhadamanth?

RHADAMANTH.

Was könnten das für Zeugen seyn?

CYNISKUS.

Seine Lampe und sein Bette. Beyde wissen genug davon um gegen ihn zeugen zu können.

MERKUR.

Die Lampe und das Bette[11]) des Megapenthes sollen erscheinen! — Sie lassen nicht lange auf sich warten. Da sind sie!

10) Die Mordthaten gesteht er ein, weil die Ermordeten gegenwärtig wider ihn zeugen, und er sie also nicht läugnen kann: die heimlichen Schandthaten hingegen läugnet er, weil er ihrer aus Mangel an Zeugen nicht überwiesen werden zu können hofft.

11) Eine Personificierung im ächten morgenländischen Geschmacke. In den Dichtungen der Orientalen haben nicht nur die für uns leblose Naturwesen, sondern sogar die Werke der menschlichen Kunst Seele, Vernunft und Sprache.

RHADAMANTH.

Saget also was ihr von diesem Megapenthes wisset. Das Bette soll zuerst sprechen.

DAS BETTE.

Alles was Cyniskus ihn beschuldiget hat, ist wahr, gnädiger Herr Rhadamanth — mehr zu sagen schäm' ich mich —

RHADAMANTH.

Dieses Schweigen legt das stärkste Zeugnis gegen ihn ab. Lampe, zeuge du nun auch!

DIE LAMPE.

Was er bey Tage gethan haben mag, weiß ich nicht, weil ich da nicht zugegen war: aber wie es in seinen Nächten zugieng, davon mag ich gar nicht reden — genug, daß ich viele unnennbare und alles was schändlich ist übersteigende Dinge habe sehen müssen. Wie oft hörte ich auf, mein Öl zu trinken, weil ich verlöschen wollte! aber er nöthigte mich seine Abscheulichkeiten in der Nähe zu beleuchten, und verunreinigte mein Licht auf alle nur erdenkliche Weise.

RHADAMANTH.

Es bedarf keiner mehrern Zeugen. Nun ziehe auch deinen Purpur aus, damit ich die Zahl deiner Narben sehe! — Himmel! er ist ganz braun und blau, und über und über mit Brandnarben bedeckt. — Wie soll er nun abgestraft werden? Wollen wir ihn in den Feuerstrom werfen, oder dem Cerberus ausliefern?

CYNISKUS.

Wenn du es erlaubst, will ich dir eine ganz neue und seiner würdige Strafe an die Hand geben.

RHADAMANTH.

Ich werde dir noch Dank dafür wissen; rede!

CYNISKUS.

Es ist ja, denke ich, der Brauch, daß alle Todten Wasser aus dem Lethe trinken?

RHADAMANTH.

So ist es.

CYNISKUS.

Er also soll allein keines trinken dürfen. Die stete Erinnerung an das was er da oben war, und die ihm ewig vorschwebenden Bilder seiner ehmaligen Macht und der Wollüste worin er sich wälzte, werden die härteste Strafe für ihn seyn.

RHADAMANTH.

Du hast Recht! Dieß sey also sein Urtheil! Man führe ihn ab, feßle ihn neben den Tantalus, und überlasse ihn der Erinnerung seines vergangenen Lebens!

Die GÖTTERVERSAMMLUNG.

Jupiter, Momus, Merkur.

JUPITER.

So höret einmal auf, ihr Götter, zwischen den Zähnen zu murmeln und in Winkeln beysammenstehend einander euern Verdruß zuzuflüstern, daß sich so viele mit an unsre Tafel setzen, die dieser Ehre unwürdig sind. Da eben dieß die einzige Ursache eurer gegenwärtigen Zusammenberufung ist, so

Die Götterversammlung. Lukian führt in diesem Stücke eine Materie aus, welche *Momus*, (den er auch diesesmal zu seinem Stellvertreter macht) schon im *Jupiter Tragödus* [in dieser Auswahl nicht enthalten] berührt hatte. Er dichtet, daß es unter den Göttern im Himmel endlich selbst über gewisse ärgerliche und unleidliche Mißbräuche, die sich bey ihnen eingeschlichen, besonders über die ungebührliche Vermehrung ihrer Anzahl, öffentlich zur Sprache gekommen, und auf den Vortrag des Momus, der sich über alle diese Dinge mit seiner gewöhnlichen Freyheit herausläßt, ein Decret abgefaßt worden sey, eine förmliche Untersuchung des Titels eines jeden von den jüngern oder ausländischen Göttern, und der Art und Weise, wie er zu seiner Gottheit gekommen sey, vorzunehmen. Im Vorbeygehen bekommen auch die alten Götter, und die Philosophen, die es mit ihnen hielten, ihren Theil. Einen einzigen, etwas frostigen Scherze im Decrete des Momus ausgenommen, giebt dieses Stück an Wiz und Laune keinem andern Lukianischen Werke etwas nach; und es ist nicht zu besorgen, daß verständige Leser das Interessante übersehen werden, das diese sinnreiche Fiction, eines Alters von 1600 Jahren ungeachtet, noch immer behalten hat.

trage ein jeder frey und öffentlich vor, was er gegen die allenfalsigen Mißbräuche einzuwenden hat. — Merkur, verrichte dein Amt!

MERKUR.

Hola! Stille! Welchem unter den volljährigen Göttern, denen das Recht des Vortrags zusteht, beliebt es sich vernehmen zu lassen? Die Berathschlagung ist — über die Einheimischen und Fremden.

MOMUS.

Ich Momus will reden, wenn du mirs erlaubst, Jupiter.

JUPITER.

Der Aufruhr hat dir die Erlaubniß schon gegeben; es bedarf also der meinigen nicht.

MOMUS.

Ich sage also: es sey etwas abscheuliches von einigen unter uns, daß sie, nicht zufrieden für ihre eigene Person aus Menschen Götter geworden zu seyn, sich aus jugendlichem Übermuth einbilden, ihre neue Würde gebe ihnen ein Recht, auch ihr Gefolge und Gesinde in Eine Classe mit uns zu setzen. Ich ersuchte dich daher, o Jupiter, um Erlaubniß mit voller Freyheit zu reden, und ich mußte es thun weil das gegen mich gefaßte Vorurtheil nur zu wohl bekannt ist. Jedermann weiß daß ich kein Blatt vor den Mund zu nehmen pflege, und nichts ungeahndet lasse was nicht ist wie es seyn sollte. Ich gestehe keiner Person noch Sache ein Privilegium gegen die schärfste Beurtheilung zu, und sage meine Meinung über alles öffentlich ohne Scheu und Zurückhaltung und ohne Ansehn der Person. Es ist also ganz natürlich, daß ich bey den meisten für einen Gott von beschwerlicher Laune und bösem

Herzen passire, und den Übernahmen Allestadler von ihnen bekommen habe. Dessen ungeachtet aber, da es das Gesetz erlaubt und ich dazu aufgerufen, auch von dir, Jupiter, noch besonders dazu berechtiget bin, will ich mich über die vorgelegte Sache mit aller Freymüthigkeit herauslassen. Ich sage also, viele von uns, die sich wohl daran begnügen könnten für sich selbst den Beysitz bey uns erhalten zu haben und die Rechte der Göttertafel auf gleichem Fuß mit uns zu theilen, da sie doch zur Hälfte sterblich sind, seyen so weit gegangen auch ihre Dienerschaft, ja sogar ihre Zechbrüder mit sich in den Himmel herauf zu bringen, und verstohlner Weise in unser Bürgerbuch einzuschwärzen; so, daß diese Eingeschlichenen nun bey allen Austheilungen und Opfern gleiche Portion mit uns andern bekommen, wiewohl sie uns nicht einmal Schutzgeld bezahlen.[2])

JUPITER.

Sprich nicht so räthselhaft, Momus; erkläre dich deutlich, und nenne jeden den du meynst, bey seinem Nahmen. So lange du so ins Allgemeine sprichst, weiß man nicht wem es eigentlich gelten soll, und der eine deutet deine Worte auf diesen, der andere auf jenen. Diese Zurückhaltung schickt sich übel zu der Freymüthigkeit, worauf du dir so viel zu Gute thust.

MOMUS.

Vortrefflich, Jupiter, daß du Selbst mich zur Freymüthigkeit anspornest! Das ist königlich und groß von dir gehandelt! Ich will also das Kind

2) Diese und andere in gegenwärtigem Stücke vorkommende Anspielungen auf Atheniensische Gesetze und Gebräuche gehören unter die kleinen Schönheiten der Lukianischen Schreibart, deren Reiz die Zeit abgestreift hat.

beym Nahmen nennen. Hier ist *Bacchus*,[3]) ein halber Mensch, und von mütterlicher Seite nicht einmal ein Grieche, sondern des Syrophönizischen Kaufmanns Kadmus Tochtersohn. Er ist nun einmal der Unsterblichkeit würdig geachtet worden, und ich will also gegen seine eigene Person nichts sagen; nichts von seiner Weibermütze, seiner Liebe zum Trunk, seinem taumelnden Gange; denn ich denke, es muß euch allen auffallen wie weichlich und weibisch er ist, wie ihm immer das Gehirn wakkelt, und wie er schon am frühen Morgen nach dem stärksten Weine[4]) riecht. Gleichwohl, so wie er ist, hat er uns eine ganz neue Zunft aufgedrungen, und den saubern Chor, der dort um ihn her steht, den *Pan* und den *Silenus*, und die *Satyrn*, größtentheils Bauervolk und Ziegenhirten, und, der Gestalt und Sinnesart nach, wahre Mitteldinge von Thieren und Menschen, zu eben so viel Göttern gestempelt. Der eine mit seinen Hörnern, seinem Bocksbart und seinen Bocksfüßen ist mehr als zur Hälfte Bock; der andere, ein alter Kahlkopf mit aufgestülpten Naslöchern, der selten anders von seinem Esel herab kommt als wenn er sich vor Trunkenheit nicht länger oben erhalten kann,[5]) ist ein gebohrner Lydier; die Satyrn mit ihren spitzigen Ohren, und mit den kleinen Hörnern, wie sie bey jungen Böcken hervorzusprossen pflegen, vor der Stirne, sind Phrygier, denke ich; und alle zusammen haben Schwänze.

3) Ein legitimirter Sohn Jupiters und der Semele.

4) *Im Griechischen:* nach *purem* oder unvermischtem *Weine.* Mäßige und Nüchternheit liebende Personen pflegten bey den Griechen nur selten und wenig puren Wein zu trinken; und bey der Stärke ihrer Weine konnte es nicht wohl anders seyn.

5) Der Text sagt nur ἐπὶ ὄνου τὰ πολλὰ οἰχόμενος [der meist auf einem Esel daherkommt]: ich hoffe aber, Lukian würde diese kleine Ausbildung dessen was er nur angedeutet, gut geheissen haben.

Eine feine Art von Göttern, die wir ihm allein zu danken haben! Und wir wundern uns noch, daß uns die Menschen verachten, wenn sie so lächerliche Mißgeburten von Göttern in unsrer Mitte sehen? Daß er auch ein paar Weibsbilder mit heraufgebracht, seine Liebschaft *Ariadne*, deren Krone er sogar unter die Sterne gesetzt hat, und des Bauers Ikarius Tochter,[6]) davon will ich lieber gar nichts sagen: aber das lächerlichste ist, daß er sogar *Erigonens Hund*[7]) mit genommen, aus Furcht das holde Mädchen möchte sich gar zu sehr gegrämt haben, wenn sie ihr geliebtes Schooshündchen nicht im Himmel wieder gefunden hätte. Nennt ihr Götter, das Alles nicht Muthwillen und Einfälle eines Trunkenboldes, der den Narren mit uns treibt? — Aber weiter! Ich habe noch ein Wort über einige andere zu sagen —

JUPITER.

Nur nichts gegen den Äskulapius und Herkules! Denn ich merke wohin du zielst, Momus. Jener ist Arzt, und hat schon so manchen Knaben wieder auf die Beine geholfen, daß Er allein viele andere an Verdiensten aufwiegt: und Herkules, mein leiblicher Sohn, hat die Unsterblichkeit mit seinen *Arbeiten* theuer genug erkaufen müssen. Also keine Einwendungen gegen diese beyden!

MOMUS.

So will ich denn, Dir zu Gefallen, schweigen, Jupiter, wiewohl ich viel zu sagen hätte. Wenigstens, wenn auch sonst nichts an ihnen auszusetzen

6) *Erigone.*

7) Er ist noch bis auf diesen Tag unter dem Nahmen *Prokyon*, oder der kleine Hund am Himmel zu sehen.

wäre, tragen sie noch gewisse Brandflecken[8]) an sich, die ihre Gottheit sehr verdächtig machen könnten. Wenn mir aber erlaubt wäre, Jupiter, ein und anderes was ich an dir selbst auszusetzen habe, mit Freymüthigkeit vorzubringen, —

JUPITER.

O gegen *mich* kannst du so frey reden als dir beliebt. Willst du mir etwa auch mein Bürgerrecht im Himmel streitig machen?

MOMUS.

In Kreta sagen sie dir noch was schlimmeres nach, sie zeigen sogar dein Grab. Aber ich glaube weder den Kretern, noch den Achäern von Ägion die dich für untergeschoben[9]) ausgeben. Ich will dir sagen was hauptsächlich an dir auszusetzen ist. Du selbst, Jupiter, bist die erste Ursache aller dieser gesetzwidrigen Unordnungen, und unser Collegium würde nicht von so vielen Bastarten verunziert

8) S. das 13te der Göttergespräche.

9) Was Momus hiemit sagen will, ist nicht allzudeutlich. Hier ist meine Vermuthung. Es scheint die Einwohner von Ägion (eine ansehnliche Stadt in Achaja) hatten eine alte Tradition, daß Jupiter als Kind von seiner Mutter Rhea (die ihn vor seinem Vater Saturnus verbergen mußte) den Töchtern des Olenus, *Äge* und *Helice*, die in dieser Gegend wohnten, zur Pflege anvertraut worden sey. Auf diese Tradition bezog sich, wie es scheint, eine vom Pausanias erwähnte alte Gewohnheit dieser Stadt, den schönsten Knaben in der Gegend zum Priester eines als Kind abgebildeten Jupiters zu weyhen, der, sobald er das Mannbare Alter erreichte, diese Würde wieder einem andern Knaben überlassen mußte. (*Paus.* VII. 24.) Da nun, der gemeinsten Meinung zufolge, Jupiter von der *Amalthea* in *Kreta* gesäugt worden, so mußten die Einwohner von Ägium, wenn sie ihre Tradition für die wahre hielten, den Kretischen Jupiter nothwendig für untergeschoben halten.

werden, wenn du dich nicht so oft mit sterblichen Weibern eingelassen, und in so vielerley Gestalten den Liebhaber bey ihnen gespielt hättest, daß uns oft bange war, du möchtest einmal als Stier ergriffen und geschlachtet werden, oder als Gold einem Goldschmidt in die Hände gerathen, und aus dem Beherrscher des Olymps in eine Halskette, ein Armband oder einen Ohrring umgestaltet werden. Zu allem Überfluß hast du uns den Himmel mit diesen Halbgöttern angefüllt: denn ich kann ihnen keinen andern Nahmen geben; und es ist doch würklich lächerlich, wenn einer unversehens hört, daß Herkules zum Gott erklärt worden, Eurystheus hingegen, in dessen Diensten er stand, gestorben sey, und der Tempel des ehmaligen Sclaven und das Grabmal weiland seines Herrn neben einander stehen. Eben so ist zu Theben Bacchus ein Gott, seine Vettern hingegen, Pentheus, Aktäon und Learchus, die unglücklichsten aller Menschen.[10]) Seitdem nun du, Jupiter, diesen Ausschweifungen mit sterblichen Weibsbildern die Thüren aufgethan hast, haben dich alle übrigen Götter, und, was das schändlichste ist, sogar die Göttinnen hierin zum Muster genommen. Denn wer kennt den *Anchises*, den *Tithonus*, den *Endymion*, den *Iasion*, und alle andern ihres gleichen nicht? Es wäre so viel über diesen Punkt zu sagen daß ich lieber abbrechen will.

10) *Semele*, die Mutter des Bacchus hatte drey Schwestern, *Agave*, *Autonoe* und *Ino*, deren hier genannten Söhne alle drey durch ihr unverdientes tragisches Schicksal bekannt sind. *Pentheus*, König von Theben, der Sohn der ersten wurde von seiner Mutter, *Aktäon*, der Sohn der zweyten, von seinen Hunden zerrissen und *Learchus*, der Sohn der dritten, von seinem Vater *Athamas* an einem Steine zerschmettert.

JUPITER.

Daß du mir ja nichts gegen *Ganymeden* sprichst,[11]) Momus! Ich würde es sehr übel nehmen, wenn du den lieben Jungen durch Einwendungen gegen seinen Stammbaum betrüben wolltest.

MOMUS.

So will ich auch nichts von einem gewissen *Adler* sagen der ebenfalls im Himmel sogar auf deinem königlichen Scepter sitzt, und sein Nest beynahe auf deinem Kopfe gemacht hat, vermuthlich um dafür angesehen zu werden als ob er zur Familie gehöre: dem Ganymed zu Gefallen nichts weiter von ihm! Aber *Attis*, und *Korybas*, und *Sabazius*,[12]) wie gieng es zu daß auch diese mit hieher berufen worden sind? Und der *Mithras* dort aus Medien in seinem Kaftan und Turban, der kein Wort griechisch kann, und nicht einmal weiß was man von ihm will wenn man auf seine Gesundheit trinkt? Diese feinen Herren sind es ohne Zweifel, um derentwillen die Scythen und Geten, ohne sich um uns zu bekümmern, die Unsterblichkeit eigenmächtig vergeben, und auf ihre eigene Faust zu Göttern machen wen sie wollen; auf eben die Art wie Zamolxis, ein Sclave seines

11) Es wäre die Vermuthung wohl nicht zu weit getrieben, wenn man glaubte, daß Lukian hier den, (bey seinem Denken) vergötterten Ganymed des Kayser Hadrianus, den *Antinous* mit im Sinne gehabt habe, wiewohl er zu klug war ihn zu nennen. Antinous hatte zu Mantinea in Arkadien einen Tempel, wo ihm ordentlich geopfert und alle fünf Jahre öffentliche Kampfspiele zu seinem Andenken gehalten wurden. Zu Antinupolis, einer ihm zu Ehren von Hadrian erbauten Stadt in Ägypten, hatte er ein Orakel; ja Ganymed mußte ihm sogar seinen Platz unter den Gestirnen abtreten.

12) Von Attis und Sabazius ist im Ikaromenippus schon die Rede gewesen. Korybas, sagt die Fabel, war die Frucht der Liebe der Göttin Cybele zu dem Iasion, dessen Momus kurz zuvor erwähnte.

Zeichens, sich ich weiß nicht wie in unsre Rolle heimlich eingeschlichen hat. Und gleichwohl, Götter, möchte das Alles noch erträglich seyn: aber du, Ägyptisches in Leinen eingewickeltes Hundegesicht,[13]) wer bist du, mein feiner Herr, und wie kommst du dazu, daß du dich unter die Götter einbellen zu können glaubst? Und was will der Memphitische gefleckte Bulle[14]) dort, daß er Kniebeugungen annimmt, Orakel spricht, und Propheten im Solde hat? Ich schäme mich auch noch der Ibis und Affen und Böcke und anderer noch abgeschmackterer Götter zu erwähnen, die uns aus Ägypten ich weiß nicht wie in den Himmel eingestopft worden sind: aber wahrlich, wie ihr andern Götter geduldig zusehen könnt, daß das alles eben so viel und noch mehr als ihr selbst angebetet wird, oder wie du, Jupiter, leiden kannst daß sie dir Schaafbockshörner aufsetzen, — das geht über meinen Begriff.[15])

JUPITER.

Was du von den Ägyptiern meldest, ist in der That schändlich. Indessen steckt doch in diesen Dingen meistens ein *geheimer Sinn*, und wer nicht initiirt ist, sollte sich schlechterdings nicht herausnehmen, darüber zu lachen.[16])

MOMUS.

Also brauchen wir wohl am Ende noch gar My-

13) *Anubis.*

14) *Apis.*

15) In Ober-Ägypten und Lybien, wo er unter dem Nahmen Jupiter Ammon, unter der Gestalt eines Widders, oder wenigstens mit Widderhörnern vor der Stirne verehrt wurde.

16) Ein feiner indirecter Spott über die Mysterien. Den Initiirten war also das Lachen erlaubt — aber wer war zu Lukians Zeiten nicht initiirt? Die Antwort des Momus ist noch stärker, kann aber denen, die sie nicht sogleich verstehen, ohne einen Detail über die Mysterien der Alten, der hier zu weitläufig wäre, nicht wohl erklärt werden.

sterien, um zu wissen daß Götter Götter und Hundsköpfe Hundsköpfe sind?

JUPITER.

Laß die Ägyptischen Angelegenheiten ruhen, sag ich; wir wollen uns ein andermal Zeit dazu nehmen sie zu untersuchen. Fahre fort, wenn du sonst noch gegen jemand etwas zu erinnern hast.

MOMUS.

So sey es dann *Trophonius*, und was mich am meisten ärgert, *Amphilochus*,[17]) der, wiewohl der Sohn eines verruchten Muttermörders nichts destoweniger in Cilicien herzhaft den Wahrsager macht, und, um ein paar armselige Schillinge zu gewinnen, die guten Leute die ihn fragen mit seinen Lügen zum Besten hat. Daher kommt es denn auch, daß du, Apollo, deinen Credit verlohren hast, und daß ein jeder Stein und ein jeder Altar, der mit Öl begossen, bekränzt und von irgend einem Taschenspieler, deren es jetzt so viele giebt, bedient wird, Orakel von sich giebt. Es ist so weit gekommen, daß die Bildsäule des Athleten *Polydamas* zu Olympia und des *Theagenes* zu Thasos[18]) das Fieber ver-

17) Da dieser beyden Nebenbuhler des Delphischen Apollo, deren Orakel damals großen Zulauf hatten, in Lukians Werken so oft erwähnt wird, so ist hier weiter nichts anzumerken, als daß Momus zweifelsohne den Vater des Amphilochus, *Amphiaraus* bloß deßwegen einen *Muttermörder* nennt, weil er seinen Sohn *Alkmäon* zum Muttermörder machte, indem er ihm ausdrücklich befahl, seine Mutter *Eriphile* nach seinem Tode aus dem Wege zu räumen. S. *Hygin. Fab.* 73.

18) Die Legende des vergötterten Athleten *Theagenes* ist so sonderbar, daß sie als eine Beylage zu Lukians Lügenfreund, und als ein Beyspiel nach was für *Modellen* die Christlichen *Legendenmacher* der folgenden Zeiten arbeiteten, bekannter zu werden verdient. Theagenes wurde zu Thasos, der Hauptstadt einer der Stadt Abdera gegen über

treibt, und daß man dem *Hektor* zu Ilion, und in der Thrazischen Halbinsel gegenüber dem *Protesilaus* opfert. Seitdem unsrer nun so viele geworden sind, nehmen Meineide und alle Arten von Gottlosigkei-

liegenden Insel des Ägeischen Meeres, gebohren. Sein putativer Vater *Timosthenes* war ein Priester des Herkules, dem dieser Gott, (wie die Thasier sagten) einsmals die Ehre erwieß, seine Gestalt anzunehmen und in derselben der Vater eines zweyten Herkules zu werden, ohne daß weder der Priester noch seine Gemahlinn an Arges dabey dachten. Der junge Theagenes legte schon in seinem neunten Jahre eine ganz entscheidende Probe seiner herkulischen Abkunft ab. Als er einsmals aus der Schule zurückkam, stach ihm eine große Bildsäule von Erzt, die auf dem Markte stand, dergestalt in die Augen, daß er sie auf eine seiner Schultern lud und was er konnte mit ihr davon lief, um sie nach Hause zu tragen. Es entstand darüber ein großer Zusammenlauf, und der Pöbel war im Begriff den Knaben dieses Raubes wegen zu mißhandeln: als einer der angesehensten Männer dazwischen kam, den Pöbel besänftigte, und statt aller Strafe dem Knaben befahl, die Bildsäule wieder zurückzutragen und an ihren alten Ort zu stellen. Der junge Theagenes gehorchte, wiewohl ungern, dem Befehl, und trug die Statüe mit eben so wenig Mühe wieder an ihren Ort, als ob sie nur aus Pantoffelholz geschnitzt gewesen wäre. Diese Begebenheit legte den ersten Grund zu dem Ruhme, den er sich in der Folge durch seine ausserordentliche Stärke und Geschicklichkeit in allen athletischen Übungen erwarb. Er wurde einmal in den Olympischen, dreymal in den Pythischen, neunmal in den Nemeischen, und zehnmal in den Isthmischen Spielen zum Sieger erklärt, und trug überhaupt in den öffentlichen Kampfspielen, wo er sich in allen Theilen Griechenlandes zeigte, in allem, nach Plutarchs Angabe zwölfhundert, und nach dem Pausanias gar vierzehnhundert Kronen davon, welches in der That sehr viele Kronen sind. Aber der Abbt *Gedoyn*, der diese Angabe um mehr als tausend Kronen zu viel findet, bedachte nicht, daß in der ganzen Legende dieses vergötterten Athleten alles wunderbar ist. Nach seinem Tode gieng einer seiner Feinde alle Nacht zu der ehernen Bildsäule, die ihm die Thasier errichtet hatten, und geiselte sie aus Leibeskräften, in Hofnung, daß der verstorbene Theagenes die Streiche fühlen sollte, die er seinem Repräsentanten gab. Die Bildsäule, die des Possenspiels endlich überdrüssig wurde, stürzte einsmals unversehens über diesen Unsinnigen her und schlug ihn todt. Die Familie des Erschlagenen belangte die Bildsäule dieses Mordes wegen vor Geten überhand,[19]) und wir fallen, wie billig, in Verachtung. Und so viel dann von den Unächten und Eingeschlichnen! Ich höre aber auch ausserdem noch so viel Nahmen, wovon das was sie bezeichnen

richt, und das Urtheil fiel dahin aus: daß der eherne Theagenes, ihm zur wohlverdienten Strafe und andern zum Exempel ins Meer gestürzt werden sollte.*) Das Urtheil wurde vollzogen; aber die Thasier befanden sich sehr übel dabey; denn sie wurden einige Zeit darauf mit Mißwachs und einer dadurch verursachten großen Hungersnoth heimgesucht. Sie nahmen endlich ihre Zuflucht zu dem Delphischen Gotte, der ihnen den Bescheid gab: ihre Noth würde nicht eher aufhören, bis sie alle ihre des Landes Verwiesenen zurückberufen hätten. Die Thasier gehorchten dem Orakel, aber es wollte nicht besser werden. Sie fragten die Pythia noch einmal, und erhielten die Antwort: sie hätten ihren Mitbürger Theagenes zurückzurufen vergessen. Izt besannen sie sich, daß die Bildsäule des Theagenes, die sie ins Meer geworfen hatten, gemeynt sey, und ihre Verzweiflung stieg dadurch aufs höchste; denn wie konnten sie hoffen, diese Bildsäule wiederzufinden? Aber, da sie sich dessen am wenigsten versahen, wurde sie von einigen Fischern, in deren Netz sie wunderbarer Weise eingegangen war, herausgezogen. Die Thasier hohlten sie also mit großer Feyerlichkeit ab, stellten sie wieder auf ihren vorigen Platz, und erwiesen dem Athleten Theagenes von Stund an göttliche Ehre. Verschiedene andere Griechische und Thrazische Städte thaten ebendasselbe, und die Bildsäulen dieses neuen Gottes kamen in den Ruf, daß sie *gnädig* seyen und diejenigen, die sie mit dem gehörigen Vertrauen anriefen, von allen Arten von Krankheiten befreyten.

*) Pausanias bemerkt, daß die Thasier das Gesez, vermöge dessen sie dieses Urtheil fällten, vermuthlich von den Atheniensern geborgt hätten. Denn diese hatten ein von Drakon herrührendes Gesez, kraft dessen auch leblosen Dingen, die den Tod eines Menschen verursacht hatten, der Prozeß gemacht wurde. So nöthig fand es dieser Gesetzgeber, einem so reizbaren und leichtsinnigen Volke, wie die Athenienser waren, den möglichst grösten Abscheu vor Menschenmord einzuprägen.

19) Jemehr Götter oder Schutzpatrone, je weniger Moralität. Das hängt sehr gut zusammen. Denn je größer die Concurrenz auf Seiten der Götter ist, je mehr ist einem jeden daran gelegen, sich recht viele Anhänger und Anbeter zu verschaffen; und da kann es denn, natürlicher Weise, mit dem moralischen Charakter der letztern so genau nicht genommen werden.

sollen weder unter uns zu finden ist noch überhaupt existiren kann; und ich nehme mir also die Freyheit, Jupiter, auch über diese Undinge zu lachen. Oder wo wäre denn etwa diese *Tugend*, von der so viel Aufhebens gemacht wird, wo die *Natur*, und das *Verhängniß*, und das *Glück* — große Wörter, deren Begriffe sich unter einander selbst aufheben,[20]) und die nirgends als in den platten Köpfen der Philosophen, von welchen sie ausgedacht worden, vorhanden sind. Und gleichwohl hat sich das unverständige Volk diese Hirngespinste so tief in den Kopf setzen lassen, daß uns kein Mensch mehr opfern will, weil er wohl weiß, daß, wenn er auch zehntausend Hekatomben darbrächte, das *Glück* ihm doch nichts anders geben wird als was über ihn *verhängt* ist und was ihm die Parzen zugesponnen haben.[21]) Ich möchte aber wohl von dir hören, Jupiter, ob du jemals die Tugend, die Natur oder das Verhängniß mit Augen gesehen[22]) hast? Denn *gehört* mußt du sie in den Disputationen der Philosophen oft genug haben, oder du müßtest stocktaub seyn; sie schreyen laut genug daß du sie hören kannst. Ich hätte zwar noch viel anzubringen, aber es ist Zeit daß ich aufhöre: denn ich sehe daß meine

20) Z. B. Verhängniß und Glück; Verhängniß und Tugend. Erfolgt alles durch eine vorhergeordnete Nothwendigkeit (wie die Stoiker behaupteten) so kann es weder glücklichen oder unglücklichen Zufall, noch Verdienst und Tugend geben.

21) Siehe *den überwiesenen Jupiter*, wo dieser Punkt in das stärkste Licht gesetzt ist.

22) Der Tadel des Momus scheint eigentlich bloß darauf zu gehen, daß von diesen Vernunftsbegriffen als von *würklichen Wesen* gesprochen wurde, und daß sie also eine *Art von Göttern* vorzustellen scheinen, von denen man nicht recht wußte was man aus ihnen machen und wo man sie hinstellen sollte. Bekanntermaßen geht dieser üble Gebrauch noch immer im Schwange, und giebt zu vielerley Verwirrung und popularen Mißverständnissen und Trugbegriffen Anlaß.

Rede vielen nicht behagen will, und daß sie den Mund zum pfeiffen spitzen; besonders diejenigen, die sich von der Freyheit meiner Zunge getroffen fühlen. Zum Schlusse also, Jupiter, will ich, wenn du es erlaubst, ein Decret ablesen, das ich über diese Materie bereits aufgesetzt habe.

JUPITER.

Ließ nur; dein Tadel war nicht ganz ohne Grund, und den Mißbräuchen muß Einhalt gethan werden, wenn sie nicht immer weiter um sich greifen sollen.

Decret.
Mit gutem Glücke![23])

Den siebenten des laufenden Monats.

In der allgemeinen Götterversammlung, unter der Oberaufsicht Jupiters, unter dem Vorsitz Neptuns, auf Antrag des Apollo, hat Momus, der Sohn der Nacht, dieses Decret abgefaßt, und der Schlaf sein Gutachten darüber gegeben. Demnach eine Menge Fremdlinge, sowohl Griechen als Barbaren, die, ohne auf irgend eine Weise unsers Bürgerrechts würdig zu seyn, Mittel gefunden haben, verstohlner Weise sich in die Bürgerrolle einschreiben zu lassen und der Götterwürde sich anzumaßen, den Himmel

23) Lukian läßt hier seinen Momus vergessen, daß er das Glück so eben für ein Unding erklärt hat: aber fürs erste, gehörte diese Formel zu einem nach griechischem Gerichts-Styl abgefaßten Decret; und zweytens, mußte es ja, alles Räsonnirens gegen die Mißbräuche und aller vorgeschlagenen Verbesserungen ungeachtet, am Ende doch, wie gewöhnlich, beym Alten bleiben.

dergestalt angefüllt haben, daß unsere Tafel mit einem lermenden Pöbel von zusammengerafften Leuten aus allerley Völkern, Sprachen und Zungen überladen ist; auch daher sich bereits ein solcher Mangel an Nektar und Ambrosia ergiebt, daß ein halb Nößel Nektar mit zwölf Unzen Silber bezahlt werden muß; überdieß auch diese Eingedrungenen unverschämter Weise sich unterfangen die alten und wahren Götter vom Vorsitz zu verdrängen und sich selbst gegen alle Gebühr und altes Herkommen an ihre Stelle zu setzen, dem zu folge denn auch denselben auf der Erde vorgezogen seyn wollen: als beliebe es dem Rath und den Bürgern, daß auf nächstkommendes Winter-Solstitium eine allgemeine Götterversammlung gehalten, und aus den volljährigen Göttern sieben Commissarien ernennt werden, drey aus dem alten Rath unter Saturnus, und vier aus den Zwölfen, und unter diesen Jupiter; diese besagten Commissarien sollen allförderst mittelst eines leiblichen Eides zum Styx verpflichtet werden, sodann ihre Sitzungen anfangen, und, nachdem Merkur als Herold alle diejenigen die ein Recht an den Beysitz in den Götterversammlungen zu haben vermeynen, gehörig zusammen berufen, sollen sie, jeder mit seinen geschwornen Zeugen und seinen allenfalsigen Beweisen und Urkunden sich, einer nach dem andern, vor mehrbesagter Commission stellen, und diese sodann, nach vorgängiger der Sachen genauer Untersuchung, dic Postulanten entweder für wahre Götter erklären, oder in ihre eigene Gräber oder väterliche Begräbnißplätze zurückschicken. Sollte sich aber in der Folge einer von den Verworfenen und von Commissions wegen ein für allemal Ausgemerzten jemals wieder im Himmel blicken und betreten lassen: so soll er in den Tartarus hinabgestürzt werden. Ausserdem soll jeder seines Amtes walten, und weder Minerva sich mit Heilen, noch Äskulap mit Wahrsagen abgeben; auch soll Apollo, anstatt so vielerley Professionen zugleich zu treiben, sich eine einzige auswählen, und entweder ein Wahrsager oder ein Cithersänger oder ein Arzt seyn. Ferner soll an die Philosophen Befehl ergehen, daß sie aufzuhören hätten leere Nahmen zu schnitzeln und über Dinge, wovon sie nichts wissen, albernes Zeug zu sagen. Betreffend aber die Tempel und Altäre, in deren Besitze die Verworfenen sich etwa befinden möchten: so sollen ihre Bilder von denselben herabgerissen, und an deren Statt entweder das Bild Jupiters oder Juno's oder Apollo's oder eines andern Gottes gestellt, jenen aber vom gemeinen Wesen anstatt des Altars ein Grabstein mit einer Denksäule gesetzt werden. Sollte sich aber einer weigern wollen vor der Commission zu erscheinen, gegen den soll ohne weiters in contumaciam verfahren werden.

So lautet unser Decret.

JUPITER.

Es könnte nicht besser und billiger seyn, Momus. Wer also dieser Meinung ist, hebe die Hand auf! — oder vielmehr, es soll auch ohne das vollzogen werden; denn es werden ihrer nur zu viele seyn, die ihre Hand aus Ursache nicht aufheben werden. — *Zu den Göttern.* Ihr könnt euch nun wieder weg begeben: aber sobald Merkur den Ausruf thut, so erscheint wieder, und jeder bringe seine urkundlichen Beweise mit, den Nahmen seines Vaters und seiner Mutter, und wo er her ist, und wie er zum Gott gemacht worden, und seinen Stamm und seine Zunft. Wer sich über das alles nicht legitimiren kann, mag auf Erden einen noch so großen

Tempel haben, und von den Menschen für einen noch so mächtigen Gott gehalten werden: die Commission wird darauf keine Rücksicht nehmen.

Der ÜBERWIESENE JUPITER.

Cyniskus und Jupiter.

CYNISKUS.

Ich meines Orts, Jupiter, werde dir nicht mit Bitten um großes Vermögen, um einen Haufen Gold oder um ein Diadem beschwerlich fallen, Dinge, die

Der überwiesene Jupiter. Niemals hat wohl eine Schrift ihren Titel mehr mit der That geführt als diese, wo Jupiter von einem eben so naiven als unerschrocknen Cyniker sich unter vier Augen die Wahrheit auf eine so derbe und überweisende Art sagen lassen muß, wie er sie vermuthlich noch von keinem Erdensohne gehört hatte. Der schlimmste Streich, welcher *Dogmen* die sich nicht auf Vernunft gründen gespielt werden kann, ist, *wenn man sie gegen einander hält.* Man erspart sich dadurch die Mühe sie zu widerlegen, und kann ruhig zusehen, wie sie sich, gleich den *Sparten des Kadmus*, einander selbst aufreiben und vernichten. Dieß ist das Schauspiel, das uns Lukian in diesem Dialog zum Besten giebt. Die Inconsistenz der heidnischen Lehren vom *Schicksale*, von der *Vorsehung ihrer Götter*, und von den *Belohnungen* und *Bestrafungen nach dem Tode*, erscheint darin in einem Lichte, von dessen Glanz Jupiter selbst betäubt, und zum Schweigen, oder (was noch ärger ist) zu so armseligen Behelfen gebracht wird, daß Cyniskus selbst endlich aus Mitleiden von ihm abläßt, und zufrieden ihn in offnem Felde aufs Haupt geschlagen und seiner Macht, seiner Würde, und seines Reiches beraubt zu haben, ihm, wie einem überwundenen und im Triumph aufgeführten Könige, wenigstens das Leben auf so lange schenkt, als es, nach einem solchen Schlage, natürlicher Weise noch dauern konnte. — Die Fragen, die er Jupitern vorlegt, wurden zwar

zwar in den Augen der Meisten die begehrenswürdigsten, die aber wohl nicht so leicht wegzuschenken sind, als sie sich einbilden: denn, wie ich sehe, thust du gemeiniglich bey solchen Gebeten als ob du sie nicht gehört hättest. Nur um ein einziges möchte ich dich gerne bitten, das du mir leicht bewilligen könntest.

JUPITER.

Und was wäre denn das, Cyniskus? Du sollst keine Fehlbitte thun, zumal wenn du so bescheiden, wie du sagst, in deinen Wünschen bist.

CYNISKUS.

Antworte mir nur auf eine einzige gar nicht schwere Frage.

JUPITER.

Das ist in der That eine kleine Bitte, die ich dir leicht gewähren kann. Frage also was du willst.

CYNISKUS.

Es ist weiter nichts als dieß: du hast vermuthlich auch die Gedichte des Homer und Hesiodus gelesen: sage mir denn, ist es wahr was diese Dichter von der *Schicksalsgöttin* und von den *Parzen* gesungen ha-

schon im *Jupiter Tragödus* [in dieser Auswahl nicht enthalten] zwischen Damis und Timokles nicht zum Vortheil der Götterparthey debattirt: aber Lukian hielt gleichwohl, wie es scheint, für nöthig, noch einen letzten *entscheidenden* Angriff zu thun. Jupiter mußte aus allen seinen Schlupfwinkeln herausgetrieben, und seiner bösen Sache so vollkommen überführt werden, daß der schamloseste Sykophant hätte erröthen müssen sich ihrer noch länger anzunehmen. Dieß ist es, was Lukian, (wie mich däucht) in diesem kleinen Dialog auf eine so meisterliche Art, und mit so vieler Feinheit bewerkstelliget, daß ich kein vollkommneres Muster kenne, die Gegenfüßler der Vernunft (wie Homer sagt) in Wasser und Erde zu verwandeln.

ben,[2]) — daß wir nehmlich demjenigen, was sie einem jeden von seiner Geburt an spinnen, auf keine Weise entgehen können.

JUPITER.

Sehr wahr! Es begegnet nichts was die Parzen nicht angeordnet hätten; alles was in der Welt geschieht windet sich nach und nach von ihrer Spindel ab, und hat gleich beym Anfang seinen bestimmten Ausgang, ohne daß das geringste daran geändert werden kann.

CYNISKUS.

Wenn also Homer an einem andern Orte sagt,[3])

Daß du nicht, ehe die Parze den Lebensfaden dir kürzte,
Pluto's Wohnung beträtest, —

und dergleichen mehr, so müssen wir glauben, er habe nicht gewußt was er sage?

JUPITER.

Nicht anders, denn es kann nichts gegen das Gesetz der Parzen geschehen, und niemand geht weder früher noch später aus dem Leben als es sein Faden mit sich bringt. Alles was die Dichter aus Begeisterung der Musen singen, ist wahr: aber sobald sie von diesen Göttinnen wieder verlassen werden, sind sie dem Irrthum unterworfen, und sagen oft das Gegentheil dessen was sie in ihrem begeisterten Zustande gesungen hatten. Auch ist es ihnen zu verzeyhen, wenn sie als bloße Menschen des Wahren

2) Die Stellen dieser Dichter, auf welche Cyniskus zielt, sind der 127 und 28ste im XXsten Buche der *Ilias*, und der 218 und 19te in der *Theogonie*.

3) Im 336sten Verse des eben angezogenen Buchs der *Ilias*.

unkundig sind, sobald die Gottheit von ihnen gewichen ist, die aus ihrem Munde sprach.[4])

CYNISKUS.

Das wollen wir also für ausgemacht annehmen. Nun erlaube mir noch zu fragen, sind nicht drey Parzen, *Klotho*, *Lachesis*, und, wenn ich nicht irre, *Atropos?*

JUPITER.

Allerdings.[5])

CYNISKUS.

Aber die *Heimarmene*,[6]) und die *Glücksgöttin*, deren Nahmen man so oft zu hören bekommt, wer sind denn diese und was für eine Gewalt haben sie? Ist sie der Macht der Parzen gleich, oder geht sie noch *über* dieselbe? Denn ich höre von jedermann

4) Man sieht, daß Jupiter seinem Dichter gern aus der Schlinge helfen möchte, ohne sichs anfechten zu lassen daß er eben dadurch den Zuhörern oder Lesern desselben eine unvermeidliche Falle stellt. Denn wie können diese sich gewiß machen, welche von den beyden einander widersprechenden Stellen die *inspirirte* ist? Zumal da Homer beyde einem Gotte, die erste der Juno, die andere dem Neptunus, in den Mund legt.

5) Jupiter spricht nach der gemeinen Meinung, welche überhaupt allem was hier und an andern Stellen unsers Autors von den Parzen, oder *Moiren* (wie sie gewöhnlich bey den Griechen hießen) gesagt wird, zum Grunde liegt; und ich lasse es hier um so mehr dabey bewenden, da dieses Capitel der griechischen Theologie eben so verworren, dunkel, übel zusammenhängend und der Willkühr der Dichter und Allegoriendrechsler überlassen war als alles übrige.

6) Lukian nennet das was wir Schicksal heissen εἱμαρμένη, dieses Wort scheint mit πεπρωμένη einerley Bedeutung zu haben und wird von einigen als ein Synonym der *Moira* gebraucht, von andern aber von ihr, und selbst von der *Pepromene* unterschieden, so daß die Frage des Cyniskus der nicht recht weiß was er aus allen diesen Nahmen machen soll, ganz natürlich ist. Da aber Jupiter nicht mehr von der Sache weiß als andere Leute, so hilft er sich mit der in solchen Fällen gewöhnlichen Ausrede: es sey *nicht erlaubt* in diesen Dingen klar zu sehen.

sagen, es sey nichts mächtigeres als das Schicksal und das Glück.

JUPITER.

Du verlangst mehr zu wissen als erlaubt ist, Cyniskus. Aber zu was Ende legtest du mir die Frage wegen der Parzen vor?

CYNISKUS.

Sehr gerne, wenn du mir zuvor sagen willst ob sie auch über *euch* herrschen, und ob ihr Götter eben so wohl wie wir Menschen an ihrem Faden hangen müsset?

JUPITER.

Das müssen wir, mein lieber Cyniskus.[7]) — Nun, was lachst du!

7) Auch hier antwortet Jupiter der *Homerischen* und vulgaren Theologie gemäß, welche die Götter vom Schicksal oder der Nothwendigkeit und also auch von den Parzen, die das Gesetz der Nothwendigkeit zur Vollziehung bringen, abhängig macht. — Wie indessen nichts festes und bestimmtes in der griechischen Theologie war, so hinderte der gemeine Glaube nicht, daß Manche, denen die Folgen desselben anstößig waren, anders glaubten. *Pausanias*, da er von der Bildsäule des Jupiter Olympius zu Megarä spricht, giebt daher als den Grund, warum die *Horen* und *Moiren* über dem Haupte dieses Gottes schwebend vorgestellt seyen, an: es sey etwas allgemein bekanntes, daß die *Pepromene* (das Schicksal) dem Jupiter allein unterthan sey, und daß die *Horen* von ihm regiert und in der gehörigen Ordnung erhalten würden. Aber *Lukians Jupiter* hatte, wie schwach er ist, doch wenigstens so viel Verstand, zu wissen, daß eine seiner *Willkühr* unterworfene *Nothwendigkeit* keine Nothwendigkeit wäre: und ist daher so bescheiden, sich weder der zu Megarä über seinem Haupte schwebenden Parzen, noch der Statüen und Altäre, die er nach dem Zeugniß des besagten Pausanias, hier und da unter dem Nahmen *Moiragetes* (der Parzenführer) hatte, zu überheben, sondern vielmehr gutwillig einzugestehen, daß er nicht nur an den Gesetzen des Schicksals nichts ändern könne sondern ihnen sogar für seine eigene Person unterworfen sey. Lukian konnte Jupitern dieses Geständniß mit desto größerm Rechte thun lassen, da der *Delphische* Apollo selbst, als ihm Krösus, nach dem unglücklichen Ausgang seines Krieges mit dem Cyrus, wegen der aufmunternden Ora-

CYNISKUS.

Über die Stelle im Homer, wo er dich eine Rede an die versammelten Götter halten läßt, und wo du ihnen drohest, daß du die ganze Welt an ich weiß nicht welcher goldnen Kette hinaufziehen wollest. Du wolltest diese Kette vom Himmel herunterlassen, sagtest du, und wenn sich alle Götter statt des Gewichtes daran hängen und dich herabzuziehen versuchen wollten, würden sie nichts ausrichten: du hingegen, wenn du wolltest, würdest ohne Mühe

Sammt der Erd' und dem Meere Sie alle zusammen hinaufziehn.

Ehmals kam mich ein Schauder bey diesen Versen an, und bey dem Bilde, so sie mir von deiner Macht und Größe gaben: und nun sehe ich dich selber, zusammt deiner Kette und deinen Drohungen, an einem dünnen Faden, wie du selbst gestehest, aufgehangen. Mich däucht also, *Klotho* könnte sich mit besserm Rechte groß damit machen, daß sie *Dich* an ihrer Spindel, wie ein Fischer die kleinen Fische an der Angelruthe, schweben lasse.

JUPITER.

Ich weiß nicht was du mit diesen verfänglichen Fragen sagen willst?

CYNISKUS.

Dieß, Jupiter, will ich damit sagen — Aber ich bitte und beschwöre dich bey den *Parzen* und bey der *Heimarmene*, die Wahrheit die ich dir sagen will gelassen und ohne Zorn anzuhören! — Wenn sich das Alles so verhält, wenn Alles den Parzen unterworfen ist, und nichts was sie einmal beliebt haben

kel, die er von ihm erhalten hatte, sehr bittere Vorwürfe machen ließ, sich damit entschuldigte: auch einem Gotte sey es unmöglich dem Schicksal (τὴν πεπρωμένην μοῖραν) zu entfliehen. *Herodot.* I. B. Cap. 91.

geändert werden kann? wofür bringen wir euch Hekatomben und bitten euch daß ihr uns Gutes thun wollet? Denn ich sehe nicht was uns die Beobachtung dieser Ceremonien nützen sollte, da wir durch unsre Gebete weder die Abwendung irgend eines Übels bewürken, noch irgend etwas Gutes aus euern Händen erlangen können.

JUPITER.

Ich weiß recht gut wo du diese saubern Spitzfündigkeiten her hast; von den verdammten Sophisten, die so unverschämt und gottloß sind unsre Vorsehung zu läugnen, und durch dergleichen Verfänglichkeiten andere wackere Leute vom Opfern und Beten, als vergeblichen Dingen abzuhalten, indem sie behaupten wir bekümmerten uns um nichts was bey euch vorgehe, und hätten auch nicht die mindeste Gewalt über die Dinge auf Erden. Aber sie sollen schlechte Freude davon haben, die Leute die solche gottlose Reden führen!

CYNISKUS.

Nein, Jupiter, beym Spinnrocken der Klotho! ich habe die Frage nicht auf Anstiften dieser Leute gethan: was ich sagte folgt, däucht mich, ganz natürlich aus unserm Discurse, und ich weiß selbst nicht wie es kam daß wir uns so weit verstiegen haben; es folgt, sage ich, aus unserm Discurse von sich selbst, daß die Opfer eine ganz überflüssige Sache sind. Wenn du indessen erlauben wolltest, möcht' ich noch eine kleine Frage an dich thun: aber antworte mir ohne alle Zurückhaltung, und ein wenig gründlicher, wenn ich bitten darf.

JUPITER.

Nun, so frage dann, weil du doch so viel Zeit zu solchen Possen hast!

CYNISKUS.

Du sagst alles gehe durch die Hände der Parzen?

JUPITER.

Das sag' ich.

CYNISKUS.

Und ihr Götter könnt ihr daran was ändern oder nicht?

JUPITER.

Wir können nichts daran ändern.

CYNISKUS.

Soll ich nun den Schluß aus diesen Vordersätzen ziehen? Oder fällt er ohnehin schon deutlich genug in die Augen?

JUPITER.

O, sehr deutlich! Aber man opfert uns nicht um Vortheils willen, als ob man uns für einen Dienst einen Gegendienst erweisen, oder das Gute, so man von uns erwartet, erkaufen wolle: sondern weil man uns als höhere und vollkommnere Wesen dadurch ehren will.

CYNISKUS.

Ich bin zufrieden, von dir selbst zu hören, daß die Menschen nicht opfern weil es ihnen etwas nützt, sondern daß es bloße Gutherzigkeit und ein Zeichen ihrer Hochachtung für vollkommnere Naturen ist. Wäre nun einer von den Sophisten hier, deren du vorhin erwähntest, so würde er dich vermuthlich fragen: worin dann die Götter vollkommner seyen als wir, da sie doch bloße Mitknechte der Menschen und eben denselben Gebieterinnen, den Parzen, unterworfen sind? Denn aus ihrer Unsterblichkeit folgt eben nicht, daß sie vortrefflicher sind als die Menschen; im Gegentheil, es ist nur desto schlimmer für sie. Denn uns, wenn wir auch unser Leben lang Sclaven sind, setzt doch wenigstens der Tod in Freyheit: bey euch hingegen geht es ins Unendliche fort, und euere Knechtschaft ist ewig, weil sie sich um einen Faden dreht der kein Ende hat.

JUPITER.

Aber, mein guter Cyniskus, eben diese ewige endlose Dauer ist für uns Glückseligkeit, weil wir im Genuß alles nur ersinnlichen Guten leben.

CYNISKUS.

Nicht alle, Jupiter; auch bey euch waltet hierin ein großer Unterschied und viele Verwirrung vor. *Du* bist freylich glücklich, weil du König bist und die Erde und das Meer wie mit einem Zugseile zu dir heraufziehen kannst: hingegen *Vulcan* ist lahm und am Ende ein bloßer Handwerker und Feuerarbeiter; *Prometheus* wurde einst sogar gekreuziget; nichts von *deinem Vater* zu sagen,[8]) der bis auf diesen Tag an Fesseln im Tartarus liegt. Auch spricht man viel von euern verliebten Thorheiten, und daß ihr verwundet worden, und sogar als Knechte bey den Menschen gedient hättet, wie zum Exempel dein Bruder bey dem Laomedon[9]) und dein Sohn Apollo beym Admet: und das alles scheint mir eben

8) Saturnus oder Kronus wurde, nach der gemeinen Tradition, von Jupitern mit Rath und Hülfe des Prometheus, des Thrones entsetzt, und in einer unzugangbaren Höle des Tartarus gefangen gehalten, *Äschyl. Prom. Vinct.* v. 219. u. f.

9) Es währte eine ziemliche Zeit, bis sich die Götter an die willkührliche und tyrannische Regierung Jupiters gewöhnen konnten. Sein Bruder Neptun, einer der ungeduldigsten, spielte bey dem berüchtigten Aufstand der Götter eine Hauptrolle, und wurde von Jupitern zur Strafe verurtheilt, dem Trojanischen Könige Laomedon eine Zeitlang als Knecht zu dienen.

nichts sehr glückliches zu seyn. Daraus ergiebt sich dann, daß zwar einige von euch vom Glück und vom Schicksal begünstiget werden: bey andern hingegen ists gerade umgekehrt. Ich übergehe daß ihr, eben so wie wir, von Räubern angefallen, ausgeplündert, und oft in einem Augenblick aus dem größten Reichthum in die bitterste Armuth versetzt werdet. Viele von euch, die von Gold oder Silber waren, sind sogar eingeschmolzen worden, — weil es nun einmal ihr Schicksal war.

JUPITER.

Du fängst an unverschämt zu werden, Cyniskus; aber nimm dich in Acht! Es könnte dich leicht gereuen mich gereizt zu haben.

CYNISKUS.

Erspare dir diese Drohung, Jupiter, da mir doch, wie du weißt, nichts begegnen kann als was mir die Parzen lange vor dir schon zuerkannt haben. Woher blieben sonst so viele Tempelräuber ungestraft? die meisten entgehen euch glücklich; denn es war ohne Zweifel nicht in ihrem Schicksal, erwischt zu werden, denke ich.

JUPITER.

Sagte ich nicht, daß du einer aus der saubern Rotte seyest, die unsere *Pronöa*[10]) aus der Welt wegräsonnirt?

10) So nannten die Stoiker die Vorsehung, welche sie den Göttern, dem nothwendigen Schicksal unbeschadet, zuschrieben, und wegen welcher sie mit den Epikuräern in ewiger Fehde waren. Die Ursache, warum ich ihren Griechischen Namen beybehalten, ist, weil Cyniskus sie in der nächstfolgenden Rede personificiert, und Jupitern ihrentwegen eine Frage vorlegt, die er nicht zu beantworten für gut findet. Auch *Balbus* in *Ciceros Gespräche de Nat. Deor.* machte schon aus dieser *Pronöa* (die er *anum fatidicam Stoicorum* [wahrsa-

CYNISKUS.

Man sollte denken, Jupiter, es müßte dir, ich weiß nicht warum, schrecklich bang vor diesen Leuten seyn, daß du dir einbildest, alles was ich sage komme aus ihrer Schule. Aber von wem könnte ich die Wahrheit zuverlässiger erkundigen wollen als von dir selbst? Du würdest mir daher eine große Gnade erweisen, wenn du mich noch belehren wolltest, wer denn eure besagte *Pronöa* eigentlich ist? Ob etwa auch eine von den Parzen, oder irgend eine noch größere Göttin, unter deren Oberherrschaft auch sogar die Parzen stehen?

JUPITER.

Ich habe dir schon einmal gesagt, daß es dir nicht erlaubt sey, alles zu wissen. Aber, Herr Naseweis, du, der anfangs nur eine einzige kleine Frage thun wollte, hörst nun nicht auf, mir mit deinen spinnefüßigen Sophismen den Kopf warm zu machen, und am Ende läuft doch alles darauf hinaus, daß du gerne beweisen möchtest, wir sorgten nicht für die menschlichen Dinge.

CYNISKUS.

Das ist nicht auf *meinem* Boden gewachsen. Sagtest du nicht selbst vor wenig Augenblicken, die Parzen seyen es, die alles ausrichteten? Es müßte dich denn nur gereuen, dich so weit heraus gelassen zu haben, und du müßtest deine eigene Worte wieder zurücknehmen wollen; oder ihr Götter müßtet der Vorsehung halben mit dem *Schicksal* im Streite liegen, und es aus dem Besitze seines Vorrechts werfen wollen.

gende Alte der Stoiker] nennt) eine Art von Göttin, um sich desto besser über sie lustig machen zu können. L. I. c. 8. u. 9.

JUPITER.

Keinesweges; das Schicksal thut alles, aber alles durch uns.

CYNISKUS.

Wenn ich dich recht verstehe, so seyd ihr also eigentlich eine Art von Dienern und Handlangern der Parzen; und so wären also doch immer *sie* die *Vorseherinnen*, und ihr nur, so zu sagen, ihre Werkzeuge?

JUPITER.

Wie meynst du das?

CYNISKUS.

Ich meyne, so wie die Axt und der Bohrer dem Zimmermann arbeiten hilft, ohne daß sich darum jemand einfallen läßt, diese Werkzeuge mit dem Meister selbst zu vermengen, und ein Schiff nicht der Axt und des Bohrers, sondern des Zimmermanns Werk ist: eben so ist es eigentlich die *Heimarmene*, die in diesem großen Weltschiffe alles zimmert, und Ihr seyd weiter nichts als die Äxte und Bohrer der Parzen. Billig sollten also die Menschen ihre Opfer und Gelübde an die besagte *Heimarmene* richten, anstatt daß sie zu euch gehen und euch mit unverdienten Gebeten und Opfern beehren. Aber, auch ihr selbst würde diese Ehre mit Unrecht erwiesen werden: denn soviel ich merke, ist es sogar den *Parzen* nicht möglich, das geringste von dem, was von Anfang her über einen jeden beschlossen wurde, abzuändern. *Atropos* würde es gewiß nicht zulassen, wenn jemand die Spindel zurückdrehen und *Klotho's* Arbeit vergeblich machen wollte.

JUPITER.

Du hältst also nicht einmal die Parzen für würdig von den Menschen verehrt zu werden, und du möchtest wohl lieber alle Religion aufgehoben sehen. Indessen verdienen wir, wäre es auch aus keinem andern Grunde, die Ehre die uns erwiesen wird schon dadurch allein, weil wir den Menschen durch unsere *Orakel* vorhersagen, was die Parze über sie beschlossen hat.[11])

CYNISKUS.

Überhaupt, Jupiter, kann es uns zu gar nichts helfen das zukünftige voraus zu wissen da es uns schlechterdings unmöglich ist einem künftigen Übel auszuweichen; du wolltest denn sagen, daß einer dem geweissagt worden ist er werde durch ein spitziges Eisen sterben, sich einsperren könne um die Erfüllung der Weissagung unmöglich zu machen. Aber auch dieß ist nicht möglich: denn die Schicksalsgöttin wird ihn der Klinge schon zu überliefern wissen. Sie wird ihn zu einer Jagd verleiten, und *Adrast*, indem er seinen Wurfspieß nach dem wilden Schweine schießt, wird es verfehlen und den Sohn des Krösus tödten, weil der Wurfspieß durch das allmächtige Gebot der Parze auf den jungen Prinzen getrieben wird.[12]) Das berühmte Orakel, welches König *Lajus* erhielt, ist sogar *lächerlich:*

> Besäe nicht die Kinderfurche, dir verbieten es
> die Götter! thust du es, so tödtet dich dein Sohn.[13])

11) Schlimm genug, wenn der Pronöa nichts anders zu thun übrig blieb! Dieß ists eben, warum der Epikuräer *Balbus* beym Cicero sie anum fatidicam [wahrsagende Alte] nennt.

12) Lukian setzt hier voraus, daß die tragische Geschichte des Atys, eines Sohnes des berühmten Lydischen Königs Krösus, allen seinen Lesern aus ihrem *Herodot* bekannt sey. Dieser dichterische Geschichtschreiber erzählt sie (im 1. Buche, Cap. 34–45) in seiner Homerischen Manier mit einer so herzrührenden Einfalt, daß sie bey ihm selbst nachgelesen zu werden verdient.

13) Das Orakel lautete beym Euripides (in den *Phönizierinnen* v. 18. 19) also:
Μὴ σπεῖρε τέκνων ἄλοκα, δαιμόνων βίᾳ,

Die Warnung war sehr überflüssig, däucht mich, da es bereits eine ausgemachte Sache war daß alles so geschehen würde; und so zeigte sichs im Erfolge: Lajus säete, und ihn tödtete sein Sohn. Ich kann also nicht sehen, warum ihr für euere Wahrsagerey noch baare Bezahlung fodern könnt. Nichts davon zu sagen, wie schief und auf beyden Seiten hinkend eure meisten Orakel sind, so daß Krösus, z. E. unmöglich gewiß seyn konnte, ob er durch den Übergang über den Halys sein eigenes Reich oder des Cyrus seines stürzen würde: denn das Orakel sagte beydes.

JUPITER.

Apollo, mein guter Cyniskus, hatte Ursache, wegen der Probe, worauf ihn Krösus mit dem Lamm- und Schildkrötenfleisch[14]) gestellt hatte, mit ihm zu zürnen.

Εἰ γὰρ τεκνώσεις παῖδ', ἀποκτενεῖ σ' ὁ φύς.

Ich habe um des ganzen Zusammenhanges willen den seltsamen Ausdruck, *besäe nicht die Kinderfurche*, beybehalten müssen, wiewohl ich die große verecundiam [Zurückhaltung (in der Formulierung)], die *Herr Josua Barnes* bewundert, nicht darin finden kann. Übrigens kommt das Verdienst davon, wenn es eines ist, ganz auf des Euripides Rechnung; denn das Orakel, wie es Lajus von der Pythia unmittelbar erhalten haben soll, besteht aus fünf Hexametern, und drückt sich, mit Hrn. Barnes Erlaubnis, ungleich züchtiger aus als Euripides. Es befindet sich am Schlusse des Vorberichts zu den *Phönizierinnen*, in der Barnesischen Ausgabe.

14) Krösus wollte, ehe er die damaligen berühmtesten Orakel wegen der Parthey, die er gegen den Cyrus nehmen wollte, zu Rathe zöge, sich vorher ihrer Glaubwürdigkeit versichern. Er gab also den Gesandschaften, die er nach Dodona, Delphi, und noch an fünf andere Orakel abschickte, Befehl am hundertsten Tage ihrer Abreise von Sardes diese sieben verschiedenen Orakel zu fragen: was König Krösus an diesem Tage wohl thue? Dic Antwort der Pythia zu Delphi war:

»Mir ist die Zahl bekannt des Sandes am Meer und der Wellen,
Ich verstehe den Stummen, und brauche nicht Töne zum hören,
Und ein scharfer Geruch rührt meine Sinnen, wie einer

CYNISKUS.

Ein Gott sollte billig nicht zürnen! Aber freylich war auch das, denke ich, über diesen unglücklichen Lydischen Fürsten verhängt, daß er vom Orakel betrogen werden sollte, und die Schicksalsgöttin hatte es ihm nun einmal so gesponnen, daß er die Weissagung unrecht verstehen mußte! Und so käme denn zuletzt heraus, daß auch eure Wahrsagerkunst auf *ihre* Rechnung kommt.

JUPITER.

Uns also lässest du gar nichts übrig und wir sind bloß für die Langeweile Götter! Wir tragen keine Obsorge über die Dinge in der Welt, und sind der Opfer die man uns bringt im Grunde nicht mehr würdig als Bohrer und Zimmeräxte. In der That magst du glauben mich mit Recht verachten zu können, da ich mit dem geschwungenen Donnerkeil in der Hand da stehe, und dich so unverschämt über uns räsonniren lasse.

CYNISKUS.

Wirf immer zu, Jupiter, wenn es mein Schicksal ist vom Blitze getroffen zu werden! Ich werde nicht

Schildkröte, die in Erzt mit
Lammesfleische gekocht
wird,
Und hat unter sich Erzt, und
ist mit Erzte bedecket.«

Wie die sämtlichen Gesandten mit ihren erhaltenen Orakeln zurückkamen, fand sichs, daß die Pythia allein die Wahrheit getroffen hatte; denn würklich hatte Krösus an dem angegebnen Tage, um etwas zu thun, das die Priester der gefragten Orakel wohl schwerlich errathen könnten, eine Schildkröte mit Lammfleisch in einem ehernen Kessel gekocht, der mit einem ehernen Deckel zugedeckt war. Ein hübsches Geschichtchen, an dessen Wahrheit wohl niemand zu zweifeln sich unterstehen wird, sobald er hört, daß sie keinen geringern Gewährsmann hat, als den *Vater der Geschichte Herodotus*, im 46–48. Cap. seiner *Klio*.

dir, sondern der Klotho allein die Schuld geben, der du bloß deinen Arm dazu zu leihen genöthigt bist; ich werde sogar den Donnerkeil selbst für unschuldig an der Verletzung erklären. Nur noch ein einziges wünschte ich indessen, dich und die Schicksalsgöttin fragen zu dürfen, wenn du mir auch in *ihrem* Nahmen antworten wolltest. Es ist etwas woran du mich durch deine Drohungen erinnert hast. Wie kommt es daß Ihr die Meineidigen, die Tempel- und Straßenräuber und andere ruchlose und gewaltthätige Leute dieses Gelichters, in Ruhe laßt, und dagegen so oft auf eine arme Eiche, oder auf einen Stein oder Mastbaum, die nichts Böses gethan haben, ja, mit unter, auch wohl auf einen guten und unsträflichen Menschen loß blitzet? — Warum antwortest du mir nicht, Jupiter? *Darf ich das etwa auch nicht wissen?*

JUPITER.

Nein, Cyniskus. Aber du bist mir ein naseweiser Bursche, und ich weiß nicht woher du alle das Zeug zusammengerafft hast, womit du mir hier die Zeit so schön vertreibst.

CYNISKUS.

So darf ich mich wohl nicht unterstehen, dich und die *Pronöa*, und die Schicksalsgöttin noch zu fragen, warum doch wohl der tugendhafte *Phocion*, so wie *Aristides* vor ihm, in so großer Dürftigkeit und Armuth gestorben ist: *Kallias* und *Alcibiades* hingegen, die zwey liederlichsten Buben von der Welt, und der übermüthige *Meidias*, und *Chorops* von Ägina, der seine leibliche Mutter verhungern ließ, im Überfluß schwammen? Warum *Sokrates* den *Eilfern*[15]) überantwortet wurde, *Melitus*[16]) hinge-

15) Diese Magistratspersonen hatten ihren Namen (οἱ ἕνδεκα) [die elf Männer] von ihrer Anzahl. Sie hießen auch *Nomophy-*

gen frank und frey herumgieng? Warum *Sardanapalus* König war, und so viele brave rechtschaffene Perser sich von ihm ans Kreuz schlagen lassen mußten, weil sie an seiner heillosen Regierung kein Wohlgefallen haben konnten? Ich will es bey diesen wenigen bewenden lassen, wiewohl ich die Beyspiele ins Unendliche anhäufen könnte, daß es bösen und lasterhaften Menschen wohl in der Welt geht, die Guten hingegen wie Fußbälle hin und hergestoßen werden, Mangel leiden, sich mit einem siechen Körper schleppen müssen, und von allen Arten Noth und Elend zu Boden gedrückt werden.

JUPITER.

Du weißt also nicht was für schreckliche Strafen *nach dem Tode* auf die Bösen warten, und in welcher Glückseligkeit alsdann die Guten leben?

CYNISKUS.

Du sprichst mir vom Todtenreich und von den Tityussen und Tantalussen? Gut, *ob* und *wie* das Alles ist werde ich ganz genau erfahren wenn ich gestorben bin: Für jetzt aber möchte ich lieber das Bißchen Leben, so lang oder kurz es dauert, glücklich zubringen, wenn mir auch sechzehn Geyer die Leber abfressen sollten wenn ich todt bin, und ich wollte mich gar sehr dafür bedanken in *diesem* Leben wie Tantalus zu dürsten, um in den Inseln der

lakes, und machten ein besonderes Criminalgericht aus, welchem theils die Untersuchung u. Bestrafung verschiedener, die öffentliche Sicherheit störender Verbrechen, theils die Aufsicht über die Gefängnisse, und die Vollziehung der vom *Areopagus* und von den *Heliasten* gefällten Todesurtheile oblag.

16) Der Ankläger des Sokrates, von Profession ein Trinklieder- und Tragödienmacher, und (wie man dem Scholiasten des Aristophanes, in *Ranis* ad Vers. 1337 gerne glaubt) ein Mensch von schlechten Sitten und ein frostiger Poet.

Seligen auf der elysischen Wiese mit den *Heroen* zu Tische zu sitzen.

JUPITER.

Was hör' ich? Du glaubst keine Belohnungen und Bestrafungen, und kein Gericht, wo eines jeden Leben untersucht wird?

CYNISKUS.

Ich höre ja wohl daß ein gewisser Minos von Kreta da unten über das Alles Richter sey: und da er dein Sohn ist, wie es heißt, darf ich dir wohl seinetwegen noch eine Frage vorlegen?

JUPITER.

Und was hast du denn seinetwegen zu fragen, Cyniskus?

CYNISKUS.

Wer sind denn eigentlich *die*, die er straft?

JUPITER.

Das versteht sich doch wohl von selbst, die Bösen, z. E. die Mörder und Tempelräuber.

CYNISKUS.

Und wer sind *die*, die er zu den *Heroen* schickt?

JUPITER.

Die Guten, die ein tugendhaftes und unsträfliches Leben geführt haben.

CYNISKUS.

Und warum das, Jupiter?

JUPITER.

Weil *Diese* Belohnung, *Jene* Bestrafung verdient haben.

CYNISKUS.

Wenn aber jemand wider seinen Willen etwas unrechtes gethan hätte, würdest du es billig finden auch diesen zu strafen?

JUPITER.

Auf keine Weise.

CYNISKUS.

Und wenn jemand unfreywillig Gutes gethan hätte, würdest du ihn nicht aus eben diesem Grunde auch keiner Belohnung würdig finden?

JUPITER.

Ganz gewiß.

CYNISKUS.

Also, bester Jupiter, wird Niemand mit Recht weder bestraft noch belohnt werden können.

JUPITER.

Wie so?[17])

CYNISKUS.

Weil wir Menschen nichts freywillig thun, sondern unter den Befehlen einer unveränderlichen Nothwendigkeit stehen; wenn das anders Wahrheit ist, worüber wir anfangs übereingekommen sind, daß die Parze die erste Ursache von allem ist. Denn wenn jemand mordet, so ist *Sie* die Mörderin, und

17) Diese Frage Jupiters mag uns vielleicht beynahe *gar zu dumm* vorkommen; aber sie ist (wie überhaupt die ganze Rolle, die er in diesem Dialoge spielt) sehr charakteristisch. Die Herren seines Schlages sind so mechanisch an den schlechten Zusammenhang und die Inconsequenz ihrer Begriffe und Heischesätze gewöhnt, daß jede Frage, wie leicht sie auch vorauszusehen war, ihnen unerwartet kommt, und daß sie auch die natürlichsten Folgerungen, die aus Vergleichung ihrer eignen Sätze mit einander entstehen, als neue und unerhörte Afrikanische Ungeheuer anstaunen.

wenn er einen Tempel ausraubt, so thut er nichts als vollziehen was *Sie* ihm befohlen hat. Wenn *Minos* also recht richten will, so wird er die Schicksalsgöttin an den Platz des Sisyphus, und die Parze an die Stelle des Tantalus verurtheilen: denn was haben diese verbrochen, da sie ja bloß die Befehle ihrer Obern vollzogen?

JUPITER.

Wer solche Fragen thut verdient keine weitere Antwort.[18]) Du bist ein unverschämter, sophistischer Bursche, und ich werde dich nicht länger anhören.

CYNISKUS.

Ich hätte freylich noch ein paar Fragen auf dem Herzen, nemlich: *Wo* sich denn die Parzen eigentlich aufhalten? und *wie* sie der Besorgung einer so unendlichen Menge von Dingen bis auf die geringsten Kleinigkeiten gewachsen seyn können, da ihrer nur drey sind?[19]) Wenigstens müssen sie bey so

18) Vortrefflich, Jupiter! Dieß war die einzige mögliche und entscheidende Antwort, und du hast sie, ohne dich einen Augenblick zu besinnen, auf deinen Lippen gefunden!

19) Die zweyte dieser Fragen möchte wohl schwerlich zu Befriedigung einer gewöhnlichen menschlichen Einbildungskraft zu beantworten seyn. Auf die erste hat der göttliche *Plato* im zehnten Buche seiner *Republik* geantwortet, wo er uns aus dem Munde eines gewissen Armeniers, Nahmens *Her* (der über zehn Tage in der *andern Welt* gewesen, und von da wieder zurückgekommen war, um zu erzählen was er daselbst gesehen und gehört hatte) in der That erstaunliche Dinge erzählt. Unter andern sah dieser *Her* die Spindel der *Nothwendigkeit* (Ἀνάγκη) die, allem Ansehen nach, mit der *Heimarmene* Lukians eine und ebendieselbe Person, und die Mutter der Parzen ist. Diese Spindel hängt an der obersten Lichtsphäre, die den ganzen Himmel umgiebt, herab, ist von Diamant, und mag eine hübsche Größe haben, da ihr Wirbel oder Wirtel aus den acht in einander steckenden Kreisen der sogenannten sieben Planeten und des Fixsternhimmels besteht. Auf jedem dieser Kreise sitzt eine *Syrene*, »die immer einen und ebendenselben Ton hören läßt, daher aus dem

entsetzlich vieler Arbeit ein sehr gespanntes und mühseliges Leben führen, und selbst nicht unter dem glücklichsten Sterne gebohren seyn. Wahrlich, ich wollte, wenn mir die Wahl gelassen würde, meine Existenz nicht gegen die ihrige vertauschen, sondern lieber wie der ärmste aller armen Teufel leben, als ewig dasitzen und eine Spindel drehen, die mit so vielen Dingen beladen ist, und auf jedes derselben noch besonders acht geben müssen! — Weil dir aber, wie es scheint, das Antworten schwer fällt, lieber Jupiter, so wollen wir uns an deinen bisherigen Antworten genügen lassen, da sie völlig hinreichend sind, die Materie vom *Schicksal* und von der *Pronöa* in ihr wahres Licht zu setzen. *Vermuthlich ist es nicht in meinem Schicksal mehr zu wissen.*

Zusammenklange dieser acht Töne eine vollkommene Harmonie erschallt.« — Die besagte Spindel dreht sich unaufhörlich, mit ihrem Wirbel und den acht Syrenen, im Schooße der *Nothwendigkeit* herum. Um die Spindel sitzen in gleicher Entfernung die *Parzen*, *Lachesis*, *Klotho* und *Atropos*, jede auf ihrem eigenen Throne, weiß gekleidet und mit Binden um den Kopf; auch sie singen, und zwar die erste das Vergangene, die zweyte das Gegenwärtige, und die dritte das Zukünftige; wobey ihnen die Harmonie der acht Syrenen zur Begleitung dient. Während dieses Gesanges hat jede dieser Schicksalstöchter bey dem Spindelwerk ihrer Mutter ihre eigene Verrichtung — deren Beschreibung, nebst dem ganzen wundervollen Detail der Umstände, mit welchen die menschlichen Seelen von diesen Göttinnen in die Unterwelt geschickt werden, beym Plato selbst, oder bey seinem Lemgoischen Übersetzer (*Werke des Plato*, 2ter Band, S. 754–65.) lesen kann, wer Lust an einer Art von allegorischen Bildern hat, die, meinem Begriffe nach, nur eine delirirende Imagination hervorbringen konnte, oder nachphantasiren kann.

NOTIZEN
zu dieser Edition.

Der Text der vorliegenden Auswahl folgt dem Wortlaut der Erstausgabe: *Lucians von Samosata Sämtliche Werke. Aus dem Griechischen übersetzt und mit Anmerkungen und Erläuterungen versehen von C. M. Wieland. 6 Theile. Leipzig, im Verlag der Weidmannischen Buchhandlung. 1788/89.* Dieser Druck weist verschiedene Mängel auf. Anders als etwa bei der Übertragung von Horaz' Satiren, die Wieland für die 2. Auflage 1804 sorgfältig revidieren konnte, war es ihm nicht möglich, den Text der Lukian-Übersetzung – übrigens der einzigen rechtmäßigen, die zu seinen Lebzeiten erschien – vor der Drucklegung zufriedenstellend zu korrigieren. Davon zeugen die Errata-Listen am Ende der Bände, in denen Wieland nicht nur einzelne Fehler verbesserte, sondern den Leser noch pauschal auf gewisse Mängel hinwies. Seine Bemerkungen beziehen sich auf die Anordnung der Stücke, auf die Zeichensetzung und, wie es im 1. Teil heißt, die »den sächsischen Setzern so gewöhnliche Verwechslung des m und n im Dativ und Accusativ«, welche jedoch »die Aufmerksamkeit des Lesers leicht verbessern« könne.

Alle von Wieland gerügten wie auch die von ihm nicht angezeigten Irrtümer wurden beseitigt, soweit sie sich eindeutig als solche erwiesen. In die Zeichensetzung wurde nur dann eingegriffen, wenn die Gefahr bestand, daß sie den Sinn verfälsche. Sonst wurde prinzipiell davon abgesehen, die Rechtschreibung dem modernen Gebrauch anzugleichen und den Text in eine geglättete Form zu bringen. Er erscheint in der Schreibweise einer Zeit, in der Orthographie und Zeichensetzung noch keiner strengen Normierung unterlagen und Unregelmäßigkeiten, wie sie auch in den Briefen des Dichters zu beobachten sind, nichts Außergewöhnliches waren. Inkonsequenzen treten zum Beispiel auf bei den s-Lauten (blos - bloß), bei Verdoppelungen (bewafnet - bewaffnet) oder bei Dehnungen (Stralen - Strahlen; Maß - Maaß). Auch altertümliche Wortformen bzw. Lautungen stehen gleichberechtigt neben neueren (etwan - etwa; erfodern - erfordern). Was dabei auf Wielands Manuskript zurückgeht und was Eigenart der Leipziger Setzer war, kann nicht immer klar unterschieden werden. Belassen wurden weiterhin Schwankungen in der Schreibweise von Namen sowie die bei Wieland hiebei üblichen griechisch-lateinischen Mischformen. Einzig der Name Lukian erscheint durchgehend in der heute gebräuchlichen Form.

Eingriffe in den Originaltext erfolgten nur in wenigen Ausnahmen: Den fremdsprachlichen Zitaten wurden - in eckigen Klammern - Übertragungen angefügt und die griechischen Wörter mit den heute üblichen Akzenten versehen. Bei den zahlreichen Querverweisen, wie sie die Anmerkungen des Originals enthalten, sind die gegenstandslos gewordenen Band- und Seitenzahlen getilgt. Wenn ein hier genanntes Einzelwerk Lukians in der vorliegenden Auswahl nicht enthalten ist, so wurde dies - ebenfalls in eckigen Klammern - angegeben. Wir glauben damit einen Text hergestellt zu haben, der Wielands Intentionen am nächsten kommt und in dem vermieden ist, eine ursprünglich nie vorhandene Perfektion vorzuführen.

Da Wieland Lukians Werke mit zahlreichen Anmerkungen versehen hat und Erklärungen heute fremd gewordener Begriffe sich weitgehend durch den Text von selbst ergeben, waren zusätzliche Erläuterungen nicht nötig. Anders ist es bei den Quellenangaben, deren Entschlüsselung Schwierigkeiten bereiten kann. Aus diesem Grund ist hier eine kleine Bibliographie der von Wieland zitierten wissenschaftlichen Literatur angefügt. Für die von ihm herangezogenen meist antiken Dichter, Philosophen und Geschichtsschreiber werden anschließend neuere Ausgaben genannt, in der Regel eine für jeden Autor, und zwar vorrangig zweisprachige Editionen, dann deutsche Übersetzungen und nur gelegentlich, wenn keine Übertragungen vorliegen, Texte in der Originalsprache. Dieses Literaturverzeichnis soll dem Leser ermöglichen, die von Wieland gegebenen Hinweise und Anregungen weiter zu verfolgen.

Von Wieland zitierte Fachliteratur, Lukian-Ausgaben und zeitgenössische Autoren:

Adelung Johann Christoph: Versuch eines vollständigen grammatisch-kritischen Wörterbuches der hochdeutschen Mundart. 5 Tle. Lpzg. 1774-86.

Allgemeine Damenbibliothek. Eine freye Übersetzung des französischen Werkes dieses Namens mit zweckmäßigen Veränderungen und Zusätzen und einer Vorrede von Herrn Hofrath Wieland. 3. Bd. Leipzig 1786.

Apollodorus Atheniensis, siehe *Galeus*.

Bailly Jean Sylvain: Histoire de l'astronomie ancienne, depuis son origine, jusqu'à l'établissement de l' école d'Alexandrie. Paris 1775 (und 1781).

Barnes Josua, s. *Euripides*.

Bernard Eduard: De mensuris et ponderibus antiquis. Oxoniae (Oxford) 1688.

Brodaeus Joannes: Miscellaneorum libri sex. Basilae 1555 (später 1604). Auch in: *Gruterus* Janus: Lampas, sive fax artium liberalium, hoc est thesaurus criticus. Bd. 2, 1602.

Buffon George Louis Leclerc: Histoire naturelle, générale et particulière. 36 Bde. Paris 1749–88.

Coelius Rhodiginus (auch *Richerius* oder *Ricchieri* Ludovicus): Lectionum antiquarum libri XXX. Francofurti et Lipsiae 1666 (erstmals Venedig 1516).

Cousin (*Cognatus*) Gilbert, siehe Lukian-Ausgabe 1615.

Dancourt L. H.: Die unvermuthete Zusammenkunft oder die Pilgrime von Mecca. Singspiel aus dem Französischen (übers. von Johann Heinrich Faber). Frankfurt 1772.

Du Soul (*Solanus*) Moses, siehe Lukian-Ausgabe 1743.

Eisenschmid Joannes Casparus: Disquisitio de ponderibus et mensuris veterum Romanorum, Graecorum, Hebraeorum; necnon de valore pecuniae veteris. In: *Ugolinus*, Thesaurus, Bd. 28.

Euripides: Εὐριπιδου σωζομενα ἀπαντα... Euripidis quae extant omnia... Opera et studio J. Barnes. Cantabrigiae (Cambridge) 1694.

Faber Tanaquil, siehe Lukian-Ausgabe 1687.

Francklin Thomas, siehe Lukian-Ausgabe 1780.

Galeus (*Gale*) Thomas: Historiae poeticae scriptores antiqui. (Griechisch-lateinisch). Paris 1675 (hier der Text von Apollodorus Atheniensis).

Gédoyn Nicolas, siehe *Pausanias*.

Geßner (*Gesner*) Johann Matthias, siehe Lukian-Ausgabe 1743.

Graevius Joannes Georgius: Thesaurus antiquitatum Romanorum. 12 Bde. Lugduni Batavorum (Leiden) 1694–99.

Gronovius Jacobus: Thesaurus Graecarum antiquitatum. 12 Bde. Lugduni Batavorum (Leiden) 1697–1702. – Siehe auch Lukian-Ausgabe 1687.

Hederich Benjamin: Gründliches Lexicon Mythologicum. Leipzig 1724. Wiederholt neu aufgelegt, die letzte Ausgabe von 1770: Reprint Darmstadt 1967.

Hemsterhuis Tiberius, siehe Lukian-Ausgaben 1708 und 1743.

Jensius Joannes: Lectiones Lucianae. Hagae Comitis (Den Haag) 1699. Jensius' Kommentare auch in der Lukian-Ausgabe 1743.

Lukian-Ausgaben:

Λουκιανου... τα σωζομενα. Luciani Samosatensis philosophi Opera omnia quae extant, cum latina doctiss. virorum interpretatione. L. Bourdelotius... contulit... Adjectae sunt... Gilberti Cognati notae. Lutetiae Parisiorum (Paris) 1615.

Λουκιανου... ἀπαντα. Luciani Samosatensis Opera... Ex versione Joannis Benedicti, cum notis... Jacobi Palmerii, Tanaquilli Fabri, Jacobi Gronovii... 2 Bde. Amstelodami (Amsterdam) 1687.

Luciani... colloquia selecta et Timon... notis illustravit T. Hemsterhuis. Amstelodami (Amsterdam) 1708 (später 1732 und Basel 1771).

Λουκιανου... ἀπαντα. Luciani Samosatensis Opera, cum nova versione Tiber. Hemsterhusii et Jo. Matthiae Gesneri, graecis scholiis ac notis... additis... praecipue Mosis Solani et J. M. Gesneri... notas suas adjecit Joannes Fredericus Reitzius. 3 Bde. Amstelodami (Amsterdam) 1743. Dazu: Index verborum ac phrasium Luciani, sive Lexicon Lucianeum... concinnatum a Car. Conr. Reitzio. Trajecti ad Rhenum (Utrecht) 1746.

The Works of Lucian, from the Greek, by Thomas Francklin. 2 Bde. London 1780.

Œuvres de Lucien. Traduction nouvelle par M. l'Abbé Massieu. 6 Bde. Paris 1781–87.

Massieu Guillaume, siehe Lukian-Ausgabe 1781.

Mémoires de Litterature tirés des registres de l'Académie Royale des Inscriptions et Belles Lettres. Paris 1772 ff.

Menagius Aegidius: Observationes et emendationes in Diogenem Laertium. Amstelodami (Amsterdam) 1692.

Meursius Joannes (Jan *Van Meurs*): Ceramicus Geminus, sive de Ceramico Atheniensium... nunc primum editus cura Pufendorfii. Trajecti ad Rhenum (Utrecht) 1663. Weitere Ausgaben 1699 und in: *Gronovius*, Thesaurus, Bd. 4, 1697.

Nadal Augustin: Histoire des Vestales, avec un traité du luxe des dames romains. Paris 1725.

Olearius Adam: Vermehrte newe Beschreibung der muscowitischen Reyse und persischen Reyse. Schleswig 1656. Reprint Tübingen 1971.

Palmer Jakob, siehe Lukian-Ausgabe 1687.

Pausanias: Pausanias, ou voyage historique de la Grèce. Traduit en Francois avec des remarques, par M. l'Abbé Gédoyn 2 Bde. Paris 1731.

Die *Pilgrime von Mecca*, siehe *Dancourt*.

Plato (lemgoische Ausgabe): Werke des Plato. Aus dem Griechischen übersetzt von Johann Friedrich Kleuker. 6 Bde. Lemgo 1778–97.

Reitz (*Reiz*) Johann Friedrich und Karl Konrad, siehe Lukian-Ausgabe 1743 und Index dazu.

Sperling Otto: Dissertatio de nummis non cusis tam veterum quam recentiorum. Amstelodami (Amsterdam) 1700. Auch in: *Ugolinus*, Thesaurus, Bd. 28.

Ugolinus Blasius: Thesaurus antiquitatum sacrarum, complectens selectissima... opuscula, in quibus veterum Hebraeorum mores, instituta, ritus sacri et civiles illustrantur. 34 Bde. Venetiis 1744–69.

Bei den Literaturangaben verwendet Wieland folgende Abkürzungen:

c. = caput oder capitulum (Kapitel)
cit. = citavit (zitiert von)
l. = liber (Buch)
opp. = opera (Werke)
seq. = sequentes (die folgenden Seiten oder Verse)
tom. = tomus (Band, Teil)
v. = versus (Vers, Verszeile)
vol. = volumen (Band)

Von Wieland zitierte Dichter, Philosophen und Geschichtsschreiber in neueren Ausgaben:

Aischylos: Tragödien und Fragmente. Griechisch-deutsch. Übersetzt von Oskar Werner. München 1980. (Sammlung Tusculum).

Anaxagoras, siehe *Diels*.

Anthologia Graeca. Griechisch-deutsch. Hrsg. von H. Beckby. 4 Bde. München 1964. (Sammlung Tusculum).

Antimachos: Reliquiae. Hrsg. von Bernhard Wyss. Berlin 1936.

Apollodoros: Mythologische Bibliothek. Übersetzt von Christian Gottlob Moser. 2 Bdch. Stuttgart 1828.

Apollonios Dyskolos: Vier Bücher über die Syntax. Übersetzt und erläutert von Alexander Buttmann. Berlin 1878.

Apollonios von Rhodos: Die Argonauten. Verdeutscht von Thassilo von Scheffer. Wiesbaden 1947.

Apuleius: Der goldene Esel. Lateinisch-deutsch. Hrsg. und übersetzt von Edward Brandt und W. Ehlers. Zürich, München 1981. (Sammlung Tusculum).

Aratos: Phainomena. Sternbilder und Wetterzeichen. Griechisch-deutsch. Hrsg. von Manfred Erren. München 1971. (Sammlung Tusculum).

Aristophanes: Komödien. Hrsg. von Hans-Joachim Newiger. Neubearbeitung der Übersetzung von Ludwig Seeger 1845–48. München 1968.

Aristoteles: Naturgeschichte der Tiere. 10 Bücher. Deutsch von A. Karsch. Berlin-Schöneberg 1914. (= Werke. Bd. 7).

Athenaios: The Deipnosophists. With an English translation by Charles Burton Gulick. London 1927–41. (Loeb Classical Library).

Auct. allegor. Homericar., siehe *Herakleides Pontikos*.

Befreites Jerusalem, siehe *Tasso*.

Bion: Die griechischen Bukoliker, Theokritos, Bion und Moschos. Übersetzt von Friedrich Zimmermann. 3 Bdch. Stuttgart 1856. – Siehe auch *Theokrit*.

Capitolinus Julius: Die Kaisergeschichte der sechs Schriftsteller... Hrsg. und übersetzt von C. August Closs. 6 Bdch. Stuttgart 1856/57.

Cato: De agricultura. Vom Landbau. Lateinisch-deutsch. Hrsg. von Otto Schönberger. München 1980. (Sammlung Tusculum).

Chrysippos: In: Stoicorum veterum fragmenta. Hrsg. von Hans Friedrich Arnim. Bd. 2 und 3. Stuttgart 1978/79.

Cicero: De finibus bonorum et malorum. Das höchste Gut und das schlimmste Übel. Lateinisch-deutsch. Hrsg. von Alexander Kabza. München 1960. (Sammlung Tusculum).

De natura deorum. Lateinisch-deutsch. Hrsg. von Wolfgang Gerlach und Karl Bayer. München 1978. (Sammlung Tusculum).

Clemens Alexandrinus: Die Teppiche (Stomateis). Deutscher Text nach der Übersetzung von Franz Overbeck.

Hrsg. von Carl Albrecht Bernoulli und Ludwig Früchtel. Basel 1936.

Diels, Hermann: Die Fragmente der Vorsokratiker. Griechisch und deutsch. Hrsg. von Walther Kranz. 3 Bde. Zürich, Berlin 1964.

Diodoros: Historische Bibliothek. Übersetzt von Julius Friedrich Wurm. 19 Bdch. Stuttgart 1827–40.

Diogenes Laertios: Leben und Meinungen berühmter Philosophen (Vitae et sententiae philosophorum). Übersetzt von Otto Apelt, neu hrsg. von Klaus Reich. Hamburg 1967.

Euripides: Sämtliche Tragödien und Fragmente. Griechisch-deutsch. Übersetzt von Ernst Buschor und Gustav Adolf Seeck. 6 Bde. Zürich, München 1972–81. (Sammlung Tusculum).

Gellius. Die attischen Nächte (Noctes Atticae). Übersetzt von Fritz Weiss. 2 Bde. Darmstadt 1981.

Herakleides Pontikos: Quaestiones Homericae. Hrsg. von der Bonner philologischen Gesellschaft. Leipzig 1910.

Heraklit: Fragmente. Griechisch und deutsch. Hrsg. von B. Snell. Zürich, München 1983. (Sammlung Tusculum). – Siehe auch unter *Diels*.

Herodot: Historien. Griechisch und deutsch. Hrsg. von Josef Feix. 2 Bde. München 1980. (Sammlung Tusculum).

Hesiod: Sämtliche Gedichte. Theogonie, Erga, Kataloge. Übersetzt und kommentiert von Walter Marg. Zürich, Stuttgart 1970.

Hesychios von Alexandria: Lexikon. Nach Joh. Albert hrsg. von M. Schmidt. 4 Tle. Jena 1858–68. Reprint Amsterdam 1965.

Homer: Ilias. Griechisch-deutsch. Hrsg. von H. Rupé und V. Stegemann. Zürich, München 1983. (Sammlung Tusculum).

Odyssee. Griechisch-deutsch. Hrsg. von A. Weiher. Zürich, München 1982. (Sammlung Tusculum).

Homerische Hymnen. Griechisch-deutsch. Hrsg. von Anton Weiher. München 1979. (Sammlung Tusculum).

Horaz: Sämtliche Werke. Lateinisch-deutsch. Hrsg. v. H. Färber und W. Schöne. Zürich, München 1982. (Sammlung Tusculum).

Hyginus: Fabulae. Hrsg. von H. J. Rose. Leiden 1963.

Jamblichos: Pythagoras. Legende, Lehre, Lebensgestaltung. Griechisch – deutsch. Übersetzt von Michael von Albrecht. Zürich, Stuttgart 1963.

Juvenal: Satiren. Übersetzt und hrsg. von Harry C. Schnur. Stuttgart. (Reclams Universal-Bibliothek 8598).

Ktesias: In: Die Fragmente der griechischen Historiker. Hrsg. von Felix Jacoby. 2 Bde. Berlin 1923–30. Neudruck Leiden 1950–58.

Libanios: Opera. Hrsg. von Richard Förster. 12 Bde. Leipzig 1903–27. Reprint Hildesheim 1963. (Bibliotheca Teubneriana).

Musonius: Wege zum glückseligen Leben (Epiktet, Teles und Musonius). Übertragen von Wilhelm Capelle. Zürich, München 1948.

Origenes: Acht Bücher gegen Celsus. 2 Bde. In: Ausgewählte Schriften aus dem Griechischen übersetzt von Paul Koetschau. München 1926/27. (Bibliothek der Kirchenväter. Bd. 52 und 53).

Orpheus, Gedicht über Argonauten: Orphica. Hrsg. von E. Abel. Leipzig, Prag 1885. – Hesiods Werke und Orfeus der Argonaut. Übers. v. J. H. Voß. Heidelberg 1806.

Ovid: Metamorphosen (Verwandlungen). Lateinisch-deutsch. Übertragen von Erich Rösch. Zürich, München 1983. (Sammlung Tusculum).

Pausanias: Beschreibung Griechenlands. Neu übersetzt und mit Anmerkungen versehen von Ernst Meyer. Zürich 1967.

Petronius: Satyrica. Lateinisch-deutsch. Hrsg. von Konrad Müller und Wilhelm Ehlers. Zürich, München 1983. (Sammlung Tusculum).

Philostratos Flavius: Das Leben des Apollonius von Tyana. Griechisch-deutsch. Hrsg. von Vroni Mumprecht. Zürich, München 1983. (Sammlung Tusculum).

Photios: Bibliothèque. Griechisch-französich. Übersetzt und hrsg. von René Henry. 8 Tle. Paris 1959–77. (Collection byzantine).

Pindar: Siegesgesänge und Fragmente. Griechisch-deutsch. Hrsg. von Oskar Werner. München 1968. (Sammlung Tusculum).

Platon: Werke. Griechisch-deutsch. Hrsg. von Gunther Eigler. 8 Bde. Darmstadt 1970–83.

Plinius der Jüngere: Briefe. Lateinisch-deutsch. Hrsg. von Helmut Kasten. München 1979. (Sammlung Tusculum).

Plutarch: Große Griechen und Römer. Übersetzt von Konrat Ziegler. 6 Bde. Zürich, München 1955–80.

Porphyrios: Lettera ad Anebo. Hrsg. (mit italienischer Übersetzung) von A. R. Sodano. Neapel 1958.

Priscianus: Institutionum grammaticarum libri XVIII. Hrsg. von Martin Hertz. Leipzig 1855–59. Reprint Hildesheim 1961.

Proklos: In Platonis Timaeum commentaria. Hrsg. von Ernst Diehl. 3 Bde. Stuttgart 1965. (Bibl. Teubneriana).

Pythagoras, siehe *Diels*.

Quintilianus: Institutionis oratoriae libri XII (Ausbildung des Redners). Lateinisch-deutsch. Hrsg. und übersetzt von Helmut Rahn. 2 Bde. Darmstadt 1972–75.

Scholiasten, über die umfangreiche Literatur siehe: *Lexikon der Alten Welt* und *Der kleine Pauly* unter *Scholien*.

Sextus Empiricus: Opera. Hrsg. von Hermann Mutschmann, Jürgen Mau und Karel Janácek. Leipzig 1958–62. (Bibliotheca Teubneriana).

Statius: Thebais et Achilleis. Hrsg. von H. W. Garrod. Oxford 1962. (Oxford Classical Texts). – Lied von Theben. Deutsch von Albert Imhof. 2 Tle. Ilmenau und Leipzig 1885–89.

Strabon: Erdbeschreibung. Übersetzt und erläutert von

Albert Forbiger. 2 Bde. Stuttgart bzw. Berlin-Schöneberg 1856–62.

Suidas(Sudas)-Lexikon. Hrsg. von Ada Adler. 5 Bde. Leipzig 1928–38. Reprint Stuttgart 1967–71.

Tasso, Torquato: Werke und Briefe. Übertragen und mit Anmerkungen versehen von E. Staiger. München 1978.

Terenz: Antike Komödien (Plautus und Terenz). Hrsg. von Walther Ludwig, übertragen von Wilhelm Binder und J. J. C. Donner. München 1982.

Theognis: Werke. Hrsg. von Douglas Young. Leipzig 1971. (Bibliotheca Teubneriana). – Auswahl in: Antike Weisheit. Eine Sammlung lateinischer und griechischer Gedanken. Urtext und Übersetzung. Hrsg. von Ernst Heimeran und Michael Hofmann. München 1934. (Sammlung Tusculum).

Theokrit: Gedichte. Griechisch-deutsch. Hrsg. von Friedrich Paul Fritz. München 1979. (Sammlung Tusculum). – Theokritos, Bion und Moschos. Übersetzt von E. Mörike und F. Notter. Stuttgart 1855.

Theophrast: Charaktere. Griechisch-deutsch. Übersetzt und hrsg. von Dietrich Klose. (Reclams Universal-Bibliothek 619).

Thukydides: Geschichte des Peloponnesischen Krieges. Übertragen von G. P. Landmann. Zürich, München 1976.

Xenophon: Erinnerungen an Sokrates. Griechisch-deutsch. Hrsg. von Peter Jaerisch. Zürich, München 1980. (Sammlung Tusculum).

Eingehendere Informationen über die antiken Autoren vermitteln die bekannten Standardwerke wie das *Lexikon der Alten Welt. Hrsg. von Carl Andresen u. a., Zürich und Stuttgart 1965*, die fünf Bände von *Der kleine Pauly. Lexikon der Antike. Hrsg. von Konrat Ziegler und Walther Sontheimer. Stuttgart 1964–75* oder das *Tusculum-Lexikon griechischer und lateinischer Autoren. Hrsg. von Wolfgang Buchwald u. a., Zürich und München 1982.*

HANS RADSPIELER, Neu-Ulm, Dezember 1984.

Inhaltsverzeichnis.

Die Lügengeschichten
und Dialoge von Lukian von Samosata,
aus dem Griechischen übersetzt
und mit Anmerkungen und Erläuterungen
versehen von Christoph Martin Wieland,
sind am 18. Januar 1985 als erster Band
der Anderen Bibliothek
bei der Greno Verlagsgesellschaft m. b. H.
in Nördlingen erschienen.
Als Satzvorlage diente ein Exemplar
aus dem Besitz des Wieland-Museums
in Biberach/Riss.

Dieses Buch wurde in der Werkstatt
von Franz Greno in Nördlingen
aus der Korpus Neo Didot Monotype gesetzt
und auf einer Präsident-Schnellpresse gedruckt.
Das holzfreie mattgeglättete 80 g/qm
Werkdruckpapier stammt aus der
Papierfabrik Niefern. Das Überzugpapier
und den Einband besorgte die Buchbinderei
G. Lachenmaier in Reutlingen.
1.-5. Tsd., Januar 1985, 6.-10. Tsd., Februar 1985.
ISBN 3921568153. Printed in Germany.

Von jedem Band
der Anderen Bibliothek gibt es eine
Vorzugsausgabe mit den Nummern 1–999.

Informationen bietet das zu jedem
Band der Anderen Bibliothek
erscheinende Magazin.